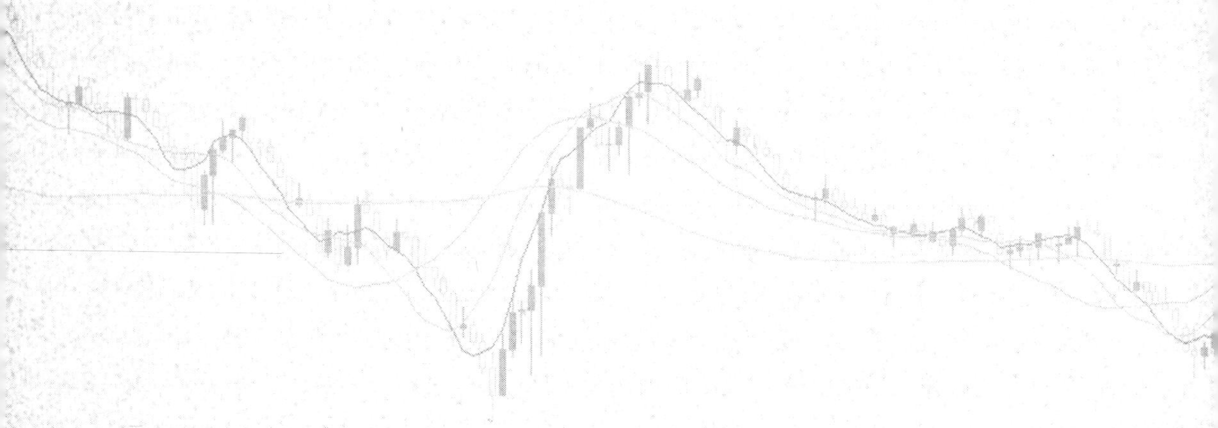

SECURITIES
INVESTMENT
ANALYSIS

证券投资分析

宋敏　冯科 ◎ 编著

中国发展出版社
CHINA DEVELOPMENT PRESS

图书在版编目（CIP）数据

证券投资分析/宋敏，冯科编著．—北京：中国发展出版社，2015.1

ISBN 978-7-5177-0263-4

Ⅰ.①证… Ⅱ.①宋… ②冯… Ⅲ.①证券投资—投资分析—高等学校—教材 Ⅳ.①F830.91

中国版本图书馆 CIP 数据核字（2014）第 236584 号

书　　名：证券投资分析
著作责任者：宋 敏　冯 科
出 版 发 行：中国发展出版社
（北京市西城区百万庄大街 16 号 8 层　100037）
标 准 书 号：ISBN 978-7-5177-0263-4
经　销　者：各地新华书店
印　刷　者：北京科信印刷有限公司
开　　本：700mm×1000mm　1/16
印　　张：31.25
字　　数：577 千字
版　　次：2015 年 1 月第 1 版
印　　次：2015 年 1 月第 1 次印刷
定　　价：68.00 元

联 系 电 话：（010）68990630　68990692
购 书 热 线：（010）68990682　68990686
网 络 订 购：http：//zgfzcbs.tmall.com//
网 购 电 话：（010）88333349　68990639
本 社 网 址：http：//www.develpress.com.cn
电 子 邮 件：bianjibu16@vip.sohu.com

前言

本书自上而下全面性地介绍了资本市场投资理论，并且结合中国实践进行了一些深入探讨。第一章介绍了中国现代资本市场发展历程和可投资金融产品，让读者对中国金融市场的发展现状有一个宏观的把握；第二章介绍股票投资，自上而下地介绍了宏观、行业、公司、技术分析的理论，另外，本章还穿插着一些最新的案例、材料；第三章为债券市场的介绍和相关的定价投资理论，首先介绍了债券的定义、特征和债券市场的发展状况，然后讲解了利率期限结构、久期、凸性等债券的核心概念；第四章为衍生品投资部分，讲解了各种主要衍生品的概念、定价以及在中国的发展现状；第五章主要介绍了资产组合理论、因素模型、CAPM 模型、APT 模型的假设、内涵及局限性；第六章讲解了有效市场理论的发展脉络，并且验证了中国资本市场是否符合有效市场理论。

国内外已经有一些经典的投资学教材，而我们编写这本证券投资分析教材的目的在于本书以下几个特点。

第一，金融产品覆盖范围广。从股票、债券到衍生品，本书全面地介绍了各种金融产品的分析理论和投资方法，可以让读者对整个金融市场有宏观的把握和微观的理解。

第二，强调中国特色。本书在第一章介绍了中国资本市场的发展历程和可投资金融产品，在以后各个章节中也对中国相应的金融产品进行了介绍和分析。另外，本书大部分案例也是尽量取自于中国，从而方便中国学生理解身边的金融市场，提高学习效率。

第三，应用中国金融数据进行实证分析。本书大量采用了最新的中国金融数据作为材料，并结合相关的经济学及金融理论来建立计量模型，由此对资本市场相关理论进行实证性的验证，这种实证分析在每章都有所体现。

证券投资分析是金融专业高年级本科生和研究生必修的一门课程，也是所有立志于在投资研究行业中长远发展的学生需要深入掌握的一门学问。本教材适用于有一定金融学或经济学基础的高年级本科生和研究生，由于在债券和衍生品投资部分也要涉及一定的计算，所以也要求学生有一定的数学和数理统计基础。

本书在编写的过程中，引用、吸收了大量相关的教材、专著、学术论文、案例等的内容，大都注明了资料来源，少部分无法查明来源的，欢迎读者指出。本书得到了中国发展出版社的大力支持，在此表示衷心感谢！北京大学的博士研究生杨威，硕士研究生戴顺、刘哲、田建荣、夏江、董笑蕊、韩廷耕、李冠楠、刘佳琳、孟蔚洋、孙硕、王涵、王梦佳、周成华、王一宇等，协助了本书的编写，在此表示衷心感谢！北京大学经济研究所的何理、冯文，选修北京大学《投资银行学》课程的硕士研究生陈盼、陈紫阳、付亚利、韩丽媛、侯宝升、胡允执、康培勇、李彦、刘丽兵、莫华兵、王少杰、魏佳、张凌嘉、周斌等，对本书的编写亦有贡献，在此表示衷心感谢！由于编者水平有限，书中的不足和疏漏之处，恳请同行专家和广大读者批评指正。

目录

第一章
中国证券投资市场及其产品

自1990年上海和深圳证券交易所分别设立以来，中国资本市场在探索中前进，在改革中创新，风雨兼程，快速成长，取得令人瞩目的发展成就，可以说在一定意义上走完了成熟市场200多年的路程。

①市场规模跃居世界前列。从股票市场看，2011年底中国股票总市值全球排名第三，仅次于美国和日本。到2012年6月底，沪深两市上市公司达到2444家，总市值22.6万亿元。从债券市场看，2011年底中国公司信用类债券余额也位居世界第三。2012年6月底，全国债券市场托管量达到23万亿元。从期货市场看，除原油外，国际市场主要商品期货品种基本都已在中国上市交易，金融期货也开始起步，市场规模在世界名列前茅。

②市场体系逐步完善。经过多年努力，覆盖股权和债权的多层次资本市场已经初步形成。截至2012年6月底，沪深市场主板、中小板、创业板上市公司分别为1429家、683家和332家，在区域性股权转让市场和产权交易市场挂牌的企业数千家；交易所和银行间市场合计的债券存量，国债是7万亿元，地方债4547亿元，金融债（含央票、政策性银行债、商业银行债、非银行金融机构债）10万亿元，公司信用债近6万亿元。据估计现在各类创投资金超过1万亿元。

③市场功能日益增强。资本市场的发展拓宽了储蓄转化为投资的渠道，截至2012年6月底，股市累计筹资4.7万亿元左右，最近4年公司信用类债券年均新发1.57万亿元；增强了金融体系的弹性，银行贷款占社会融资的比重持续下降，政府融资已经主要依靠发行国债；促进了“转方式、调结构”。

④对外开放稳步提高。截至2012年6月底，共设立13家合资证券公司，41家合资基金公司；有172家公司（不含退市）发行H股，从境外筹资1787亿美元；合格境外机构投资者（QFII）总投资额度800亿美元；合格境内机构投资者（QDII）产品净值约579亿人民币。特别需要强调的是，截至2011年底，外资股东（含QFII、境外股东、三资股东）合计持有585.23亿股，占全市场A股总股

本的1.97%。如果把所有在境内外上市的中国企业加总在一起计算，它们的股票15%由境外投资者持有。从这个角度看，中国资本市场和企业股权市场的开放程度都很高，能够达到这个水平的发展中国家并不多见。

——郭树清《中国股市成就瞩目　改革措施得到积极回应》

资料来源：人民网。

本章教学目标

1. 了解最近二十多年中国资本市场的发展历程及现状。
2. 掌握当前中国资本市场有哪些可以投资的金融产品。
3. 理解这些金融产品期限、风险与收益的特点，以及面向不同投资者的类别。
4. 了解中国资本市场未来的发展前景和投资品种的完备程度。

第一节　中国现代资本市场发展历程

1990 年 12 月，上海、深圳证券交易所开始营业，标志着中国集中交易的证券市场开始形成。二十多年来，中国资本市场从无到有，从小到大，快速发展，基础性制度建设不断加强，建立了较为完善的法律法规、市场组织和市场各监管体系，服务国民经济全局，成为社会主义市场经济体系的重要组成部分，在经济社会发展中发挥着越来越重要的作用。

一、中国资本市场的萌生

在改革开放之前，与计划经济体制相匹配，资金通过行政手段逐级下拨到生产企业。随着经济体制改革的推进，作为微观经济主体的企业对资金的需求日益多样化，成为中国资本市场萌生的经济和社会土壤。

1. 股份制改革和股票的出现

从 1978 年开始，中国农村出现了家庭联产承包责任制，部分地区的农民自发采用“以资带劳、以劳带资”的方式集资，兴办了一批合股经营的股份制乡镇企业，成为改革开放后中国股份制经济最早的雏形。

1982 年 5 月，国家经济体制改革委员会成立，负责统筹和指导全国的经济体制改革工作，推动企业的股份制改革。一些小型国有和集体企业开始进行多种多样的股份制尝试，最初的股票开始出现。1984 年 10 月，中共十二届三中全会通过《中共中央关于经济体制改革的决定》，股份制随即进入正式试点。1984 至 1986 年间，北京、广州、上海等城市选择了少数企业进行股份制试点，例如 1984 年北京天桥百货公司和上海飞乐音响公司的股份制试点。1986 年 12 月，国务院发布《关于深化企业改革增强企业活力的若干规定》，指出："各地可以选择少数有条件的全民所有制大中型企业进行股份制试点。"随着国家政策的进一步放开，越来越多的企业，包括一些大型国有企业也纷纷进行股份制试点改革，半公开或公开发行股票，股票的一级市场开始出现。

这一时期，股票一般按面值发行，且保本、保息、保分红，到期偿还，具有一定债券的特性；发行对象多为内部职工和地方公众；发行方式多为自办发行，没有承销商。

1992 年，在邓小平南方谈话之后，国家体改委联合国家计委、财政部、中国人民银行、国务院办公室出台了《股份制企业试点办法》，并联合相关部委发布了十几个配套文件。全国随之兴起前所未有的股份制改革热潮，诞生了一大批定向募集方式设立的股份有限公司，发行了法人股和内部职工股。这一轮的股份制改革，有力地促进了公司制度和证券市场的发展。

2. 债券的出现

国债。中国于 1981 年 7 月重新开始发行国债。当时国债的特点是周期较长（10 年）、不可转让，对购券的企业支付较低的利息，对居民支付较高的利息。尽管此时购买国债几乎是一种行政摊派，但国债的出现仍旧唤醒了很多人的投资意识。

企业债。从 1982 年开始，少量企业开始自发地向社会或企业内部集资并支付利息，最初的企业债开始出现。到 1986 年年底，这种没有法规约束的企业债发行总量约为 100 多亿元。为了规范企业债的发行，1987 年 3 月，国务院颁布了《企业债券管理暂行条例》，规定企业债的发行须经中国人民银行审批，并由中国人民银行会同国家计划委员会和财政部制定每年全国企业债券发行的总额度。1987 年，企业债总额度达到 30 亿元。到 1992 年，企业债当年发行总量近 700 亿元，创历史最高水平。然而，受传统经济体制思想观念的影响，一些发债企业并没有树立起到期偿债的信用意识，部分企业债出现兑付危机。1993 年之后，企业债的发行进入一个较长的低迷时期。

金融债。1984 年，为治理当时比较严重的通货膨胀，国家实行了信贷紧缩政策，严格控制信贷总规模和固定资产投资规模。在这种宏观背景下，一些有银行贷款的在建项目出现资金不足的问题，银行开始发行金融债以支持这些项目的完成，利率一般高于存款利率。此后，金融债成为银行的一种常规性融资工具。

3. 证券流通市场和交易所的出现

随着证券发行的增多和投资者队伍的逐步扩大，证券流通的需求日益强烈，股票和债券的柜台交易陆续在全国各地出现。

1986 年 8 月，沈阳市信托投资公司率先开办了代客买卖股票和债券及企业债券抵押融资业务。同年 9 月，中国工商银行上海信托投资公司静安证券业务部率先对其代理发行的飞乐音响公司和延中实业公司的股票开展柜台挂牌交易，标志着中国股票二级市场雏形的出现。

1988 年 4 月起，国家批准 7 个城市开展个人持有国债的转让业务。同年 6 月，这种转让市场延伸到 28 个省（自治区、直辖市）的 54 个大中城市。到 1988 年年底，国债转让市场在全国范围内出现。这些采用柜台交易方式的国债转让市场是债券二级市场的雏形。

1990 年，国家批准设立上海证券交易所、深圳证券交易所（以下简称上交所、深交所），两所于 1990 年 12 月先后开始营业。1991 年年底，上交所共有 8 只上市股票，25 家会员；深交所共有 6 只上市股票，15 家会员，1991 年 4 月 4 日，深交所以前一天为基期 100 点，开始发布深证综合指数；1991 年 7 月 15 日，上交所以 1990 年 12 月 19 日为基期 100 点，开始发布上证综合指数。

4. 证券中介机构及自律组织的出现

伴随着一、二级市场的初步形成，证券经营机构的雏形开始出现。1984 年，中国工商银行上海信托投资公司静安证券业务部代理发行“飞乐音响”和“延中实业”两只股票，1987 年 9 月，中国第一家专业证券公司——深圳特区证券公司成立。1988 年，为适应国债转让在全国范围内的推广，中国人民银行下拨资金，在各省组建了 33 家证券公司。同时，财政系统也成立了一批证券公司。这些机构是中国最早的证券公司，其主要业务是从事国债的经营。

1991 年 8 月，中国证券业协会在北京成立，成为证券业的自律组织，是非营利性社会团体法人。

5. 期货交易开始试点

1990 年 10 月，郑州粮食批发市场开业并引入期货交易机制，成为中国期货交易的开端。1992 年 10 月，深圳有色金属交易推出了中国第一个标准化期货合约——特级铝期货标准合同，实现了由远期合同向期货交易的过渡。

6. 自发形成的市场有待规范和监管

股份制改革起步初期，股票发行缺乏全国统一的法律法规，也缺乏统一的监管。为扩大发行，有些企业甚至采用各种“优惠”措施来促销其股票，例如，允许认购者参加抽奖、所持股票能保本付息等。这些做法使得股票发行市场变得非常混乱。

1990 年 3 月，国家允许上海、深圳两地试点公开发行股票，两地分别颁布了有关股票发行和交易的管理办法。

一些股票的分红派息方案由于银行存款，加上当时股份制企业数量较少、股票发行数量有限，供求关系由冷转热，大量的投资者涌向深圳和上海购买股票。地方政府虽然采取措施试图缓解过热现象，但仍不能改变股票供不应求的局面。限量发售的认购证严重供不应求，并出现内部交易和私自截留行为，最终导致了深圳抢购股票认购证的“8·10 事件”。

在这一阶段，源于中国经济转轨过程中企业的内生需求，中国资本市场开始萌生。在发展初期，资本市场处于一种自我演进、缺乏规范和监管的状态，并且以分隔的区域性试点为主，深圳“8·10 事件”的爆发，集中凸显了市场发展初期市场秩序亟待规范的矛盾，经济体制改革的神话和资本市场的发展，迫切需要规范的管理和集中统一的监管。

二、全国性资本市场的形成和初步发展

1992 年年初，邓小平南行时指出：“要抓紧有利时机，加快改革开放步伐，力争国民经济更好地上一个台阶。”他又针对证券市场指出：“证券、股市，这些东西究竟好不好，有没有危险，是不是资本主义独有的东西，社会主义能不能用？允许看，但要坚决地试。”在邓小平讲话精神鼓舞下，中国掀起了新一轮改革开放浪潮。同年十月，党的十四大确立了中国经济体制改革的目标是“建立社会主义市场经济体制”，股份制成为国有企业改革的方向。为了适应改革开放和资本市场发展的新形势，1992 年 10 月，国务院证券委员会（以下简称国务院证券委）和中国证券监督管理委员会（以下简称中国证监会）成立，中国资本市场开始建立全国统一监管框架。随后，股票公开发行试点由上海、深圳走向全国，国有企业的改制上市稳步推进。监管部门成立后，初步建立了证券市场法规体系，规范股票发行，整顿股票期货市场初期出现的不规范行为，全国性资本市场由此形成并获得了初步发展。

1. 统一监管体制的建立

1992 年 5 月成立的中国人民银行证券管理办公室，是最早对证券市场实施统一监管的机构。1992 年 7 月，国务院建立国务院证券管理办公会议制度，代表国

务院对证券业行使管理职能。但是，“8·10事件”进一步表明中国证券市场需要按国际惯例设立专门监管机构。因此，国务院于1992年10月设立国务院证券委和中国证监会，12月，国务院发布《关于进一步加强证券市场宏观管理的通知》，确立了中央政府对证券市场统一管理的体制。

1997年11月，中国金融体制改革进一步确定银行业、证券业、保险业分业经营、分业管理的原则。1998年4月，国务院证券委撤销，其全部职能及中国人民银行对证券经营机构的监管职能同时划归中国证监会。中国证监会成为全国证券期货市场的监管部门，接收全国各省、自治区、直辖市和计划单列市的证券期货管理机构，实施跨区域监管体制，在全国设立了36个派出机构，建立了集中统一的证券期货市场监管体制。

2. 资本市场法规体系的初步形成

中国证监会成立后，推动了一系列证券期货市场法规和规章的建设。

1993年4月颁布的《股票发行与交易管理暂行条例》，对股票发行、交易及上市公司收购等活动予以规范；1993年6月颁布的《公开发行股票公司信息披露实施细则》，规定了上市公司信息披露的内容和准则。

1993年8月发布的《禁止证券欺诈行为暂行办法》和1996年10月颁布的《关于严禁操纵证券市场行为的通知》，对禁止性的交易行为做了较为详细的规定，以打击违法交易活动。

1994年7月实施的《公司法》对公司的设立条件、组织机构、股份的发行和转让、公司债券、破产清算程序及法律责任等做了较为具体的规定，规范了有限责任公司和股份有限公司法人治理结构，为股份制企业和资本市场的发展奠定了制度性基础。

监管机构还陆续出台了一系列规范证券公司业务的管理办法，主要包括《证券经营机构股票承销业务管理办法》和《证券经营机构证券自营业务管理办法》，对证券公司业务开展起了重要的引导和规范作用。1997年11月，国务院证券委发布《证券投资基金管理暂行办法》，旨在推动证券投资基金的规范发展。

上述法律法规和规章的颁布实施，使资本市场的发展走上规范化轨道，为相关制度的进一步完善奠定了基础。

3. 股票发行审批制度的建立

国务院证券委、中国证监会成立以后，推动股票公开发行试点由上海、深圳走向全国，打开了资本市场进一步发展的空间。鉴于市场处于创建初期，各方对资本市场的规则、市场参与者的权利和义务的认识不全面，为防止一哄而上以及因股票发行引起投资过热，监管机构采取了额度指标管理的审批制度：国务院证券委根据国民经济发展需要及资本市场实际情况，先确定当年的发行总额度，然后根据各个省级行政区域、行业和需要进一步分配总额度。中经网数据显示，1993 年、1994 年、1996 年和 1997 年四年的发行额度分别为 50 亿元、55 亿元、150 亿元和 300 亿元人民币。

关于发行方式。为了充分体现公开、公平、公正的原则，吸取“8・10 事件”的教训，自 1993 年开始相继采用了无限量发售认购申请表、与银行储蓄存款挂钩、“上网定价”等方式，向公众公开发行股票。

关于发行定价。在交易所市场形成以前，大部分股票按照面值发行，定价没有制度可循。由于当时发行人、投资者和中介机构等市场参与者尚不成熟，也由于机构投资者的缺失，基本上根据每股税后利润和相对固定的市盈率来确定发行价格。

4. 证券交易所的建设和发展

1990 年成立的上海、深圳证券交易所逐步采用了无纸化交易平台，按照价格优先、时间优先的原则，实行集中竞价交易、电脑配对、集中过户，在市场透明度和信息披露方面远远优于以往的黑市和区域性柜台交易，交易成本和风险大大降低。相应地，两交易所的登记结算公司分别建立了无纸化存托管制度以及高度自动化的电子运行系统。为了降低价格波动，交易涨跌的幅度限制经过了多次调整，从 1996 年 12 月开始，上交所、深交所实行 10% 的涨跌停板制度。

随着市场的发展，上海、深圳交易所交易品种逐步增加，由单一的股票陆续增加了国债、权证、企业债、可转债和封闭式基金等。随着集中监管体系和上海、深圳两个全国性证券交易所市场的建立，上市公司数量、总市值和流通市值、股票发行筹资额、投资者开户数、交易量等都进入一个较快发展的阶段。

5. 证券中介机构数量增多、规模扩大

随着全国性市场的形成和扩大，证券中介机构也随之增加。1992 年 10 月，依托中国工商银行、中国农业银行、中国建设银行，华夏、南方、国泰 3 家全国性证券公司成立。此后，证券公司数量急剧增加，证券公司股东的背景基本上都是银行、地方政府和有关部委，其业务包括证券承销、经营、自营和实业投资等。此外，信托投资公司也都兼营证券业务，商业银行也参与国债的承销和自营。到 1998 年年底，全国有证券公司 90 家，证券营业部 2412 家。其他从事证券业务的服务机构也在不断发展，其中从事证券业务的会计师事务所 107 家，律师事务所 286 家，资产评估机构 116 家。

6. 证券投资基金的出现和规范

从1991年开始，出现了一批投资于证券、期货、房地产等市场的基金（后统称为“老基金”）。它们依托于地方政府或银行分支机构，向公众募集资金，到1996年年底共有78只，均为封闭式，总规模约为66亿元，投资范围涵盖证券、房地产和资金拆借，其中房地产投资占相当大的比重，流动性较低。有的基金在交易所挂牌交易，往往成为投机炒作的对象，给市场造成了一定的混乱。1997年11月，《证券投资基金管理暂行办法》颁布，规范证券投资基金的发展，同时开始对“老基金”进行清理。到1998年年底，新批设立的6家基金管理公司共发行6只封闭式证券投资基金，规模达到120亿元。

7. 对外开放

B股市场。在20世纪90年代初外汇短缺和外汇管制的背景下，为了吸引国际资本，中国于1991年年底推出人民币特种股票（以下简称B股）试点，又称境内上市外资股，以人民币标明面值，以美元或港元认购和交易，投资者为境外法人或自然人。至1998年年底，B股共筹资616.3亿元人民币，在一定程度上解决了企业的生产资金短缺问题，促进了B股公司按照国际惯例运作，也促进了中国资本市场在会计和法律制度以及交易结算等方面的改进和提高。但是，随着H股、N股、红筹股等境外上市步伐的加快，B股市场的功能有所减弱。

8. 期货市场初步发展

1992年12月，上交所首先向证券公司推出了国债期货交易，由于交易清淡，1993年10月进一步向社会公众开放。1994年至1995年年初，国债期货得到迅速发展，全国开设国债期货的交易场所从2家增加到14家。

1993年，商品期货市场出现了盲目发展的混乱局面，各种商品期货交易所达到50家左右，期货经纪公司有300多家，交易品种重复，期货经营机构管理混乱，有的企业甚至挪用资金进行期货投机，盲目发展境外期货交易，地下交易和欺诈时有发生。

1993年年底，国家开始清理整顿期货市场。国务院进一步明确期货市场由国务院证券委和中国证监会负责监管。此后，有关部门停止审批新的期货交易所并逐渐将期货交易所削减至3家，严格控制国有企事业单位参与期货交易，严厉查处各种非法期货经纪活动，清理整顿期货经纪公司，压缩期货交易品种，暂停钢材、食糖、煤炭、粳米、菜籽油等期货品种。1995年“327国债期货风波”后，期货市场进一步健全规章制度，规范交易行为，加强市场的风险控制，防范过度投机。

在这一阶段，统一监管体系的初步确立，使得中国资本市场从早期的区域性市场迅速走向全国性统一市场。随后，在监管部门的推动下，一系列相关的法律法规和规章制度出台，资本市场得到了较为快速的发展。与此同时，体制和机制缺陷带来的问题也在逐步积累，迫切需要进一步规范发展。

专题 1.1　拓展阅读——3·27 国债期货事件

3·27 国债事件背景

“327”是“92（3）国债06月交收”国债期货合约的代号，对应1992年发行1995年6月到期兑付的3年期国库券，该券发行总量是240亿元人民币。

当时中国国债发行极难。1990年以前，国库券一直是靠行政分配的方式发行的。国债的转让流通起步于1988年，1990年才形成全国性的二级市场。个人投资者普遍把国债作为一种变相的长期储蓄存款，很少有进入市场交易的兴趣。

通过多次国际考察，决策者对国际金融市场有了较多的了解，感觉应当有金融工具的创新。在当时的体制框架内和认识水平上，搞股票指数期货是不可能的，而国债的发行正在受到国家的大力鼓励。借鉴美国的经验，1992年12月28日，上海证券交易所首次设计并试行推出了12个品种的期货合约。

国债期货试行的两周内，交易清淡，仅成交19口。1993年7月10日，情况发生了历史性的变化，这一天，财政部颁布了《关于调整国库券发行条件的公告》，公告称，在通货膨胀居高不下的背景下，政府决定将参照中央银行公布的保值贴补率给予一些国债品种的保值补贴。国债收益率开始出现不确定性。国债期货市场的炒作空间扩大了。

所谓的保值贴息指的是，由于通货膨胀带来人民币贬值，从而使国债持有者的实际财富减少。为了补偿国债持有人的这项损失，财政部会拿出一部分钱作为利息的增加，称之为保值贴息。从经济学的角度来看，保值贴息应该与通货膨胀率的实际值相等，而在国际惯例上，大多数国家（包括现在的中国）已经取消了这一补贴，原因在于，国债购买者在购买时应当自行预见金融产品收益的不确定性。

90年代中期，国家开放了国债期货交易试点，采用国际惯例，实行保证金制度，虽然大大的高出了1%的国际标准，但2.5%的保证金制度仍然把可交易量扩大到了40倍，有效地提高了国债期货产品的流动性。

由于期货价格主要取决于相应现货价格预期。因此，影响现货价格的因素也就成了期货市场的炒作题材。影响1992年三年期国债现券价格的主要因素有：

①基础价格：92（3）现券的票面利率为9.5%，如果不计保值和贴息，到期本息之和为128.50元。

②保值贴补率：92（3）现券从1993年7月11日起实行保值，因而，其中1995年7月份到期兑付时的保值贴补率的高低，影响着92（3）现券的实际价值。

③贴息问题：1993年7月1日，人民币三年期储蓄存款利率上调至12.24%，这与92（3）现券的票面利率拉出了2.74个百分点的利差，而1994年7月10日财政部发布的公告仅仅规定了92（3）等国债品种将与居民储蓄存款一样享受保值贴补，并未说明92（3）现券是否将随着储蓄利率的提高进行同步调整。因此，92（3）现券是否加息成为市场一大悬念，直接影响92（3）现券的到期价值。

（4）1995年新券流通量的多寡也直接影响到92（3）期券的炒作，由于上海证交所采用混合交收的制度，如果新券流通量大，且能成为混合交收的基础券种，那么，空方将有更多的选择余地，市场将有利于空方，如果相反，则对多方有利。

这些价格的不确定因素，为92（3）国债期货的炒作提供了空间。

事件发展经过

1995年时，国家宏观调控提出三年内大幅降低通货膨胀率的措施，到1994年底、1995年初的时段，通胀率已经被控下调了2.5%左右。众所周知的是，在1991~1994中国通胀率一直居高不下的这三年里，保值贴息率一直在7%~8%的水平上。根据这些数据，时任万国证券总经理，有中国证券教父之称的管金生的预测，327国债的保值贴息率不可能上调，即使不下降，也应维持在8%的水平。按照这一计算，327国债将以132元的价格兑付。因此当市价在147~148元波动的时候，万国证券联合辽宁国发集团，成为市场空头主力。

而另外一边，当时的中国经济开发有限公司（简称中经开），隶属于财政部，有理由认为，它当时已经知道财政部将上调保值贴息率。因此，中经开成为多头主力。

1995年2月23日，财政部发布公告称，327国债将按148.50元兑付，空头判断彻底错误。当日，中经开率领多方借利好大肆买入，将价格推到了

151.98 元。随后辽国发的高岭、高原兄弟在形势对空头极其不利的情况下由空翻多，将其50 万口做空单迅速平仓，反手买入50 万口做多，327 国债在1分钟内涨了2 元。这对于万国证券意味着一个沉重打击——60 亿人民币的巨额亏损。管金生为了维护自身利益，在收盘前八分钟时，做出避免巨额亏损的疯狂举措：大举透支卖出国债期货，做空国债。下午四点二十二，在手头并没有足够保证金的前提下，空方突然发难，先以50 万口把价位从151.30元轰到150 元，然后把价位打到148 元，最后一个730 万口的巨大卖单把价位打到147.40 元。而这笔730 万口卖单面值1460 亿元。当日开盘的多方全部爆仓，并且由于时间仓促，多方根本没有来得及有所反应，使得这次激烈的多空绞杀终于以万国证券盈利而告终。而另一方面，以中经开为代表的多头，则出现了约40 亿元的巨额亏损。

2 月23 日晚上十点，上交所在经过紧急会议后宣布：23 日16 时22 分13 秒之后的所有交易是异常的、无效的，经过此调整当日国债成交额为5400 亿元，当日327 品种的收盘价为违规前最后签订的一笔交易价格151.30 元。这也就是说当日收盘前8 分钟内多头的所有卖单无效，327 产品兑付价由会员协议确定。上交所的这一决定，使万国证券的尾盘操作收获瞬间化为泡影。万国亏损56 亿人民币，濒临破产。

2 月24 日，上交所发出《关于加强国债期货交易监管工作的紧急通知》，就国债期货交易的监管问题作出六项规定：①从2 月24 日起，对国债期货交易实行涨跌停板制度；②严格加强最高持仓合约限额的管理工作；③切实建立客户持仓限额的规定；④严禁会员公司之间相互借用仓位；⑤对持仓限额使用结构实行控制；⑥严格国债期货资金使用管理。同时，为了维持市场稳定，开办了协议平仓专场。

事件尾声

5 月17 日，中国证监会鉴于中国当时不具备开展国债期货交易的基本条件，发出《关于暂停全国范围内国债期货交易试点的紧急通知》，开市仅两年零六个月的国债期货无奈地画上了句号。中国第一个金融期货品种宣告夭折。

9 月20 日，国家监察部、中国证监会等部门都公布了对“3·27 事件”的调查结果和处理决定，决定说：“这次事件是一起在国债期货市场发展过快、交易所监管不严和风险控制滞后的情况下，由上海万国证券公司、辽宁国发（集团）公司引起的国债期货风波。”决定认为，上海证交所对市场存在过度投机带来的风险估计严重不足，交易规则不完善，风险控制滞后，监督管理不严，致使在短短几个月内屡次发生严重违规交易引起的国债期货风波，在国内外造成极坏的影响。经过四个多月深入调查取证，监察部、中国证监会等部门根据有关法规，对有关责任人分别做出了开除公职、撤销行政领导等纪律处分和调离、免职等组织处分，涉嫌触犯刑律的移送司法机关处理，对违反规定的证券机构进行经济处罚。

资料来源：新浪财经。

三、中国资本市场的进一步发展与成熟阶段

1. 多层次的股权市场体系

中国资本市场已经发展成为一个多层次的市场体系，包括场内市场和场外市场两大部分。场内市场主要由主板（包括中小企业板）和创业板构成，场外市场目前主要是代办股份转让系统。多层次的组织形式，使得资本市场能够更好地满足不同类型企业的融资需求和不同风险偏好投资者的投资需求。

（1）主板市场

主板市场主要接纳国民经济中的支柱企业、占据行业龙头地位的企业以及其他具有较大资产规模和经营规模的企业上市，通常就是接纳基础产业中的大型企业上市。主板市场是最先发展起来的，其上市公司数量和市值均占整个市场的绝大部分，代表着资本市场的基本面貌。主板市场包括两大部分：上海证券交易所主板市场和深圳交易所主板市场。

从1990年成立以来，上海证券交易所已经逐步发展壮大，总市值、成交金额、融资规模均已进入世界前列，是中国重要的主板市场，也是全球最大的新兴市场。

1990年12月19日，上海证券交易所开业。起初，只有8家上市公司，其中7家为上海本地公司，市值合计仅12.34亿元。交易所的会员也只有25家，主要是信托公司或信托公司的证券业务部、早期的证券公司或证券业务部。针对这种情况，上海证券交易所十分重视扩大上市证券数量、丰富上市交易品种。截至2014年8月20日，上交所上市股票共985只。

深圳主板市场发端于1986年，是伴随着国有企业的股份制改造并适应其发展需要而逐步发育成长起来的。截至2014年8月20日，深圳主板市场挂牌股票数量为516只。

（2）中小企业板市场

中小企业板专门服务于中小企业，是中国多层次资本市场体系的重要组成部

分。从制度层面上讲，中小企业板是主板的有机组成部分，但在实际运行中，又具有自身的特点。自设立以来，中小企业板坚持从严监管，不断开拓创新，完善制度建设，加强投资者合法权益保护，为创业板的平稳推出奠定了重要基础。中小企业板对中小企业发展的示范、引导作用不断显现，在国民经济保增长、调结构、促就业等方面发挥了积极作用。

①设立与发展历程。2004 年 5 月 17 日，经国务院批准，中国证监会正式批复，同意深交所在主板市场内设立中小企业板块，并核准了中小企业板块实施方案。5 月 27 日，中小企业板正式启动。6 月 25 日，新和成等首批 8 家公司挂牌上市。中小企业板的设立，是中国多层次资本市场体系建设的重要步骤。

2005 年 6 月 20 日，随着 10 家公司进入第二批股权分置改革试点，中小企业板的股改工作正式启动，11 月 21 日率先完成，成为第一个“全流通板块”。12 月 1 日，中小企业板指数发布。2006 年 12 月 1 日，中小企业板公司家数达到百家。2007 年 4 月 24 日，中小企业板日成交额首次突破 100 亿元。伴随着 6 年多的创新和发展，中小企业板已经发展成为中国多层次资本市场体系中一个特色鲜明、不可替代的独立板块。

②中小企业板市场发展情况。在与主板的并行发展中，中小企业板开辟了一个扶持中小企业快速发展的新平台，进一步丰富了资本市场层次，促进了资本市场功能发挥。

市场规模不断扩大，影响力趋于增强。截至 2014 年 4 月 30 日，中小企业板上市公司总数达到 719 家，IPO 筹资额和再融资额分别累计达到 4900 亿元和 2405 亿元，筹资总额达 7305 亿元。中小企业板股票总市值从 2006 年初的 482 亿元扩大到 2014 年 5 月 23 日的 3. 81 万亿元，相应地，其占深市股票总市值的比例从 5. 16% 提高到 41. 50% 。

行业机构趋于优化，区域分布扩大。中小板涌现出越来越多的行业巨头。截至 2014 年 1 月底，沪深两市 157 个细分行业，29 个行业龙头企业在中小企业板。不少中小板公司已经成长为行业的巨人，早已不再是中小企业，如市值排名前三的比亚迪、海康威视、苏宁云商等市值都已经达数百亿元。

（3）创业板市场

2009 年 10 月创业板正式推出，标志着中国多层次资本市场体系建设迈出重要一步。推出创业板是党中央、国务院从经济社会发展全局作出的战略决策，适应了中国应对国际金融危机、促进经济平稳较快发展的内在要求，也适应了中国加快转变经济发展方式、培育和发展战略性新兴产业的内在需求，对中国资本市场乃至经济社会持续健康发展都具有重要的意义。

截至2014年7月21日，创业板上市公司总数达到382家，上市公司流通市值达到17784亿元。

（4）新三板市场

“新三板”市场原指中关村科技园区非上市股份有限公司进入代办股份系统进行转让试点，因为挂牌企业均为高科技企业而不同于原转让系统内的退市企业及原STAQ、NET系统挂牌公司，故形象地称为“新三板”。新三板的意义主要是针对公司的，会给该企业、公司带来很大的好处。目前，新三板不再局限于中关村科技园区非上市股份有限公司，也不局限于天津滨海、武汉东湖以及上海张江等试点地的非上市股份有限公司，而是全国性的非上市股份有限公司股权交易平台，主要针对的是中小企业。

随着全国中小企业股份转让系统（俗称“新三板”）扩容至全国正式启动，新三板市场发展突飞猛进。截至2014年6月底，新三板挂牌企业达到813家，仅上半年新增挂牌企业数量就已超过以往4年总和，达到500家。

迅速扩容的新三板，不仅成为中小企业热门融资渠道，同时也为券商投行提供了业务平台。目前，券商对新三板企业的收费主要来自于挂牌费用、增发承销和交易费用，虽然相对IPO市场有一定差距，但是随着多元化资本市场体系建设日益完善、业务产业链的增加，很多券商也加大了对新三板的投入力度。

（5）区域性股权交易市场

区域性股权交易市场（下称“区域股权市场”）是为特定区域内的企业提供股权、债券的转让和融资服务的私募市场，是中国多层次资本市场的重要组成部分，亦是中国多层次资本市场建设中必不可少的部分。对于促进企业特别是中小微企业股权交易和融资，鼓励科技创新和激活民间资本，加强对实体经济薄弱环节的支持，具有积极作用。

中国四板市场体系的建立应采取“条块结合”的模式，既有集中统一的场外交易市场，又有区域性的股权、产权交易市场。具体思路如下：第一，借鉴发达国家经验，发展场外交易市场。根据发达国家的经验，中国发展场外交易市场，实现地区性联网运行，集中报价、分散成交、统一核算，从目前看是可行的。第二，在加快发展场外交易市场的同时，应积极规范地区性股权交易中心。中国先后在天津、浙江、淄博、广州、上海、武汉、沈阳等十几个城市形成了将企业股权公开挂牌交易的地方性股权交易市场，但这些市场绝大多数由地方政府正式或非正式批准成立的，容易受到地方行政力量的控制和切割，给金融监管增加难度。中央政府应将近年各地自发的地方性股权交易规范化、合法化，为中国中小企业的健康发展开辟了一条新的融资渠道。第三，为了解决高新技术企业的产权交易和转让问题，应积极稳妥地发展地方产权交易市场。从中国国情出发，地方性科技产权交易市场应该兼顾高技术、新技术和中度适应技术等企业的普遍需要，成为普遍适用的中小企业产权交易市场，在条件成熟的地方甚至可以建设成特殊柜台市场，从而为形成多层次资本市场体系结构奠定基础。

2. 债券市场的进一步发展

近几年来，中国债券市场规模有所扩大，市场交易规则逐步完善，债券托管体系和交易系统等基础建设不断加快。

交易所债券市场。交易所债券市场的债券品种和市场规模持续增长，交易方式不断完善。2002 年实行的国债竞价交易方式提高了市场的流动性和活跃性，2004 年退出了买断式国债回购交易，2005 年 9 月，国内首个企业资产证券化产品“联通收益计划”上市交易，2006 年退出了分离交易可转债，市场登记、托管预结算业务规则尤其是国债回购业务规则进一步完善。2008 年优化了公司债券申报和审核程序，扩大债券发行规模，研究推出可交换债券，支持基金公司和证券公司推出债券类产品。2009 年，实施公司债券分类管理制度，稳步推进上市公司发行可交换债和分离债。此外，部分企业债券实行通过交易所网上公开发行，提高了发行的透明度，加强了发债主体的信息披露等。

银行间债券市场。银行间债券市场由中国人民银行于 1997 年建立，是以中央国债登记结算公司为平台、以机构投资者为主、以协议方式交易的无形市场。2000 年以来，该市场品种和规模不断扩大，建立了短期融资券的备案管理制度；市场参与者逐步扩大到境外机构投资者、非金融机构，允许国际机构发行人民币债券；先后推出外币金融债券、商业银行次级债券、证券公司短期融资券、工商企业短期融资券、商业银行普通金融债券、商业银行混合资本债券、债券远期交易和信贷资产支持证券等品种；允许企业债券进入银行间债券市场交易。此外，该市场的交易和登记结算系统等基础设施逐步完善，实现了券款兑付和债券交易结算的直通式处理。

银行柜台交易市场。商业银行柜台市场是银行间债券市场的延伸，设立于 2002 年，主要面向个人投资者和中小企业从事国债零售业务。之后，国债交易网点快速增加，个人投资者数量和交易结算量也有一定的增长。但是，由于市场化的债券信用体系没有建立及多头管理体制等原因，一段时间以来，公司债市场发展滞后，现有的银行间、交易所和银行柜台 3 个市场间相互分割，影响了债券市场的发展。2009 年以来，中国证监会会同人民银行、银监会开展上市商业银行参与交易所债券市场试点准备工作，批准 9 家商业银行试点资格，推进债券登记结算系统对接，债券市场的统一互联取得积极进展。

3. 期货市场稳步发展

1999 年发布的《期货交易管理暂行条例》及后续有关期货交易所、经纪公司、经纪公司高管资格和从业人员资格 4 个配套管理办法的出台，初步建立起期货市场的法规体系，与此同时，对期货市场的清理整顿也取得了成效，期货市场开始步入规范运行的轨道。2000 年 12 月，中国期货业协会在北京成立，成为全国期货行业自律性组织，为非营利性的社会团体法人。

按照“国九条”关于“稳步发展期货市场”的思路，在严控风险的前提下，2004 年起，中国陆续推出了棉花、燃料油、玉米、黄大豆 2 号、白糖、豆油、精对苯二甲酸（PTA）、锌、菜籽油、线性低密度聚乙烯（LLDPE）和棕榈油等商品期货新品种。2006 年 9 月，中国金融期货交易所在上海成立，准备推出金融衍生品。2008 年 1 月，中国第一个贵金属期货品种黄金期货在上海期货交易所上市。2009 年，螺纹钢、线材、早籼稻和聚氯乙烯等新品种上市。截至 2010 年年底，中国期货市场共有 23 个商品期货交易品种，关系国计民生的大宗商品期货产品体系基本形成，套期保值和价格发现功能逐步发挥。2010 年 4 月，首个股指期货品种沪深 300 指数合约挂牌上市，在中国金融衍生品发展史上具有标志性意义。

与此同时，中国期货市场运行质量和规范化水平逐步提高。2003 年期货市场全面推行期货交易保证金封闭运行，严格执行期货交易结算规则，防范和化解期货交易结算和交割风险。实行了以净资本为核心的期货公司风险监管指标体系，建立了新的期货保证金存管制度和投资者保障基金。2006 年 5 月，中国期货保证金监控中心成立并逐步建立了期货保证金和对系统和投资者查询服务系统，以监控期货保证金的安全。2007 年 3 月，修订后的《期货交易管理条例》发布，将规范的内容由商品期货扩展到金融期货和期权交易，扩大了期货公司的业务范围，进一步强化了风险控制和监督管理。2009 年，建立并实施了期货市场统一开户制度，推行期货公司分类监管制度。

2010 年，期货市场共成交 31.34 亿手，成交金额约 309.12 万亿元，中国商品期货成交量连续两年居世界第一位。

专题 1.2　郭树清金融创新改革试验

自郭树清从证监会主席转任山东省代省长起，外界已经开始紧盯他主导下的山东新政，并预测向来雷厉风行的郭树清将首先启动金融领域改革。

8月7日，山东省《关于加快全省金融改革发展的若干意见》（以下简称《意见》）印制，并在随后几天下发。《意见》共15页22条，是山东这个经济大省对自身经济格局中金融偏弱的反思，也寄托了当地政府、实业、金融机构加快金融发展的愿望。当然也少不了郭树清的影子。

据山东金融办的消息，中央金融部门和企业将选派30名干部到山东挂职，山东省每个地市将配备一位懂金融的副市长，而山东省也将选派34名干部到中央金融部门和政府挂职。

积弱

金融一直是山东这个经济大省的软肋。据山东省小额贷款公司企业协会董事长刘吉民介绍，山东省每百人中从事金融行业的有2人，而江苏上海等地是6~7人。

《意见》提出到2017年底，山东金融业增加值占生产总值的比重要达到5.5%以上，占服务业增加值的比重要达到12%以上。2012年山东金融业增加值占生产总值的比重为4.03%，而广东、上海、北京等地2012年超过6%。

实际上，如果从经济体积上看，山东省在全国名列前茅，但这只是量的积累，山东人觉得金融行业拖了经济后腿。

这个软肋已经让企业满腹牢骚，济南一家高新技术企业董事长对此感同身受。他此前为融资1000万元，要向金融机构作各种解释，并且要出具各种文件，手续繁琐，最终他放弃了这笔融资。“与金融机构打交道很难，因为交易双方地位不对等。”

而在政策上，他也认为山东太保守，很难与PE对接成功。吕红民称自己为VC，甚至为天使投资人，近来他的投资向产业上游转移，促使高新技术成果尽快商品化、产业化。甚至他还成为大股东并参与企业管理，在一定条件下退出。外界将山东省金融行业落后归咎于经济结构等原因。其中，最为诟病的就是山东的“大象经济”。

从资源禀赋上看，山东省自然资源丰富，依此发展起了高耗能的钢铁、有色、化工、造纸等工业，并且贡献了大部分GDP。大企业销售额高，GDP拉动效应明显，为官员们所喜好。而金融机构也倾向于向大企业放贷，但是这种放贷产生的社会收益，在最近几年饱受怀疑。

不少受访者认为，山东省GDP和江苏省相差无几，但是财政收入远比不上江苏，就是因为受经济结构中高污染、高耗能的资源型企业比例过大拖累。

“山东钢铁去年销售额是1600亿元，如果这是1600家中小企业每个1亿元贡献出来的，那济南的发展就了不得。现在我们公司几个亿的销售收入，我在济南都可以做工商联副主席。”一名拟上市公司董事长表示。

金融革新

山东希望提高经济发展质量的水平。《意见》计划加大对制造业、服务业、传统产业改造升级以及绿色环保等领域的资金支持力度，培育新的经济增长点。

新产业发展离不开资金支持，山东省想改变经济格局，改变小微企业偏弱局面，首先需要金融活起来。

所以金融革新是最容易活跃经济的做法，这也是上述山东金融从业者认为郭树清“路走得很准”的缘由。而金融也是郭树清最为熟悉的领域。

金融业既可服务实体经济，本身又是一大产业，而且处于各产业的高端。“如果山东省实体经济的优势能够转化到资本上面，经济发展质量就会得到质的提高。”山东金融办主任李永健表示。

其实，山东省一直重视金融业发展，近几年金融业也一直快速发展，“十一五”期间年均增速达到18.8%，去年增长达19%，是GDP的两倍。金融危机爆发后，山东省2009年末还将金融办作为直属机构独立出来。

记者发现，作为山东发展金融业的纲领性文件，《意见》吸收了山东以往的成功经验。例如，抵押物创新的寿光经验，以及县域金融创新等。而关于齐鲁股权托管交易中心的部分更是山东省金融领域的一大亮点。

齐鲁股权交易中心在山东各地办理分支结构，经过两年多的发展，挂牌企业138家，托管企业271家，在全国也属佼佼者。

该交易中心属四板市场，不设盈利等要求，但企业要规范信披，规范缴纳税费，规范管理。

李永健认为，股权交易中心可以缓解小微企业融资难问题，还增加了投资平台。这也是山东建立多层次资本市场的一部分。

此外，《意见》中创新领域众多，其中包括设立覆盖省、市、县的地方金融监管部门。这主要是因为金融行业发展迅速，传统金融监管已经无法全部覆盖，存在监管盲区，设立地方金融监管部门可以覆盖盲区，避免政府职能缺位，也可为一行三会监管做服务。

此外，农村信用社改革吸纳的投资主体不仅仅是省内资金，也吸引民营资本。

市场取向

《意见》一定程度上显示出郭树清对市场的迷恋。

4 月 7 日，郭树清在山东省新一届政府第一次廉政工作会议上讲话涉及的却是政府与市场：政府不是万能的，许多事情由政府来做成本很高，要切实转变政府职能，下决心把该放的权力放下去，该由市场做的放给市场，社会能办好的交给社会。

郭树清的上述看法，在《意见》中得到贯彻。"《意见》就是发挥市场配置的基础性作用。"李永健表示。《意见》希望企业从间接融资向直接融资转变，促进民间资本参与到金融行业，促进民间融资，引进种子基金、风投，发展金融中介服务。

郭树清相信市场的自我调节功能，这可以在他早期工作中找到踪迹，尽管哲学和法律专业出身，但他毕业后迅速将注意力转移到了经济领域。20 世纪 80 年代中期，郭树清和吴敬琏、周小川等被称为"整体改革论者"。1988 年 5 月，《中国经济体制改革整体设计》完成。郭树清 1988 年及 1992 年曾两次获得大陆经济学界颇富名声的孙冶方经济学奖。

此外，郭树清长期在国务院体改委任职，对经济领域的研究，让他相信市场在资源配置中的基础性作用。

"他市场化主张很强，非常反对以政府有形之手代替市场无形之手。"山东省金融办一官员称。郭树清讲究效率、说干就干。郭树清的会风也与往不同，"他主持开会讨论时，主张各抒己见，很少最后做总结"。

《意见》提出了"到 2017 年底直接融资比重提高到 20% 以上"的目标，支持山东企业在国际市场直接融资，到香港发行人民币债券。另外，《意见》要促进更多企业上市和上市公司再融资，鼓励有条件的上市公司进行战略性并购重组，提高山东上市公司整体实力和核心竞争力等。

"郭树清来到山东，就是山东一个大利好。"山东一名金融界人士表示。这种利好不仅是山东迎来了一个懂金融的省长，还因为这位省长在金融部门中的影响力。

在金融创新方面，山东省还有不少难题待解，例如将资产打包进行融资的业务。据业内人士称，山东省能做这类业务的人才相当有限。

为吸引人才，《意见》规定，对符合条件的金融行业高端人才，按个人所得税地方留成比例由各地政府给予适当奖励，并提供落户、居住、子女教育等便利服务。选派高层次金融人才到市县挂职，鼓励政府与金融机构开展双向挂职交流。

据了解，山东本地的双向挂职交流已经启动，山东与中央金融主管部门和金融企业的双向交流也已展开。山东省向中央金融主管部门和金融企业选派34名干部挂职，包括证监会等在内的中央金融主管部门和金融企业也将选派30名干部到山东挂职，每个地市将配备一名懂金融的副市长。

山东省金融办官员表示，《意见》涉及的有些目标超过地方政府所能，比如小贷公司转为村镇银行，民营企业发起设立民营银行、保险公司等。但省政府和企业正在向上级金融主管部门申请，争取获得最大的支持。

机遇

春江水暖鸭先知，一些投资机构，早早就嗅到了《意见》所带来的机会。

蓝色经济区产业基金管理有限公司2012年成立，规模达300亿元，投资主要瞄准山东半岛蓝色经济区。蓝色基金执行副总裁徐炜峰表示，《意见》中有关金融业对外开放的部分，有利于创新业务，增加美元基金的投资机会，扩展蓝基金与境外投资机构的合作空间。

关于山东省农村信用社改革的部分，则可以增加蓝基金的投资机会，增加蓝基金项目来源。而关于小额贷款公司增资扩股、转银行的部分一方面有利于增加蓝基金优质项目储备，另一方面有利于选择小贷公司进行投资。

“关于暂不具备上市条件的，可以探索多元化股权投资流转退出机制，这个规定有利于增加蓝基金投资项目的退出渠道，提高投资效率和资金周转率。”徐炜峰表示。

吕红民认为《意见》出台，可以促使投资机构在山东设立子公司，促进地方政府的投资公司与专业投资机构合作，更好地为小微企业服务。

从规模上看，山东省既不缺资金，也不缺少中小微企业，但是两者的衔接却没有做好。如果资本能够找到优秀项目，优秀企业融资渠道畅通，中小微企业将会得到长足发展，这是一个优化资源配置的过程。这中间尚有巨大空间，为中小微企业服务的小贷公司去年业务喜人，就是明证。

山东省金融办希望《意见》成为山东省各级党委、政府金融机构和企业的自觉行动。“关键是如何落地，这需要一个过程。”上述金融办负责人表示。

资料来源：新浪财经。

第二节　中国资本市场主要可投资品种及发展状况

在中国资本市场的发展历程中，立足于满足实体经济需要，注重与市场发育程度和风险防范能力相适应，资本市场产品创新不断推进，产品日趋丰富。主要包括：股票、债券、基金及衍生品。股票由 A 种股票和 B 种股票；债券主要有国债、企业债、公司债、可转债、分离交易可转债以及资产支持证券；基金分为封闭式基金和开放式基金。

一、股票、债券及相关产品

股票、债券及相关产品是中国资本市场基础产品。这些基础产品品种的不断丰富，既满足了市场主体日益增长的投融资需求，也有力地促进了资本市场的发展。

1. 股票及其相关产品

股票及其相关产品，是证券市场的基础产品。最早在证券交易所挂牌交易的股票是人民币普通股票（A 股）。随着市场的发展，证券市场推出了人民币特种股票（B 股）和权证产品。

（1）人民币普通股票

A 股，一般只由中国境内的公司发行，供境内机构、组织或个人以及合格境外机构投资者（QFII）以人民币认购和交易的普通股股票。1990 年 12 月 19 日，上海申华电工联合公司、上海豫园旅游商城股份有限公司、上海飞乐股份有限公司、上海真空电子器件股份有限公司、浙江凤凰化工股份有限公司、上海飞乐音响股份有限公司、上海爱使电子设备股份有限公司、上海延中实业股份有限公司 8 家公司的股票（也称“老八股”）在上海证券交易所挂牌交易，是最早在交易所上市的一批 A 股。在深圳证券交易所上市的深圳股票中有 10 只股票在深圳证券交易所成立前已经发行，称为深圳“老十股”，这 10 只股票中的深圳发展银行、深圳万科企业股份有限公司、深圳市金田实业股份有限公司、蛇口安达运输股份有限公司、深圳原野实业股份有限公司已于深交所试营业前在深圳特区证券公司公开柜台上市交易，这 5 只股票成为深市“老五股”。

（2）人民币特种股票（B 股）

1991 年，为了发挥股票市场利用外资的作用，中国推出了人民币特种股票，简称B股。B股是指在中国境内注册的股份有限公司向境内外投资者发行并在中国境内证券交易所上市交易的股票。B股采取记名股票形式，以人民币标明面值，以外币认购、买卖。在上海证券交易所挂牌的B股以美元认购和买卖，在深圳证券交易所挂牌的B股以港币认购和买卖。上海真空电子是中国第一家发行B股的公司，并于1992年2月21日在上海证券交易所挂牌交易，1992年2月28日南玻B股成为深圳证券交易所第一支挂牌交易的B股，从此开启了境内股票市场A股和B股并存的局面。2001年2月19日之前，只有外国投资者可以买卖B股，2001年2月19日之后B股对境内持有外汇的居民开放。

（3）权证

在A股和B股逐渐增多的同时，权证也开始出现。当时上市公司发行权证的主要出发点是保护老股东在配股中的权益，使不愿意或者无力认购配股的股东能够有偿转让其配股权。1992年6月8日，第一只权证飞乐股份配股权证在上海证券交易所上市。同年10月深圳宝安公司发行了认股权证。从1992年6月到1996年6月，沪深两市共发行过14只权证，期间部分权证经历了盲目的非理性炒作。从1996年6月起暂停了权证发行和交易。股权分置改革启动后，权证作为对价安排而被市场重新采用。2005年8月22日，宝钢权证在上海证券交易所上市。2006年，分离交易的可转换公司债券作为全流通机制下市场创新发展的重要举措正式推出。

（4）券商融资融券业务

“融资融券”（Securities Margin Trading）又称“证券信用交易”或保证金交易，是指投资者向具有融资融券业务资格的证券公司提供担保物，借入资金买入证券（融资交易）或借入证券并卖出（融券交易）的行为。包括券商对投资者的融资、融券和金融机构对券商的融资、融券。从世界范围来看，融资融券制度是一项基本的信用交易制度。2010年3月30日，上交所、深交所分别发布公告，表示将于2010年3月31日起正式开通融资融券交易系统，开始接受试点会员融资融券交易申报。融资融券业务正式启动。

随着中国资本市场迅速发展和证券市场法制建设的不断完善，证券公司开展融资融券业务试点的法制条件已经成熟，2005年10月27号，十届全国人大常委会十八次常委会议审定通过新修订的《证券法》，规定证券公司可以为客户融资融券服务。

2006年6月30日，证监会发布《证券公司融资融券试点管理办法》（2006年8月1日起施行）。8月21日，《融资融券交易试点实施细则》公布。

2008年10月5日，证监会宣布启动融资融券试点。2008年10月31日，证监会发布《证券公司业务范围审批暂行规定》，并于12月1日开始实施。

2010年3月19日，证监会公布融资融券首批6家试点券商。

2010年3月30日，上海、深圳证券交易所正式向6家试点券商发出通知，将于2010年3月31日起接受券商的融资融券交易申报。融资融券交易正式进入市场操作阶段。

2012年12月31日，据统计开展融资融券业务证券公司已有74家，开立投资者信用证券账户超过50万户。

（5）沪港通

沪港通是指上海证券交易所和香港联合交易所允许两地投资者通过当地证券公司（或经纪商）买卖规定范围内的对方交易所上市的股票，是沪港股票市场交易互联互通机制。

沪港通由中国证监会在2014年4月10日正式批复开展互联互通机制试点。证监会指出，沪港通总额度为5500亿元人民币，参与港股通的个人投资者资金账户余额应不低于人民币50万元，港通正式启动需6个月准备时间。

沪港通包括沪股通和港股通两部分：沪股通，是指投资者委托香港经纪商，经由香港联合交易所设立的证券交易服务公司，向上海证券交易所进行申报（买卖盘传递），买卖规定范围内的上海证券交易所上市的股票；港股通，是指投资者委托内地证券公司，经由上海证券交易所设立的证券交易服务公司，向香港联合交易所进行申报（买卖盘传递），买卖规定范围内的香港联合交易所上市的股票。

试点初期，沪股通的股票范围是上海证券交易所上证180指数、上证380指数的成分股，以及上海证券交易所上市的A+H股公司股票。港股通的股票范围是香港联合交易所恒生综合大型股指数、恒生综合中型股指数的成分股和同时在香港联合交易所、上海证券交易所上市的A+H股公司股票。双方可根据试点情况对投资标的范围进行调整。

试点初期，香港证监会要求参与港股通的境内投资者仅限于机构投资者，及证券账户及资金账户余额合计不低于50万元的个人投资者。

证监会下一步将按照有序可控的原则，会同有关各方积极开展以下实施准备工作：一是进一步完善方案，优化业务流程，出台该项业务的规范性文件及配套措施，做好技术准备；二是与香港证监会沟通业务监管及跨境执法问题，对现有的《监管合作备忘录》进行补充。同时协调沪港交易所签署互联互通的合作协议；三是制定有关交易方式、交易时间安排、信息披露等细则和应急处置方案。

沪港通是中国资本市场对外开放的重要内容，有利于加强两地资本市场联系，推动资本市场双向开放，具有以下三方面积极意义。

①有利于通过一项全新的合作机制增强中国资本市场的综合实力。沪港通可以深化交流合作，扩大两地投资者的投资渠道，提升市场竞争力。

②有利于巩固上海和香港两个金融中心的地位。沪港通有助于提高上海及香港两地市场对国际投资者的吸引力，有利于改善上海市场的投资者结构，进一步推进上海国际金融中心建设；同时有利于香港发展成为内地投资者重要的境外投资市场，巩固和提升香港的国际金融中心地位。

③有利于推动人民币国际化，支持香港发展成为离岸人民币业务中心。沪港通既可方便内地投资者直接使用人民币投资香港市场，也可增加境外人民币资金的投资渠道，便利人民币在两地的有序流动。

2. 债券及其相关产品

证券交易所成立初期，交易的债券品种主要是国债和企业债。随着债券市场的发展和创新，交易所债券市场陆续推出了公司债、可转债、资产支持证券、分离交易可转债以及债券回购等新品种，形成了债券现货和债券回购两种产品体系。

（1）公司债

为积极培育商业信用，推进企业债券融资的市场化改革，2007 年 8 月中国证监会发布了《公司债券发行试点办法》，当年 12 月第一只公司债“中国长江电力股份有限公司债券”在交易所挂牌交易，公司债逐渐成为信用债的重要品种。

（2）可转债

1991 年 8 月，琼能源发行 3000 万元的可转债，这是中国第一只可转债。1992 年 11 月，深圳宝安公司发行了 5 亿元的可转债，是中国上市公司首次发行可转债。20 世纪 90 年代，中国可转债总体数量较少，规模也相对较小。2001 年之后，在当时股票市场较为低迷的情况下，上市公司发行股票融资的难度较大，一些上市公司加大了利用可转债筹资的力度，可转债的发展速度有所加快。

（3）资产支持证券

2005 年 12 月，“中国联通 CDMA 网络租赁费收益计划”在上海证券交易所大宗交易系统挂牌交易，资产支持证券成为交易所债券市场新的交易品种。之后，“中国网通应收款资产支持收益凭证”、“远东首期租赁资产支持收益专项资产管理计划”等资产支持证券先后在上海证券交易所大宗交易系统进行交易。

（4）分离交易可转债

2006 年，交易所债券市场推出了分离交易可转债，这是一种附认股权证的公司债，可分离为纯债和认股权证两部分，赋予了上市公司一次发行两次融资的机会。2006 年 11 月 29 日，第一只分离交易可转债“06 马钢债”在上海证券交易所上市。

（5）债券回购

除了债券现货之外，交易所债券市场还有企业债回购、新质押式国债回购和买断式国债回购等交易品种，其中，企业债回购包含 1 天回购、3 天回购和 7 天回购，新质押式回购包含 1 天、2 天、3 天、4 天、7 天、14 天、28 天、91 天和 182 天等期限的品种。

截至 2010 年年底，在中国证券交易所挂牌交易的国债达到 110 只，地方政府债 1 只，企业债 102 只，公司债 216 只，可转债 13 只，分离交易可转债 21 只，资产支持证券 3 只；国债托管市值 1955. 58 亿元，地方政府债托管市值 150 万元，企业债 446. 12 亿元，公司债 2128. 46 亿元，可转债 917. 47 亿元，分离交易可转债 852. 84 亿元，资产支持证券 9. 73 亿元。2010 年交易所债券市场回购总金额达到 7. 04 万亿元。

二、期货、期权及其他衍生产品

1. 商品期货及相关产品

期货市场试点初期，曾经有 70 余个上市品种。经过清理整顿，到 2000 年，实际上市交易的只有铜、铝、天然橡胶、硬麦、绿豆、大豆、豆粕 7 个品种。2004 年 6 月 1 日，郑州商品交易所推出棉花期货；8 月 25 日，上海期货交易所推出燃料油期货；9 月 22 日、12 月 22 日，大连商品交易所分别推出玉米期货和黄大豆 2 号期货。2006 年 6 月 1 日，郑州商品交易所分别推出白糖期货和精对苯二甲酸（PTA）期货；同年 1 月 9 日，大连商品交易所推出豆油期货。2007 年 3 月 26 日，上海期货交易所推出锌期货；6 月 8 日，郑州商品交易所推出菜籽油期货；7 月 31 日、10 月 29 日，大连商品交易所分别推出线性低密度聚乙烯期货和棕榈油期货。2008 年 1 月 9 日，上海期货交易所推出黄金期货。2008 年国际金融危机爆发后，期货产品创新继续稳步前进。2009 年 3 月 27 日，上海期货交易所推出了螺纹钢、线材期货；4 月 20 日，郑州商品交易所推出了早籼稻期货；5 月 25 日，大连商品交易所推出了聚氯乙烯期货。中国商品期货上市品种达 23 个，国际上除原油期货外的大宗商品期货品种在中国基本都已上市，覆盖农产品、金属、能源、化工等领域的商品期货品种体系初步形成。

2. 金融期货及其相关产品

中国在 20 世纪 90 年代初曾开展金融期货交易试点，推出了外汇期货、国债期货和股票期货等金融期货品种，但由于当时市场条件尚不具备，除国债期货外，另两类期货都未形成规模。虽然这些早期的尝试并没有取得预期的成功，但却留下了许多宝贵的经验和教训。目前，中国金融环境相对于90年代初期有了显著的变化，发展金融期货的条件日益成熟。与此同时，中国利率市场化程度不断加强，银行同业拆借利率放开，国债回购市场交易规模不断扩大，回购利率成为市场化程度较高的利率形式，为国债期货的恢复提供了现实依据。而中国人民币汇率机制也在不断发展和完善中，随着中国金融经济的发展，包括外汇期货在内的货币类衍生产品发展的可行性与必要性日趋增强。中国期货市场经历了近二十年的发展历程，经过1993年和1998年的两次清理整顿，进入规范发展阶段。2006年9月8日，中国金融期货交易所在上海挂牌成立，并于10月30日启动沪深300股指期货的仿真交易。2007年，国务院颁布的《期货交易管理条例》为金融期货的推出奠定了法制基础。

2010年4月16日，黄浦江畔，伴随着响亮的开市锣声，沪深300股指期货合约在中国金融期货交易所上市了。在这四年里，股指期货市场健康成长，功能逐步发挥，成功嵌入资本市场。不仅成为股市的稳定器，还成为财富管理的“保险单”、提升股市核心竞争力的“助推器”、股市投资文化的“催化剂”。来自中国金融期货交易所的数据显示，截至2014年4月1日，市场顺利交割47个合约，累计开户17.58万户，累计成交4.37亿手，累计成交额达329.17万亿元，在全球股指期货中成交量排名第5位。

三、中国资本市场近期可能推出的产品

1. 个股期权

个股期权合约是指由交易所统一制定的、规定合约买方有权在将来某一时间以特定价格买入或者卖出约定标的证券的标准化合约。买方以支付一定数量的期权费（也称权利金）为代价而拥有了这种权利，但不承担必须买进或卖出的义务。卖方则在收取了一定数量的期权费后，在一定期限内必须无条件服从买方的选择并履行成交时的允诺。

个股期权主要可分为看涨和看跌两大类。只要买入期权，无论看涨还是看跌都只有权利而无义务，即到期可按约定价格买入或按约定价格卖出，但这是买方可以自由选择的，但卖出期权方无论看涨或看跌都必须无条件履行条款。因此，期权买方风险有限（亏损最大值为权利金），但理论获利无限；与此同时，期权卖方（无论看涨还是看跌期权）只有义务而无权利，理论上风险无限，收益有

限（收益最大值为权利金）。总体而言，个股期权不适合所有个人投资者，更适合机构对冲风险或进行套利。

2012 年 6 月上旬，管理层内部已经通过了个股期权模拟交易的内部测试。2013 年 8 月 6 日，券商收到上交所下发的《关于启动个股期权全真模拟交易准备工作的通知》（以下简称《模拟交易通知》），通知称：上交所将正式组织开展个股期权全真模拟交易，为该项业务正式推出做好市场准备。《模拟交易通知》指出，上交所已履行内部程序，将发展个股期权列为改革创新核心工作之一，会员参与全真模拟交易及相关准备工作情况，将作为上交所该项业务正式推出时会员参与或参与顺序的重要考量。申请参加上交所全真模拟交易业务的会员单位，应制定个股期权全真模拟交易业务方案和实施计划、制定风险控制方案并进行个股期权经纪、清算和风险管理系统的技术开发等工作。

2013 年 12 月 26 日启动期权全真模拟交易；2014 年 3 月底，上交所将做好期权正式上线准备工作。全真模拟交易合约标的包括中国平安、上汽集团两只股票和上证 50、上证 180 两只 ETF，首日上市合约总数计 160 个。截至 2014 年 3 月 4 日，由于波动加挂的合约数为 54 个，合约总数由上线首日的 160 个增加至 214 个。

表 1.1　　上证所期权仿真交易合约：中国平安 & 上汽集团

	中国平安	上汽集团
合约标的	中国平安（601318）	上汽集团（6000104）
合约类型	认沽期权、认购期权	
合约单位	1000	5000
最小变动单位	0.001 元	
申报单位	张	
合约到期月份	当月、下月及随后两个季月	
交易时间	开盘集合竞价：9：15～9：25，连续竞价时间：9：30～11：30、13：00～15：00	
行权时间	9：15～9：25、9：30～11：30、13：00～15：01	
最后交易日	到期月份的第四个星期三（遇到国家法定节假日顺延）	
合约到期日	同最后交易日	
行权日	同最后交易日	
履约方式	欧式	
交割方式	实物交割（特殊情况下，可能采用现金交割）	
交易经手费	2 元/张	

资料来源：中国金融期货交易所官方网站。

在交易量方面，由于采取了比较严格的限仓制度，交易量偏小。日均合约成交量为31.77万张，日均权利金交易金额为8.87亿元，日均成交合约面值为136.31亿元。

在持仓量方面，市场整体未平仓合约数保持稳定增长，由初期日均35万张左右上升到目前的150万张左右。

市场参与情况，截至2014年3月4日，共76家券商的经纪业务客户参与了上交所期权全真模拟交易，开户数达到155792个，其中机构开户数为718个，个人投资者开户数为155074个，市场参与度不断上升，超过半数的开户投资者参与了模拟交易。

市场运行情况，模拟交易运行两个月情况表明，个股期权价格定价总体较为合理，期权价格与理论价格的加权平均偏离值平均为21.58%，与境外成熟期权市场价格偏离度较为接近。

2. 中证500、上证50、中小盘指数等股指期货、沪深300期权和其他展期期货

2014年5月9日，国务院正式发布资本市场新“国九条”，关于金融衍生品市场，新“国九条”提出，“发展金融期货市场，配合利率市场化和人民币汇率形成机制改革，适应资本市场的发展需要，逐步丰富推出股指期货、股指期权、股票期权，逐步发展国债期货，进一步完善基于供求关系的国债收益率曲线”。

据中金所消息，股指期货正在酝酿扩容，现在正在仿真的有一个中证500和上证50，一是核心超级大盘蓝筹，二是中小板指数，中盘指数。截至2014年5月，仿真交易日均成交量在1万手左右，市场参与度加深，上下波动更趋理性。

表1.2 中金所沪深300股指期权与股指期货比较

	沪深300股指期权	沪深300股指期货
合约标的	沪深300指数	沪深300股指期货
合约乘数	每点100元人民币	每点300元人民币
合约类型	看涨期权、看跌期权	N/A
报价单位	点	点
最小变动价位	0.1点	0.2点
合约月份	当月、下两个月及随后两个季月	当月、下月及随后两个季月
行权价格间距	当月、下两个月及随后两个季月	N/A
	50点/100点	N/A

续表

	沪深300股指期权	沪深300股指期货
交易时间	上午：9：15～11：30，下午：13：00～15：15	上午：9：15～11：30，下午：13：00～15：15
最后交易日交易时间	上午：9：15～11：30，下午：13：00～15：00	上午：9：15～11：30，下午：13：00～15：00
每日价格最大波动限制	上一交易日沪深300指数收盘价的±10%	上一个交易日结算价的±10%
最低交易保证金	N/A	合约价值的12%
行权方式	欧式	N/A
最后交易日	合约到期月份的第三个周五，遇国家法定假日顺延	合约到期月份的第三个周五，遇国家法定假日顺延
交割日期	同最后交易日	同最后交易日
交割方式	现金交割	现金交割
交易代码	IO	IF
上市交易所	中国金融期货交易所	中国金融期货交易所

资料来源：中国金融期货交易所官方网站。

此外，中金所还有一个期权产品，就是沪深300期权。据中金所负责人称，这几项产品准备得都非常充分，可以说万事俱备，只欠批准。

展期期货方面，中金所目前只有一个产品，是五年期国债期货。中金所现在产品储备已经完成了，从关键产品是十年期国债期货，还有三年期国债期货，同时研发成功了短期利率期货，随着金融改革步伐的加快，这些产品的推出也会日益加快。总的方向就是按照国务院的要求，积极平稳地发展金融期货产品，把我们中金所打造成一个社会责任至上、市场功能完备、治理保障科学、运行安全高效的一个全球人民币资产的风险管理中心。

专题1.3　拓展阅读——《金融与好的社会》前言

中国经济如果要持续增长，其金融业的体量需要极大地增加，直接或间接参与金融业的人数也要大幅度增加。

现实中，中国的金融制度比其他国家显得更不成熟。上海证券交易所历史悠久，最早成立于1891年，但是1949年新中国成立时被关闭，直到1990年才重新组建。而在1990年，大多数中国人已经忘记了证券交易所的常规功能，他们先入为主地认为这是一个邪恶的事物，只有经历较长的适应期之后才再次接受它。

改革过程之所以漫长，主要是因为如果想要整个体系运转良好，必须先培养出许多与之相关的从业者。我们就着重讨论了许多不同的职业，而它们都是与金融业相关的专业岗位。每种职业的从业者都必须接受高强度的教育，同时也要参加关于职业文化和职业标准方面的培训。在培养这些职业的从业者方面，中国已经取得了长足的进步，但是需要努力追赶和弥补的领域同样很多、很广。我在本书中指出，中国人平均每8000人才能享有1位律师的服务，相比之下，每300个美国人就能享有1位律师的服务。并不是每个人都认为美国的律师人数众多是件好事，其实早就有人提出美国社会过度好诉的负面影响。实际上，由于律师是直接起草金融合约的人，也是监督合约能够得以执行的人，并且是有能力保护民众不受金融权力滥用伤害的人，所以律师在金融主导的经济体中扮演着重要的角色。如果没有律师，民众可能会先入为主地认为金融机制总是优先回报那些自私和贪婪的人，再加上整个社会的思潮是没有任何限制因素的，所以我们的社会会变得越来越自私、越来越贪婪。中国还需要更多从事金融顾问业务的专业人士，同样需要所有职业的从业人员。

这个过程需要由持续不断的创新活动推动，所以也注定要经历一个漫长的过程。世界上任何一个国家都不可能照搬照抄其他国家金融领域的办事理念。考虑到中国独特的体制、文化背景和发展速度，照抄他国是完全不现实的。从中国领导人采取的行动中也能明显地看出，他们对这个道理心知肚明。金融创新要考虑金融和法律制度的复杂性，同时还要消除民众对金融创新的抵抗情绪，所以创新必然是一个缓慢的过程。但是，如果我们能培养出一群以推动社会良性发展为己任的金融从业者，我们就能够加快金融创新的步伐。

资料来源：节选自罗伯特·希勒：《金融与好的社会》，中信出版社2012年版。

第三节　中国的融资结构环境

改革开放以来，中国的金融行业取得了长足发展，中国的金融结构已经从“单一型、集权式”转向“多元化、分散式”，金融结构的层次大幅度上升。与世界经济水平相当的国家相比，金融结构的高度化已经处于较高水平。但是，中国的金融体系是以银行为主导发展起来的，银行业在整个金融体系中占据过于庞大的地位，证券市场发展不充分，金融体系失衡，近年来已经暴露出很多问题。

一、中国金融结构现状

金融机构是一国金融结构体系的主要构成要素，更是中国金融体系的主体。中国金融机构结构最能反映中国金融结构的现状和特征。截至2013年底，中国金融机构总体形成了以银行为主体、非银行金融机构并存，兼具管理性、商业性和政策性金融机构建设以及内外资金融机构配合的结构特色。其中，管理性金融机构4家，分别是中国人民银行、中国银行业监督管理委员会、中国证券监督管理委员会和中国保险监督管理委员会，称为“一行三会”，突出“分业监管”的结构特色。政策性金融机构包括3家政策性银行，即国家开发银行、中国农业发展银行和中国进出口银行。商业性金融机构中的商业银行比重最大，包括5家大型商业银行（中国工商银行、中国农业银行、中国银行、中国建设银行和交通银行），12家股份制商业银行和145家城市行业银行。此外，还包括农业商业银行、农村合作银行、农村信用社和邮政储蓄银行等机构。非银行金融机构主要有证券公司、基金管理公司、保险公司、信托公司、财务公司、金融租赁公司等其他金融机构。同时，外资金融机构也有一定发展。2013年底，中国金融机构的总体情况如表1.3所示。

表1.3　　2013年底中国金融机构概览

类别	名称		数量	金融资产（亿元）	占金融机构总资产比例（%）
管理性机构	央行、银监会、证监会、保监会		4	—	—
政策性金融机构	政策性银行		3	125278	8.23
商业性金融机构	银行业金融机构	大型商业银行	5	656005	43.09
		股份制银行	12	269361	17.69
		城市商业银行	145	151778	9.97
		农村商业银行	468	85218	5.60
		农村合作银行	122	12322	0.81
		农村信用社	1803	85951	5.65
		邮政储蓄银行和新型农村金融机构	3948	62110	4.08
		外资银行	42	25628	1.68
		合计		1348374	88.57

续表

<table>
<tr><th>类别</th><th colspan="2">名称</th><th>数量</th><th>金融资产（亿元）</th><th>占金融机构总资产比例（%）</th></tr>
<tr><td rowspan="8">商业性金融机构</td><td rowspan="8">非银行金融机构</td><td>证券公司</td><td>115</td><td>20788</td><td>1. 37</td></tr>
<tr><td>基金管理公司</td><td>89</td><td>30000</td><td>1. 97</td></tr>
<tr><td>期货公司</td><td>156</td><td>630</td><td>0. 04</td></tr>
<tr><td>保险公司</td><td>138</td><td>82887</td><td>5. 44</td></tr>
<tr><td>财务公司</td><td>176</td><td rowspan="3">39681</td><td rowspan="3">2. 61</td></tr>
<tr><td>信托公司</td><td>68</td></tr>
<tr><td>其他非银行金融机构①</td><td>—</td></tr>
<tr><td>合计</td><td></td><td>173986</td><td>11. 43</td></tr>
<tr><td colspan="3">合计</td><td></td><td>1522359</td><td>100. 00</td></tr>
</table>

数据来源：Wind，中国人民银行 2013 年年报，银监会 2013 年年报，证监会 2013 年年报。

从表 1. 3 即可看出，在中国的金融产业结构中，无论是从资产总量还是金融机构的数量来说，银行业都处于绝对主体地位，金融中介主导型金融体系结构特征明显。截至 2013 年底，银行机构金融资产达到 134. 84 万亿元，占整个金融资产总量的 88. 57%，这表明整个金融体系结构是典型的银行主导型结构。

此外，我们还可以明显看出，国有金融机构处于寡头垄断地位。这也是中国金融结构的鲜明特色。在中国的金融机构中，国有商业银行、国家政策性银行和国家控股的保险公司占有绝对主导地位，无论是从资产结构还是机构网点及人员构成看，均是如此。像这样金融所有权结构单一的情况，也形成了中国金融风险结构单一的特点，由国家承担的风险非常集中。

二、中国的金融资产结构

随着金融机构和金融市场的发展，中国金融工具也在不断创新，种类不断增加，金融资产日趋多样化。表 1. 4 和图 1. 1 展示了 2004 ~ 2014 年中国居民所有的金融资产的变化情况。

中国居民金融资产主要包括：通货（流动中货币为主）、存款、债券、股票、证券投资基金、保险准备金和其他资产（证券账户保证金等）。近年又增加了理财产品这一配置。

我们选取 2004 年至 2014 年 4 月中国居民金融资产配置数据进行分析，其中

① 其他非银行机构包括金融租赁公司、汽车金融公司、消费金融公司等机构。

2004～2011年为社科院统计版，2012～2014年为采用变量替代得出的估算值。以2014年6月中国居民金融资产的配置数据为例，采用如下方法估算。

①居民存款规模：由于储蓄存款余额与居民持有存款的数额基本一致，2012～2014年的居民存款以储蓄存款来替代，具体数据来自于央行金融机构信贷收支统计表中的住户存款，2014年6月居民存款规模已达50.57万亿元。

②居民持有理财产品：假设理财产品中75%为居民持有（2010年和2011年该占比约为65%和89%），由于2014年6月理财总体余额规模已达到12.65万亿元，则2014年6月居民持有理财约9.5万亿元。

③居民持有债券规模：用中债登公布的个人投资者债券托管量来代替，则2014年6月债券持有规模约0.52万亿元。

④居民持有股票规模：按照个人投资者占沪深两市流通股总市值的比例估算。根据《中国金融稳定报告2014》，2012～2013年个人投资者占流通股市值比例均接近30%。故假设2012～2014年该比例为30%。由于2014年6月两市流通股市值24.21万亿元，则2014年6月居民股票持有规模约为7.26万亿元。

⑤居民持有基金规模：假设居民持有比例为40%（2011年该比例为37%）。2014年6月公募基金总规模3.61万亿元，则2014年6月居民基金持有规模约1.44万亿元。

⑥居民持有的通货按照过往居民持有通货与M0的比例可以算出，这一比例约为90%，则2014年6月居民持有的通货为5.6万亿元。

⑦保险准备金：我们根据2007～2011年的增长趋势而假设为7.84万亿元，其他金融资产按过往增长趋势约为4.75万亿元。

由此我们可以得到2004～2014年间中国居民所有的金融资产的变化情况。可以看出，中国金融资产在总体规模不断扩大的同时，其内部构成要素也在日益多样化，但各类资产的相对规模和增长速度并不均衡。改革开放初期，中国的金融资产基本上为银行资产，具有“绝对银行化”的特征；随着经济金融的不断发展，中国的金融资产构成实现了向“相对银行化”的转变，即以银行资产为主、证券资产为辅。

图1.1展示了截至2014年6月，中国居民的金融资产配置的基本情况。由于是估算值，存在偏差，但仍能反映基本情况。在中国居民的金融资产配置中，占比最大的是存款和理财产品，分别为60.78%和11.40%，主要还是银行相关的金融产品；而与资本市场直接相关的投资基金、债券的持有量偏少，分别为1.74%和0.63%，股票持有占比为8.73%，保险资金占比9.42%。

表 1.4　　2004~2014 年中国居民金融资产结构概览[①]　　单位：亿元

年份	通货	存款	债券	股票	证券投资基金	保险准备金	理财产品	其他金融资产	金融资产总额
2004	17820	129575	6293	8897	1905	14113		1766	180369
2005	19945	150551	6534	7865	2449	18315		3424	209083
2006	22469	171737	6944	17001	5618	22680		5150	251600
2007	25211	181840	6707	51604	29716	27097		13319	335495
2008	28622	228478	4981	20157	17011	37831		5790	342870
2009	31982	268650	2623	47374	8383	46226		5631	410869
2010	37691	315642	2692	56477	7346	52667	18063	4254	494832
2011	42652	363332	1898	59755	7952	59084	40754	2607	578034
2012	46771	410201	3036	54043	11465	65508	53250	6320	650594
2013	51229	465436	4866	59408	12008	71933	76575	4920	746376
2014	56019	505674	5242	72622	14447	78357	94875	4747	831984

总的来说，中国金融资产结构总体上较单一，金融风险高度集中于商业银行，特别是大型国有商业银行，这对中国经济的长期健康发展构成了潜在隐患。

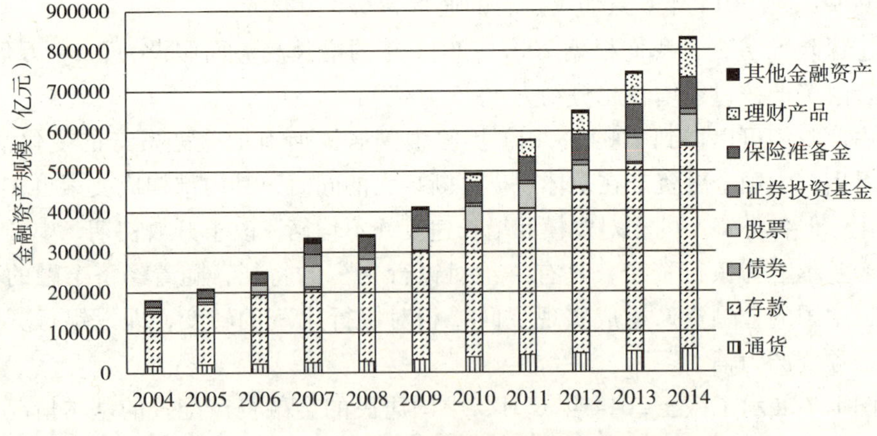

图 1.1　2004~2014 年中国居民金融资产结构概览

① 数据来源：Wind 资讯。

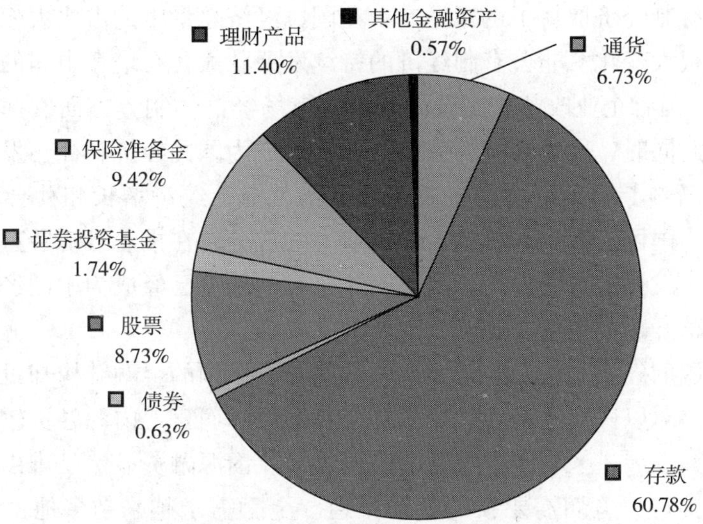

图 1.2 2014 年 6 月中国居民金融资产结构图

三、中国金融结构存在的问题

当前中国正处于发展方式转变的关键时期，经济转型和产业结构调整对金融体系的功能和作用都提出了新的要求，中国金融结构必须顺应实体经济的发展需要，发挥好金融产业的引领作用，不断提高资源配置的效率和水平。改革开放以来，中国金融体系与时俱进，在特定历史阶段下发挥了积极的作用，有力地支持了中国向市场经济体制的过渡和经济的快速增长。但随着改革的深入和经济的发展，这一金融结构已经不再适应当前的发展需要，存在着与经济结构不匹配、创新支持能力不足、资源配置效率不高、金融功能发挥不充分和隐含潜在金融风险等缺陷，已成为服务产业结构调整和升级的“短板”，应当引起高度重视。

1. 与经济结构不匹配，导致部分主体融资需求无法满足

金融与经济的基本关系是，经济决定金融，而金融服务于经济。金融结构与经济结构的匹配，是其服务经济发展的前提和基础，否则金融功能的发挥必然受到制约。改革开放 30 多年来，中国的经济结构有了很大调整，金融结构调整却相对滞后，金融机构改革步伐相对较慢；同时金融结构演进过程中，以国家政策为主的强制性变迁起着主导作用，从而导致金融结构与经济结构并不对称。造成这种现象的主要原因是中国金融结构的形成和演变是由政府主导的，而不是由各经济主体的市场需求决定的。

改革开放 30 多年来，中国逐步建立和完善了社会主义市场经济体制，在此

期间，非公有制经济取得了迅猛发展，在国民经济总量中的占比大幅提高，经济结构发生了很大变化。非公有制经济的持续发展壮大，在培育中国的市场经济体系、“倒逼”国有企业改革、完善社会主义市场经济体制等方面发挥了重要的推动作用。与此同时，民营经济的中小企业已经成为国民经济和社会发展的重要基础，其范围涵盖了国民经济的主要行业，与就业、经济增长和社会稳定息息相关；同时作为国民经济中最具活力和创造力的成分，在推动经济转型、技术进步和产业升级中发挥着重要作用。当前，非公有制经济已经成为中国经济发展、科技创新、改革开放的生力军和扩大就业的主渠道。

但在中国的经济结构发生重大调整的同时，中国的金融结构却没有同步进行相应的演变。对以民营经济为代表的非公有制经济而言，内源融资较适合其发展初期，但当其发展进入资本密集型的阶段之后，内源融资显然已难以满足其发展所需的资金支持，迫切需要新的融资渠道。金融需求越来越多地由非公有制经济、由市场需要产生，但中国的金融结构调整步伐相对较慢，金融结构改革滞后，金融工具和金融供给仍主要由国有部门垄断。在现有结构下，金融机构和金融市场仍主要面向国有大中型企业和传统行业提供金融服务，广大中小企业获得的金融资源严重不足，与其在国民经济中地位和比例极不相称。具体来说，主要体现在以下两个方面。

（1）金融机构方面

在中国当前的金融结构中，银行在金融机构里处于绝对主导地位。但中国现行的银行体系还不能满足中小企业等在内的多层次市场主体的金融服务需求。

首先，国有大型商业银行占比过高。即使在银行业金融机构内部，各类银行机构的资产份额也明显失衡，五大国有商业银行占比过高。虽然近年来中国国有商业银行的份额在逐渐下降，中小商业银行开始兴起，并有不断扩张的趋势，但截至2013年底，五大国有银行的总资产占银行业资产总额比例仍高达43.09%。在国家的金融纵向控制下，国有商业银行缺乏项目选择的自主性，并且具有大城市、大企业和大项目的“三大”偏好，倾向于将绝大部分贷款投向国有企业。因此信贷分配主要根据企业的所有制结构以及规模标准，而不完全根据企业业绩的优劣为标准。这就弱化了金融中介机构融通资金的能力，使银行不能充分发挥资金的优化配置功能，降低社会资金的利用效率。

其次，中小金融机构发展不足。随着改革的推进和深化，公有制经济在保持主体地位的同时，其在国民经济中所占比重适当下降；非公有制经济和中小企业则取得了较大发展，催生了大量的金融服务需求，客观上要求金融系统内具有相当数量的中小型金融机构。但在当前的金融结构中，仍以大型国有金融机构为主，其占比和市场集中度均偏高；而中小型金融机构发展缓慢，有限的数量与庞大的中小企业极不协调，进而导致中小企业融资困难，资金需求缺口较大；与此同时，为中小企业贷款进行担保和保险的机构也严重不足，这都限制了中小企业的融资渠道的拓展和融资能力的提升。

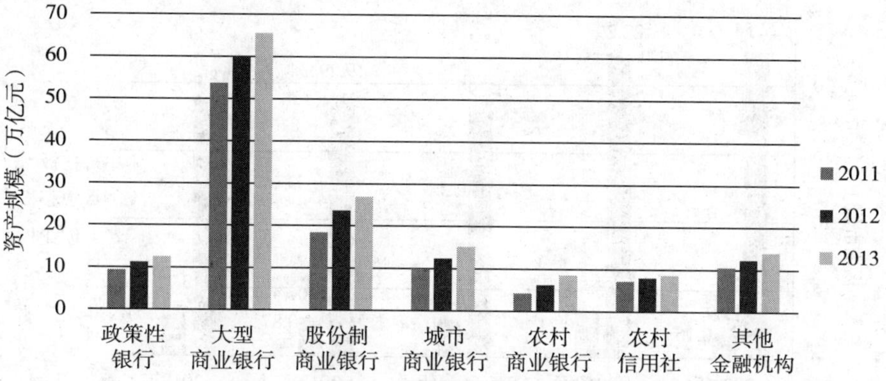

图 1.3　中国各银行类金融机构的资产规模①

第三，民间金融发展受限。中国对金融行业实行严格的准入限制，对于民间资本而言，进入壁垒较高，开放程度不足。因此，虽然民间金融与中小企业最为契合，但只能长期处于地下运作状态，游走于法律和监管边缘的灰色地带。虽然近年来中国大力发展新型农村金融机构和小额信贷公司，将一部分地下民间金融纳入正规金融监管的轨道，但数量和规模均较为有限，难以满足广大中小企业的融资需求。

综上所述，从金融机构特别是银行机构的角度来看，中国高度集中的银行体系和高度分散的企业体系之间存在着严重的结构不匹配。银行信贷资源分配的重点依然是国有经济和国有大型企业，非公有制经济得到的金融支持与其地位和贡献并不相称，特别是中小企业融资难已成为制约中国经济健康发展的重要因素。

（2）金融市场方面

与银行业金融机构类似，中国当前的资本市场结构同样也难以满足中小企业的融资需求，市场准入门槛较高，中小企业融资受到诸多限制。

第一，股票市场融资结构不合理。中国股票市场成立之初，一个重要功能就是为国有企业的改革和发展筹集资金，因此早期的上市公司大多为国有企业改制而来；并且市场的行政干预色彩浓厚，如在股票发行中，区域切块管理和配额限

① 数据来源：中国银行业监督管理委员会 2013 年年报。

制长期存在。这一历史因素决定了中国股票市场的主板市场融资对象以国有企业为主。虽然之后陆续开办了中小板和创业板市场，专门为中小企业提供支持，但其规模与主板相比极为有限。截至2013年底，主板市值占比高达78.15%，中小板和创业板市值占比分别仅为15.54%和6.31%。

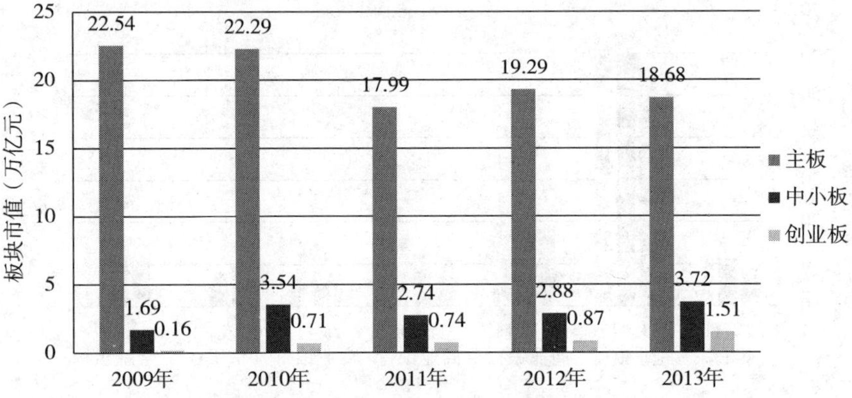

图1.4　2009～2013年主板、中小板和创业板的市值

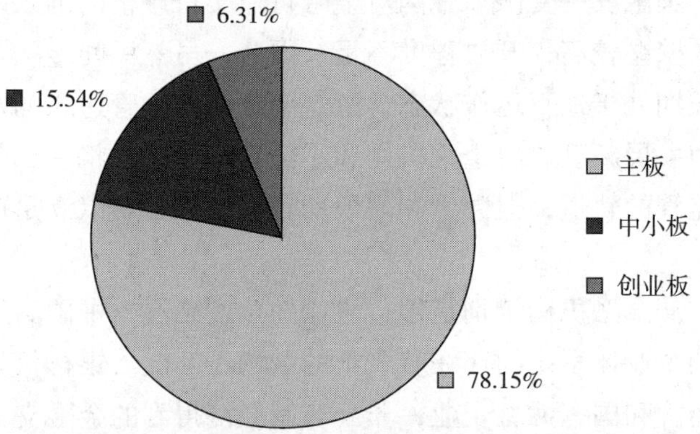

图1.5　2013年底主板、中小板和创业板的市值占比

第二，债券市场融资结构不合理。在当前中国的债券市场中，国债、政策性金融债和中央银行票据占据了其中绝大部分比重，公司债和企业债等占比较低，且大部分发行对象为国有大中型企业，非公有制经济的中小企业在债券市场获得的融资支持极为有限。

从上述分析可以看出，由于中国金融结构的调整滞后，已经与经济结构现实不相适应，造成了金融资源的结构性错配，大量高效的经济活动得不到融资支持，降低了金融系统的资源配置效率。广大的中小企业是第三产业的主力军，在创造就业、提高居民收入和向消费经济转型中发挥着重要作用；同时，由于机制灵活、对市场反应灵敏，又是进行技术创新、促进产业升级的生力军。中小企业作为中国经济的基本细胞，如其融资需求得不到充分满足，经常处于缺血状态，将严重制约中国经济转型和产业结构的调整。

2. 金融市场占比偏低，导致金融系统创新支持能力不足

中国经济转型和产业结构调整的一个重要方面，就是不断推进产业结构的高级化，培育和发展高技术含量、高附加值的高新技术产业和战略新兴产业，通过优化产业结构技术构成、提升产业结构技术层次不断创造新的比较优势，占据产业链上游。这也是中国转变经济发展方式，实现由外需驱动转向内需驱动、由投资主导转向创新主导的一个重要方面和抓手。

这一发展需要决定了中国的金融体系必须具备强大的创新支持能力，能够为产业结构的高级化调整提供有效的金融服务。而当前中国以银行为主导的金融结构，以及金融市场特别是资本市场不发达、风险投资发展滞后的现实，决定了整个金融系统稳健有余、进取不足，难以满足产业结构高级化调整的迫切需求。

（1）商业银行支持技术创新存在一定局限性

中国以商业银行为主体的金融结构体系，以及国有商业银行居于寡头垄断地位的现实，决定了现有金融体系对于企业技术创新的支持能力不足，服务模式还有待于探索和完善。主要原因在于以下几个。

首先，国内大型商业银行传统上以大中型国企和大型基础设施建设项目为主要服务对象，客户一般具有规范的财务报表、稳定的发展前景和现金流，以及易于被认可和接受的抵质押物，融资额大，单位成本较低。而科技型小微企业一般具有“轻资产、重技术”的特点，成立时间较短，规范的财务与内控制度尚未健全，资金需求具有“短、小、频、急”的特点，较难得到传统商业银行的认可和资金支持。

其次，商业银行的资金来源主要为居民储蓄，低风险资金来源决定了商业银行稳健的资产配置风险偏好。而一项技术在没有进入商业推广应用成熟期之前，其未来发展不确定性较大，风险相比传统产业较高，融资还款现金流的稳定性难于保证，导致商业银行难以提供融资支持。

第三，中国国有企业的改革尚未完全结束，由于对民间资本存在大量行业准入限制和壁垒，大型国有企业在许多一般竞争性领域仍处于垄断地位，能够稳定地获取超额利润，市场竞争动力不足，技术创新意识薄弱。而脱胎于计划

经济体制的国有银行和国有企业之间存在着千丝万缕的联系，大量国有商业银行的信贷资源配置于国有企业，其中用于技术研发的比例有限，也是制约当前中国商业银行支持技术创新和进步、推动经济转型和产业结构升级的局限因素之一。

相对而言，金融市场特别是资本市场因其风险共担、利益共享的特点，容易组织动员资源从事创新创业活动，天然具有推动高新技术产业和战略新兴产业发展的优势。从全球范围来看，过去 30 多年来，计算机、互联网、通信技术和生物制药这四大新兴产业，都是依靠资本市场的培育和推动迅速成长起来的。发达国家的经验表明，资本市场在推动国家经济转型和战略新兴产业发展中，起到了不可替代的关键性作用。

以美国为例，经过了二战之后 30 多年的持续经济增长，其经济陷入了通胀高企和增长乏力并存的“滞胀”状态，传统的经济政策手段均对其束手无策。但其后在 80 年代，美国通过资本市场和高新技术的紧密结合，推动经济一举走出低谷，开始了又一轮的持续增长。直至今日，这一作用机制仍在有效地发挥作用，并成功地孕育出了“新经济”，培育了一批如微软和谷歌这样的世界级企业，而资本市场与高科技的紧密结合，正是支撑其科技创新不断取得进步的关键因素之一。反观日本和欧洲，其经济基础和技术发展水平均具有较好基础，与美国差距不大，但在新兴产业的培育方面严重滞后于美国，在全球化的今天日益缺乏竞争力，这与其资本市场发展滞后有着很大的关系。

通过对美国、欧洲和日本这三大经济体经济转型和产业调整的成败对比，可以发现，成熟有效的金融市场体系、市场化的高效资源配置方式具有极其重要的影响。次贷危机之后，出于经济复苏和长远发展的需要，全球战略性新兴产业的竞争进入了一个全新阶段，成为国与国之间争夺未来发展制高点、提升国际竞争力的焦点，这些都对中国金融市场特别是资本市场的发展提出了新的、更高的要求。中国亟须在金融结构的优化过程中，大力促进金融市场的发展，完善资本和科学技术的对接机制，充分发挥金融市场培育和推动新兴产业成长的作用。

（2）中国金融市场在支持技术创新方面存在的不足

中国金融市场在支持技术创新方面存在严重的不足，这主要体现在以下三个方面。

①金融结构不均衡，金融市场占比偏低。中国是典型的银行主导型金融结构体系，导致在金融整体结构上，金融市场的比重发展远远低于金融机构，间接融资和直接融资发展不平衡，间接融资比重较高。近年来，虽然直接融资和间接融

资在存量和增量上已经基本达到均衡，但政府债券和金融机构在直接融资中的比重较高，银行信贷仍是普通企业主要的融资方式。

金融机构与金融市场发展不均衡，不仅导致金融风险高度集中于商业银行特别是国有大型商业银行，增加了整个金融体系的脆弱性；同时也无法充分发挥资本市场在优化资源配置、促进技术创新和应用、推动产业重组与转型升级等方面的积极作用，使金融体系的功能出现“短板”，无法适应经济转型时期中国实体经济发展的需要。

②资本市场支持产业调整的作用发挥不理想。产业结构的调整和升级需要在存量和增量两方面同时进行：存量整合方面，需要对钢铁、化工和汽车等产业通过并购重组等方式予以整合；增量调整方面，需要建立和完善资金与科技的对接机制，培育和推动战略性新兴产业的发展。这两方面都需要充分发挥强大高效的资本市场的作用。

与美国等发达国家相比，中国的资本市场与整个经济金融的发展一样，还不够成熟，上市公司的行业结构也不够合理。到目前为止，中国资本市场开设创业板，支持了一大批高新技术企业发行上市，但这些公司大多是较成熟的企业，而大量真正初创、新兴业态、新商业模式的企业，还没得到资本市场的服务，说明科技创新与资本市场的对接机制还不够理想。创业板被戏称为“创业成功才能上市的板块”，明显违背了板块设置的本意。

③风险投资不够发达。中国风险投资的发展起步于20世纪80年代，1985年成立的中国新技术创业投资公司是中国第一家具有官方性质的风险投资公司，其为高新技术企业发展提供支持的方式主要是投资、贷款、租赁和财务担保等。之后经过多年发展，进入2007年，中国的风险投资业开始出现爆发式增长，政府和民间资本同时大举进入，合伙企业成为主流趋势。从贝恩公司与中国欧盟商会发布的《私募股权基金对中国经济和社会的影响2012年调研报告》中可以看到，中国的私募股权投资从2006年开始起步，当年达到73亿美元，2009年经历金融危机带来低潮仅为86亿美元，通过2010年恢复至2011年创出新高实现投资161亿美元。这6年私募股权基金一共为中国企业带来投资725亿美元。

经过多年的持续发展，中国的风险投资已初具规模，并培育和扶植了如联想、方正和四通等一批大型高技术企业。但必须看到，中国的风险投资还处于发展的初期阶段，没有在真正意义上形成一个产业，与美国等发达国家相比，还没有成为高新技术企业发展的主要融资渠道，发展和完善的空间依然很大，在风险投资的整体规模和风险投资规范化程度方面仍有待提升。

第四节 实证研究：中国上市公司的融资顺序

一、概述

企业的融资方式包括内源融资和外源融资，外源融资又可以分为股权融资、债券融资等。融资优序理论说的是企业融资一般会遵循内部融资、债务融资、权益融资的顺序。Myers 和 Majluf（1984）的研究表明，当股票价格高估时，企业管理者会利用内部信息发行新股，投资者会意识到信息不对称问题，因此当企业宣布发行股票时，投资者会调低对现有股票和新发股票的估价，导致股票价格下降、企业市场价值降低。内源融资主要来源于企业内部自然形成的现金流，它等于净利润加上折旧减去股利。由于内源融资不需要与投资者签订契约，也无须支付各种费用，所受限制少，因而是首选的融资方式，其次是低风险债券，其信息不对称的成本可以忽略，再次是高风险债券，最后在不得已的情况下才发行股票。

但是现实中各国国情的不同、金融市场的复杂性使得企业的行为并不一定遵循融资优序理论，本节旨在研究中国上市公司对于融资偏好的选择。本节选取了185 家沪深 300 指数成分股公司，分析了它们 2007 ~ 2013 年间的年报数据，并采取了刘星、魏峰（2004）改进的融资优序模型进行内外融资偏好的检验，发现中国上市公司在进行融资决策的时候，部分融资将会选择内源融资渠道，一定程度上符合融资优序理论。而后，参照经典 Myers 融资优序模型分别进行了债券融资偏好检验和股权融资偏好检验，发现中国上市企业对债券融资的偏好高于股权融资，而通过分年份进行检验得出相似的结论。因此，中国上市企业的融资偏好基本符合融资优序理论，对于债券融资有较明显的偏好。

二、文献综述

按照资本市场的优序融资理论，上市公司的合理融资顺序应该是内部融资、债券融资和股权融资，这一理论也在美国等一些发达国家资本市场中得到了验证，而中国上市公司的融资顺序却往往与该理论预测不符，国内已有许多学者从不同的角度对这一问题进行了分析。

有研究者认为中国企业存在比较严重的股权融资偏好。黄少安、张岗（2001）认为中国上市公司存在明显的股权融资偏好，这是由于公司股权融资的成本大大低于债务融资的成本，深层原因是制度和政策限制，而强烈的股权融资偏好对公司融资后的资本使用效率、公司成长和公司治理、投资者利益保护以及宏观经济运行等方面都有不利影响。谭旼旼（2007）认为，造成中国上市公司偏好股权融资的原因，一方面在于中国企业没有发放股利的习惯，因而相对需要支付利息的债务融资来说会产生更多的自由现金，又因为经理人对企业破产的顾虑使得债券融资吸引力下降；另一方面，中国资本市场不完善将导致股票价格被高估，与优序融资理论中的股票价格被低估相反，因而中国的企业更偏好于股权融资。靳思昌（2005）也认为中国企业的债权融资成本显著高于股权融资，主要是考虑到被“恶意收购”的风险以及频繁做信息披露的成本；对上市公司代理人业绩考核指标不合理也是造成代理人融资行为扭曲的原因之一，目前对代理人的考核忽略了企业资产价值随时间变化而发生的变化，也没有考虑到所有者权益的机会成本，会造成代理人过度追求政绩而导致“投资饥渴”。束景虹（2008）指出优序融资理论成立的前提是投资者是理性的，对股票的定价是合理的，但由于中国特定的股权结构和融资制度安排，常常导致股票价格被高估，导致上市公司有利用股权融资圈钱，损害流通股股东权益的激励。余钦爽（2010）则认为造成中国公司融资顺序异于美国等发达国家的因素包括内部因素和外部因素两方面。外部因素包括经济发展水平、通货膨胀状况以及资本市场的发展程度、不同的融资制度、破产保护制度及税收制度的安排、文化环境的差异等；内部因素包括企业股东利益的制约、股权治理结构的弱化以及企业内控制度和公司治理机制不健全、财务管理水平低等因素。

在实证研究中，黄少安、钟卫东（2012）提出并论证了股权融资成本软约束假说，即由于构成股权融资成本各因素约束力的差异，造成股权融资成本低于债券融资成本，是股权融资偏好的第一层动因。由于中国公司治理与资本市场存在的诸多制度缺陷，导致股权融资成本对企业内部人的融资决策缺乏约束力，使融资人以最大化个人效用函数为目标选择融资方式，为股权融资偏好的第二层动因。陈文、王飞（2013）通过构建负债融资约束模型解释了股权融资成本高于债务融资成本时上市公司进行股权融资的原因，认为负债能力受限于净资产规模的上市公司需要进行股权容易以提高负债能力，过低的债务融资成本催生了中国上市公司的股权融资偏好。刘星、魏峰、詹宇（2004）在对融资优序模型进行修正的基础上，采用大样本实证验证了中国沪深两市上市公司的融资情况，研究结果表明：上市公司融资首选股权融资，其次选择债务融资，最后选择内部融资；在债务融资中，上市公司偏好短期债务融资而非长期债务融资。

但也有研究者认为并非所有的行业、所有的上市公司都存在股权融资偏好。如沈诗雯（2013）基于有序 Probit 模型的研究即发现，影响公司融资选择的首要因素是所处行业，根据不同行业的不同特点，企业未来的发展定位和经营战略会不同，因而选择的融资结构也会有所不同；在此基础上，企业规模、企业盈利能力以及企业成长机会等因素均会对企业的融资选择产生影响，高成长性、自有资本充足的企业会偏好于股权融资，而低成长性的公司会偏好内源融资，自有资本匮乏的企业则会偏好债券融资，需要具体问题具体分析，并不能一概而论。林伟（2006）对中国上市公司从1998年到2004年的融资情况进行统计分析，发现内源融资是中国上市公司资金的主要来源，其次是金融机构借款、股权融资和债券融资，他建立了一个机遇不同决策目标的融资决策模型，认为在股权账面价值最大化目标下的融资决策比股价最大化目标下的融资决策有更多的机会选择股权融资，但是当股市低迷，市价接近或低于账面价值时，这种差异减弱或消失。李小军（2009）发现如果将短期债务考虑在内，并剔除首次公开发行的影响，中国上市公司不存在股权融资偏好，并且中国上市公司的融资行为表现为典型的过度融资。朱德胜、宋晓宁（2006）选取了沪深两市的900家上市公司为样本，以2001~2004年的财务及相关数据为基础，研究了中国上市公司股权结构与融资倾向之间的关系，发现股权结构对上市公司融资倾向具有显著的影响，特殊的股权结构是造成中国上市公司融资结构不合理的主要因素。王正位、朱武祥（2013）对1993~2007年中国A股市场所有股权再融资的上市公司进行数据验证，得出结论：中国政府对公司股权再融资行为实行严格监管，给上市公司的融资选择带来不确定性；如果公司预期未来融资的不确定性，下一期进行外部股权融资的可能性较小，则公司在当前融资时会选择更多的股权融资额。张敏、李延喜（2013）通过研究1999~2011年非金融上市公司的财务数据样本，发现：中国区域性差异的制度环境影响上市公司的融资方式；中国东部地区制度环境越好，上市公司选择内部融资的可能性越高，而中西部地区优先使用短期借款。肖作平、廖理（2012）选择非金融上市公司作为样本，研究认为：控制权和现金流量权分离度小的公司具有显著高的总债务水平和银行借款；所处地区法律环境好的公司具有显著低的总债务水平。

融资偏好的理论是伴随着资本结构理论的发展而产生的。资本结构是融资偏好选择的结果，既有的资本结构也会影响未来融资偏好。Jensen和Meckling（1976）引入代理成本和激励因素形成了资本结构的委托代理理论，认为企业存在最佳资本结构，在该点上，经营管理者将不会被“激励”从事高风险投资行为。Stewart C. Myers和Nicholas S. Majluf（1984）认为公司经理人和投资人之间的信息不对称使得公司融资顺序为先内部融资，后负债，最后股权融资。Tom R. Vanacker和Sophie Manigart（2008）对高增长的公司进行研究，用8年的纵向数据集，排除幸存者偏差，验证出高盈利能力的企业倾向于使用留存收益进行融资，即便存在未使用的负债能力；外部融资对于高负债、低现金流、高风险和高无形资产投资的企业更为重要；对于高增长但已超过负债能力的公司，股权融资更为重要。

从国外研究文献来看，发达国家的企业在融资选择上也并不是严格遵守最优融资理论的，影响公司融资选择的因素是多方面的。Mark T. Leary 和 Michael R. Roberts（2009）通过稳态实证模型和检验策略对数据进行研究，认为仅有少于20%的公司会遵循严格的优序融资理论。但若把其他替代性理论（例如权衡模型）中的解释因素加入到该模型中，则80%的债务和股权融资策略就可以得到精确解释。此外，在优序融资模型中，利益冲突比信息不对称对融资结果的解释能力更强。Rebel A. Cole（2013）对美国的私有公司股权结构进行研究，用1987年到2003年的数据验证了如下结论：公司的负债比率与公司的年龄呈负相关，与所处行业的平均比率和可融资银行的数量呈正相关；公司的规模大小和股权结构对负债比率也有很大的影响；小规模公司有更大的贸易信贷比例，贸易信贷是银行借贷的一种替代品，而信用卡债务是对银行借贷的一种补充。

Don（2004）指出，自20世纪90年代开始，美国企业在融资时开始更多地选用股权融资而不是债权融资，与最优融资理论不符。他通过建立多时期融资选择模型对这一问题进行分析，在这个模型下影响公司融资选择的因素主要包括逆向选择成本和公司的成长前景。当逆向选择成本较高时，公司会偏好内部融资，逆向选择成本较低时则会偏好外部融资；而给定公司选择了外部融资的条件下，逆向选择成本越高、公司成长前景越不好的公司越容易选择债务融资方式。Lakshmi（1999）则在文章中指出企业在进行融资选择时需要在负债的税收利益和预期破产成本之间进行权衡，并不会严格遵守最优融资理论。经营状况已经比较稳定、处于成熟期的企业，其融资选择更符合最优融资理论的预测，而处于成长期的企业往往偏好股权融资，只有在出现了未预期到的突发性资金短缺的情况下才会选择债务融资。Murray（2003）通过对1971～1998年美国上市公司数据进行研究发现企业更为偏好股权融资，虽然大公司相对更为偏好债权融资，但往往是出于改变公司资本结构而非出于真正的经营融资需求。Vidhan（2002）以美国国防军工行业上市企业为研究对象，发现企业的债务水平和资本结构会受到公司成长前景的显著影响，当公司成长前景不好的时候会大量选择债务融资方式，且长期债务占比显著上升，优先级债务占比显著下降。Jean（1996）则对最优融资理论提出了质疑，通过其对1984～1992年上市公司数据的研究，发现公司自有资金不足并不是导致公司选择外部融资的原因，选择外部融资的企业也并不遵守优先债权融资而后股权融资的顺序，他认为决定一个公司究竟是选择股权融资还是债权融资的方式主要是由公司当前资本结构和目标资本结构的差异所导致的，融资行为只是为了实现目标资本结构的手段。

事实上，在不同情况下，融资顺序理论的解释力也有所不同。Laarni Bulan和Zhipeng Yan（2010）将企业按照生命周期分为成长期企业和成熟期企业，发现了显著的成熟度效应，即融资顺序理论对于成熟期企业的解释力远高于成长期企业。Bruce Seifert和Halit Gonenc（2010）测试了融资顺序理论在23个新兴市场国家的有效性，发现这些新兴市场国家的企业主要通过股权融资来弥补赤字，融资顺序理论不成立，但对于那些存在着明显信息不对称和有较高代理成本的新兴市场国家的企业来说，融资顺序理论仍然有较强解释力。Sheikb Jibran等人（2012）选取了巴基斯坦2001~2008年间的非金融企业作为样本，利用面板数据回归分析研究了融资顺序理论在这些企业活动中的体现程度，发现企业更愿意利用内部股权融资和债务融资，而鲜少在再融资和募集资金时利用外部股权融资。

三、上市公司的资本结构统计分析

公司资本结构的变化可以反映公司历年融资偏好的变化。由于2006年会计准则发生较大变化，为保持样本数据口径一致，本节以2007年以前上市的1377家A股公司为研究对象，计算出2007~2013年各家上市公司资产负债率及其变化情况，计算结果见表1.5和表1.6。

表1.5　　2007~2013年上市公司资产负债表描述性统计

		2007	2008	2009	2010	2011	2012	2013
资产负债率	样本数	1377	1377	1377	1377	1377	1377	1377
	均值（%）	78.99	80.16	81.93	65.99	60.41	58.37	53.95
	标准差（%）	437.05	474.56	452.22	144.52	80.12	65.26	30.33
	中值（%）	53.14	53.23	54.19	54.14	54.37	54.62	54.77
	最大值（%）	12402.23	14271.78	13837.77	2969.76	1883.75	1212.74	861.18
	最小值（%）	0.91	1.83	0.17	1.08	0.71	1.64	-19.47

数据来源：Wind数据库。

表1.6　　2008~2013年上市公司资产负债表描述性统计

		2008	2009	2010	2011	2012	2013
资产负债率	同比上升公司数	757	748	758	735	724	716
	同比上升公司占比	0.55	0.54	0.55	0.53	0.53	0.52

表 1.5 和表 1.6 中数据表明，2007～2009 年期间，资产负债率上升趋势比较明显，2008 年、2009 年均值均超过 80%，我们预计主要是受金融危机影响所致。2009 年至 2010 年期间经历了一个较大幅度的下降，近两年资产负债率基本稳定在 55% 左右。可得出一个初步结论，2009 年之前公司更倾向于债券融资，近两年来该趋势有所放缓。

而 2007～2010 年期间，上市公司资本结构非常不稳定，资本负债率波动异常。为了保证之后实证模型的稳定性，需要选择较为稳定的公司作为样本来源。

沪深 300 指数成分股行业分布状况基本与市场的行业分布状况接近，且涵盖沪深两个证券市场的股票，具有较好的代表性。因此在分析了全部 A 股公司资产负债率的性质之后，本节进一步对沪深 300 指数成分股公司的资产负债率进行了统计，并将其与 A 股公司进行了比较。所得结果见图 1.6。

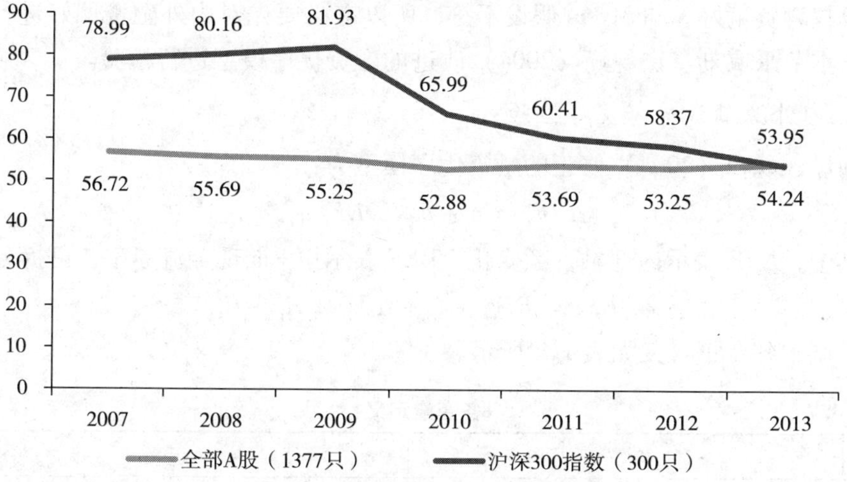

图 1.6　全部 A 股、沪深 300 指数负债率比较（%）

由以上统计比较可知，沪深 300 成分股资产负债率明显表现更为稳定。平均值 7 年内都维持在 55% 左右。2007～2009 年略高，2010 年开始有微小下调，与大盘状况基本一致。我们的解释是沪深 300 指数涵盖选择的公司多是上市多年、经营业绩较为稳定的公司，剔除了经营状况异常、财务报告严重亏损的股票，因此资产负债率更为稳定。基于此，我们在之后的实证分析中采取沪深 300 指数作为样本数据。

四、上市融资偏好的回归分析

资本结构是企业融资长期积累的结果，但不能及时、全面地反映企业的融资行为特征，所以在对资本结构进行描述性统计分析之后，需要对上市公司的融资行为偏好进行实证研究。

由于2006年中国会计准则发生较大变更，为了保证样本数据统计口径一致，本节仅对2007~2013年年报数据进行实证检验。基于上文的分析，为保证选取公司经营稳定，样本选取沪深300指数成分股。考虑到金融类企业的特殊性，首先在300家公司中剔除38家金融类上市公司。此外，由于年报数据需要覆盖2008~2013年，因此还需剔除77家2007年以前上市的公司，最后样本公司数目为185家。数据来源是Wind数据库。

本节选择经典的Myers融资优序模型进行分析，由于Myers认为内部融资成本最低，所以经典的Myers融资优序模型默认了企业融资时首先考虑内部融资，没有对内外融资偏好进行检验。但根据国内其他学者的研究，中国企业显示出明显的股权融资偏好，与Myers假设不符，所以有必要先对内外融资偏好进行有序检验。本节采取刘星、魏峰（2004）改进的融资优序模型进行检验。

1. 内外源融资偏好优序检验

刘星、魏峰（2004）修正的融资优序模型为：

$$\Delta IF_t = a + b \times DEF_t + \varepsilon$$

其中，ΔIF_t表示内部融资额变化，DEF_t表示第t期现金流赤字，可拆分为：

$$DEF_t = DIV_t + I_t + \Delta W_t + R_t - C_t$$

模型中各变量含义如表1.7所示。

表1.7　各变量定义

变量	含义	定义
ΔIF_t	第t期内部融资额变化	$\Delta IF_t = IF_t - IF_{t-1}$ 内源融资额=留存收益+折旧
DEF_t	第t期现金流赤字	$DEF_t = DIV_t + I_t + \Delta W_t + R_t - C_t$
DIV_t	第t期支付的现金股利	第t期分配股利、利润或偿付利息支付的现金
I_t	第t期资本性支出	资本性支出=长期资产增加+固定资产增加+无形资产增加
ΔW_t	第t期营运资金增加	$\Delta W_t = W_t - W_{t-1}$
R_t	一年内到期的长期负债	第t期一年内到期的长期负债
C_t	第t期扣除利息和税款后经营现金流量	第t期期末税后经营现金流量净额

融资顺序系数b表示公司需要现金时，会以多大比例采取内源融资方式获

取资金。

如果 $a = 0$，且 $b = 1$，表明公司需要现金流时，会等比例地增加内源融资额，即公司融资时首选内源融资。

否则，$a \neq 0$，且 $b = 0$，表明公司内源融资额和所需现金流无关，即公司融资时首选外源融资。

使用 Eviews 进行回归，结果如下：

Dependent Variable：IF1
Method：Least Squares
Included observations：1012
Excluded observations：98

Variable	Coefficient	Std. Error	t - Statistic	Prob.
DEF1	-0.154908	0.007753	-19.98140	0.0000
C	1.32E+09	1.10E+08	12.02901	0.0000
R - squared	0.283310	Mean dependent var		1.40E+09
Adjusted R - squared	0.282600	S. D. dependent var		4.13E+09
S. E. of regression	3.50E+09	Akaike info criterion		46.79089
Sum squared resid	1.24E+22	Schwarz criterion		46.80061
Log likelihood	-23674.19	F - statistic		399.2562
Durbin - Watson stat	2.081097	Prob（F - statistic）		0.000000

此结果显示 DEF 前系数 b 为负，且结果非常显著。也就是说当公司有现金需求时，反而当年内源融资额度会下降，此结果与实际情况不符合，因此我们需要对模型进行调整。考虑到不同的资产规模可能会对模型造成影响，将模型做资产标准化处理，即 ΔIF_t、DEF_t 均除以当年期初资产总额 A_{t-1}，模型变为：

$$\frac{\Delta IF_t}{A_{t-1}} = a + b \times \frac{DEF_t}{A_{t-1}} + \varepsilon$$

然后，再使用 Eviews 进行回归，结果如下：

Dependent Variable：IF2
Method：Least Squares
Included observations：1012
Excluded observations：98

Variable	Coefficient	Std. Error	t - Statistic	Prob.
DEF2	0.012004	0.007950	1.509975	0.1314
C	0.088590	0.008170	10.84394	0.0000

续表

R - squared	0.002252	Mean dependent var	0.088779
Adjusted R - squared	0.001264	S.D. dependent var	0.260024
S.E. of regression	0.259860	Akaike info criterion	0.144627
Sum squared resid	68.20248	Schwarz criterion	0.154349
Log likelihood	-71.18107	F - statistic	2.280023
Durbin - Watson stat	2.169945	Prob (F - statistic)	0.131363

此时，虽然b虽然为正，但是R值偏小，模型拟合不理想。我们再对模型进一步如下调整：

DEF_t代表第t期现金流赤字，所以DEF_t为正表示公司对现金流有需求，需要进行融资；DEF_t为负则代表公司现金流有盈余，此时不需要进行融资。所以DEF_t为负时，DEF_t值与内、外融资额都无关。为了降低DEF_t为负值对模型的影响，本节将DEF_t为负值时人工设定其值为0，即

$$DEF_t = \begin{cases} DIV_t + I_t + \Delta W_t + R_t - C_t, & DIV_t + I_t + \Delta W_t + R_t > C_t \\ 0, & DIV_t + I_t + \Delta W_t + R_t \leqslant C_t \end{cases}$$

使用调整后数据进行第三次回归，结果如下：

Dependent Variable: IF3

Method: Least Squares

Included observations: 1012

Excluded observations: 7 after adjusting endpoints

Variable	Coefficient	Std. Error	t - Statistic	Prob.
DEF3	0.371302	0.015316	24.24304	0.0000
C	0.037123	0.006842	5.425543	0.0000
R - squared	0.367851	Mean dependent var		0.088779
Adjusted R - squared	0.367225	S.D. dependent var		0.260024
S.E. of regression	0.206842	Akaike info criterion		-0.311749
Sum squared resid	43.21145	Schwarz criterion		-0.302026
Log likelihood	159.7449	F - statistic		587.7248
Durbin - Watson stat	1.734444	Prob (F - statistic)		0.000000

此时，R值较大，结果较为显著，检验较为理想。

经过两轮调整后的结果表明，融资顺序系数b的回归值为0.371，不为1，其t检验值为24.24304，大于1.96，说明该融资顺序系数有效，即中国上市公司在进行融资决策的时候，部分融资将会选择内源融资渠道。

结合上文对沪深300指数成分股资产收益率的描述性分析，对此的解释是中国股票市场的核准制度、保荐人制度等进入机制保证了上市保险公司的质量，而且深300指数对中国股票市场上现有公司进行了筛选，成分股多为经营较为稳定的上市公司，所以其有一定的能力能够采取低成本、最便捷的内源融资渠道进行融资。

2. 债权融资偏好检验

参照经典Myers融资优序模型：

$$\Delta D_t = a + b \times DEF_t + \varepsilon$$

其中，ΔD_t表示公司发债额度的变化。当ΔD_t为正时，表明第t年内公司发行了新债务；当ΔD_t为负时，表明公司在第t年债务额减少，即偿还了部分债务。ΔD_t是指长期债务的变化，而中国上市公司的流动负债比例较高，所以本节采取两种指标分别对债务进行检验：负债总额和长期负债。DEF_t含义与上文相同。

融资顺序系数b表示公司需要现金时，会以多大比例采取债务融资方式获取资金。

如果a=0，且b不为0，表明公司需要现金流时，会增加债务融资额，即公司融资时偏好债务融资。

否则，a≠0，且b=0，表明公司更偏好其他融资渠道。

(1) ΔD_t表示负债总额的变化

使用Eviews进行回归，结果如下：

Dependent Variable：D1
Method：Least Squares
Included observations：1019
Excluded observations：91

Variable	Coefficient	Std. Error	t – Statistic	Prob.
DEF1	–0.044129	0.023321	–1.892283	0.0587
C	4.10E+09	3.30E+08	12.42051	0.0000
R – squared	0.003509	Mean dependent var		4.12E+09
Adjusted R – squared	0.002529	S. D. dependent var		1.05E+10
S. E. of regression	1.05E+10	Akaike info criterion		48.99358
Sum squared resid	1.13E+23	Schwarz criterion		49.00325
Log likelihood	–24960.23	F – statistic		3.580734
Durbin – Watson stat	1.962185	Prob (F – statistic)		0.058737

此时 R 值较小，拟合结果不显著。我们再对模型做类似上文的调准：考虑到不同的资产规模、DEF_t为负时对模型的影响，需对模型进行资产标准化，人工设置为 0 的调整，再次回归，结果如下：

Dependent Variable：D2

Method：Least Squares

Included observations：1019 after adjusting endpoints

Variable	Coefficient	Std. Error	t－Statistic	Prob.
DEF2	0. 488062	0. 028744	16. 97932	0. 0000
C	0. 091733	0. 012798	7. 167556	0. 0000
R－squared	0. 220867	Mean dependent var		0. 159345
Adjusted R－squared	0. 220101	S. D. dependent var		0. 439658
S. E. of regression	0. 388271	Akaike info criterion		0. 947732
Sum squared resid	153. 3169	Schwarz criterion		0. 957402
Log likelihood	－480. 8697	F－statistic		288. 2975
Durbin－Watson stat	1. 524641	Prob（F－statistic）		0. 000000

此时，R 值较大，结果较为显著，检验较为理想。

（2）ΔD_t表示长期负债的变化

使用 Eviews 进行回归，结果如下：

Dependent Variable：D3

Method：Least Squares

Included observations：990

Excluded observations：120

Variable	Coefficient	Std. Error	t－Statistic	Prob.
DEF2	0. 043086	0. 025945	1. 660658	0. 0971
C	3. 04E＋09	3. 72E＋08	8. 159086	0. 0000
R－squared	0. 002784	Mean dependent var		3. 02E＋09
Adjusted R－squared	0. 001774	S. D. dependent var		1. 17E＋10
S. E. of regression	1. 17E＋10	Akaike info criterion		49. 20660
Sum squared resid	1. 35E＋23	Schwarz criterion		49. 21650
Log likelihood	－24355. 27	F－statistic		2. 757787
Durbin－Watson stat	2. 026179	Prob（F－statistic）		0. 097099

经过调整后的 Eviews 回归结果：

Dependent Variable：D3
Method：Least Squares
Included observations：990
Excluded observations：29 after adjusting endpoints

Variable	Coefficient	Std. Error	t - Statistic	Prob.
DEF3	0. 557051	0. 037733	14. 76294	0. 0000
C	0. 030884	0. 016742	1. 844726	0. 0654
R - squared	0. 180725	Mean dependent var		0. 107092
Adjusted R - squared	0. 179896	S. D. dependent var		0. 553332
S. E. of regression	0. 501095	Akaike info criterion		1. 457977
Sum squared resid	248. 0832	Schwarz criterion		1. 467871
Log likelihood	- 719. 6985	F - statistic		217. 9443
Durbin - Watson stat	2. 246468	Prob（F - statistic）		0. 000000

此时，R 值较大，结果较为显著，检验较为理想。

两种指标结果显示基本一致：融资顺序系数 b 回归值为 0.5 左右，且 t 检验值显著。说明确认企业对于债权融资仍然有较明显偏好。另外，a 回归值均不为零，且 a 的 t 检验值显著，说明不排除企业公司偏好其他融资渠道的可能。

为了进一步检验中国上市公司对于股权融资的偏好，下面我们对股权融资偏好进行相关检验。

3. 股权融资偏好检验

为了验证上市公司对于股权融资渠道是否有偏好，本节对经典 Myers 融资优序模型进行了修改：

$$\Delta G_t = a + b \times DEF_t + \varepsilon$$

其中，ΔG_t表示公司第 t 年股本的变化，当ΔG_t为正时，表明第 t 年内公司进行了增发配股融资；当ΔD_t为负时，表明公司在第 t 年债务额减少，即偿还了部分债务。DEF_t含义与上文相同。ΔG_t值由每年增发数量乘以增发价格得出。

融资顺序系数 b 表示公司需要现金时，会以多大比例采取债务融资方式获取资金。

如果 a = 0，且 b 不为 0 时，表明公司需要现金流时，会采取增加股本的方式，即公司融资时偏好股权融资。

否则，a≠0，且 b = 0，表明公司更偏好其他融资渠道。

经过调整后，使用 Eviews 进行回归，结果如下：

Dependent Variable：G1

Method：Least Squares

Included observations：1019 after adjusting endpoints

Variable	Coefficient	Std. Error	t－Statistic	Prob.
DEF1	0.450823	0.034266	13.15672	0.0000
C	0.020144	0.015257	1.320367	0.1870
R－squared	0.145450	Mean dependent var		0.082597
Adjusted R－squared	0.144609	S. D. dependent var		0.500444
S. E. of regression	0.462847	Akaike info criterion		1.299122
Sum squared resid	217.8696	Schwarz criterion		1.308792
Log likelihood	－659.9028	F－statistic		173.0994
Durbin－Watson stat	1.889793	Prob（F－statistic）		0.000000

此时，融资顺序系数 b 的估计值为 0.45，且 t 值显著，说明中国上市公司对于股权融资也有一定偏好。与前两种检验分析结果进行比较，表明中国上市公司的融资偏好顺序基本为债券融资 > 股权融资 > 内部融资，基本符合融资偏好理论，但是与中国其他学者检验结果并不一致。对此我们的解释是由于样本选择的沪深 300 公司多为稳定大市值公司，流通情况良好，所以与国外上市公司融资偏好更为接近。且所处行业较为均匀，存在较少国有股权影响，所以更能接受融资偏好理论。

4. 进一步检验

在以上的实证检验中，我们并没有区分不同年份时间的影响，根据第一部分对于资产负债率的描述性统计可知，大多数公司的资本结构在 2007～2013 年之间发生了较大程度的波动，因此，为了进一步研究随着时间的影响，公司融资战略的变化。我们对上市公司 2008 年、2010 年和 2013 年的融资偏好进行了检验。

变量与模型选择与上文一致。

（1）2008 年公司融资偏好检验

①内外源融资偏好检验。

Dependent Variable：IF2008

Method：Least Squares

Included observations：170 after adjusting endpoints

Variable	Coefficient	Std. Error	t－Statistic	Prob.
DEF2008	0.083169	0.032298	2.575012	0.0109
C	0.034465	0.014409	2.391894	0.0179

续表

R - squared	0.037970	Mean dependent var	0.051540
Adjusted R - squared	0.032243	S. D. dependent var	0.169553
S. E. of regression	0.166797	Akaike info criterion	-0.732379
Sum squared resid	4.673988	Schwarz criterion	-0.695488
Log likelihood	64.25225	F - statistic	6.630688
Durbin - Watson stat	1.889839	Prob (F - statistic)	0.010885

上述结果显示内源融资选择较少，大部分融资依赖于外源融资。

②债权融资偏好检验。

负债指标：

Dependent Variable：D2008

Method：Least Squares

Included observations：170 after adjusting endpoints

Variable	Coefficient	Std. Error	t - Statistic	Prob.
DEF2008	0.457616	0.064865	7.054864	0.0000
C	0.051115	0.028938	1.766356	0.0792
R - squared	0.228548	Mean dependent var		0.145067
Adjusted R - squared	0.223956	S. D. dependent var		0.380258
S. E. of regression	0.334982	Akaike info criterion		0.662215
Sum squared resid	18.85177	Schwarz criterion		0.699106
Log likelihood	-54.28825	F - statistic		49.77110
Durbin - Watson stat	2.124851	Prob (F - statistic)		0.000000

长期负债指标：

Dependent Variable：D2008

Method：Least Squares

Included observations：157

Excluded observations：13 after adjusting endpoints

Variable	Coefficient	Std. Error	t - Statistic	Prob.
DEF2008	0.331819	0.036879	8.997424	0.0000
C	-0.008489	0.016173	-0.524924	0.6004
R - squared	0.343091	Mean dependent var		0.059399
Adjusted R - squared	0.338853	S. D. dependent var		0.220431
S. E. of regression	0.179235	Akaike info criterion		-0.587586
Sum squared resid	4.979378	Schwarz criterion		-0.548653
Log likelihood	48.12552	F - statistic		80.95363
Durbin - Watson stat	1.990088	Prob (F - statistic)		0.000000

上述结果显示 2008 年上市公司对债务按融资有一定偏好。a 值趋于零，但 t 值不显著，不能排除对其他融资方式的偏好。

③股权融资偏好检验。

Dependent Variable：G2008

Method：Least Squares

Included observations：170 after adjusting endpoints

Variable	Coefficient	Std. Error	t – Statistic	Prob.
DEF2008	0.265575	0.038914	6.824670	0.0000
C	0.014505	0.017361	0.835488	0.4046
R – squared	0.217061	Mean dependent var		0.069029
Adjusted R – squared	0.212401	S. D. dependent var		0.226445
S. E. of regression	0.200962	Akaike info criterion		–0.359704
Sum squared resid	6.784824	Schwarz criterion		–0.322812
Log likelihood	32.57482	F – statistic		46.57612
Durbin – Watson stat	1.186605	Prob（F – statistic）		0.000000

上述结果显示 2008 年上市公司对股权按融资有一定偏好。结合①②③可知 2008 年，上市公司对债券融资偏好最大，股权融资其次，融资基本不依赖于内源融资。

（2）2010 年公司融资偏好检验

①内外源融资偏好检验。

Dependent Variable：IF2010

Method：Least Squares

Included observations：166

Excluded observations：1 after adjusting endpoints

Variable	Coefficient	Std. Error	t – Statistic	Prob.
DEF2010	0.051294	0.042210	1.215202	0.2260
C	0.043399	0.005517	7.866210	0.0000
R – squared	0.008924	Mean dependent var		0.046513
Adjusted R – squared	0.002881	S. D. dependent var		0.063046
S. E. of regression	0.062955	Akaike info criterion		–2.680813
Sum squared resid	0.649990	Schwarz criterion		–2.643320
Log likelihood	224.5075	F – statistic		1.476716
Durbin – Watson stat	1.949781	Prob（F – statistic）		0.226036

上述结果显示，融资顺序系数 b 的 t 值不显著，无法证明公司对内源融资有明显偏好。a 值不为零且显著，说明公司明显偏好外源融资渠道。

②债权融资偏好检验。

负债指标：

Dependent Variable：D2010
Method：Least Squares
Included observations：168 after adjusting endpoints

Variable	Coefficient	Std. Error	t - Statistic	Prob.
DEF2010	0. 639845	0. 054061	11. 83569	0. 0000
C	0. 120491	0. 028108	4. 286692	0. 0000
R - squared	0. 457665	Mean dependent var		0. 220635
Adjusted R - squared	0. 454397	S. D. dependent var		0. 470351
S. E. of regression	0. 347424	Akaike info criterion		0. 735294
Sum squared resid	20. 03682	Schwarz criterion		0. 772484
Log likelihood	-59. 76469	F - statistic		140. 0836
Durbin - Watson stat	2. 054664	Prob（F - statistic）		0. 000000

长期负债指标：

Dependent Variable：D2010
Method：Least Squares
Included observations：166
Excluded observations：2 after adjusting endpoints

Variable	Coefficient	Std. Error	t - Statistic	Prob.
DEF2010	0. 317174	0. 019983	15. 87258	0. 0000
C	0. 013121	0. 010452	1. 255328	0. 2111
R - squared	0. 605711	Mean dependent var		0. 063361
Adjusted R - squared	0. 603307	S. D. dependent var		0. 203771
S. E. of regression	0. 128342	Akaike info criterion		-1. 256262
Sum squared resid	2. 701353	Schwarz criterion		-1. 218768
Log likelihood	106. 2697	F - statistic		251. 9389
Durbin - Watson stat	2. 378514	Prob（F - statistic）		0. 000000

上述结果显示，上市公司显示出对债券融资的强烈偏好，但依赖长期债务融

资的幅度有所下降。

③股权融资偏好检验。

Dependent Variable：G2010

Method：Least Squares

Included observations：168 after adjusting endpoints

Variable	Coefficient	Std. Error	t – Statistic	Prob.
DEF2010	0.479643	0.038164	12.56791	0.0000
C	0.009716	0.019843	0.489638	0.6250
R – squared	0.487579	Mean dependent var		0.084786
Adjusted R – squared	0.484492	S. D. dependent var		0.341599
S. E. of regression	0.245264	Akaike info criterion		0.038872
Sum squared resid	9.985659	Schwarz criterion		0.076063
Log likelihood	–1.265289	F – statistic		157.9525
Durbin – Watson stat	0.924638	Prob（F – statistic）		0.000000

上述结果显示 2010 年上市公司对股权按融资有偏好，且偏好明显高于 2008 年水平。结合①②③可知 2010 年融资偏好基本与 2008 年相类似，但是该阶段上市公司对内源融资的偏好验证并不显著，说明并不排除对内源融资渠道的选择。

（3）2013 年公司融资偏好检验

①内外源融资偏好检验。

Dependent Variable：IF2013

Method：Least Squares

Included observations：171

Excluded observations：2 after adjusting endpoints

Variable	Coefficient	Std. Error	t – Statistic	Prob.
DEF2013	–0.006506	0.034184	–0.190316	0.8493
C	0.043797	0.003941	11.11446	0.0000
R – squared	0.000214	Mean dependent var		0.043434
Adjusted R – squared	–0.005702	S. D. dependent var		0.044948
S. E. of regression	0.045076	Akaike info criterion		–3.349288
Sum squared resid	0.343388	Schwarz criterion		–3.312544
Log likelihood	288.3641	F – statistic		0.036220
Durbin – Watson stat	1.877014	Prob（F – statistic）		0.849290

上述结果显示，融资顺序系数 b 趋向于 0 但 t 值不显著，无法证明公司对内源融资有明显偏好。a 值不为零且显著，说明公司明显偏好外源融资渠道。

②债权融资偏好检验。

负债指标：

Dependent Variable：D2013
Method：Least Squares
Included observations：173 after adjusting endpoints

Variable	Coefficient	Std. Error	t – Statistic	Prob.
DEF2013	0. 539171	0. 128774	4. 186970	0. 0000
C	0. 071106	0. 014827	4. 795598	0. 0000
R – squared	0. 092986	Mean dependent var		0. 101389
Adjusted R – squared	0. 087682	S. D. dependent var		0. 178243
S. E. of regression	0. 170249	Akaike info criterion		–0. 691612
Sum squared resid	4. 956407	Schwarz criterion		–0. 655158
Log likelihood	61. 82444	F – statistic		17. 53072
Durbin – Watson stat	2. 310140	Prob（F – statistic）		0. 000045

长期负债指标：

Dependent Variable：D2013
Method：Least Squares
Included observations：172
Excluded observations：1 after adjusting endpoints

Variable	Coefficient	Std. Error	t – Statistic	Prob.
DEF2013	0. 237703	0. 050463	4. 710454	0. 0000
C	0. 011593	0. 005819	1. 992369	0. 0479
R – squared	0. 115451	Mean dependent var		0. 024907
Adjusted R – squared	0. 110248	S. D. dependent var		0. 070714
S. E. of regression	0. 066703	Akaike info criterion		–2. 565586
Sum squared resid	0. 756370	Schwarz criterion		–2. 528988
Log likelihood	222. 6404	F – statistic		22. 18838
Durbin – Watson stat	2. 103101	Prob（F – statistic）		0. 000005

上述结果显示，上市公司显示出对债券融资的强烈偏好，但不排除依赖其他融资渠道的可能。

③股权融资偏好检验。

Dependent Variable：G2013

Method：Least Squares

Included observations：173 after adjusting endpoints

Variable	Coefficient	Std. Error	t – Statistic	Prob.
DEF2013	0.170713	0.082240	2.075807	0.0394
C	0.023828	0.009469	2.516324	0.0128
R – squared	0.024579	Mean dependent var		0.033416
Adjusted R – squared	0.018875	S. D. dependent var		0.109768
S. E. of regression	0.108728	Akaike info criterion		–1.588449
Sum squared resid	2.021508	Schwarz criterion		–1.551995
Log likelihood	139.4009	F – statistic		4.308974
Durbin – Watson stat	2.101915	Prob（F – statistic）		0.039408

上述结果显示 2013 年上市公司对股权按融资有偏好，但偏好明显小于上一阶段。

无论是总体还是分年份，沪深 300 指数成分股公司均显示出对债券融资的明显偏好，这与融资优序模型基本一致。分年度看，2008 年上市公司对债券融资的偏好最为明显。2008 年内源融资偏好非常小，近年来对内源融资偏好的检验不显著。对此我们的解释是 2008 年受经济危机影响，公司盈利能力有所下滑，不再具备使用留存收益转资本的能力。股权融资偏好在 2013 年最小，对此我们的解释是受股市长期低迷的影响，公司对使用股权融资手段融资的期望下降，因此，2013 年股权融资偏好最小。

同时，根据上文描述性统计分析可知，2008 ~ 2010 年期间资产负债率最高，也说明了当时公司对债券融资的明显偏好。2013 年资产负债率有微微上调，从侧面也验证了我们的实证结果。

表 1.8　　模型结果

		总体模型			2008 年			2010 年			2013 年		
		内外源	债权	股权	内外源	债权	股权	内外源	债权	股权	内外源	债权	股权
b	估计值	0.37	0.49	0.45	0.08	0.46	0.27	0.05	0.64	0.48	–0.01	0.54	0.17
	t 值	显著	显著	显著	显著	显著	显著	不显著	显著	显著	不显著	显著	显著
a	估计值	0.037	0.91	0.02	0.03	0.05	0.01	0.04	0.12	0.01	0.04	0.07	0.02
	t 值	显著	显著	显著	显著	不显著	不显著	显著	显著	不显著	显著	显著	显著

五、总结

本节采取改进的 Myers 融资优序模型，利用沪深 300 股指数中的非金融上市公司 2007 ~2013 年的数据，对中国上市公司的融资偏好进行分析。首先，在对中国上市公司的融资结构检验中，可以得出结论：内部融资、债券融资和股权融资三个方面均占据一定的比例；融资偏好顺序为债券融资 > 股权融资 > 内部融资。本节的实证分析结果没有表现出明显的股权融资偏好现象，主要原因是沪深 300 公司多为稳定大市值公司，与国外上市公司融资偏好更为接近，且所处行业较为均匀，存在较少国有股权影响，所以更能接受融资偏好理论。

其次，从时间纵向来分析，选取 2008 年、2010 年和 2013 年的数据进行实证研究。验证结果：2008 年上市公司对债券融资的偏好最为明显；而 2013 年股权融资偏好最小。原因是，2008 年受经济危机影响，公司盈利能力有所下滑，留存收益不足以大规模使用内源融资，主要依靠债务融资；2013 年股市表现低迷，使用股权融资的偏好降低。

本节也存在一些不足，在进一步深入研究中需要弥补和完善。

在影响因素方面，企业的不同规模和不同盈利能力可能影响其融资偏好，可以在深度研究中加入总资产、ROE 等指标对企业融资结构的影响分析。在横向分析方面，沪深 300 指数中的公司多为经营稳定且良好的大公司，公司选取的多样性不足。在纵向分析方面，可以对会计准则更改前的企业融资结构进行分析，剔除会计影响，得出更多的历史比较结论。但限于时间原因，本节在此就不对这些问题进行深入探讨，希望今后能够继续完成进一步研究。

第五节　实证研究：统计套利在 A 股的实践

一、概述

统计套利策略是将统计方法运用于证券市场的重要实践，目前普遍应用于外国对冲基金等投资机构的日常运作，并经过长期实践证明，能够为这些机构带来可观的低风险收益。由于中国证券市场之前长期缺乏做空机制及股票指数期货等衍生品，统计套利策略没有实施平台，但随着中国融资融券于 2010 年 3 月 31 日正式启动，沪深 300 股指期货于 2010 年 4 月 16 日正式上市交易，中国证券市场的统计套利策略的实施有了良好的平台。统计套利技术经过长期实践证明，能够为广大投资者带来可观的收益，尤其在市场震荡的时期，能够跑赢大盘指数，有效对冲系统风险。因此如何将统计套利技术应用到中国股市是目前迫切需要探讨的问题。

统计套利的方法有许多种，本节设计的统计套利策略是一种较为普遍使用的方法，即基于协整方法的成对股票套利。首先通过能够反映股票基本面信息的指标对A股市场股票池中的股票进行系统聚类，获取在内在价值方面相似度较高的股票对；然后针对股票价格序列波动的可预测性再对这些股票组合进行协整检验，选择具有协整关系的股票组合；再对具有协整关系的股票组合进一步做OLS，得到配对系数β，通过数据处理获取其股票价格之间的长期均衡关系，得到两者之间的价差，并做去中心化处理；最后通过构建可行的交易系统选择合适的交易时机，交易止损点并计算累计收益率。本节还将采用实证研究的方法，完整地将统计套利技术运用于中国A股市场的股票对中，构建交易策略，计算所建立的套利策略带来的累计收益，对比超出大盘指数的收益。

二、文献综述

统计套利是一种量化投资策略，跟踪具有长期稳定关系的两只股票的价格，当两者之间出现短期异常偏离时，分别持有相对高估股票的空头和相对低估股票的多头，而当两者之间的关系再度恢复到长期均衡关系时平仓获利。统计套利是对传统的零风险套利的一个扩展，为投资者提供了一种新的有效的投资的策略方式，具有重要的意义。

Hogan（2004）利用统计套利的思想研究市场效率，给出了公式化的统计套利定义，设初始投入为0的自融资交易策略（x（t）：t≥0）在t时刻经无风险利率折现后的价值为v（t），如果v（t）满足：

①$v(0)=0$；

②$\lim_{n\to\infty}E(v(t))>0$；

③$\lim_{n\to\infty}P(V(t)<0)=0$；

④如果对，则有$\forall t<\infty$，则有$\lim_{n\to\infty}\frac{var(v(t))}{t}=0$。

则称该交易策略为一个统计套利机会。该定义说明统计套利需要满足四个条件：自融资交易的初始投入为0；经无风险利率折现后的价值极限为正值；预期亏损概率趋近于零；在有限时间内损失非零情况下的时间方差值趋向于零，说明统计套利并不保证盈利，但是随着时间的推移，发生损失的概率越来越小，最终收敛于0。根据这个数学表述，我们可以粗略地认为统计套利策略是可以产生无风险收益的长期交易策略。

统计套利的策略主要有如下四种策略：配对交易策略、多因子套利策略、均值回归策略、协整套利策略。

配对交易策略让投资者保持对市场的中性头寸，往往通过对同一行业的两只股票进行一个空头、一个多头操作来对冲两只股票所在市场和行业的风险。多因子套利策略指通过对影响股票市场的多个因素进行统计分析，然后进行购入、出售操作，因此具有较大的主观性，可能因为估计的不准确而无法获取收益或者控制损失。均值回归策略建立在股票的价格在较长时间内会回归其应有的市场价格水平上的假设下，通过买空短期内走高于其市场价格的股票和卖空短期内走低于市场价格的股票，而在其回归市场价格过程中获得收益的投资策略。协整套利策略的主要特征是均值回复跟踪误差、增加投资比例的稳定性和更好地运用资产价格所反映的信息，使得可以用从指数和增强型指数追踪到多头空头市场中性和 alpha 转移等技术来灵活设计多种融资和自融资交易策略。

早期的统计套利研究更多地关注于寻求收益可预测成分。资产收益的波动不是某一特别资产的某个特殊性质，在许多情形下是由其所在市场甚至是国际市场的“趋势、变动”引起的，这样就可能存在着遮蔽资产收益的任何可预测成分的风险，许多学者提出建议通过适当转换金融时间序列来减少这一遮蔽效应。

重要的有 Burgess 的研究——《对 FTSE100 指数的统计套利模型》，在该研究中，Burgess 通过对普通的协整方法进行适当改进，建立统计套利模型，利用 FT-SE100 指数的 1996 年 6 月 13 日至 1998 年 5 月 13 日的交易日的收盘价进行实证分析，最终在考虑交易费用的模型中，获利 67%。其他的研究还有 Board 和 Sut-cliffe 利用协整的方法建立的统计套利模型，对大阪、新加坡和芝加哥的日经 225 指数进行实证分析，研究结果表明存在套利机会，能够获得收益；Marco Avella-neda 利用主成分法和 ETF 法两种方法对美国股市进行了套利研究；Christian 和 Gianluigi 对统计套利模型中高频数据的应用进行了研究等。统计套利方法在实践中应用比较成功的一个例子是 Tradetreck 公司开发的市场中性相对价值交易平台。

方昊（2005）认为统计套利是一种基于模型的投资过程，将证券价格与根据数量模型所预测的理论价值进行对比，从而构建证券投资组合的多头和空头。统计套利者试图通过股票价格对其基本价值的短暂偏离而获利。在某种意义上存在着共同特征的两个证券（比如说同行业的股票、同风格投资基金），其市场价格之间存在着良好的相关性，即价格往往表现为同向变化，从而价格的比值或者价格的差值往往围绕着某一固定值进行波动。

吴振翔和陈敏（2007）在 Hogan 等（2004）的基础上，采用证伪的方式来验证市场的有效性：只要有统计套利的存在，就与有效市场假定相违背。他们以2000年1月4日至2004年1月2日间的沪深股市A股股票和上证180指数为考察对象，设计多种投资组合方式：A股股票的惯性方案与反转方案以及上证180指数与股票间的投资方案，发现在短期（3个月以内）从统计检验角度，不能否定市场中无套利的假定，而对于中期和长期（6个月及12个月），经检验统计套利是存在的。

三、实证分析

统计套利的方法有许多种，本文将采用基于协整策略方法的统计套利模型，主要是建立在股票价格序列之间的协整关系的基础之上。

首先，在不依赖于经济含义的情况下，运用数量手段选取两只相关性较高的股票，构建资产组合，进行多头头寸和空头头寸相匹配，对冲掉这两只股票所处的行业风险，从而对市场风险进行免疫，实现市场中性。

在配对股票选取过程中，先筛选出两者之间相关性系数大于0.95的股票对作为备选配对股票组合，对其进行单位根检验。如果含有单位根，则做一阶差分处理，并再次检验。易知，不管之前是否存在单位根现象，一阶差分后各只股票均平稳；然后对备选配对股票组合进行协整检验，对于存在协整关系的组合进一步做最小二乘回归，得到配对系数 $\hat{\beta}$。

$$P_{a,t} = \hat{\alpha} + \hat{\beta}P_{b,t} + \hat{\varepsilon}_t$$

在满足上述条件的配对股票组合中选取一个股票交易对，通过数据处理获取其股票价格之间的长期均衡关系，变形得到两者之间的价差，并做去中心化处理。假设去均值后的价差波动是一个白噪声序列，那么可将标准差的±0.75倍作为套利区间的上下限，同时把标准差的±2倍作为上下止损位。

若发现当日价差在可交易区间之内，则使用股票对进行统计套利，当价差穿越或回复中线时，则进行平仓操作，结束套利。若价差变动到止损位之外，则进行止损平仓操作。

当价差从负值向零附近回归时，先买入1手股票A，卖出1手股票B，对冲平仓时再进行反向交易；当价差从正值向零附近回归时，先买入1手股票B，卖出1手股票A，对冲平仓时再进行反向交易。

我们选取2013年1月31日起新的融资融券500标的股中交通运输行业中的中国国航和中国远洋两只股票的日收盘价，时间范围是从2011年1月4日到2014年10月17日。为了减少数据异方差性对模型建立及数据分析的影响，我们对股价数据作对数化处理，以LnGH及LnYY来表示。中国国航和中国远洋的股价的相关性系数如表 1.9 所示，高达 97.51%，因此我们选择这两只股票作为我们统计套利的标的股。

本节将数据的样本区间分成两个部分，第一部分是从 2011 年 1 月 4 日到 2012 年 12 月 31 日，剔除停牌、休息日、节假日等，共有 460 个样本数据，并据此样本数据建立模型得到套利比例。第二部分是从 2013 年 1 月 4 日到 2014 年 10 月 17 日，剔除停牌、休息节、节假日等，共有 424 个交易日，据此数据做样本外的套利检验。

本节中中国国航及中国远洋的股价数据来源为 Wind 数据库。

表 1.9　远洋和国航股价相关性系数

	LNYY	LNGH
LNYY	1	0.975145
LNGH	0.975145	1

以中国国航和中国远洋为研究对象，将 2011 年 1 月 4 日至 2012 年 12 月 31 日的 460 个样本的对数化股价数据进行单位根检验，检测数据的平稳性。若数据不平稳，则进行一阶差分处理，并继续单位根检验。单位根检验的结果如表 1.10 所示。

表 1.10　国航、远洋各自股价对数值及其一阶差分的单位根检验结果

Variables	Test critical values：(5% level)	T - statistic	Probability	Result
LnGH	-2.867617	-2.019929	0.2783	Non - stationary
LnYY	-2.867617	-0.98443	0.76	Non - stationary
D (LnGH)	-2.867631	-20.53548	0	stationary
D (LnYY)	-2.867631	-21.93445	0	stationary

由表 1.10 可知，中国国航和中国远洋两只股票的时间序列数据均不平稳，在 5% 的置信水平下，p 值分别为 0.2783 和 0.76，无法拒绝不平稳的原假设。在进行一阶差分处理后，在 5% 的置信水平下 p 值远小于 0.05，则可以拒绝原假设，因此两只股票对数化股价是一阶差分平稳的。

我们对中国国航和中国远洋进行协整关系检验，检验两者是否具有长期稳定的均衡关系。如表 1.11 所示，在 5% 的置信水平下，p 值为 0.0213 和 0.3324，即拒绝不存在协整关系的原假设，接受至多存在一阶协整的原假设。由此说明，虽然两只股票具有各自的长期波动规律，但因为是（1，1）阶协整，所以他们之间存在着一个长期稳定的比例关系。

表 1.11　　中国国航和中国远洋协整检验结果

Hypothesized No. of CE (s)	Eigenvalue	Trace Statistic	0.05	
			Critical Value	Probability
None *	0.039943	22.88379	20.26184	0.0213
At most 1	0.010152	4.581363	9.164546	0.3324

以中国国航的对数收盘价为因变量，中国远洋的对数收盘价为自变量，进行最小二乘（OLS）回归，得到配对系数。如表 1.12 所示，R^2 为 0.95，回归方程具有较好的拟合性，且各项系数均显著。

表 1.12　　对数收盘价回归结果

Variable	Coefficient	t - Statistic	Probability
LNYY	0.898237	94.16795	0
Constant	0.382808	21.7697	0
R - squared	0.95099		

我们可以得到回归方程的残差 ε_t，并对残差进行单位根检验，其结果如表 1.13 所示。在 5% 的置信水平下，t 值为 -2.867631，p 值为 0.0061，说明回归方程残差序列是平稳的，可以认为方程的回归是有效的。

表 1.13　　残差的单位根检验

Variables	Test critical values: (5% level)	T - statistic	Probability	Result
ε_t（残差）	-2.867631	-3.598593	0.0061	stationary

通过以上回归数据处理，可以得到中国国航和中国远洋存在长期均衡关系：

$$LNGH = 0.8982LNYY + 0.3828$$
$$(94.16795)\quad(21.7697)$$

该回归模型的配对系数即是两只股票的套利比例。

我们根据模型回归得到中国国航和中国远洋两只股票的长期关系的套利比例是1∶0.8982，并得到相应数据区间内二者对应比例的股票股价对数的价差。为了使价差数据更加集中化，方便处理，我们对价差进行去中心化，得到 MS Spread = Spread - Mean，由此得到的价差时间序列图如图 1.7 所示。

为了保证根据价差变动进行套利投资所得的投资收益率的最大化，我们需要确定一个合理的交易区间。交易区间细微的变化就可能改变策略发出信号的次数、交易成本和组合的持有期收益。因此，学者对交易区间建模方法的讨论也有很多，常用的模型如 ARMA 模型法、隐含 Markov ARMA 模型法、非参数法等等。

根据 John Wiley & Sons（2005）在 Pairs Trading：Quantitative Methods and Analysis 中通过随机模拟得到的规律是，在去均值后的价差波动是一个白噪声序列的假设条件下，最大化收益的交易边界条件为 ±0.75 倍的标准差，即 ±0.75 σ。根据于玮婷（2011）《基于协整方法的统计套利策略的实证分析》等其他众多文献所设立的套利区间，选取 ±2 倍的标准差为止损边界，即 ±2σ。且我们还选取了 0.25 倍的标准差作为平仓边界，即 ±0.25σ。

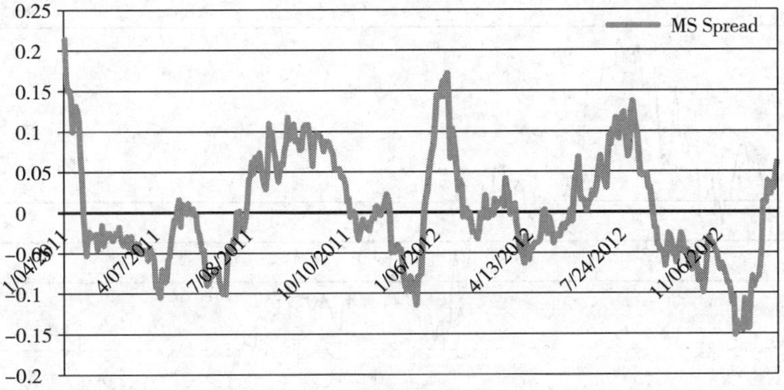

图 1.7　样本区间内国航和远洋对数化价格

由于我们的价差是经过对数化处理后的数据，在建模时就已经以此来排除异方差的干扰，因此我们假设价差的标准差是不随时间变化而变化的。经过计算，我们得到样本区间内价差的标准差是 0.06605，则非套利的区间为：±0.75 × 0.06605 =（ -0.0495， +0.0495）。选取 2 倍标准差为上下止损位，即（ -0.1321， +0.1321）。若发现当日价差在非套利区间的范围之外，则使用股票对进行统计套利：当价差穿越或回复中线时，进行平仓操作结束套利。

我们可得到相应的交易规则如表 1.14 所示。

表 1.14　交易规则

价差边界	交易说明
MS Spread < -0.049538	买入 100 手中国国航的同时卖出 90 股的中国远洋，并在 MS Spread 回归到 > -0.0165 的时候平仓获益
-0.049538 < MS Spread < 0.049538	非套利区间
MS Spread > 0.049538	卖出 100 手中国国航的同时买入 90 股中国远洋，并在 MS Spread 回归到 < 0.0165 时候平仓获益
MS Spread > 0.132101	平仓止损
MS Spread < - 0.132101	平仓止损

我们以2013年1月4日到2014年10月17日中国国航和中国远洋共424个交易日的数据来进行模拟套利，计算相应的收益率，以此来检验统计套利的结果。

根据套利比例，该区间股票价格的去中心化的对数化价差及交易边界如图1.8所示。

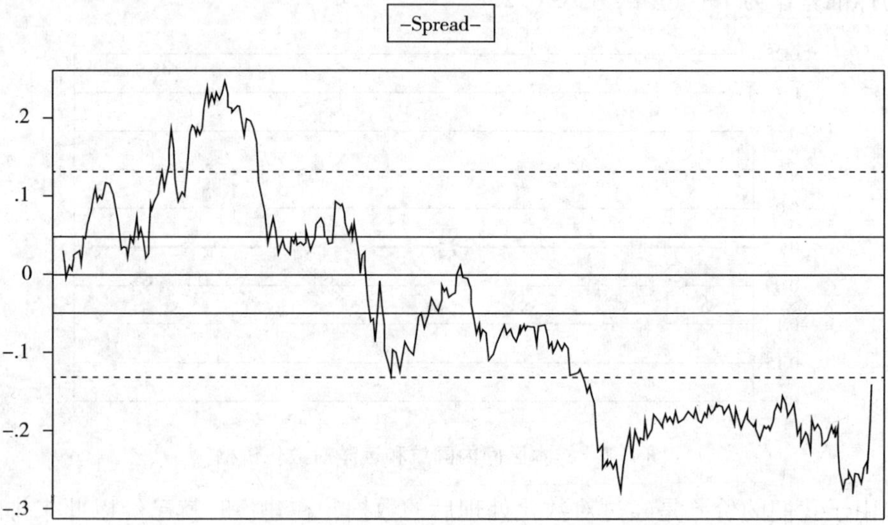

图1.8　对数价差及交易时间图

根据该区间内的对数化价差及交易边界，我们可以确定该区间内的交易策略，并以此为基础计算套利交易的收益率。

由于中国国航和中国远洋的线性回归中得到的系数为0.8982，则套利行为可以通过融券卖出（或自有资金买入）100手中国国航的股票，同时以自有资金买入（或融券卖出）90手中国远洋股票进行股票对的反向交易。当价差从负值向零附近回归时，采取买入100手中国国航股票，卖出90手中国远洋股票的方式套利，对冲平仓时卖出100手中国国航股票，同时买入90手中国远洋的股票；当价差从正值向零附近回归时，操作刚好相反。

依据之前制定的交易策略，中国国航和中国远洋这对股票组合在2013年1月4日至2014年10月17日期间，总共发出6次交易信号。套利收益情况见表1.15。

在2013年1月到2014年10月期间，策略共发出在6次交易信号，其中3次投资成功，3次失败。单次最高收益14.76%，最低收益为-7.46%。套利交易的累计收益率如图1.9所示。

表 1.15　股票对套利收益情况

信号发出日	国航股价	远洋股价	投入资金	成本	套利收益	单次收益率	期末资金	时间
2013-01-22	5.99	4.49	60000	-9010	-3350	-7.46%	70000	40
2013-03-25	5.84	4.02		12360				
2013-03-26	5.71	4.03	56650	-11090	-1310	-3.25%	66650	4
2013-04-01	5.4	3.62		12400				
2013-04-08	5.15	3.59	60001	-10450	-1040	-2.90%	70001	7
2013-04-16	5.21	3.54		11490				
2013-06-17	4.85	3.32	58961	-10450	4900	14.76%	68961	54
2013-08-30	4.15	3.18		5550				
2013-09-06	4.06	3.29	60002	3640	1920	5.25%	70002	6
2013-09-13	4.44	3.44		-5560				
2013-09-18	4.13	3.52	61922	1970	2950	7.94%	71922	31
2013-11-08	3.88	3		-4920				

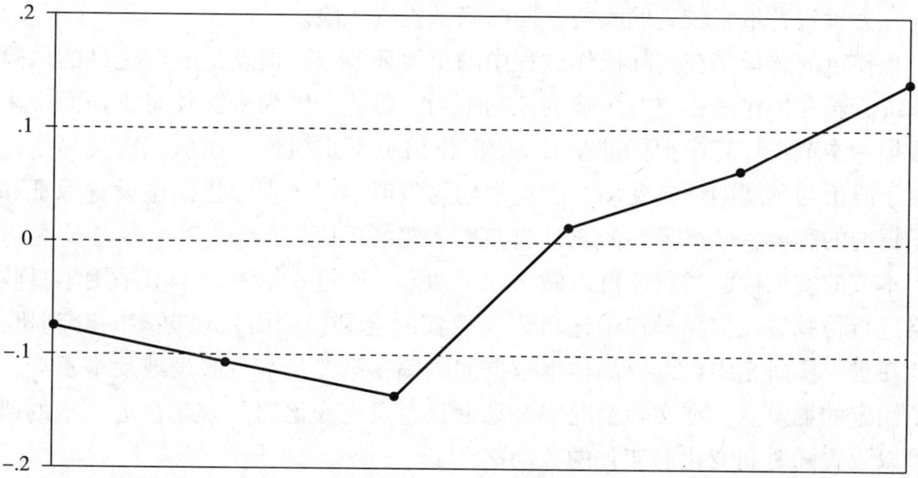

图 1.9　累计收益率

我们根据套利交易的股价及成本等，可以得到下表所示的套利交易的累计收益率、波动率及夏普比率，并以此来和单独持有这两只股票的收益和风险作比较。计算中假设无风险收益率是 1%。

表 1.16　套利策略收益统计

累计收益率	波动率	夏普比率
14.34%	90.85%	0.147

表 1.17　持有收益统计

累计收益率		波动率		夏普比率	
国航	远洋	国航	远洋	国航	远洋
-34.94%	-26.28%	26.94%	29.30%	-1.33424%	-0.93135%

从上述统计分析数据结果来看，样本外的统计套利仍然优于大盘的表现，再次证明了此策略的优越性；但由于数据点偏少，导致结果的稳健性不足，波动率非常大。

本部分将基于协整理论的统计套利策略运用于中国融资融券标的两只成对股票：中国国航与中国远洋，利用样本内数据得出套利策略与套利区间，并进行了样本外数据的检验，得出使用该策略时收益将要好于单纯地持有股票至到期，同时风险也明显小于持有至到期风险。这表明统计套利的方法可以在中国市场有所作为，为投资者带来较高的收益，同时降低投资风险。

止损点的选择是在实际操作过程中的重要环节。止损点是成对交易的风险控制系统，若在操作过程中对风险的控制不当，可能会因为未能及时止损而带来巨额亏损。本节在计算中把标准差的 ±2 倍作为上下止损位，在前三次交易中，虽然由于股价与预期的反向变动，收益率均为负值，但合理的止损位设置保证和控制了损失的程度，使得最终的累计收益率为较高正值。

本节的实证检验过程还可以做出如下两方面改进：第一，本节采用了日收盘价格进行检验，在实际操作中还可以采取实时套利，从而发现更多的套利机会，为此在进一步研究中可以提高样本数据的频率；第二，本节假设波动率不变，设定了固定的触发点，在实际情况中波动率是会发生变化的，为此在进一步的研究中可以设置随时间变化而变化的波动率。

四、总结

本文将基于协整方法的成对股票套利的技术用于 A 股市场上，选择了股票池中具有协整关系的股票组合，中国国航和中国远洋，分别进行了样本内和样本外数据的实证检验，得出结论：①统计套利可以较好地捕捉同行业高度相关的两只股票持续稳定的价格变化，并利用动态的价格偏离赢得交易机会，使该策略下的收益好于不采取任何策略单纯持有到期的收益。②统计套利策略在中国 A 股市场具有可操作性。根据实证检验分析得出的样本外收益率和夏普比率，可以看到统计套利策略比单纯持有到期要好。中国的融资融券业务和股指期货交易已经在2010年4月推出，为投资者选择统计套利策略提供了所必需的市场条件，统计套利策略将是一种更加有效的投资方式，能够满足机构投资者的套利需求。

另外，成对交易的统计套利方法在操作过程中需要注意对风险的控制，若缺少良好的风险控制系统，未能及时止损可能导致巨额亏损。本节在实证检验研究中出现一个有趣的问题：根据我们建立的模型，在检验研究中，本节选择的中国国航和中国远洋两只股票的样本外数据波动性较大，而且在2013年11月8日以后就没有出现合适的交易时机，对数价差交易时间图显示11月8日交易过后，价差超过止损位后近11个月里，价差仍没有回复到止损位以上，若没有在止损位及时采取止损措施，该成对股票套利交易将面临巨额亏损。

对于在我们的实证检验研究中出现的这个问题，可能是由以下原因共同造成：①由于中国实行融资融券业务和股指期货交易时间尚短，模型中收集的数据点比较有限，我们对2013年1月4日到2014年10月7日期间的数据进行检验，由于样本数据个数的限制，检验结果只具有参考意义。对于样本外的交易策略，交易次数比较少，故其波动可能会非常剧烈。②中国金融市场尚不成熟，资本市场波动性比较大，这也可能导致实证检验中数据波动性较大的问题。

本节通过实证检验分析A股市场两只具有协整关系的股票的统计套利策略，可以看到在中国推出融资融券和股指期货的背景下，机构及个人投资者对中国股票市场采取基于协整方法的统计套利策略能够更好地获利，同时引进一种更加有效的投资方式，并借此推动中国程序化交易的发展，促进中国股票市场不断健康发展和成熟。

本章小结

1. 中国资本市场经过二十多年的快速发展，取得了辉煌的成就，已经成为全球资本市场的重要组成部分。

2. 上海证券交易所和深圳证券交易所是中国资本市场最重要的两个集中交易场内市场，为股票、债券、权证等丰富的金融产品的交易提供了方便。

3. 多层次的资本市场体系在中国日益形成。从沪深主板市场、中小板市场、创业板市场到新三板市场和地方的柜台交易市场，中国的资本市场体系正在逐步发展和完善。

4. 中国商品期货和金融期货产品日渐丰富，满足了经济主体规避风险和市场套利的需求。

5. 中国未来的金融市场将进一步发展完善，更多金融产品尤其是金融衍生品将要推出。

重要术语

上海证券交易所　深圳证券交易所　股份制改革　自发形成的市场
全国性资本市场　主板　中小板　创业板　新三板　商品期货　国债期货
股指期货　个股期权

思考与练习题

1. 简述中国资本市场的发展历程，中国的资本市场主要由哪些市场组成？

2. 中国多层次的资本市场体现在哪里？你对它们的发展前景如何看待？

3. 简要说明中国有哪些可投资的金融产品，它们有着怎样的风险与收益？

4. 上述金融产品当中，哪些只允许机构投资者参与？哪些个人投资者也能够参与？

5. 中国未来可能会增加哪些可投资的金融产品？你怎么看待中国资本市场未来的发展？

第二章
股票投资分析

沃伦·巴菲特（Warren Buffett）1930年8月30日出生在美国内布拉斯加州的奥马哈市。他从小就极具投资意识，1941年，11岁的巴菲特购买了平生第一张股票。1947年，巴菲特进入宾夕法尼亚大学攻读财务和商业管理。两年后，巴菲特考入哥伦比亚大学金融系，拜师于著名投资理论学家本杰明·格雷厄姆。在格雷厄姆门下，巴菲特如鱼得水。1956年，他回到家乡创办“巴菲特有限公司”。

1964年，巴菲特的个人财富达到400万美元，而此时他掌管的资金已高达2200万美元。1965年，35岁的巴菲特收购了一家名为伯克希尔—哈撒韦的纺织企业，1994年底已发展成拥有230亿美元的伯克希尔工业王国，由一家纺纱厂变成巴菲特庞大的投资金融集团。他的股票在30年间上涨了2000倍，而标准普尔500家指数内的股票平均才上涨了近50倍。多年来，在《福布斯》一年一度的全球富豪榜上，巴菲特一直稳居前三名。

巴菲特师从证券分析之父本杰明·格雷厄姆，吸收了他的价值投资理念，与此同时，也学习了费雪的成长型投资理念，关心公司盈利和销售增长的幅度和速度。他们都是关注“基本面分析”的重量级人物。

詹姆斯·西蒙斯（James Simons）是世界级的数学家，也是最伟大的对冲基金经理之一。西蒙斯1958年毕业于麻省理工学院，1962年在伯克利加州大学获得博士学位。他曾任教于麻省理工学院、哈佛大学和纽约州立大学石溪分校。陈—西蒙斯定理就是以陈省身和他命名的。1976年，他获得了美国数学会的范布伦奖。

2005年，西蒙斯成为全球收入最高的对冲基金经理，净赚15亿美元，差不多是索罗斯的两倍；从1988年开始，他所掌管的大奖章基金年均回报率高达34%，15年来资产从未减少过。

西蒙斯几乎从不雇用华尔街的分析师，他的文艺复兴科技公司里坐满了数学和自然科学的博士。用数学模型捕捉市场机会，由电脑作出交易决策，是这位超级投资者成功的秘诀。和流行的“买入并长期持有”的投资理念截然相反，西蒙斯认为市场的异常状态通常都是微小而且短暂的，“我们随时都在买入卖出和卖出买入，我们依靠活跃赚钱”，西蒙斯说。

资料来源：搜狐财经，福布斯中文网。

本章教学目标

1. 了解股权投资基本面分析中的主要步骤。
2. 掌握如何分析宏观经济环境，以及表现宏观经济运行的指标有哪些。
3. 理解如何通过行业投资策略分析行业的投资价值。
4. 理解如何分析一个公司的价值，明白公司基本信息和商业模式对股价的影响。
5. 掌握财务分析有哪些重要指标，理解其传达的财务信息。
6. 掌握如何用技术分析手段提取历史价格中包含的信息。

在进行投资决策的时候，投资者总会面临两方面的难题，一是投资什么，二是什么时候投资。进行这两方面分析行之有效的方式便是在投资之前进行的基本面分析和技术分析。其中，基本面分析解决了投资什么的问题，关注的是投资工具未来的价值和收益的影响和变动；技术分析帮助决策者选择合适的时机进行投资，关注的是投资工具发生升贬值的时间。

第一节　基本面分析概述

一、基本面分析步骤

如何对股票进行估值，以及如何选择理想的股票，目前存在自上而下和自下而上两种分析方法。在自上而下三步估计法中，我们需要首先观察整体经济对所有公司和证券市场的影响，然后分析在这样的经济环境中各行业里具有最好发展前景的行业，最后再分析理想行业中的单个公司及这些公司的普通股。图 2.1 表明了这一过程。

自下而上股票挑选法在市场上也拥有大量的支持者，他们认为经济和行业分析对单个公司和股票的影响力有限。不管市场和行业前景如何，相对于市价来说，找到被低估的股票是可能的，并且这些股票可以提供超额收益率。

在本书中，我们主张采用并介绍自上而下三步法，因为该方法获得了逻辑和实证的支持，而自下而上的股票挑选法取得成功相对比较困难，因为这些股票挑选者忽视了来自市场和公司所属行业的大量信息。以下学术研究进一步证明了自上而下分析方法的有效性。

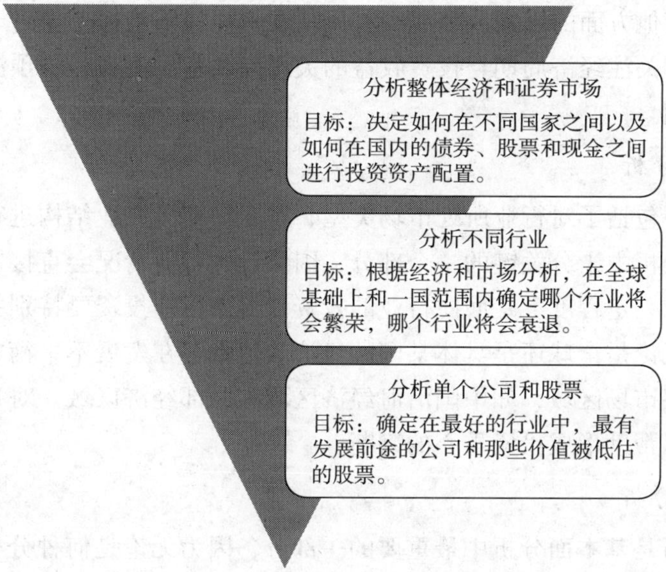

图 2.1　自上而下投资理念

第一，研究表明，单个公司的收益变化很大程度上归因于整体公司的收益变化和公司所处行业的变化，其中整体公司收益变化的影响最大。尽管总体经济形势和行业发展对单个公司收益的相对影响在不同公司间存在差异，但是研究一致得出经济环境对公司收益有重大影响。

第二，一些研究已发现整体股票价格与不同经济变量（如就业、收入和产量）之间的关系。这些结果都支持一个观点，即股票价格与总体经济的扩张和紧缩存在着相关关系。

第三，对股票市场、不同行业和某单个股票三者的收益率之间关系的分析表明，单个股票收益率的变化主要是由整体股票市场和股票所处行业的收益率变化引起的。尽管市场影响的重要性会随时间趋于下降，且行业影响的显著性在行业间也存在差异，但市场行业对单个股票收益率的共同影响仍是十分重要的。

二、基本面分析环节

基本面分析就是对影响投资工具未来价值和收益的因素进行分析，主要包括宏观环境分析、行业分析和公司分析三个方面。

1. 宏观环境分析

宏观环境分析是对影响投资的客观的、外在的环境的分析，主要包括对宏观经济、政治和法律、社会文化、技术等因素的分析。其中最主要的是宏观经济分析，因为，其他方面的因素或多或少将反映在宏观经济指标上。对于宏观经济的分析要特别地关注经济周期与投资收益的关系以及基于宏观经济预测来对市场进行理解和预测。

2. 行业分析

行业分析包括了对行业所处市场类型、行业周期、产业结构进行分析。行业分析是投资分析中十分关键的一个部分，因为投资行业情况会直接影响到公司的表现。投资在一定程度上是面向行业的投资。对于行业投资要特别关注区域分析方面，因为无论是全球还是具体某国的经济政治都存在发展不平衡的情况，如欧美区域和新兴市场区域，如中国沿海经济区域和西部经济区域。对这些不平衡因素的分析可以帮助形成投资重心的判断。

3. 公司分析

公司分析是基本面分析中最重要的一部分，因为无论是何种分析最终都将落到对公司的价值的影响上。对公司的分析主要包括两部分：一是公司价值创造能力分析，包括产品与市场分析、管理能力分析等；另外一个是财务报表分析，包括公司的盈利能力、经营能力、现金流情况等多方面的分析。

第二节 宏观环境分析

一、经济周期

1946 年，美国经济学家 W. 米契尔和 A. 伯恩斯在《衡量经济周期》中写道：“经济周期是在主要按商业企业来组织经济活动的国家的总体经济活动中所看到的一种波动：一个周期由几乎同时在许多经济活动中所发生的扩张，随之而来的同样普遍的衰退、收缩和与下一个周期的扩张阶段相连的复苏所组成；这种变化的顺序反复出现，但并不是定时的；经济周期的持续时间在 1 年以上到 10 年或 12 年；它们不再分为具有接近自己的振幅的类似特征的更短周期。”

可见经济在整体上呈现周期性的发展，这种周期周而复始，包括复苏、繁荣、衰退和萧条四个阶段。

1950 年英国经济学家约翰·理查德·希克斯（John Richard Hicks）在《经济周期理论》中对四个阶级的描述：第一阶段是上升阶段，即复苏阶段，也就是从经济开始复苏到产量达到充分就业水平为止这一阶段。第二阶段是充分就业的繁荣阶段，这时产量沿着充分就业线发展，希克斯认为充分就业线就是经济周期的上限。第三阶段是下降阶段，即衰退阶段，也就是由充分就业线开始下降，下至最低限线为止这一阶段。第四阶段是萧条阶段，这是产量沿最低限线爬行的时期。

投资市场是宏观经济中至关重要的部分，宏观经济的状况影响到投资市场的表现，反过来，投资市场的状况对宏观经济也有不可忽视的影响。这种情况在股票市场上表现得特别的明显，股票市场被称为“经济的晴雨表”。一般股票价格的变动先于经济变动，这是因为当经济繁荣开始时，这阶段宽松的宏观政策、GDP 加速增长、通货膨胀率急速下降、企业的周期性生产能力变强导致企业盈利大幅增加，投资者对未来的经济持有良好的预期，对公司未来的盈利能力也有良好的预期，投资者这时便开始进入市场进行投资。

随着经济的继续增长，将进入繁荣阶段，整个股票市场将出现大牛市的现象；当增长达到一定的程度，经济便开始过热，企业生产能力增长减慢，开始面临产能约束，通胀抬头。中央银行加息以求将经济拉回到可持续的增长路径上来，此时的 GDP 增长率仍坚定地处于潜能之上。收益率曲线上行并变得平缓，债券的表现非常糟糕。股票的投资回报率取决于强劲的利润增长与估值评级不断下降的权衡比较，明智的投资者便注意适当的时机退出市场。

当经济进入衰退阶段时，经济增长停滞。超额的生产能力驱使通胀率降低。企业赢利微弱并且实际收益率下降。中央银行削减短期利率以刺激经济回复到可持续增长路径上，进而导致收益率曲线急剧下行，这时投资者便会改变股票持有为债券投资；当经济处于萧条时期，企业经济状况极度恶化，大量企业破产。股票收益率极低，人们开始抛售股票和挤兑银行，此时基本上没有投资的动力。

专栏 2.1　美林的投资时钟理论

美林投资时钟，是将资产轮动及行业策略与经济周期联系起来的一种直观的方法。根据经济增长状况和通胀情况，投资时钟模型将经济周期划分为四个阶段。美林时钟使用经合组织对“产出缺口”的估计和用 CPI 做通胀指标的数据来识别自 1973 年以来美国经济在各个时期所处的阶段。然后，计算每个阶段的平均资产回报率和行业资产回报率，再来检验模型。

美林投资时钟将经济周期分为四个阶段——衰退、复苏、过热和滞胀，结果证实了当经济周期在不同的阶段变换时，债券、股票、大宗商品和现金依次有超过大市的表现。这表明仅通过正确的宏观判断也是可以获利的。在资产配置研究中需要对未来经济周期将要到达的阶段做出判断。因此，投资策略需要提前判断经济增长和通胀所处的阶段。不同阶段对应的投资策略如图1。

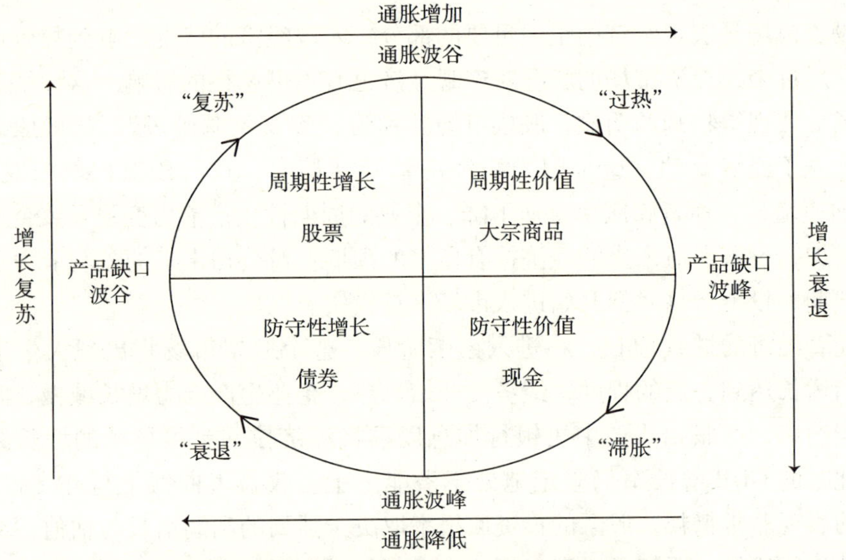

图1　美林投资时钟理论不同阶段的投资策略

二、宏观经济指标

对宏观经济指标的统计和分析，有利于投资者更准确地把握国内宏观经济的现状和发展趋势。

1. 国内生产总值（GDP）

国内生产总值指一个国家（或地区）所有常住单位在一定时期内生产活动的最终成果，被公认为衡量国家经济状况的最佳指标。它不但可反映一个国家的经济表现，更可以反映一国的国力与财富。一国的GDP大幅增长，反映出该国经济发展蓬勃，国民收入增加，消费能力也随之增强。在这种情况下，该国中央银行将有可能提高利率，紧缩货币供应，国家经济表现良好及利率的上升会增加该国货币的吸引力。反过来说，如果一国的GDP出现负增长，显示该国经济处于衰退状态，消费能力减低。尽管 GDP 的计量存在重复计算、服务业漏算等问题，但目前仍然找不到更好的指标替代它。

通常而言，持续、稳定、快速的 GDP 增长表明经济总体发展良好，上市公司也有更多的机会获得优良的经营业绩；如果 GDP 增长缓慢甚至负增长，宏观经济处于低迷状态，大多数上市公司的盈利状况也难以有好的表现。近几年来，中国经济稳定快速增长，上市公司业绩的快速增长正是处于宏观经济持续向好、工业企业效益整体提升大背景下的增长，中国经济的快速增长为上市公司创造了良好的外部环境。

2. 居民消费价格指数（CPI）

居民消费价格指数是对一个固定的消费品篮子价格的衡量，主要反映消费者支付商品和劳务的价格变化情况，也是一种度量通货膨胀水平的工具，以百分比变化为表达形式。利用居民消费价格指数，可以观察和分析消费品的零售价格和服务价格变动对城乡居民实际生活费支出的影响程度。中国的经验显示，CPI 低于 2% 时，表明中国存在通货紧缩，因为统计上的误差就有 2% 上下。而中国的住宅价格并未纳入 CPI 的篮子里，所以公布的 CPI 水平存在低于实际水平的可能性。

温和的、稳定的通货膨胀对上市公司的股价影响较小；如果通货膨胀在一定的可容忍范围内持续，且经济处于景气阶段，产量和就业都持续增长，那么股价也将持续上升；严重的通货膨胀则很危险，经济将被严重扭曲，货币加速贬值，企业经营将受到严重打击。除了经济影响，通货膨胀还可能影响投资者的心理和预期，对证券市场产生影响。CPI 也往往作为政府动用货币政策工具的重要观测指标，2010 ~ 2011 年，中国 CPI 高位运行，因此在每月 CPI 数据公布前后，市场也普遍预期政府将会采取加息等措施来抑制通货膨胀，引发了股市波动。

3. 货币供应量

货币供应量指某个时点上全社会承担流通和支付手段的货币存量。现阶段，中国将货币供应量划分为三个层次：一是流通中现金 M0，即在银行体系外流通的现金；二是狭义货币供应量 M1，即 M0 加上企事业单位活期存款；三是广义货币供应量 M2，即 M1 加上企事业单位定期存款、居民储蓄存款和其他存款。在中国，货币供应受到较少的约束，因此，货币供应的不确定性较一般国家大，货币供应量变化趋势成为投资管理活动中的重要参考指标。

4. 全社会固定资产投资

固定资产投资是社会固定资产再生产的主要手段，通过建造和购置固定资产的活动，国民经济不断采用先进技术装备，建立新兴部门，进一步调整经济结构和生产力的地区分布，增强经济实力，为改善人民物质文化生活创造物质条件。固定资产投资额是以货币表现的建造和购置固定资产活动的工作量，它是反映固定资产投资规模、速度、比例关系和使用方向的综合性指标。全社会固定资产投资按经济类型，可分为国有、集体、个体、联营、股份制、外商、港澳台商、其他等。按照管理渠道，全社会固定资产投资总额分为基本建设、更新改造、房地产开发投资和其他固定资产投资四个部分。中国的经验显示，固定资产投资增长率在4% ~22%之间比较合适，低于4%显不足，高于22%则表示存在过热。

5. 利率

利率是指一定时期内利息额同借贷资本总额的比率。“古典学派”认为，利率是资本的价格，而资本的供给和需求决定利率的变化；凯恩斯则把利率看作是“使用货币的代价”。利率通常由国家的中央银行控制，在美国由联邦储备委员会管理，当今，所有国家都把利率作为宏观经济调控的重要工具之一。当经济过热、通货膨胀上升时，便提高利率、收紧信贷；当过热的经济和通货膨胀得到控制时，便会把利率适当地调低。因此，利率是重要的基本经济因素之一。由于中国利率未市场化，同时中国经济目前处于相对粗放发展的阶段，小幅的利率变动对实体经济影响有限，央行调节利率更多的是在调节企业与居民的预期。

尽管中国利率非市场化，但是供给需求模型对于分析利率对资金供给和需求的影响仍然具有借鉴意义。图2.2中，利率上升会减少市场对资金的需求而增加对资金的供给，与之相反，利率下降会增加市场借贷资金的需求，而减少对资金的供给。

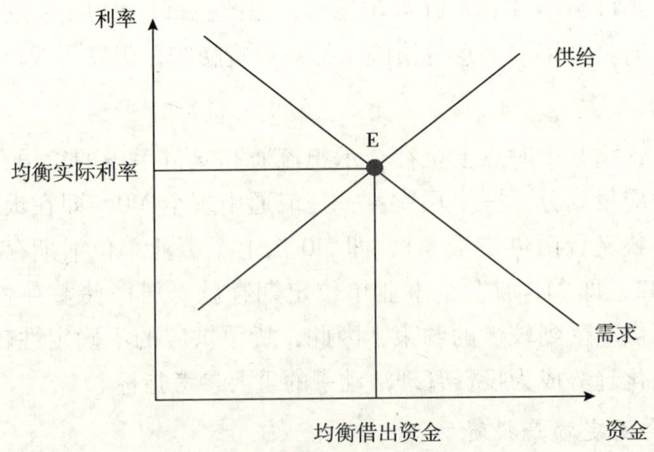

图2.2 实际利率均衡点的确定

利率对于上市公司的影响主要表现在两个方面：第一，利率是资金借贷成本的反映，利率变动会影响到整个社会的投资水平和消费水平，间接地也影响到上市公司的经营业绩。利率上升，公司的借贷成本增加，对经营业绩通常会有负面影响。第二，在评估上市公司价值时，经常使用的一种方法是采用利率作为折现因子对其未来现金流进行折现，利率发生变动，未来现金流的现值会受到比较大的影响。利率上升，未来现金流现值下降，股票价格也会发生下跌。

6. 汇率

外汇汇率是不同货币之间兑换的比率或比价，是以一种货币表示的另一种货币的价格。作为货币的价格，外汇汇率可以双向表示。汇率变动对国内经济的影响表现为：对物价水平的影响，本币贬值，国内物价上涨；对社会总产量的影响，本币贬值，国内生产扩大；对就业水平的影响，本币贬值，扩大就业；对产业结构的影响，本币贬值，导向国际贸易部门，提高本国对外的开放程度。目前，中国处于一个汇率升值的阶段，升值预期加强在市场上会对以出口为主的上市公司形成负面影响。

7. 外汇储备

外汇储备指一国政府所持有的国际储备资产中的外汇部分，即一国政府以外币表示的对外债权。在中国，外汇储备过多会导致人民币基础货币供应过量。对市场而言，就存在流动性过剩的预期。

表 2.1　　　　宏观经济指标

宏观经济指标	定义	对证券市场的影响
国内生产总值（GDP）	一个国家或者地区所有常住单位在一定时期内生产活动的经济价值	持续、稳定、快速的 GDP 增长表明经济总体发展良好，上市公司也有更多的机会获得优良的经营业绩；反之，如果 GDP 增长缓慢甚至负增长，宏观经济处于低迷状态，大多数上市公司的盈利状况也难以有好的表现
居民消费价格指数（CPI）	对一个固定的消费品篮子价格的加权平均	温和的通货膨胀对上市公司的股价影响较小，严重的通货膨胀会扭曲市场的资源配置，造成货币加速贬值，影响企业经营。除此之外，通货膨胀的高位运行会影响投资者的心理和预期，同时造成市场对政府采取加息等措施抑制通货膨胀的预期，从而引发股市的波动
货币供应量	某个时点上全社会承担流通和支付手段的货币存量	一般来说，货币供应量越大，企业获得资金的可能性就越大，生产和投资活动更易进行，市场比较活跃。相反，货币供应的紧缩会造成企业资金链的紧张，抑制生产和投资活动

续表

宏观经济指标	定义	对证券市场的影响
全社会固定资产投资	社会固定资产再生产的投资总量	固定资产投资额是以货币表现的建造和购置固定资产活动的工作量，它是反映固定资产投资规模、速度、比例关系和使用方向的综合性。中国的经验显示，固定资产投资增长率在4%～22%之间比较合适，低于4%经济不够活跃，高于22%则表示市场存在过热
利率	一定时期内利息额同借贷资本总额的比率	利率是资本的价格。提高利率时企业借贷成本增加，会抑制企业投资，相反如果降低利率，企业会增加贷款资金，加强投资生产。在中国，由于利率未市场化，央行调节利率更多的是在调节企业与居民对利率的预期
汇率	不同货币之间兑换的比率	本币升值会促进进口和抑制出口，降低国内物价水平的同时抑制贸易部门的出口业务
外汇储备	一国政府所持有的国际储备资产中的外汇部分，即一国政府以外币表示的对外债权	外汇储备在中国是货币投放的主要渠道之一。过多的外汇储备会导致人民币基础货币供应过量，造成市场流动性过剩

三、宏观经济政策

宏观经济政策是指政府有意识有计划地运用一定的政策工具，调节控制宏观经济运行，以达到一定的政策目标。从西方国家战后的实践来看，国家宏观调控的政策目标，一般包括充分就业、经济增长、物价稳定和国际收支平衡等四项。从现实中看，同时实现四大目标总是不可能的。在更多的情形下，主流国家追求的是经济增长和充分就业。

在市场经济条件下，国家用以调控经济的财政政策和货币政策将会影响到经济增长的速度和企业经济效益，进而对投资产生影响。

1. 财政政策

财政政策是指一国政府为实现一定的宏观经济目标，而调整财政收支规模和收支平衡的指导原则及其相应的措施。财政政策工具分为二大类，即财政支出和财政收入。财政支出包括政府购买和转移支付；财政收入包括税收和公债。财政政策的手段主要包括国家预算、税收、国债、财政补贴、财政管理体制和转移支付制度等。其种类包括扩张性财政政策、紧缩性财政政策和中性财政政策。

具体而言，实施扩张性财政政策对于上市公司的影响主要有以下几个方面。

第一，减少税收，降低税率，扩大减免税范围。这将直接增加微观经济主体的收入，促进消费和投资需求，从而促进国内经济的发展，改善公司的经营业绩，进而推动股价的上涨。

第二，扩大财政支出，加大财政赤字。这将会直接扩大对商品和劳务的总需求，刺激企业增加投资，提高产出水平，改善经营业绩；同时还可以增加居民收入，使其投资和消费能力增强，进一步促进国内经济发展，此时上市公司的股价也趋于上涨。

第三，减少国债发行（或回购部分短期国债）。国债发行规模缩减，使市场供给量减少，将导致更多的资金转向股票，推动上市公司股价的上涨。

第四，增加财政补贴。财政补贴往往使财政支出扩大，扩大社会总需求、刺激供给增加，从而改善企业经营业绩，推动股价上扬。

实施扩张性财政政策有利于扩大社会的总需求，将刺激经济发展，而实施紧缩性财政政策则在于调控经济过热，对上市公司及其股价的影响与扩张性财政政策所产生的效果相反。

2. 货币政策

货币政策是指国家以宏观调控目标为标准，在金融信贷方面制定的各项政策措施的统称。主要是指中央银行运用改变法定准备金率、调整再贴现率和公开市场业务等三大工具来影响市场利率的形成和调节货币供应量。货币政策的种类包括扩张性货币政策、紧缩性货币政策两种。

（1）法定存款准备金

央行通过调整商业银行上缴的法定存款准备金率，改变货币乘数，控制商业银行的信用创造能力，最终影响市场的货币供应量。如果央行提高法定存款准备金率，将使货币供应量减少，市场利率上升，投资和消费需求减少，对公司经营产生负面影响，公司股价将趋于下跌。

（2）再贴现

再贴现政策指央行对商业银行用持有的未到期票据向央行融资所作的政策规定，一般包括再贴现率的确定和再贴现的资格条件。当经济过热时，中央银行倾向于提高再贴现率或对再贴现资格加以严格审查，导致商业银行资金成本增加，市场贴现利率上升，社会信贷收缩，市场货币供应量相应减少，证券市场上市公司的股价走势趋于下跌。

（3）公开市场业务

当政府倾向于实施较为宽松的货币政策时，央行将会大量购进有价证券，使货币供应量增加，推动利率下调，资金成本降低，从而刺激企业和个人的投资和消费需求，使得生产扩张，公司利润增加，进而推动证券市场公司股价上涨。

财政政策与货币政策在中国时常是松紧搭配，较多是用松动的财政政策配搭从紧的货币政策。但在国际金融危机来袭的2008年，中国启动了双松的宏观的政策，即同时松动财政政策与货币政策。

3. 供给政策

财政政策和货币政策都是以需求为导向的工具，他们通过刺激产品和服务的总需求来影响经济。这些政策中一个暗含的假定就是，经济不能自动达到充分就业的均衡状态，因此必须用宏观经济政策来推动经济，努力实现目标。相比较而言，供给政策一般涉及经济中生产能力的问题。它的目标是创造一个良好的环境，使工人和资本所有者具有最大的动力和能力去生产和开发产品。

供给学派的经济学家很重视税收政策。他们认为，降低税率能激励生产者进行更多的生产投资，提高人们工作的积极性，因此会促进经济的增长。某些学者甚至认为，税率的减少可能会使税收增加，因此较低税率所引发的经济增长和税基增长的幅度将超过税率减少而导致的税收收入减少的幅度。

四、经济预测

对宏观经济综合形势的预测采用的是宏观经济景气指数。宏观经济景气分析是一种经济周期分析方法，它主要是指通过分析一些主要宏观经济指标的变动，研究经济周期变化的客观规律性，预测经济波动的趋势及其影响，为企业经营和宏观经济调控提供决策依据。如前所述，经济波动分为繁荣、衰退、萧条、复苏四个阶段，它的变化是有一定规律性的，而且必然会通过一定的经济指标的变化反映出来。这些指标称为敏感性指标，通常按周期循环的时间性区分为三类，即领先指标、一致同步指标与滞后指标。

领先指标是指相对于国民经济周期波动，在指标的时间上领先，例如某指标走上高峰或跌入低谷比国民经济周期早若干个月，那么就称这些指标为领先指标。这些指标对即将到来的年份里的经济情况可以提供预兆。

一致同步指标是代表国民经济周期波动特征的指标，这些指标的转折点大致与国民经济周期的转变同时发生，它们并不预示将来的变迁，而是表示国民经济正在发生的情况。

表 2.2　　经济指标指数

A 领先指标（共 13 项）	1. 轻工业总产值 2. 一次能源生产总量 3. 钢产量、铁矿石产量、10 种有色金属产量 4. 国内工业品纯购进 5. 新开工项目数 6. 基建贷款、工业贷款 7. 海关出口数、经贸部出口成交额 8. 农产品采购支出 9. 商品销售收入 10. 现金支出 11. 工资和对个人其他支出 12. 狭义货币（M1） 13. 国内钢材库存、国内水泥库存
B 一致同步指标（共 8 项）	1. 工业总产值、全民工业总产值 2. 预算内工业企业销售收入 3. 社会商品零售额 4. 广义货币（M2） 5. 海关进口额 6. 国内商品纯购进、国内商品纯销售 7. 货币流通量 8. 银行现金收入
C 滞后指标（共 6 项）	1. 全民固定资产投资 2. 商业贷款 3. 零售商品总指数 4. 消费品价格指数 5. 集市贸易价格指数 6. 财政支出

资料来源：中国国家统计局。

滞后指标是指相对于国民经济周期波动，在指标的时间上落后，例如某指标的高峰或谷底均比国民经济周期的高峰或谷底落后若干个月，则称该指标为滞后指标。

专栏 2.2　商品市场和股票联动

经济分析人士通常把大宗商品市场作为宏观经济的先行市场。大宗商品处于产业链的上游，其供应量和价格变动通常需要一段市场才传导到整体经济。大宗商品市场走势与“经济晴雨表”——股市在走势上存在较强的联动性。

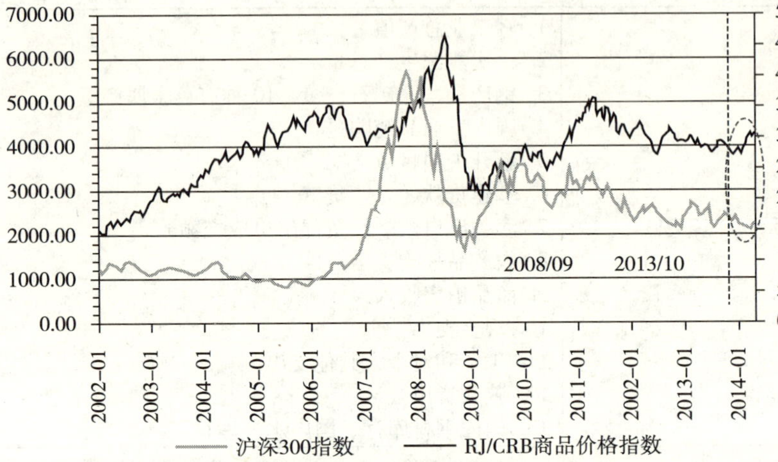

图1 RJ/CRB 商品指数领先于沪深 300 指数

从图 1 看出，2008 年金融危机后股票市场和商品期货市场价格走势的联动性开始显著性增强，这预示商品期货市场的价格机制可能发生了变化。此处梳理下研究商品期货市场与股票市场关系的文献。

20 世纪以来，通过期货市场投资商品变得越来越流行。这是因为在这之后投资者希望用一类新的资产来分散化他们的组合风险，而商品期货有着与股票类似的收益水平却与股票不相关，这正好符合投资者们的需求（Gorton and Rouwenhorst，2006）。同时由于高频交易的愈发流行，商品期货市场的交易量增长十分迅速。David Bicchetti and Nicolas Maystre（2013）发现，2005 年至 2011 年间，各类商品期货的年交易量上升了 8 到 60 倍不等。

Domanski and Heath（2007）把这种流行趋势，即越来越多的金融投资者出现在商品期货市场上，称为商品期货市场的“金融化”。学术界关于这种“金融化”的影响存在争论，毕竟“金融化”中包含各种各样的投资策略，各种策略产生的影响是不一样的。然而，所有的争论最后都归结到——越来越多的非传统的投资者出现在商品期货市场上会对这个市场的收益模式产生何种影响。

一些学者认为，“金融化”解决了商品的价格发现问题，即使价格与其内在基本面关系更密切，同时，“金融化”提高了流动性并将风险转移到更善于管理风险的中介机构（Irwin and Sanders，2012）。但另外一些学者认为，商品市场的金融化导致了价格扭曲。在这些学者的研究中，典型的做法是观察不同商品期货或者商品期货与其他金融资产的投资收益的相关系数的历史变化情况，如果商品期货和股指收益的相关性显著上升则表明商品期货发生了价格扭曲（UNCTAD，2009；Buyuksahin，Haigh 和 Robe，2010；Tang 和 Xiong，2002；Basak 和 Pavlova，2013）。

Buyuksahin 和 Robe（2011，2013）用商品期货和股指的日收益率来计算相关系数，发现相关系数在雷曼兄弟破产后开始显著上升并一直持续到 2010 年年底。使用来自商品期货交易委员会 2000 年至 2010 年的非公开数据，Buyuksahin 和 Robe（2011，2013）发现观察对冲基金的头寸有利于预测股指和能源期货收益的相关性变化。Buyuksahin，Haigh 和 Robe（2010）研究了被动式商品期货投资和股指投资收益的长期和短期相关性，结果发现 2003 ~ 2008 年（该期间内商品期货交易量大幅上升）的相关性低于 1991 ~ 2002 期间的相关性，虽然如此，在 2008 年 9 月以后，相关性快速攀升到历史最高水平。

如果考察交易周期为 1 天时，股票市场和商品期货市场收益率的相关性，我们使用 Engle（2002）提出的 DCC – GARCH（P，Q）来估计两市场日收益率的动态条件相关系数（DCC），结果如下。

图 2 显示，DCC 发生“三步走”：第一步为弱相关；第二步相关性显著增强，2008 年金融危机后，沪深 300 与 RJ/CRB 相关性快速攀升至显著正相关，最高值达 0.35（2010 年），美国股市最高值达 0.65（2010 年）；第三步，相关性小幅回落，中美股市与商品期货市场的相关性分别在 2013 年 9 月和 2012 年 10 月后开始小幅回落，但其最低点仍然与 2008 年金融危机前的历史最高水平基本持平。

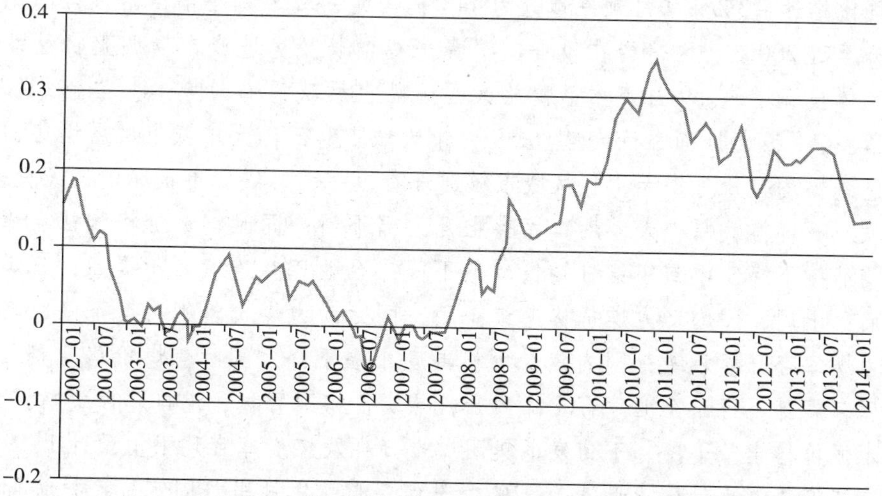

图 2　RJ/CRB 商品指数与沪深 300 指数的 DCC

专栏2.3　2014年9月中国宏观经济数据盘点

预计CPI同比涨幅大幅下降至1.5%。高频数据显示9月食品价格环比涨幅低于往年同期均值。9月上海二手房销售环比增速跌幅较大，以此来看主要城市房价可能延续回落态势，房租涨幅也可能受到拖累，预计非食品价格将延续弱势。蔬菜和禽类价格上涨推动9月第三周商务部食用农产品价格止跌回升，但猪肉和水果价格持续下跌，且22个省猪肉平均价格下降的幅度和速度均大于商务部数据；而农业部食品价格在9月下降（去年同期却是上涨），预计食品价格涨幅将弱于去年；非食品方面，需求疲弱，成品油价格四连降，非食品价格涨幅偏弱，预计9月CPI将继续下滑至1.7%~1.8%区间。加上去年同期CPI高基数，预计9月CPI同比涨幅下降至1.5%，较8月回落0.5个百分点。

PPI通缩持续加深。截至9月中旬商务部生产资料价格指数月环比跌幅较8月扩大。9月汇丰PMI预览值购进价格和产出价格指数在低位继续回落。因此，9月PPI环比跌幅可能扩大，加上去年同期高基数，预计9月PPI同比增速-1.7%，较8月-1.2%继续下降。

出口增速上升，进口增速下降，顺差小幅回落。9月汇丰PMI预览值新出口订单指数上升1.9个百分点至53.9%，为2010年4月以来高点，外需持续复苏。加上去年9月出口基数低，预计9月出口同比增速反弹至13%。内需疲弱预示进口环比增长较弱，去年进口也没有显著基数效应，预计9月进口同比增速-3%。9月顺差预计为443亿美元，较8月小幅回落，但同比增速升至近200%。内需弱在投资，消费平稳增长。房地产市场调整将继续拖累整体投资增速。9月资本品价格大幅下跌也反映投资弱势：①“金九”基本落空，“银十”面临巨大考验，9月十大城市和三十大中城市房屋销售面积同比跌幅均较8月扩大，且从城市级别来看，一、二线城市状况较三线更差；②铁矿石价格跌幅扩大，港口库存止升大幅下滑；同时钢铁价格和社会库存也均继续下降，中旬粗钢日均仅轻微下降，企业库存连续两旬提高；③煤炭方面：上周，国内动力煤价格继续企稳，国际动力煤价格则再度下降，秦港动力煤库存升幅放缓；国内焦煤价格再度小幅下降，国际焦煤价格暂稳，港口库存震荡下行，企业库存止降回升；焦炭价格则暂稳，港口库存跌幅扩大；④水泥价格止升下降，下旬发电集团煤炭日耗及煤炭库存均下滑预计1~9月固定资产投资累计同比增速16.2%，继续下降。9月当月固定资产投资同比增速14.2%，较8月小幅反弹，主要反映去年较低基数。预计9月社会消费品零售总额同比增速小幅回落至11.8%，主要受CPI涨幅下降拖累，实际增速预计较8月小幅上升，消费增速保持平稳。

预测三季度GDP同比增长7.3%。预计三季度工业增加值平均同比增速较二季度下降，从截至8月份数据来看，房地产业、金融业和批发零售业等服务业同比增速也难以较二季度反弹。因此，我们维持三季度GDP同比增速放缓至7.3%的预测，且存在下行风险。

新增贷款和M2同比增速回升。央行预计全年新增贷款9.5万亿，则9～12月月均6900亿。按照往年放贷节奏，9月新增贷款可达7500亿元。其中住户部门新增中长期贷款（按揭贷款）是判断楼市限贷放松力度的重要指标。预计9月社会融资规模1万亿元。受127号文和风险事件影响，影子银行融资和同业业务仍被抑制。预计M2同比增速9月回升至13%，反映央行5000亿SLF投放效果。存款偏离度考核将加大理财回表难度，限制M2季末反弹幅度。

第三节　行业分析

行业是介于宏观经济和微观企业之间的重要的经济因素，虽然行业的增长率不一定和国民生产总值的增长率保持同步，但在一般情况下，某一企业的增长与其行业的增长是基本一致的。因此，投资决策时，必须对行业进行正确的分析以便于正确地选择行业。通常，投资的行业分析包括行业的分类、行业的市场类型、行业的生命周期以及行业的历史投资业绩表现；同时也要注意和行业分析类似的区域分析。对行业或区域的信息进行全方位的了解是进行行业投资选择的前提。

行业分析的关键是找出行业发展的驱动因素，既可以通过历史数据和行业周期理论，把握行业发展的阶段；也可以基于新政策和新法律法规的发布，因为政策的变动往往会释放出行业的潜能，带来大量的企业投资；还可以关注产业结构的变动，特别是新科技新模式对行业的冲击。分析出行业发展的关键驱动因素，有利于把握行业发展的趋势，发现真正受益和发展良好的企业。

一、行业概述

1. 定义

所谓行业是指从事国民经济中同性质的生产或其他经济社会活动的经营单位和个体等构成的组织结构体系。如通信行业、金融业、汽车制造业。当然这只是行业分类的一种，虽然直观，但不能满足投资所需，因为不同的投资需要有不同的行业分类。以下是中国行业分类标准。

参照国际标准分类，为了和国际标准接轨，并结合中国实际情况，中国公布了《中华人民共和国国家标准》，对中国的国民经济行业分类进行了详细的划分。将社会经济活动分为门类、大类、中类和小类四级。门类采用字母顺序编码法，即用 ABC……表示门类；大中小类依据等级，形成三层四位数字码的产业分类识别系统。但大类在参与层次编码的同时，又采用了数字顺序的编码法，即代码前两位表示大类，代码的前三位和前四位分别表示中类和小类。大的门类从 A 到 P 共 16 类：A. 农、林、牧、渔业；B. 采掘业；C. 制造业；D. 电力、煤气及水的生产和供应业；E. 建筑业；F. 地质勘查业、水利管理业；G. 交通运输业、仓储及邮电通信业；H. 批发和零售贸易、餐饮业；L. 金融保险业；工房地产业；K. 社会服务业；L. 卫生、体育和社会福利业；M. 教育、文化艺术及广播业；N. 科学研究和综合技术服务业；O. 国家机关、党政机关；P. 其他行业。

中国证券市场对行业的分类：

（1）上证指数分类法

上海证券市场为编制新的沪市成分指数，将全部上市公司分为五类，即工业、商业、地产业、公用事业和综合类，并分别计算和公布各分类股价指数。

（2）深证指数分类法

深圳证券市场也将在深市上市的全部公司分成六类，即工业、商业、金融业、地产业、公用事业和综合类，同时计算和公布各分类股价指数。

需要注意的是，中国的两个证券交易所为编制股价指数而对产业进行的分类显然是不完全的，这与中国证券市场发展状况有关。中国上市公司数量少，不能涵盖所有行业，例如，农业方面的上市公司就较为少见。

2. 市场结构分类

根据各行业中生产企业的数量、产品性质、厂商对价格的控制能力、新企业进入该行业的难易程度，以及该行业是否存在非价格竞争等因素，各行业的市场结构分为完全竞争、垄断竞争、寡头垄断、完全垄断四种。

（1）完全竞争

在完全竞争的市场结构下，该行业的生产企业较多，生产资料可以完全自由流通，企业产品质量差距不大，企业无法控制产品的价格，价格竞争是主要的竞争手段，新的企业很容易进入该行业的市场。例如，农业就属于这种市场结构。

（2）垄断竞争

在垄断竞争的市场结构下，生产资料可以完全自由流动，该行业的生产企业不一定比完全垄断市场结构下少多少，各企业产品质量差距也不大，企业对产品的价格有一定的控制力但很小，价格竞争虽然还是主要的竞争手段，但各企业也同时采用非价格竞争，新的企业能够很容易地进入该行业的市场。服装和鞋帽等轻工业品就属于这种市场结构。

（3）寡头垄断

在寡头垄断的市场结构下，该行业的生产企业为数很少，生产资料难以完全自由流通，各企业产品质量有一定的差距，少数企业在一定程度上控制了该行业产品的价格，非价格竞争是主要的竞争手段，新的企业很难进入该行业的市场。例如，钢铁和汽车等重工业以及资本密集型和技术密集型的产业就属于这种市场结构。

（4）完全垄断

在完全垄断的市场结构下，该行业的生产企业极少，甚至只有一家，其产品有绝对的不可替代性，新的企业不可能进入该行业，企业通过严格产量限制来调控价格。公用事业、稀有金属的采掘以及技术含量高的行业则属于这种市场结构。

从竞争程度看，这四种市场结构是依次递减的。一般说来，竞争程度较高的行业，企业倒闭的可能性较大，其产品价格和企业利润受供求关系的影响也较大，因此该行业证券投资的风险也较大。

一个行业的市场结构深刻影响着公司竞争环境的规则变化，为了讨论行业结构、竞争策略和营利性之间的关系，迈克尔波特提出了五种竞争力模型，着重强调了5个竞争的决定因素：新竞争对手的进入威胁、现有竞争对手的竞争、替代品的价格压力、供应商的谈判能力以及购买者的谈判能力。图2.3显示了波特的五种竞争力模型。

进入威胁：行业的新进入者会对价格和利润造成威胁。即使一家公司还未进入一个行业，但是它潜在的进入行为将给价格带来压力，因为高价格和高边际利润率会驱使新的竞争者进入这个行业。因此，进入壁垒是行业获利的重要决定因素。进入壁垒有许多种形式。例如，通过长期的商业关系，现有的公司可能已经和消费者或者供应者建立了稳定的分销渠道，而这对于一个新进入行业的企业来说成本是巨大的。品牌忠诚度也使得新进入行业的企业很难渗透市场，并且给予具有该优势的企业更多的定价自主权。专有知识或者专利保护也使公司在市场中具有优势。最后，市场中现有企业的经历可能也为其提供了优势，因为这是它通过长时间的磨炼而学成的。

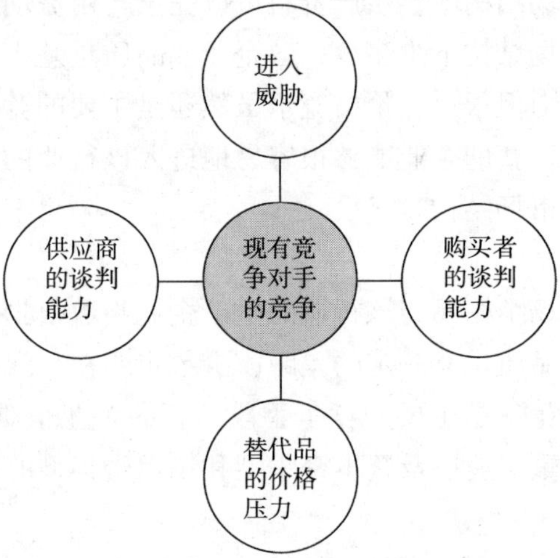

图 2.3　波特五种竞争力模型

现有竞争对手的竞争：当某一个行业存在一些竞争对手时，由于竞争者力图扩大它们的市场份额，于是市场就出现了价格战，边际利润率也随之下降。如果行业本身的增长率缓慢，这些竞争就会更加激烈，因为此时扩张就意味着掠夺竞争对手的市场份额。高固定成本也会对降价产生压力，因为固定成本将促使公司尽量达到完全的生产能力。行业内产品相对同质也会导致相当大的价格压力，因为此时公司就不能在产品差异化的基础上进行竞争。

替代品的价格压力：一个行业存在替代品意味着该行业面临相关行业的企业竞争。例如，食糖制造商将面临玉米糖浆制造商的竞争。毛纺厂将面临合成纤维制造商的竞争。替代品的存在限制了厂商向消费者索取的价格水平。

购买者的谈判能力：如果一个采购者购买了一个行业的大部分产品，那么它就会掌握很大的谈判主动权，要求生产商做出价格让步。例如，汽车厂商可以对汽车零部件生产商施加压力，而这将降低汽车零部件行业的盈利能力。

供应商的谈判能力：如果关键投入品的供应商在行业中处于垄断地位，它就可以为产品索取高价，从而挤压了需求方行业的利润空间。这方面的一个特殊例子便是将劳动力这个生产中的关键投入品组织或联合起来。工会这个劳动力的统一组织致力于提高工人工资的各种谈判。当劳动力市场具有高度的组织性和统一性时，行业中潜在利润的一大部分就会被工人占有。决定供应者谈判能力的关键因素是是否存在替代品。如果存在替代品，供应者就失去了讨价还价的资本，因此难以向需求方索求高价。

3. 行业周期

一般来说，一个行业的发展至少要经历四个阶段：幼稚期、成长期、成熟期、衰退期。

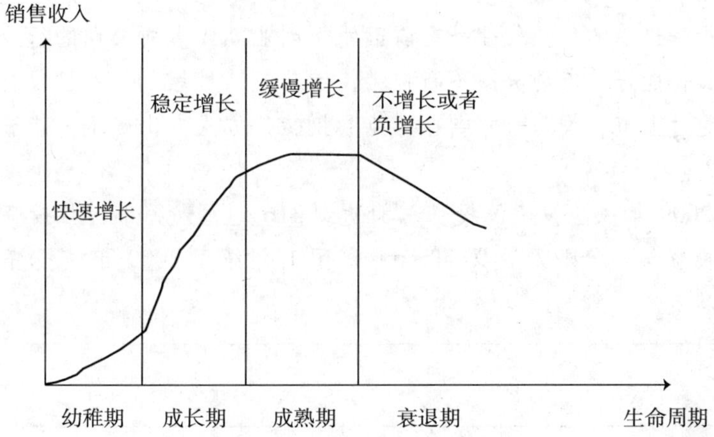

图 2.4　行业生命周期

（1）幼稚期

在幼稚期，由于开发成本高，技术风险大，市场又狭小，许多企业将失败，但是大多数的企业会经历销售快速增长而成长起来。此时的行业还是会吸引很多投资者，特别是风险投资公司。虽然，处于幼稚期的公司成长前景不是很明朗，风险大，但是一旦成功，收益也将十分的可观。对于投资者来说，如何判断一家初创企业未来的成长是最关键的。

（2）成长期

从幼稚期幸存下来的公司将进入行业的第二个发展阶段：成长期。这个阶段公司的业绩快速的增长，企业财务状况表现更加良好，资本雄厚稳定，边际利润高。为了获得更大的成长，公司开始面向市场进行筹资。投资者愿意投资成长期的企业，因为这些企业未来的成长趋势已经很明显，风险较幼稚期的企业也有所降低。

专栏 2.4　风险投资与行业分析的关系

风险投资，简称 VC（venture capital），是把资本投向蕴藏着失败风险的高新技术及其产品的研究开发领域，旨在促使高新技术成果尽快商品化、产业化，以取得高资本收益的一种投资过程。全球风险投资行业最活跃的地区是美国硅谷。苹果、英特尔和微软等著名公司在发展早期都得到过风险资本的支持。风险投资在扶植高科技产业、推动高科技产业的发展方面起到了很重要的作用。

风险投资选择的行业往往是当前正处于创业期或者成长期的行业。这些行业的公司成长良好，市场份额不断扩大，销售额持续增加。一旦投资成功，风险投资者通过上市、收购兼并或者其他股权转让方式撤出资本，能够实现超额回报。

中国 2009 年风险投资的投资总额达到 316 亿元人民币，共投资 689 个项目，主要投资传统产业及狭义 IT 行业。图 1 介绍了 2009 年被投资企业所处行业分布状况。

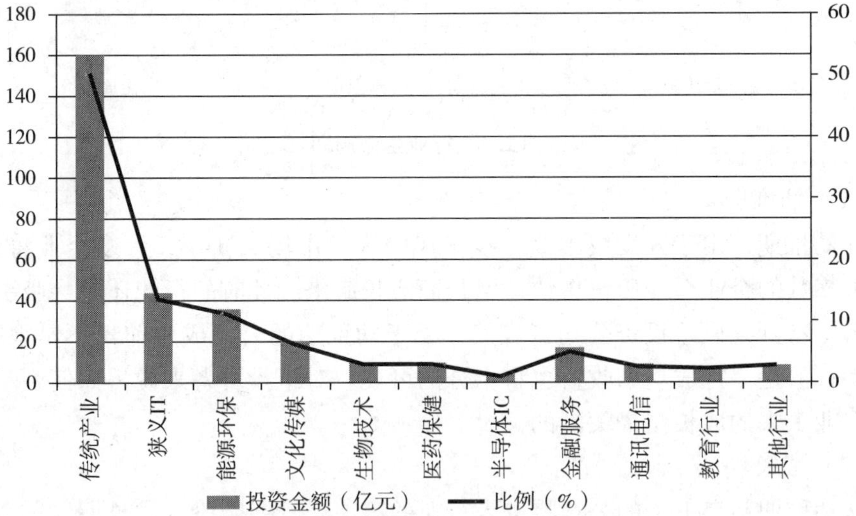

图 1　2009 年被投资企业所处行业分布

资料来源：风险投资行业报告。

（3）成熟期

一个行业经过相当一段时间的成长期后，随着该行业企业的增加，增长率进一步放缓，行业进入生命周期最长的阶段——成熟期。此时行业的技术垄断消失，创新变少，竞争激烈，成本保持稳定，边际利润降低，如何有效地控制成本和进行管理是企业发展的关键。这个阶段的企业的投资价值降低，对投资者的吸引力降低。

（4）衰退期

处在衰退阶段的行业，市场极度萎缩，生产企业的数量急剧减少，该行业可能会走入低谷或逐渐消失，被其他行业所取代，如录音机行业。处于该阶段行业企业的股票此时已没有任何投资价值了。

处于成长期的行业对投资者的吸引力最大，从幼稚期成功活下来的企业能够提供更好的投资机会，公司将快而有序地增长。同时行业分析要和经济周期相结合分析，在经济景气时，应选择周期性特征明显的行业进行投资；而在经济衰退时，应选择周期性特征不明显的行业。

二、股票收益的行业表现

1. 行业的不同表现

行业的不同表现，最终会体现在行业整体投资回报率上，如表 2.3 所示，是在上海证券交易所进行交易的不同行业股票的平均市盈率表现。

表 2.3　　不同行业的市盈率表现（截至 2011 年 10 月 20 日）

行业名称	行业代码	交易股票数（只）	市价总值（千）	平均市盈率	平均价格（元）
农、林、牧、渔业	A	20	108247782	62.19	8.81
信息技术业	G	47	394711355	49.73	8.79
造纸、印刷	C3	14	44935309	48.16	5.89
食品、饮料	C0	38	506018278	44.94	21.45
电子	C5	34	187657083	39.71	7.96
木材、家具	C2	4	18627942	38	7.14
石油、化学、塑胶、塑料	C4	85	480615125	34.45	10.31
社会服务业	K	25	147515329	32.69	8.91
传播与文化产业	L	12	86607155	32.46	10.83
其他制造业	C99	7	34262398	31.8	7.72
医药、生物制品	C8	60	429032896	31.41	13.24
批发和零售贸易	H	65	409848563	29.95	11.21
综合类	M	37	230106543	28.65	6.55
制造业	C	505	4211602750	25.37	10.24

续表

行业名称	行业代码	交易股票数（只）	市价总值（千）	平均市盈率	平均价格（元）
金属、非金属	C6	74	887931031	21.16	8.19
机械、设备、仪表	C7	152	1469114169	21.01	10.18
电力、煤气及水的生产和供应业	D	48	524201415	20.27	5.19
纺织、服装、皮毛	C1	37	153408520	19.34	8.65
房地产业	J	68	429635051	16.07	6.8
建筑业	E	28	434405325	14.11	4.38
采掘业	B	31	3362249003	13.29	10.75
交通运输、仓储业	F	55	774218468	12.21	4.88
金融、保险业	I	29	4763259546	9.65	4.62

数据来源：上海证券交易所。

通过平均市盈率可以看出，处于前五的行业分别是农、林、牧、渔业，信息技术类，造纸、印刷，食品、饮料和电子。农、林、牧、渔业最近几年由于生产方式革新，显示出良好的增长前景，平均市盈率达到62.19，排名第一。新兴的电子和发展迅速的信息技术业由于宏观行业结构的变化，成长性好，获得了投资者的青睐。值得关注的是，金融、保险业的平均市盈率排名最后，原因是受全球金融危机的持续影响，这些行业风险大，收益情况不佳，导致企业的市盈率分布不均。

2. 行业投资策略

可以基于行业的收入、投资、利润、竞争的定性分析来形成对行业的投资策略报告，专栏2.5是通过对中国共用事业行业进行分析，来判断该行业的投资价值。

专栏2.5　光伏行业2014年中期投资策略

投资策略

成本下降+政策推动，光伏行业新一轮景气周期开启。2013年全球新增装机量构成中，中国、美洲及亚太地区等新兴市场占据了高达71%的份额，欧洲新增装机量占比下滑至28%。以中国为主的新兴市场成为推动本轮光伏行业景气周期的主要动力。我们认为，成本下降以及政策推动是国内光伏市场爆发的两大原因，中国从光伏制造大国走向光伏装机大国。

地面电站模式成熟，产业链中最受益一环。我们认为地面电站开发商业模式成熟，是目前产业链中最受益的环节。根据我们的测算，在目前的标杆电价水平下，I、II类资源区的光伏电站均具有较好的收益率。对于电站开发商而言，我们认为目前阶段最为重要的核心竞争力在于项目开发能力（获得路条及并网核准）以及融资能力。

分布式目前尚不成熟，但未来前景光明。目前分布式光伏商业模式尚不成熟，存在收益不确定性高、投资回报偏低、并网手续复杂、融资难、合格屋顶难找等问题。我们估计如果近期分布式光伏政策方面没有新的突破，2014年完成8GW新增装机存在难度。随着可能的政策调整以及市场对于商业模式的逐步探索，分布式光伏发展的前景光明。

估值与评级：首次覆盖航天机电及林洋电子，给予“买入”评级。我们预计航天机电2014～2016年EPS分别为0.33/0.47/0.56元，采用瑞银VCAM贴现现金流估值法，在WACC为9.3%的假设下，得到目标价9.60元，给予“买入”评级。我们预计林洋电子2014～2016年EPS分别为1.25/1.50/1.83元。我们采用瑞银VCAM贴现现金流估值法，在WACC为8.8%的假设下，得到目标价24.20元，给予“买入”评级。

资料来源：瑞银证券。

专栏2.6　2014年9月银行业周报

大幅银行股从2007年见顶以来，经过2009年的反弹，2010年以来除了2012年底的短暂风光外，皆演绎着此恨绵绵无绝期的幽怨。银行股业绩、股价增长双双承压，原因有三：①利率市场化下银行业息差压力增大；②互联网金融快速发展，对银行主业构成潜在挑战；③市场对银行业不良贷款如何爆发、呈现何样规模爆发的存在担忧。

2013年以来，互联网金融从概念走向现实，行业面临新转折

经过了2013年的喧嚣与野蛮，互联网金融正在加速落地，推动行业进入实质性发展，主要体现在以下几方面：①国家监管政策预计即将出台，行业迎来规范化发展时期。地方政府纷纷出台相关扶持政策，除了北京、深圳、南京、天津，上海、武汉也有望近期出台相关政策。②巨头玩家涌入互联网金融，加速行业的发展和分化。民生银行、用友软件、58同城在近期分别推出了自己的P2P平台，新浪、京东商城、中金公司等公司亦通过不同方式切入互联网金融。③资本市场热情一再高涨。爱钱帮、投哪网、91金融等互联网金融企业均在近期获得了巨额融资，由于lending club预计将在美国上市，估值40亿美元，我们认为这将进一步激发整个行业的热情，吸引更多的资金涌入该市场。

互联网金融快速发展，未来三五年增长爆发最确定，这主要得益于以下几方面驱动力：①泛金融兴起，客户外延放大；②利率市场化即将实现，巴塞尔协议生效实施；③实施进入关键阶段，金融改革提速衍生对IT系统的需求；④互联网金融的影响开始进入实质阶段，银行IT战略地位不断提升，银行IT投入意愿大幅提升；⑤经济转型进入深水区，传统各行业都面临很大的压力，唯有银行业依然具备较强的投资能力。

上市银行资产质量的恶化仍在加速

不良率上半年+6bps至1.04%，净生成率0.3%，逾期率+33bps至1.69%，半年信用成本0.56%，不良拐点未现。作为滞后指标，我们预计在经济未发生实质性改善前，很难看到不良相关数据出现趋势性好转。

结构上看，关注、次级类贷款占比提升，表明贷款向下迁徙的速度正在加快，或指向不良将继续承压。

核销方面，商业银行资产处置整体加速。今年上半年支撑商业银行不良率较为温和上行背后的是约710亿（相当于0.13%的期末贷款/或12.7%的期末不良）的不良核销（不含打包处置），相当于2013年同期的2倍以上（333亿），接近2013年全年水平（832亿）的85%。大型银行和城商行倾向于通过核销来维持名义不良的稳定，特别是利润增速仍然较高的城商行动力更强；而股份制银行则由于净生成率高，综合考虑合意利润增速下信用成本空间、目前的拨贷比水平等约束条件，在路径选择上出现一定分化。

信用成本方面，上市银行年内拨贷比提升的压力相较于过往两年边际下降，但由于核销处置需求的增长，预计全年整体信用成本将达到0.7%以上的水平，部分银行甚至可能超过1.5%。我们预计2015年年底前大部分银行信用成本将以平稳增长的节奏实现向2.5的拨贷比靠拢，但增长幅度则很大程度上与资产核销处置的力度紧密相关。

银行业经营状况

投资放缓将加深银行惜贷情绪。8月经济数据全面回落，固定资产投资增速持续下行，7、8两月贷款增速放缓对于投资的影响已经有所体现。如果没有更多的刺激政策出台，投资增速仍将放缓，不良上升同时将加深银行惜贷情绪，从而形成负面循环进一步影响信贷供给。房地产新开工面积环比跌幅虽然收窄2.3个百分点，但销售数据跌幅扩大意味着库存上行和调整延长，均不利于个人按揭及开发贷款的投放。

经济与通胀齐落，降息预期增强。无论是工业增速的骤降还是投资放缓，经济的下行压力已经显著增大，而8月CPI及PPI均有下滑，我们认为随着对银行负债进行管理，降低社会融资成本重要性将有所提升，为降息提供了更多的可操作性，我们预计四季度定向宽松，特别是降息的概率将明显上升。

投资建议

经济数据下滑推升降息预期，银行惜贷情绪环比或有改善。周末存款和非标债券监管出台，将推升银行表外业务发展，逐步摆脱依赖规模扩张的重资本盈利模式，混业经营愈来愈近。我们仍然看好当前估值的三方面提升：①降息对投资价值的提升。②沪港通对于A股银行估值折价的提升。③国企改革对于内生性增长及盈利能力的提升。个股维持推荐北京、平安、民生。

第四节 公司分析

投资的价值来自两方面，一是公司股票价格的低估，经过市场的调整，投资获得差价；二是公司在经营业绩良好的情况下进行股权分红。对公司的基本分析能帮助投资者了解公司的这两方面创造价值的能力。公司基本分析包括对公司的经营管理、市场状况、投融资情况进行全面的分析来对公司进行价值评估，然后比较市场价格，发现价格低估的企业；同时也能帮助投资者了解企业未来业绩的增长和分红的可能性。

需要注意的是面向企业的基本分析需要建立一个全面的评估指标，仅仅是关注企业的财务状况是不够的，因为财务是运营的结果，而不是运营的原因。对公司进行全面的评估分析包括对公司基本信息的了解、对公司创造价值能力的评估和对公司的财务信息进行评估。

一、公司基本信息分析

1. 公司基本资料

公司的基本资料包括公司的发展历史、主营业务、组织结构、管理层、组织价值和文化、投资者关系等多方面的资料。公司基本资料展示的是整个企业的一个发展历程表，一个结构图。了解了公司的基本资料可以帮助投资者形成对公司的全面概念，了解公司创造价值的来源。公司的基本资料一般可以在公司网站或者证券投资网站上获得。

公司的股权结构在基本资料中处于核心的地位。一个好的公司应该具有清晰的股权，并且具有适应公司发展的股权结构。创业或者成长阶段的公司往往需要一个处于核心的大股东，这样发展思路比较统一，决策方便。一般来说，公司的股权相对分散有利于公司的长期发展，这样容易吸引不同投资者的资源，很多企业在上市期间都会引入战略投资者也是基于这个道理。

主营业务是公司价值存在的关键环节。分析公司的主营业务有利于把握公司的发展规模、市场地位和发展趋势。主营业务的性质，包括是否处于新兴成长行业、毛利率的高低、国家的扶持状态、所处的区域，都对公司的营利性具有决定性的作用。分析一个公司的价值，首先要弄清楚其主营业务。

组织价值和文化是公司发展的长期驱动力。一个好的文化，能够凝聚公司员工、发挥集体智慧，以及不断吸引优秀人才。组织价值和文化需要符合公司所处的行业以及其主营业务。一般创新型的企业提倡开放和个性化，而成熟性的企业提倡团结和相对保守的文化氛围。

2. 公司动态新闻

公司从创业到成长壮大的过程，会不断地进行公司的调整，小的调整包括增加产品种类、引进信息系统、招聘人员等，这些调整帮助公司持续的前进。而大的调整包括公司的战略调整，如进入国际市场；高层调整，如高层管理人员辞职、招聘空降军等；还有公司高层的股票持有行为也能反映公司的未来调整；大的调整会对公司的未来发展产生重大的影响，公司可能改变创业时的经营方向，这些调整会通过投资者的预期反映到公司的股价上来。

因此，投资者在投资的过程中要不断地关注公司的动态信息，并根据公司的经营环境和自己的投资经验对公司的这种调整对投资造成的影响做出判断。如果认为当公司的某项战略调整不能符合市场的需求取向时，应该迅速地出售公司的股票，避免其他投资者抛售带来的损失。

当然，除了公司的管理层对公司的发展不断地进行调整之外，公司经营的宏观环境对公司的发展也会造成影响。如某石油公司盈利增长来自于油价上涨，而非勘探技术的进步；某银行股价上涨是源于利率变动，而非效率的提高。发生外在因素对公司造成的影响时，要对这些因素的可持续性进行判断，如银行因为利率的变动获得更高的收益，但是利率反方向的变动同样会导致银行的损失；真正保证银行收益增加的因素是银行的效率的提高。投资者应该对公司的经营能力和外界的影响因素进行区分，不能盲目地跟风。

二、公司价值创造能力分析

衡量公司的投资潜力，最好从真正的价值驱动因素入手，包括公司的商业模式、公司的盈利能力和公司的运营能力。

1. 商业模式

所谓商业模式，是指为实现客户价值最大化，把能使企业运行的内外各要素整合起来，形成一个完整的高效率的具有独特核心竞争力的运行系统，并通过最优实现形式满足客户需求、实现客户价值，同时使系统达成持续赢利目标的整体解决方案。商业模式由四个密切相关的要素构成：客户价值主张，赢利模式，关键资源，关键流程。

这四个要素相互作用时能够创造价值并传递价值，其中最重要的是创造价值。这一框架的力量蕴藏于各部分之间复杂的互依关系。四个要素中的任何一个发生重大变化，都会对其他部分和整体产生影响。

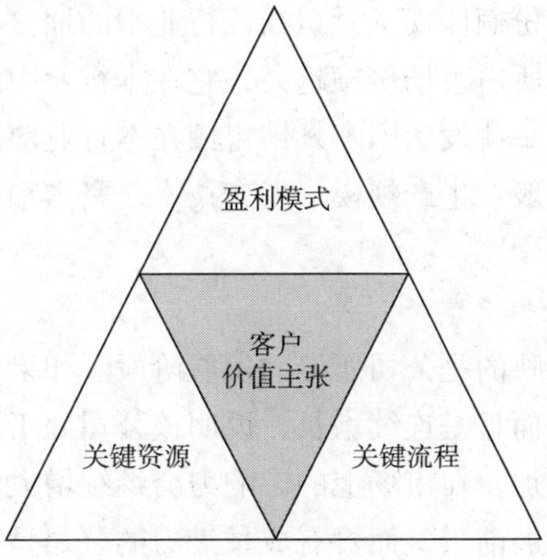

图 2.5　商业模式的四个要素

(1) 客户价值主张

客户价值主张是指在企业价值链上，企业是如何创造并传递价值的。包括企业的产品、客户服务、利益相关者关系、品牌形象、产品质量、产品和服务提供速度、可靠性和成本等。

（2）赢利模式

赢利模式是指企业获得利润的方式，对公司的赢利模式的分析包括分析企业的：利润源是指企业提供的商品或服务的购买者和使用者群体；利润点是指企业可以获取利润的产品或服务；利润杠杆是指企业生产产品或服务以及吸引客户购买和使用企业产品或服务的一系列业务活动；内部赢利能力是指企业家的战略能力。

（3）关键资源

即公司的核心竞争力所在，是指能给企业带来持续竞争优势的资源。根据伯尼的观点，关键资源具有价值性、稀缺性、不可模仿和替代性。

（4）关键流程

是指公司价值创造和传递的主要流程，是公司的核心价值链。

2. 竞争能力

分析目标公司竞争能力的强弱主要是分析其在该行业中所占的市场份额，而市场份额则可以通过公司的销售额、销售额增长率及其销售前景进行分析，以此来判断其竞争力的大小。

（1）销售额与市场份额

公司销售额及市场份额体现了公司在该行业中的地位，也就是说，公司产品的销售额越大，表明其所占市场份额越大，它在本行业中的地位就越高，其对市场的影响力就越大。在一些发达国家，销售额在本行业前几名的公司通常被称为主导公司。主导公司一般在生产规模、生产技术、资本和市场等方面都有一定的优势。

（2）销售额的增长率

销售额的增长率反映的是公司所处的发展阶段。如果公司的销售额增长率超过全行业平均增长率，而且是连续增长，说明该公司处于成长期，它的销售额占市场的份额还会继续增加，在市场上的影响力会继续增大。应该说该公司有很大的发展潜力和很好的发展前景，而具有成长潜力的公司是理想的投资目标。

（3）销售额前景的预测

一般说来，销售额的前景主要从两个方面进行分析：一是企业规模扩张潜力，如果企业资金雄厚，技术实力强，又有加大投资的愿望和举措，该公司的销售额会有较大幅度的增长；二是该行业在市场上所处的生命周期，如果处于成长期，企业的销售额当然有较大的增长潜力，如果处在成熟期或衰退期，该企业即使雄心勃勃，其销售额也难以有增长的可能性。

3. 运营能力

公司的运营能力即公司的管理能力，这对公司的生存和发展至关重要。特别是公司决策层的经营管理理念和经营能力对公司的发展起决定性作用。因此，投资者必须对各公司的管理水平做出分析，以选择具有较好管理水平的公司。公司管理水平的高低可通过下列几个指标来衡量。

（1）现任决策层的能力

决策层的能力直接关系到公司今后的前途，如柳传志重掌联想第二日，股价大涨3.42%。这不仅说明了投资者对能力强的领导人抱有很好的预期，还说明了有能力的领导人对公司发展的作用。

（2）保持本公司竞争领先优势的能力

如果公司管理部门能使本公司的销售不断增长，保持高于或超越本行业其他公司的销售业绩，并使其市场份额日益扩大，那说明本公司有较强的管理能力。

（3）扩张能力

企业的发展过程就是不断壮大的过程。公司是否有足够的资金通过并购等手段来达到扩张的目的，通过扩张来壮大自己，以保持和扩大原有的市场份额。

（4）融资能力

融资是公司生存和发展壮大的保证。公司的收益、净资产、净资产收益率和信誉等级等是公司再融资的基本条件，只有在上述指标都达到了要求后，才能在证券市场进行股票和债券融资，以确保企业发展所需的资金。

（5）经营方式

公司是单一经营还是多种经营也是判断公司抗风险能力的指标。在一般情况下，多种经营的风险要小于从事单一经营的企业，而且发展潜力较大。

（6）管理手段

一个好的企业一定采用了世界上最先进的管理手段。能否及时地把现代科学技术即计算机、成本管理、质量管理等手段运用到经营管理中，也是判断企业管理水平高低的一个标准。如果能及时地运用最现代化的管理手段，就会大大地提高管理效率，也说明领导层的文化层次较高。

三、公司估值

1. 公司价值

通过上述的分析，我们基本了解了如何定性地分析一个公司的价值，但是要想在市场中发现价值被低估的股票，依然需要一些估值模型来作定量化分析。在此之前，我们需要区别几种公司价值的表现形式，常见的有三种：账面价值、清算价值以及内在价值。

账面价值是一种被普遍使用的估值方法，它是指在资产负债表上列出的公司价值。如下表 2.4 所示的例子中，我们可以很简单地得到公司的每股账面价值。

表 2.4　　　　中国银行的资产负债表（2012 年 9 月）　　　　单位：亿元

资产	负债和所有者权益
127437	负债 119160 所有者权益 8277 发行在外的股票为 2791 亿股

资料来源：中国银行官方网站。

2012 年第三季度末中国银行股票的账面价值为每股 2.97 元（8277 亿元/2791 亿股），而同一天的中国银行的股票价格收盘价为 2.70 元。账面价值与市场价值相差 0.27 元。

清算价值是指一旦公司破产，在出售资产、清偿债务之后可以分配给股东的剩余资金。清算价值反映了股票价格的底线，因为一旦股票价格低于清算价值，那么公司将会成为一个有吸引力的被收购目标，此时收购成本小于将公司清算所得到的清算价值。

上述两种价值衡量方法都是注重于公司的资产负债表，而内在价值却着眼于未来。内在价值定义为投资者能从股票上获得的全部现金回报的现值，现金回报包括股利和最终售出股票的收益，这个现值是用风险调整利率进行调整而得到的现值。

常用的估计公司内在价值的模型方法分为两类：①现金流贴现估计法，在这种方法中，以某种现金流量（包括股利、营运现金流和自由现金流）的现值为基础来估计股票的价值；②相对估价法，在这种方法中股票的价值是以股票目前的价格和一些与估价相关的变量为基础进行估价的，这些相关变量如收益、现金流、账面价值或销售额，对股票估价都是十分重要的。

这两种方法虽然原理不同，但是却有一些共同的因素。首先，所有这些方法都受到投资者对股票确定的必要收益率的影响，因为必要收益率会成为贴现率或贴现率的主要部分。其次，所有这些方法都受到其所用的变量的估计增长率的影响——比如股利、收入、现金流或销售额的增长率。这些关键性变量都是估计出来的，投资者不同的估计水平将导致对同一只股票不同的估计值。

2. 股利贴现模型（DDM）

（1）公式原理

所有的估价公司都基于基本估价模型，该模型认为一项资产的价值就是该资产未来预期现金流的现值，即

$$V = \sum_{t=1}^{\infty} \frac{D_t}{(1+k)^t} \tag{2-1}$$

其中，V 表示公司价值，表示 t 时期获得的现金流（股利或者出售收入），k 表示贴现率，即等于投资者对资产的必要收益率，这是由股票现金流的风险确定的。

如果该公司不是在无限期内持有，比如在第 2 年年末出售，则此时公司价值为：

$$V = \frac{D_1}{(1+k)} + \frac{D_2}{(1+k)^2} + \frac{P}{(1+k)^2} \tag{2-2}$$

其中，P 表示第 2 年年末的出售价。从这个公式可以看出，无论股票在何时出售，它的价值将是投资者所有获得现金流的现值。

在上述公式中，如果公司持续经营，逐项估计每一年的现金流的任务几乎是不可能完成的。因此，我们必须对未来现金流的假设进行估计，以便能完成每项工作。最简单的假设是未来的股利流能在无限期内以固定速度增长。

$$V = \frac{D_0(1+g)}{(1+k)} + \frac{D_0(1+g)^2}{(1+k)^2} + \frac{D_0(1+g)^3}{(1+k)^3} + \cdots + \frac{D_0(1+g)^n}{(1+k)^n} \tag{2-3}$$

经过简化，我们可以得到：

$$V = \frac{D_0(1+g)}{k-g} \tag{2-4}$$

其中，g 表示股利的固定增长率。为了使用这个模型来估值，你必须估计出：①必要收益率 k；②预期股利增长率 g。

（2）必要收益率

影响投资者必要收益率的因素有三个：经济的真实无风险收益率、预期通货膨胀率和风险溢价。

经济的真实无风险收益率是投资者应该要求的最低收益率，由国内经济的真实增长率决定。因为投资资本至少应该与总体经济的增长一样快。另外，这个收益率还受到资本市场短期资金松紧程度的影响。但是，投资者关心的是能提高其消费水平的真实收益率，因此，如果投资者预期通货膨胀率上涨，他们就应该提高其名义无风险收益率以反映这种预期通货膨胀率。即

$$R_f = (1+R_m) \times (1+I) - 1 \tag{2-5}$$

其中，R_f 表示名义无风险收益率，R_m 表示真实无风险收益率，I 表示通货膨胀率。

由于投资预期收益的不确定性，投资者在投资过程中会要求一个风险溢价。风险溢价导致不同投资的必要收益率不同。一般来说，我们可以用预期收益的离散程度来度量这种收益的不确定性。分析收益的不确定性，不仅要讨论影响公司收益变化的几个内部因素，如公司的商业风险、财务风险和流动性风险，还要注意公司之外的风险因素，包括汇率风险和国家政策风险。

(3) 预期股利增长率

在得到了必要收益率之后，我们还需要知道股利的预期增长率。估计预期股利增长率常用的有两种方法，分别是根据公司基本面和历史数据来进行估计。

从公司的基本面来看，股利的增长率是由收益增长率和股利占收益的比率（股利派发率）所决定的。具体地说，在没有外部融资的情况下，权益收益（即每股收益）的增长率应等于留存净收益的百分比乘以权益资本的收益率。

$$g = 留存比率 \times 权益收益率 = RR \times ROE \quad (2-6)$$

其中，g 表示每股收益的增长率，RR 表示留存比率，ROE 表示权益收益率。

留存比率是一项管理决策指标，公司 ROE 的变化是随着公司经营业绩和它的财务杠杆的变化而变的。

$$\begin{aligned} ROE &= \frac{净利润}{销售收入} \times \frac{销售收入}{总资产} \times \frac{总资产}{权益} \\ &= 净利润率 \times 总资产周转率 \times 财务杠杆 \quad (2-7) \end{aligned}$$

这种分解有助于我们分析决定公司 ROE 的三个因素。其中，净利润率和总资产周转率反映公司的经营结果，前者表明公司在销售方面的盈利能力，后者表明公司在投资方面的管理能力，财务杠杆反映公司的财务状况。

从历史数据估计股利的预期增长率，需要得知公司历年的基础财务数据。在已经得知该公司股利的时间序列数据图情况下，我们可以使用线性回归模型：

$$EPS_t = a + bt \quad (2-8)$$

其中，EPS_t 表示时期 t 的每股收益，t 表示 t 年，系数 b 表示股利的历史增长率，代表这段时期内每股收益的平均增长率。

3. 相对估值模型

现金流贴现法是在估计增长率和相应贴现率的基础上来试图估计出股票的具体价值。相对估价法与之不同，对于一个经济体而言（即市场、某个行业或公司），相对估价法是用一些相对比率通过与其相似的经济体进行比较，来确定该经济体的价值。而这些相对比率是该经济体的股票价格与影响股票价值的相关变量的比值，这些变量包括收益、现金流、账面价值和销售额。

相对股价模型的基本做法是：首先，寻找一个影响企业价值的关键变量（如净利润），然后，确定一组可以比较的类似企业，计算可比企业的市价与关键变量的平均值，最后用目标企业的关键变量乘以得到的平均值，计算目标企业的评估价值。在这里我们主要介绍三个关键变量：净利润、净资产和销售收入。

（1）市盈率

市价与净收益的比率，通常称为市盈率。

$$市盈率=\frac{股票价格}{每股收益} \tag{2-9}$$

该模型假设股票市价是每股收益的一定倍数，每股收益越大，则股票价值越大。目标企业的股权价值等于该企业每股收益乘以可比企业的平均市盈率。

接下来我们将主要讨论影响市盈率的主要因素。根据股利贴现模型，处于稳定状态的股权价值：

$$V=\frac{D_0(1+g)}{k-g} \tag{2-10}$$

两边同时除以每股收益：

$$\frac{V}{E_0}=\frac{D_0(1+g)/E_0}{k-g} \tag{2-11}$$

其中，E_0 表示企业当期每股收益，k 表示投资必要收益率，g 表示预期的股利增长率。这个公式表明，市盈率的驱动因素是企业的增长潜力（g）、股利支付率（D_0）和风险（k），关键因素是增长潜力。可比企业“增长潜力”的类似指的不仅是具有相同的增长率，还包括增长模式的类似性，例如同为永续增长，还是同为由高增长转为永续低增长。

市盈率模型的优点：首先，计算市盈率的数据容易取得，并且计算简单；其次，市盈率把价格和收益联系起来，直观地反映投入和产出的关系；最后，市盈率模型涵盖了风险补偿率、增长率、股利支付率的影响，具有很高的综合性。

市盈率模型的局限性：如果收益是负值，市盈率就失去了意义。再有，市盈率除了受企业本身基本面的影响以外，还受到整个经济景气程度的影响。在整个经济繁荣时市盈率上升，整个经济衰退时市盈率下降，如果是一个周期性的企业，企业价值可能被歪曲。

因此市盈率模型适用于连续盈利，并且风险与市场接近的企业。

（2）市净率

市价与净资产的比率，通常称为市净率：

$$市净率 = \frac{股票价格}{每股净资产} \tag{2-12}$$

该模型假设股权价值是净资产的函数，类似企业具有相同的市净率，净资产越大则股权价值越大。因此，股权价值是净资产的一定倍数，目标企业的价值可以用每股净资产乘以平均市净率计算。

与市盈率类似，如果我们把股利贴现模型的两边同时除以同期股权账面价值，就可以得到市净率：

$$\frac{V}{B_0} = \frac{D_0(1+g)/E_0}{k-g} \times \frac{E_0}{B_0} \tag{2-13}$$

其中，E_0 表示企业当期每股收益，B_0 表示企业当期每股净资产。由该公式，我们可以知道驱动市净率的因素有权益净利率、股利支付率、增长率和风险，其中权益净利率是关键因素。

市净率模型的优点：首先，净利为负值的企业不能用市盈率进行估价，而市净率极少为负值，可用于大多数企业。其次，净资产账面价值的数据容易取得，并且容易理解。再次，净资产账面价值比净利稳定，也不像利润那样经常被人为操纵。最后，如果会计标准合理并且各企业会计政策一致，市净率的变化可以反映企业价值的变化。

市净率模型的局限性：首先，账面价值受会计政策选择的影响，如果各企业执行不同的会计标准或会计政策，市净率会失去可比性。其次，固定资产很少的服务型企业和高科技企业，净资产与企业价值的关系不大，其市净率比较没有什么实际意义。最后，少数企业的净资产是负值，市净率没有意义，无法用于比较。

因此，这种方法主要适用于需要拥有大量资产、净资产为正值的企业。

（3）市价/收入比率模型

市价/收入比率模型是假设影响企业价值的关键变量是销售收入，企业价值是销售收入的函数，销售收入越大则企业价值越大。既然企业价值是销售收入的一定倍数，那么目标企业的价值可以用销售收入乘以平均收入乘数估计。

由于市价/收入比率的使用历史不长，不像市盈率和市净率应用的广泛和悠久，还没有一个公认的比率名称，参考其他资料，这里暂时称之为“收入乘数”。

将股利贴现模型的两边同时除以每股销售收入，可以得出收入乘数：

$$\frac{V}{R_0} = \frac{D_0(1+g)/E_0}{k-g} \times \frac{E_0}{R_0} \tag{2-14}$$

其中，R_0 表示该企业的每股销售收入。根据上述公式可以看出，收入乘数的驱动因素是销售净利率、股权支付率、增长率和股权成本，其中，销售净利率是关键因素。

收入乘数模型的优点：首先，它不会出现负值，对于亏损企业和资不抵债的企业，也可以计算出一个有意义的价值乘数。其次，它比较稳定、可靠，不容易被操纵。最后，收入乘数对价格政策和企业战略变化敏感，可以反映这种变化的后果。

收入乘数模型的局限性：不能反映成本的变化，而成本是影响企业现金流量和价值的关键因素之一。

因此，该方法主要适用于销售成本率较低的服务类企业，或者销售成本率趋同的传统行业的企业。

专栏 2.7　平安银行投资分析

平安银行是原深圳发展银行以吸收合并原平安银行的方式完成两行整合并更名后的银行，为全国性股份制商业银行，主营业务经营范围是经有关监管机构批准的各项商业银行业务。原深发展银行于1987年12月22日正式成立，总部设在深圳，是中国第一家上市商业银行。平安银行目前经营网络相对集中于珠江三角洲、环渤海地区、长江三角洲，两行合并后网点覆盖向中部和西部等主要城市拓展。2011年7月，原深发展银行正式公告与原平安银行的重大资产重组事项完成。2012年6月，原深发展银行完成对原平安银行的吸收合并。2012年7月，公司正式更名为平安银行。

五年规划启动，看好公司综合金融战略及转型中长期潜力。2013年平安银行事业部体制正式全面实施，初步完成内部组织结构调整。我们分析公司拨备前净利润同比增长30%，略超预期显示公司经营转型初步成果。看好公司经营模式转型及综合金融战略对于业绩的支撑，具体包括：①贷款结构调整（高收益小微及汽融等贷款占比提升）将利于缓解公司净息差下行压力；②综合金融优势有望带动公司中间业务，负债业务保持较快增长；③依托集团统一布局，平安银行有望成为同业互联网金融战略先行者。四季度存款负增长或部分源于资本压力，定增完成或消除短期资本瓶颈。我们注意到公司13年四季度存款环比负增长，或部分源于受限于较低的资本充足水平的规模增长主动调节。

定增为资本充足率打下坚实基础。公司2013年底定向增发落地提升总股本16%；支撑新资本管理办法下四季度末核心一级资本充足率环比提升1.13个百分点至8.56%，资本充足率环比提升0.99个百分点至9.90%。我们认为公司定增已使其资本得到充实，短期制约规模扩张的瓶颈基本消除。关注类及逾期贷款仍然增长较快，资产质量或仍面临一定压力。得益于核销力度加大，公司四季度不良下降，期末不良率0.89%。而关注类贷款环比增长9%，占比环比提升14bps至2.13%；逾期贷款环比增长6%（其中逾期90天以内贷款环比增长44%），期末逾期/不良324%。但，2014年以来，不良持续上升，资产质量存在隐忧。不良贷款余额86.68亿元，不良贷款率0.92%，较年初上升0.03个百分点；贷款拨备覆盖率198.18%，较年初略降2.88个百分点。持续补充资本，保证后续成长性。上半年成功发行150亿元二级资本债，截至6月末资本充足率、一级资本充足率、核心一级资本充足率分别为11.02%、8.73%、8.73%；正在推进公开发行不超过200亿元优先股和不超过100亿元普通股。我们认为，在大股东支持下，资本继续增厚的前景比较明朗，保证了后续的成长性。

业务结构进一步优化，“大行格局”初步显现：非利息净收入同比增长107.82%，营收占比同比提升8.4个百分点至29.31%，其中投行、托管业务快速增长。

各项经营指标向好：2014年上半年，平安银行实现净利润100.72亿元，同比增长33.74%；拨备前营业利润189.97亿元，同比增长52.02%。每股收益为0.88元，同比增加0.11元；ROE为16.61%，同比提升0.21个百分点。资产总额21364.75亿元，较年初增长12.94%；存款余额15089.04亿元，较年初大幅增长23.99%；上半年增量达到去年全年增量的1.5倍。与此同时，存贷差、净利差、净息差亦全面提升，同比分别上升了76个、29个、31个基点至4.96%、2.32%、2.50%。

判定平安银行是一家中长期弹性较高，增长潜力较大的公司。公司未来业绩表现或得益于：①定增完成使其资本充足水平显著提升，利于未来几年资产规模及网点扩张；②公司目前单体运行效率较低，新管理层执行力提升对人均费用与人均利润之比的改善。

维持公司“推荐”评级。平安银行的人才红利、业务架构红利、考核制度红利正逐步释放，初步显现出大行格局，在大股东支持之下可以保持高成长性。风险点在于高风险高定价策略带来资产质量隐忧。维持公司“推荐”评级。

第五节　财务分析

一、概述

1. 财务分析的内涵

财务分析是指以财务报告资料及其他相关资料为依据，采用一系列专门的分析技术和方法，对企业等经济组织过去和现在有关筹资活动、投资活动、经营活动、分配活动的盈利能力、营运能力、偿债能力和增长能力状况等进行分析与评价，以了解企业过去、评价企业现状、预测企业未来，为做出正确的投资决策提供准确的信息或依据。

财务分析是投资基本面分析中十分重要的部分，因为公司的财务情况是公司各种活动和能力的体现，并最终反映公司价值情况。

2. 财务报表的组成

上市公司的财务报表是上市公司年报的主要组成部分，主要组成包括资产负债表、损益表、现金流量表、财务报表附注。

资产负债表，表示企业在一定特定日期（通常为各会计期期末）的财务状况和资本结构的报告表，它综合反映了企业在会计报告期末结余的全部资产、负债和资本存量的情况，是分析企业财务状况和偿债能力的依据。资产负债表是根据会计恒等式“资产 = 负债 + 所有者权益”编制而成。

损益表，又称为利润表，是反映企业在某一时期内发生的各项经营支出和盈亏情况的报表。是进行公司获利能力和经营业绩分析的依据。

现金流量表，是反映在一定时期内与经营活动、投资活动、筹资活动有关的现金流转的会计报表。它是静态的资产负债表与动态的损益表的结合。

利润分配表，是反映企业根据董事会的决定进行利润分配的方式和未分配利润的陈列的会计报表。

专栏 2.8　中国上市公司年报组成

根据中国现行的年报披露要求，上市公司年报及其摘要的主要内容包括：

1. 公司简介

具体内容包括公司名称及缩写，公司法定代表人，公司董事会秘书及其授权代表的姓名及联系方式，公司注册地址、办公地址及联系方式，公司选定的信息披露报纸名称，登载公司年度报告的中国证监会指定国际互联网网址，公司年度报告备置地点，以及公司股票上市交易所、股票简称和股票代码等。

2. 会计数据和业务数据摘要

具体内容包括列示公司本年度实现的一系列经营指标，采用数据列表方式提供截至报告期末公司前三年的主要会计数据和财务指标，并列示报告期内股东权益变动情况，并逐项说明变化原因。

3. 股东变动及股东情况

具体包括股本变动情况和股东情况介绍。

4. 股东大会简介

具体说明报告期内召开的年度股东大会和临时股东大会的有关情况。

5. 董事会报告

具体包括公司经营情况、公司财务状况、公司投资情况、公司生产经营环境以及宏观政策法规发生重大变化的情况、新年度的业务发展计划、董事会日常工作情况、公司管理层及员工情况、利润分配预案或资本公积金转增股本预案及其他报告事项。

6. 监事会报告

具体包括报告期内监事会的工作情况，包括召开会议的次数、各次会议的议题等。监事会应对公司依法运作情况等发表独立意见。

7. 重大事项

具体包括重大诉讼、仲裁事项，报告期内公司、公司董事及高级管理人员受监管部门处罚的情况，报告期内公司控股股东变更及人事变动情况，公司收购及出售资产、吸收合并事项的简要情况及进程，公司重大关联交易事项等一系列与公司经营相关的重要事项。

8. 财务报告

包括审计报告、会计报表和会计报表附注。

9. 公司的其他有关资料

对年度报告摘要，中国证监会、证券交易所和公司认为需要披露的其他事项。

年报披露的内容是投资者完整了解公司时所必要的、有用的信息。投资者对年报披露的信息进行认真的阅读和分析，有利于捕捉年报所包含的重大线索与信息，发掘年报信息中所隐含的投资机会。

资料来源：上海证券交易所。

二、几种主要的财务分析方法

1. 几种主要的财务分析方法

（1）比较分析法

财务分析最主要的分析法，包括纵向比较、横向比较、与标准比较和综合比较四类。所谓横向比较是科目与科目之间的比较，部门与部门之间的比较；所谓纵向比较，是指时间延续上的比较，如通过本年和上年的比较判断增长情况，通过多年的比较形成比率的趋势图；所谓与标准比较，是把实际的指标和计划的指标进行比较，从而了解公司完成计划的情况和判断公司计划的合理性情况；综合比较是基于一个比较的指标体系，如杜邦财务分析体系，对公司财务进行分析。

（2）比率分析法

比率分析法是把某些彼此存在关联的项目加以对比，计算出比率，据以确定经济活动变动程度的分析方法。比率是相对数，采用这种方法，能够把某些条件下的不可比指标变为可以比较的指标，以利于进行分析。

（3）趋势分析法

趋势分析法又称水平分析法，是通过对比两期或连续数期财务报告相同指标，确定其增减变动的方向、数额和幅度，来说明企业财务状况和经营成果的变动趋势的一种方法。采用这种方法可以分析引起变化的主要原因、变动的性质，并预测企业未来的发展前景。

（4）因素分析法

因素分析法又称因素替换法、连环替代法，它是用来确定几个相互联系的因素对分析对象——综合财务指标或经济指标的影响程度的一种分析方法。采用这种方法的出发点在于，当有若干因素对分析对象发生影响作用时，假定其他各个因素都无变化，顺序确定每一个因素单独变化所产生的影响。因素分析法既可以全面分析各因素对某一经济指标的影响，又可以单独分析某个因素对某一经济指标的影响，在财务分析中应用颇为广泛。

2. 财务分析步骤

财务报表分析可分为四个步骤：

第一步是经营策略分析；第二步是会计分析；第三步是财务分析；第四步是前景分析。

财务报表分析的一般步骤为：明确分析目的，收集有关信息，按目的将各部分分类，深入研究各部分的特殊本质，进一步研究各部分的联系，解释结果，提供对决策有帮助的信息。

三、财务比率分析

比率是财务分析中被广泛使用的一种分析工具，所谓比率就是用百分比表示某个特定日或某期间各项项目的相比值，对于投资人员来说需要了解的财务比率包括四个方面，分别是偿债能力分析、营运能力分析、盈利能力分析和上市公司的其他财务比率。投资者可以通过这四个方面的比率分析来了解公司的经营业绩和发展前景。

1. 偿债能力分析

(1) 短期偿债能力

短期偿债能力是指企业偿还短期债务的能力。短期偿债能力不足，不仅会影响企业的资信，增加今后筹集资金的成本与难度，还可能使企业陷入财务危机，甚至破产。短期偿债能力指标包括以下几种。

①流动比率。

流动比率 = 流动资产/流动负债

流动比率反映的是公司短期偿债能力，公司流动资产越多，流动负债越少，公司的短期偿债能力越强。一般认为，流动比率应该大于2；但绝对数值并不能解释所有的问题，在运用这项指标的时候，应该将公司的流动比率与行业平均水平、本公司近年来的流动比率进行比较。

②速动比率。

速动比率 = （流动资产 - 存货 - 待摊费用）/流动负债

速动比率与流动比率一样，同样反映公司短期偿债能力；不同的是在计算时，将存货从流动资产中进行了扣除，因为在流动资产中存货的变现能力最差。一般认为，速动利率应该大于1；同流动比率的运用一样，需要将其与行业平均水平、本公司历史水平进行比较，以分析变动趋势。

③现金比率。

现金比率 = （现金 + 有价证券）/流动负债

现金比率的分子项是速动资产扣除应收账款后的余额。速动资产扣除应收账款后计算出来的金额，最能反映企业直接偿付流动负债的能力。现金比率一般认为20%以上为好。但这一比率过高，就意味着企业流动负债未能得到合理运用，而现金类资产获利能力低，这类资产金额太高会导致企业机会成本增加。

（2）长期偿债能力

长期偿债能力是指企业偿还长期利息与本金的能力。一般来说，企业借长期负债主要是用于长期投资，因而最好是用投资产生的收益偿还利息与本金。长期偿债能力指标包括以下几种。

①资产负债率。

资产负债率＝负债总额/资产总额×100%

资产负债率反映的是公司长期偿债能力，表示在公司总资产中借贷资金所占的比例。资产负债率较低，说明公司长期偿债能力较高，财务风险相对较低。不过，资产负债率过低也会使公司不能充分利用财务杠杆，影响到盈利能力。一般认为资产负债率在50%较为合理，但这也并非定式，不同行业的公司资产负债率通常也不太一样。

②利息保障倍数。

利息保障倍数＝息税前利润/利息费用

利息保障倍数反映的是每一元利息所能得到的公司盈利保障的倍数，也是用于判断公司长期偿债能力的指标。利息保障倍数越高，公司支付利息的能力越强。一般认为，利息保障倍数应该大于2，但同时也应该注意同行业平均水平、公司历史水平的比较。

2. 营运能力分析

营运能力是以企业各项资产的周转速度来衡量企业资产利用的效率。周转速度越快，表明企业的各项资产进入生产、销售等经营环节的速度越快，那么其形成收入和利润的周期就越短，经营效率自然就越高。

（1）存货周转率

存货周转率＝主营业务成本/平均存货

其中，平均存货＝（期初存货＋期末存货）/2。

存货在流动资产中所占比重比较大，其流动性对公司的流动比率有很大的影响。存货周转率用于衡量存货的变现能力强弱。一般而言，存货周转率越大，存货周转速度越快，存货的占用水平越低，变现能力越强。不同行业的存货周转率会有不同的表现，在运用此指标时也应该同行业平均水平、公司历史水平进行比较。

（2）应收账款周转率

应收账款周转率＝主营业务收入/平均应收账款

其中，平均应收账款＝（期初应收账款＋期末应收账款）/2。

应收账款周转率反映的是年度内应收账款转为现金的平均次数，用以衡量公司应收账款的变现能力。一般而言，应收账款周转率越高，公司应收账款的收回越快。

(3) 总资产周转率

资产周转率 = 主营业务收入/平均资产总额

其中，平均资产总额 = (期初资产总额 + 期末资产总额) /2。

资产周转率反映公司资产总额的周转速度，周转越快，公司销售能力越强。公司如果采用薄利多销的策略，资产周转率会比较高；如果公司主要依靠单位产品的边际利润来创造收益，资产周转率相对就较低。

3. 盈利能力分析

盈利能力是各方面关心的核心，也是企业成败的关键，只有长期盈利，企业才能真正做到持续经营。

(1) 主营业务毛利率

主营业务毛利率 = (主营业务收入 - 主营业务成本) /主营业务收入 ×100%

主营业务毛利率表示每一元的主营业务收入扣除主营业务成本后所带来的利润额。可以通过与行业平均毛利率的比较，一定程度揭示公司的成本控制及定价策略。

(2) 主营业务净利率

主营业务净利率 = 净利润/主营业务收入 ×100%

主营业务净利率表示每一元主营业务收入所带来的净利润，反映了公司主营业务收入的收益水平。一般而言，净利率越高，公司的盈利能力越强。

(3) 资产收益率 (ROA)

资产收益率 = 净利润/平均资产总额 ×100%

其中，平均资产总额 = (期初资产总额 + 期末资产总额) /2。

资产收益率反映公司资产的综合利用效率，比率越高，表明公司资产的利用效率越高，利用资产获利的能力越强。

(4) 净资产收益率 (ROE)

净资产收益率 = 净利润/年末净资产 ×100%

净资产收益率反映公司所有者权益的投资报酬率，是在考虑了负债经营因素后的资本回报率，又被称为权益报酬率。

上述指标中，毛利率和净利润率分别说明企业生产（或销售）过程、经营活动和企业整体的盈利能力，越高则获利能力越强；资产报酬率反映股东和债权人共同投入资金的盈利能力；权益报酬率则反映股东投入资金的盈利状况。权益报酬率是股东最为关心的内容，它与财务杠杆有关，如果资产的报酬率相同，则财务杠杆越高的企业权益报酬率也越高，因为股东用较少的资金实现了同等的收益能力。每股利润只是将净利润分配到每一份股份，目的是为了更简洁地表示权益资本的盈利情况。衡量上述盈利指标是高还是低，一般要通过与同行业其他企业的水平相比较才能得出结论。

4. 成长比率

对于投资者来说，还需要关注企业未来的盈利能力，即成长性。成长性好的企业具有更广阔的发展前景，因而更能吸引投资者。一般来说，可以通过企业在过去几年中销售收入、销售利润、净利润等指标的增长幅度来预测其未来的增长前景。

（1）销售收入增长率

销售收入增长率 =（本期销售收入 - 上期销售收入）/上期销售收入 ×100%

（2）营业利润增长率

营业利润增长率 =（本期销售利润 - 上期销售利润）/上期销售利润 ×100%

（3）净利润增长率

净利润增长率 =（本期净利润 - 上期净利润）/上期净利润 ×100%

在评价企业成长性时，最好掌握该企业连续若干年的数据，以保证对其获利能力、经营效率、财务风险和成长性趋势的综合判断更加精确。

5. 上市公司财务比率

（1）每股收益（EPS）

每股收益 =（净利润 - 优先股股利）/年末发行在外普通股股数

每股收益是指本年净收益与年末发行在外的普通股总数的比值，它反映普通股的获利水平。每股收益是衡量上市公司盈利能力的最重要的财务指标，反映普通股的获利水平。在分析时，可以进行公司间的比较，以评价该公司的相对的盈利能力；可以进行不同时期的比较，了解该公司盈利能力的变化趋势；可以进行经营实绩和盈利预期的比较，掌握该公司的管理能力。

（2）市盈率

市盈率（倍数）= 普通股每股市价/普通股每股收益

市盈率是股票每股市价与每股收益的比值，是投资者判断股票潜在价值的指标。它表明投资者每获 1 元收益所需付出的投资代价，因此比值越小，投资性越强。市盈率是市场对公司的共同期望指标，市盈率越高，表明市场对公司的未来越看好。在市价确定的情况下，每股收益越高，市盈率越低，投资风险越小；反之亦然。在每股收益确定的情况下，市价越高，市盈率越高，风险越大；反之亦然。仅从市盈率高低的横向比较看，高市盈率说明公司能够获得社会信赖，具有良好的前景；反之亦然。由于一般的期望报酬率为5%～10%，所以正常的市盈率为10～20。

（3）每股股利

每股股利＝普通股现金股利总额/发行在外的普通股总数

每股股利是普通股现金股利总额与发行在外的普通股总数的比值，反映普通股获取现金股利的水平。每股股利越高，股东可获得的现金股利越多；反之亦然。每股股利的高低，不仅取决于公司盈利能力的强弱，还受公司股利政策的影响。如果公司在获得充分盈利的同时将其投资于新项目，每股股利会随之降低，但这并不影响普通股股东的根本利益，股东可以从公司采取的多保留盈利政策中获得股票的市场价格效应。

（4）股利支付率

股利支付率＝（每股股利/每股收益）×100%

股利支付率是普通股每股股利与每股收益的比值，它反映公司的净利润中有多少用于股利支付。股利支付率没有统一的标准，主要取决于公司的股利政策。一般而言，如果公司的现金流量比较充裕，而且目前没有更好的投资项目，可能会倾向于发放现金股利；如果公司有较好的投资项目，则可能会少发股利，而将资金用于投资。

（5）每股净资产

每股净资产＝期末股东权益/期末普通股股数

这里的“期末股东权益”是指扣除优先股权益后的余额。

每股净资产又称每股账面价值或每股权益，是期末净资产（即股东权益）与期末发行在外的普通股股数的比值，它反映发行在外的每股普通股所代表的净资产成本（即账面权益）。由于每股净资产是用历史成本计量的，既不反映净资产的变现价值，也不反映净资产的产出能力，因此在投资分析中只能有限度地使用该指标。

当股票市价低于账面价值时，表明投资者对上市公司没有信心，或者认为该公司没有发展前景；当股票市价高于账面价值时，说明投资者对该公司充满信心，或者认为该公司有足够的发展潜力。

表 2.5　　　　　　　　　　　　　　财务分析指标

分析内容	相关指标	计算公式	分析
短期偿债能力分析	流动比率	流动比率 = 流动资产/流动负债	一般情况下，流动资产中的应收账款和存货的质量高低及其周转速度快慢是影响流动比率可信性的主要因素。流动比率越大，短期偿债能力越强
	速动比率	速动比率 =（流动资产 - 存货 - 待摊费用）/流动负债	影响速动比率可信性的重要因素是应收账款的变现能力和其质量高低
	现金比率	现金比率 =（现金 + 有价证券）/流动负债	现金比率最能反映企业直接偿付流动负债的能力。但如果比率过高，则表示企业流动负债未得到合理运用
长期偿债能力分析	资产负债率	资产负债率 = 负债总额/资产总额	从债权人立场看，资产负债率越低，企业偿债越有保障，贷款风险越小。从股东和经营者立场看，适当增大企业负债比率，能充分利用财务杠杆，扩大企业收益
	利息保障倍数	利息保障倍数 = 息税前利润/利息费用	利息保障倍数指标反映企业经营收益为所需支付的债务利息的多少倍。只要利息保障倍数足够大，企业就有充足的能力偿付利息，否则相反
营运能力分析	存货周转率	存货周转率 = 主营业务成本/平均存货	一般而言，存货周转率越大，存货占用水平越低，变现能力越强。但是存货周转率不是越大越好，在特定情况下存在一个最佳的水平
	应收账款周转率	应收账款周转率 = 主营业务收入/平均应收账款	一般而言，应收账款周转率越高，公司应收账款回收越快
	总资产周转率	总资产周转率 = 主营业务收入/平均资产总额	资产周转率反映公司资产总额的周转速度，周转越快，公司销售能力越强
盈利能力分析	主营业务毛利率	主营业务毛利率 =（主营业务收入 - 主营业务成本）/主营业务收入	主营业务毛利率表示每一元的主营业务收入扣除主营业务成本后所带来的利润率。主营业务毛利率一定程度上揭示了公司的成本控制及定价策略
	主营业务净利率	主营业务净利率 = 净利润/主营业务收入	影响主营业务净利率的重要因素是毛利率和企业控制管理费用和财务费用的能力
	资产收益率（ROA）	资产收益率（ROA）= 净利润/平均资产总额	ROA 反映公司资产的综合利用效率，比率越高，表明公司资产的利用效率越高，利用资产获利的能力越强
	净资产收益率（ROE）	净资产收益率（ROE）= 净利润/年末净资产	ROE 反映的是公司所有者权益的投资报酬率，是在考虑负债经营因素后的资产回报率

续表

分析内容	相关指标	计算公式	分析
上市公司财务比率	每股收益	每股收益 =（净利润 - 优先股股利）/年末发行在外普通股股数	每股收益是衡量上市公司盈利能力最重要的财务指标，反映普通股的获利水平
	市盈率	市盈率 = 普通股每股市价/普通股每股收益	市盈率揭示了投资者每获 1 元收益所需付出的投资代价，此值越小，投资性越强
	每股股利	每股股利 = 普通股现金股利总额/发行在外的普通股总数	每股股利反映普通股获取股利现金的水平，每股股利越高，股东可获得的现金股利越多。每股股利的高低不仅取决于公司盈利能力的强弱，还受公司股利政策的影响
	股利支付率	股利支付率 = 每股股利/每股收益	股利支付率反映公司的净利润中有多少用于股利支付。股利支付率没有统一的标准，主要取决于公司的股利政策
	每股净资产	每股净资产 = 期末股东权益/期末普通股股数	每股净资产又称每股账面价值，由于每股净资产是用历史成本计量的，既不反映净资产的变现价值，也不反映净资产的产出能力，因此在投资分析中只能有限度地使用该指标

6. 杜邦分析体系

杜邦分析体系，简称杜邦体系，是利用各主要财务比率之间的内在联系，对企业财务状况和经营成果进行综合系统评价的方法。该体系是以权益净利率为龙头，以资产净利率和权益乘数为分支，重点揭示企业获利能力及杠杆水平对权益净利率的影响，以及各相关指标间的相互作用关系。

（1）基本原理

权益净利率是分析体系的核心，具有很好的可比性，可用于不同企业之间的比较。由于资本具有逐利性，总是流向投资报酬率高的行业和企业，因此各企业的权益净利率会比较接近。权益净利率不仅有很好的可比性，而且具有很强的综合性。为了提高权益净利率，管理者可从如下三个分解指标入手：提高“销售净利率”、“权益乘数”或“总资产周转率”。

无论提高其中的哪个比率，权益净利率都会提高。其中，“销售净利率”是利润表的概括，反映了企业的经营成果。“权益乘数”是资产负债表的概括，反映了企业的基本财务状况。“总资产周转率”把利润表和和资产负债表联系起来，使权益净利率可以综合整个企业经营成果和财务状况。

（2）基本框架

杜邦体系是一个多层次的财务比率分解体系。各项财务比率，可在每个层次上与本企业历史或同业财务比率比较，比较之后向下一级分解。逐级向下分解，逐步覆盖企业经营活动的每个环节，以实现系统、全面评价企业经营成果和财务状况的目的。

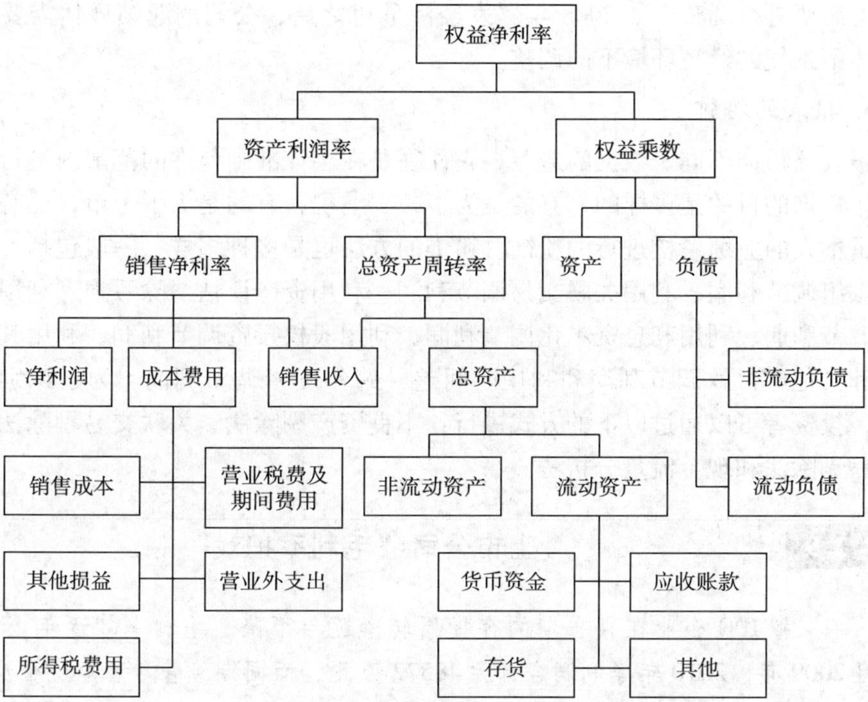

图 2.6 杜邦分析体系基本框架

四、财务分析要注意的问题

1. 关注审计报告

审计报告是注册会计师根据独立审计准则的要求，在实施了必要的审计程序后出具的，用于对被审计单位年度会计报表发表审计意见的书面文件。对审计报告的关注主要是因为注册会计师是以第三者身份签发的审计报告，对被审计单位会计报表合法性、公允性及会计处理方法的一贯性发表意见。这种意见，具有鉴证作用，得到了政府及其各部门和社会各界的普遍认可。会计报表是否合法、公允，主要依据注册会计师的审计报告做出判断。并且注册会计师出具的独立意见有助于判断上市公司报表粉饰的情况。

2. 财务报告数字的调整

财务报表是依据会计准则编制的，有时候并不能反映公司的客观情况。如：报表数据没有经过通货膨胀调整；无形资产的估价，如企业的人力资源价值、公司的文化价值、品牌价值等并不能准确地反应。同时在不同的经济环境下，公司的数据需要进行调整，如2008年爆发经济危机之后，公司的业绩评估需要考虑在整体不景气的经济环境下的调整。

3. 报表的粉饰

报表的粉饰不同于数据的造假，它往往是在会计准则允许的范围内进行报表处理。粉饰的目的是多样的，有的是为了减少纳税，有的是为了上市，还有会计师为了本人的业绩考核进行的粉饰。粉饰的方法也是多种多样，一般包括：利用资产重组调节利润、利用关联交易调节利润、利用资产评估消除亏损、利用虚拟资产调节利润、利用利息资本化调节利润、利用股权投资调节利润、利用其他应收款和其他应付款调节利润和利用时间差（跨年度）调节利润。为了识别报表粉饰，投资者可以通过以下的方式进行：不良资产剔除法、关联交易剔除法、异常利润剔除法和现金流量分析法。

专栏2.9 上市公司“毛利率把戏”

一家拟IPO企业在报告期的存货周转率逐年下降，毛利率却逐年上升，并且2009年、2010年净利润合计为48572万元，而同期经营活动净现金流合计仅为24万元。

另一家拟IPO企业2009～2011年硬件产品销售收入分别为883.74万元、3275.60万元和8404.40万元，占营业收入比例分别为23.22%、39.00%和67.71%，计算出来的销售毛利率分别为－10.83%、4.73%和30.64%。该公司毛利率大幅飙升，分明是告诉大家：我做假账了。

判断一家上市公司的财报有没有造假，分析其毛利率的真实性非常重要。毛利率具有一定的稳定性并与行业平均值相差的幅度不大，如果公司毛利率向上波动大，就要具体分析了。

要是产品成本正常，主要是靠定价高而导致的高毛利率，那是人家有本事，产品有品牌、有定价权。要是靠降低成本，可能就不太靠谱了。通过对同行业毛利率的对比分析，如果发现企业出现异常情况，一般可能是发生了财务造假的结果。

比如在2012年，ST鞍钢的毛利率由二季度的7.7%突然下跌为三季度的1%，跌幅高达6.7%，而宝钢同期毛利率从7.9%下跌至6.3%，武钢的毛利率则从5.7%上涨为6.4%。毛利率的波动主要反映的是炼钢产品售价以及原材料价格的变化，ST鞍钢的毛利率波动显然异常，公司可能采用了“洗大澡”策略，高估2012年的营业成本，从而降低2013年的营业成本，为2013年盈利留足空间。不然，ST鞍钢在2013年如果仍为亏损，公司将被暂停上市。

如果某家上市公司的毛利率远高于行业平均水平，而该企业的产品又没有过人之处，这种现象就应引起注意了。该企业很可能通过成本分配，将大量成本费用沉淀在存货中，减少由当期销售承担的部分；或者它可能故意推迟办理入库手续，让存货挂在预付账款上，然后少结转成本。

反之，如果上市公司的毛利率为负或者很低，可基本判断出该公司存货的成本大于其可变现净值，如果该公司未计提减值准备，则表明该公司出于利润的考虑，在存货核算上存在财务造假的行为。安阳钢铁半年报显示，公司高达50.3亿元的存货没有计提一分钱减值准备，而该公司的毛利率已为负，因此可以说，对50.3亿元存货不计提任何减值准备显然不合理。

一般情况下，毛利率过高的现象不会持续，当然垄断行业例外，过低的现象也不会持续，因为正常发展的公司其毛利率一般会维持在一定的水平上。所以，毛利率忽高忽低的企业，特别是那些毛利率如同过山车的企业，可能是财务造假造成的现象。

如何通过毛利率的进一步分析发现上市公司存在财务造假的现象？一般来说，如果上市公司财报出现存货周转率逐年下降而毛利率逐年上升现象，一般可判断该上市公司可能做了假账。存货周转率下降，表明公司存货项目的资金占用增长过快，超过了其产品销售增长速度，其毛利率应趋同下降才合理。另外，存货周转率下降也说明产品竞争力可能下降，毛利率必然下降。

如果分析上市公司财报时，出现高毛利率而现金循环周期也较高的现象，一般可判断该上市公司可能做了假账。企业的高毛利率一般意味着它在产业链上拥有强势地位，企业会尽量占用上游客户的资金，而不给下游客户很长的赊账期，其现金循环周期一般较小，甚至会出现负值。如果高毛利率与这些特征持续背离，往往意味着它是不真实的，需要警惕企业的盈利能力。

对于毛利率异常的上市公司，一般存在关联方交易非关联化的现象。因此，还应对交易的公允性进行核查，判断交易的商业实质，对商业条款、结算条件、结算时间、与其他正常客户明显不同的异常交易应高度关注，核实异常交易的对手方是否是未披露关联方，是否存在不正当的利益输送行为。

资料来源：马靖昊，发表于《董事会》2014 年第 7 期。

第六节　技术分析

一、概述

1. 什么是技术分析

所谓技术分析，是指运用图表和各种技术指标对证券市场以及证券市场上的各类证券的变动趋势进行分析并做出预测。技术分析是一种被世界各国投资者广泛采用的投资分析工具，其特点是应用数学和逻辑的方法，将市场过去和现在的行为归纳总结，从而预测证券市场未来的变化趋势。市场行为主要通过价格、交易量和投资者买卖行为体现。技术分析是一种经验分析法。技术分析是根据投资工具价格的走势建立的一系列分析方法。

2. 技术分析的基本要素

市场中的价格、成交量、时间和空间是技术分析的要素。对基本要素之间的相互关系进行正确的分析是进行分析的前提基础。

价和量是市场行为最基本的表现。

市场行为最基本的表现就是成交价和成交量。过去和现在的成交价、成交量涵盖了过去和现在的市场行为。技术分析就是利用过去和现在的成交量、成交价资料，以图形分析和指针分析工具来分析、预测未来的市场走势。在某一时点上的价和量反映的是买卖双方在这一时点上共同的市场行为，是双方的暂时均势点。随着时间的变化，均势会不断发生变化，这就是价量关系的变化。

一般说来，买卖双方对价格的认同程度通过成交量的大小得到确认。双方的这种市场行为反映在价、量上往往呈现这样一种趋势：价升量增，价跌量减。根据这一趋势规律，当价格上升时，若成交量不再增加，意味着价格得不到买方确认，价格的上升趋势就将会改变；反之，当价格下跌时，若成交量萎缩到一定程度就不再萎缩，意味着卖方不再认同价格继续往下降了，价格下跌趋势就将会改变。成交价、成交量的这种规律关系是技术分析的合理性所在。因此，价、量是技术分析的基本要素，一切技术分析方法都是以价、量关系为研究对象的，目的就是分析预测未来的价格趋势，为投资决策提供服务。

时间在进行行情判断时有很重要的作用。一个已经形成的趋势在短时间内不会发生根本变化，即便中途出现反方向波动，对原来趋势也不会产生大的影响。但是，一个形成了的趋势又不可能永远不变，经过了一定时间又会有新的趋势出现。循环周期理论着重关心的就是时间因素，它强调了时间的重要性。空间在某种意义上讲，可以认为是价格的一方面，指的是价格波动能够达到的极限。

3. 技术分析的假设前提

技术分析是建立在一定的假设前提之下的，技术分析的三个基本假定如下：

第一，市场行为包容消化一切，这是技术分析的基础。其主要思想是：任何一个影响证券市场的因素，最终都必然体现在股票价格的变动上。外在的、内在的、基础的、政策的和心理的因素，以及其他所有影响股票价格的因素，都已经在市场行为中得到了反映。技术分析人员只需关心这些因素对市场行为的影响效果，而不必关心具体导致这些变化的原因究竟是什么。

第二，价格以趋势方式演变。这一假设是进行技术分析最根本、最核心的条件。其主要思想是：证券价格的变动是有一定规律的，即保持原来运动方向的惯性，而证券价格的运动方向是由其供求关系决定的。供求关系一旦确定，证券价格的变化趋势就会一直持续下去。只要供求关系不发生根本变化，证券价格的走势就不会发生反转。

第三，历史会重演。在证券市场上，一个人在某种情况下按一种方法进行操作取得成功，那么以后遇到相同或相似的情况，其就会按同一种方法进行操作；如果前一次失败了，后面这一次就不会按前一次的方法操作。可以这么说，证券市场的某个市场行为给投资者留下的阴影或快乐是长期存在的。因此，技术分析法认为，根据历史资料概括出来的规律已经包含了未来证券市场的一切变动趋势，所以可以根据历史预测未来。

4. 技术分析方法的分类

在价、量历史资料基础上进行的统计、数学计算、绘制图表等方法是技术分析方法的主要手段。从这个意义上讲，技术分析方法种类繁多，形式多样。一般说来，可以将技术分析方法分为常见的五类。

（1）指标类

指标类是根据价、量的历史资料，通过建立一个数学模型，给出数学上的计算公式，得到一个体现证券市场的某个方面内在实质的指标值。指标反映的内容大多是无法从行情报表中直接看到的，它可以为我们提供指导方向。常见的指标有相对强弱指标、随机指标、趋向指标、平滑异同移动平均线、能量潮、心理线和乖离率等。

（2）切线类

切线类是按一定方法和原则，再根据股票价格数据所绘制的图表中画出一些直线，然后根据这些直线的情况推测股票价格的未来趋势，为投资操作提供参考。这些直线就叫切线。切线的画法最为重要，画的好坏直接影响预测的结果。常见的切线有趋势线、轨道线、黄金分割线、甘氏线和角度线等。

（3）形态类

形态类是根据价格图表中过去一段时间走过的轨迹形态来预测股票价格未来趋势的方法。价格走过的形态是市场行为的重要部分，从价格轨迹的形态中，我们可以推测出证券市场处在一个什么样的大环境之中，以便在今后作出更好的投资决策。主要的形态有M头、W底、头肩顶、头肩底等十几种。

（4）K线类

K线类是根据若干天的K线组合情况，推测证券市场中多空双方力量的对比，进而判断证券市场行情的方法。K线图是进行各种技术分析最重要的图表。人们经过不断总结经验，发现了一些对股票买卖有意义的K线组合，而且新的研究成果也在不断地被发现、被运用。

（5）波浪类

波浪理论是把股价的上下变动和不同时期的持续上涨、下跌看成是波浪的上下起伏，认为股票的价格运动遵循波浪起伏的规律，认清波浪起伏规律就能准确地预见跌势已接近尾声、牛市即将来临，或是牛市已到了强弩之末、熊市即将到来。波浪理论较其他技术分析流派，最大的区别就是能提前很长时间预计到行情的底和顶。而别的流派往往要等新的趋势已经确立之后才能预计行情的底和顶。但是，波浪理论又是公认的较难掌握的技术分析方法。

以上五类技术分析流派从不同的方面理解和考虑证券市场，有的有相当坚实的理论基础，有的没有很明确的理论基础。尽管各类分析方法考虑的方式不同，但目的是相同的，彼此并不排斥，在使用上可相互借鉴。

5. 技术分析的优势和不足

技术分析法在投资决策中的独特优势主要包括：

①更具有操作性。对于投资初学者来说，根据大量的信息做出基本面分析和

判断是十分困难的。而技术分析的操作简单，类似于暗箱操作，使用者不需要过多了解它的原理，只要按照相应的判断结果进行买进卖出即可。

②改善投资者信息不对称的位置，基本面要求信息的客观性、及时性、准确性。投资者在进行信息判断时处于不利位置，并不能准确地判断信息的质量。技术分析依据“平均价格包括一切市场信息”的前提，只需要对价格、交易量在特定的时间和空间中做出判断即可；同时技术分析的信息获取速度更快、成本更低。

投资者在使用技术分析的同时也不能忽略技术分析的不足：

①技术分析是根据惯性的原理展开分析和判断的，它所运用的数据都是过去的数据。股市的发展走势是不规则的，所有的技术分析结果只能表明股票的昨天，而未来的情况由未来的因素决定。

②技术分析对市场的条件有比较规范和严格的要求。目前，中国证券市场的发育还不成熟，规范和完善制度还需一个较长的过程。因此，简单地运用技术分析，可能会给投资者的操作带来误导。

③技术分析强调及时的短期性跟踪和分析，虽然对短期投资运作有着优势，但在长期投资运作中，很难有效地发挥作用。

因此，投资者在对投资目标进行技术分析时，一是要把技术分析和基本面分析相结合；二是要了解不同技术分析的适用范围，综合利用多种技术分析工具进行判断；三是投资者在技术分析的同时也不要忽略自己的经验和直觉，让技术分析成为支撑决策的有效工具。

二、道氏理论

道氏理论是技术分析最古老的方法，它的创立者是查尔斯·道，19 世纪末，查尔斯·道根据其对股票市场的一系列行为进行研究发表了构成道氏理论最原始论著的文章。1903 年，道去世后一年，纳尔逊在所著的《股市投机常识》首次引入这些文章，并称之为“道氏理论”。因此，查尔斯·道被称为“技术分析之父”。

道氏理论主要包括道·琼斯工业指数，即利用工业股价平均数和铁路股价平均数的分析来判断股价的波动和走势，并对宏观经济走势进行判；提出股价波动的三大趋势，即主要趋势、次要趋势和日常活动。

道氏理论认为股市包括三种趋势，主要趋势、次要趋势、日常活动，类同于大海的潮汐、浪涛和波纹。他们之间的相互作用，决定了股市的波动。

1. 主要趋势

股市波动的“潮汐”，一般持续一年以上，甚至多达好几年。主要趋势包括长期的上涨趋势，形成多头市场或长期下跌趋势，形成空头市场。

长期上升趋势一般是股价的平均数呈现不断上涨的走势，也称之为牛市。牛市又包括三个阶段。第一阶段，有远见的投资者看到股市上涨的趋势，开始买进被抛售的股票；第二阶段，市场被普遍看好，投资者大量的买进，股价和成交量均上涨；第三阶段，成交量和股价均大幅上涨，利好消息不断，投机者游走于股市。但是经验的投资者看到了空头市场的到来，开始高价卖出股票。

长期下跌趋势，也称之为熊市，雷同于牛市的三个阶段。熊市也包括初步下跌、快速下跌和多头市场前夕三个阶段。

2. 次要趋势

是指在主要趋势中出现的中期相反运动现象，如在一年的长期上升趋势中，突然出现的两周的下跌现象。次要趋势对长期趋势起到调整的作用。投资者应该关注中期趋势，这时是进行追加投资或者抛空的好时机。

3. 日常波动

股价每天小幅的波动，一般持续几个小时或者一天，对投资者通常没有什么影响。但是对日常波动的追踪可以帮助判断中期趋势和长期趋势。如图 2.7 直观地展示了股票市场中不同的趋势。

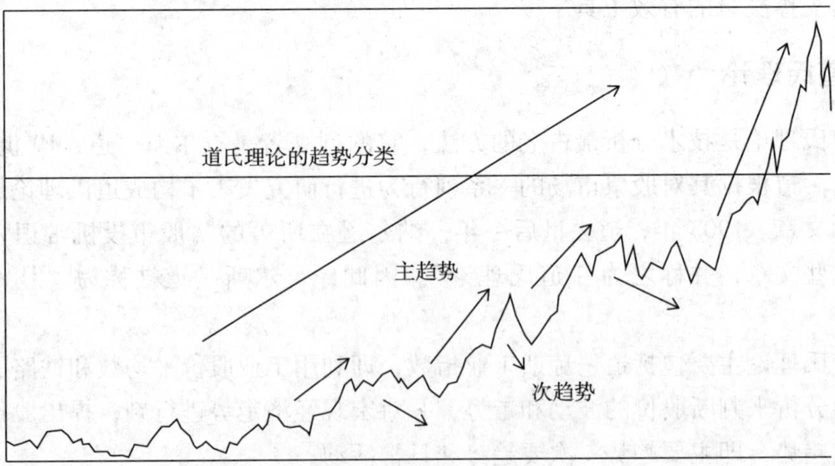

图 2.7 道氏三大趋势

三、K 线理论

1. 什么是 K 线

K 线又称日本线，起源于 200 多年前的日本。K 线理论就是专门以研究 K 线的形状和组合为基础的理论。K 线是一条柱状的线条，由影线和实体组成。影线在实体上方的部分叫上影线，下方的部分叫下影线。实体分阳线和阴线两种，又称红（阳）线和黑（阴）线。价格的变动主要体现在四个价格上，即开盘价、最高价、最低价和收盘价。

图 2. 8 是 K 线图的基本绘制方式：

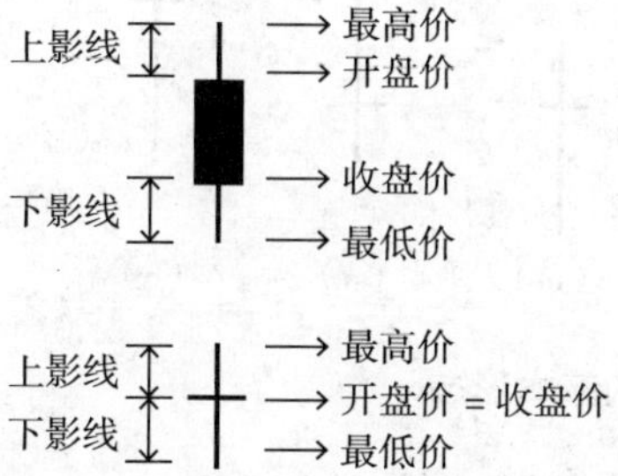

阳线	阴线	十字线
常以红色、白色实体柱或黑框空心	常以绿色、黑色或蓝色实体柱	
股价强	股价弱	多空双方力量对比不确定
收盘价高于开盘	收盘价低于开盘	收盘价等于开盘
最高价等于收盘价时，无上影 最低价等于开盘价时，无下影	最高价等于开盘价时，无上影 最低价等于收盘价时，无下影	最高价等于开盘价时，无上影 最低价等于开盘价时，无下影

图 2. 8　K 线绘制方法

K 线包括日 K 线，周 K 线和月 K 线，它可以准确地反应股价的涨跌和幅度，适合短线投资。

2. K 线的基本形态

（1）基本 K 线图

如图 2. 9 所示为 K 线图的几种形态。

①光头光脚阳线，反转信号，如在大涨后出现，后市可能下跌；如在大跌后出现，则后市可能反弹（图 a）。

②光头光脚阴线，如在大跌后出现．后市行情可能反弹；如在大涨后出现，则应保持冷静，切注视后市变化（图 b）。

③光头阳线，先跌后涨，多头势强（图 c）。

④光头阴线，空头略占优势，但跌后获得支撑，股市可能反弹（图 d）。

⑤光脚阳线，多空交战，多头略胜一筹，但涨后遭遇压力，股市可能下跌（图 e）。

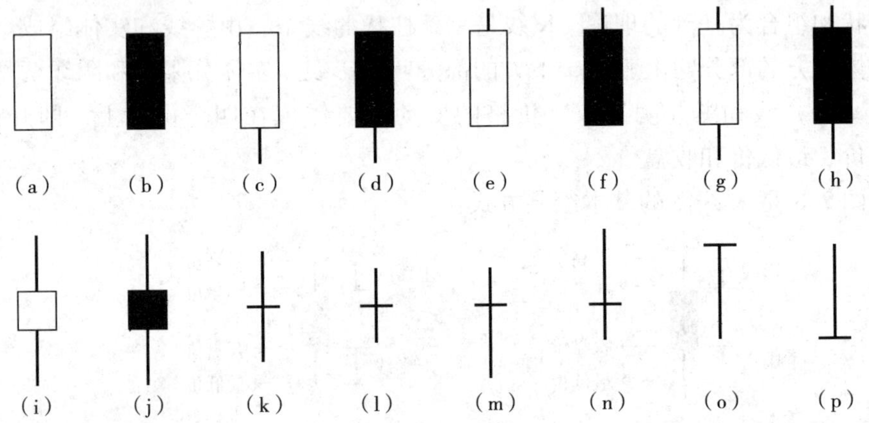

图 2.9　K 线的基本形态

⑥光脚阴线多空交战，先涨后跌，空头势强（图 f）。

⑦长红线或称大阳线，表示强烈涨势（图 g）。

⑧长黑线或称大阴线，表示大跌（图 h）。

⑨小阳线，表示多头稍占上风，但欲振乏力，后市可能下跌（图 i）。

⑩小阴线，先上涨后小跌，空头略占上风（图 j）。

⑪大十字，多空双方激烈交战、势均力敌，收盘价等于开盘价（图 k）。

⑫小十字线，表示狭幅盘旋（图 l）。

⑬收盘价等于开盘价，但下影线略长，表示多头较强（图 m）。

⑭收盘价等于开盘价，但上影线略长，表示空头较盛（图 n）。

⑮T 字形，表示买盘极强（图 o）。

⑯反 T 字形，表示卖盘极强，后市往往要有所变（图 p）。

（2）组合 K 线图

组合 K 线图，是对多条 K 线图进行组合来判断市场的走势，一般包括两根 K 线组合图，三根 K 线组合图等，由于单线 K 线图有多种形态，两条或者三条 K 线组合之后的形态更是数不胜数，下面分别对两根 K 线组合图和三根 K 线组合图进行举例分析。

两根 K 线图，两根 K 线是以两根 K 线的相对位置的高低和阴阳来推测行情的。将前一天的K线画出，然后，按这根K线将数字划分成五个区域，如图2.10。

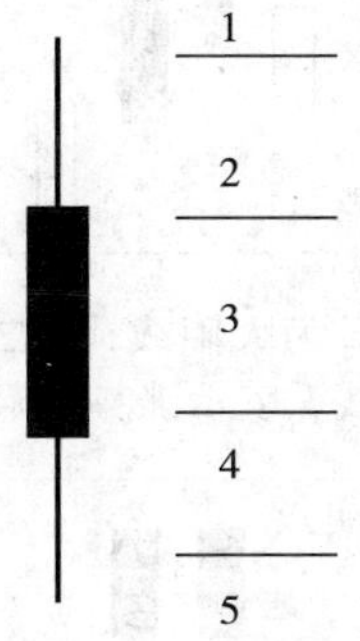

图2.10　K线五区域

然后根据第一天的K线图，画出第二天的K线图。第二天的K线是进行行情判断的关键。一般来说，可以按照图2.11对其进行比较。

图2.11　K线组合位置关系图

以下是几种具有代表性的两根K线的组合情况，由它们的涵义可以得知其余两根K线组合的涵义。

三根或三根以上的K线图称之为K线的基本范式，是投资者对市场行情进行预测的依据，因为这些基本范式反映了股市多日的表现，并且很多是经过专门的验证。投资者通过多根K线图，可以剔除大户造假的现象。

表 2.6　二日 K 线组合图

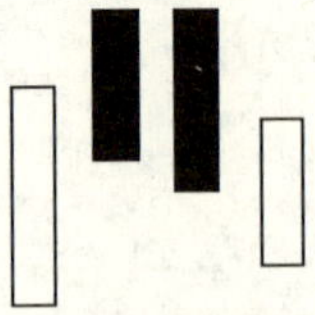	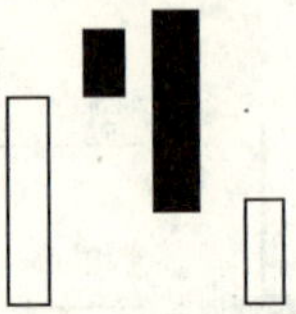	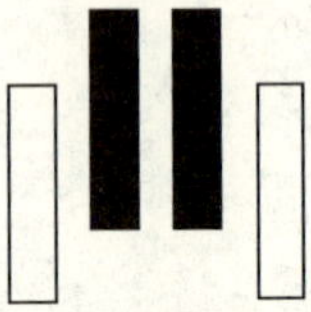
第一日为大阳线，第二日却被大阴线覆盖，表示短期有行情反转的可能性	第一日为大阳线，第二日为小阴线，表示涨势受阻	昨日大阳线，今日为大阴线，表示昨日买方已经用尽，今日价格将降至大阳线下方
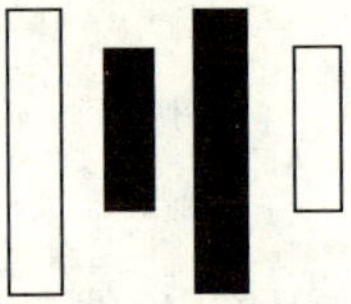	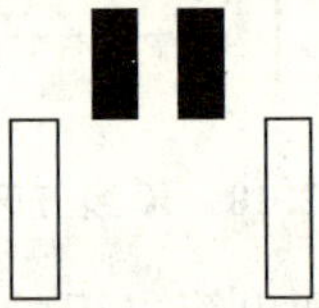	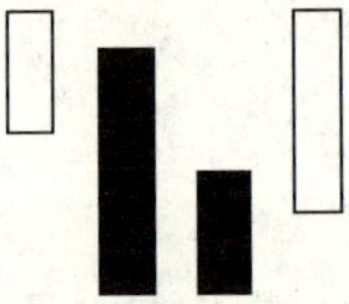
今日 K 线图，缩至昨日大阳线或大阴线内，表示反转的可能性	相逢线，即今日的走势与昨日相反，但收盘极为接近	回转线，即今日开盘价在昨日的阳线之中，但走势却与昨日相反，反转现象极为明显

四、切线理论

1. 趋势定义

趋势是指股票价格的波动方向。若确定了一段时间上升或下降的趋势，则股价的波动必然朝着这个方向运动。在上升的行情中，虽然也有时下降，但不影响上升的大方向；同样，在下降行情中也可能出现上升，但不断出现的新低使下降趋势不变。趋势是技术分析的核心内容，表明市场何去何从的方向。趋势包括主要趋势、次要趋势和日常波动三种类型，如道氏理论所述。同时趋势包括上升趋势、下降趋势和盘整趋势三个方向。

2. 趋势线

（1）支撑线和压力线

支撑线又称为抵抗线。当股价跌到某个价位附近时，股价停止下跌，甚至有可能还有回升，这是因为多方在此买入造成的。支撑线起阻止股价继续下跌的作用。这个起着阻止股价继续下跌的价格就是支撑线所在的位置。压力线又称为阻力线。当股价上涨到某价位附近时，股价会停止上涨，甚至回落，这是因为空方在此抛出造成的。压力线起阻止股价继续上升的作用。这个起着阻止股价继续上升的价位就是压力线所在的位置。如图 2.12。

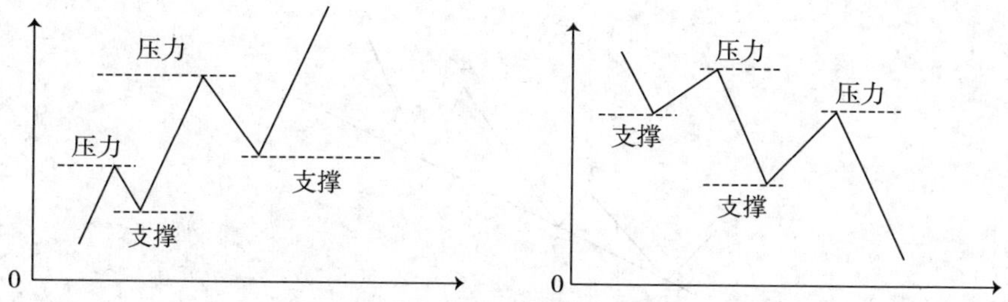

图 2.12　支撑线和压力线

在某一价位附近之所以形成对股价运动的支撑和压力，主要由投资者的筹码分布、持有成本以及投资者的心理因素所决定。当股价下跌到投资者（特别是机构投资者）的持仓成本附近，或股价从较高的价位下跌一定程度（如 50%），或股价下跌到过去的最低价位区域时，都会导致买方大量增加买盘，使股价在该价位站稳，从而对股价形成支撑。当股价上升到某一历史成交密集区，或股价从较低的价位上升一定程度，或上升到过去的最高价位区域时，会导致大量解套盘和获利盘的抛出，从而对股价的进一步上升形成压力。

趋势线和阻挡线是可以相互转化的，如图 2. 13，在上升趋势中，当阻挡水平被市场向上穿越后，就演变为支撑水平。

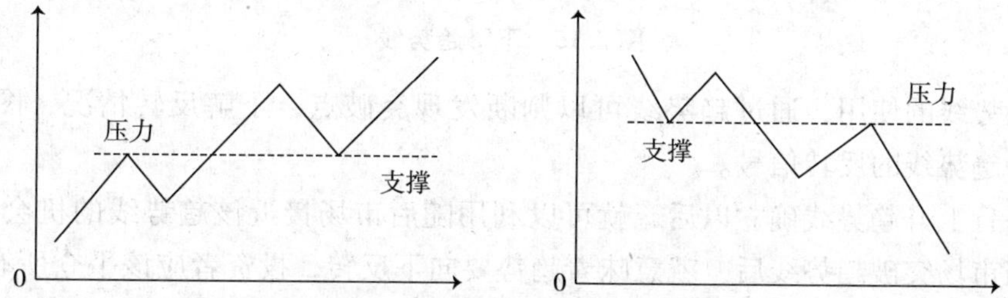

图 2. 13　支撑线和压力线相互转换

（2）趋势线

所谓趋势线就是上涨行情中两个以上的低点的连线以及下跌行情中两个以上高点的连线，前者被称为上升趋势线，后者被称为下降趋势线。上升趋势线的功能在于能够显示出股价上升的支撑位，一旦股价在波动过程中跌破此线，就意味着行情可能出现反转，由涨转跌；下降趋势线的功能在于能够显示出股价下跌过程中回升的阻力，一旦股价在波动中向上突破此线，就意味着股价可能会止跌回涨。趋势线应描述全部价格变化。下列几图将描述趋势线的种类和绘制的方法。

上升趋势线是由依次上升的向上反弹低点连接而成，先连接两个相继的低点 1、3，然后通过第三个点 5 来验证其有效性。如图 2. 14 所示。

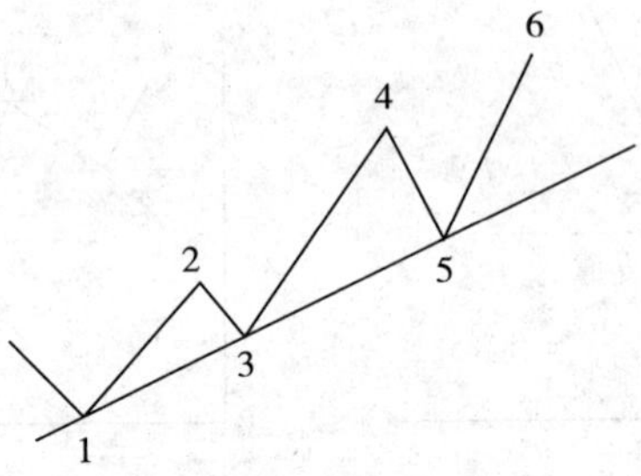

图 2.14　上升趋势线

下降趋势线是通过连接依次下降的上冲高点做出的。如图 2.15，先通过 1、3 点做出下降趋势线，然后通过第 5 点进行验证。

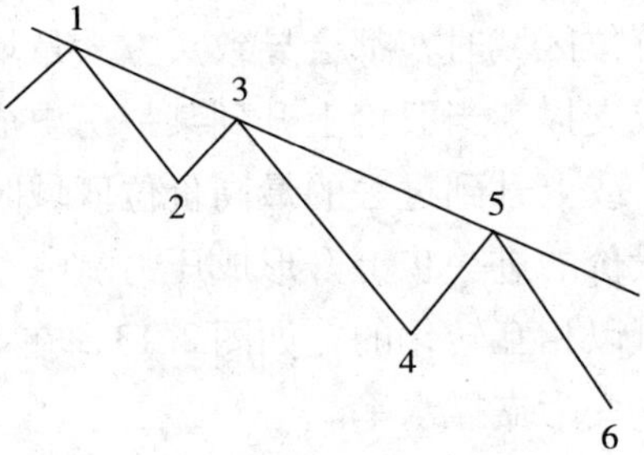

图 2.15　下降趋势线

趋势线的使用，通过趋势线可以判断发现突破点，了解反转情况，图 2.16 为两种趋势线的反转信号。

一旦上升趋势线确立以后，就可以利用随后市场接近该趋势线的机会买进，但是当市场突破趋势线后，就意味着趋势要向下反转，投资者应该平仓所有的多头头寸。

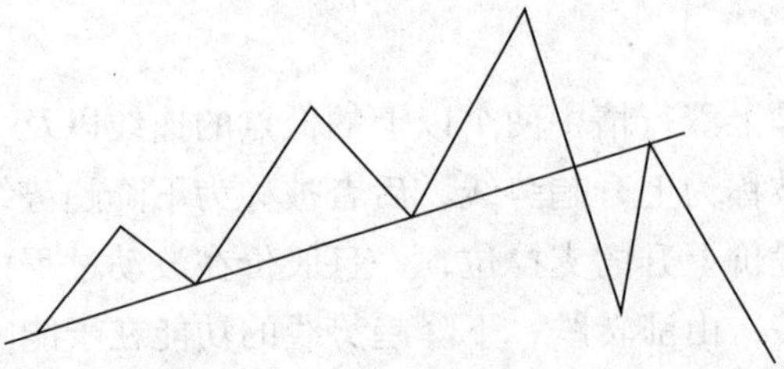

图 2.16　上升趋势线突破点

同理，当下降的趋势线被突破之后，就形成了向上的趋势反转信号。

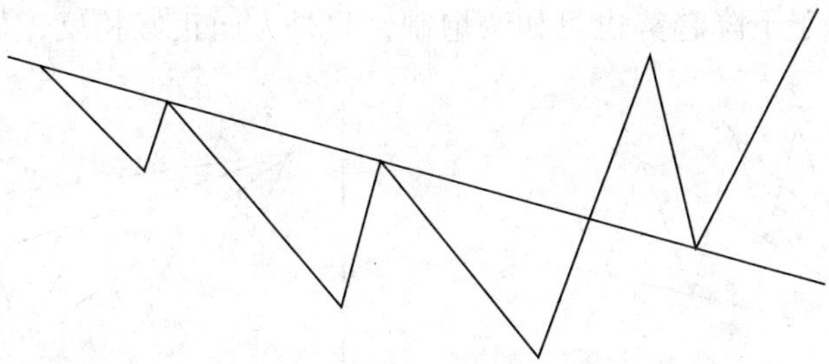

图 2.17　下降趋势线突破点

（3）轨道线

轨道线又称通道线或管道线，是基于趋势线的一种支撑压力线。在已经得到了趋势线后，通过第一个峰和谷可以做出这条趋势线的平行线，这条平行线就是轨道线。

两条平行线组成一个轨道，这就是常说的上升和下降轨道，如图 2.18。轨道的作用是限制价格的变动范围，让它不能远离得过分，变得太离谱。一个轨道一旦得到确认，那么价格将在这个通道里变动。如果对上面的或下面的直线被突破，就将意味着将有一个大的变化。当这种情形出现后，如果分析者判断及时，就有利可图。

与突破趋势线不同，对轨道线的突破并不是趋势反向的开始，而是原来趋势加速的开始，即原来的趋势线的斜率将会增加，趋势线的方向将会更加陡峭。

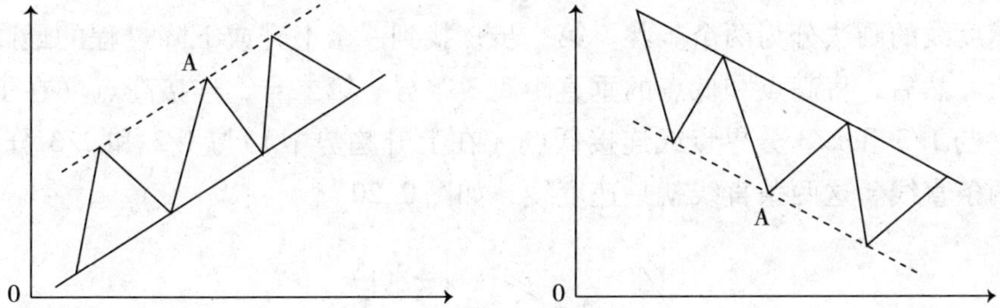

图 2.18　轨道线

（4）扇形线

扇形线原理是依据三次突破的原则。在上升趋势中，先以两个低点画出上升趋势线后，如果价格向下回跌，跌破了刚画的上升趋势线，则以新出现的低点与原来的第一个低点相连接，画出第二条上升趋势线。再往下，如果第二条趋势线又被向下突破，则同前面一样，用新的低点与最初的低点连接，画出第三条上升趋势线。依次变得越来越平缓的这三条直线形如张开的扇子，扇形线和扇形原理由此而得名。对于下降趋势也可如法炮制，只是方向正好相反，如图 2. 19。

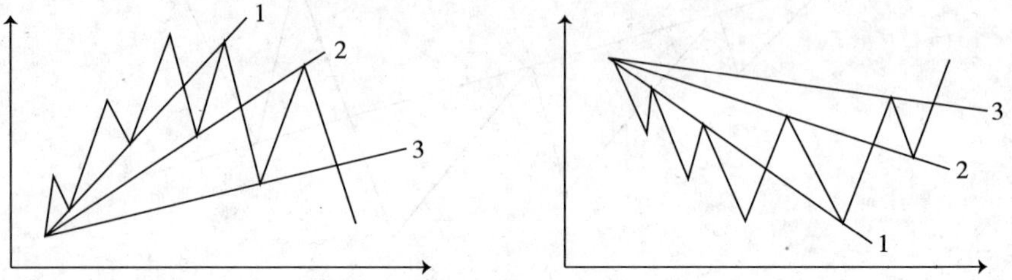

图 2. 19　扇形线

扇形线与趋势线有很紧密的联系，初看起来像趋势线的调整。扇形线丰富了趋势线的内容，明确给出了趋势反转（不是局部短暂的反弹）的信号。趋势要反转必须突破阻止突破的阻力。要反转向上，必须突破很多条压在头上的压力线；要反转向下，必须突破多条横在下面的支撑线。稍微的突破或短暂的突破都不能被认为是反转的开始，必须消除所有的阻止反转的力量，才能最终确认反转的来临。

（5）速度线

同扇形原理考虑的问题一样，速度线也是用以判断趋势是否将要反转。不过，速度线给出的是固定的直线，而扇形原理中的直线是随着价格的变动而变动的。另外，速度线又具有百分比线的一些思想。它是将每个上升或下降的幅度分成三等分进行处理。

速度线的画法分为两个步骤。第一步，找到一个上升或下降过程的最高点和最低点。然后，将高点和低点的垂直距离 3 等分。第二步，连接高点（在下降趋势中）与 1/3 和 2/3 分界点或连接低点（在上升趋势中）与 1/3 和 2/3 分界点，得到两条直线。这两条直线就是速度线，如图 2. 20。

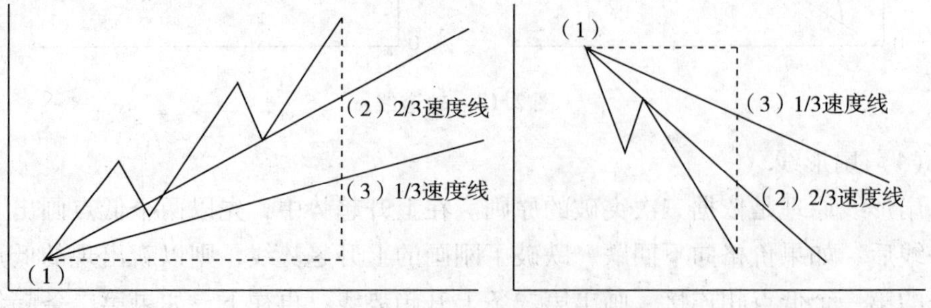

图 2. 20　速度线

速度线一旦被突破，其原来的支撑线和压力线的作用将相互变换位置，这也是符合支撑线和压力线一般规律的。速度线最为重要的功能是判断一个趋势是被暂时突破还是被长久突破（转势）。其基本的思想叙述如下：

在上升趋势的调整之中，如果向下折返的程度突破了位于上方的2/3速度线，则价格将试探下方的1/3速度线。如果1/3速度线被突破，则价格将一泻而下，预示这一轮上升的结束，也就是转势。

在下降趋势的调整中，如果向上反弹的程度突破了位于下方的2/3速度线，则股价将试探上方的1/3速度线。如果1/3速度线被突破，则价格将一路上行，标志这一轮下降的结束，价格将进入上升趋势。

切线理论还包括黄金分割线和百分比线等其他的趋势线绘制方式。

五、其他技术分析工具

1. 形态分析

价格形态有两种最主要的分类——反转型形态和整理型形态。反转型形态名副其实，意味着趋势正在发生重要反转；相反地，整理型形态显示市场很可能仅仅是暂时作一段时间的休整，把近期的超买或超卖状况调整一番。过后，现存趋势仍将继续发展。关键是，必须在形态形成的过程中尽早判别出其所属类型。

反转形态：最常用的主要反转形态有头肩形、三重顶（底）、双重顶（底）、V字顶（底）以及圆形（盆形）顶（底）等形态。

整理形态：在市场的波动中，价格不一定会出现如上部分所述的那样明确地反方向运动。通常可能由于投资双方的力量相差不大，即便市场出现较大幅度的波动，也会将其拉回原来的走势。这种情况，称为整理形态。主要的整理形态包括楔形整理、菱形整理、旗形整理和矩形整理。

2. 波浪理论

艾略特最初的波浪理论是以周期为基础的，跟它有密切关系的还有道氏理论和斐波那契数列。波浪理论（Band Theory），由美国证券分析家拉尔夫·纳尔逊·艾略特（R. N. Elliott）利用道琼斯工业指数平均（Dow Jones Industrial Average，DJIA）作为研究工具，发现不断变化的股价结构性形态具有自然和谐之美。根据这一发现他提出了一套相关的市场分析理论，精炼出市场的13种形态（Pattern）或波（Waves）。并发现这些形态会在市场上重复出现，但是出现的时间间隔及幅度大小并不一定具有再现性。

股价的波动与自然中的潮汐现象极其相似。在多头市况下，每一个高价都会是后一波的垫底价。在空头市况下，每一个底价都会是后一波的天价。如果投资者能审时度势，则应该把握股价的波动大势趋向，不必老围着股价的小小波动而忙出忙进。应随着大势一路做多或一路做空，这样既能抓住有利时机赚取大钱，又能规避不测之险及时止损。艾略特的波浪理论为投资者很好地提供了判别股价波动大势的有效工具。

波浪理论认为：股票市场的发展遵循着五浪上升、三浪下降的基本形态，从而形成包含八浪的完整周期。前面五浪所组成的波浪是股市运行的主要方向，而后面三浪所组成的波浪是股市运行的次要方向。

3. 量价关系理论

成交量是推动股价上涨的原动力，市场价格的有效变动必须有成交量配合。量是价的先行指标，是测量证券市场行情变化的温度计。通过其增加或减少的速度可以推断多空战争的规模大小和股价指数涨跌之幅度。技术分析大师葛兰碧在对成交量和股价趋势关系研究之后，总结出了九大法则。

①股价随着成交量的递增而上涨，为市场行情的正常特性。此种量增价涨关系，表示股价将继续上升。

②在一波段的涨势中，股价随着递增的成交量而上涨，突破前一波的高峰，创下新高后继续上涨。然而此波段股价上涨的整个成交量水准却低于前一波段上涨的成交量水准，即价突破创新高，量却没突破创新水准量，则此波段股价涨势令人怀疑，同时也是股价趋势潜在的反转信号。

③股价随着成交量的递减而回升，股价上涨，成交量却逐渐萎缩。由于成交量是股价上涨的原动力，原动力不足显示股价趋势潜在反转的信号。

④有时股价随着缓慢递增的成交量而逐渐上涨，渐渐地走势突然成为垂直上升的喷发行情，成交量急剧增加，股价暴涨。紧随着此波走势，继之而来的是成交量大幅度萎缩，同时股价急速下跌。这种现象表示涨势已到末期，上升乏力，走势力竭，显示出趋势反转的现象。反转所具有的意义将视前一波股价上涨幅度的大小及成交量扩增的程度而定。

⑤在一波段的长期下跌，形成谷底后股价回升，成交量并没有因股价上涨而递增，股价会上涨欲振乏力，然后再度跌落到先前谷底附近，或高于先前谷底。当第二谷底的成交量低于第一谷底时，是股价上涨的信号。

⑥股价下跌，向下跌破股价形态趋势线或移动平均线，同时出现大成交量，是股价下跌的信号，强调趋势反转形成空头市场。

⑦股价跌一段相当长的时间，出现恐慌性卖出，随着日益扩大的成交量，股价大幅度下跌，继恐慌性卖出之后，预期股价可能上涨。同时恐慌性卖出所创的

低价，将不可能在极短时间内跌破。恐慌性大量卖出之后，往往是空头的结束。

⑧当市场行情持续上涨很久，出现急剧增加的成交量，而股价却上涨乏力，在高档盘旋，无法再向上大幅上涨。显示股价在高档大幅震荡，卖压沉重，从而形成股价下跌的因素。股价连续下跌之后，在低档出现大成交量，股价却没有进一步下跌，价格仅小幅变动，是进货的信号。

⑨成交量是股价的先行指针。关于价和量的趋势，一般说来，量是价的先行者。当量增时，价迟早会跟上来；当价升而量不增时，价迟早会跌下来。从这个意义上讲，“价是虚的，而只有量才是真实的”。在形态中，如果没有成交量的确认，价格形态将是虚的，其可靠性也会差一些。

4. 随机漫步理论

随机漫步理论常常被视为反技术分析的基础。随机漫步理论认为，证券价格的波动是随机的，像一个大广场上行走的人一样，价格的下一步将走向哪里，是没有规律的。

证券市场中，价格的走向受多方面因素的影响，有时一件很不起眼的事情也会对市场产生很大的影响。因此从长时间的价格走势图上看，价格上下起伏的机会几乎是均等的。从某种意义上说，价格的走向是随机的。

总的来说，买方与卖方同样聪明机智，卖方也与买方同样聪明机智。他们都能够接触同样的情报，因此在买卖双方都认为价格公平合理时，交易才会完成；股价确切地反应股票实质。因此，股价无法按照买卖双方能够猜测的、简单的、有系统的情况变动。

股价变动基本上是随机的说法的真正涵义是，没有什么单方能够战胜股市。股价早就反映一切了，而且股价不会有系统地变动。天真的选股方法，如对着报纸的股票版丢掷飞镖选择股票，也照样可以选出战胜市场的投资组合。

5. 相反理论

相反理论的出发点是基于这样一个原则：证券市场本身并不创造新的价值，没有增值，甚至可以说是减值的。如果行动同大多数投资者相同，那么一定不是获利最大的，因为不可能多数人获利。要获得大的利益，一定要同大多数人的行动不一致。

相反理论的基本要点如下。

①相反理论认为大部分人看好时我们就要看淡，或大众看淡时我们便要看好。相反理论会考虑这些看好看淡比例的趋势，这是一个动态概念。

②相反理论并不是说大众一定是错的。群众通常都在主要趋势上看得对。大

部分人看好，市势会因这些看好情绪变成实质购买力而上升。这个现象有可能维持很久。直至所有人看好情绪趋于一致时，市势社会发生质的变化——供求的失衡。培利尔说过：当每一个人都有相同想法时，每一个人都错。

③根据相反理论在实际市场研究中，发现赚大钱的人只占5%，95%都是输家。要做赢家只可以和群众思想路线相背，切不可以同流。

④相反理论的论据就是在市场行情将转势，由牛市转入熊市前一刻，每一个人都看好，都会觉得价位会再上升，无止境的升。大家都有这个共识的时候，会尽量买入。升势消耗了买家的购买力，直到想买入的人都已经买入了，而后来资金却无以为继。牛市就会在所有人看好声中完结。相反，在熊市转入牛市时，出现市场一片冷清，所有看淡的人士都想沽货，直到他们全部都沽了货，市场已经再无看淡的人采取行动，市场就会在所有人都沽清货时见到了谷底。

⑤在牛市最疯狂，但行将死亡之前，大众媒介如报章、电视、杂志等都反映了普通大众的意见，尽量宣传市场的看好情绪。人人热情高涨时，就是市场暴跌的先兆。相反，大众媒介懒得去报道市场消息，市场已经没有人去理会。当报章新闻全部都是市场坏消息时，就是市场黎明的前一刻，最沉寂最黑暗的时候，曙光就在前面。大众媒介永远都采取群众路线，所以和相反理论原则刚刚违背。这反而成为相反理论借鉴的资料。大众媒介全面看好，就要看淡，大众媒介看淡反而是入市时机。

除上面提到的几种理论之外，技术分析还有其他的一些方法。这里就不逐一叙述了。

6. 技术分析指标

上面陈述的图形是投资者在进行技术分析时最重要的工具，但除了客观地观察股价曲线图之外，还可以使用一些有效的技术分析指标来考察市场行情。技术指标分析是指应用一定的数学公式，对原始数据进行处理，得出指标值，将指标值绘成图表，从定量的角度对股市进行预测。这里的原始数据指开盘价、最高价、最低价、收盘价、成交量和成交金额等。下面将介绍几种常用的技术指标。

（1）MACD指标

MACD是根据两条不同速度的指数平滑移动平均线来计算两者之间的离差状况作为行情判断的基础，实际是运用快速与慢速移动平均线聚合与分离的征兆，来判断买进与卖出的时机与信号。在实际操作中，MACD指标不但具备抄底（价格、MACD背离时）、捕捉强势上涨点（MACD连续二次翻红时买入）的功能，而且能够捕捉最佳卖点，帮助投资者成功逃顶。其常见的逃顶方法有：

①股价横盘、MACD 指标死叉卖出。指股价经过大幅拉升后横盘整理，形成一个相对高点，MACD 指标率先出现死叉（MACD 两条线的头部交叉向下），即使 5 日、10 日均线尚未出现死叉，亦应及时减仓。

②假如 MACD 指标死叉后股价并未出现大幅下跌，而是回调之后再度拉升，此时往往是主力为掩护出货而再最后一次拉升，高度极为有限。此时形成的高点往往是一波行情的最高点。判断顶部的标志是“价格、MACD”背离，即当股价创出新高，而 MACD 却未能同步创出新高，两者的走势出现背离，这是股价见顶的可靠信号。

（2）KDJ 指标

由乔治·兰思博士首创的一个技术分析工具，最早用于期货行业。由于期货风险性波动较股市大，需要较短期、敏感的分析工具，由此产生了随机指标。该指标在股票的短线操作中同样适用。随机指标通过对当天收盘价格在过去一段时间全部价格范围内所处的相对位置进行指数平滑，来反映价格变动趋势，从而对以后的价格变动进行预测。

其理论依据是：当价格上涨的时候，收盘价格倾向于接近当日价格区间的上端；相反地，当价格下跌的时候，收盘价格倾向于接近当日价格区间的下端。KDJ 指标分别由 K 值（快速平均值）、D 值（慢速平均值）、J 值组成。

由于 KDJ 线本质上是一个随机波动的概念，因此对于掌握中短期行情走势非常有效。

当 K 值大于 D 值，显示目前是上升的趋势。因此在图形上 K 线向上突破 D 线时，即为买进信号。

当 D 值大于 K 值，显示目前是向下跌落的趋势。因此在图形上 K 线向下跌破 D 线时，即为卖出信号。

D 值跌至 10～15 水平便是最低的买入时刻；若高至 85～90 水平，则属于卖出时刻。两者均可以用超卖的观念来分析。

80 和 20 分别定为 K 的超买超卖线，若 K 线穿越超买超卖线，并且同时升破或跌破 D 线，则为强烈的卖出或买进信号。

当价格创新高或创新低，但是 K 线及 D 线未有此现象时，便会出现背离。

（3）RSI 指标

RSI 指标以一特定时期内股价的变动来推测未来股价变动的方向，并根据股价涨跌幅度显示市场的强弱。

RSI 通常采用某一时期（n 天）内收盘指数的结果作为计算对象，来反映这一时期内多空力量的强弱对比。RSI 将 n 日内每日收盘价或收盘指数涨数（即当日收盘价或指数高于前日收盘价或指数）的总和作为买方总力量 A，而 n 日内每日收盘价或收盘指数跌数（即当日收盘价或指数低于前日收盘价或指数）的总和作为卖方总力量 B。

先指出包括当日在内的连续 n+1 日内的收盘价，用每日收盘价减去上一日的收盘价，可得到 n 个数字，且有正有负。

$$A = n\text{个数字中正数之和}$$

$$B = n\text{个数字中负数之和} \times (-1)$$

$$RSI(n) = \frac{A}{A+B} \times 100$$

式中，A 为 n 日中向上波动的大小；B 为 n 日中向下波动的大小；A+B 为股价总的波动大小。

RSI 实际上是表示股价向上波动的幅度占总波动的百分比。如果比例大，就是强市，否则就是弱市。

RSI 的参数是天数 n，一般取 5 日、9 日、14 日等。其取值范围也是 0~100。

RSI 的应用法则：

①根据 RSI 的取值大小来判断行情。将 100 分为四个区域，如表 2.7，根据 RSI 的取值落入的区域进行操作。

表 2.7　RSI 取值区间

RSI 值	市场特征	投资操作
80~100	极强	卖出
50~80	强	买入
20~50	弱	卖出
0~20	极弱	买入

其中，分界线位置的确定与 RSI 的参数和选择的股票有关。一般而言，参数越大，分界线离 50 越近；股票越活跃，RSI 所能达到的高度越高，分界线离 50 应该越远。

②两条或多条 RSI 曲线的联合使用。我们称参数小的 RSI 为短期 RSI，参数大的 RSI 为长期 RSI。两条或多条 RSI 曲线的联合使用法则与两条均线的使用法则相同。当短期 RSI > 长期 RSI，应属于多头市场；短期 RSI < 长期 RSI，则属于空头市场。

③根据 RSI 的曲线形状判断行情。RSI 在较高或较低的位置形成头肩形和多重顶（底），是采取行动的信号。这些形态一定要出现在较高位置和较低位置，

离 50 越远，结论越可靠。另外，也可以用 RSI 上升或下降的轨迹画趋势线。此时，起支撑线和压力线作用的切线理论同样适用。

④从 RSI 与股价的背离方面判断行情。当 RSI 处于高位，并形成一峰比一峰低的两个峰，而股价却对应的是一峰比一峰高，为顶背离，这是比较强烈的卖出信号。于此相反的是底背离，RSI 在低位形成两个底部抬高的谷底，而股价还在下降，是可以买入的信号。

（4）WMS 指标

威廉指标（WMS）最早起源于期货市场，由 Larry Williams 于 1973 年首创。该指标通过分析一段时间内股价高低价位和收盘价之间的关系，来量度股市的超买超卖状态，以此作为短期投资信号的一种技术指标。目前，它已经成为中国股市中应用非常广泛的技术指标之一。

WMS 的计算公式为：

$$WMS(n)=\frac{Hn-Ct}{Hn-Ln}\times 100 \tag{2-15}$$

其中，C_t 为当天的收盘价；H_n，L_n 分别为最近 n 日内（包括当天）出现的最高价和最低价；n：选定的时间参数，一般为 14 日或 20 日。

WMS 指标的含义是当天的收盘价在过去一段时日全部价格范围内所处的位置。如果 WMS 的值比较小，则当天的价格处于相对较高的位置，要提防回落；如果 WMS 的值比较大，则说明当天的价格处在相对较低的位置，要注意反弹。WMS 的取值范围是 0～100。

WMS 的参数 n 的选择应该至少是循环周期的一半。中国股市的循环周期目前还没有达成共识，在应用 WMS 的时候，应该多选择几个参数值来尝试。

WMS 的应用可以从两方面来考虑：一是数值，二是形状。

第一，从 WMS 的取值来考虑：当 WMS 高于 80 时，处于超卖状态，行情即将见底，应当考虑买进；当 WMS 低于 20 时，处于超买状态，行情即将见顶，应当考虑卖出。

这里的 20 和 80 的划分，只是经验性的，并不是绝对的。另外，在应用 WMS 指标时，应该注意与其他指标共同使用，以便获得更高的准确性。一般来说，在盘整过程中，WMS 的准确性较高。而在上升或下降趋势中，则准确性相对较低，应更多考虑其他因素来做出判断。

第二，从 WMS 的曲线形状来考虑：当 WMS 进入低数值区位后，一般要回头。如果这时股价还继续上升，就会产生背离，是卖出的信号；当 WMS 进入高数值区位后，一般要反弹。如果这时股价还继续下降，就会产生背离，是买进的信号。

WMS连续几次撞顶（底），局部形成双重或多重顶（底），则是卖出（买进）的信号。

这里所说的顶部数值为0，底部数值为100。

股票的技术指标上千种，投资者应该根据投资工具的特点，对这些指标进行了解。投资者也应该明白，技术指标一般并不能独立的使用，需要结合技术分析理论和基本面分析共同对投资进行决策。

第七节　实证研究：股票股利、现金股利与上市公司股价表现之间的关系

一、概述

股利分配政策是上市公司期末如何将其实现的收益向其股东进行分配的决策，它反映了股东、债权人及公司管理者之间的利益分配关系。股利政策的目标之一就是实现这三者之间利益调节，使得企业价值最大化。股票股利和现金股利是常见的股利政策的支付形式，其中股票股利是公司以增发股票的方式所支付的股利，对一般投资者来说统称“送转股”。从表面上看，分配股票股利除了增加所持股数外好像并没有给股东带来直接收益，但许多实证表明，在现实经济环境中，股票股利却对公司的股票市价有着重要的影响。众多学者研究中得出，送股或转增股票的股票可以获得短期的超额收益。

本节将进一步从送转股比例等视角来考察股票股利和累计超额收益率之间的关系，分析股票股利和现金股利在长期（一年）的信号传递效应，寻找股票股利事件向市场传递的信息能否在长期得到印证，也就是实施了股票股利的公司股票是否能在长期取得高于市场的收益率。股利政策事件的发生，会通过市场反映到股票价格上，因此本节选取2009～2013年度中的股票股利的分红方案作为研究事件，研究在一年的期间中此事件对股票价格的影响；此外，本节选择了尽可能多的影响因素作为变量，构建模型研究不同因素对于公司长期股价的影响。

简要来说，本节在研究过程中，综合采用以下几种具体研究方法。

第一，文献研究法。本节参考了大量国内外关于股利政策与股票价格关系的相关文献，并对这些文献著述进行归纳分析和总结，找到该领域研究的创新点。

第二，T检验法。本节根据送转股比例的不同，将样本分为高送转、低送转

两组，通过T检验，对分组样本的长期（一年）累计超额收益率之间是否具有显著性差异进行判定。

第三，多元线性回归法。本节从股票股利支付水平、股票股利变动内涵两个方面分析了股票股利政策对长期股票价格的影响关系，根据所提的研究假设，设定股票股利支付水平、公司规模等指标作为解释变量及控制变量，构造了长期（一年）累计超额收益率与股利政策的回归模型。

本节将通过以上的分析研究得到股票股利、现金股利与长期股票价格之间的关系，从而为投资者、公司与监管者提供相关的建议，并且也在最后提出了研究的局限性，以待进一步的完善和进步。

二、文献综述

西方对股利政策的研究，最早可追溯到Lintner（1956年）提出的公司股利分配行为的理论模型。该模型的结论认为当前的股利收入比留存收益所带来的未来资本利得更可靠，所以对于厌恶风险的投资者来说，他们宁愿获得较少的股利，也不愿通过留存收益获取未来不确定的高额资本利得。

Miller和Modigliani（1961）的股利无关论则是股利政策研究的基础。该理论认为如果一个资本市场是信息对称的，那么在这个资本市场里，在公司既定投资决策条件下，公司的价值与公司财务决策无关。该理论的缺陷在于忽视了资本市场的交易费用、信息不对称等各种现实。但Miller和Modigliani后来认为，未预期到的股利变化会向市场提供有关公司未来盈余的信息，因此会导致股票价格的变化，当公司提高股利时，就是向市场传递出“盈利能力佳”的良好信号，反之，就会向市场传递出“盈利能力差”的不良信号。这就是股利政策的信号传递理论假说。

Gordon（1962）的一鸟在手理论认为高股利增加企业的市场价值，Brennan（1970）的税差理论认为低股利增加企业的市场价值。

交易区间假说认为，股票股利会帮助股票实现合理或完美的价格区间。股票低价增加了更多投资者购买整手股（指100股的整数倍）的可能性。这一假说假定边际投资者从零星交易量到整手股交易量的交易成本是增加的。它也假定边际投资者的投资组合足够小，由于多样化的减少使得高价位的大量购买不合适。对于交易区间假说的研究存在分歧，如Grinblatt M S，Masulis R W和Titman S（1984）运用回归分析评估宣告收益的因素，虽然他们的结论支持交易区间假说，但是结果或许存在样本特性。McNichoIs和Dravid（1990）的研究也支持交易区间假说。

流动性假说认为股票股利通过创造额外的股份增加股票流动性。Eisemann 和 Moses（1978）在 1975 年调查 CFO 以得到他们关于股票股利的看法，CFO 认为股票股利会增加股东人数，从而支持了流动性假说。Adaoglu 和 Lasfer（2011）的研究只能较弱地支持在其他市场中发现的流动性假说。

现金替代假说认为企业通过发行股票股利作为一种暂时的、目前的、预期的现金支付替代品来保存现金。Ghosh 和 Woolridge（1988）检验了资本市场对于现金股利削减或遗漏的公告的反应。他们发现市场反应很消极，而与此同时股票股利的宣告减少了这种影响的规模，这有力地支持了现金替代假说。

留存收益假说（REH）是基于信号理论（Spence，1973），许多支持信号理论的研究同样支持留存收益假说。Grinblatt，Masulis 和 Titman（1984）证明，显著的正的超额回报会在股票股利和股票分割的除息日出现；股票股利的公告日和除息日的回报要比股票分割大。通过选择那些在股票股利宣告期未发放现金股利的公司，Grinblatt 等发现，发放股票股利的公司有正收益，这也证明了股票股利传递了公司未来现金流的信息。Adaoglu 和 Lasfer（2011）发现，市场反应与调整股利后的变化为正相关关系，这证明了留存收益假说和信号假说。

Jensen（1986）和 Easterbrook（1984）认为股东和管理者存在利益冲突，股东为了避免自身利益受损，必须监督管理者的行为，由此导致了代理成本的增加。而发放现金股利一方面能够降低可供管理者支配的现金流，另一方面也能迫使企业进行更多的外部融资，以引入更多的债权人和外部利益相关者来对管理者的行为进行监督，从而降低代理成本。

Shefrin 和 Statman（1984）进一步研究完善股利理论，他们放宽了对于理性投资者的假说，认为投资者是有限理性的，因此对于不同的股利发放形式拥有不同的偏好。而市场无法同时满足所有投资者的股利偏好，因而公司只需根据自身特点来制定股利政策，投资者会自行寻找符合自身股利期望的公司。

回归分析也被广泛应用于研究中，LeftwiCh（1994）和 BenartZi（1997）将累计异常收益率对未预期股利变化、未预期盈余等相关要素进行回归以探求股利变化与股票累计异常收益率的关系。

国内学者对于股利、股价之间关系的研究现有的文献主要从公司层面进行，从不同的角度对股利的决定因素和股利、股价之间的关系进行了研究。

中国的股利政策研究最早可以追溯到由陈晓、陈小悦等人所提出的股利信号传递效应，他们提出现金股利可能因为信号传递效应与不利税负两种相互对冲作用而增加股东财富，而股票股利因为能降低公司成本、增加流动性、加强股东信心以及可供投资者出售套利四个原因，也能起到相同的作用。通过将 1995 年及以前的86家A股公司针对现金股利、股票股利和混合型股利（现金加股票）分为三类进行实证研究，并采用累积超额收益法，得到的结论为：首次股票股利具有明显的信号传递效应，并以此为基础导出研究结论的三个市场意义。

接着是由魏刚在1997年针对中国上市公司股利分配预案的市场反应进行的研究分析，得出实证结论。通过将公司分为分红并作解释和分红未作解释两组，进行股价CAR计算和统计检验来衡量市场反应，发现市场比较接受发送红股而比较反感发放现金，从而推出中国股票市场不成熟但开始有长期的理性投资决策以及股利分配政策确实对公司股票有显著性的影响，在一定程度上肯定了股利相关论的可靠性。

杨淑娥等人结合中国股票市场的特点，研究中国股利分配政策的影响因素，并得出以下结论：①公司内部经营状况、盈利状况以及股东意愿等因素影响上市公司股利分配政策。②现金股利与货币资金余额和可供股东分配的利润呈正相关。③股票股利与总股本呈负相关，与流通股比率和可供股东分配的利润呈正相关。④资本公积金转增股本与资本公积金存量大小呈正相关，与可供股东分配的利润和总股本大小呈负相关。

卜乐（2014）研究了在一年期（即长期）股票股利是否给股东带来超额收益。他的文章基于信号传递理论，选择2007年至2011年中国沪、深A股中单独发放股票股利的公司作为样本，通过T检验和多元线性回归法来分析纯股利事件与股票价格间的关系。文章的主要观点有：①一年期内股票股利可以带来超额收益。②累计超额收益率与送转股比例呈显著的负相关关系。

高春亭（2011）通过事件研究方法对派现、转增股本、转派结合、送派结合、转送派结合五类股利分配方式进行研究，样本为沪市A股市场2009年至2011年施行五类股利分配方式的公司。实证显示转增股本和混合股利具有显著的总体标准化非正常收益率，而派现不能获取显著非正常收益。田祥新等（2003）也通过事件研究法证明市场比较欢迎股票股利和混合股利，对现金股利反应冷淡，甚至排斥。

朱敏（2012）通过市场模型和累计超额收益率模型实证检验中国上市公司股利政策对股价的影响，比较分析了现金股利和股票股利的股利分配方式对于股票价格的市场效应。结果显示股票股利受到投资者的喜爱，导致股票价格显著上涨；而现金股利则会导致股票价格下降。

孙水泉（2014）采用面板数据的固定效应模型及Famaand Mac Beth两步回归方法，对相关数据进行单因素方差分析及协整检验，证实了连续分红年数会对股价波动产生显著影响；上市公司当年分红情况及分红程度会影响股价的波动；

在任意股市周期下，现金分红与股价波动呈现显著负相关关系。

自由现金理论是指第一大股东能够迫使公司吐出多余的自由现金流，并能根据企业的成长来调整股利政策，如在成长性高的公司增加投资，而在成长性低的公司增加股利。谢军统计了763家上市公司2003年的横截面数据，研究股利政策对第一大股东持股比例和企业成长性机会的影响。研究者考察了股利政策的股权效应，通过比较分析企业成长性机会对股利政策股权效应的影响程度。研究发现，第一大股东发放现金股利的动机为显著，但是这种动机受股东性质的影响为不显著。结论显示作者更支持自由现金流理论。

以上研究都表明股利政策确实会对股价产生影响。但是，也有一些学者得出了不同的结论。曹媛媛（2003）选取的样本为1994~2001年支付股利的上市公司，认为中国上市公司遵循不稳定的股利政策，使得中国公司的股利政策不具有和西方信号理论同样的信息内涵。股利由当年的盈余决定，与上年的股利水平无关。危慧惠（2005）基于红利贴现的适应性预期股价模型，选取上海股票市场1996~1998年的有关数据作为样本，进行了实证分析，同样认为中国股市中股利政策对股价变化具有较低的解释能力。

三、实证分析

上市公司红利政策是否反映企业未来的经营状况？是否会对长期股票价格产生影响？影响程度又如何？这些问题都显示出红利政策无论是在理论上还是在实践中都具有重要意义。从已有的文献回顾可以知道，有众多的学者基于信号理论研究了股利政策对股票收益的影响，得出的结论比较一致：股利政策在短期具有较强的信号传递效应。以前学者所研究的信号传递效应只是考察在事件窗口（一般为红利公告日）股票收益是否存在短期的超额收益，从而确定不同的股利分配形式是否影响股票收益以及影响程度，本节将从长期方面来考察红利政策和累计超额收益率之间的关系，分析股票股利和现金股利在一年期内的信号传递效应。

本节将发放股票股利和现金股利的公司作为研究样本，考察市场反应，分析送股与转增的比例与长期股票价格的关系，验证股票股利和现金股利的长期信号传递效应是否存在。根据信号传递理论，如果发放股利的确反映了公司的潜在投资价值和增长能力，则采取红利政策的公司在未来一段时间内应有良好的绩效和增长趋势，并在红利政策实施后企业经营状况继续有所改善，市场也会对此做出积极反应。因此，提出假设H1：在长期（选取的时间跨度为一年），股票股利和现金股利具有信号传递作用，表现为长期（一年）累计超额收益率显著为正。

本节选择2009年至2013年中国沪深A股中，发放股票股利和现金股利的公司，在这些样本中删除了ST股票、B股、创业板股票、中小板股票以及1个偏差值过大的样本。共筛选出85个样本进行分析，使用的数据来自于RESSET数据库以及CSMAR数据库，选用累计超额收益率作为衡量红利政策市场效应的指标。

根据以往的文献，对超额收益率的计算一般采用如下方法：①累计超额收益法，超额收益指的是实际收益减去正常收益率或期望收益，累计超额收益则是把若干天的超额收益进行累加，正常收益率或期望收益率一般由市场收益率来替代，或者用资本资产定价模型来确定。这一方法被中外学者普遍采用，如张晶、冯晶（2013）、吴翠凤、吴世农、刘威（2012）、俞乔、程澄（2001）等；②另外两种方法是比较收益法和随机相关系数回归法，前者的核心是比较事件日前后的收益率和历史的平均收益率，若两者差额为正则认为存在超额收益；后者是采用数据回归的方式，结果更准确，但过程十分繁杂，选用该方法的文献较少。本节选取主流的超额收益率计算模型，采用累计超额收益率法，计算发放股票股利后的长期累计超额收益率验证其正负和显著性来判断红利政策的信号作用是否存在。

超额收益率（Abnormal Return，AR）的定义是指股票实际收益率与预期收益率的差，实际收益率指的是个股股票某天的收益率，预期收益率指的是投资者对该股票在某天预期达到的收益率，本节采用指数收益率来代替，即上证指数的收益率或深证综指的收益率作为对预期收益率的估计值。通过计算和分析事件所带来的“超额收益”以及“累计超额收益”（Cumulative Abnormal Return，CAR），从总体上可以观察事件对股价的影响。

计算步骤如下：

1. 计算实际收益率

$$R_{it} = \frac{P_{i,t} - P_{i,t-1}}{P_{i,t-1}}$$

R_{it}是股票i在交易日t的实际收益率，$P_{i,t}$、$P_{i,t-1}$分别为股票i在交易日t和（t－1）收盘价格。

2. 计算预期收益率

$$R_{mt} = \frac{P_{m,t} - P_{m,t-1}}{P_{m,t-1}}$$

R_{mt}为上证综指或者深证综指在交易日 t 的市场收益率，$P_{m,t}$，$P_{m,t-1}$分别为上证综指或者深证综指在交易日 t 和（t - 1）收盘指数。

3. 计算每日超常收益率

超额收益是每个股票当天的实际收益减去预期收益后的差额，即由于事件引起的当日公司价值变动的估计值：

$$AR_{it} = R_{it} - R_{mt}$$

通过这个公式算出第 i 只股票第 t 日的超额收益。而再求累计平均异常收益的时候采取的方式是先时间累积，再样本累积的方式。即先求出单个股票累计超额收益，再对样本进行算数平均。公式如下：

$CAR_{it} = \sum_1^t AR_{it}$ 为单个股票在 t 时间段的累积超常收益；

$CAR_t = \frac{1}{N}\sum_1^n CAR_{it}$ 为 t 时间段的累积平均超额收益。

其中，N 是样本中的公司数目。在公司间求平均的原因是股票的收益会受到与事件无关的各种因素的干扰，通过大量公司的平均，可以消除这些干扰。因此，样本中的数目越多，也就能越好地识别到事件的影响。

红利政策和长期超额投资回报之间关系的研究方法包括描述性统计和回归分析。由于投资者关心的不是股票的绝对价格，而是投资股票能带来多高的收益，所以为了研究股利政策的长期市场反应，本节采用个股超额收益率（股票收益率与市场指数收益率的差）作为因变量，股利政策作为自变量进行回归分析。本节选择的时间跨度为一年，目的是为了寻找红利事件向市场传递的信息是否能在长期得到印证，也就是说，那些实施了红利政策的公司股票是否能在长期取得高于市场的收益率。基于本节的研究目的，结合现有的股利理论以及前人的研究分析，主要选取以下几个解释变量建立回归模型，具体的理由将在下面详细说明。

回归模型建立如下：

$$CAR = \beta_1 ROE + \beta_2 \text{Opeincmgrrt} + \beta_3 \text{Debtratio} + \beta_4 \text{l\_ size} + \beta_5 \text{Peratio} + \beta_6 \text{Dividendratio} + \beta_7 \text{payoutratio} + \varepsilon$$

其中，此处因变量 $CAR_{指}$ 的是一年期的累计超额收益率，自变量包括：

①送股转增比例 Dividendratio。送转比例是股票股利行为包含的最重要的信息，是模型中最重要的一个自变量。信号传递理论认为企业实施股票股利是看好企业的发展前景，送转股比例越高，表明管理层对未来的业绩预期越大，其所传递的信号能量就越强，所以市场反应也应该越大。因此假设这个比例越高，未来

公司股票的长期表现也就应该越好，能够带来更高的超额投资收益。

②市盈率 Peratio。大量基于传统财务理论的研究认为，股票的市价与每股收益比对于股票价格有很大的影响，其能够较好地反映出“有所付出，即有回报”，帮助投资者辨别投资风险，寻找能以较少的投入得到较高收益的股票。基于财务理论中的市盈率模型，选取市盈率作为股票价格的解释变量之一。

③资产负债率 Debtratio。说明企业总资产中债权人提供资金所占比重，以及企业资产对债权人权益的保障程度，相对来说，越低越好。该比率越低，表明企业长期偿债能力越强，债权人权益保障程度越高。假设资产负债率越高，企业财务状况越不稳定，投资者获得的累计超额收益率越低，两者呈负相关关系。

④规模 l_ Size。对总市值进行对数处理，总市值的计算公式为股价乘以股本，它从侧面反映了一个公司的股价，进而使其管理层制定股利政策时将其考虑在内。并且以前的很多文献都表明证券市场通常存在着规模效应，即在其他条件一致的情况下，投资于规模较小的公司比投资于规模较大的公司能够取得更高的投资收益。故假设累计超额收益率与规模呈反比例相关，以股利发放日后一年最后一天的总市值对数作为解释变量，以统一变量的选择标准。

⑤净资产收益率 ROE。净资产收益率是衡量一个公司股东回报的一个综合性指标，从该指标的计算形式上便可看出它对公司股东的收益情况有直接的反应关系，其也是杜邦财务体系中的核心指标。从被解释变量的角度而言，本节要解释的是股利发放的异常收益，所以其影响因素与公司的股权收益结构有直接关系，而净资产收益率的大小直接关系到公司的股利政策的制定，从而影响投资者的决策。好的业绩往往能够反映出公司管理层的良好的经营决策能力，良好的管理层能够在长期为股东创造更高的收益，因此，预计在长期内，累计超额投资回报与 ROE 显著正相关。

⑥成长性 Opeincmgrrt。公司的成长能力与它未来的盈利有着不可分割的联系，一个普遍共识并已被众多实证所论证的现象是，高成长性企业的经营活动往往伴随着高风险，因此市场会给予它更高的风险溢价，由此可知投资于高成长性的公司理应获得超过市场的回报率，因此预计公司的成长性越好，累计超额投资回报就越高。选取的成长性指标为营业收入增长率。

⑦派息比税后 payoutratio，指当年派息总数/同年总盈利，可以作为衡量现金红利的指标。

表 2. 8 是 2009 ~ 2013 年 85 个有效样本的描述性统计结果。回归模型中，包含了样本中除日期外所有自变量和因变量的描述性统计，见表 2. 8。

表 2.8　　回归模型中总样本所有变量描述性统计

	样本数	均值	最大值	最小值
一年 CAR	85	9.097765	98.36	-40.62
高送转股 CARH	43	7.373023	98.36	-27.61
低送转股 CARL	42	10.86357	92.39	-40.62
送转比	85	.7124887	1.5	.1
派息比	85	.0744431	.87	.00001
市盈率	85	-19.16518	263.6774	-3511.528
负债率	85	56.27866	86.86144	7.636996
净资产收益率	85	10.93414	-8.2118	43.9863
公司规模	85	22.722	26.73432	20.91646
收入增长率	85	19.33624	274.3567	-32.873

注：CARL：样本中，股票送转股比低于样本平均值的股票年累计超额收益率；CARH：样本中，股票送转股比高于样本平均值的股票年累计超额收益率。

为了验证总样本长期超额投资回报在统计意义上显著为正，本节对 85 个数据样本进行了 T 检验，见表 2.9。

表 2.9　　总样本 T 检验结果

	检验值 =0	
	Mean	Pr
一年 CAR	9.097765	0.0065

由表 2.9 可以得出，总样本的累计超额收益率在 5% 的水平下显著大于 0，累积超额收益率的均值为 9.1，市场对股票股利的分配产生显著的反应。

为了验证送转股比例高低是否会影响累计超额收益率，本节根据送转股的比例高低把样本分成了两组 CARL 和 CARH，对各分组的累计超额收益率进行 T 检验，如表 2.10、表 2.11。

表 2.10　　低送转股比例组 CARL 的单样本 T 检验

	检验值 =0	
	Mean	Pr
一年 CARL	10.86357	0.0377

表 2.11　　高送转股比例组 CARH 的单样本 T 检验

	检验值 =0	
	Mean	Pr
一年 CARH	7.373023	0.0843

从表中可以看出，低、高送转股比例组的 P 值都很低。但在 10% 的显著性水平上，CARL 组、CARH 组的累计超额收益全部通过检验，也就是说在统计意义上两组送转股比例的样本均能带来累计超额收益。

此外，结合 CARL 组、CARH 组的 CAR 均值结果可以看出，随着送转股比例的增加，CAR 的均值是下降的，可以认为送转股比例越高，股票股利政策的信号作用就越弱。

下面，运用前文建立的模型，对总样本的长期超额投资回报和送转股比例以及其他相关因素的关系进行回归，此处的长期指的是股票股利方案实施公告之后从第 1 个月至第 12 个月的期间。回归结果如下表 2. 12。

表 2. 12　　总样本回归结果

CAR	Coef	t	Pro
送转比	1. 266711	0. 91	0. 11
派息比	-14. 75424	-0. 60	0. 549
市盈率	. 0029024	0. 34	0. 738
负债率	. 1397071	0. 76	0. 450
净资产收益率	. 7015879	1. 68	0. 098
公司规模	-3. 552312	-0. 97	0. 336
收入增长率	. 0561379	0. 61	0. 543
常数	73. 44558	0. 90	0. 370

从以上回归结果可以看出，在 5% 的显著水平下，各个因素对累计超额收益率的影响都不显著。在 10% 的显著水平下，净资产收益率 ROE 的 P 值为 0. 098 <0. 1，所以 ROE 对累计超额收益率的影响是显著的，并且具有正相关性。这个结果与前文预期的情况相近似，净资产收益率高的公司更倾向于有较高的超额收益。而送转股比和现金红利对 CAR 的影响依旧是非显著的。

由于模型中，大部分的解释变量在 5% 的水平下不显著，并不能很好地解释 CAR 的变化，因此可以得出在所选样本 2009 年到 2013 年中，股票股利和现金红利在长期（一年）对累计超额收益率的影响不大。

根据回归结果，股票股利和现金股利在一年时期内的信号传递效应很弱，对股票价格的影响并不显著。净资产收益率 ROE 对累计超额收益率存在正相关性。

本节选取了 2009 ~2013 年间中国 A 股市场的面板数据进行实证分析，回归结果表明，在 5% 和 10% 的显著性水平下，送转股比例和税后派息比对一年内的累计超额收益率均没有产生显著影响，也就是说，发放股票股利和现金股利的信号传递效应很弱，这些公司在长期（一年内）并不能取得高于市场收益的超额收益，长期股价不会受到股利政策的影响。

根据会计学基本原理，股票、未分配利润、资本公积、盈余公积等同属于所有者权益类账户，这些都是公司的净资产，属于投资者所有，经过送股、转增股票后，上市公司的总资产、总负债和所有者权益并不会有所改变。送股、转增股票行为本身只是会计上的转账而已，它的本质只是股东权益的内部结构调整，对净资产收益率和公司的盈利能力并没有任何实质性影响，上市公司不可能通过这种“举手之劳”而使企业当年或以后获益。

同时，现金股利的分配对企业长期价值的影响也不显著，这主要是因为上市公司是否分配现金股利的决策对企业价值的影响是不确定的，分配现金股利并不一定能起到提高企业价值的目的。接下来从两方面分析这一结果不显著的原因：从理论上来看，根据股利政策的代理理论，第一，当企业具有大量的自由现金流量时，增加股利发放有助于减少管理者潜在的代理成本，因此发放股利将增加企业价值；第二，建立稳定的股利支付政策有助于公司管理者经常进入资本市场筹资，这样通过加强资本市场的监督而减少代理成本。因此现金股利支付政策有助于降低企业的代理成本，但同时也增加了企业的外部融资成本，所以其对企业长期价值的影响是不确定的。从实际情况来看，上市公司的分红决策可能受多方面因素的影响：行业特点、发展阶段、未来投资、监管政策等。如：处于衰退期的上市公司分配现金股利，可能意味着发展前景不好，没有回报率可观的投资项目或者更好的业务拓展安排，因此不会提升企业价值。综上，现金股利分配对企业长期价值的影响是不显著的。

总之，股利分配属于一种稳定性收益，对于稳定性收益的需求者来说显得比较重要，而中国大多数中小型投资者由于年龄偏年轻，他们并不追求稳定性收益，而更看重低买高卖中的资本利得，这样使得投资者对于股利刺激做出的反应并不很强烈。从之前学者的很多研究来看，即使大部分股票股利以及分红对投资者的刺激都是以短期为主，投资者看到股票股利以及分红公告后，会考虑购进该股票以期待股票能获得超额收益，但是在股票股利以及现金红利结束后，市场中的投资者更为看重的是企业业绩以及当年的财务收益。

对于回归结果不显著还有一种可能的解释：本节的样本取自 2009 ~ 2013 年，这几年间市场指数处于持续下降或低位波动阶段，个股价格持续走低，回报率波动幅度较大。在这样的宏观市场环境下，外在的股利刺激可能无法起到良好的效果，股价提升更多依赖于政策上的调整或者源自于世界上其他市场中信息的刺激。

然而，与股利分配相比，中国上市公司的净资产收益率（ROE）与股票的一年期累计超额收益率之间存在着正相关性。具体而言，在10%的显著水平下，ROE每提高1%，一年期的累计超额收益率就提高约0.7%，这与实际资本市场中ROE作为衡量上市公司业绩的一个重要指标引领投资导向的事实相吻合。在ROE不变的前提下，一个企业如果不改变资本结构（也就是不增发股票，不借更多债）的情况下，盈利增长的极限就是ROE。ROE不仅是增长的源泉，更决定了增长的极限。股票之所以回报超过债券，主要原因就在于企业的存留收益能够创造更多盈利，因此，ROE较高的企业能带给股东更高的回报。与此同时，由于国内目前对于上市公司的监管以会计数据为主，上市、退市、再融资等均以具体的会计数据为依据，处于不同ROE水平上的公司，有着不同程度的盈余管理。这就使得中国上市公司的ROE水平除了业绩本身外，还与上市公司的业绩风险和监控风险有关，是一个系统性风险指标，因此与股票的均衡超额回报率有着密切的联系。较高的风险就代表着较高的收益，这也可以从另外一个角度说明ROE和一年期累计超额收益率之间的正向关系。

四、总结

本节通过选取2009～2013年中国A股样本进行回归分析后发现，各因素对股票累计超额收益率的长期影响均不显著，作为重点研究对象的股票股利和现金红利在长期对累计超额收益率的影响也不大，信号传递效应很弱。由于市场对于股票收益率增加或减小的反应将会通过股价表现出来，所以股利政策对股票价格表现并没有产生显著影响。

对于这一现象主要可从以下三个方面来解释。首先，股利对股价表现的刺激基本都是作用于短期，分配股利的上市公司股票并不能持续获得超额回报；其次，回归分析的所有数据均来自于沪深A股，其他股票并不考虑，在2009年到2013年分红的股票样本仅仅只有百家，股票分红政策对股民的刺激是有限的，分红原因也可能源自于公司财务需要和维持公司市值等；最后一点，本节研究的时间正是市场指数处于持续下降或低位波动的阶段，在这样的大环境下，即使是股利分配也很难让股票价格产生较为积极的表现。

本节的研究还存在一些不足之处：在进行回归分析时，尽管已经根据理论假说和市场经验找出了尽可能多的影响因素，但是调整后的拟合度仍然不是很大，除了文中选择的变量外，可能还忽略了一些其他变量，值得进一步探讨；文中长期的定义为一年，时间跨度还没有足够长，难以对更远的区间进行解释；在计算超额收益时，采用上证、深证指数的日回报率作为市场收益，而没有用CAPM模型对股票的市场收益进行估计，这也在一定程度上偏离了理论假说；另外，样本选取的上市公司没有进行更细化的分类，不同行业的实证结果可能存在差异，这有待于以后进行更为细化的研究与讨论。

针对实证研究分析结果，就促进中小股东利益的维护、资本市场运行制度的完善，从而充分发挥资本市场在国民经济发展中的积极作用，给出以下建议。

第一，对于投资者而言，要学会理性投资，在详尽分析公司基本面的基础上进行价值投资分析。本节的实证研究结果表明，净资产收益率高的公司具有更高的增长潜力和股本扩张能力，因而其股票倾向于有更高的超额收益。因此，中小投资者不要随大流盲目投资，要善于通过认真分析，发现净资产收益率高、盈利能力强的公司，力求在熊市中仍然保持可观的超额收益。这样也可以从侧面规范上市公司的行为，维护中小投资者的利益。

第二，对于上市公司而言，在制定公司股利政策时要综合考虑公司自身的发展需要和投资者的偏好。公司既要分析投资者的偏好（如考虑投资者对于股票股利和现金股利的偏好水平），又要从自身的投资需求出发，采取适宜的股利政策。虽然本节的实证研究结果表明，在长期，股利政策的信号传递效应较弱，对股票价格的影响并不显著，但在资本市场上，企业必须规范自身的行为，在其他方面向投资者传递企业的真实经营情况，切实保障投资者的相关利益。企业价值与企业的盈利能力呈正相关，企业要想提高其市场价值，就必须提高自身的盈利能力。从理论上来讲，企业所创造的利润是企业现金股利派现的来源和基础，企业的盈利能力越强就会创造越多的净利润。无论是一级市场还是二级市场，投资者最为看重的就是企业的盈利水平，没有良好的盈利能力，企业的股利政策就会成为一句空话。企业需要将更多的精力放在自身的主营业务上，同时以经过审计的年报形式向投资者传递自身的盈利状况。

第三，对于监管机构，虽然主流观点认为，证券市场监管机构应当适当干预上市公司的股利政策，激励公司发放现金股利，因为他们认为这样既可以给投资者带来现实的投资收益，又可以减少上市公司的圈钱行为和证券市场上不正常的投资。但是也应该注意到，本节的实证研究表明投资者对于股利激励的长期反应并不显著，所以应该根据上市公司的实际发展需要，鼓励公司制度的检查，过分约束公司分配情况可能会扭曲上市公司分配政策。同时，就中国股权分裂的实际制度背景来看，中国上市公司中非流通股股东与流通股东之间的利益冲突问题非常严重。这就导致了在现有的上市公司中，没有一家公司的直接控制者会愿意以牺牲自我利益，去追求所谓的“市场理性”，构建“市场自我约束体系”，即按照自身利益取向随时调整包括股利分配在内的财务决策显然就是他们的最佳选择，而这种行为调整在现实中就表现为股利政策的随意性。如果仅仅是完善公司治理结构，强化来自法律与市场对控股股东的双重约束，而不对股权结构进行根本性的变革，改变股权分裂现象，股利分配扭曲问题是不会得到根本性解决的。虽然股利政策对于上市公司股票的长期累计超额收益率影响不显著，但由于股票收益率仅作为股东总收益的一部分，公平的股利分配政策对于资本市场的长期健康运行还是有着重大的意义。

本章小结

1. 基本面分析解决了投资什么的问题，关注的是投资工具未来的价值和收益的影响和变动；技术分析帮助决策者选择合适的时机进行投资，关注的是投资工具发生升贬值的时间。

2. 相较于自下而上投资理念，自上而下投资理念更具有操作性，主要包括宏观环境分析、行业分析和公司分析三个步骤。

3. 面对企业的基本分析需要建立一个全面的评估指标，仅仅关注企业的财务状况是不够的，因为财务是运营的结果，而不是运营的原因。对公司进行全面的评估分析包括对公司基本信息的了解，对公司创造价值能力的评估和对公司的财务信息进行评估。

4. 衡量公司的投资潜力，最好从真正的价值驱动因素入手，包括公司的商业模式、公司的盈利能力和公司的运营能力。

5. 为了使用股利贴现模型进行估值，你必须估计出：①必要收益率 k；②预期股利增长率 g。

6. 财务报表是依据会计准则编制的，有时候并不能反映公司的客观情况。在不同的经济环境下，公司的财务数据需要进行调整，例如通货膨胀的影响，文化价值和品牌价值的估值，以及经济危机对公司业绩的冲击。

7. 市场行为主要通过价格、交易量和投资者买卖行为体现。技术分析是一种经验分析法，包含道氏理论、K 线理论、切线理论、形态分析和波浪理论。

8. 市场中的价格、成交量、时间和空间是技术分析的要素。研究基本要素之间的相互关系是进行分析的前提。

9. 技术分析是建立在一定的假设前提之下的，技术分析的三个基本假定如下：第一，市场行为包容消化一切，这是技术分析的基础；第二，价格以趋势方式演变；第三，历史会重演。

10. 考虑到技术分析的优势和不足，投资者在对投资目标进行技术分析时，一是要将技术分析和基本面分析相结合；二是要了解不同技术的使用范围，综合使用多种技术分析工具进行判断；第三，投资者在技术分析的同时也不要忽略自己的经验和直觉，让技术分析成为支撑决策的有效工具。

11. 价格形态有两种最主要的分类——反转型形态和整理型形态。反转形态意味着趋势正在发生重要反转；相反，整理型形态意味着现实市场很可能仅仅是暂时一段时间的休整。如何在形态形成的过程中尽早判别出其所属类型，是形态分析的主要内容。

重要术语

自上而下投资理念　基本面分析　经济周期　法定存款准备金　再贴现政策　公开市场业务财务报表　领先指标　一致同步指标　滞后指标　股利贴现模型　相对股价模型　必要收益率　技术分析　平均价格　价格互证　K 线趋势线　支撑线　压力线　反转形态　整理形态

思考与练习题

1. 什么是自上而下投资理论，与自下而上投资策略相比有什么不同?

2. 基本面分析和技术分析在股权投资中有什么不同?

3. 宏观经济指标有哪些，其数值如何影响公司股价?

4. 讨论你将选择处在行业生命周期的哪个阶段的行业，说明理由。

5. 衡量公司价值的关键驱动因素有哪些?

6. 给出一个周期性股票的例子，讨论你为什么认为它是周期性股票。

7. 估计公司的价值时有哪些模型，其中关键的参数有哪些?

8. 如果 Hitech 公司的 β 值为 1.75，无风险利率为 7%，市场收益率为 15%，公司预期收益率是多少?

9. 固定增长股利贴现模型常用于公司估价中。假设一家公司当日的股价为 20 美元，股利预期增长率为 8%，未来一年的股利为 0.4 美元，仅运用上面的数据，利用固定增长股利贴现模型计算股票的预期长期总收益率。列出计算公式。

10. 一家公司的流动比率为 2.0，如果该公司用现金偿付 1 年内到期的票据，那么这笔交易将提高还是降低该公司的流动比率? 对资产周转率的影响又如何?

11. 一个分析师利用杜邦分析体系分析一家公司的下列数据：杠杆比率 2.2，总资产周转率 2.0，净利润率 5.5%，股利支付率 31.8%，那么该公司的权益收益率为多少?

12. 无风险收益率为 8%，市场组合的预期回报率为 15%，塞隆公司股票的 β 值为 1.2。德隆公司将其收益的 40% 以股利形式支付给股东，最近该公司公告每股收益为 80 元。该公司刚刚发了股利，股利每年支付一次。你预期德隆公司用于再投资部分的收益每年的收益率一直为 20%。

（1）德隆公司股票的内在价值是多少？

（2）如果每股的当前市价是 800 元，预期一年之后市价将等于内在价值，那么你预期持有德隆股票一年的收益率为多少？

13. 2014 年 5 月 22 日，京东集团在纽约纳斯达克上市，首次募集 17.8 亿元，股票代码“JD”，请尝试对京东进行估值分析？

14. 技术分析师认为股票价格沿长期持续的趋势运动。他们认为真实世界发生的什么事情导致了这些趋势的产生。

15. 描述道氏理论及其三种价格运动趋势，哪一个最重要？次级反转的原因是什么？

16. 支撑线和阻力线的原理是什么？

17. 假设专家经纪人卖空量与总买空量之间的比率上升到了 70%，讨论技术分析师会认为这是一个牛市或者熊市信号的原因。

18. 假设某股票的价格和成交量图包含有 50 天和 200 天移动平均数，用这两条移动平均线描述一个熊市形态，并讨论它为什么是熊市形态。

19. 假设道琼斯工业平均指数的每日盘价如下：

日	道琼斯工业平均指数	日	道琼斯工业平均指数
1	11010	7	11220
2	11100	8	11130
3	11165	9	11250
4	11080	10	11315
5	11070	11	11240
6	11150	12	11310

（1）计算从第 4 天到第 12 天的 9 天移动平均值。

（2）假设此指数在第 13 天的收盘价为 11300，这可被认为是一个买入还是卖出信号？

第三章
债券投资分析

债券是绅士们的偏爱。在比尔·格罗斯之前，这是债券市场的真实写照。

比尔·格罗斯是改写债券市场历史的人，他将死水一潭的债券变得可以交易；他更是创造了债券投资的历史——在金融危机席卷全球华尔街遍地哀嚎时，PIMCO基金的净值仍增长了4.8%；与其他共同基金遭遇赎回的情况相反，PIMCO基金在2008年获得了140亿美元的净申购。

从业之初，尽管比尔·格罗斯立志当一名股票投资经理，但他只收到一份太平洋共同人寿保险公司债券分析师的聘书。当时美国金融市场上债券投资平淡无奇：此前100多年美国的通货膨胀率每年平均只有0.65%，债券价格从不波动，买下债券的投资人，只要定期把息票剪下来，寄回给发行债券的公司，收取利息，到期时领回本金即可。“这几乎是我当时的全部工作。”格罗斯后来回忆道。

机会终于来了。20世纪60年代，美国通货膨胀迅速上升，1970年达到6%，随之债券价格大幅下跌甚至腰斩。格罗斯找到老板，请求让他成立一个小型债券基金，把债券像股票一样在市场买卖。最终，太平洋投资管理公司划了1500万美元给他管理，这一年，格罗斯才28岁。4年后，他管理的资金已经增加到了4000万美元。

债券之王的传奇投资生涯自此开始。

20世纪70年代，长达10年的债券熊市让许多基金经理完全丧失了信心；格罗斯却坚定地唱多，他认为，当时的石油危机已经造成了严重的通胀，美联储连续升息超过了15%，因此，未来降息概率会大大提高。基于这一判断，PIMCO开始逐步加码公司债券，不久之后美联储发表了降息声明，格罗斯预言的债券牛市如期开启，PIMCO大获全胜——10年中累计获利高达40多亿美元，而此时的格罗斯只有36岁。

21世纪初，格罗斯坚定地认为，美国经济的衰退即将来临，美联储为冷却经济而提高利率的举动正在为这一场残酷的经济减速创造条件。于是，PIMCO果断地将100亿美元的公司债券转换为美国政府支持的住房抵押债券，几个月后，在科技股泡沫破灭的爆炸声中，PIMCO进账5亿美元。

2006年，格罗斯就派出几十个员工到全国各地扮成要买房子的人，查看当时房屋市场的状况，之后PIMCO研究团队出具报告称，美国经济中存在过度借贷的问题，“去杠杆化”可能会引发一场经济风暴，格罗斯作出了大规模砍掉和不再吃进次贷产品的决定，并买进当时让市场嗤之以鼻的美国国债。此后的事实再一次证明了格罗斯的英明。

对于比尔·格罗斯而言，债券就是他的生活。投资债券领域超过30年，比尔·格罗斯对债券投资的热爱未曾衰减，他形容债券投资有如一场游戏：“当你真的沉浸其中时，你会发现，这是一场游戏，有输有赢，每天早上都会重新开始一场战争。”

资料来源：《上海证券报》（2011年8月29日）。

本章教学目标

1. 了解债券的基本概念。

2. 掌握收益率曲线、不确定性和远期利率、利率的期限结构理论、利率风险、久期。

3. 掌握债券组合管理使用到的积极管理和消极管理方法等。

第一节　债券的概述

债券是由政府、金融机构、企业等为了筹措资金而发行，并且承诺按规定利率支付利息并按规定条件偿还本金的债权债务凭证。债券所规定的资金借贷双方的权责关系主要有：第一，所借贷货币资金的数额；第二，借贷的时间；第三，在借贷时间内的资金成本或应有的补偿（即债券的利息）。

债券所规定的借贷双方的权利义务关系包含四个方面的含义：第一，发行人是借入资金的经济主体；第二，投资者是出借资金的经济主体；第三，发行人必须在规定的时间付息还本；第四，债券反映了发行者和投资者之间的债权债务关系，而且是这一关系的法律凭证。

债券有以下基本性质。

①债券属于有价证券。首先，债券反映和代表一定的价值。债券本身有一定

的面值，通常它是债券投资者投入资金的量化表现；另外，持有债券可按期取得利息，利息也是债券投资者收益的价值表现。其次，债券与其代表的权利联系在一起，拥有债券就拥有了债券所代表的权利，转让债券也就将债券代表的权利一并转移。

②债券是一种虚拟资本。债券尽管有面值，代表了一定的财产价值，但它也只是一种虚拟资本，而非真实资本。因为债券的本质是证明债权债务关系的证书，在债权债务关系建立时所投入的资金已被债务人占用，债券是实际运用的真实资本的证书。债券的流动并不意味着它所代表的实际资本也同样流动，债券独立于实际资本之外。

③债券是债权的表现。债券代表债券投资者的权利，这种权利不是直接支配财产权，也不以资产所有权表现，而是一种债权。拥有债券的人是债权人，债权人不同于公司股东，是公司的外部利益相关者。

一、债券的票面要素

债券作为证明债权债务关系的凭证，一般以有一定格式的票面形式来表现。通常，债券票面上有四个基本要素。

1. 债券的票面价值

债券的票面价值是债券票面标明的货币价值，是债券发行人承诺在债券到期日偿还给债券持有人的金额。在债券的票面价值中，首先要规定票面价值的币种，即以何种货币作为债券价值的计量标准。确定币种主要考虑债券的发行对象。一般来说，在本国发行的债券通常以本国货币作为面值的计量单位；在国际金融市场筹资，则通常以债券发行地所在国家的货币或以国际通用货币为计量标准。此外，确定币种还应考虑债券发行者本身对币种的需要。币种确定后，则要规定债券的票面金额。票面金额大小不同，可以适应不同的投资对象，同时也会产生不同的发行成本。票面金额定得较小，有利于小额投资者购买，持有者分布面广，但债券本身的印刷及发行工作量大，费用可能较高；票面金额定得较大，有利于少数大额投资者认购，且印刷费用等也会相应减少，但使小额投资者无法参与。因此，债券票面金额的确定也要根据债券的发行对象、市场资金供给情况及债券发行费用等因素综合考虑。

2. 债券的到期期限

债券到期期限是指债券从发行之日起至偿清本息之日止的时间，也是债券发行人承诺履行合同义务的全部时间。各种债券有不同的偿还期限，短则几个月，长则几十年，习惯上有短期债券、中期债券和长期债券之分。发行人在确定债券期限时，要考虑多种因素的影响，主要有：

①资金使用方向。债务人借入资金可能是为了弥补临时性资金周转之短缺，也可能是为了满足对长期资金的需求。在前者情况下可以发行短期债券，在后者情况下可以发行中长期债券。这样安排的好处是既能保证发行人的资金需要，又不因占用资金时间过长而增加利息负担。

②市场利率变化。债券偿还期限的确定应根据对市场利率的预期，相应选择有助于减少发行者筹资成本的期限。一般来说，当未来市场利率趋于下降时，应选择发行期限较短的债券，可以避免市场利率下跌后仍须支付较高的利息；而当未来市场利率趋于上升时，应选择发行期限较长的债券，这样能在市场利率趋高的情况下保持较低的利息负担。

③债券的变现能力。这一因素与债券流通市场发育程度有关。如果流通市场发达，债券容易变现，长期债券较能被投资者接受；如果流通市场不发达，投资者买了长期债券而又急需资金时不易变现，长期债券的销售就可能不如短期债券。

3. 债券的票面利率

债券票面利率也称名义利率，是债券年利息与债券票面价值的比率，通常年利率用百分数表示。利率是债券票面要素中不可缺少的内容。

在实际经济生活中，债券利率有多种形式，如单利、复利和贴现利率等。债券利率亦受很多因素影响，主要有：

①借贷资金市场利率水平。市场利率较高时，债券的票面利率也相应较高，否则，投资者会选择其他金融资产投资而舍弃债券；反之，市场利率较低时，债券的票面利率也相应较低。

②筹资者的资信。如果债券发行人的资信状况好，债券信用等级高，投资者的风险小，债券票面利率可以定得比其他条件相同的债券低一些；如果债券发行人的资信状况差，债券信用等级低，投资者的风险大，债券票面利率就需要定得高一些。此时的利率差异反映了信用风险的大小，高利率是对高风险的补偿。

③债券期限长短。一般来说，期限较长的债券流动性差，风险相对较大，票面利率应该定得高一些；而期限较短的债券流动性强，风险相对较小，票面利率就可以定得低一些。但是，债券票面利率与期限的关系较复杂，它们还受其他因素的影响，所以有时也会出现短期债券票面利率高而长期债券票面利率低的现象。

4. 债券发行者名称

这一要素指明了该债券的债务主体，既明确了债券发行人应履行对债权人偿还本息的义务，也为债权人到期追索本金和利息提供了依据。

需要说明的是，以上四个要素虽然是债券票面的基本要素，但它们并非一定在债券票面上印制出来。在许多情况下，债券发行者是以公布条例或公告形式向社会公开宣布某债券的期限与利率，只要发行人具备良好的信誉，投资者也会认可接受。

此外，债券票面上有时还包含一些其他要素，如，有的债券具有分期偿还的特征，在债券的票面上或发行公告中附有分期偿还时间表；有的债券附有一定的选择权，即发行契约中赋予债券发行人或持有人具有某种选择的权利，包括附有赎回选择权条款的债券、附有出售选择权条款的债券、附有可转换条款的债券、附有交换条款的债券、附有新股认购权条款的债券等。附有赎回选择权条款的债券表明债券发行人具有在到期日之前买回全部或部分债券的权利；附有出售选择权条款的债券表明债券持有人具有在指定的日期内以票面价值将债券卖回给发行人的权利；附有可转换条款的债券表明债券持有人具有按约定条件将债券转换成发行公司普通股股票的选择权；附有交换条款的债券是指债券持有人具有按约定条件将债券与债券发行公司以外的其他公司的普通股票交换的选择权；附有新股认购权条款的债券表明债券持有人具有按约定条件购买债券发行公司新发行的普通股票的选择权。

二、债券的特征

1. 偿还性

偿还性是指债券有规定的偿还期限，债务人必须按期向债权人支付利息和偿还本金。债券的偿还性使资金筹措者不能无限期地占用债券购买者的资金，换言之，他们之间的借贷经济关系将随偿还期结束、还本付息手续完毕而不复存在。这一特征与股票的永久性有很大的区别。在历史上，债券的偿还性也有例外，曾有国家发行过无期公债或永久性公债。这种公债无固定偿还期，持券者不能要求政府清偿，只能按期取息。当然，这只能视为特例，不能因此而否定债券具有偿还性的一般特性。

2. 流动性

流动性是指债券持有人可按需要和市场的实际状况，灵活地转让债券，以提前收回本金和实现投资收益。流动性首先取决于市场为转让所提供的便利程度；其次取决于债券在迅速转变为货币时，是否在以货币计算的价值上蒙受损失。

3. 安全性

安全性是指债券持有人的收益相对稳定，不随发行者经营收益的变动而变动，并且可按期收回本金。一般来说，具有高度流动性的债券同时也是较安全的，因为它不仅可以迅速地转换为货币，而且还可以按一个较稳定的价格转换。债券不能收回投资的风险有两种情况，如下。

①债务人不履行债务，即债务人不能按时足额按约定的利息支付或者偿还本金。不同的债务人不履行债务的风险程度是不一样的，一般政府债券不履行债务的风险最低。

②流通市场风险，即债券在市场上转让时因价格下跌而承受损失。许多因素会影响债券的转让价格，其中较重要的是市场利率水平。

4. 收益性

收益性是指债券能为投资者带来一定的收入，即债券投资的报酬。在实际经济活动中，债券收益可以表现为三种形式：一是利息收入，即债权人在持有债券期间按约定的条件分期、分次取得利息或者到期一次取得利息。二是资本损益，即债权人到期收回的本金与买入债券或中途卖出债券与买入债券之间的价差收入。从理论上说，如果市场利率在持有债券期间一直不变，这一价差就是自买入债券或是自上次付息至卖出债券这段时间的利息收益表现形式。但是，由于市场利率会不断变化，债券在市场上的转让价格将随市场利率的升降而上下波动。债券持有者能否获得转让价差、转让价差的多少，要视市场情况而定。三是再投资收益，即投资债券所获现金流量再投资的利息收入，受市场收益率变化的影响。

5. 避税功能

股份公司可以通过发行债券筹集资金，也可以通过发行股票筹集资金。由于债券利息通常在税前支付，因此可以降低企业所得税的税基，从而达到避税的效果。而优先股和普通股的股息都是在税后支付，因此不具有节税的作用。

第二节　债券的基本类型

债券种类繁多，在不同的国家、不同的地区其分类方法也不一致，其基本分类方法主要有以下几种。

一、按债券的发行主体分类

中国债券的发行者大体有中央政府、国内企业、金融机构和国外机构。按照发行单位的性质，债券可以分为政府债券、企业债券、金融债和熊猫债券，其中政府债券包括国债和央行票据。

政府债券：政府债券又称国债或公债，是一国中央或地方政府发行的债券。在中国专指财政部代表中央政府发行的国家公债。根据其存在形态可以把国债分为无记名式（实物）国债、凭证式国债、记账式国债。

无记名式（实物）国债是一种具有标准格式实物券面的债券。在其券面上，一般印制了债券面额、债券利率、债券期限、债券发行人全称、还本付息方式等各种债券票面要素。这种券面上面不记载投资者的姓名或单位名称，故称“无记名债券”，又称实物券或国库券。无记名式国债不记名、不挂失，可以上市流通，流通性强。其市场价格随二级市场的供求状况而定，波动较大，因此具有获取较大利润的机会，同时也伴随着一定的风险。

凭证式国债是指财政部不印刷实物债券，而采用填制“中华人民共和国凭证式国债收款凭证”的方式，通过部分商业银行和邮政储蓄柜台，面向城乡居民个人和各类投资者发行的国债。这种国债的票面形式类似于银行定期存单，利率通常比同期银行存款利率高，类似储蓄，又优于储蓄，因此通常被称为“储蓄式国债”。

记账式国债，又称为无纸化国债，指投资者将持有的国债登记于其证券账户中，投资者仅取得收据或对账单以证实其所有权的一种国债。

按照发行目的可以把国债分为普通国债（一般国债）和特种国债（特别国债）。发行一般国债所筹资金或者用于偿还到期国债的本息，或者用于弥补财政赤字。而政府为解决财政赤字之外的问题而发行的有一定特殊目的且并不对预算赤字进行融资的国债，就称为特种国债。

一般把期限在 1 年以下的国债称为国库券。在中国，国库券一般是到期一次还本付息；期限长于 1 年低于 10 年的国债则通常一年支付一次利息；期限长于 10 年的国债则通常半年支付一次利息。

中央银行票据。中央银行票据是由央行发行的，在公开市场与各商业银行进行买卖的一种短期债券。发行央行票据的主要目的是进行公开市场操作，实施央行的货币政策。在流动性过剩、通货膨胀压力加大的情况下，中国人民银行每周都要发行上千亿元的中央银行票据。中国的央行票据期限一般在 1 年以下，面值都是 100 元，一般采用贴现发行方法，面值与发行价格之差就是利息率。

企业债券。企业债券经常被不严格地称为公司债券，是指企业依照法定程序发行、约定在一定期限内还本付息的有价证券。

企业债券多为长期债券，同政府公债券相比，其风险性相对较大，因此利率也较高。通常，国家为保护投资者利益，对企业债券在发行数额、发行时间、债券期限、利率等方面都有较严格的规定。企业对公众发行的债券，要经过有关部门的审查批准。企业债券又可具体分为公司债券和非公司企业债券两大类。

非公司企业债券是指不具有独立法人地位的非公司企业发行的债券。通常，具有法人地位的公司企业，是指那些依法成立，以营利为目的的社团法人；而那些不具备此特征的独资企业或合伙企业，则被称为非公司企业。非公司企业发行的债券与公司企业发行的债券没有很大的区别，只是在发行程序上有不同的要求。

商业银行金融债券。金融债券是指银行和非银行金融机构发行的债券。在欧美国家，金融机构发行的债券归类于企业债券。在中国及日本等国，金融机构发行的债券称为金融债券。中国商业银行发行的金融债券包括普通债券、次级债券、混合资本债券、可转换债券等，主要受2005年6月1日生效的《全国银行间债券市场金融债券发行管理办法》等法律的规范。

普通债券即一般性金融债券。

商业银行次级债券是指由商业银行发行的、本金和利息的清偿顺序列于商业银行其他负债之后、先于商业银行股权资本的债券。次级债券发行人为依法在中国境内设立的商业银行法人。次级债券可在全国银行间债券市场公开发行或私募发行。

混合资本债券又称混合债券，是混合资本工具的一种。混合资本工具既有传统债券的偿还性、安全性、收益性和非参与性等特征，又有资本（股权）的属性。《巴塞尔协议》规定可用其充当附属资本金，并规定了一些原则特征，且赋予各国监管部门更大的自由裁量权以确定本国混合资本工具的认可标准。

可转换债券，简称可转债，是指发行公司依法发行、在一定期间内依据约定价格可以转换成发行者公司的股份的公司债券。鉴于转换成股票的权利是对投资者的一种补偿，因此可转换债券的票面利率通常较低，发行者可以因此降低筹资成本。将可转换债券转换为普通股时，所换得的股票价值一般大于原债券价值。转换后原有股东的股权将被稀释。

公司债券的赎回条款。一些带有赎回条款的公司债券使发行人有权在到期日之前以特定的赎回价格回购债券。例如，一家公司在市场收益率较高时发行了一只票面利率较高的债券，随后利率下跌，公司为减少利息支出，很可能希望回购目前的高票息债务，并发行低票面利率的债券。可赎回债券通常带有赎回保护期，即初始时期内不可赎回。这一类债券指的是递延赎回债券。

其他的金融债券还包括：政策性银行金融债券，政策性商业银行次级债券，保险公司次级债券，证券公司债券和证券公司次级债等。

二、按付息方式分类

根据债券发行条款中是否规定在约定期限向债券持有人支付利息，债券可分为零息债券、附息债券、息票累积债券三类。

1. 零息债券

零息债券也称零息票债券，指债券合约未规定利息支付的债券。通常，这类债券以低于面值的价格发行和交易，债券持有人实际上是以买卖（到期赎回）价差的方式取得债券利息。

2. 附息债券

附息债券的合约中明确规定，在债券存续期内，对持有人定期支付利息（通常每半年或每年支付一次）。按照计息方式的不同，这类债券还可细分为固定利率债券和浮动利率债券两大类。固定利率债券是在债券存续期内票面利率不变的债券。浮动利率债券是在票面利率的基础上参照预先确定的某一基准利率予以定期调整的债券。有些附息债券可以根据合约条款推迟支付定期利率，故称为缓息债券。

3. 息票累积债券

与附息债券相似，这类债券也规定了票面利率，但是，债券持有人必须在债券到期时一次性获得本息，存续期间没有利息支付。

三、按担保性质分类

1. 有担保债券

有担保债券指以抵押财产为担保发行的债券。按担保品不同，分为抵押债券、质押债券和保证债券。

抵押债券以不动产作为担保，又称不动产抵押债券，是指以土地、房屋等不动产作抵押品而发行的一种债券。若债券到期不能偿还，持券人可依法处理抵押品受偿。

质押债券以权利作担保，通常以股票、债券或其他证券作为担保。发行人主要是控股公司，用作质押的证券可以是它持有的子公司的股票或债券、其他公司的股票或债券，也可以是公司自身的股票或债券。质押的证券一般应以信托形式过户给独立的中介机构，在约定的条件下，中介机构代全体债权人行使对质押证券的处置权。

保证债券以第三人作为担保，担保发行人或担保全部本息，或仅担保利息。担保人一般是发行人以外的其他人，如政府、信誉好的银行或举债公司的母公司等。一般公司债券大多为担保债券。

2. 无担保债权

无担保债券也被称为“信用债券”，是指仅凭发行人的信用，而不提供任何抵押品或担保人而发行的债券。由于无抵押担保，所以债券的发行主体须具有较好的剩余，并且必须遵守一系列的规定和限制，以提高债券的可靠性。国债、金融债券、信用良好的公司发行的公司债券，大多为信用债券。

四、政府债券

1. 政府债券的定义

政府债券的发行主体是政府，它是指政府财政部门或其他代理机构为筹集资金，以政府名义发行的、承诺在一定时期支付利息和到期还本的债务凭证。中央政府发行的债券称为中央政府债券或者国债，地方政府发行的债券称为地方政府债券；有时也将二者统称为公债。

2. 政府债券的性质

政府债券的性质主要从两个方面考察：第一，从形式上看，政府债券也是一种有价证券，其本身有面额，投资者投资于政府债券可以取得利息，因此，政府债券具备了债券的一般特征。第二，从功能上看，政府债券最初仅是政府弥补赤字的手段，但在现代商品经济条件下，政府债券已成为政府筹集资金、扩大公共开支的重要手段，并且随着金融市场的发展，逐渐具备了金融商品和信用工具的职能，成为国家实施宏观经济政策、进行宏观调控的工具。

3. 政府债券的特征

①安全性高。政府债券是政府发行的债券，由政府承担还本付息的责任，是国家信用的体现。在各类债券中，政府债券的信用等级是最高的，通常被称为金边债券。投资者购买政府债券，是一种较安全的投资选择。

②流通性强。政府债券是一国政府的债务，它的发行量一般都非常大，同时，由于政府债券的信用好，竞争力强，市场属性好，所以，许多国家政府债券的二级市场十分发达，一般不仅允许在证券交易所上市交易，还允许在场外市场

进行买卖。发达的二级市场为政府债券的转让提供了方便，使其流通性大大增强。

③收益稳定。投资者购买政府债券可以得到一定的利息。政府债券的付息由政府保证，其信用度最高，风险最小，对于投资者来说，投资政府债券的收益是比较稳定的。此外，因政府债券的本息大多数固定且有保障，所以交易价格一般不会出现大的波动，二级市场的交易双方均能得到相对稳定的收益。

④免税待遇。政府债券是政府自己的债务，为了鼓励人们投资政府债券，大多数国家规定，对于购买政府债券所获得的收益，可以享受免税待遇。《中华人民共和国个人所得税法》规定，个人投资的公司债券利息、股息、红利所得应纳个人所得税，但国债和国家发行的金融债券的利息收入可免纳个人所得税。因此，在政府债券与其他证券名义收益率相等的情况下，如果考虑税收因素，持有政府债券的投资者可以获得更多的实际投资收益。

4. 中央政府债券

中央政府债券也称国家债券或国债。国债发行量大、品种多，是政府债券市场上最主要的融资和投资工具。

5. 地方政府债券

（1）地方政府债券的发行主体

地方政府债券是由地方政府发行并负责偿还的债券，简称地方债券，也可以称为地方公债或地方债。地方政府债券是地方政府根据本地区经济发展和资金需求状况，以承担还本付息责任为前提，向社会筹集资金的债务凭证。筹集的资金一般用于弥补地方财政资金的不足，或者地方兴建大型项目。地方政府债券的发行主体是地方政府，地方政府一般又由不同的级次组成，而且在不同的国家有不同的名称。美国地方政府债券由州、市、区、县和州政府所属机关和管理局发行。日本地方政府债券则由一般地方公共团体和特殊地方公共团体发行，前者是指都、道、府、县、市、镇、村政府，后者是指特别地区、地方公共团体联合组织和开发事业团等。

（2）地方政府债券的分类

地方政府债券按资金用途和偿还资金来源分类，通常可以分为一般债券（普通债券）和专项债券（收益债券）。前者是指地方政府为缓解资金紧张或解决临时经费不足而发行的债券，后者是指为筹集资金建设某项具体工程而发行的债券。对于一般债券的偿还，地方政府通常以本地区的财政收入作担保，而对专项债券，地方政府往往以项目建成后取得的收入作保证。

(3) 中国的地方政府债券

地方政府债券是政府债券的形式之一，在新中国成立初期就已经存在。如早在1950年，东北人民政府就发行过东北生产建设折实公债，但1981年恢复国债发行以来，却从未发行过地方政府债券。中国从1995年起实施的《中华人民共和国预算法》规定，地方政府不得发行地方政府债券（除法律和国务院另有规定外），因此中国目前的政府债券仅限于中央政府债券。但地方政府在诸如桥梁、公路、隧道、供水、供气等基础设施的建设中又面临资金短缺的问题，于是中国形成了具有中国特色的地方政府债券，即以企业债券的形式发行地方政府债券。如1999年上海城市建设投资开发公司发行5亿元浦东建设债券，名义上是公司债券，但所筹资金是用于上海地铁建设；济南自来水公司发行1.5亿元供水建设债券，名义上是公司债券，但所筹资金是用于济南自来水设施建设。

近几年，国债发行总规模中有少量中央政府代地方政府发行的债券。其中，2001年为400亿元，2002年为250亿元，2003年为250亿元，2004年为150亿元，2005年为100亿元，2009年为2000亿元。

五、金融债券与公司债券

1. 金融债券

(1) 金融债券的定义

金融债券是指银行及非银行金融机构依照法定程序发行并约定在一定期限内还本付息的有价证券。20世纪60年代以前，只有投资银行、投资公司之类的金融机构才发行金融债券，因为这些机构一般不吸收存款，或者只吸收少量的长期存款，发行金融债券成为其筹措资金的一个重要手段。而商业银行等金融机构，因能吸收存款，有稳定的资金来源，一般不允许发行金融债券。60年代以后，商业银行等金融机构为改变资产负债结构或需要资金用于某种特定用途，纷纷加入发行金融债券的行列，从而打破了金融债券的发行格局。在欧美很多国家，由于商业银行和其他金融机构多采用股份公司这种组织形式，所以一般将这些金融机构发行的债券归类于公司债券，与公司债券一样，受相同的法规管理。日本则有所不同，金融债券的管理受制于特别法规。中国和日本一样，将金融机构发行的债券定义为金融债券，以突出金融机构作为证券市场发行主体的地位。

(2) 中国的金融债券

中国金融债券的发行始于北洋政府时期，后来，国民党政府时期也曾多次发行过金融公债、金融长期公债和金融短期公债。新中国成立之后的金融债券发行始于1982年，该年，中国国际信托投资公司率先在日本的东京证券市场发行了外国金融债券。为推动金融资产多样化，筹集社会资金，国家决定于1985年由中国工商银行、中国农业银行发行金融债券，开办特种贷款。这是中国经济体制改革以后国内发行金融债券的开端。在此之后，中国工商银行和中国农业银行又多次发行金融债券，中国银行、中国建设银行也陆续发行了金融债券。1988年，部分非银行金融机构开始发行金融债券。1993年，中国投资银行被批准在境内发行外币金融债券，这是中国首次发行境内外币金融债券。1994年，中国政策性银行成立后，发行主体从商业银行转向政策性银行，当年仅国家开发银行就7次发行了金融债券，总金额达758亿元。1997年和1998年，经中国人民银行批准，部分金融机构发行了特种金融债券，所筹集资金专门用于偿还不规范证券回购交易所形成的债务。

近年来，中国金融债券市场发展较快，金融债券品种不断增加，主要有以下几种。

①政策性金融债券。政策性金融债券是政策性银行在银行间债券市场发行的金融债券。1999年以后，中国金融债券的发行主体集中于政策性银行，其中，以国家开发银行为主，金融债券已成为其筹措资金的主要方式。1999~2001年，国家开发银行累计在银行间债券市场发行债券达1万多亿元，是仅次于财政部的第二发债主体，通过金融债券所筹集的资金占其同期整个资金来源的92%。2009年在银行间债券市场发行政策性金融债券54期共11678.10亿元，其中，国家开发银行发行25期6700.60亿元；中国进出口银行发行12期1963.7亿元；农业发展银行发行17期3013.8亿元。同时，金融债券的发行也进行了一些探索性改革：一是探索市场化发行方式；二是力求金融债券品种多样化。国家开发银行于2002年推出投资人选择权债券、发行人普通选择权债券、长期次级债券和本息分离债券等新品种。2003年，国家开发银行在继续发行可回售债券与可赎回债券的同时，又推出可掉期国债新品种，并发行5亿美元外币债券。

从1999年起，中国银行间债券市场以政策性银行为发行主体开始发行浮动利率债券。基准利率曾采用1年期银行定期存款利率和7天回购利率。从2007年6月起，浮息债券以上海银行间同业拆放利率（Shibor）为基准利率。Shibor是中国货币市场的基准利率，是以16家报价行的报价为基础，剔除一定比例的最高价和最低价后的算术平均值，自2007年1月4日正式运行。目前对外公布的Shibor共有8个品种，期限从隔夜到1年。2007年以来国家开发银行、国家进出口银行、农业发展银行和华夏银行等在银行间债券市场所发行的浮息债券均选择3个月Shibor作为基准利率。2008年，Shibor继续在债券发行定价中发挥作用，不仅以 Shibor 为基准发行浮息债，全年发行的 57 只固定利率的企业债全部参照 Shibor 定价，还有部分短期融资券和中期票据也参照 Shibor 定价。2008 年，中国进出口银行、深圳发展银行在银行间债券市场发行了两只 Shibor 浮息债券，它们均选择了 3 个月 Shibor 作为基准利率。

2007 年 6 月，中国人民银行、国家发展和改革委员会发布《境内金融机构赴香港特别行政区发行人民币债券管理暂行办法》，境内政策性银行和商业银行经批准可在香港发行人民币债券。国家开发银行成为获准的第一家，在香港发行首只人民币债券 50 亿元。截至 2008 年年底，国家开发银行、中国进出口银行、中国银行、中国交通银行、中国建设银行在香港成功发行了总规模为 200 亿元的人民币债券。其中，中国进出口银行已是两次在香港发行人民币债券。

②商业银行债券。

商业银行金融债券。2005 年 4 月 27 日，《全国银行间债券市场金融债券发行管理办法》颁布，自 2005 年 6 月 1 日起施行。金融债券是指依法在中华人民共和国境内设立的金融机构法人在全国银行间债券市场发行的、按约定还本付息的有价证券。2005 年年底，中国商业银行金融债券共计发行 270 亿元；2006 年共计发行 310 亿元；2007 年共计发行 446. 2 亿元；2008 年共计发行 250 亿元。2009 年发行商业银行金融债券包括银行次级债、混合资本债共 43 期 2846 亿元。

商业银行次级债券。2004 年 6 月 17 日，《商业银行次级债券发行管理办法》颁布实施。商业银行次级债券是指商业银行发行的、本金和利息的清偿顺序列于商业银行其他负债之后、先于商业银行股权资本的债券。2004 年年底，中国商业银行次级债券共计发行 748. 8 亿元；2005 年共计发行 766. 3 亿元；2006 年共计发行 132 亿元；2007 年共计发行 336. 5 亿元；2008 年共计发行 724 亿元。

混合资本债券。2006 年 9 月 5 日，中国人民银行发布第 11 号公告，就商业银行发行混合资本债券的有关事宜进行了规定。混合资本债券是一种混合资本工具，它比普通股票和债券更加复杂。《巴塞尔协议》并未对混合资本工具进行严格定义，仅规定了混合资本工具的一些原则特征，而赋予各国监管部门更大的自由裁量权，以确定本国混合资本工具的认可标准。中国银监会借鉴其他国家对混合资本工具的有关规定，严格遵照《巴塞尔协议》要求的原则特征，选择以银行间市场发行的债券作为中国混合资本工具的主要形式，并由此命名中国的混合资本工具为混合资本债券。中国的混合资本债券是指商业银行为补充附属资本发行的、清偿顺序位于股权资本之前但列在一般债务和次级债务之后、期限在 15 年以上、发行之日起 10 年内不可赎回的债券。2006 年共有兴业银行和民生银行两家商业银行发行了总额 83 亿元的混合资本债券；2007 年发行混合资本债券 40 亿元。

按照现行规定，中国的混合资本债券具有四个基本特征：第一，期限在 15 年以上，发行之日起 10 年内不得赎回。发行之日起 10 年后发行人具有 1 次赎回权，若发行人未行使赎回权，可以适当提高混合资本债券的利率。第二，混合资本债券到期前，如果发行人核心资本充足率低于 4%，发行人可以延期支付利息；如果同时出现以下情况：最近 1 期经审计的资产负债表中盈余公积与未分配利润之和为负，且最近 12 个月内未向普通股票股东支付现金红利，则发行人必须延期支付利息。在不满足延期支付利息的条件时，发行人应立即支付欠息及欠息产生的复利。第三，当发行人清算时，混合资本债券本金和利息的清偿顺序列于一般债务和次级债务之后、先于股权资本。第四，混合资本债券到期时，如果发行人无力支付清偿顺序在该债券之前的债务或支付该债券将导致无力支付清偿顺序在混合资本债券之前的债务，发行人可以延期支付该债券的本金和利息。待上述情况好转后，发行人应继续履行其还本付息义务，延期支付的本金和利息将根据混合资本债券的票面利率来计算。

③证券公司债券。2003 年 8 月 29 日，中国证监会发布《证券公司债券管理暂行办法》，并于 2004 年 3 月 1 日核准中信证券、海通证券、长城证券公司发行公司债券 42.3 亿元。证券公司债券是指证券公司依法发行的、约定在一定期限内还本付息的有价证券。截至 2004 年年底，国泰君安证券公司发行证券公司债券 16.5 亿元；长城证券公司发行 2.3 亿元；中信证券公司发行 4.5 亿元。2005 年，证券公司未发债。2006 年，中信证券公司发行了 1 期 15 亿元的债券。

2004 年 10 月，中国证监会和中国银监会，中国人民银行制定并发布《证券公司短期融资券管理办法》。证券公司短期融资券是指证券公司以短期融资为目的，在银行间债券市场发行的约定在一定期限内还本付息的金融债券。2005 年，广发证券、中信证券、海通证券、招商证券、国泰君安 5 家证券公司分别发行了短期融资券，共 5 期，累计发行 29 亿元。

④保险公司次级债务。2004 年 9 月 29 日，中国保监会发布了《保险公司次级定期债务管理暂行办法》。保险公司次级定期债务是指经批准保险公司定向募集的、期限在 5 年以上（含 5 年）、本金和利息的清偿顺序列于保单责任和其他负债之后、先于保险公司股权资本的保险公司债务。该办法所称保险公司，是指依照中国法律在中国境内设立的中资保险公司、中外合资保险公司和外资独资保险公司。中国保监会依法对保险公司次级定期债务的定向募集、转让、还本付息和信息披露行为进行监督管理。

与商业银行次级债务不同的是，按照《保险公司次级定期债务管理暂行办法》，保险公司次级债务的偿还只有在确保偿还次级债务本息后偿付能力充足率不低于100%的前提下，募集人才能偿付本息；并且，募集人在无法按时支付利息或偿还本金时，债权人无权向法院申请对募集人实施破产清偿。

⑤财务公司债券。为满足企业集团发展过程中财务公司充分发挥金融服务功能的需要，为改变财务公司资金来源单一的现状，满足其调整资产负债期限结构和化解金融风险的需要，同时也为了增加银行间债券市场的品种、扩大市场规模，2007 年 7 月，中国银监会下发《企业集团财务公司发行金融债券有关问题的通知》，明确规定企业集团财务公司发行债券的条件和程序，并允许财务公司在银行间债券市场发行财务公司债券。2007 年有 7 家财务公司在全国银行间债券市场发行普通金融债券 150 亿元。2009 年，在银行间债券市场发行非银行金融机构债券共 8 期 225 亿元。

这里还需要讨论一下中央银行票据。2005 年 6 月发布的《全国银行间债券市场金融债券发行管理办法》，并未将中央银行票据包括在内，因此出于惯例，一般不将中央银行票据列在金融债券之列。但中央银行票据本质上属于特殊的金融债券，所以，我们也在此对它进行简要介绍。中央银行票据简称央票，是央行为调节基础货币而直接面向公开市场业务一级交易商发行的短期债券，是一种重要的货币政策日常操作工具，期限通常在 3 个月至 3 年。2002 年，为实现宏观金融调控目标，中国人民银行于 2002 年 9 月 24 日将 2002 年 6 月 25 日 ~ 9 月 24 日公开市场操作中未到期的正回购债券全部转为相应的中央银行票据，共 1937 亿元。从 2003 年 4 月 22 日起，中国人民银行正式发行中央银行票据，至当年年底，共发行 63 期中央银行票据，发行总量为 7226. 8 亿元，发行余额为 3376. 8 亿元；2004 年共发行 100 期中央银行票据，发行总量为 15071. 5 亿元；2005 年共发行 124 期中央银行票据，发行总量为 27462 亿元；2006 年共发行 97 期中央银行票据，发行总量为 36522. 7 亿元；2007 年中国人民银行累计发行中央银行票据 141 期，发行总量为 40390 亿元；2008 年中国人民银行共发行中央银行票据 4. 3 万亿元；2009 年共发行中央银行票据 81 期 39740 亿元。

2. 公司债券

(1) 公司债券的定义

公司债券是公司依照法定程序发行的、约定在一定期限还本付息的有价证券。公司债券属于债券体系中的一个品种，它反映发行债券的公司和债券投资者之间的债权债务关系。

（2）公司债券的类型

各国在实践中曾创造出许多种类的公司债券，这里选择若干品种进行介绍。

①信用公司债券。信用公司债券是一种不以公司任何资产作担保而发行的债券，属于无担保证券范畴。一般来说，政府债券无须提供担保，因为政府掌握国家资源，可以征税，所以政府债券安全性最高。金融债券大多数也可免除担保，因为金融机构作为信用机构，本身就具有较高的信用。公司债券不同，一般公司的信用状况要比政府和金融机构差，所以，大多数公司发行债券被要求提供某种形式的担保。但少数大公司经营良好，信誉卓著，也发行信用公司债券。信用公司债券的发行人实际上是将公司信誉作为担保。为了保护投资者的利益，可要求信用公司债券附有某些限制性条款，如公司债券不得随意增加、债券未清偿之前股东的分红要有限制等。

②不动产抵押公司债券。不动产抵押公司债券是以公司的不动产（如房屋、土地等）作抵押而发行的债券，是抵押证券的一种。公司以这种财产的房契或地契作抵押，如果发生了公司不能偿还债务的情况，抵押的财产将被出售，所得款项用来偿还债务。另外，用作抵押的财产价值不一定与发生的债务额相等，当某抵押品价值很大时，可以分作若干次抵押，这样就有第一抵押债券、第二抵押债券等之分。在处理抵押品偿债时，要按顺序依次偿还优先一级的抵押债券。

③保证公司债券。保证公司债券是公司发行的由第三者作为还本付息担保人的债券，是担保证券的一种。担保人是发行人以外的其他人（或称第三者），如政府、信誉好的银行或举债公司的母公司等。一般来说，投资者比较愿意购买保证公司债券，因为一旦公司到期不能偿还债务，担保人将负清偿之责。实践中，保证行为常见于母子公司之间，如由母公司对子公司发行的公司债券予以保证。

④收益公司债券。收益公司债券是一种具有特殊性质的债券，它与一般债券相似，有固定到期日，清偿时债权排列顺序先于股票。但它又与一般债券不同，其利息只在公司有盈利时才支付，即发行公司的利润扣除各项固定支出后的余额用作债券利息的来源。如果余额不足支付，未付利息可以累加，待公司收益增加后再补发。所有应付利息付清后，公司才可对股东分红。

⑤可转换公司债券。可转换公司债券是指发行人依照法定程序发行、在一定期限内依据约定的条件可以转换成股份的公司债券。这种债券附加转换选择权，在转换前是公司债券形式，转换后相当于增发了股票。可转换公司债券兼有债权投资和股权投资的双重优势。可转换公司债券与一般的债券一样，在转换前投资者可以定期得到利息收入，但此时不具有股东的权利；当发行公司的经营业绩取得显著增长时，可转换公司债券的持有人可以在约定期限内，按预定的转换价格

转换成公司的股份，以分享公司业绩增长带来的收益。可转换公司债券一般要经股东大会或董事会的决议通过才能发行，而且在发行时，应在发行条款中规定转换期限和转换价格。

⑥附认股权证的公司债券。附认股权证的公司债券是公司发行的一种附有认购该公司股票权利的债券。这种债券的购买者可以按预先规定的条件在公司发行股票时享有优先购买权。预先规定的条件主要是指股票的购买价格、认购比例和认购期限。按照附新股认股权和债券本身能否分开来划分，这种债券有两种类型：一种是可分离型，即债券与认股权可以分离，可独立转让，即可分离交易的附认股权证公司债券；另一种是非分离型，即不能把认股权从债券上分离，认股权不能成为独立买卖的对象。按照行使认股权的方式，可以分为现金汇入型与抵缴型。现金汇入型是指当持有人行使认购股权时，必须以现金认购股票；抵缴型是指公司债券票面金额本身可按一定比例直接转股。

对于发行人来说，发行现金汇入型附认股权证的公司债券可以起到一次发行、二次融资的作用。投资者在认购债券时需要缴纳认购资金，当投资者行权购入标的股票的时候需要再次缴纳认购资金，从而使债券的发行方只发行一次债券，却可以分两次募集资金。但这种债券也可能给发行人带来不利影响。首先，相对于普通可转换债券，发行人一直都有偿还本息的义务。由于认股权证和债券是分离交易，所以无论债券持有人行权与否，债券会一直存续到到期日，所以发行人必须承担到期还本付息的义务。其次，如果债券附带美式权证，会给发行人的资金规划带来一定的不利影响。由于美式权证的特点是在行权期限内随时可以行权，发行人需要面对在行权期内缴纳认股款的不确定性，从而对资金规划和控制有不确定影响。最后，由于无赎回和强制转股条款，在发行人股票价格高涨或者市场利率大幅降低时，发行人需要承担一定的机会成本。附认股权证的公司债券与可转换公司债券不同，前者在行使新股认购权之后，债券形态依然存在；而后者在行使转换权之后，债券形态随即消失。

⑦可交换债券。可交换债券是指上市公司的股东依法发行、在一定期限内依据约定的条件可以交换成该股东所持有的上市公司股份的公司债券。可交换债券与可转换债券的发行要素相似，均包括票面利率、期限、换股价格和换股比率、换股期限等。对投资者来说，可交换债券与持有标的上市公司的可转换债券相同，在约定期限内可以以约定的价格交换为标的股票。

3. 中国的企业债券与公司债券

中国证券市场上同时存在企业债券和公司债券，它们在发行主体、监管机构以及规范的法规上有一定区别。

(1) 企业债券

中国的企业债券是指在中华人民共和国境内具有法人资格的企业在境内依照法定程序发行、约定在一定期限内还本付息的有价证券。但是，金融债券和外币债券除外。企业债券由1993年8月2日国务院发布的《企业债券管理条例》规范。根据《企业债券管理条例》规定，原国家计划委员会会同中国人民银行、财政部、国务院证券委员会（现由中国证监会行使原证券委员会职能）拟订全国企业债券发行的年度规模和规模内的各项指标，报国务院批准后下达各省、自治区、直辖市、计划单列市人民政府和国务院有关部门执行。

中国企业债券的发展大致经历了四个阶段。

①萌芽期。1984～1986年是中国企业债券发行的萌芽期。中国企业债券出现于1984年。当时企业债券的发行并无全国统一的法规，主要是一些企业自发地向社会和企业内部集资。至1986年底，中国累计发行企业债券约100亿元。

②发展期。1987～1992年是中国企业债券发行的第一个高潮期。1987年3月，国务院颁布了《企业债券管理暂行条例》，并开始编制企业债券发行计划。这一阶段企业债券的发展表现为：一是规模迅速扩张，仅1992年一年企业债券的发行规模就达350亿元；二是品种多样，在此期间发行的企业债券有国家投资债券、国家投资公司债券、中央企业债券、地方企业债券、地方投资公司债券、住宅建设债券和内部债券等7个品种。

③整顿期。1993～1995年是中国企业债券发行的整顿期。为规范企业债券的发行，1993年8月国务院颁布了《企业债券管理条例》，规定企业进行有偿筹集资金活动必须通过公开发行企业债券的形式进行，企业发行债券必须符合一定的条件，而且要按规定进行审批，未经审批不得擅自发行和变相发行。从使用方向上看，企业发行企业债券所筹资金应按审批机关批准的用途用于本企业的生产经营。企业发行债券都由证券经营机构承销。通过整顿，企业债券的发行出现了两点变化：一是规模急剧萎缩，如1993年和1994年企业债券的实际发行量分别仅为20亿元和45亿元；二是品种大大减少，从1994年起，中国企业债券归纳为中央企业债券和地方企业债券两个品种。

④再度发展期。从1996年起，中国企业债券的发行进入了再度发展期。其间有些年份，如1999年和2000年，企业债券的发行情况虽仍不理想，但从整体上看，基本摆脱了持续低迷状态。1996～1998年，企业债券的发行规模分别达到250亿元、300亿元和380亿元，重点支持了一批国家重点建设项目，如铁路、电力、石化、石油、三峡工程等。2002年，共有10家企业发行了总额为370亿

元的企业债券，较2001年上升了115%。2003年共有15个企业发行18个品种的企业债券共358亿元。2004年，共有15家企业发行19期企业债券，发行量为326.2亿元。2005年，中国共发行中央企业债券36期，发行额为644亿元；地方企业债券1期，发行额为10亿元。2006年，中国共发行中央企业债券19期，发行额为652亿元；地方企业债券30期，发行额为343亿元。2007年发行企业（含公司）债券1821亿元。2008年共发行企业债券8730.9亿元，资产证券化产品274.014亿元，信贷资产证券化产品302.01亿元。2009年发行企业债券为192期4252.33亿元，其中，中央企业债券为39期2029亿元，地方企业债券为153期2223.33亿元；企业短期融资券为263期4612.05亿元，中期票据为172期6885亿元，集合票据为4期12.65亿元。

在此期间，企业债券的发行也出现了一些明显的变化。

①在发行主体上，突破了大型国有企业的限制。如2002年中国金茂债，其发行主体是股份制集团公司。

②在发债募集资金的用途上，改变了以往仅用于基础设施建设或技改项目，开始用于替代发行主体的银团贷款。

③在债券发行方式上，将符合国际惯例的路演询价方式引入企业债券一级市场。

④在期限结构上，推出了中国超长期、固定利率企业债券。

⑤在投资者结构上，机构投资者逐渐成为企业债券的主要投资者。如2001年发行的移动通信债和三峡债80%以上被机构投资者购买，铁路债的投资者几乎全部是机构投资者。

⑥在利率确定上，弹性越来越大。在这方面有三点创新：首先是附息债券的出现，使利息的计算走向复利化。其次是浮动利率的采用打破了传统的固定利率，如99三峡债约定在银行1年期存款利率的基础上再给予1.75%年利率的利差回报。最后是簿记建档确定发行利率的方式，使利率确定趋于市场化。如国家开发银行借鉴国际债券市场先进做法，在25亿元7年期01广核债券发行中采用了债券批准发行前先确定利率区间、债券获准发行后再通过簿记建档、最终决定发行利率报批后发行的方式，从而真正实现了价格的发现机制。

⑦中国企业债券的品种不断丰富。2005年5月，中国人民银行发布《短期融资券管理办法》和《短期融资券承销规程》、《短期融资券信息披露规程》两个配套文件，允许符合条件的企业在银行间债券市场向合格机构投资者发行短期融资券。企业短期融资券的发行、上市为债券市场注入了新的活力，丰富了债券市场的投资工具，同时拓宽了企业的融资渠道。以往中国的企业需要借入资金来

满足短期流动资金需求时，唯一的途径是找银行举借流动资金贷款。2005 年以后，有条件的企业还可以发行短期融资券，从市场上借到短期资金。

为进一步完善银行间债券市场，促进非金融企业直接债务融资的发展，中国人民银行于 2008 年 4 月 13 日发布《银行间债券市场非金融企业债务融资工具管理办法》（以下简称《管理办法》），于 4 月 15 日起施行。非金融企业债务融资工具（以下简称“债务融资工具”）是指具有法人资格的非金融企业（以下简称“企业”）在银行间债券市场发行的、约定在一定期限内还本付息的有价证券。《管理办法》规定，企业发行债务融资工具应在中国银行间市场交易商协会注册，由在中国境内注册且具备债券评级资质的评级机构进行信用评级，由金融机构承销，在中央国债登记结算有限责任公司登记、托管、结算。全国银行间同业拆借中心为债务融资工具在银行间债券市场的交易提供服务。企业发行债务融资工具应在银行间债券市场披露信息。与《管理办法》配套的《银行间债券市场非金融企业中期票据业务指引》规定，企业发行中期票据应遵守国家相关法律法规，中期票据待偿还余额不得超过企业净资产的 40%；企业发行中期票据所募集的资金应用于企业生产经营活动，并在发行文件中明确披露资金具体用途；企业在中期票据存续期内变更募集资金用途应提前披露。中期票据的推出在一定程度上平衡了企业直接债务融资、股权融资和信贷融资等主要渠道之间的关系，有利于降低间接融资比例，降低银行体系的潜在风险，减轻股权融资的压力，有利于资本市场协调、可持续发展。

（2）公司债券

中国的公司债券是指公司依照法定程序发行、约定在 1 年以上期限内还本付息的有价证券。公司债券的发行人是依照《公司法》在中国境内设立的有限责任公司和股份有限公司。发行公司债券应当符合《证券法》、《公司法》和《公司债券发行试点办法》规定的条件，经中国证监会核准。

2007 年 8 月，中国证监会正式颁布实施《公司债券发行试点办法》。《公司债券发行试点办法》的出台，标志着中国公司债券发行工作的正式启动，对于发展中国的债券市场、拓展企业融资渠道、丰富证券投资品种、完善金融市场体系、促进资本市场协调发展具有十分重要的意义。

中国的公司债券和企业债券在以下方面有所不同。第一，发行主体的范围不同。企业债券主要是以大型的企业为主发行的；公司债券的发行不限于大型企业，一些中型企业甚至小型企业只要符合一定法规标准，都有发行机会。第二，发行方式以及发行的审核方式不同。企业债券的发行采取审批制；公司债券的发行采取更具市场化的核准制，引进发审委制度和保荐制度。第三，担保要求不同。企业债券较多地采取了担保的方式，同时又以一定的项目（国家批准或者政府批准）为主；公司债券募集资金的使用不强制与项目挂钩，包括可以用于偿还银行贷款、改善财务结构等股东大会核准的用途，也不强制担保，而是引入了信用评级方式。第四，发行定价方式不同。《企业债券管理条例》规定，企业债券的利率不得高于银行相同期限居民储蓄定期存款利率的40%；公司债券的利率或价格由发行人通过市场询价确定。第五，公司债券实行了储架发行制度，允许上市公司一次核准，分次发行，即定下发行计划总额之后，可以在当年到24个月之内根据需要不断进行筹资，使企业、公司能够更灵活地安排，以满足筹资需要。

为了促进债券市场的健康发展、保护债券投资者利益，《公司债券发行试点办法》还特别强化了对债券持有人权益的保护：一是强化发行债券的信息披露，要求公司及时、完整、准确地披露债券募集说明书，持续披露有关信息；二是引进债券受托管理人制度，要求债券受托管理人应当为债券持有人的最大利益行事，并不得与债券持有人存在利益冲突；三是建立债券持有人会议制度，通过规定债券持有人会议的权利和会议召开程序等内容，让债券持有人会议真正发挥投资者自我保护作用；四是强化参与公司债券市场运行的中介机构如保荐机构、信用评级机构、会计师事务所、律师事务所的责任，督促它们真正发挥市场中介的功能。

按照“先试点、后分步推进”的工作思路及有关通知的要求，公司债券发行试点从上市公司入手。初期，试点公司范围仅限于沪、深圳证券交易所上市的公司及发行境外上市外资股的境内股份有限公司。2007年共发行公司债券112亿元；2008年共发行公司债券288亿元；2009年共发行公司债券735亿元。

除了上述公司债券，中国还有可转换公司债券、可分离交易的可转换公司债券和可交换公司债券。

1997年3月经国务院批准、国务院证券委员会发布《可转换公司债券管理暂行办法》，中国上市公司开始发行可转换公司债券。2001年4月中国证监会发布《上市公司发行可转换公司债券实施办法》，对可转换公司债券的发行细则作出规定。2006年5月，中国证监会颁布《上市公司证券发行管理办法》，进一步明确发行可转换公司债券是上市公司再融资的方式之一。经中国证监会核准，中国上市公司2004年在境内证券市场发行可转换公司债券7期148.73亿元，2006年发行8期45.87亿元，2007年发行9期104.48亿元，2008年发行4期71.8亿元，2009年发行6期46.61亿元。

2006年5月，中国证监会颁布的《上市公司证券发行管理办法》中首次提出上市公司可以公开发行认股权和债券分离交易的可转换公司债券（以下简称

“分离交易的可转换公司债券”），中国资本市场再增加新品种。经中国证监会核准，中国上市公司2006年发行分离交易的可转换公司债券3期99亿元，2007年发行6期193.8亿元，2008年发行9期596.35亿元，2009年发行1期30亿元。

2008年10月17日，中国证监会发布《上市公司股东发行可交换公司债券试行规定》。可交换公司债券的推出，为上市公司股东进行市值管理和债务融资提供了一种可供选择的渠道和新的流动性管理工具，为机构投资者提供了新的固定收益类投资工具。可交换公司债券有利于加强股票市场和债券市场的联通；有利于稳定市场预期，引导投资理念的长期化和理性化。

可交换公司债券与可转换公司债券的不同之处是：第一，发债主体和偿债主体不同。前者是上市公司的股东，通常是大股东，后者是上市公司本身。第二，适用的法规不同。在中国发行可交换公司债券的适用法规是《公司债券发行试点办法》，可转换公司债券的适用法规是《上市公司证券发行管理办法》，前者侧重于债券融资，后者更接近于股权融资。第三，发行目的不同。前者的发行目的包括投资退出、市值管理、资产流动性管理等，不一定要用于投资项目，后者和其他债券的发债目的一样，一般是将募集资金用于投资项目。第四，所换股份的来源不同。前者是发行人持有的其他公司的股份，后者是发行人未来发行的新股。第五，股权稀释效应不同。前者换股不会导致标的公司的总股本发生变化，也不会摊薄每股收益，后者会使发行人的总股本扩大，摊薄每股收益。第六，交割方式不同。前者在国外有股票、现金和混合3种交割方式，后者一般采用股票交割。第七，条款设置不同。前者一般不设置转股价向下修正条款，后者一般附有转股价向下修正条款。

六、国际债券

1. 国际债券概述

（1）国际债券的定义

国际债券是指一国借款人在国际证券市场上以外国货币为面值、向外国投资者发行的债券。国际债券的发行人主要是各国政府、政府所属机构、银行或其他金融机构、工商企业及一些国际组织等。国际债券的投资者主要是银行或其他金融机构、各种基金会、工商财团和自然人。

（2）国际债券的特征

国际债券是一种跨国发行的债券，涉及两个或两个以上的国家。同国内债券相比，具有一定的特殊性。

①资金来源广、发行规模大。发行国际债券是在国际证券市场上筹措资金，发行对象为各国的投资者，因此，资金来源比国内债券广泛得多。发行国际债券的目的之一就是要利用国际证券市场资金来源的广泛性和充足性。发行人进入国际债券市场的门槛比较高，必须由国际著名的资信评估机构进行债券信用级别评定，只有高信誉的发行人才能顺利筹资，因此，在发行人资信状况得到充分肯定的情况下，国际债券的发行规模一般都比较大。

②存在汇率风险。发行国内债券，筹集和还本付息的资金都是本国货币，所以不存在汇率风险。发行国际债券，筹集到的资金是外国货币，汇率一旦发生波动，发行人和投资者都有可能蒙受意外损失或获取意外收益，所以，汇率风险是国际债券的重要风险。

③有国家主权保障。在国际债券市场上筹集资金，有时可以得到一个主权国家政府最终偿债的承诺保证。若得到这样的承诺保证，各个国际债券市场都愿意向该主权国家开放，这也使得国际债券市场有较高的安全性。当然，代表国家主权的政府也要对本国发行人在国际债券市场上借债进行审查和控制。

④以自由兑换货币作为计量货币。国际债券在国际市场上发行，因此，其计价货币往往是国际通用货币，一般以美元、英镑、欧元、日元和瑞士法郎为主。这样，发行人筹集到的资金是一种可通用的自由外汇资金。

2. 国际债券的分类

（1）外国债券

外国债券是指某一国家借款人在本国以外的某一国家发行以该国货币为面值的债券。它的特点是债券发行人属于一个国家，债券的面值货币和发行市场则属于另一个国家。

外国债券是一种传统的国际债券。在美国发行的外国债券被称为扬基债券，它是由非美国发行人在美国债券市场发行的吸收美元资金的债券。在日本发行的外国债券被称为武士债券，它是由非日本发行人在日本债券市场发行的以日元为面值的债券。

2005 年 2 月 18 日，中国人民银行、财政部、国家发展改革委和中国证监会联合发布了《国际开发机构人民币债券发行管理暂行办法》，允许符合条件的国际开发机构在中国发行人民币债券。国际开发机构是指进行开发性贷款和投资的国际开发性金融机构，国际开发机构人民币债券是指国际开发机构依法在中国境内发行的、约定在一定期限内还本付息的、以人民币计价的债券。2005 年 10 月，中国人民银行批准国际金融公司和亚洲开发银行在全国银行间债券市场分别发行人民币债券11.3亿元和10亿元。这是中国债券市场首次引入外资机构发行主体，是中国债券市场对外开放的重要举措和有益尝试。根据国际惯例，国外金融机构在一国发行债券时，一般以该国最具特征的吉祥物命名。据此，国际多边金融机构首次在华发行的人民币债券被命名为“熊猫债券”。2006年11月15日，国际金融公司又成功发行8.7亿元熊猫债券。至此，2005年首批核准的30亿元熊猫债券额度已全部用完。

（2）欧洲债券

欧洲债券是指借款人在本国境外市场发行的、不以发行市场所在国货币为面值的国际债券。欧洲债券是在20世纪60年代初期随着欧洲货币市场的形成而出现和发展起来的。到20世纪70年代中期，欧洲债券已初具规模；80年代以来，欧洲债券的发展更快。据统计，1976年国际债券发行总额中，外国债券占56%，欧洲债券占44%；而在1983年，欧洲债券升至64%，外国债券则降为36%。目前，欧洲债券已成为各经济体在国际资本市场上筹措资金的重要手段。

欧洲债券的特点是债券发行者、债券发行地点和债券面值所使用的货币可以分别属于不同的国家。由于它不以发行市场所在国的货币为面值，故也被称为无国籍债券。欧洲债券票面使用的货币一般是可自由兑换的货币，主要为美元，其次还有欧元、英镑、日元等；也有使用复合货币单位的，如特别提款权。欧洲债券和外国债券在很多方面有一定的差异。如在发行方式方面，外国债券一般由发行地所在国的证券公司、金融机构承销，而欧洲债券则由一家或几家大银行牵头，组织十几家或几十家国际性银行在一个国家或几个国家同时承销。在发行法律方面，外国债券的发行受发行地所在国有关法规的管制和约束，并且必须经官方主管机构批准，而欧洲债券在法律上所受的限制比外国债券宽松得多，它不需要官方主管机构的批准，也不受货币发行国有关法令的管制和约束。在发行纳税方面，外国债券受发行地所在国的税法管制，而欧洲债券的预扣税一般可以豁免，投资者的利息收入也免缴所得税。

欧洲债券市场以众多创新品种而著称。在计息方式上，既有传统的固定利率债券，也有种类繁多的浮动利率债券，还有零息债券、延付息票债券、利率递增债券（累进利率债券）和在一定条件下将浮动利率转换为固定利率的债券等。在附有选择权方面，有双货币债券、可转换债券和附权证债券等。双货币债券是指以一种货币支付息票利息、以另一种不同的货币支付本金的债券。可转换债券是指可转换成另一种资产（通常是普通股票）的债券。附权证债券有权益权证、债务权证、货币权证、黄金权证等一系列类型。附权益权证债券允许权证持有人以约定的价格购买发行人的普通股票；附债务权证债券允许权证持有人以与主债券相同的价格和收益率向发行人购买额外的债券；附货币权证债券允许权证持有人以特定的价格，即固定汇率，将一种货币兑换成另一种货币；附黄金权证债券允许权证持有人按约定条件向债券发行人购买黄金。欧洲债券市场不断创新的品种满足了不同债券发行人和投资人的需求，也使该市场自身得到长足的发展。

龙债券是指在除日本以外的亚洲地区发行的一种以非亚洲国家和地区货币标价的债券。一般是一次到期还本、每年付息一次的长期固定利率债券，或者是以美元计价，以伦敦银行同业拆放利率为基准，每一季或每半年重新定一次利率的浮动利率债券。龙债券的发行以非亚洲货币标定面额，尽管有一些债券以加拿大元、澳元和日元标价，但多数以美元标价。龙债券市场是指在除日本以外的亚洲地区发行的一种以非亚洲国家和地区货币标价的公开债券市场。这种债券的发行、定价和承销都在亚洲的几个时区之内。龙债券的发行人来自亚洲、欧洲、北美洲和南美洲，投资者则来自亚洲的主要国家，而且他们都是债券发行的原始购买者。龙债券的每次发行规模各不相同，大致在 1 亿 ~ 5 亿美元之间。最适宜的规模是 2. 5 亿 ~ 3 亿美元之间。截至 1994 年 5 月，已有 22 种龙债券发行，包括 GE. CAPITAL 公司已发行的一笔债券在内，发行总额达 51 亿美元。

3. 亚洲债券市场

亚洲债券是指用亚洲国家货币定值，并在亚洲地区发行和交易的债券，亚洲债券的供给方大都来自亚洲经济体，而其需求方则来自包括亚洲各经济体在内的全球投资者。亚洲债券市场就是亚洲债券发行、交易和流通的市场，是以亚洲地区为主的区域性债券市场。最近几年以来，亚洲债券市场的发展已日益成为亚洲各经济体、特别是东亚经济体加强区域金融合作的重要内容。

亚洲债券市场的发展源于人们对 1997 年东南亚金融危机的反思。亚洲各经济体的政府官员和金融业界普遍认为，亚洲地区不健全的金融体系是形成东南亚金融危机的重要原因。这主要表现在企业过于依赖银行体系的间接融资，危机国家普遍缺少发达的资本市场，企业外部融资也以银行借贷为主，从而使金融风险集中在银行体系。发展亚洲债券市场无疑会深化亚洲地区的金融体系，纠正该地区过于依赖银行体系这种不合理的融资格局。

东南亚金融危机以后，亚洲各经济体为了维护共同的金融稳定和经济发展，在加快自身内部经济重组和改革的同时，非常注重与周边经济体加强区域财金合作，各种层次、各种形式的区域财金合作形式层出不穷。亚洲债券市场的发展也在不同场合下被多次提及，成为亚洲地区各种区域财金合作机制讨论的一大热点问题。例如 2003 年 6 月第二次亚洲合作对话（ACD）外长非正式会议通过了旨在发展亚洲债券市场的《清迈宣言》，2002 年 9 月由中国香港提出了“发展资产证券化和信用担保市场”倡议，东亚及太平洋地区中央银行行长会议组织（EMEAP）成立了亚洲债券基金，东盟 + 中日韩（10 +3）各成员国在整合上述倡议的基础上提出了统一“促进亚洲债券市场发展倡议”（ABMI）等。

在经济全球化的浪潮下，保持本地区的金融稳定和经济安全仍然是亚洲各经济体共同关心的话题，这也使亚洲债券市场的发展有了较为现实的基础。从经济方面来看，亚洲各经济体的实体经济联系日益密切，这也为亚洲债券市场的发展奠定了良好的基础。目前，不少亚洲经济体在亚洲债券市场发展方面都已经有了实质性的进展，从 2004 年下半年开始，马来西亚、泰国等国在国内都已经允许跨境债券的发行和交易。由此可见，亚洲债券市场具有良好的发展前景。

中国一直是亚洲债券市场发展倡议的积极倡导者和参与者，目前，中国广泛参与了包括 10 +3 机制、EMEAP 机制以及亚太经济合作组织（APEC）机制等相关的多项活动。2005 年中国允许符合条件的国际开发机构在中国国内发行人民币债券（即熊猫债券），体现了中国参与亚洲债券市场发展的决心，并为推动该市场的发展做出了实质性贡献。在国内债券市场引入合格的境外发行人，进一步丰富了发债主体，并使中国在资本项目开放上向前迈进了一步。

4. 中国的国际债券

对外发行债券是中国吸引外国资金的一个重要渠道，从 1982 年首次在国际市场发行国际债券至今，中国各类筹资主体已在国际债券市场发行了 100 多次债券。中国发行国际债券始于 20 世纪 80 年代初期。当时，在改革开放的政策指导下，为利用国外资金，加快中国的建设步伐，中国开始利用国际债券市场筹集资金，主要的债券品种有以下几种。

（1）政府债券

1987 年 10 月，财政部在德国法兰克福发行了 3 亿马克的公募债券，这是中国经济体制改革后政府首次在国外发行债券。1994 年 7 月，中国政府在日本发行公债券；1995 年 11 月又发行 400 亿日元债券，其中，20 年期为 100 亿日元，7 年期为 300 亿日元。1996 年中国政府成功地在美国发行 4 亿美元 100 年期扬基债券，极大地提高了中国政府的国际形象，在国际资本市场确定了中国主权信用债券的较高地位和等级。1997 年和 1998 年，中国利用国际债券融资进入了一个新的阶段，两年共发行美元债券 34.31 亿、德国马克债券 5 亿、日元债券 140 亿。2001 年 5 月 17 日，中国政府在海外成功发行了总值达 15 亿美元的欧元和美元债券。这是中国政府自 1998 年 12 月以来首次在国际资本市场上发行债券。其中，

10亿美元的10年期美元债券年息率为6.8%，由高盛、J.P.摩根大通、摩根士丹利、法国巴黎、德意志银行及巴克莱资本等投资银行承销。此次发行债券不仅保持了中国在国际资本市场上经常发行人的地位，而且向国际金融社会展示了中国经济的活力，是一次具有战略眼光的融资行为。

（2）金融债券

1982年1月，中国国际信托投资公司在日本东京资本市场上发行了100亿日元的债券，期限12年，利率8.7%，采用私募方式发行。随后，在20世纪80年代中后期，福建投资信托公司、中国银行、上海国际信托投资公司、广东国际信托投资公司、天津国际信托投资公司、交通银行等，也先后在日本东京、德国法兰克福、中国香港、新加坡、英国伦敦发行国际债券，发行币种包括日元、港币、德国马克、美元等，期限均为中、长期，最短的5年，最长的12年，绝大多数采用公募方式发行。1993年，中国投资银行被批准首次在境内发行外币金融债券，发行数量为5000万美元，发行对象为城乡居民，期限为1年，采取浮动利率制，利率高于国内同期限美元存款利率1个百分点。

（3）可转换公司债券

到2001年年底，南玻B股转券、镇海炼油、庆铃汽车H股转券、华能国际N股转券等4种可供境外投资者投资的券种已先后发行。

截至2003年12月底，中国共发行各种国际债券约200多亿美元。中国国际债券的发行地遍及亚洲、欧洲、美洲等世界各地；债券的期限结构有1年、5年、7年、10年、30年等数个品种。2004年，中国财政部在境外发行10亿欧元10年期债券和5亿美元5年期债券，中国进出口银行发行两期共10亿美元10年期债券，国家开发银行发行6亿美元和3.25亿欧元两期债券。2007年国家开发银行和中国进出口银行在国际市场各发行1期美元债券，发行额各为7亿美元。同年，中石化在境外发行15亿美元可转换为境外上市外资股的可转换公司债券。尽管近年的发行量不大，但却保持了中国在国际资本市场上经常发行人的地位，树立了中国政府和金融机构的国际形象，在国际资本市场确立了中国主权信用债券的地位和等级，并对中国金融业的对外开放起到了重要的推动作用。

第三节　债券定价

由于债券的付息与还本都发生在若干个月或若干年之后，因此，投资者愿付的这种未来收益权的价格取决于将来的货币价值与今天所持有现金价值的比较。

而这个“现值”的计算依据是市场利率。名义无风险利率与下列两项总量相等：①无风险的真实回报率；②超过预期通货膨胀补偿率之上的一个溢价。此外，由于大多数债券不是无风险的，所以它们的贴现率将体现为一种额外的溢价，这种溢价反映了债券的某些特征，譬如违约风险、流动性、纳税属性、赎回风险等。

为简化问题，我们现在假设只有一种利率，它适合于任何到期日现金流的折现，但是，我们可以很容易地把这一假设放宽。在实践中，不同时期的现金流会有不同的贴现率，但我们暂时先忽略这一限制条件。

为了给债券定价，我们先用一个合适的贴现率估算其预期现金流。债券现金流的构成包括直到到期日为止的息票利率的支付再加面值的最终支付。因此，

债券价值 = 息票利息值的现值 + 票面值的现值

如果令到期日为 T，利率为 r，债券价值则为

$$债券价值 = \sum_{t=1}^{T} \frac{息票利率}{(1+r)^t} + \frac{面值}{(1+r)^t} \qquad (3-1)$$

从式 3－1 的求和公式可知，把支付的每一息票利息的现值相加，每个息票利息的贴现都以它将来被支付的时间为基础。等式右边的第一项是一个年金的现值，第二项是单一量的现值，是最后一期支付的债券的面值的现值。

一、债券定价举例

假设存在一个债券，息票利率为 8%，30 年到期，面值为 1000 元，每半年支付息票一次，共支付 60 次，每次 40 元。假设年利率为 8% 或六个月的利率为 4%。则债券价格为：

$$价格 = \sum_{t=1}^{60} \frac{40元}{(1.04)^t} + \frac{1000元}{(1.04)^{60}} \qquad (3-2)$$

上式可以简化为：

价格 =40 元 × 年金因素（4%，60）+1000 元 × 现值因素（4%，60）

这里的年金因素（4%，60）的意思是，在半年期的利率为 4%，时间长度为 60 个半年的情况下，1 元的每年固定收入。而现值因素（4%，60）的意思是，在 60 个半年后，1 元的现值。

这张债券共 60 个周期，每次支付息票利息 40 元，很容易算出所收到利息现值为 904.94 元。由于债券总价值为 1000 元，因此最终支付的票面价值 1000 元的现值为 95.06 元。

在此例中，息票利率等于到期收益率，债券的价格等于票面价值。但是如果市场利率不等于债券息票利率，债券就不会以面值出售。例如，如果市场利率提

高为10%（半年为5%），债券价格将降低189.29元，降至810.71元。计算过程如下：

$$40\text{元} \times \text{年金因素}(5\%,60) + 1000\text{元} \times \text{现值因素}(5\%,60)$$
$$= 757.17 + 53.54$$
$$= 810.71\text{元}$$

利率越高，则债券持有人所得的现值支付就越低。因此，债券价格在市场利率上升时会下跌。这说明了债券价值的一个重要的普遍性规律。因为债券支付的现值是通过在更高的利率下贴现而得到的，因此利率上升，债券价格一定会下跌。

图3.1显示了一种30年期、年利率为8%的息票债券的价格。斜率为负的曲线形状说明了债券价格和收益率之间的负相关的关系。还要注意，图中曲线的形状显示了利率的上升所引起价格的下降幅度小于因利率相同程度的下降而引起的价格的上升幅度。因为债券价格曲线是凸形的，所以称债券价格的这种特性为凸性。曲线的曲度反映了随着利率的不断上升，所引起的债券价格的下降程度逐渐变小①。

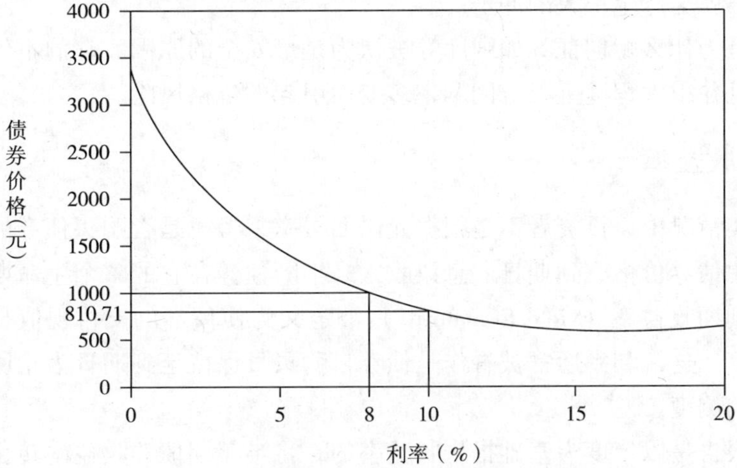

图3.1　债券价格与收益率的反向关系

公司债券一般以面值发行。这意味着债券发行的承销商（即在市场上为发行公司向公众销售债券的公司）必须选择与市场收益极为接近的息票利率。在债券发行的初级市场上，承销商试图把新发行的债券直接售与客户。如果息票利率不

① 在利率的较高水平上债券的价值降低，这就导致随利率增加，它对债券的影响就越来越小。所以，在一个变小了的初始量上利率的每次增加，都带来一个比上次更小的价格变化量。

合适，投资者将不按债券面值购买。债券发行以后，债券持有者可以在二级市场上买卖债券。譬如，大多数的债券在纽约股票交易所或其他场外市场进行交易。在这些二级市场上，债券价格受市场力量的影响而发生变化，它与市场利率呈反向变动。

价格和收益率的负相关关系是固定收益债券的最主要特征。利率的波动是固定收益市场的风险的主要根源。

评估债券价格风险的一般规律是，保持其他因素不变，债券期限越长，价格相对于利率波动的敏感性就越大。原因在于，如果投资者按面值买了债券，随后市场利率上升了，那么投资者将遭受损失：因为，当可以选择另外的投资项目能提供更高的收益时，投资者的资金却被拴在只能赚取原利息的债券上。这反映了债券的资本损失，即债券市场价格下跌。投资者的资金套在债券上的时间越长，他的损失就越大；相应地，债券价格就会有更大程度的下跌。一年期债券价格敏感性较小，也就是说，在得失的关头，对于只有一年时间的收益来说，利率变化的威胁不是很可怕的。但是，对于长期债券，比如 30 年期债券，利率的波动对债券的价格就会产生很大的冲击。

这就是为什么短期证券如国库券被认为是最安全的原因。它们不仅没有违约风险，而且在很大程度上没有因利率多变而引起的价格风险。

二、到期收益率

在现实情况中，投资者不是根据允诺回报率来考虑是否购买债券的，而是必须综合考虑债券价格、到期日、息票收入来推断债券在它的整个生命期内可提供的回报。到期收益率（yield to maturity）被定义为使债券的支付现值与债券价格相等的利率。这一利率通常被看作是债券自购买日保持至到期日为止所获得的平均报酬率的测度。

财务报告是以年度为基础报告收益率的，将半年期债券收益率转化为年度收益率只需用简单的计算利息的技术即可得年度利率百分比（APR）。用简单的计算利息方法算出的年度收益率也称为“债券等值收益率”。

债券的到期收益率是指对债券投资的内部报酬率。到期收益率可以解释为假定债券在其生命期内所获得的所有息票收益在利率等于到期收益率的情况下再投资所得到的复利回报①。到期收益率是被广泛接受的一般回报的代表值。

---

① 如果再投资利率不等于债券的到期收益率，收益的复利率将不同于到期收益率，在后面的章节中将会证明它。

债券的到期收益率不同于债券的现行收益率（current yield）。现行收益率是指债券每年的利息收入除以当时的市场价格的值。

三、到期收益率与违约风险

由于公司债券有违约风险，所以我们必须分清债券承诺的到期收益率与它的预期收益率。承诺的收益率或拟定收益率只在公司完全履行债券发行契约条件时才可能兑现。因此，承诺收益率是债券到期收益率的最大可能值。而预期到期收益率要考虑违约的可能性。

为了补偿可能发生的违约，公司债券必须提供违约溢价（default premium）。违约溢价是公司债券的承诺收益率与无违约风险的政府债券收益率之差。如果公司的债券还是有保障的并且实际兑现了，投资者就得到比政府债券更高的到期收益率。如果公司破产，公司债券的收益率就比政府债券更低。公司债券与无违约风险的中长期国债相比，存在两种潜在的可能性——更好或更坏的收益率。换句话说，它更具有风险性。

风险性债券的违约溢价模式有时被称为“利率的风险结构”（the risk structure of interest rates）。违约风险越大，违约溢价越高。

到期收益率与经济周期的循环有关。经济衰退时，收益率差趋大。显然，经济不稳定时，即便所持债券利率固定，投资者仍感觉有破产的可能性，他们要求相应更高的违约溢价作为补偿。这有时被称为投资转移（flight to quality），意即投资者在低安全率时，除非能得到更大的溢价，否则将会把他们的资金投入更安全的债券。

四、到期收益率与持有期收益率

到期收益率是在债券的市价等于它的价格时的一次性贴现率，是如果债券被持有至到期日，它整个生命期内平均回报水平的一个测度。比较而言，持有期回报率是指债券在一定时期内的收益（包括资本损益）占债券期初价格的一个百分比。在持有期内发生的收入的基础上，可以计算出任何持有期的回报率。

例如，如果一种30年期、年息票收入为80元的债券以1000元购入，它的到期收益率为8%。如果债券价格到年底升为1050元，它的到期收益率将下降到8%以下（现在债券的售价高于面值，所以到期收益率一定低于8%的息票利率），但本年持有期回报率将高于8%。

持有期回报率＝［80元＋（1050元－1000元）］/1000元＝0.13或13%

第四节 利率的期限结构

一、收益率曲线

债券价格与收益率之间的关系可以阐述为：长期限债券将比短期限债券以更高收益率出售。从业者通常将收益率和期限之间的关系用收益率曲线来表示，这是一个以时间和期限为要素的函数平面图。收益率曲线是固定收益投资者最为关心的问题之一，也是债券估值的核心，并为投资者提供判断未来利率期望值的依据。

在实践中，存在好几种收益率曲线。纯收益曲线（pure yield curve）指零息债券的收益率与期限之间的关系。相反，当期债券收益率曲线（on - the - run yield curve）指的是近期发行的以面值或近似面值价格出售的付息债券的收益率函数，该函数以期限作为自变量。

专栏 3.1　美国先行指标发生变化的特征

参考理事会考虑取消两因素加入收益率曲线。

参考理事会（Conference Board），一个重要的美国政府经济数据的提供者，正计划修订先行经济指示器的指数方案。上次修订是在 1989 年。纽约组可能在年底就要计划改进构成指数的 11 项指标。虽然还未最后决定，但理事会及其顾问小组正考虑取消两项复合指标，同时加入一项反映债券收益率的新指标。

经济学家认为国债的收益率曲线——10 年期国债的利率与短期国库券利率之差，特别有希望成为衰退或复苏的指示器。

经济学家希望，指标重组会改进指数的预测业绩，近六个月来，这一预测有效地提前 8 到 18 个月发出了经济要走低的可靠信号，但也有过几次错误预警。“它几乎发现了各次衰退，但几乎每隔一个循环，它就要预测出一个并不存在的衰退”，理事会高级经济学家、经济周期研究所主任迈克尔·博尔丁（Michael Boldin）如是说。

与此同时，按照项目顾问委员会 6 月份会议记录，在将收益率曲线作为组成部分加入指数的问题上，已经取得了广泛的同意。

最易从收益率曲线观察的是10年期国债与1年期国库券利率支付的差别，或10年期国债与联邦基金利率的差别。

纽约联邦储备银行的两位经济学家——阿图罗·埃斯特雷拉和弗雷德里克·S. 米什金发表文章说，在突发性的衰退到来之前的四个季度，收益率曲线有极强的预测效果。例如，根据他们的计算，如果10年利率比3个月利率高1.21个百分点，一年中衰退的机会就是5%。反之，如果短期利率比10年期利率高2.4个百分点——一条倒转的收益率曲线，衰退的机会大约为90%。

有两方面的表现使指标受到欢迎。首先，它们比其他工具的可靠性更高。其次，反映市场成员的集体智慧，这些成员的决定与预期——考虑政治事件影响的预期，对债券收益率发生作用。纽约联邦研究组的高级副总裁埃斯特雷拉先生说："从任意一点，都可得到一年后经济局势的简单预测，而对两到三年后通货膨胀的预测效果则会差些。"

二、利率的不确定性与远期利率

我们现在开始讨论远期利率不确定条件下的期限结构问题，这是一个更为复杂的分析。我们认为，在一个确定的世界中，有相同到期日的不同投资战略一定会提供相同的报酬率。例如，两个连续的一年零息票投资提供的总收益率，应与一个等额的2年零息票投资的收益率一样。因此，在确定的条件下，我们有，

$$(1+r_1)(1+r_2)=(1+y_2)^2 \tag{3-3}$$

当r_2为未知的情况下，应怎么办?

现在考虑投资者只投资一年的情况。她（他）可能只购买一年期零息票债券，把利率锁定在无风险的8%，因为她（他）知道到年底时债券的到期价值是1000美元。她（他）也可能购买2年期零息票债券，预期收益率也是8%：一年后，债券还有一年到期，一年预期利率为10%，这意味着债券价格为909.09美元，也意味着一年的持有期回报为8%。但是2年债券的收益率是有风险的。如果第二年的利率高于预期，即高于10%，债券价格将低于909.09美元，反之，如r_2低于10%，价格则会高于909.09美元。为什么这一短期投资者在预期收益率为8%时，买有风险的2年期债券并不比买无风险的一年期债券合算？很清楚，第二年的预期收益率不高于8%时，投资者不会持有两年期债券。这要求2年期债券以低于不计风险时的841.75美元的价格销售。

假定仅在价格为819美元时，大多数人做短期投资时，愿意持有2年期债

券。在这个价格上，第二年的预期收益率为11%（909.09/819 = 1.11）。因此2年期债券的风险溢价就是3%，它提供了一个11%的预期收益率，而不是8%的1年期债券收益率。在这个风险溢价之上，投资者愿意承受利率不确定的价格风险。

在这种情况下，远期利率 f_2 不再等于预期的短期利率 $E(r_2)$。我们假定 $E(r_2) = 10\%$，很容易确认 $f_2 = 13\%$。2年零息票债券在卖价为819美元时的到期收益率为10.5%，有

$$1 + f_2 = (1 + y_2)^2 / (1 + r_1) = (1.105^2) / (1.08) = 1.13$$

这个结果，即远期利率大于预期短期利率，并不令人惊讶。我们定义的远期利率是在第二年使长短期投资在忽略风险的情况下有相同吸引力的利率。当我们考虑风险时，显然，短期投资者不愿投资长期债券，除非长期债券提供的预期收益率高于一年期债券提供的收益率。也就是说，投资者要求持有长期债券时，获得一风险溢价。如果 $E(r_2)$ 低于盈亏均衡值 f_2，厌恶风险的投资者会愿意持有长期债券，因为 r_2 的预期越低，长期债券的预期收益率就越高。

因此，如果大多数人是短期投资者，债券的价格一定是 f_2 大于 $E(r_2)$ 的情况。远期利率将含有一个与预期未来短期利率相比较的溢价。这一流动溢价（liquidity premium）抵销了短期投资者面临的价格的不确定性。

三、期限结构理论

1. 预期假定

最简单的期限结构理论是预期假定（expectations hypothesis）。这一理论以为，远期利率等于市场整体对未来短期利率的预期。换句话说，$f_2 = E(r_2)$，流动溢价为0。因为 $f_2 = E(r_2)$，我们就可以将长期债券收益率与远期利率的预期相联系。另外，我们可以用从收益率曲线中得出的远期利率来推断未来短期利率的预期。例如，我们有：

$$(1 + r_1)(1 + r_2) = (1 + f_2)^2 \qquad (3-4)$$

如果预期假定是正确的，该式也可以写成 $(1 + r_1)(1 + r_2) = (1 + E(r_2))^2$。因此，到期收益率唯一由现行的和未来预期的1期利率决定。一个斜率为正的收益率曲线显然证明投资者对利率的预测上升了。

2. 市场分割与优先置产理论

期限结构的流动偏好理论与预期假定理论都暗含着这样一个假定，不同到期债券相互是可以替代的。投资在一种期限的投资者有可能被另一种期限风险溢价

的预期收益率所吸引。从这一意义上来说，所有期限的债券市场都交互缠绕在一起，长、短期收益率是由共同的市场均衡决定的，仅有一个公平的流动溢价。远期利率与预期的未来短期利率没有区别，或者说投资者会重新配置他们的固定收益债券组合，以获得获取异常利润的机会。

相比较，市场分割理论（market segmentation theory）认为，长、短期债券基本上是在分割的市场上，各自有自己独立的均衡情况。长期借贷活动决定了长期债券利率，同理，短期交易决定了独立于长期债券的短期利率。根据这个观点，利率的期限结构是由不同期限市场的均衡利率决定的。

这种观点在今天已不流行。做长期或短期决定之前，借贷双方都要比较长短期利率，也都考虑预期的远期利率，在此之后才会作出最有利的期限决定。因此，所有期限的债券都在借贷双方的考虑之内，这意味着任一种期限的债券利率都与其他期限债券的利率相联系。这个理论就是优先置产理论（preferred habitat theory），根据这个理论，投资者会选择那些溢价最多的债券，因为市场并不是分割的。否则的话，投资者就不会变更所投期限。

四、利率风险

我们已经知道债券价格与收益之间存在着反向变动关系，我们还知道利率会大幅度地波动。随着利率的涨落，债券持有人的资本也会相应地增加或损失。即便持有的债券是国债，本息的支付都有保证，在这样的情况下利率的波动仍然使固定收入的投资具有风险。

之所以债券价格会对利率波动作出反映，是因为在一个竞争性的市场中，提供给投资者的所有证券的预期收益率应该是相当的。当其他竞争性的收益率为8%时，如果债券的息票率也为8%，那么它将以面值出售。如果市场的利率上升到9%，那么没有人会以面值购买一种息票率为8%的债券，这时债券的价格一定会下跌，直到它的预期收益率上升到具有竞争水平的9%为止。反过来，当市场的利率下降到7%时，这种债券8%的息票率相对于其他可供选择的投资收益更吸引人。于是，渴望得到这种收益的投资者将以高于债券面值的价格购买它，直到它最终的收益率下降到市场上的平均水平时为止。

1. 利率敏感性

债券价格对市场利率变化的敏感性对大部分投资者来说是显然的。马尔凯尔就敏感性的决定提出了以下五个很有名的债券一定价关系（法则）。

①债券价格与收益有一反向关系：当收益增加时，债券价格下降；当收益下

降时，债券价格上升。

②债券到期收益率的增长会导致价格下降的幅度低于与收益的等规模减少相联系的价格上升的幅度。即收益增加比收益减少引起的成比例的价格变化较小。

③长期债券价格比短期债券价格倾向于对利率更敏感，换句话说，长期债券价格倾向于有更大的利率风险。

④当到期收益率增长时，价格对收益变化的敏感性以一下降的比率增加，也就是说，债券价格对收益增加变化的敏感性低于相应的债券期限的增加。

⑤利率风险与债券的息票率有一反向关系，高息票率的债券价格与低息票率的债券价格相比，前者对利率变化的敏感性较低。

⑥当债券以一较低的初始到期收益率出售时，债券价格对收益变化更敏感。

2. 久期

为了解决债券多次支付的“期限”含糊不清的问题，我们需要一种测度债券发生现金流的平均期限的方法，从而能够对债券的久期限进行正确地概括统计。我们也可以用久期来测度债券对利率变化的敏感性，因为我们已经注意到价格敏感性会随着到期时间的增长而增加。

弗雷德里克·麦考利（Frederick Macaulay）定义久期限为久期（duration），并指出根据债券的每次息票利息或本金支付时间的加权平均来计算久期。他认为与每次支付时间相关的权重应当同那次支付对债券价值的“重要性”相联系。他还进一步指出，与每次支付时间相关的权重应该是这次支付在债券总价值中所占的比例。这个比例正好等于支付的现值除债券价格。

因此，权重同时间 t 时的现金流有如下关系：

$$w_t = [CF_t/(1+y)^t]/\text{债券价格} \quad (3-5)$$

这里，y 为债券的到期收益率。等式右边的分子是时间 t 时发生的现金流的现值，分母是债券所有支付的总和。权重之和为 1，因为按到期收益率折现的现金流之和等于债券价格。

用这些值来计算各次支付的时间的加权平均值，我们就得到了麦考利的久期公式。

久期是固定收入资产组合管理中的一个关键概念，原因有三：首先，它是对资产组合实际平均期限的一个简单的概括统计；其次，它被看作是使资产组合免疫于利率风险的一个重要工具；第三，久期是资产组合的利率敏感性的测度。

我们已经注意到长期债券比短期债券对利率波动更为敏感，久期作为尺度使我们能够量化这个关系。具体地说，当利率变化时，债券价格变化的比率与到期收益率的变化相关，根据以下法则。

$$\Delta P/P = -D \times [\Delta(1+y)/(1+y)] \tag{3-6}$$

价格变化率等于（1＋债券收益率 y）的变化率乘以久期。因此，债券价格的易变性与债券的久期成比例，久期也成为利率风险暴露程度的自然测度。

操作者运用上式时，在形式上通常略微有些变化。它们将 $D^* = D/(1+y)$ 定义为“修正久期”。又令 D（1＋y）＝Dy，然后将上式重写为。

$$\Delta P/P = -D^* \Delta y \tag{3-7}$$

债券价格变化的百分比恰好等于修正久期与债券到期收益率的变化之积。因为债券价格变化的百分比同修正久期成比例，因此，修正久期可以用来测度债券在利率变化时的风险暴露程度。

影响债券价格对市场利率变化的敏感性包括三要素：到期时间、息票利率和到期收益率。这些决定价格敏感性的因素对于固定收入资产组合管理十分重要。一般来说，久期有如下 8 个法则。

法则 1：零息票债券的久期等于它的到期时间。

我们已经看到两年期的息票债券之所以比两年期零息票债券有更短的久期，因为最后支付前的一切息票利息支付都将减少债券的加权平均时间。这说明了久期的另一个一般性质：

法则 2：到期日不变时，债券的久期随着息票利率的降低而延长。

这条法则的性质与马尔凯尔的第五条关系相一致，原因是较早的息票利息支付对债券利息支付的平均期限的影响较大。这些息票的利率越高，较早支付的权重就越大，支付的加权平均期限就越短。

法则 3：当息票利率不变时，债券的久期通常随着债券到期时间的增长而增长。债券无论是以面值还是以面值的溢价出售，久期总是随着到期时间的增长而增长。

久期这条法则的性质与马尔凯尔的第三条关系相一致，非常直观。令人惊奇的是，久期并不总是随着到期时间增长而增长。对于折现率很高的债券，久期可能会随着到期时间的增长而下降。然而，事实上所有可以交易的债券都可以安全地假定久期随着到期时间的增长而增长。

虽然期限长的债券往往是有一个很长久期的债券，但是，久期可以更好地说明债券长期的性质，因为它还考虑了债券的支付情况。只有当债券没有息票支付时，到期期限在统计上才是有充足意义的数字，因为这时到期期限与久期相等。

法则 4：在其他因素都不变，债券的到期收益率较低时，息票债券的久期较长。

法则 4 适用于息票债券。当然对于零息票债券，久期等于到期时间，无须考虑到期收益率的大小。

法则 5：无限期限债券的久期为（1+y）/y。

法则 6：稳定年金的久期由以下等式给出：

$$[(1+y)/y]-T/[(1+y)^T-1]$$

法则 7：息票债券的久期等于

$$[(1+y)/y]-[(1+y)+T(c-y)]/\{c[(1+y)^T-1]+y\}$$

这里，C 为每个支付期的息票利率，T 为支付次数，y 为每个支付期的债券收益。

法则 8：由于息票债券是以面值出售的，计算久期的法则 7 可以简化成如下形式：

$$[(1+y)/y][1-1/(1+y)^T]$$

专栏 3.2　美国养老基金是如何在繁荣的市场遭受损失的

近来，最令人振奋的喜讯之一来自底特律，通用汽车公司在星期二声明，它的美国养老基金目前“完全建立在经济的基础之上”。未引起充分注意的是，通用汽车公司承认，它的钱微不足道，也就是 30 个亿吧，真不好意思。

且慢，如果公司的养老金计划在 1995 年开始时是 93 个亿的缺口，并且，如果公司凭借信誉在当年得到 104 亿以上，为什么养老金赤字没有完全消除呢？

我们是要对此做出解释，但这里的消息不仅对通用汽车有意义。专家认为，实际上，大多数养老基金在 1995 年都蚀了本，即便如此，你可能还记得，股票与债券在那一年收益很好。

的确，养老基金资产在这一年里表现出色。但有时人们忽略了养老基金也是一种负债（它们的债权人是退休者）。并且，对大多数基金来说，其负债的增长比率之快足以让它的资产的增长比率蒙羞。说悬一点，这意味着更多公司的养老金计划将是“入不敷出”。接下来的情况是，假设形势没有逆转，将会有更多的公司需要更多的现金来付清现款。

该责怪谁呢？利率的猛降让人人喜在心头。由于利率下降，今天，必须从养老基金中拿出更多的钱来支付明天的固定债务。用会计学的术语来说，这钱就是债务上升的“贴现值”。

到目前为止，你可能会了解养老金债务与养老金资产相比，无论上升还是下降，前者的变动幅度都要大于后者。为什么是这样的呢？在某一阶段，大多数基金“匹配不当”，这就是说，它们债务的寿命期比资产的寿命期要长。负债的期限越长，为改变比率所需要付出的现值就越多。在通常情况下，一项养老基金的平均负债期限是15年，而基金的债券资产组合的平均期限一般仅有5年。

这看来有点违背常识，但事实就是如此。有头脑的家庭绝不会把过日子的钱（一种短期负债）投入普通股（一种长期资产）中。一个大学二年级学生不可能把他的养老储蓄投进两年期债券。理解了“匹配投资”原则的普通人如乔和简们，更是对此连想也不会去想的。

但是那些坚持做短期的基金经理们，找到一个浅显的、全然不顾后果的理由，就胡乱搭配起债券的资产组合。他们的表现通常由顾问们来打分，打分的根据是他们是如何违背标准（及短期）债券指数而行事的。因此，基金经理不是为保证债务的偿还而投资，而是为避免在任何年份中落在流行的指数之后而投资。只有一个具挑逗性的例外，就是平均债券寿命期：长达26年。如果利率上升，它的资产要遭受灭顶之灾，但是如果这样，对负债的影响也是对等的。

3. 凸性

在固定收入资产组合管理中，久期显然是一个关键的工具，关于利率对债券价格的效应的久期法则仅是一种近似表达。等式3-6或它的等价物，等式3-7（我们将重复表述如下）说明债券价格变化的百分比约等于债券收益变化与久期修正值的积：

$$\Delta P/P = -D^{*}\Delta y \tag{3-7}$$

这个规则以为债券价格变化的百分比直接与债券收益变化成比率。如果确实是这样，债券价格变化的百分比作为它的收益变化的函数的图形将是一条直线，它的斜率等于 $-D^{*}$。久期法则虽然是债券收益较小变化的良好近似表达，但是，它并不能对较大程度的变化作出精确的说明。

图3.2表明了这一点。图3.2说明债券价格变化的百分比是对债券到期收益率变化的反应。曲线是30年期限、8%息票率、最初以8%的到期收益率出售的债券价格变化的百分比；直线是久期法则预期的债券价格变化的百分比。债券初始收益修正久期是11.26年，所以直线是等式 $-D^{*}\Delta y = -11.26\times\Delta y$ 的图形。

请注意，两条线在初始处相切。因此，对于债券到期收益率的小变化，久期法则是准确的。但是，对于到期收益率的大变化，在两条线之间有一个不断扩大的“间隔”，这表明久期法则越来越不准确。

从图 3.2 中还可以看到，近似久期（直线）总是低于债券的价值。当收益率下降时，它低估债券价格的增长程度；当收益率上升时，它高估债券价格的下跌程度。这是由真实价格关系的曲率决定的。曲线的形状，譬如价格—收益关系的形状是凸的，价格—收益曲线的曲率就称作债券的凸性（convexity）。凸性一般被认为是债券的理想特征：当债券收益下降时，债券价格以更大的曲率增长；当债券收益增长时，债券价格则以较低的曲率降低。例如，在图 3.3 中，债券 A 与债券 B 在初始处有相同的久期：它们的价格作为利率变化的函数与成比率变化的图形相切，这意味着它们对收益变化的敏感程度相同，至少对较小的收益变化的敏感程度相同。但是，债券 A 比债券 B 的图形更凸，这表明在利率有一较大变化时，债券 A 有更大的价格增长或较小的减少。当然，如果凸性是理想的，它不会是免费的，投资者可能不得不对更具凸性的债券付出更多，并接受一个较低的到期收益率。

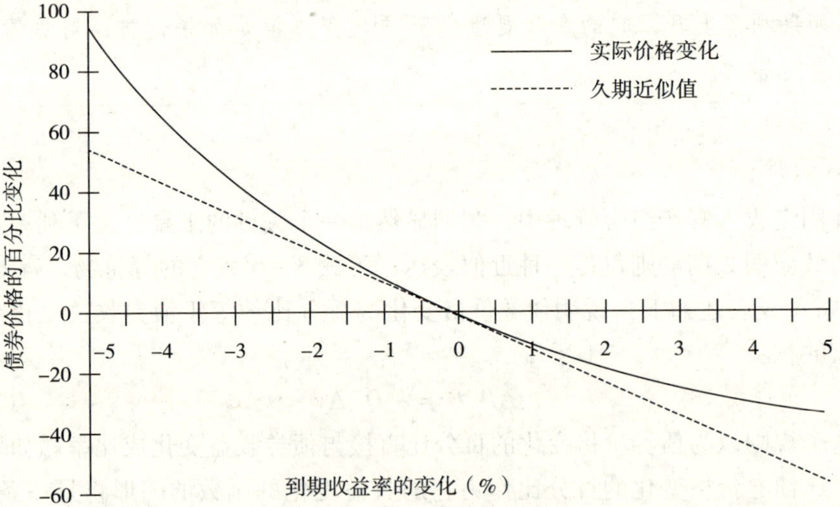

图 3.2　债券价格凸性

凸性意味着债券的价格—收益曲线在更高收益率时会变得平缓，即斜率是较低的负值。因此，我们可以让凸性作为价格—收益曲线斜率变化率的合适的表达，也是债券价格的部分表达。作为一个实际的法则，我们将看到有更高凸性的债券显示出价格—收益关系有一更高的曲率。不可赎回债券的凸性（如图 3.2）

是正的：有更高收益率时，斜率将增加（即变得较低的负值）。

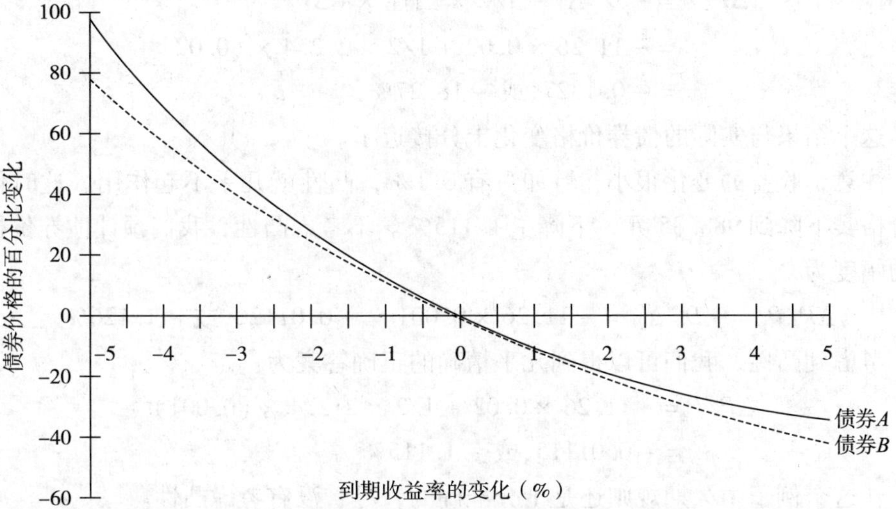

图 3.3　两种债券凸性

凸性允许我们改进随债券价格变化而变化的久期近似值。考虑到凸性，等式 3－7 可以修正如下：

$$\Delta P/P = -D^{*}\Delta y + 1/2 \times 凸性 \times (\Delta y)^{2} \qquad (3-8)$$

等式右侧第一项与等式 3－7 的第一项是相同的，第二项是由于凸性引起的修改。注意，对于有一正的凸性的债券，不管收益率是上升还是下降，第二项是正的。这一见解与前面刚刚提及的久期规则有关，久期规则表明当收益率变动时总是低估债券的新价值。把凸性考虑进来的等式 3－8 更精确了，它预测的债券价值将比等式 3－7 的预测值总是高些。当然，如果收益率变化很小，等式 3－8 中的凸性这一项要乘以 $(\Delta y)^2$，得出的积会很小，使久期的近似值不会有什么增加。在这种情况下，久期规则给出的线性近似将是足够精确的。因此，凸性在利率有一很大的潜在变化时才会作为一个更重要的实际因素。

现在我们利用一个数字的例子来说明凸性的效应。图 3.2 中的债券的到期期限为 30 年，息票利率为 8%，出售时的初始到期收益率为 8%。由于息票利率等于到期收益率，债券以面值，即 1000 元出售。在初始收益率时债券的修正久期为 11.26 年，它的凸性为 212.4。如果债券的收益率从 8% 增至 10%，债券价格将降至 811.46 元，下降 18.85%。久期法则，等式 3－7 将对价格作出预测：

$$\Delta P/P = -D^{*}\Delta y = -11.26 \times 0.02 = -0.2252，或 -22.52\%$$

这比债券价格的实际下降幅度大很多，而运用等式 3－8 所表达的久期—凸性规则，得出的结果会更精确：

$$\Delta P/P = -D^{*}\Delta y + 1/2 \times 凸性 \times (\Delta y)^{2}$$
$$= -11.26 \times 0.02 + 1/2 \times 212.4 \times (0.02)^{2}$$
$$= -0.1827, 或 -18.27\%$$

这个结果与实际的债券价格变化十分接近了。

注意，收益的变化很小，譬如只有0.1%，凸性就几乎不起作用。这时债券的价格实下降到988.85元，下降了1.115%。不考虑凸性，我们预计债券价格下降的幅度为

$$\Delta P/P = -D^{*}\Delta y = -11.26 \times 0.001 = -0.01126, 或 -1.126\%$$

考虑到凸性，我们可以得到几乎精确的正确答案为：

$$\Delta P/P = -11.26 \times 0.02 + 1/2 \times 212.4 \times (0.001)^{2}$$
$$= -0.01115, 或 -1.115\%$$

在这个例子中久期规则还是十分准确的，尽管没有考虑凸性。

五、消极和积极的管理

1. 消极的债券管理

消极的管理者通常把债券的市场价格当成是公平的价格，并仅仅试图去控制他们持有的固定收入资产组合的风险。在固定收入市场中，经常使用两种消极管理的策略。第一种策略是指数策略，试图让管理的资产组合重复一个已有指数的业绩。第二种策略是免疫策略，这是一种正为金融机构譬如保险公司或养老基金广泛运用着的技术。这些策略是被设计用来保护整个金融体系的，以免其遭受利率波动的风险。

虽然指数策略与免疫策略均认为市场价格是公平价格，但是，它们处理利率暴露风险的方式很不相同。一个债券指数资产组合的风险—回报将与之相联系的债券市场指数的风险—回报状况相当；相比较，免疫策略则试图建立几乎是零风险的资产组合。在这个组合中，利率的变动将对公司价值毫无影响。

2. 积极的债券管理

广义地说，在积极的债券管理中有两个潜在价值的来源。第一个来源是利率预测，它试图预测整个固定收入市场范围的利率运动。如果预测到利率会下降，管理者就会增加资产组合的久期（反之亦然）。第二个潜在的利润来源就是固定收入市场内相关的价格失衡情况的确定。例如，一位分析人员可能相信一种特定债券的违约溢价过大，因此，债券的价格被低估了。

只要分析人员的信息或见解优于市场中的其他人，这些技术就会带来非常规收益。如果市场上的所有人都意识到利率会下降，你就不能从利率即将下降的知识中获益。因为在这种情况下，利率的预期下降在某种意义上已影响到债券的价格，久期长的债券已经高价出售以反映未来短期利率的预期下降。如果分析人员没有先于市场得到信息，那么他对此信息作的反应一定已经太迟了——市场价格已经对信息作出了反应。我们已从市场的有效性讨论中了解到这一点。

霍默与利伯维茨创造了一种流行的债券组合策略的分类方式。他们把证券组合的各种再平衡活动归类为四种债券掉期（bond swaps）方式之一。在前两种掉期方式中，投资者总是相信债券或部门的收益关系有一暂时的错乱。当错乱消除时，价格偏低的债券就会有利可图。这段重新调整的时期叫作市场疲软期（workout period）。

①替代掉期（substitution swap）是一种债券与另一种相近替代债券的交换。相互替代的债券应有基本相等的息票利率、期限、质量、赎回特征及相同的证券偿债基金条款，等等。如果人们相信市场中这两种债券价格有一暂时失衡，而债券价格的这种不一致能带来获利的机会，那么，这种掉期方式就会出现。

②市场间价差掉期（inter - market spread swap）是当投资者相信债券市场两个部门间的收益率差只是暂时出轨时出现的行为。例如，如果公司债券与政府债券的现有价差被认为过大，并认为将来会缩小，投资者就会从投资政府债券转向投资公司债券。如果收益率差确实缩小了，公司债券将优于政府债券。例如，如果20年期国债与20年期Baa等级的公司债券的收益率差现为3%，而历史上的差价仅为2%，投资者会考虑卖掉手中所持国债，换成公司债券。如果收益率差确实缩小了，Baa等级的公司债券将优于国债。

③利率预测掉期（rate anticipation swap）是盯住利率的预测。在这种情况下，如果投资者相信利率会下降，他们会把久期较短的债券调换为久期更长的债券，相反，如果预测利率会上升，则把久期较长的债券调换为久期较短的债券。例如，投资者会卖出5年期国债，买进25年期国债。新债券与原债券的信用风险相同，但是久期更长。

④净收益增长掉期（pure yield pickup swap）的产生不是由于可见的价格错乱，而是作为持有更高收益债券以增加收益的一种方式。这应该被看作一种以更高收益债券赚取预期的时期溢价的尝试。投资者愿承受这种策略带来的利率风险。

六、中国债券市场的常见组合管理模式

1. 国债回购

(1) 国债回购的原理

①定义和分类。

国债回购交易是发达市场上常用的交易方式。它指的是国债持有者在卖出一笔国债的同时，与买方签订协议，约定于某一到期日再以事先约定的价格将该笔国债购回的交易方式。也可以是投资者在购入一笔国债的同时，与卖方约定在未来某一到期日再以事先约定的价格卖回给最初的售券者。前一种称之为国债的正回购，又叫卖出回购，后一种称之为买入反售，是国债的逆回购。一次完整的国债回购交易包括一来一去两次买卖，只是第二次买卖的时间、价格在第一次时就已经约定好的。

在回购交易中，最初卖出国债而融得资金的一方，称为融资方；而先买入国债支出资金的一方，称为融券方。回购交易按期限不同可以分为隔日回购和定期回购。隔日回购是指最初出售者在卖出债券后至少两天之后再将同一债券买回的交易。中国的国债回购交易都是定期回购。

②国债回购的作用。

国债回购交易可以提高国债市场的流动性，并为社会提供了一种新的资金融通方式。一方面，长期国债的持有者在债券持有期间可能遇到临时性的资金需要，但又认为所持国债风险小，收益长期且较高，是长期投资的良好选择而不愿将其所有权转移。他们担心等资金宽松时可能要用很高的价格买回了，于是便产生了按所需资金的时间长短将所持国债做一笔卖出回购，以便在某一未来时刻以一个现在已经约定好的价格将这笔国债购回。这样既满足了资金的临时需要，又消除了这段时间内国债价格上涨的利率风险。另一方面，对于资金富余的投资者而言，要寻找一种短期的没有利率风险而收益相对较高的投资工具，长期国债收益高但时间长、利率风险也大，短期国债利率风险小但收益不高；目前为止，中国最短的国债期限是 3 个月，假如该投资者的这笔资金只能投资少于 3 个月的时间甚至只有几天，一般的国债交易就满足不了他的要求了。有了国债回购，该投资者就可以先买进一笔国债，然后再在将来某一约定的时间以事先约定的价格把这笔国债卖回给原卖者。这样双方的收益与成本均可以在回购发生的时候预先锁定，避免了利率风险。

当国债经纪商和承销商们可以利用回购进行一定期间的融资时，他们自身的

资金实力和承销能力便扩大了，这就使得国债一级市场的容量迅速加大，有助于国债的顺利发行。国债回购交易起了一种杠杆作用，将国债市场和外部融资环境连接起来，使之从外界能融通资金，国债的流动性因此得以提高。因为，国债流动性的大小，很大程度上取决于市场需求的大小。需求旺盛，二级市场就会活跃，国债的流动性就会加大。所以逆回购投资方式，不但给短期资金富余者提供了避免利率风险的投资机会，而且也直接增加了市场的国债需求，从而直接增强了国债市场的流动性。

国债回购是中央银行进行公开市场操作的基本方式。中央银行以吞吐国债为手段的公开市场业务操作，所依托的方式不是通常意义上的国债交易，而一般是以国债正回购与逆回购的方式进行的。即中央银行通过正回购与逆回购来调节或影响社会货币流通量和利率，借以执行一定的货币政策。比如，中央银行与证券商做一正回购交易，即卖出国债，在短期内再买回，从而使短期内社会货币流通量减少，短期利率上升，起到紧缩货币的作用；中央银行做一逆回购交易，即买进国债，过一段时间后再卖出，从而使短期内社会货币流通量增加，起到放松银根的作用。1996 年 4 月 9 日，中国人民银行首次启用公开市场业务操作，在国债二级市场上，以国债回购交易收益率竞标的方式，向 14 家商业银行总行购买了 2.9 亿元面值的国债。虽然只有 2.9 亿元面值国债的资金从央行流向了商业银行，但是它却发出了强烈的放松银根的信号。过了仅 21 天，两年多未动的银行存、贷款利率分别向下调整了 1.5 个百分点和 1.2 个百分点，对国民经济运行产生了深远的影响。

中央银行之所以利用正回购与逆回购的方式，是因为大多数公开市场业务活动只是为给交易对方以较短时间的影响。通过正回购与逆回购，中央银行让市场知道这些交易会很快逆转过来。由于中央银行公开市场业务操作的目的造成了这种逆转。这种逆转是为了保持银行准备金的稳定或者清除某些市场因素对银行准备金的影响而采取的保护性措施。比如，当商业银行准备金过少以至于可能影响其负债的必要支付时，中央银行会以买进国债的逆回购方式，给商业银行增加其准备金的信号，敦促其调整准备金，以利于商业银行保持正常的准备金水平，促进稳定市场和货币供给目标的实现。

国债回购的信用风险较小。广义上讲，国债回购交易的信用风险包括两方面，即债券发行体违约和交易双方的一方违约。由于作为交易标的物的国债是国家信用的体现形式，所以整个回购交易过程是以国家信用为基础的，国债在各种证券中最为安全，风险最小，国债的发行体几乎没有违约风险。在目前，所有国债回购都必须在集中的交易场所内进行，而且有足额国债作保证时，交易双方中一方违约的风险也是很小的。因为场内国债回购一般都将用于交易的国债集中托管，由于国债是一种不断增值的金融资产，使得远期反向交易的非成功率极低，用作保证的国债随时可以在市场上变现，因此在足额国债作保证的基础上，交易者单方违约的可能性也是极小的。

（2）国债回购交易过程

现在交易所内的国债回购业务也实行竞价交易，融资方和融券方按照每百元资金应收（付）的年收益率报价。报价时可省略百分号，直接输入年收益率数值，并限于小数点后3位有效数字，最小的报价变动单位是0.005个百分点或其整数倍。交易方向以到期交易时国债的运行方向为准，融资方开始时卖出国债得到资金，到期时偿还本息买回国债，交易方向就是买进；融券方初始交易时得到国债融出资金，到期时卖出国债收回资金，交易方向就是卖出。申报数量单位同国债现券一样为“手”（1000元面值的国债为1手），并以面值10万元，即100手标准券为最小交易单位。如某个投资者需要短期资金100万元，但手中的国债又不愿卖掉，他可以选择国债回购交易，买入一定期限的国债回购100万元（1000手），以市场价格年收益率11%成交。交易所按照“价格优先、时间优先”的原则自动撮合。回购交易无须申报账号，其成交后的资金估算和国债管理直接在其申报席位的自营账号内自动进行。如果是客户委托券商进行操作，可以在账号申报栏，输入客户的股票账号、国债专用账号或是资金账号中的任意一种，作为券商自营与客户代理之间区分的重要标志。

国债回购交易双方实行“一次交易，两次清算”的方式，成交当天对双方进行融资、融券的成本核算，其成本统一按标准券的面值100元计算，双方据此结算当日应收（付）的款项。到期购回清算，由证券交易所根据成交时的收益率计算出回购价，其计算公式为：

$$回购价=100\times（1+年收益率\times回购天数/360天）$$

如果到期回购时恰逢节假日，则顺延到期后的第一个交易日。

用于国债回购的国债券必须是财政部已公开发行，并在交易所上市流通的国债券种。不可上市的凭证式国债一律不可用于国债回购交易。

在国债回购交易过程中，国债的清算不在成交双方的库存账户内直接划拨。在证券交易所的中央登记结算公司内，每个证券公司都有一个国债库存账，中央登记结算公司根据券商出入库和买卖国债的变动情况核定该券商进行融资业务可供抵押的标准券数量。每发生一笔融资业务，就有相应面值的标准券被登记结算公司锁定，在融资方未清偿回购债务前，该笔被锁定的标准券既不能卖出，也不能再次用于另一笔回购业务的抵押。而融券方每融出一笔资金并没有增加其国债库存账上的标准券数量，无法将其卖出或作为融资时的抵押券。其实，融资方用作抵押的国债属保证券性质，只有在回购到期时融资方未按约定将资金划拨到位，交易所才会将该笔保证券变卖，用于交割。如果国债回购业务的融资方在回购成交日并没有足额的存放在中央登记结算公司的标准国债用于抵押，就会被视为“卖空”国债。按照财政部及有关部门的规定，卖空国债属盗用国家信用，会受到十分严厉的处罚。除此之外，其间造成的损失全部由融资方负责。

表 3.1　上海证券交易所上海证券登记结算公司 1996 年第二季度国债现券与回购业务标准券折算率

挂牌名称	代码	兑付期限	现券面额（元）	比率	标准券面额（元）
92 国库券	000092	五年期	100	1：1.50	150
93 国库券	000093	五年期	100	1：1.65	165
95 国债（1）	000195	三年期	100	1：1.15	115
95 国债（2）	000295	一年期	100	1：1.05	105
96 国债（1）	000196	一年期	100	1：0.90	90
96 国债（2）	000296	半年期	100	1：0.95	95
96 国债（3）	000396	三年期	100	1：1.05	105
96 国债（4）	000496	三个月	100	1：0.97	97
96 国债（5）	000596	一年期	100	1：0.90	90

现在用作国债回购的标准券，并不是一种新出现的国债种类，而是一种抽象的专门用于国债回购的某种流通国债的折算标准。在 1996 年 5 月 5 日以前，用于抵押的国债均采用标准化抵押方式，即不分券种，统一按面值计算进行融资融券业务，融入资金与抵押国债的面值比例为1∶1。但是由于各期国债期限、票面利率、付息方式均不相同，在同一时刻不同的国债价格相差较大，而且往往国债价格超过面值。如果不分品种、不论价格，各种国债抵押回购保证时均以面值计算，显然对融资方和融券方都是不太公平的。所以，1996 年 5 月 3 日，上海证券交易所发出通知，决定自即日起试行按季公布国债现券品种折算成国债回购业务标准券的比率，并相应记入个会员单位国债标准券账户。具体措施是：上海证券交易所同上海证券中央登记结算公司根据国债利率及其市场价格，对所有在上海证券交易所上市的国债现货交易品种计算并公布可用于国债回购业务的折算比率。方法是上海证券交易所定期于每季度最后一个营业日起按新的折算比率计算各会员单位可用于国债回购业务的标准券数额。下表是上海证券交易所公布的 1996 年第二季度的国债回购标准券折算率。投资者所持的不同的国债现券用于回购抵押时，同样面值可融入的资金数量是不同的，真正体现了金边债券的价

值。市值100元的国债基本上就可作为100元资金的抵押券，而不是面值100元但市值150元或95元都作为100元资金的等价物。这种做法也符合国际惯例，充分体现了国债的市场属性。如896国债在上市之初，因其是以面值发行的，上海证券交易所将其折算率定为1∶1，但该券上市即跌破面值，融资方将市值97元、98元的896券作抵押融入100元资金，这对于融券方显然不够安全。所以1997年第二季度该券的标准折算率被调整至1∶0.95。

（3）现有国债回购品种

国债回购在1993年12月刚开始时，只有1、3和6个月三种回购期限，远远不能满足短期资金融通的需要。1994年1月17日，上海证券交易所新增一种回购期为7天的品种。在实践中，人们觉得对日的1月、3月、6月回购到期日常会碰到周末的非营业日，于是又于1994年6月将回购期限统一改为对礼拜的7天、14天、28天、91天，后来又推出了3天、4天、182天等期限的回购。

表3.2　上海证券交易所的国债回购品种及相应的收费标准

回购品种	品种名称	代码	经手费（元/10万元）	最高佣金（元/10万元）
3天国债回购	R003	201000	0.75	15
7天国债回购	R007	201001	1.25	25
14天国债回购	R014	201002	2.50	50
28天国债回购	R028	201003	5.00	100
91天国债回购	R091	201004	7.50	150
182天国债回购	R182	201005	7.50	150

现在我们举一个例子说明国债回购的交易方法。

例：某投资者有10万元资金，在1997年8月12日准备投资于国债回购业务。该投资者在上海证券交易所以13.500%的年收益率卖出100手R003，其购回价格$=100\times(1+13.5\%\times3/360)=100.1125$（元）。但由于购回价格只取到小数点后3位，因此其价格就是100.113元。在交易日当天，该投资者付出的现金是100015元，其中15元是付给券商的手续费。到3天后的8月15日，该投资者以每百元100.113元的价格将10手解押标准券卖出，不必再付手续费，得到100113元。投资者在这3天内的实践投资收益率是：

$$(100113-100015)/100015\times360/3=11.758\%$$

可见，看似每10万元才付15元的3天回购手续费折入年收益率后，要将名义收益率降低1.8个百分点左右，国债回购手续费对实际收益的影响还是很大的。如果是证券商自营，上笔交易只要付0.75元经手费，那么实际的年收益率就是13.47%，比客户实际收益率提高1.71个百分点。

（4）国债回购操作策略

首先，利用国债回购购回价格只取到厘的特点，我们对回购收益率的报价可以采用不同的策略。例如，上例中3天回购，年收益率在13.5%～13.62%之间，购回价格都是100.113元，对交易双方而言，收益或成本都一样。而达到13.62%，融券方就可多获收益；低于13.5%，哪怕是13.495%融券方收益就会减少。所以，在购回价格突变的临界点，回购交易双方是毫厘必争，而在一个购回价格之内，上例中该范围达0.12个百分点，收益率上之下之对交易者的利益都没有影响，融资者不妨以13.615%买入，而融券者不妨以13.5%卖出，按“价格优先，时间优先”原则先获得成交。毕竟0.12个百分点之间有24个价位，交易对手在心理上感觉好许多，而自己不用多付一分钱（或少拿一分钱），何乐而不为？

其次，是交易时间的选择。目前，国债回购收益率已成为中国多重利率体系中重要的一种，它反映了市场上短期供求状况，在现阶段主要受股票一级市场发行节奏和二级市场火爆程度的影响，其中前者影响尤甚。当新股发行节奏在某一阶段非常快，或者一天内发行的新股数量多、盘子大、价格高，或者连续几天都有新股发行时，这几天的短期国债回购利率就特别高。短期内资金充裕的投资者要融券，就要在这几天踏准新股缴款日期融出资金，而有短期资金融入需求的国债投资者应尽量避免回购收益率的峰值时期。如果融资者的交易目的是为了进行新股认购，且估计一段时间内新股发行节奏快且稳定时，不妨融入波动较小的“中期”回购，如R014、R028锁定一段时期的成本，比每次都在高峰时期融入R003、R007可能更便宜。这种方法需要对今后一段时期的新股发行节奏、市场资金状况有个准确的预测，如果市场资金需求并不像原估计的那么大，投资者付出的利息成本会更大。

当市场需求大，国债回购交易活跃时，当天的价格走势一般会先低后高。急于融资的资金需求者往往会把回购收益率不断推向高潮，到了下午2点半之后（收市前半小时），融资方的需求基本满足，这时回购收益率会有个突然下跌的过程。掌握了这个特点，融券方就不应拖到最后才借出资金，融资方可以将自己一部分资金需求放在最后一段时间才去满足。当然，有时这个规律也会不管用，譬如股票二级市场因受利好消息刺激尾市出现抢盘现象，部分资金从债市流向股市，这时国债回购收益率在最后半个小时不但不往下跌，而且还向上疯涨。如果此时融资方还有大部分需求未满足，他就不得不以更高的价格去成交了，风险也放大了许多。说到底，商品的价格是供求关系决定的，供求双方斗智斗勇的心理变化在交投活跃的交易日里，造成了国债回购收益的上下波动幅度较大。

2. 国债期货

(1) 国债期货的一般原理

①定义和特点。

国债期货是国债二级市场的一种高级衍生工具。它指的是通过有组织的交易场所预先确定买卖价格并于未来特定时间内进行券款交割的国债派生交易方式。国债期货属于金融期货中的一种，它产生于70年代美国金融市场不稳定的背景之下，是期货市场发展到一定阶段而产生的较高层次的交易方式。适用于当投资者有避限工具的需求时。

国债期货的特点有：

国债期货交易并不涉及实际国债的所有权转移，而只是转移与这种所有权有关的价格变化的风险。不同于现货交易的一手交钱、一手交货，期货交易双方商定在某一确定的远期，以约定的价格交付特定数量和规格的国债。

国债期货交易必须在指定的以市场的公开化和自由化为宗旨的集中的交易场所中进行。

所有的期货合同都是标准化合同，包括交易单位（哪种国债，多少面值）、标价方式、最小变动价位、每日价格最大波动限制、交易时间、合同交割月份、交割方式、最后交易日、最后交割日等。

期货交易实行保证金制度，通常只付较少的保证金，便可买卖国债期货合约，是一种杠杠交易。比如，上海证券交易所在刚开始进行国债期货交易时，规定非会员公司投资者每交纳500元保证金便可买卖一个面值为2万元的国债期货，放大40倍。最低保证金是指合同价值下降以致引发额外保证金要求的保证金数额。如上海证券交易所的原始保证金为500元时，最低保证金被规定为300元。

国债期货实行无负债的每日结算制度。所谓无负债结算，就是根据每个期货品种在交易日当天的加权平均价格（结算价格），与每笔交易达成的价格的差额，每天计算出交易者的盈亏。亏损较大的，当保证金余额低于最低保证金限额时，要在第二个交易日开始前补齐保证金，做到“无负债交易”。

国债期货同其他品种期货一样，一般较少发生实物交割现象。在期货合约到期之前，多数交易者会在买入或卖出后选择一定价位进行反向操作，结束原有期货合同。

②国债期货的参与者。

按照交易动机，可以将国债期货的参与者分成三类。

套期保值者。他们往往通过期货市场减少由利率变化引起的风险。一般他们已经持有国债或者是国债现券市场的参与者。一个国债现券持有者为了防止将来利率上升而造成他所持国债价格的下跌，就会在国债期货市场上卖出与所持国债一样数量的期货合同，做空头。从而可锁定国债的未来价格，减少国债的利率风险。假如将来市场利率真的上升了，国债价格下跌使他在现券上遭受损失，但是他在国债期货上以低价买回原来卖出的品种所获的盈利，正好可以减少其现券上的损失。反之亦然。这样的现券与期货套做可以减少或消除国债投资者的利率风险，是一种有效的风险控制手段。

投机者。投机者与套期保值者的入市动机正好相反，套期保值者总是千方百计地避免利率变动对国债价格的影响，一旦完成一笔套做交易就尽量少动，往往要参加实物交收；而投机者则是喜欢预测未来市场利率及其他有关因素对国债期货价格的影响，根据自己对未来期货价格的判断来随时调整买进或卖出的方向，赚取低进高出的差价。由于传统观念的作用，“投机”在人们眼中还多少带有一点扰乱正常秩序的含义，但是尽管所有的期货开始产生时总是出于人们减少风险的套期保值需要，只要期货市场真正运行起来，投机者就成为不可缺少的一部分。试想，如果没有投机者积极地参与，套期保值者的期货买卖盘就没有人接，交易也就达不成，最终套期保值的目的也就实现不了。更何况投机者在可能盈利的同时也承担着巨大的风险，一旦价格未来趋势同他们预计的相反，就会遭受损失。投机者是国债期货市场的风险承担者，既然承担了风险，他们就应该有可能获得高收益的机会。失去了投机者，期货市场将不复存在。当然，我们也应当看到投机应有一定的限度，如涨跌停板制度和持仓限额，以防市场被人操纵和垄断。

套利者。他们是试图从期货价格和现货价格不一致以及在不同的期货价格中获得盈利的交易商。当国债期货合同到期时，期货价格与现货价格会相等（或近似），这种汇聚是套利者的交易造成的。因为只要期货价格与现券价格不同，套利者就会买低卖高，众多套利者的买入使现券（或期货）价格升高，众多套利者的抛出使期货（或现券）价格下跌，直到两者价格相等，套利者才停止交易。

（2）国债期货套期保值策略

①做空套期保值，即卖出与所持国债现券相同数量的某一国债期货合约，使未来现券的出售价格被预先固定在一个较理想的价位上，从而这段时间内的收益也被预先锁定。

例：19××年4月1日，某投资者持有的一零息国债现券市场价格是101元，而当日期货市场上该现券6月交收品种的价格是105元。当时三个月的国债利率为12%，试为该投资者设计套期保值方案。

解：因为（105－101）/101×12/3＝15.84%，所以，该投资者应采取做空套期保值，卖出与现券相同数量的6月交收期货，三个月后进行实物交收。他在这三个月中的年收益率是15.84%，远远大于他直接投资于三月期的短期国债收益，套期保值策略为投资者保证了这段时间的收益。

②做多套期保值，即买入国债期货合约预先锁定未来买入国债的价格，用以避免利率下跌后国债价格上涨的风险。

例：19××年6月1日，某投资者已知下个月初他将获得一笔为数不小的退休金，准备将其全部投资于某国债。为了防止国债价格上涨的风险，他准备现在先买入该国债6月交收的期货（7月初最后交收日），其价格为105元。这样，即使在这一个月里国债价格真的上涨，如到106元，他也可以在7月初以105元的价格交收到该国债，他在这一个月内的利率风险就被消除了。假如7月初该国债价格不升反跌，如到104元，投资者也将以105元的价格交收，虽然多付了1元/百元，但105元的价格是投资者预先锁定的成本，只要达到这个目标也就满意了。所以有人把套期保值称为“一般死不了，轻易活不好”，就是指套期保值策略基本上消除了价格风险，但同时盈利也有限。

套期保值策略之所以能降低风险，其根本原因在于期货价格与现货价格走势基本一致。对于国债而言，无论是现券价格还是期货价格，都会受相同因素的影响，如利率降低、央行在公开市场上买进国债，本币升值等，使现券价格上涨，期货价格也会上涨。那么如果采取做空套期保值，持有现券，卖出相同数量的期货，投资者在现券市场会盈利，而在期货市场上会亏损，盈利冲抵后价格稳定在原水平上，投资者就达到了防范利率风险的目的；反之亦反是。

七、国债投资组合策略分析简介

1. 国债投资组合的一般策略介绍

国债投资组合策略指的是为了满足客户的投资需求所选择的国债投资组合原则和方式方法，它对于国债的管理起着至关重要的作用，对于相同的投资目的、不同的投资策略可能有截然不同的效果。60年代以前国债投资组合的管理策略只有被动式策略，基本上以“买入并持有”为主；70年代初，发展了积极式管理策略。到了70年代后期，西方大多数国家出现了破纪录的通货膨胀和利率变动，国债的收益也变得很不稳定，机构客户普遍希望能有合适的策略来管理国债，从而得到稳定的收益，因此许多投资组合专项管理技术应运而生。近几十年来，被动式投资组合策略、积极式管理策略与在此基础上产生的各种投资组合专项技术在不同的场合起着积极的作用。

（1）被动式投资组合策略（Passive portfolio strategies）

被动式投资组合策略是指顺从市场，进行稳妥投资的策略，其支持者认为在选择市场机会的时候，容易出错，不如顺应市场，从而得到稳定收益。被动式投资组合策略包括买入并持有策略与指数化策略。

①买入并持有策略（Buy and hold）。买入并持有策略为最简单的投资组合策略，国债投资组合经理只需要根据资金条件，寻找一些期限与资金投资期较为相近的品种来减少价格与再投资风险，他并不需要考虑进行积极地市场交易来获取更高的收益。这种策略可以避免国债二级市场风险，按照国债买入时的条件，获得无风险收益。许多成功的国债投资组合经理将此策略进一步发展为“改进的买入并持有策略”，那就是在买入国债之后，当发现该品种有较为有利的价位时，增加其持仓量。当然，如果该类操作较为频繁，那么该策略就成为积极式管理策略了。

对应于此种策略，国债投资组合经理主要考虑短期国债。这种策略的缺点是资金流动性较差。

②指数化策略（Indexing）。在有效的市场中，大量的实证研究证明大多数国债投资组合经理的策略不能超过市场的表现，因此许多国债投资组合经理都倾向于将国债资产指数化，也就是说国债投资组合经理选择一种投资组合，使其表现与市场上国债指数（如雷曼兄弟指数、美林指数、所罗门兄弟指数）的表现基本吻合。这种情况下，判断一个国债投资组合经理成功与否的标准已不是所得到的收益与风险，而是其投资组合的表现与指数表现的差异，因此在选择指数化策略的时候，参考指数的选择是很重要的。

（2）积极式管理策略（Active management strategies）

积极式管理策略是指运用各种方法，积极主动地寻找市场机会的策略。其支持者认为国债市场的效率不强，市场上有许多被低估或高估的国债，从而可以买进或卖出来获得收益。积极式管理策略主要应用以下方法。

①利率预测（Interest rate anticipation）。应该说在所有的国债管理方法中，利率预测是风险性最大的一种，因为预测利率所依靠的是远期利率的不确定性预测，当预测到利率可能往上走的时候，就应该尽量使手中的资本保值；当预测到利率可能下降的时候，就尽量地多获得一些资本利得。实现这些目标通常是通过调整投资组合的期度来实现的，预测到利率要下降的时候，尽量使投资组合的期度更长；而当预测到利率要上升时，尽量减短投资组合的期度。因此风险与投资组合的期度就是一对函数关系，而一旦利率变动方向预测错误的时候，投资的损

失是巨大的。

②价值分析（Valuation analysis）。价值分析是指通过分析债券的内在价值，用以挑选国债。通过比较各种各样国债的存续期、收益率及是否为附息国债等因素，发现市场上同类国债中哪些是被市场低估的，哪些是被市场高估的，然后进行投资。

③信用分析（Credit analysis）。信用分析主要针对整个债券市场（包括国债与企业债），国债投资组合经理通过对债券发行的各种条件进行详细的分析，得出发行者不能兑付债券的可能程度，这主要参考债券评级机构对债券的评级变化。评级变化的主要原因为发行主体发生变化（财务状况发生变化等）或外界环境发生了变化，当宏观经济运行较为良好的时候，较为弱小的企业也可以按期偿还债务，而当宏观经济出现问题的时候，财务状况再好的企业也对能否按期偿还债务感到困难，因此可以通过对宏观经济周期的了解来估计企业状况的变化，并尽可能在债券评级机构发布债券级别变动之前预测到债券的评级变化，从而要求相应的风险报酬。由于目前基金投资债券的范围只有国债，因此进行信用分析的意义不大。

④收益率差分析（Yield spread analysis）。收益率差分析的一个基本假设为，不同种类的国债之间存在一个合理的利率差（比如长期国债与短期国债之间的合理差距），因此国债投资组合经理一旦发现异常情况出现，就立即抓住时机进行调期。

不同期限之间的利率差主要通过利率曲线的形状来体现，利率曲线上的间断点往往成为投资调整的对象。收益率差的变化一般来说与经济环境有很大的关系，在经济衰退的时候，为了刺激经济短期利率往往很低，而在经济扩张期，为了对付通货膨胀，短期利率往往较高。

（3）国债投资组合专项技术

国债投资组合专项技术主要是为了满足不断增加的机构投资者的特殊需要而产生的，通常用来满足像退休基金这样的机构投资者取得定期定量收入等特殊需要。在中国因为《证券投资基金管理暂行办法》规定基金收益分配应当采用现金形式，每年至少一次，所以这些投资组合专项技术对中国证券投资基金也是适用的。国债投资组合专项技术主要包括专项投资组合技术和条件免疫技术：

①专项投资组合（Dedicated portfolios）。专项投资组合，指的是国债投资组合经理用此种方法来满足一些计划好的将要到期的债务或资金要求，比如退休基金要求国债投资组合经理采用的投资组合方法能够及时产生适当大小的现金流来支付给退休基金的持有者，此种技术又可以细分为两种。

第一种：纯现金流匹配专项投资组合（Pure cash - matched dedicated portfolio）。

本方法为最保守的方法，专指国债投资组合经理所组合的投资能够通过组合中附息国债的息票、偿债基金的付款、国债到期的本金来完全匹配债务的偿还计划，如退休金的固定支出。显然，构造这么一个投资组合所产生的现金流必须在债务到期之前。通常，国债投资组合经理可以在投资组合中选用一系列的零息国债来完全匹配债务的大小，而此种投资组合的缺点也就在于投资组合所产生的任何现金流不能再进行投资，因此是一种相当被动的技术。

第二种：再投资专项技术（Dedicated with reinvestment）。

再投资专项技术基本上与纯现金流匹配专项投资组合技术一致，不过其假设是：投资组合所产生现金流的时间并非完全与到期债务的时间一致，因此债务到期前所获得的现金流可以用合理的保守利率来投资，因此该假设允许国债投资组合经理可以考虑一些高收益的国债，并使整个投资组合获得较高的收益。

②免疫技术（Immunization）。国债投资组合经理在考虑了买入并持有策略，或一种积极的投资策略，或一种专项的投资组合策略之后，并经客户的同意后可能采取优化的方法来消除投资组合的利率变化风险。免疫技术是指国债投资组合经理通过专门的方法，在投资期内获得固定的收益（通常与当时的市场利率一致）从而避免在这期间内市场利率变化对其投资组合的影响。

一般地，国债投资组合经理所碰到的一个重要问题是，在投资期结束后，投资的收益率能有多少。在市场利率从未变动的时期中，当然投资收益就是投资组合开始时所隐含的收益率，而在实际情况下，市场利率不发生变动是不可能的。通常国债投资组合经理在投资期内面临两种风险：价格风险与息票的再投资风险。

价格风险。价格风险主要指当市场利率升高的时候，国债在二级市场中实际价格要低于期望值，当市场利率下降的时候，国债的实际价格要高于期望值，但最重要的一点是，如果不能确定日后利率的走势，那么你也就无法确定日后国债的价格。

息票的再投资风险。息票具有再投资风险是因为在当时构造投资组合的时候，隐含的假设条件为在投资期所收到的所有息票都将以当时所期望的收益率来进行再投资。显然当投资期内市场利率期限结构没有发生变化的时候，息票的再投资利率是当时隐含的到期收益率；而当市场利率走低的时候，息票的再投资收益就会少于期望收益；而当市场利率走高的时候，息票的再投资收益也就会高于期望值。如前所述，由于市场利率走势是无法确定的，因而也无法确定息票的再投资收益大小。

利率风险的传统免疫。利率变化所引起的国债价格变化与息票再投资收益变化方向是相反的，利率上升引起价格的走低会使息票的再投资收益走高，相反地，利率下降会引起价格的走高却使息票再投资收益减少。因此，如果能够选择合适的投资期，息票再投资收益的变化刚好与国债价格变化相抵消的话，该投资组合就实现了利率免疫，也就是说利率的任何变化都不会对投资组合所取得的收益产生任何影响。

③时期匹配技术（Horizon Matching）。时期匹配技术是纯现金流匹配技术与免疫技术的组合。债务流主要分成两个阶段：在第一个阶段，投资组合的建立以纯现金流匹配技术为基础；在第二个阶段，投资组合策略以免疫技术为主。这样，初期投资能够稳定现金收入，后期投资又能保本和保持其他灵活性。通常由于收益率曲线的变动很难做到平行移动（比如 1998 年 3 月 23 日的降息就有这种情况，3、5 年期的存款利率没有变化，而 1、2 年期的存款利率却下调了许多），而大多数的非平行移动都集中于最初阶段，因此将后一阶段应用传统免疫则可使得传统免疫的一个基本条件收益率曲线的平行移动假设，能够通过此种方法在很大程度上得到保证。

④条件程序技术（Contingent procedures）。条件程序技术是结构化的积极管理策略的一种方式，其主要代表为条件免疫技术，条件免疫技术（contingent immunization）是传统免疫的发展和应用，它使国债投资组合经理能够应用积极管理策略来获得更高的利润，同时在积极管理策略失败时，其机制能保证投资组合得到稳定的收益。

条件免疫技术的一个基本前提是客户能够接受比市场利率稍微低一点的预期收益率，这样就给国债投资组合经理留下了一点余地来进行积极管理，当国债经理预测到利率可能下调，就将投资组合的期度调整为大于投资期，而此时市场利率果真下调的话，投资组合在取得资本利得之后又进行传统免疫，这样国债投资组合经理所得到的收益比传统免疫所能得到的收益还要多；如果利率并没有下调，反而上升的话，虽然国债投资组合经理因市场利率走势预测错误而损失一些收益，但它可以立即对投资组合在高市场利率下进行免疫，从而也能将投资组合的收益保证在客户允许的范围之内。

第五节　实证研究：债券市场与货币政策传导机制

一、概述

欧美发达国家的经验表明：债券市场是中央银行执行间接货币政策调控的重

要平台和渠道，有利于提高货币政策的传导效果。由于具有信息公开、反应敏捷的优势，债券市场在今天的经济发展中作用不可低估。同时，债券市场也是研究货币政策传导机制的重要场所。而货币政策传导机制也是西方宏观经济学研究的焦点之一，也是货币政策研究领域的核心内容，主要探讨各种外生性变量及政府干预所造成的影响如何导致名义收入的变动。伴随中国债券市场的不断发展，理顺货币政策在债券市场传导的各个环节和要素，实现债券市场发展与货币政策传导的良性互动，是理论界和实务界关注的一个重要问题。

1995 年《中华人民共和国中国人民银行法》的颁布和实施，标志中国开始有了真正意义上的现代货币政策。中国实施现代意义上的货币政策的历史非常短暂，学术界和职能部门对货币政策是否有效非常关注，但如何评价货币政策的有效性则没有定论，而只有正确地评价出货币政策的效果，才能准确地分析出影响货币政策有效性的原因，并有针对性地提出增强货币政策效果的建议。

基于中国货币政策有效性研究的现状，本节参考了已有的理论文献和研究方法基础上，分析 2002 年 1 月 ~ 2014 年 8 月期间的中债综合指数、货币供应量、银行间同业拆借利率和股票价格指数的变动趋势。考虑到货币政策传导机制的研究特性，本节采用计量分析的方法。以狭义货币 M1 和广义货币 M2 为研究重点，分别使用变量估计向量自回归模型（VAR）、Johansen 协整检验和 VEC 模型对最新数据进行分析，并做了相应的方差分解和脉冲响应分析。从而对货币政策与银行间债券市场的关系，以及银行间债券市场对实体经济起到的作用，提出了有益的思考和建议。

二、文献综述

早期的货币传导理论是货币中性（Monetary Neutrality）理论，即认为货币供给的效应完全或者近乎完全地落在价格上，对实际变量几乎没有影响。从大卫·李嘉图的古典二分法到马歇尔、费雪交易方程式，直至后来魏克赛尔、基德兰德（Finn. E. Kydland）和普雷斯科特（Edward. C. Prescott）等人都始终继承了货币中性这一古典经济学的研究范式。但凯恩斯的《通论》在否定萨伊定律、市场自动出清的基础上，提出了货币非中性（Monetary Non—neutrality）的思想，后来又分别由托宾、弗里德曼、莫迪利安尼、奥肯、曼昆（N. Gregory. Mankiw）等人分别从不同角度，在不同分析框架下对这一思想进行了不断补充和完善。其中值得一提的是，弗里德曼将两者结合起来，提出了货币长期中性和短期非中性的命题。

在货币政策的具体传导理论方面，一般可分为货币论（渠道）和信贷论

(渠道) 两种不同的观点。货币观点认为银行储备下降意味着交易存款的下降，因此利率会上升。货币政策对利率的最初冲击只源于银行负债的某些特征，而与其资产无关。信贷观点则认为，银行与其客户之间的信息不对称会削弱银行的贷款意愿和某些客户的借款能力。如果银行不愿对部分客户贷款，则其他一些潜在的贷款者就不会使这些贷款发生替代。在此情形下，即使银行负债没有太大的变化，银行储备的下降也会使贷款减少。同时银行间为争夺有限的储备的竞争也将提高存款利率，最终导致整个利率水平的上升。这里，货币政策对利率的最初冲击依赖于银行的资产特征，与其负债无关。信贷渠道又分为两种具体的途径：①银行信贷渠道（the banking Creditc hannel)；②资产负债表渠道或资产净值渠道（the balanee Sheet/net worth Channel)。目前，在西方经济学界，支持信贷观点的代表人物主要有伯南克、格特勒（Mark Gertler）等人；对信贷观点持“怀疑”或“否定”态度的主要代表人物是查尔斯·罗默（Chr1 Stina D. Romer）和大卫·罗默（David H. Romer)、爱德华（Franklin R. Edwards）和米什金（Frederic Mishkin)、纽曼（Manfred J. M. Neumann）等人。从货币论来看，凯恩斯阐述了货币经由利率传导到收入和产出的过程，并形成了经典的货币政策利率传导渠道理论。但凯恩斯假定社会金融资产只有货币和长期政府公债两种，而将其他证券看成是与公债完全可以替换的，这种假设显然与现实存在较大差距。托宾(1969) 在凯恩斯流动性偏好论的基础上，将凯恩斯的二元资产假定扩充为多元资产，并通过对利率波动引起资产价格的变化，进而影响企业重置成本和投资支出，导致收入和产出变化这一总体过程的研究，提出了著名的 q 渠道传导理论。但在托宾的模型中，侧重于对企业的研究，而忽略了消费者的行为选择问题。而莫迪利安尼则从生命周期理论的角度，通过对利率波动引起消费者持有财富价格变化和替代的研究，提出了货币政策的财富效应传导渠道。但财富效应是否发挥作用及作用程度如何，则主要取决于公众如何看待他们的实际余额增长，以及这种增长对他们投资和消费决策的影响（Yung Chul Park，1972)。弗里德曼则认为，货币供给量可以透过利率直接对投资和消费形成影响，进而影响国民收入和社会产出，从而形成直接的货币传导理论。弗里德曼还在其持久性收入概念的支撑下，主张中央银行应直接控制货币供给量增长率，其主张在很大程度上影响了许多国家 20 世纪 70 ~90 年代中央银行的货币政策操作。但由于金融创新等因素的影响，使得货币供给量越来越不可预测，这种货币政策调控模式正逐步被世界各国所放弃。如果说以上的研究都是基于封闭经济条件下的研究，那么米德(J. Meade)、顶伯根（J. Tinbergen)、斯旺（Trevor Swan)、蒙代尔(R. Mundell)、弗莱明（J. Fleming）则将这种研究扩展到开放经济体系中，并逐步形成和完善了货币政策的汇率传导渠道。

林娟（2006）运用干预分析模型，研究了2004年4月25日央行上调存款准备金率这一干预事件时中国国债市场的影响，研究结果显示，上调存款准备金率政策公布后，负面影响逐渐上升，4月29日负面影响累计达到最大，此时交易所国债指数也跌到最低点。同时实证结果表明，中国的国债市场仍然尚未达到半强势有效市场。吕江林、姜光明（2004）基于交易所债券市场开展研究，在对上交所国债市场、交易所企业债市场、交易所转债市场和上交所国债回购市场，以及作为对比的上海股票市场的综合指数日收益率序列分布作了广义误差分布（GED）的假设基础上，深入地探讨了各市场日收益率拟合最优的EGARCH模型的阶数，度量了各市场综合指数日收益率序列经过EGARCH回归后的残差的波动性，并分析和比较了各市场日收益波动性的风险特征。朱国彦、田志朋（2008）基于交易所企债指数，利用ARMA-GARCH模型分析市场波动性。结果表明ARMA（1，1）-GARCH（1，1）模型可以合理解释企业债券市场波动存在的持续性、从集性和杠杆效应。场外冲击对条件方差的影响具有持久性，反向冲击比等量的正向冲击会导致更高的下一期的条件方差。EGARCH（1，1）-M模型回归结果表明，市场存在正的风险溢价，但是预期条件波动对预期收益仅有微弱补偿。吕江林（2004）运用现代协整分析、误差修正模型和格兰杰因果分析等现代时间序列分析方法，实证考察了若干发达国家和新兴发展中国家（地区）股价指数和实际国内生产总值以及消费价格指数之间的动态关系，发现当一国股市发展到一定水平时，股指与实体经济间存在着较为显著的多重协整关系和双向因果关系；也考察了中国上证综指与实际国内生产总值之间的动态关系，发现股指与实体经济间存在着双重协整关系和单向因果关系。

三、实证分析

债券市场货币政策传导过程分为两个阶段：第一阶段是内部传导阶段，即从中央银行货币政策操作至债券市场相关指标变动；第二阶段是外部传导阶段，即从债券市场至消费、投资等实体经济指标变动。本节主要对债券市场经济变量内部传导阶段的有效性进行实证检验，即检验货币政策（主要表现为货币供应量变动和利率变动）对债券市场（主要是债券价格）的影响方向及大小。

1. 样本选取及数据处理

为了研究中国货币政策对债券市场的影响，构造以债券价格为因变量，货币供应量、利率、股票价格为自变量的系统（ZQ_t，M_t，R_t，GP_t）。其中ZQ为反映债券价格的指标，M 为反映货币供应量的指标，R 为反映利率的指标，GP 为反映股票价格的指标。

本节采用最新月度时间序列数据进行实证分析，样本期间为 2002 年 1 月～2014 年 8 月，共 152 个样本点，涵盖了截至目前可得完整数据的最长时间区间，以尽可能提高实证分析结果的准确性和当下有效性。具体选取变量包括：

①反映债券价格的变量 ZQ：选取中债综合指数，数据来源于中国债券信息网。

②反映货币供应量的指标 M1、M2：本节将从狭义货币 M1 与广义货币 M2 两个层次来分别讨论其对债券价格的影响，运用 M1、M2 的同比增长率来表示货币政策的变动，数据来源于 WIND 数据库。

③反映利率的指标 R：采用与基准利率走势高度一致且市场化了的银行间市场同业拆借 7 天加权平均利率，数据来源于中国人民银行网站。

④反映股票价格的指标 GP：采用发布时间较早的上证综合指数，数据来源于 WIND 数据库。

将以上数据 ZQ、M1、M2、R 和 GP 取自然对数以消除异方差的影响。同时，考虑到月度数据易受季节因素影响，因此采用 X12 方法对 M1、M2 和 R 进行季节调整，剔除季节因素影响，同时采用二次指数平滑法对 ZQ、GP 进行指数平滑，消除明显趋势变动的影响。经过调整后的序列分别用 LZQSM、LM1SA、LM2SA、LRSA 和 LGPSM 表示。

表 3.3 变量名称列表

变量名称	指标	含义	处理	数据来源
LZQSM	中债综合指数	债券价格	取对数，平滑处理	中国债券信息网
LM1SA	狭义货币供应量同步增长率	狭义货币供应量	取对数，季节调整	WIND 数据库
LM2SA	广义货币供应量同比增长率	广义货币供应量	取对数，季节调整	WIND 数据库
LRSA	银行间同业拆借 7 天加权平均利率	利率	取对数，季节调整	中国人民银行网站
LGPSM	上证综合指数	股票价格	取对数，平滑处理	WIND 数据库

2. 数据描述及趋势分解

（1）数据描述

从图 3.4 中可以看出，2002 年 1 月～2014 年 8 月期间：①中债综合指数总趋势是平稳向上的，在金融危机期间和2013年受债市监管风暴的影响有较大幅度的下跌，但是波动程度仍然有限，说明债券的安全性和收益性还是得到了基本保证。②广义的货币供应量变动基本与狭义的货币供应量保持同步，但是波动程度得到很大削弱，说明通过控制基础货币量的政策效力有一定局限性；货币政策在金融危机的扩张结束后迅速收缩，2012年以来又小幅扩张和平稳波动。③银行间同业拆借利率由于是市场化利率，呈市场化不规则波动，只在2008年金融危机爆发后大幅下跌，之后便开始波动上扬。④股票价格指数相比于债券价格指数，波动剧烈得多，金融危机发生后迅速下跌，之后虽短暂上扬，但总体走低，2014年几乎又达到金融危机后的低点，可见股票市场的风险较大。

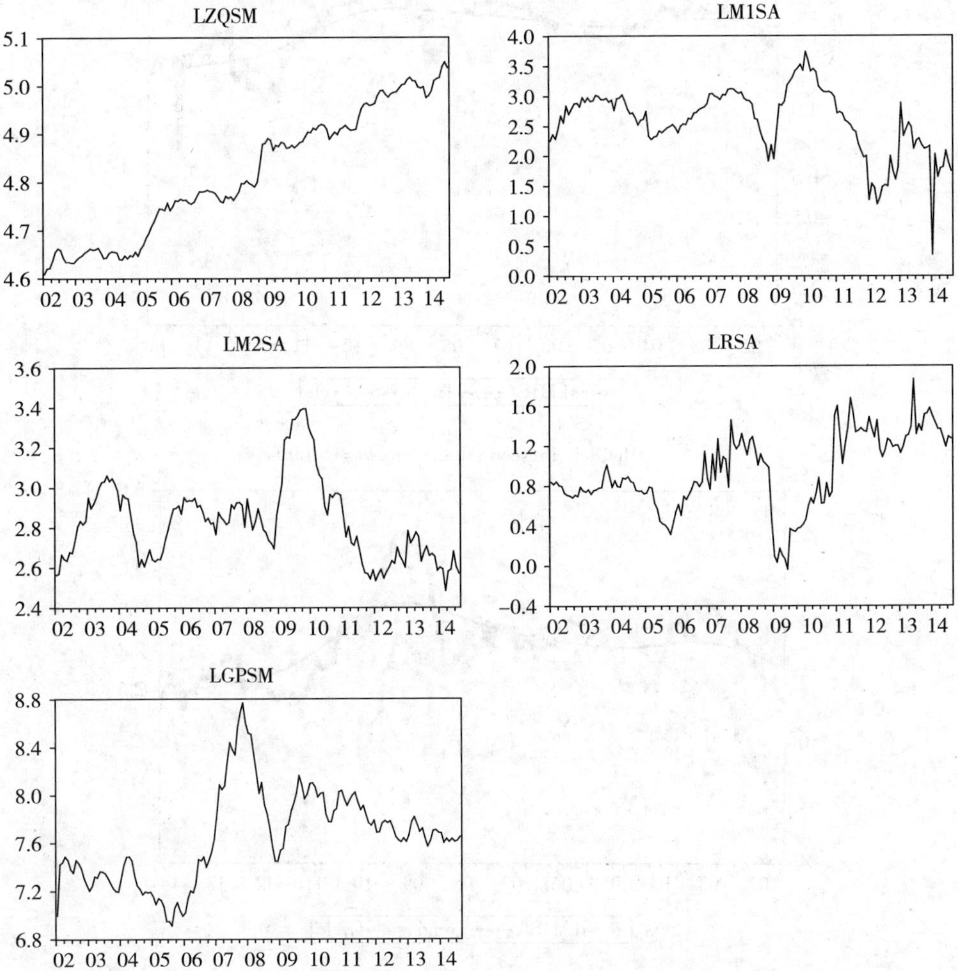

图3.4 数据描述图

（2）趋势分解

研究货币政策内部传导有效性，首先要对货币政策的方向和强度进行判断，这就需要刻画货币政策状态。采用 H－P 滤波进行趋势分解，图 3. 5 分别是 M1、M2 增长率的 HP 分解图。

图 3. 5 中，Trend 和 Cycle 分别表示趋势成分和波动成分。可以看出：金融危机后货币政策呈现短暂的扩张状态，2009 年之后一直处于紧缩过程。广义和狭义货币的走势是一致的。

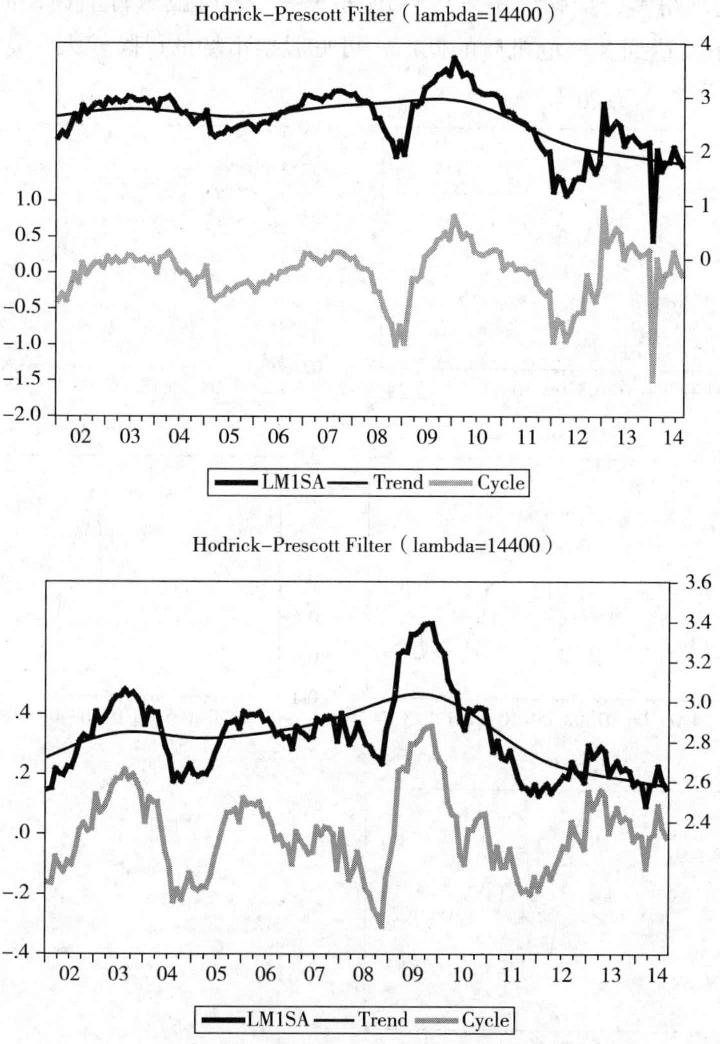

图 3. 5　M1、M2 增长率 HP 分解图

（3）数据平稳性检验

在建模之前首先要进行数据平稳性检验。采用 ADF 单位根检验，检验结果 5 个变量都不平稳，但是在对其进行一阶差分后都成为平稳序列。因此模型中的所有变量都符合 I（1）的特征，满足协整检验的基本要求。

（4）模型检验

①狭义货币 M1 对债券价格的影响。

VAR 模型。首先对变量估计向量自回归模型（VAR）。由于选择滞后阶时，AIC 和 SC 标准结果不一致，所以选用 LR 标准，最终确定的滞后阶数为 8。据此建立 VAR（8），且单位根检验平稳，如图 3.6。

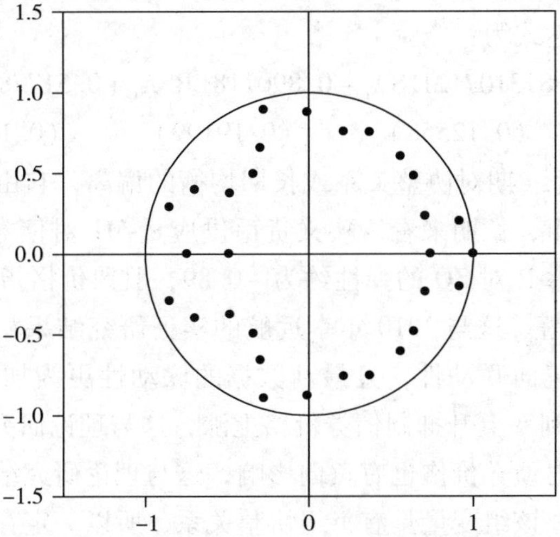

图 3.6　狭义货币供应量 VAR 模型单位根检验

Johansen 协整检验和 VEC 模型。在此基础上进行 Johansen 协整检验，结果如表 3.4 所示。

表 3.4　狭义货币供应量模型 Johansen 检验结果

迹统计量检验				
原假设协整个数	特征值	迹统计量	0.05 临界值	P 值
None*	0.187477	48.40234	47.85613	0.0444
At most 1	0.098461	18.50626	29.79707	0.5288
At most 2	0.023335	3.580399	15.49471	0.9344
At most 3	0.001251	0.180289	3.841466	0.6711

续表

最大特征值检验				
原假设协整个数	特征值	最大特征值统计量	0.05 临界值	P 值
None *	0.187477	29.89608	27.58434	0.0248
At most 1	0.098461	14.92587	21.13162	0.2941
At most 2	0.023335	3.400110	14.26460	0.9166
At most 3	0.001251	0.180289	3.841466	0.6711

带星号的原假设表示在95%置信度下被拒绝。可见，无论是采用迹统计量还是最大特征值统计量，在5%的显著性水平下均接受协整个数为1，且其度量的长期稳定关系表达式为：

$$LZQSM_t = -0.813107LM1SA_t - 0.890118LRSA_t + 0.517780LGPSM_t + \varepsilon_{1t}$$
$$\quad\quad(0.12558)\quad\quad(0.19199)\quad\quad(0.11657)$$

其中，ε_{1t}代表第 t 期对协整关系或长期均衡的偏离，它由一个稳定过程所生成。由方程可以看出，长期来看，狭义货币供应量 M1 对债券价格指数 ZQ 的弹性约为 -0.81，利率 R 对 ZQ 的弹性约为 -0.89，股票价格指数 GP 对 ZQ 的弹性约为0.52，且均显著。这与2010 年李远航的实证研究结果相一致，股票价格与债券价格之间具有正向联动性，且最新数据的联动性更为加强，2010 年研究结果弹性仅为0.29。利率上升抑制债券价格上涨，这与理论研究结论相符合，而狭义货币供应量增加对债券价格也有负向影响，这与理论研究结论相悖。

根据前文检验，该组变量具有 1 组协整关系，所以一定存在向量误差修正模型（VEC）。VEC 模型可以度量该协整关系对变量短期波动产生的抑制作用的程度。相关的 VEC 方程系数列表如下。

表 3.5　　狭义货币供应量 VEC 模型参数估计结果列表

Error Correction:	D（LZQSM）
CointEq1	-0.009575
标准差	（0.00435）
t 值	[-2.19938]
略	
R - squared	0.329108
Adj. R - squared	0.158443

由 VEC 方程可以看出，协整关系或者长期稳定关系对当期债券价格产生显

著的抑制作用，这种抑制作用程度较小，但是对比 2010 年李远航的研究结果有所提高，从 -0.007 提升到接近 -0.01，t 值仍然显著。

方差分解和脉冲响应分析。接下来在 VAR 基础上进行方差分解。

表 3.6　　狭义货币供应量模型方差分解结果

期数	S. E.	LZQSM	LM1SA	LRSA	LGPSM
1	0.008665	100.0000	0.000000	0.000000	0.000000
2	0.013375	98.66666	0.430680	0.449910	0.452749
3	0.017322	96.93666	1.333201	0.409394	1.320748
4	0.020549	94.03217	2.803782	0.314591	2.849452
5	0.022381	92.73304	3.739776	0.266671	3.260510
6	0.023996	89.11368	6.740891	0.917863	3.227567
7	0.025624	84.47662	10.50354	1.382490	3.637352
8	0.027133	80.62415	12.52003	1.979439	4.876384
9	0.028707	77.65308	14.54325	1.986331	5.817337
10	0.030045	75.88288	16.01588	1.928232	6.173010
11	0.031216	74.80857	16.94716	1.893400	6.350870
12	0.032429	73.70835	18.02837	1.800758	6.462523

方差分解结果显示，债券市场价格当期波动主要由自身解释，受预期推动，在较长的时期内，狭义货币供应量和股票市场影响的解释效应不断上升，且货币供应量的解释效力最强，利率最弱。

脉冲响应函数分析结果如图 3.7。

脉冲响应函数同样显示，狭义货币供应量和股票市场价格波动对债券价格影响较大，且均为负向抑制作用。利率的影响不显著且正负波动。

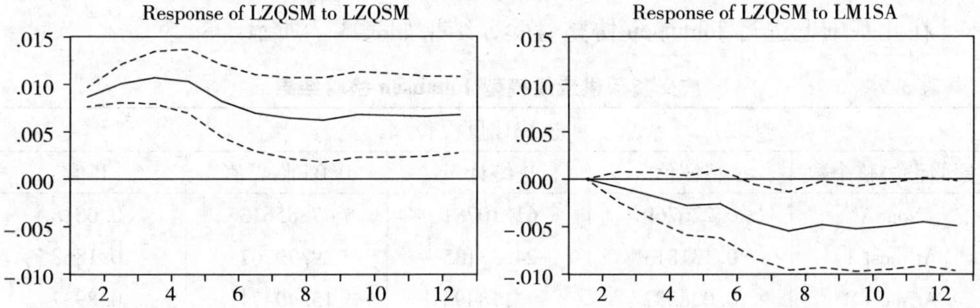

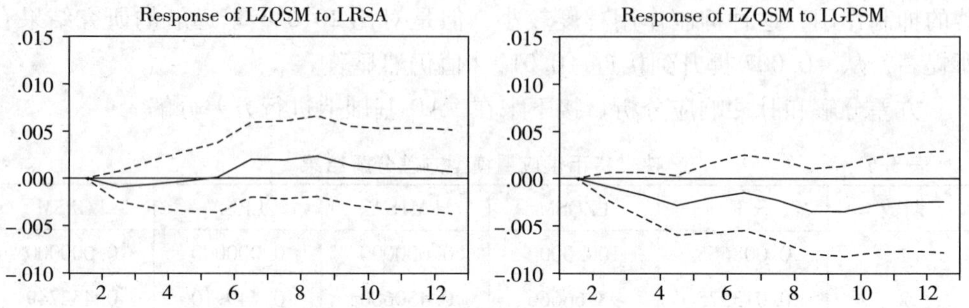

图 3.7　狭义货币供应量模型脉冲响应分析图

②广义货币 M2 对债券价格的影响。

首先对变量估计向量自回归模型（VAR）。由于选择滞后阶时，AIC 和 SC 标准结果不一致，所以选用 LR 标准，最终确定的滞后阶数为 9。据此建立 VAR（9），且单位根检验是平稳的，如图 3.8。

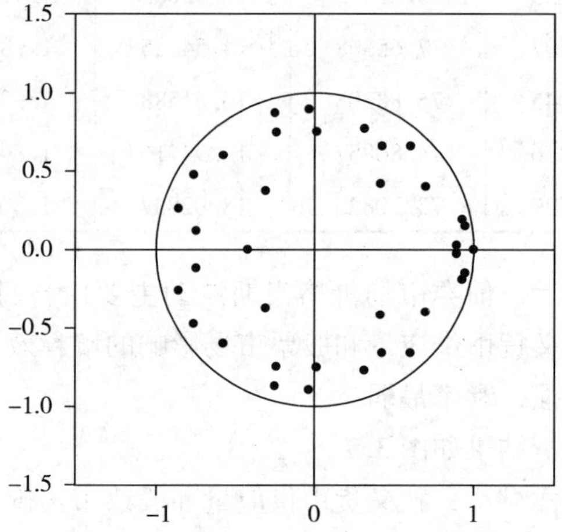

图 3.8　广义货币供应量 VAR 模型单位根检验

在此基础上进行 Johansen 协整检验，结果如表 3.7 所示。

表 3.7　广义货币供应量模型 Johansen 检验结果

迹统计量检验				
原假设协整个数	特征值	迹统计量	0.05 临界值	P 值
None*	0.226769	61.10781	47.85613	0.0018
At most 1	0.131813	24.33135	29.79707	0.1868
At most 2	0.028382	4.118494	15.49471	0.8937
At most 3	7.62E−06	0.001090	3.841466	0.9734

续表

最大特征值检验				
原假设协整个数	特征值	最大特征值统计量	0.05 临界值	P 值
None*	0.226769	36.77646	27.58434	0.0025
At most 1	0.131813	20.21286	21.13162	0.0668
At most 2	0.028382	4.117405	14.26460	0.8468
At most 3	7.62E-06	0.001090	3.841466	0.9734

带星号的原假设表示在95%置信度下被拒绝。可见，无论是采用迹统计量还是最大特征值统计量，在5%的显著性水平下均接受协整个数为1，且其度量的长期稳定关系表达式为：

$$LZQSM_t = -10.30961LM2SA_t - 4.826308LRSA_t + 2.672134LGPSM_t + \varepsilon_{1t}$$
$$(1.87519) \qquad (1.03893) \qquad (0.56494)$$

其中，ε_{1t}代表第 t 期对协整关系或长期均衡的偏离。由方程可以看出，长期来看，当货币供应量指标选用广义货币供应量时，货币供应量 M2 对债券价格指数 ZQ 的弹性约为 -10.31，利率 R 对 ZQ 的弹性约为 -4.83，股票价格指数 GP 对 ZQ 的弹性约为 2.67，且均显著。这同样与 2010 年李远航的实证研究结果相一致，与狭义货币供应量作为解释变量相比，所有的弹性都变大了，而且最新数据比 2010 年数据的弹性有了非常显著的提高（-0.27，-0.71，0.56）。

根据前文检验，该组变量具有 1 组协整关系，所以一定也存在向量误差修正模型（VEC）。相关的 VEC 方程系数列表如下。

表 3.8　　广义货币供应量 VEC 模型参数估计结果列表

Error Correction:	D（LZQSM）
CointEq1	-0.003210
标准差	（0.00103）
t 值	[-3.11344]
略	
R-squared	0.371583
Adj. R-squared	0.181329

由 VEC 方程可以看出，采用广义货币供应量时，协整关系或者长期稳定关系对当期债券价格仍然产生显著的抑制作用，只是这种抑制作用程度更小，为 -0.0032，t 值仍然显著。

方差分解和脉冲响应分析。接下来进行方差分解：

表 3.9　　　　广义货币供应量模型方差分解结果

期数	S. E.	LZQSM	LM2SA	LRSA	LGPSM
1	0. 008532	100. 0000	0. 000000	0. 000000	0. 000000
2	0. 012951	96. 56643	0. 131459	2. 630552	0. 671558
3	0. 016465	92. 89519	1. 858738	4. 233346	1. 012728
4	0. 019842	85. 23213	7. 462597	5. 589340	1. 715938
5	0. 022256	79. 85291	11. 42592	6. 972885	1. 748285
6	0. 023952	76. 41830	15. 41330	6. 462416	1. 705988
7	0. 025292	73. 58061	17. 89975	6. 071302	2. 448339
8	0. 026710	70. 13826	20. 07350	5. 703861	4. 084377
9	0. 028116	67. 38766	21. 46338	5. 750057	5. 398906
10	0. 029322	65. 60595	22. 15726	6. 362695	5. 874101
11	0. 030618	63. 68647	23. 55004	6. 905515	5. 857971
12	0. 032045	61. 54612	25. 55814	7. 040932	5. 854811

方差分解结果显示，采用广义货币供应量作为解释变量时，货币供应量的解释效力上升，12 期时达到 25%。利率的解释效力也超过了股票市场。

脉冲响应函数分析结果如图 3. 9，同样的，在采用广义货币供应量作为解释变量后，货币供应量、利率等对债券市场的影响都得到显著提升。

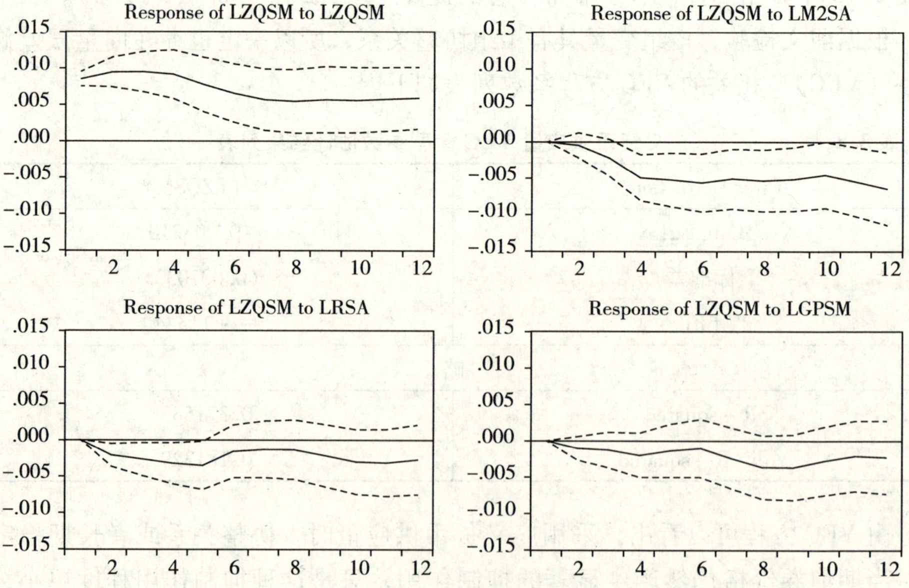

图 3. 9　广义货币供应量模型脉冲响应分析图

四、总结

本节通过VAR模型、协整检验、VEC模型分析等，基于2002年1月～2014年8月数据，对中国债券市场的货币政策传导机制内部传导阶段进行实证研究，结果表明：

①与狭义货币供应量相比，广义货币供应量在债券市场的传导更为有效，这说明中国债券价格不仅受到流通中的现金、活期存款等基础货币供应量的影响，定期存款、居民储蓄存款等准货币对债券价格也有显著影响。

②货币供应量对债券价格的影响为负向，与理论研究结论不符，我们猜测与投资者的预期和投机有关，比如货币供应量增加时预期经济下行，从而看空债券市场，导致债券价格下跌。

③利率对债券价格的影响为负向，与理论研究结论相符，但是解释效力不强；与2010年实证分析结果对比，债券与股票市场的联动性进一步加强，货币政策变量的长期弹性也有所增加，说明中国债券市场的政策传导性得到了一定程度的增强。

总之，中国货币政策通过债券市场的内部传导效力得到了一定的提高，但是货币供应量、利率等政策目标都仍然具有很大程度的局限性，需要慎重使用。

本章小结

1. 固定收益证券向投资者承诺支付一固定收入或一特定的收入流。息票债券为其典型形式。

2. 中长期国债的期限大于一年。它们按照或接近于面值发行，其价格考虑了应计净利息。长期国债在整个生命期的最后五年内可能被赎回。

3. 当债券有可能违约时，到期拟定收益率就是债券持有人有可能得到的到期收益率的最大值。不管什么原因，只要发生了违约，承诺的收益就会落空。为了补偿投资者的这一违约风险，债券必须提供违约溢价。也就是承诺付给比无违约的政府证券更高的收益。如果公司经营业绩良好，公司债券就可提供高于政府债券的回报。否则，公司债券的回报就低于政府债券。

4. 通常使用财务比率分析测定债券的安全性。债券契约是另一种保护持有人权利的措施。一般的契约，对于偿债基金的数额要求、贷款的抵押化、红利限制及未来债务的降级处理等都做出规定。

5. 赎回债券应提供更高的到期收益率，以补偿投资者在利率下降和发生债券以赎回价被赎回时所遭受的资本利得损失。债券发行时，经常制定一赎回保护期。

除此以外，折扣债券以远低于赎回价的价格销售，这实质上体现了赎回保护。

6. 赋予债券的持有人而不是发行人以终止或延长债券寿命期的权利。

7. 可转换债券的持有人可自行决定是否要将手中的债券换成一定数量的股票，可转换债券持有人获得这一期权的代价是接受较低的息票利率。

8. 浮动利率债券支付一个超过短期参照利率的固定溢价。风险是有限的，因为支付的利率与当前市场条件紧密相连。

9. 涉及各期利率的利率期限结构理论体现在无违约风险的零息票债券的价格之中。

10. 在确定的环境下，投资者在任一投资期的投资都要求相等的回报率。各种短期债券在持有期内的收益在无风险的经济中是相等的，并都等于可在市场实现的短期债券利率。同理，短期债券将总收益再投资于长期的回报，与长期债券所得到的总回报应相等。

11. 通过一组零息票债券可以很容易地画出一条抽象的收益率曲线。但是在实际生活中，大多数债券都是在未来的不同时期支付息票利息的，所以，常见的方法是从息票债券的价格中估算出收益率曲线。通过税赋来测定期限结构是很复杂的，例如，要考虑纳税时机期权和不同投资者的不同税率层次的问题。

12. 甚至那些没有违约风险的债券，譬如财政部发行的债券仍然有利率风险。长期债券一般比短期债券对利率变动更敏感。债券平均生命期是用麦考利久期测度的，它被定义为债券每次支付时间的加权平均，其权重与支付的现值成比例。

13. 久期是债券价格对其收益敏感程度的一个直接测度，债券价格成比例的变化等于负的久期乘以（$1+y$）的成比例变化。

14. 积极的债券管理包括利率预测技术和市场之间的利差分析。一种通常的分类方法把积极管理策略分为替换掉期、市场间价差掉期、利率预期掉期或净收益增长掉期。

15. 水平分析是一种利率预测技术。在这个过程中，分析人员预测收益曲线在一些持有期结束时的位置，再根据收益曲线预测有关债券的价格。因此，可以根据整个持有期的预期总收益（息票利息加资本利得）对债券排序。

16. 在固定收入市场中主要最新的发展是利率掉期。在这些安排中，掉期的双方交换不同证券的现金流，但是并不实际直接交换任何证券。这对于管理资产组合的久期是十分有用的工具，这对于那些在国外信用市场可以获得优惠利率贷款的公司来说也是有用的，这些公司在国外获得了比国内信用市场更友好的对待。

17. 金融工程已经创造了许多具有新奇的风险特征的固定收入衍生资产。

重要术语

票面利率　债权契约　零息票债券　转换价值　可回卖债券

浮动利率债券　到期收益率　当期收益率　信用债券　信用违约掉期

担保债务凭证　利率期限结构　期现溢价　麦考利久期　久期

替代互换

思考与练习题

1. 按面值出售的债券，息票率为 8%，半年付息一次，如果想一年付息一次，并且仍按面值出售，则息票率应为多少？

2. 两种债券有相同的到期期限和息票率。一种以 105 卖出，可赎回；另一种以 110 卖出，不可赎回。问哪一种债券有较高的到期收益率？为什么？

3. 假定有一种债券，息票率为 10%，到期收益率为 8%，如果债券的到期收益率不变，则一年以后债券的价格会如何变化？为什么？

4. 一种债券，年息票率为 10%，半年付息。即期市场利率为每半年 4%，债券离到期还有三年。

（1）计算当期的债券价格及六个月后付息后的价格。

（2）此债券（六个月中）的总回报率是多少？

5. 一种新发行的债券，每年付息一次，息票率为 5%，到期期限 20 年。它的到期收益率为 8%。

（1）假定此债券在一年后按到期收益率 7% 出售，则这一年的投资期内的持有期收益率是多少？

（2）假定投资者在一年后出售此债券，利息收入的税率为 40%，资本利得收入的税率为 30%，则投资者应纳税额是多少？假定此债券享受初始发行折价税收优待。

（3）此债券的税后持有期收益率是多少？

（4）持有期两年，计算税前实际复利收益率。假定：①投资者在两年后出售此债券；②在第二年年末，此债券的收益率为 7%；③可以以 3% 的利率再投资一年。

（5）用（2）中的税率计算两年后的税后实际复利收益率。记住要考虑初始发行折价税收优待的情况。

6. 根据预期假说，如果收益率曲线是向上倾斜的，市场必定会预期短期利率的上升。是对，是错，还是不确定？为什么？

7. 根据流动性偏好理论，如果通货膨胀在以后几年内预计会下跌，长期利率会高于短期利率。是对，是错，还是不确定？为什么？

8. 你认为一种可回购债券的收益率的位置是高于还是低于不可回购债券的收益曲线？

9. 一年期零息债券的到期收益率为5%，两年期零息债券为6%。息票率为12%（每年付息）的两年期债券的到期收益率为5.8%。投资银行是否有套利机会？该套利行为的利润是多少？

10. 假定一年期零息债券面值100元，现价94.34元，而两年期零息债券现价84.99美元。你正考虑购买两年期每年付息的债券，面值为100美元，年息票率12%。

（1）两年期零息债券的到期收益率是多少？两年期有息债券呢？

（2）第二年的远期利率是多少？

（3）如果预期假说成立，该有息债券的第一年末的预期价格和预期持有期收益率各是多少？

（4）如果投资者认为流动性偏好假说成立，则预期收益率是升高还是降低？

11. 长期债券价格波动性大于短期债券的价格波动性。但是，短期债券的短期到期收益率的变动要大于长期债券的到期收益率的变动。你怎样说明这两个经验观察是一致的？

12. 固定收益型资产组合经理要求现值100万元的投资经过5年的投资，年收益率不得低于3%。三年后，利率为8%，则届时投资的临界点是多少？

第四章
期权、期货及互换投资分析

据美国期货业协会（FIA）对全球 84 家衍生品交易所的最新统计，2013 年，全球衍生品市场场内期货及期权合约交易量达 216.4 亿手，同比增长 2.1%，较大幅萎缩的 2012 年略有反弹，但仍与 2010 年、2011 年相差较远。2013 年期权和期货的交易量占比分别为 44%、56%，其中期权交易量同比小幅下滑，期货交易则显著增加。

分品种来看，交易量占据前三甲的分别是以个股、股指和利率为标的的金融衍生品。个股、股指衍生品交易量占比合计达 54.4%，可谓占据衍生品市场的“半壁江山”。而排名前四位的品种（个股、股指、利率、汇率）的交易量占比合计达 81.3%。由此可见，衍生品交易的标的相对集中，且主要集中在金融衍生品的交易上。

尽管受到 2008 年金融危机的冲击，但是场外衍生品市场规模并没有大幅下滑，仍然保持了良好的发展势头。根据国际清算银行（BIS）对 G10（Group of Ten）和瑞士等 11 个国家的主要银行和交易商进行的调查统计显示，场外衍生品未平仓合约名义价值从 1998 年的 80 万亿美元增长到 2012 年底的 633 万亿美元，增长了约 8 倍。场外衍生品合约市场总值则从 1998 年的 3.2 万亿美元增长到 2012 年底的 24.7 万亿美元，增长了 7.7 倍。从场内场外市场规模比较来看，场外市场的规模远大于场内市场的规模。根据 BIS 统计，2012 年末场外衍生品未平仓合约名义价值是交易所场内交易的 12 倍左右。从交易品种来看，利率类场外衍生品占比较大，商品类场外衍生品占比较小。

资料来源：中国证券网，《期权汇》。

本章教学目标

1. 了解期权合约的基础知识，掌握复制、二叉树模型、B－S 模型期权定价方法，了解期权市场策略。

2. 了解期货及远期的相关基础知识，掌握期货、远期的定价方法，掌握利用远期及期货进行风险对冲的过程及策略。

3. 了解互换的基础知识，掌握利率互换及货币互换的环节及其定价方法。

4. 了解中国金融衍生品市场的基本发展状况。

第一节 期权市场及其定价

一、期权合约

期权指的是赋予合约的买者在指定的时间内，以确定的价格购买或者售出一定数量的标的资产的权利。期权的买方被称为多头，多头为获得期权要付出一定的期权费用也因而获得了行使期权的权利；期权的卖方被称为空头，空头卖出期权收到期权费用，也因而要承担被执行期权的义务。期权中的约定价格被称为执行价格；期权合约规定的交易对象包括金融资产和实物资产，被称为标的资产；期权买方的购买期权的所支付的费用是期权费；期权合约会约定期权有效的时限，而期权超过某个日期即失效的期限是到期日。

1. 看涨期权与看跌期权

期权包括看涨期权和看跌期权。看涨期权是指在将来某一特定时间期权多头可以以约定的价格从空头方买入标的资产的权利，与此相对，看跌期权是指期权多头可以依约定价格向空头方卖出标的资产的权利。

例如：一份 A 公司 3 个月后的看涨期权赋予多头以 30 元价格在到期日或之前买入 A 公司一定数量股票的权利，而期权持有者只有在 A 公司的股价高于 30 元时才会行使期权。持有者有两种选择：可以选择执行期权来买入 A 公司股票，也可以选择卖出期权获得利润。当 A 公司股价并未达到 30 元时，期权持有者会放弃行使期权。同样，看跌期权相应的赋予持有者在相应情形下卖出股票的权利。

2. 欧式期权与美式期权

就在可以执行期权的时间限制上期权可以分为欧式期权和美式期权。

欧式期权只有单一的行权日，即只有在到期日才可以执行期权。而对于美式期权而言，执行期权的时间则要灵活得多，可以在到期日或者是到期日之前的任意时刻选择执行期权。

3. 标的资产

期权的标的资产包括股票、货币、股指及期货等。

美国市场的股票期权主要在交易所进行，主要的可以交易股票期权的交易所包括芝加哥期权交易所、费城股票交易所、美国股票交易所、国际证券交易所及波士顿期权交易所。在这些交易所里总共有2500多只股票作为期权的标的资产。同时由于股票的交易一般是以100股为单位的，期权合约也是以100股股票作为单位的。

美国市场的外汇期权大部分却是在场外市场进行的，只有少量的在交易所进行。最重要的外汇期权交易所是费城期权交易所，费城交易所提供多种外汇的欧式和美式期权。

世界上有很多的指数期权，其交易的市场既有场外市场也会在交易所市场进行交易。以美国为例：最流行的是S&P500股指期权、S&P100股指期权、纳斯达克100股指期权和道琼斯工业指数期权。

期货期权建立在期货上，当一个交易所交易某一种期货时，通常，这一期货上的期权也在交易。一般而言，期权的到期日会设定在期货交割期之前。当看涨期权被执行时，期权多头从期权空头方获得期货合约的多头及期货价格超过期权执行价格的价差。同样，当看跌期权被执行时，期权多头从空头获得期货合约的空头及执行价格超过期货价格的价差。

专栏4.1　股票指数期权

股票指数期权是指以股票指数为标的物，买方在支付了期权费后即取得在合约有效期内或到期时以协议指数与市场实际指数进行盈亏结算的权利。由于股指期权没有可作实际交割的具体股票，所以只能采取现金轧差的方式结算。股票指数期权是在股票指数期货合约的基础上产生的，是一种赋予投资者在规定的时间内，按照事先议定的敲定价格选择买（卖）股票指数期货合约还是不买（卖）该股票指数期货合约的权利。期权购买者付给期权的出售方一笔期权费，以取得在未来某个时间或该时间之前，以某种价格水平，即股指水平买进或卖出某种股票指数合约的选择权。

指数期权以普通股股价指数作为标的，其价值决定于作为标的股价指数的价值及其变化。股指期权必须用现金交割。清算的现金额度等于指数现值与敲定价格之差与该期权的乘数之积。股指期货可以进行卖空交易。股票卖空交易的一个先决条件是必须首先从他人手中借到一定数量的股票。国外对于股票卖空交易的进行设有较严格的条件，而进行指数期货交易则不然。实际上有半数以上的指数期货交易中都包括拥有卖空的交易头寸。对投资者而言，做空机制最富有魅力之处是，当预期未来股市的总体趋势将呈下跌态势时，投资人可以主动出击而非被动等待股市见底，使投资人在下跌的行情中也能有所作为。

股票指数期权市场的发展是期权市场和期权理论发展到一定阶段的产物。早在19世纪后半叶，期权的店头市场交易就开始在美国出现。只不过那时的期权交易投机性较强，市场相对比较混乱。正因为如此，20世纪30年代，新成立的美国证券交易委员会还曾考虑是否要取消期权市场。幸运的是，他们并没有这样做，而是加强了对期权市场的监管。

股票期权市场发展的一个里程碑式的标志是，1973年4月26日新成立的芝加哥期权交易所（CBOE）推出的标准化的、分别基于16种股票的看涨期权合约。不过在第一天的交易中，交易量仅有911张合约。正当人们对以前主要从事粮食期货交易的芝加哥期货交易所是否有能力办好这个相对复杂的期权市场的时候，股票期权的交易量迅速扩大，交易所的席位价格也因此大幅上涨。CBOE的成功很快吸引了其他竞争者加入到期权市场中来。如纽约证券交易所、费城证券交易所等。市场竞争者的增加一方面有利于扩大整个期权市场的总量，吸引更多的投资者，另一方面也使CBOE感受到了强大的竞争压力。可喜的是，芝加哥期权交易所持续的创新意识和能力使它能长期保持在期权市场中的龙头地位。

第一个股票指数期权同样产生于芝加哥期权交易所。1983年3月11日，该交易所开发了CBOE-100指数期权，后更名为标准普尔S&P100（OEX）指数期权。1983年7月1日，基于S&P500的指数期权开始上市交易。其后股票指数期权的发展向两个方向展开，一个是许多的交易所都相继推出了股票指数期权。另一个是股票指数期权的品种也不断增多。如美国股票交易所推出了主要行业市场指数期权，纽约证券交易所推出了NYSE综合指数期权等。现在，股票指数期权已扩展到美洲、欧洲、亚洲、澳洲等许多的国家和地区。

4. 期权的利润和损失

假定有2014年6月份到期的A公司股票看涨期权和看跌期权，执行价格同为30元。2014年4月6日以2元的价格出售。2014年6月份的到期日，看涨期权的持有者可能会以30元的价格买入A公司股票，看跌期权的持有者也可能以

30 元的价格卖出 A 公司股票。假设此例中的期权为欧式期权，只有单一的执行日，则在到期日，假设 A 公司股票价格高于 30 元，看涨期权会被执行，看跌期权不会被执行；而股票价格低于 30 元，看涨期权不会被执行，看跌期权会被执行。

假设在到期日，A 公司股票价格为 33 元。

对于看涨期权多头而言：

到期日收入 = Max（股票价格 - 执行价格，0） = 3 元

利润 = Max（股票价格 - 执行价格，0） - 期权费 = 3 - 2 = 1 元（不考虑折现因素）

对于看跌期权多头而言：

到期日收入 = Max（执行价格 - 股票价格，0） = 0 元

利润 = Max（执行价格 - 股票价格，0） - 期权费 = 0 - 2 = -2 元（不考虑折现）

期权空头方的到期日净收入与利润同多头方正好相反。

专栏 4.2　一些术语

对于任何资产，在给定的时刻市场上都可能有很多不同的期权在同时交易。假设我们只考虑一只股票，那么建立在这只股票上如果有 5 个到期日及 4 个不同的执行价格，那么对应每个到期日及执行价格均有相应的看涨期权与看跌期权交易，总共就有 40 种不同的期权合约。所有类型相同的期权合约（看涨或看跌）可以归为一个期权类（option class）。例如，建立在微软股票上的看涨期权为一类，看跌期权为一类。一个期权系列（option series）是由相同到期日和执行价格的某种给定类型的所有期权。例如，12 月份 50A 公司股票看涨期权为一个期权系列。

期权可以分为实值期权（in - the - money option）、平值期权（at - the - money option）和虚值期权（out - the - money option）。如果 S 作为股票的价格，K 为股票期权的执行价格，当 $S > K$ 时为实值期权，当 $S = K$ 时为平值期权，当 $S < K$ 时为虚值期权。很明显，只有当期权处于实值状态时期权持有者才会考虑执行期权。

一个期权的内涵价值（intrinsic value）定义为期权如果被立即执行会获得的价值与 0 之间的较大值。一个看涨期权的内涵价值为 Max（S - K，0），看跌期权的内涵价值为 Max（K - S，0）。一个实值美式期权的价值至少会等于期权的内涵价值，因为某一美式期权的持有者可以通过立即执行期权来获

得其内涵价值。通常一个美式期权的持有者最好的办法是等待而不是立即执行期权，这时期权被称为是具有时间价值（time value）的。期权的价值等于内涵价值与时间价值的和。

5. 期权交易

期权的交易分为场外交易与场内交易。场外市场的优势在于期权合约的条款的灵活性，交易双方可以根据交易需要来制定个性化的合约条款。然而，场外市场交易的成本要比场内交易高很多。在交易所交易的期权合约是标准化的，到期日、执行价格都被标准化，每份股票期权合约以100股为单位，若在期权有效期内发生拆分合股等事件，合约会依据条款进行调整。交易所交易的期权的交易成本相比场外市场要低得多。同时在场内交易还有两种便利：简化了交易程序，买卖双方及其代理可以自由进出交易中心；拥有发达的二级市场，可以保证期权的流动性。

期权清算公司（OCC）附属于期权交易所，当期权买卖双方在交易完成后清算公司充当交易双方的中间人，对期权买方充当卖方，对卖方充当买方来保证合约的履行。由于清算公司要保证期权合约的顺利履行，因而制定了保证金制度进行保障。保证金的金额部分由期权的实值金额决定，也代表着期权被执行时的潜在义务。同时投资者手中持有的证券也可能会影响保证金的金额。

目前中国还未开放期权市场，没有具备实体的期权交易所。但普通投资者可以通过两种渠道进行期权投资：一种是通过银行渠道，投资者可以在银行里买卖期权；另一种则是通过国外渠道，投资者可以通过国外的期权交易的相关平台进行期权的交易。

6. 股票期权价格的影响因素

影响股票期权价格的主要因素有当前股票的价格、期权的执行价格、期权期限、股票价格的波动率、无风险利率和期权期限内的预期发放的股息等。

对于股票的现在价格，随着股票的价格上涨，看涨期权价格会上升，看跌期权价格会下降。对于执行价格的影响恰好与股票现在价格相反。

至于期权的期限的影响，随着期权到期日的推后，一般而言，不论是看涨期权还是看跌期权，美式还是欧式期权，其价格都应该会上升。但当加入预期股利发放影响时，欧式期权对于此处的结论便不一定成立。

当波动率变大时，股票的价格上涨或者下降的可能性会变大，因而期权的持有者也将拥有更大潜在获利空间，因而不论是看涨还是看跌期权都会随着股票波动率的增加而价格上涨。将来的股息对于看涨期权而言是一个坏消息，但对于看跌期权却是一个好消息。

专栏4.3　美国期权市场监管与税收

美国的期权市场受到多种形式的监管。交易所与其结算公司都制定了交易员行为的规则。此外，期权市场还存在着州与联邦政府的监管机构的监管。同时，期权市场往往还有各种自律协会。由于这些监管机构的共同努力，大规模的违约或其他丑闻基本没有出现，投资者对于期权市场的运作有着很强的信心。

证券交易委员会（SEC）是在联邦层面上的主要负责股票、股指、外汇及债券期权市场的组织。商品期货交易委员会（CFTC）负责监管期货市场。美国最大的期权市场在伊利诺伊州和纽约州，这些州也积极制定相关的法律来遏制违规交易行为。

有关期权策略的税收规定比较复杂，在美国一般规则是（除非纳税人是专业交易员）：股票期权交易的收益与资本损益（capital gains/losses）要被征税。对于股票期权持有者及承约方来说当期权到期而没有执行以及期权已经被出售平仓时，行使期权会被认为带来了损益。期权被行使后的收益或损失会纳入股票中，损益会在卖出股票时得到确定。例如，当一个看涨期权被行使时，期权长头寸方购买股票的费用为执行价格加上期权价格。因此，这些费用会被作为这一方出售股票时计算盈亏的基础。类似地，看涨期权短头寸方被认为是按执行价格加上原始看跌期权的价格卖出了股票。当一个看跌期权被行使时，期权的卖出方被认为是以执行价格减去原始期权价格买入了股票，同时期权的买入方被认为是以执行价格减去原始看跌期权价格来卖出股票。

在美国期权交易中，一个税务规则被称为虚售规则（wash sale rule）。为了理解这一规则，想象一个投资者在股票价格为60美元时买入股票同时打算长期持有这一股票。如果股票下跌到40美元，该投资者也许会出售股票，然后马上将股票购回。从税务角度而言，投资者有20美元的损失。为了防止这一情况的发生，税务当局规定如果在售出股票的30天内（即介于售出股票的前30天及售出股票后的30天）将股票重新买入，那么出售股票产生的损失不能在税中扣除。这种规定同样也对投资者买入期权或以其他形式获取股票的情形适用，而且这时限定时间长度为 61 天。因此当卖出股票后 30 天内买入看涨期权时，亏损是不允许扣税的。虚售规则不适用于股票及债券交易商，因为其损失在正常业务中是常常发生的。

在 1997 年之前，美国纳税人如果要卖空某债券，并同时持有一个基本与卖空债券一样的债券，这时在卖空交易平仓之前的损益是不能被接受的。这意味着卖空交易可用于延迟税务的收益。以上情形在《1997 税务减轻法案》(Tax Relief Act) 通过后有所改变。一个增值的财产在当财产拥有人做出以下投资行为时可被当成推定出售（constructive sale）：

①进入相同或几乎相同财产的卖空交易。

②进入期货或远期合约，在合约中投资者会交付相同或几乎相同的财产。

③进入一个或多个交易，这些交易几乎消除所有损失与盈利机会。

应该指出的是，减轻损失或只是减少盈利机会的交易不能被划为推定出售。因此，一个持有某股票的投资者可以买入实值看跌期权而不触发推定出售。税务人可以利用期权来对税务费用进行极小化或对税务收益进行最大化。许多地区的税务部门纷纷遏制那些只是为了避税而使用衍生产品的行为。在进入一个以税务为动机的交易之前，企业资金部主管或个人投资者应该仔细考虑当税法变动时，交易结构将如何平仓，以及平仓交易会带来什么样的成本。

例：作为一个简单说明使用期权税务的实例，我们假定 A 国的税务制度对利息及股息征税较低，但对资产增值征税较高，B 国的税务制度对利息及股息征税较高，但对资产增值征税较低。对于公司来讲，在 A 国得到利息收入，而在 B 国得到资产增值（如果增值存在的话）会比较合算，公司会将资产的亏损尽量保留在 A 国，因为这些损失可以用于冲销在 A 国的资产增值。以上计划可以通过以下形式来实现：在 A 国成立分公司并同时以法律形式拥有证券，在 B 国成立分公司并买入 A 国分公司承约的看涨期权，期权的执行价格等于证券的当前价格。在期权有效期内，证券的收入由 A 国公司获得，如果证券价格迅速上涨，期权会被行使而资产增值在 B 国实现；如果证券价格迅速下降，期权不会被行使，资产损失仍然会在 A 国实现。

7. 期权交易策略

期权的交易策略包括单一期权与股票的策略、价差、组合策略等。

（1）单一期权与股票交易

单一的期权与股票交易策略包括股票多头与看涨期权空头的组合、股票空头与看涨期权多头的组合、股票多头与看跌期权多头的组合和股票空头与看跌期权空头的组合。其中股票多头与看涨期权空头组合被称为备保看涨期权承约，股票多头的存在使得期权投资者免受股票价格急剧上升的损失。股票的空头加上看涨期权多头的组合的盈利状态与备保看涨期权相反。股票多头与看跌期权多头的组合被称为保护性看跌期权。股票空头与看跌期权空头的组合与保护性看跌期权盈利相反。

（2）价差

价差包括牛市价差、熊市价差、盒式价差、蝶式价差、日历价差及对角价差。

牛市价差可以通过买入一个具有确定的执行价格的股票看涨期权和卖出标的资产为同一股票的具有较高执行价格的看涨期权的组合。市场上通常有三种不同类型的牛市价差：最初的两个看涨期权均处于虚值状态；最初的一个看涨期权处于实值状态，另一个看涨期权处于虚值状态；最初的两个看涨期权均为实值期权。其中，第一种牛市价差最为激进，但成本很低，获利高的概率也比较小。后面的两种逐渐保守。牛市价差不仅仅可以通过两个看涨期权来构建，同样对于两个看跌期权也可以构建为牛市价差，具体是买入较低执行价格的看跌期权和卖出较高执行价格的看跌期权。

很明显，持有牛市价差的投资者希望股票价格上升，与此相反，持有熊市价差的投资者希望股票价格下降。通过买入某一执行价格的看跌期权并同时卖出另一执行价格的看跌期权来构造。在熊市价差中，买入期权的执行价格大于卖出期权的执行价格。同样的，通过看涨期权的组合也可以构造熊市价差。

盒式价差由一个看涨期权构成的牛市价差与具有相同执行价格的熊市价差的组合。如果盒式价差的市场价格表现偏低时，可以通过购买盒式价差获利，同样如果盒式价差的市场价格偏高时可以通过卖出盒式价差获利。盒式价差既然可以通过看涨期权的组合进行构建，同样也可以通过看跌期权的组合构建。但我们需要注意，盒式价差只适用于欧式期权。

蝶式价差策略则是有三个不同的执行价格的期权的组合构造。具体的蝶式价差可以这样构建：买入一个较低执行价格的看涨期权，买入一个具有较高执行价格的看涨期权，以及卖出两个具有两看涨期权执行价格中间一价格的看涨期权，一般来说，这个中间价格接近于当前股票价格。如果股票价格保持在这个中间价格附近，蝶式价差会产生盈利，但是假如股票价格远远偏离这一价格，跌势价差则会产生小规模的损失。因而，蝶式价差对于认为股票的价格会比较稳定的投资者来说是一种比较合理的策略，并且该策略仅需要较小量的初始投资。同样的，蝶式价差也可以通过看跌期权的组合来构建，其策略便是进入一个具有较高执行价格和一个较低执行价格的看跌期权多头，同时进入两个具有中间执行价格的看跌期权的空头。

日历价差的构成期权具有相同的执行价格但是到期日却不相同。一个日历价差的典型构成是：一个有一定到期日的看涨期权的空头和一个具有同样执行价格但是到期日却较长的看涨期权多头。由于期权的价格随着到期日的推后价格上升，因而构建一个日历价差需要一定的初始投资。日历价差的盈利会在具有较短期限的到期日的期权到期时实现，要把较长期限的期权出售。其盈利情形类似于盒式价差。

对角价差中，两个看涨期权的执行价格及到期日均不相同，因而会增加获利方式的范围。

（3）组合策略

组合是一种包括对于同一种股票看涨期权与看跌期权的交易策略。一般包括跨式组合、序列组合、带式组合及异价跨式组合等。

①跨式组合：一对具有同样的执行价格和期限的看涨期权和看跌期权多头的组合是比较流行的一种跨式组合。在期权到期时假如股票价格接近于期权的执行价格，跨式组合会出现损失，但是如果股票的价格向高或低的方向有比较大的幅度的波动时，跨式组合会带来显著的盈利。这时的跨式组合被称为底部跨式或买入跨式。而另一种情形是顶部跨式或卖出跨式，此策略的构成为一对看涨期权和看跌期权的空头。当股票价格在到期日时接近执行价格时，投资者会有一定的收益，但此策略风险极大，当股票发生比较大的波动时，投资者的损失也是可能无限大的。

②序列组合与带式组合：序列组合是指具有相同的执行价格和相同期限的一个看涨期权和两个看跌期权的组合，而带式组合是由具有相同执行价格和相同期限的两个看涨期权和一个看跌期权组合。序列组合中投资者在股票价格有比较大的波动时会有收益，同时投资者认为价格下跌的可能性要大于价格上升的可能性；而带式组合中投资者同样期望股票价格发生比较大的波动，但投资者认为价格上升的可能性要更大一些。

③异价跨式组合：一个跨式组合也被称为底部垂直组合，在这一交易中投资者进入具有相同期限但具有不同执行价格的看跌及看涨期权多头。异价跨式组合与一般的跨式组合类似，投资者会期待股票价格发生比较大的波动，但不能确定

股票的价格究竟是向上还是向下波动，同时异价跨式要想盈利需要比跨式组合情形下更大的波动才能盈利。同时股票价格如比较稳定时损失比较小。若卖出一个异价跨式组合也被称为顶部垂直组合，此时投资者认为股票价格不会发生比较大的波动。

8. 类似期权的证券

很多投资者并未直接做过期权交易，但很多金融工具或协议中都有一些将选择权赋予一方或多方，这也就将一些债券嵌入了期权的性质。

①可赎回债券：很多公司在发行债券时有时会带有赎回条款，即发行方在将来的某一个时间可以以约定的赎回价格将债券从持有者手中赎回。从本质上看，赎回条款是给予发行人的看涨期权，执行价格即约定的赎回价格。因而，可赎回债券实质上是出售给投资者的普通债券和投资者出售给发行方的看涨期权的组合。

②可转换债券：可转换债券或可转换优先股是其持有者而非发行公司拥有期权。可转换债券的持有者将债券或者是优先股按照约定的比例转化成普通股。债券的转化价值等于即刻转换所获得的股票价值，因而可转换债券的价格至少等于转换价值。同时，可转换债券的价格也一定大于普通债券的价值。可转换债券是普通债券和看涨期权的组合。

③认股权证：认股权证是公司发行的看涨期权，但它与看涨期权有一个重要的区别，即认股权证的执行需公司发行新股，而看涨期权的执行仅仅需要卖方交割已发行的股票。另一个区别在于认股权证持有者的执行会为公司带来现金流。

认股权证的条款更接近于可转换债券，同时，认股权证经常与其他证券结合在一起，例如，债券常常附带认股权证一起发行，认股权证也常常单独发行。

④抵押贷款：许多协议贷款都有抵押条款设置的抵押物作担保保证贷款可以归还。一旦违约，贷款人就获得抵押物的所有权，但也丧失了债务的追索权。其实，这就是给予了借款人一个潜在的看涨期权。到期时如果要换的债务价值大于抵押物价值，借款人会选择放弃抵押物而不归还借款；当债务价值小于抵押物价值时，借款人就可以归还借款来赎回抵押物。

9. 新型期权

①亚洲期权：美式与欧式期权之外，亚洲期权的收益取决于标的资产在期权有效期内的平均价格。例如，一个亚洲期权的收益等于过去 3 个月中的平均价格减去执行价格。

②障碍期权：障碍期权的收益不仅取决于期权到期时标的资产的价格，还取

决于资产价格是否达到了特定的值。例如，下跌—敲出期权就是一种当股价降至一定水平就自动失效的障碍期权；下跌—敲出期权只有在期权有效期内的股价下降到特定值至少一次时才有收益。

③回顾期权：回顾期权的收益取决于有效期内标的资产所达到的最大值或最小值。例如，回顾期权的收益等于期权有效期内股价的最高价减去执行价格，而不是收盘价减去执行价格。

④币种转换期权：币种转换期权的标的资产与执行价格以外币记值。Quanto就是一个典型的例子，投资者可以按照事先确定的汇率将外汇兑换成美元。

⑤两值期权：两值期权或“赌注”期权的收益是固定的，它取决于标的资产的价格是否满足预定条件。例如，当股票价格超过执行价格时，两值看涨期权的收益固定为100元。

⑥累计股票期权：累计股票期权又称累积期权，英文是Accumulator，是一种以合约形式买卖资产（股票、外汇或其他商品）的金融衍生工具，是投资者与私人银行（庄家）的场外交易，一般私人银行会与客户签订长达一年的合约。一般没有零售，最低入场费100万美元。涉及股票的累计期权称为累计股票期权，简称累股期权。它是投资者与私人银行订立累积股票期权合约，为期1年，假设港交所（0388）当时的股价是220元，投资者可以折让价200元每日购入500股港交所股份；若股价跌穿200元，投资者亦要以200元价格，每日购入1000股（即双份）的港交所股份；假若港交所价格升过250元的赎回价，合约便即时终止。由此可以看出，若港交所收市价远远低于200元，参与累积期权合约的投资者就会亏损累累，导致有些参与Accumulator的投资者，为了套现或减持手上的股票，不理市况沽售股票，结果会令部分股票陷入越沽越接，越接越沽，股价每况愈下的怪圈。

专栏4.4　特种期权

欧式和美式看涨看跌期权等衍生产品可以被统称为简单产品（plain vanilla product），这些产品的定义非常标准并且意义明确。在市场上简单产品交易比较活跃，其价格或隐含波动率可以在交易所或衍生产品交易商那里定期取得。令人兴奋的是在场外衍生产品市场内，金融工程师发明了许多非标准产品［或称特种产品（exotics）］。虽然特种产品占整体交易组合的比例仍然很低，但这类产品对衍生产品交易商而言非常重要，这是因为这些产品的盈利要比简单产品更为丰厚。

特种产品的产生有许多原因，有时这些产品是为了满足某种对冲需要，有时是由于税务、财会、法律或监管等原因。企业资金部或基金经理发现特种产品更能满足自身的需要，有时这些产品的设计是为了反映企业资金部或基金经理对于市场变量将来走向的预测，在某些情形下，投资银行所设计的特种产品是为了吸引那些不太老练的资金部主管或基金经理的注意力。

组合期权（package）是由标准欧式看涨期权、欧式看跌期权、远期合约、现金以及标的资产所构成的证券组合。牛市差价、熊市差价、蝶式差价、日历差价、跨式期权、异价跨式期权，等等，属于组合期权。

标准美式期权在有效期内任何时刻均可以被行使，并且执行价格相同。在实际中，有时场外市场交易的美式期权具有一些非标准特性。例如：提前行使时间只限于期权有效期内的某些特定日期。此类产品被称为百慕大式期权（Bermudan option），这是因为百慕大介于欧洲与美洲之间。提前行使只限于期权有效期内的某个特定区间。例如，在刚开始时有一段“待定”时间，在此期间不能提前行使期权。在有效期内，期权执行价格会有所变化。

远期开始期权（forward start option）是在未来某时刻才开始的期权，雇员股票期权可以看做远期开始期权的特例。在一个典型的雇员股票期权计划中，公司（明确或不明确地）向其雇员许下了在将来某时刻向雇员发放平值期权的承诺。

棘轮期权（cliquet option 或 ratchet option），有时也叫做执行价格调整期权（strike reset）是一系列由某种方式确定执行价格的看涨或看跌期权。假设调整日期为时刻 T，2T，…（n－1）T，棘轮期权期限为 nT。一种简单结构如下：第一个期权的有效时间是时间 0 与 T 之间，执行价格为 K（也许是资产的初始价格）；第二个期权在时刻 2T 提供收益，其执行价格为资产在 T 时刻的价格；第三个期权在时刻 3T 提供收益，其执行价格为资产在 2T 时刻的价格，等等。这是个普通期权加上 n－1 个远期开始期权。

复合期权（compound option）是期权上的期权。复合期权主要有 4 种类型：看涨—看涨期权、看涨—看跌期权、看跌—看涨期权、看跌—看跌期权。复合期权有两个执行价格和两个到期日。例如，考虑如下看涨—看涨期权，在第一个到期日 T1，复合期权的持有人有权付 K1 的执行价格来获得看涨期权。所获得的看涨期权给期权持有人以第二个执行价格 K2 在第二个到期日 T2 买入资产的权利。只有第二个期权在第一个到期日的价格高于第一个执行价格时，复合期权才会被行使。

选择人期权（chooser option）有时也被称为任选期权（as – you – like – it option），该期权具有以下特性：在经过一段指定的时间后，持有人能够选择所持有的期权是看涨期权还是看跌期权。

二元式期权（binary option）是具有不连续收益的期权。一个简单的例子是现金或空手看涨期权（cash – or – nothing call option）。在到期日 T，如果标的资产价格低于执行价格，该期权的收益为 0，但当标的资产价格高于执行价格时，该期权的收益为指定数 Q。在风险中性世界中，期权到期时标的资产价格高出执行价格的概率为 N（d2），因此，现金或空手看涨期权的价格为 QN（d2）的贴现值。现金或空手看跌期权（cash – or – nothing put option）的定义与现金或空手看涨期权类似，在到期日，如果标的资产价格高于执行价格，该期权的收益为 0，但当标的资产价格低于执行价格时，该期权的收益为规定数量 Q。现金或空手看涨期权的价格为 QN（ – d2）的贴现值。

另一种二元式期权为资产或空手看涨期权（asset – or – nothing call）。在到期日，如果标的资产价格低于执行价格，该期权的收益为 0，但当标的资产价格高于执行价格时，该期权的收益为标的资产本身。资产或空手看涨期权的价格为资产或空手看跌期权（asset – or – nothing put）的定义与资产或空手看涨期权类似，在到期日，如果标的资产价格高于执行价格，该期权的收益为 0，但当标的资产价格低于执行价格时，该期权的收益为标的资产本身。资产或空手看跌期权的价格为 S_0N（ – d2）的贴现值。

回望期权（lookback option）的收益与在期权有效期内标的资产的最大值或最小值有关。浮动回望看涨期权（floating lookback call）的收益等于最后的标的资产价格超出期权有效期内标的资产的最低价格的差价。浮动回望看跌期权（floating lookback put）的收益等于期权有效期内标的资产的最高价格超出最后的标的资产价格的差价。

资产交换期权（option to exchange one asset for another），也被称为交换期权（exchange option）有多种形式。从美国投资者的观点来看，用日元来购买澳元的期权是把一种外币资产交换另一种外币资产的期权。股票投标是将一种股票交换成另一种股票的期权。

涉及两种或更多风险资产的期权有时也被称为彩虹期权（rainbow option）。一个例子是 CBOT 交易的债券期货合约，此期货合约允许短头寸方在交割时从大量不同的债券中选择。最为普遍的涉及多种资产的期权例子也许是欧式篮筐式期权（basket option），该期权的收益同组合（篮筐）资产的价值有关，这里的资产常常为股票、股指及货币。假定篮筐中的资产均服从几何布朗运动，我们可以采用蒙特卡罗模拟来对篮筐式期权定价。

10. 金融产品创新

（1）结构化票据

定义：利用固定收入证券和衍生品合约（远期或期权）进行组合创造出的金融产品，已成为拓展投资者机会、实现其预期收益的标准化机制。

资产互换和结构化票据的区别：资产互换设计初衷是将现有资产特定化以满足特定投资者需要；结构化票据源于投资者对特定投资特性的要求。全部投资利益债券和衍生品来构造，为投资者提供了更多自由，使其避免受市场现有投资产品的限制。早期的案例是可转债、可赎回债等。但现代结构化票据中，嵌入的衍生品已经高度结构化，并可以用于创造或转移衍生工具中的风险了。

（2）信用风险缓释工具

银行间交易商协会公布的《银行间市场信用风险缓释工具试点业务指引》创设了一种信用衍生品，即信用风险缓释工具（CRM），信用风险缓释工具是指信用风险缓释合约、信用风险缓释凭证及其他用于管理信用风险的简单的基础性信用衍生产品，即可交易、一对多、标准化、低杠杆率的信用风险缓释合约（Credit Risk Mitigation Agreement，CRMA）和信用风险缓释凭证（Credit Risk Mitigation Warrant，CRMW），被业内认为是中国对世界信用衍生品市场的一个创新，类似于国际上的 CDS。

①信用风险缓释合约（Credit Risk Mitigation Aggrement，CRMA）。信用风险缓释合约是指交易双方达成的，约定在未来一定期限内，信用保护买方按照约定的标准和方式向信用保护卖方支付信用保护费用，由信用保护卖方就约定的标的债务向信用保护买方提供信用风险保护的金融合约。买入信用风险缓释合约（CRMA）的银行的交易对手方需要买入信用风险缓释凭证（CRMW）。

②信用风险缓释凭证（Credit Risk Mitigation Warrant，CRMW）。信用风险缓释凭证是指由标的实体以外的机构创设的，为凭证持有人就标的债务提供信用风险保护的，可交易流通的有价凭证。买入信用风险缓释凭证（CRMW）的银行的交易对手方需要买入信用风险缓释合约（CRMA）。

目前已经有 17 家机构获准称为交易商，包括 9 家中资商业银行：中国银行、中国建设银行、中国交通银行、中国工商银行、光大银行、民生银行、兴业银行、浦发银行；5 家外资银行：汇丰银行（中国）、德意志银行（中国）、巴黎银行（中国）、花旗银行（中国）、巴克莱银行（上海分行）。

二、股票期权的性质

考虑某时刻处于虚值状态的看涨期权，这时股票价格低于执行价格。这并不意味着期权毫无价值。即使现在执行期权无利可图，但期权价值仍为正，因为在到期时股票价格有可能上涨到足以使执行期权变得有利可图。否则，最坏的结果不过是期权以零值失效。

价值 S_0-K 有时被称为实值期权的内在价值，它是立即执行期权所带来的收益。虚值期权和平价期权的内在价值为零。期权实际价格与内在价值的差通常称为期权的时间价值。

选择时间价值这个称呼很容易同货币的时间价值相混淆。在期权语境中，时间价值仅是指期权价格与期权被立即执行时价值之间的差。它是期权价值的一部分，来源于期权离到期日还有一段时间。

期权的大部分时间价值是一种典型的“波动性价值”。因为期权持有者可以选择不执行期权，收益最低也就是零。虽然看涨期权现在处于虚值，但仍然具有正的价格，因为一旦股价上升，就存在潜在的获利机会，而在股价下跌时却不会带来更多损失的风险。流动性价值有赖于当选择执行无利可图时可以选择不执行的权利。执行权利，而不是履行义务，期权为较差的股票价格表现提供了保险。

随着股价大幅上涨，看涨期权就有可能在到期时被执行。在几乎肯定要执行的情况下，价格波动性的价值达到最小。随着股价进一步升高，期权价值接近达到“经调整的”内在价值，即股票价格减去执行价格的现值，$S_0-PV(X)$。如果投资者非常肯定执行期权，以 X 的价格购买股票，这就这相当于你已经持有了股票。现在价值为 S_0 的股票就好像已经放在你的保险箱里，事实上几个月后才会如此，而你只是现在还未付款罢了。你将来购买价值的现值就是 X 的现值，所以看涨期权的净价值为 $S_0-PV(X)$。

图 4.1 是看涨期权的价值函数。从价值曲线可以看出，当股票价格非常低时，期权价值几乎为零，因为几乎不存在执行期权的机会。当股票价格非常高时，期权价值接近经调整的内在价值。在中间阶段，期权接近平值时，曲线偏离调整的内在价值对应的直线。这是因为在这个区域执行期权的收益可以忽略不计（或者为负），但期权的波动性价值却很高。

看涨期权的价值总是随着股价的上涨而增加。当期权处于深度虚值时，曲线的斜率最大。此时，执行几乎是肯定的，股票价格上涨一单位，期权价值就上涨一单位。

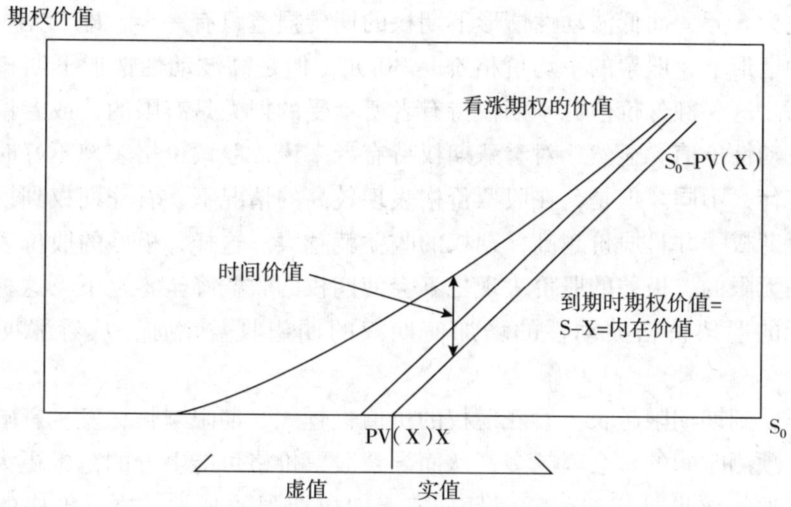

图 4.1　到期前看涨期权的价值

1. 期权价值的决定因素

我们可以确定影响期权价值的因素至少有六个：股票价格、执行价格、股票价格的波动性、到期期限、利率和股票的股息率。

看涨期权价值与股票价格同向变动，而与执行价格反向变动，因为如果期权价格被执行，其收益等于 $S_T - X$。看涨期权期望收益的幅度随 $S_T - X$ 的增加而增加。

看涨期权价值也随着股票价格波动性的增加而增加。为了解释这个问题，假设存在两种情形，一种是到期日股票价格可能在 10 ~ 50 元变化，另一种则在 20 ~ 40 元之间变化。这两种情形下，股票价格期望值或平均值均为 30 元。假定看涨期权的执行价格为 30 元，期权的损益各是多少？

表 4.1　　**两种情形下股票价格变化及期权损失**

高波动性情形					
股票价格	10	20	30	40	50
期权损失	0	0	0	10	20
低波动性情形					
股票价格	20	25	30	35	40
期权损失	0	0	0	5	10

如果每种结果出现的可能性都相同，概率都为 0.2，高波动性情形下期权的

期望损益为 6 元，而低波动性情形下期权的期望损益只有一半，即 3 元。尽管在上述两种情形下，股票的平均价格都是 30 元，但是高波动性情形下期权的平均损益更高。这一额外价值源于期权持有者所承受的损失是有限的，或者说是看涨期权的波动性价值。显然，对看涨期权持有者来说，股票价格表现不好时，跌多跌少没有什么不同。但是，在股票价格表现较高的情况下，看涨期权到期时就会变成实值期权，并且股价越高，期权的收益就越大。这样，极好的股价表现带来的收益是无限的，极差的股价表现也不会使期权的收益降至零之下。这种不对称意味着标的股票价格波动性的增加使期权的期望收益增加，从看涨期权价值增加。

同样，到期期限越长，看涨期权的价值也越大。期限越长，发生影响股票价格的不可预测时间的机会就越多，从而导致股票价格可能上升的范围更大。这与波动性增加的效果是相似的。而且，随着期权期限的延长，执行价格的现值下降，这也有利于看涨期权的持有者，且增加了期权价值。由此可以推出，利率上升时，看涨期权的价值增加（假定股票价格保持不变），因为高利率降低了执行价格的现值。

最后，公司的股利支付政策也影响期权的价值。高额股利政策会降低股票价格的增长率。对于任何股票的期望收益率来说，股利支付越高意味着期望资本收益率越低。对股票价格估值的抑制也降低了看涨期权的潜在收益，从而降低了期权的价值。

表 4.2　　期权影响因素与看涨期权价值变化

如果变量增大	股票价格 S	执行价格 K	波动性 σ	到期时间 T	利率 r_f	股利支付
看涨期权的价值	增加	降低	增加	增加	增加	降低

2. 期权价值的限制

期权定价方面有很多数量模型，在本章中我们将考察其中一部分模型。但是，所有这些模型建立在简化的假设之上。你可能想知道期权价值的性质中哪些是普遍适用的，哪些依赖于特定的简化。首先，我们将探讨期权价格重要的普遍性质。某些性质在股票股利支付对期权价值的影响与美式期权提前执行的可能盈利方面具有重要含义。

（1）看涨期权价值的限制

看涨期权的价值最明显的限制是其价值不可能为负。因为期权并不一定执行，它不会给持有者强加任务；进一步讲，只要执行期权可能获得利润，期权就会有一个整的价值。期权的收益最低为 0，而且有可能为正，所以投资者乐意支付一笔钱去购买看涨期权。

我们可以给看涨期权的价值划定另一个界限。股票在到期日之前的时刻 T（现在为 0 时刻）支付数 D 元的股利。现在比较两个资产组合，一个包括一份股票看涨期权，而另一个是由该股票和数额为（D + X）元的借款组成杠杆化的股票头寸。在期权到期日那天，还付贷款 D + X 元。例如，一个执行价格为 70 元的半年期期权，股利支付为 5 元，有效年利率为 10%，那么在购买一股股票的同时，需要借入 75/（1 + 10%）$^{1/2}$的现金。在六个月后归还到期借款 75 元。

其中，S_T 表示在期权到期时的股票价格。注意到股票的收益等于不含股利的股票价值加上受到的股利。股票加上借款头寸的总收益是正或负，取决于 S_T 是否超过了 X。建立杠杆化的股票头寸的净现金支出是 S_0 - 71.51 元，或者更一般地，S_0 -（X + D）/（1 + r_f）^{T}，也就是当前股票价格 S_0 减去初始借款额。

如果期权到期时处于实值状态，看涨期权的收益为 S_T - D，否则为零。在期权收益与杠杆化的头寸收益均为正，两者收益相等，而当杠杆化的头寸收益为负时，期权收益高于杠杆化头寸的收益。因为期权收益总是高于或者等于杠杆化头寸的收益，所以期权价格必须超过建立该头寸的成本。

于是，看涨期权的价值必须高于 S_0 -（X + D）/（1 + r_f）^{T}，或者更一般地：

$$C \geqslant S_0 - PV(X) - PV(D) \qquad (4-1)$$

其中，PV（X）表示执行价格的现值，PV（D）表示期权到期时股票支付股利的现值。一般地，我们把 PV（X）称为期权到期日之前所有股利的现值。由于已知看涨期权的价值为非负，所以可知 C 大于等于 0 和 S_0 - PV（X） - PV（D）两者中的最大值。

我们还以划定期权价值的上限；这个上限就是股格。没有人会支付高于 S_0 元的金额去购买价值为 S_0 元的股票的期权。因此，有 $C \leqslant S_0$。

（2）提前执行期权与股利

想平掉头寸的看涨期权持有者有两种选择：执行期权或将其售出。如果持有者在 t 时刻执行期权，获得收益为 S_t - X，假定期权处于实值状态；我们已经知道，期权最低可以 S_t - PV（X） - PV（D）的价格卖出，因此对不支付股利的股票期权，C 高于 S_t - PV（X），因为 X 的现值小于 X 本身，所以有：

$$C \geqslant S_t - PV(X) > S_t - X \qquad (4-2)$$

这意味着以价格 C 出售期权的收益一定大于执行期权的收益 S_t - X。从经济角度讲，出售期权比执行期权更有吸引力。这可以让期权继续存在而不是使其消失。换句话说，对不支付股利的股票看涨期权而言，“活着比死更有价值”。

如果在到期日之前执行期权无法带来收益，那么提前执行就毫无价值。因为美式期权不会提前执行，所以提前执行的权利就毫无价值了。因此，我们可以认为对不支付股利的股票而言，美式看涨期权与欧式看涨期权是等价的。

（3）美式看跌期权的提前执行

对于美式看跌期权而言，肯定会有提前执行而达到最优的可能性。我们通过一个简单的例子来加以说明。假如你购买一个股票的看跌期权，不久公司破产，股票价格为0。你想现在立即执行期权，因为股票价格已经不可能再跌了。立即执行意味着你接受执行价格，这可以让你重新投资获利。推迟执行意味着损失资金的时间价值。在到期日之前执行看跌期权的权利是一定有价值的。

现在假定公司只是濒临破产，股票售价仅为几分。立即执行期权仍是最优的选择。毕竟，股票价格仅有几分的下跌空间，这意味着将来执行期权不过比现在执行期权多得到几分的收益。要在可能多获得的很少的收益与推迟执行带来的资金时间价值的损失之间进行权衡。显然，当股票价格低于某个值时，提前执行是最优的选择。

从以上论述可知，美式看跌期权要比相应的欧式高。美式看跌期权允许你在到期日之前的任何时间行使。因为提前执行在某些情形下可能有用，这会在资本市场上获得一个溢价。于是，在其他条件相同时，美式看跌期权的价格高于欧式看跌期权。

3. 看跌—看涨期权平价关系

考虑在下面两个组合

组合A：一个欧式看涨期权加上数量为 Ke^{-rT} 的现金

组合B：一个欧式看跌期权加上一只股票

以上两个期权在到期日价值均为：

$$Max(S_T, K) \tag{4-3}$$

由于两个组合在到期日的价值一样，且组合中期权为欧式期权，故两个组合在现在的价值应该相等。

$$c + Ke^{-rT} = p + S_0 \tag{4-4}$$

这一关系式就是欧式期权的看跌—看涨平价关系式。这一关系式也表明欧式看涨期权的价值可以从具有相同执行价格和到期日的看跌期权的价值中推导出来。

虽然看跌—看涨期权平价关系式只是对于欧式期权有效，但我们可以从中得出美式期权在没有股息时服从：

$$S_0 - K \leqslant C - P \leqslant S_0 - Ke^{-rT} \tag{4-5}$$

三、二叉树期权定价模型

1. 单步二叉树期权定价模型

假定在期权到期时股票价格只有两种可能的值：股票价格涨到一个给定的比较高的价格和下降到一个比较低的价格。例如，假设一只股票的现在价格为20元，并且在三个月之后股票价格只有两个可能的值：22或18元。假定三个月后到期的看涨期权的执行价格为21元，那么在三个月后股票价格为22元，期权价值为1元；股票价格为18元，期权价值为0元。

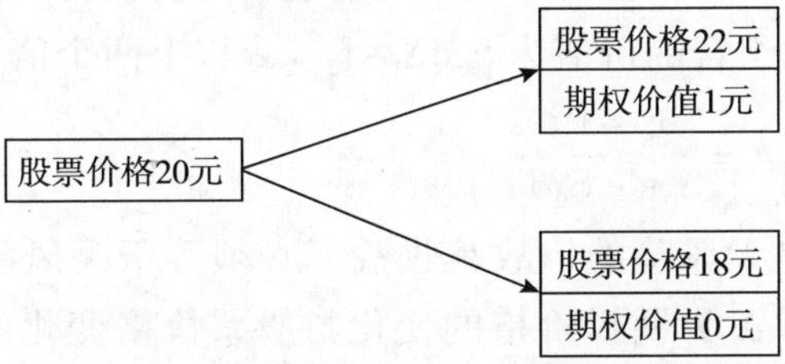

图4.2 单步情形下股票价格与期权价值

在期权定价过程中唯一的要求就是市场上无套利机会。构造一个股票和期权的组合，并且使得这一投资组合在三个月后的价值没有不确定性。正是由于这一投资组合没有任何的风险，故其收益率应该要等于无风险利率。考虑一个有Δ只股票和一份看涨期权空头所构成的投资组合，先求得使得组合的收益消除不确定性的Δ。当股票价格变为22元时，所持股票的价值变为22Δ元，期权的价值变为1元，证券组合的整体价值为22Δ－1元；当股票价格变为18元时组合价值为18Δ元。那么要使得组合的价值不确定性消除，就要使

$$22\Delta - 1 = 18\Delta$$

$$\Delta = 0.25$$

此时，无论股票价格是上涨还是下跌，组合在期权到期时的价格为4.5元。在无套利机会的前提下，无风险债券的收益率等于无风险利率。假设这时的无风险利率为每年12%，那么该交易组合的价值必须为4.5元的贴现值，即

$$4.5e^{-0.12\times3/12} = 20\times0.25 - f$$

$$f = 0.633$$

在无套利机会的前提下，期权的当前价值为0.633元。

将此方法进行推广，假定股票的价格为S_0，股票上一个期权的价格为f。假定期权的期限为T，在期权有效期内股票价格或者上升到S_0u，或者下跌到S_0d，

其中 $u>1$，$d<1$。同样考察一个由 Δ 只股票和一份期权空头所组成的交易组合。

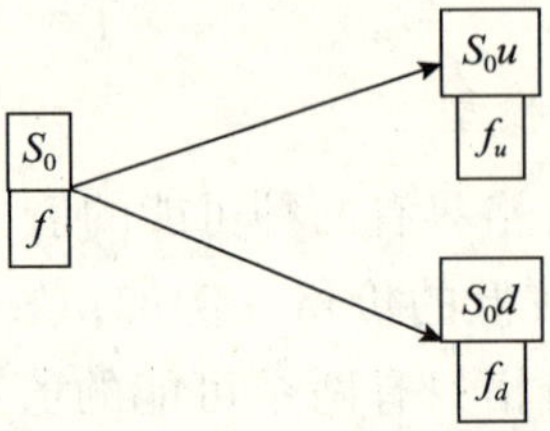

图 4.3　单步二叉树中的股票价格及期权价格

如果股票价格上涨，在期权到期时交易组合的价值为 $S_0u\Delta-f_u$；如果股票价格下跌，期权到期时组合的价值为 $S_0d\Delta-f_d$。令以上两个值相等，即 $S_0u\Delta-f_u=S_0d\Delta-f_d$，可以得出 $\Delta=\dfrac{f_u-f_d}{S_0u-S_0d}$。

由于交易组合是无风险的，故其收益率必须等于无风险利率。当股票在两个节点之间变动时，Δ 为期权价格的变化与股票价格变化的比率。假设无风险利率为 r，交易组合的贴现值为 $(S_0u\Delta-f_u)e^{-rT}$，而构造交易组合的初始成本为 $S_0\Delta-f$。故：

$$S_0\Delta-f=(S_0u\Delta-f_u)e^{-rT}\tag{4-6}$$

得：$f=e^{-rT}[pf_u+(1-p)f_d]$，其中 $p=\dfrac{e^{rT}-d}{u-d}$。

2. 两步二叉树

假设股票初始价格为 S_0，在二叉树的每一步股票价格或者上涨到上一步价格的 u 倍，或者下降到上一步价格的 d 倍。假定无风险利率为 r，二叉树的步长为 Δt 年。

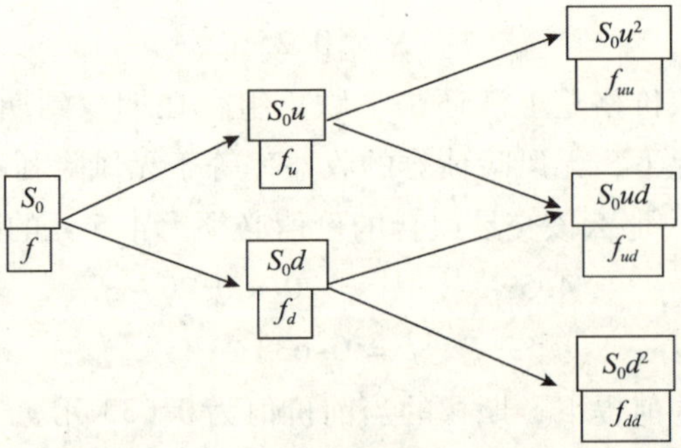

图 4.4　两步二叉树中的股票价格与期权价值

可以推出：

$$f_u = e^{-r\Delta t}[pf_{uu} + (1-p)f_{ud}] \tag{4-7}$$

$$f_d = e^{-r\Delta t}[pf_{ud} + (1-p)f_{dd}] \tag{4-8}$$

$$f = e^{-r\Delta t}[pf_u + (1-p)f_d] \tag{4-9}$$

其中，$p = \dfrac{e^{r\Delta t} - d}{u - d}$。

$$f = e^{-2r\Delta t}[p^2 f_{uu} + 2p(1-p)f_{ud} + (1-p)^2 f_{dd}] \tag{4-10}$$

3. 美式期权二叉树模型

前面所考查的都是欧式期权，在考察美式期权的二叉树定价模型时，定价的过程同样是从树的尾端出发以倒推的方式推算到树的起始点。但与欧式期权不同的是我们要在每一个节点上检验提前行使期权是否为最优。在树的最后的节点上，期权的价格等于欧式期权的价格，之前的任何一个节点上期权的价格等于以下两个值中的较大值，即由后面两个节点推算的期权价格与此节点上立即行权的价值的较大的值。

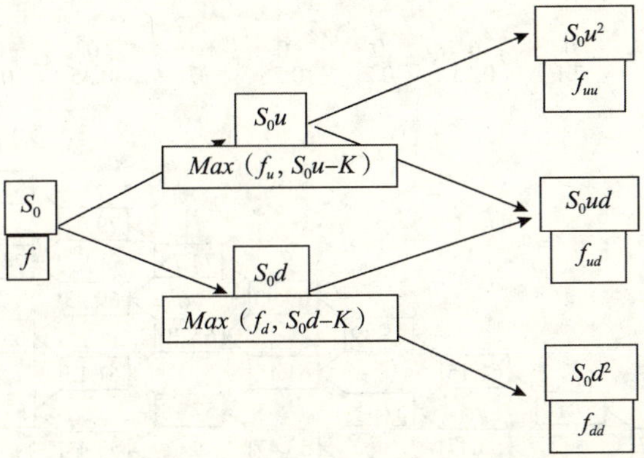

图 4.5　美式看涨期权两步二叉树模型下股票价格与期权价格

4. Delta

一个股票期权的 Delta 为期权价格变化同股票价格变化之间的比率。它也是在构造无风险投资组合需要持有的标的资产的数量。当卖出一份期权时，看涨期权的 Delta 为正，看跌期权的 Delta 为负。组合中的 Delta 随着股票价格的变化是不断变化的。

例如：在以下条件下，Delta 的值随着时间不断地变化，因此采用期权或者是股票进行无风险对冲时要不断地调整用以对冲的股票数量。

表 4.3　　假设条件

即期股价（S）	50
执行价（K）	50
时间（T）	0.5
利率（R）	5%
连续股利（q）	2%
波动性（VOL）	30%
步数（n）	10
期权价格	0.000
步长（Δt）	0.050
上升因子（u）	1.069
下降因子（d）	0.935
每步贴现因子（Df）	0.998
每步股利	0.999

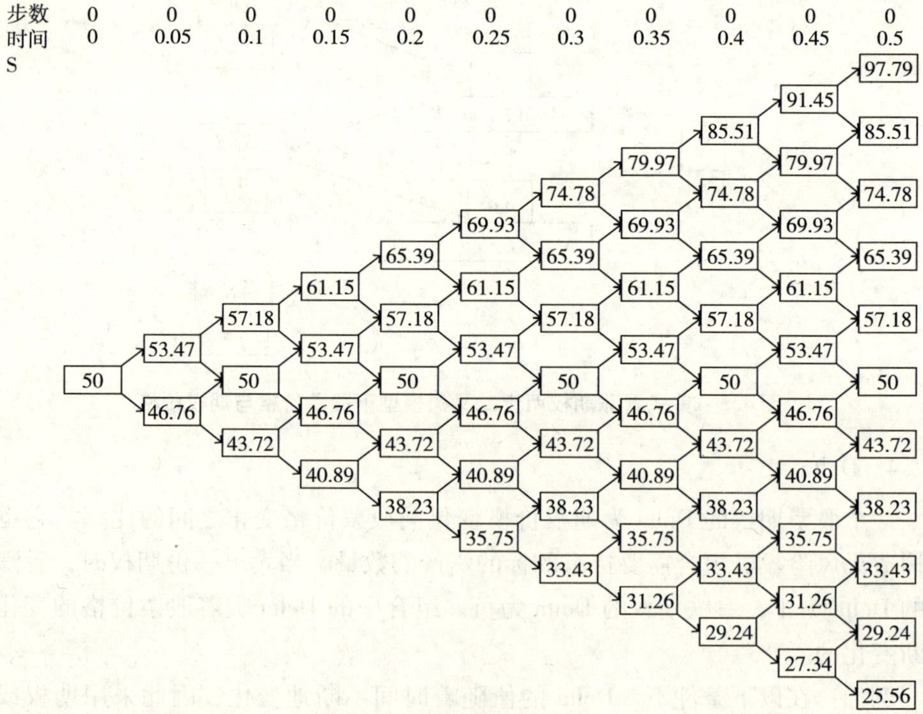

图 4.6　股票价格变化

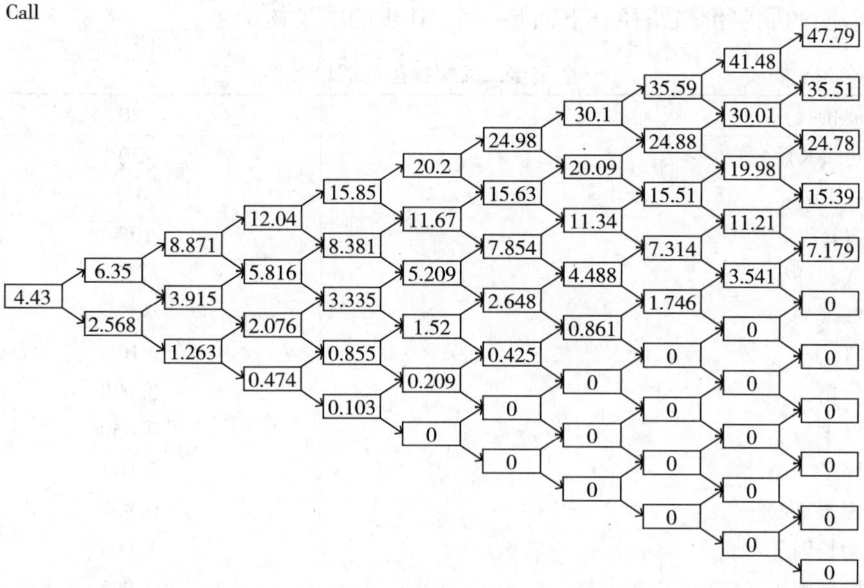

图 4.7 二叉树下看涨期权价格推导图

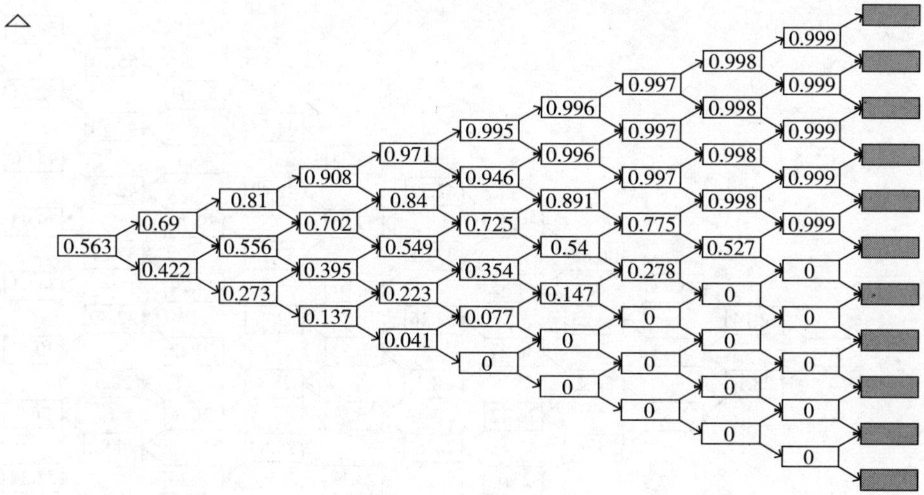

图 4.8 Delta 变化图

5. 增加二叉树的时间步数

在实际的应用中，二叉树模型中的步数将不会仅仅是一步或者是两步，期权的期限通常会被分割成 30 或者更多的步数。在每一个时间步中，股票价格变动将是一个单步二叉树。例如，在 30 个时间步中总共有 31 个终端股票价格，即

2^{30}种可能的股票价格路径。下面是一个 10 步的二叉树例子。

表 4.4　　一个十步二叉树模型的假设条件

即期股价（S）	30
执行价（K）	30
时间（T）	0. 5
利率（R）	10%
连续股利（q）	2%
波动性（VOL）	30%
步数（n）	10
期权价格	3. 078
步长（Δt）	0. 050
上升因子（u）	1. 071
下降因子（d）	0. 937
每步增长因子	1. 004
每步贴现因子（Df）	0. 995
上升概率（p）	0. 500

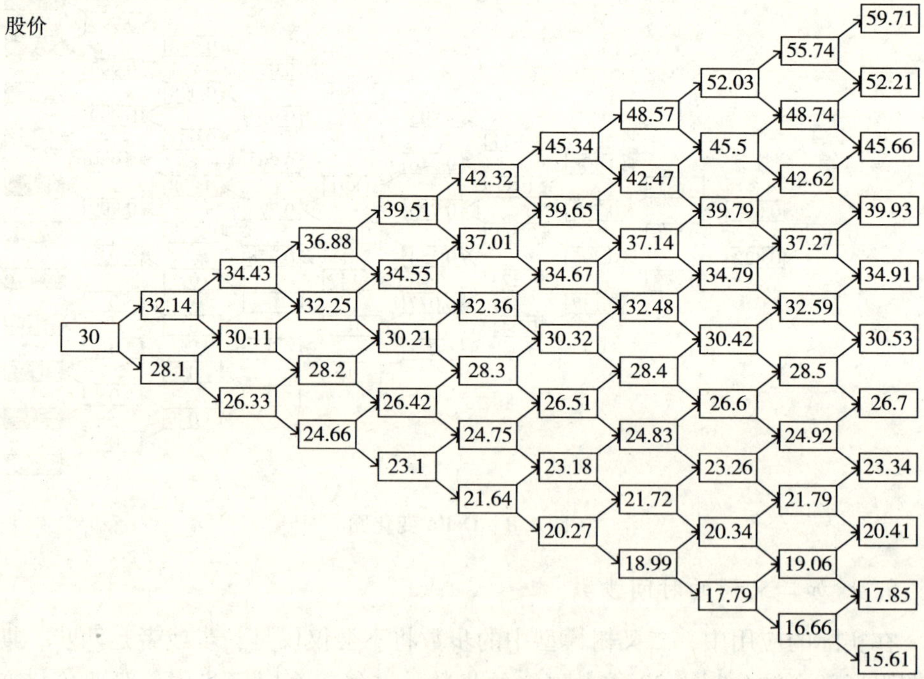

图 4.9　股票价格图

Call

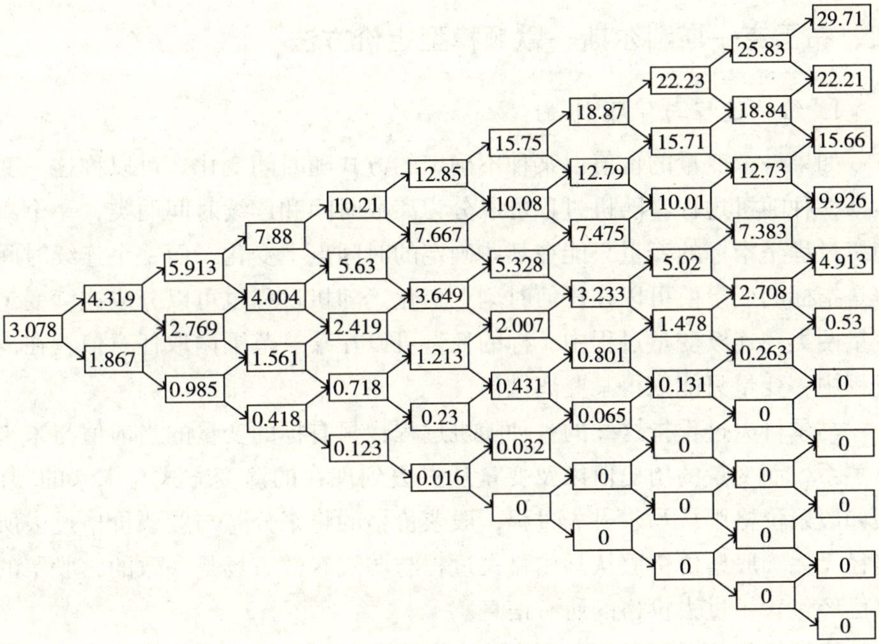

图 4.10　看涨期权推导图

put

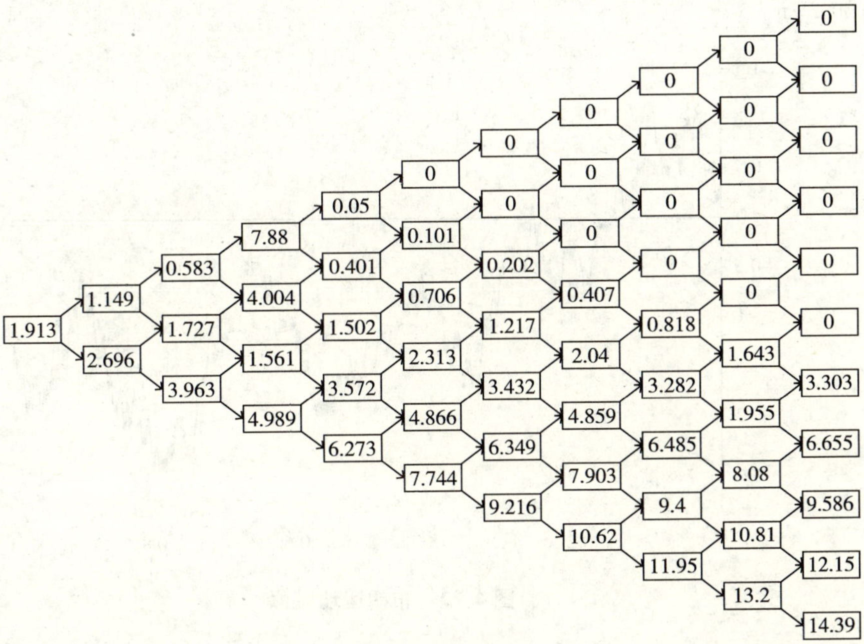

图 4.11　看跌期权推导图

四、布雷克—斯科尔斯—默顿模型定价方法

1. 维纳过程与伊藤引理

如果一个变量的价值以某种不确定的方式随时间变化，可以称这一变量为服从某一种随机过程。随机过程可以分为离散时间和连续时间两类，一个离散时间随机过程是指标的变量只能在某些确定的时间点上变化，而一个连续时间随机过程是指标的变量值可以在任何时刻上变化。随机过程也可以分成连续变量和离散变量两类：连续变量过程中，标的变量可以在某一范围内取任意值；在离散变量过程中，变量只能取得某些离散值。

马尔科夫过程指这样的一种随机过程：只有标的变量的当前值与未来的预测有关系，而变量的历史值以及变量从过去到现在的演变方式与未来的预测无关。假如股票价格服从马尔科夫过程，股票价格的将来分布与股票价格过去所遵循的路径无关。股票价格服从马尔科夫过程与弱式有效市场是一致的，股票的当前价格已经包含了过去价格的所有信息。

维纳过程是马尔科夫过程变化中期望为0，方差为1的特殊形式。服从维纳过程的随机变量在物理学中被用来描述某个粒子受到大量小分子碰撞的运动，即布朗运动。

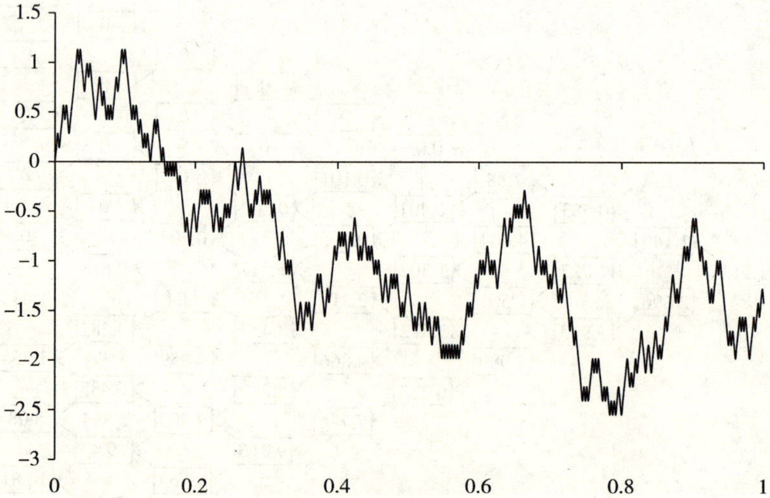

图 4.12　布朗运动模拟

假设变量 z 服从以下两个性质：

变量 Δz 与时间区间 Δt 之间满足 $\Delta z = \varepsilon\sqrt{\Delta t}$（$\varepsilon \sim N(0, 1)$）；对于任何两

个不同的时间区间 Δt，变量 Δz 之间相互独立。

变量 z 服从维纳过程。

考虑一段相对来说较长的时间段 T 内变量 z 的变化，变化量将是 z（T）-z（0），这一变量可以看成是在 N 个长度相等的 Δt 时间段的变化的总和，则：

$$z(T) - z(0) = \sum_{i=1}^{N} \varepsilon_i \sqrt{\Delta t} \tag{4-11}$$

广义维纳过程是一种特殊的维纳过程，其形式为 dx = adt + bdz。其中，每单位时间内随机过程的变量变化的期望值被称为随机变量的漂移率，方差被称为变量的方差率。漂移率为零意味着变量在将来的任意时刻的期望值等于其现在值，方差率为 1 意味着将来任意时刻变量 z 的方差等于 T。广义维纳过程中 adt 说明变量 x 的单位时间内的漂移率为 a，如果没有 bdz 项，dx = adt，则可以对 t 进行积分，可以得出 $x = x_0 + at$。bdz 便是变量 x 在变化路径上的噪音或者是波动率。

伊藤过程是一种更为广义的维纳过程，其中 a 和 b 均为变量 x 和时间 t 的函数。伊藤过程的表达式为：

$$dx = a(x,t)dt + b(x,t)dz \tag{4-12}$$

伊藤过程中的漂移率和方差率都随着时间的变化而变化，在任意小的时间段［t，t+Δt］内，变量 x 变为 x=x+Δx，其中，Δx=a（x，t）Δt+b（x，t）$\varepsilon\sqrt{\Delta t}$。

假定股票服从广义维纳过程有一个问题是它具有不变的期望漂移率和方差率，但是这使得无论股票的现有价格是多少，其期望的变化绝对量是一样的。我们更可能的是对不同价格的股票期望一个固定的收益率。因而，将假设修正为期望收益率为常数会更合理。假设股票价格在时刻 t 为 S，那么股票的漂移率为 μS，其中 μ 为一个常数，则 μ 可以看成是股票的期望收益率。同时，加入对于股票在一个时间段后百分比收益率波动率的假设，令股票价格变动的波动率为一常数 σ。这一模型变为：

$$dS = \mu Sdt + \sigma dz \tag{4-13}$$

$$\frac{dS}{S} = \mu dt + \sigma dz \tag{4-14}$$

离散形式为：

$$\Delta S = \mu S\Delta t + \sigma S\varepsilon\sqrt{\Delta t} \tag{4-15}$$

这个股票价格变动的模型即为在以下条件假设下（表 4.5）的几何布朗运动。

金融衍生产品的价格都是标的股票价格和时间的函数。更一般地讲，任意一种衍生产品的价格都是这些标的衍生产品随机变量和时间的函数。一个关于金融衍生品价格的重要结论是伊藤引理。假设变量 x 服从以下伊藤过程：

表 4.5 假设条件

初始股价	100
时间（年）	1
波动性	0.3
固定股息率（年）	0.1
步数 n	1000
步长 Δt	0.001

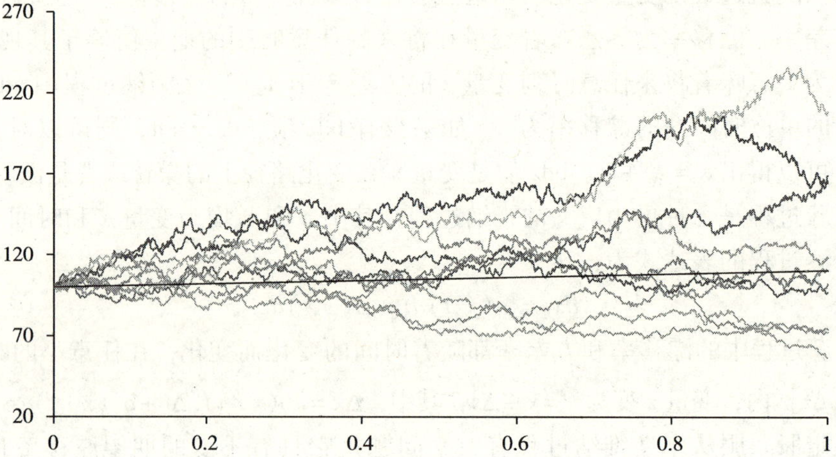

图 4.13 股票价格变动路径模拟

$$dx = a(x,t)dt + b(x,t)dz \tag{4-16}$$

其中 dx 是一个维纳过程，a 和 b 为 x 和 t 的函数。变量 dx = a（x，t）dt + b（x，t）dz 的漂移率为 a，方差率 b^2。伊藤引理说明 x 和 t 的函数 G 遵循以下过程：

$$dG = \left(\frac{\partial G}{\partial x}a + \frac{\partial G}{\partial t} + \frac{1}{2}\frac{\partial^2 G}{\partial x^2}b^2\right)dt + \frac{\partial G}{\partial x}bdz \tag{4-17}$$

变量 G 也遵循伊藤引理，其漂移率为：

$$\frac{\partial G}{\partial x}a + \frac{\partial G}{\partial t} + \frac{1}{2}\frac{\partial^2 G}{\partial x^2}b^2 \tag{4-18}$$

方差率为：

$$\left(\frac{\partial G}{\partial x}\right)^2$$

将关于股票价格的假设 dS = μSdt + σdz 应用到伊藤引理，可得：

$$dG = \left(\frac{\partial G}{\partial S}\mu S + \frac{\partial G}{\partial t} + \frac{1}{2}\frac{\partial^2 G}{\partial S^2}\sigma^2 S^2\right)dt + \frac{\partial G}{\partial S}\sigma S dz \tag{4-19}$$

专栏4.5　伊藤引理推导

考虑一个连续并且对于x可导的函数G，如果x的变化为Δx，相应G变化为ΔG，由微积分的一个通用结论可得：

$$\Delta G \approx \frac{dG}{dx}\Delta x$$

即ΔG大约等于G对x的导数乘以Δx，误差项包括高阶项Δx^2。更精确的表达式可以对ΔG进行泰勒展开：

$$\Delta G = \frac{dG}{dx}\Delta x + \frac{1}{2}\frac{d^2G}{dx^2}\Delta x^2 + \frac{1}{6}\frac{d^3G}{dx^3}\Delta x^3 + \cdots$$

如果连续可导函数G由两个变量x和y，那么类似的简单结论是：

$$\Delta G \approx \frac{\partial G}{\partial x}\Delta x + \frac{\partial G}{\partial y}\Delta y$$

相应的泰勒展开式为：

$$\Delta G = \frac{dG}{dx}\Delta x + \frac{\partial G}{\partial y}\Delta y + \frac{1}{2}\frac{d^2G}{dx^2}\Delta x^2 + \frac{\partial^2 G}{\partial x\partial y} + \frac{1}{2}\frac{d^2G}{dy^2}\Delta y^2 + \cdots$$

当Δx和Δy趋于0时，

$$dG = \frac{\partial G}{\partial x}dx + \frac{\partial G}{\partial y}dy$$

假设变量服从伊藤过程：

$$dx = a(x, t)dt + b(x, t)dz$$

G是x和t的某种函数，则：

$$\Delta G = \frac{dG}{dx}\Delta x + \frac{\partial G}{\partial t}\Delta t + \frac{1}{2}\frac{d^2G}{dx^2}\Delta x^2 + \frac{\partial^2 G}{\partial x\partial t} + \frac{1}{2}\frac{d^2G}{dt^2}\Delta t^2 + \cdots$$

将dx式离散化：

$$\Delta x = a(x, t)\Delta t + b(x, t)\varepsilon\sqrt{\Delta t}$$

忽略函数的变元

$$\Delta x = a\Delta t + b\varepsilon\sqrt{\Delta t}$$

又$\Delta x^2 = b^2\varepsilon^2\Delta t + \Delta t$的高阶项

$$E(\varepsilon^2) - [E(\varepsilon)]^2 = 1$$

由于$E(\varepsilon) = 0$，故$E(\varepsilon^2) = 1$，因此Δx^2项$\varepsilon^2\Delta t$的期望值为Δt。同样$\varepsilon^2\Delta t$的方差的阶数为Δt^2。因此当Δt趋向于0时，可以将$\varepsilon^2\Delta t$视为非随机项，并且等于其期望值。

故，

$$dG = \frac{\partial G}{\partial x}dx + \frac{\partial G}{\partial t}dt + \frac{1}{2}\frac{\partial^2 G}{\partial x^2}b^2 dt$$

将 dx = adt + bdz 代入上式，得到伊藤引理：

$$dG = \left(\frac{\partial G}{\partial x}a + \frac{\partial G}{\partial t} + \frac{1}{2}\frac{\partial^2 G}{\partial x^2}b^2\right)dt + \frac{\partial G}{\partial x}bdz$$

2. 布雷克—斯科尔斯—默顿模型

布雷克和斯科尔斯用来描述股票价格变动的模型就是几何布朗运动模型，该模型假设在没有股利分配的情况下，股票在某一时间区间内的百分比变化是正态分布：

$$\frac{\Delta S}{S} \sim \phi(\mu\Delta t, \sigma^2\Delta t) \tag{4-20}$$

则：

$$\ln S_T - \ln S_0 \sim \phi\left[\left(\mu - \frac{\sigma^2}{2}\right)T, \sigma^2 T\right] \tag{4-21}$$

可得：

$$\ln\frac{S_T}{S_0} \sim \phi\left[\left(\mu - \frac{\sigma^2}{2}\right)T, \sigma^2 T\right] \text{与} \ln S_T \sim \phi\left[\ln S_0 + \left(\mu - \frac{\sigma^2}{2}\right)T, \sigma^2 T\right] \tag{4-22}$$

式中 S_T 是在将来时间 T 的价格，S_0 是在时间 0 的价格，$\ln S_T$ 服从正态分布，所以 S_T 服从对数正态分布。

由股票价格服从对数正态分布的性质出发，可以得出 0 ~ T 之间以连续的复利收益率的概率分布。将 0 ~ T 之间的连续复利收益率计为 x，则：

$$S_T = S_0 e^{xT} \tag{4-23}$$

$$x = \frac{1}{T}\ln\frac{S_T}{S_0} \tag{4-24}$$

股票的波动率 σ 是用于度量股票所提供收益的不确定性的量，可以被定义为按连续复利计算时股票在一年内所提供收益率的标准差。

布雷克—斯科尔斯—默顿微分方程是每一个与标的资产有关的衍生品价格必须满足的方程式。在前面讲到利用二叉树模型进行期权定价时采用的无套利思路在这里也同样适用。在定价过程中需要构造一个由期权和标的股票所组成的无风险交易组合，在无套利的假设下，这一交易组合的收益率必须为无风险利率 r。

由于股票价格和期权价格是受同一种不确定性的影响，因而我们可以建立无风险的交易组合。在任意一个时间间隔内，衍生产品的价格与股票的价格有着非常完美的相关性；在建立了一个适当的股票与期权的组合后，由股票所带来的盈亏总是可以抵消由期权所带来的盈亏。这样一来，交易组合在一个短时间内的价格变化就是确定的。

在推导布雷克—斯科尔斯—默顿方程式时，有必要将要采用的假设条件列出：

①股票价格服从几何布朗运动，服从对数正态分布。

②可以卖空证券，并且可以完全使用所得收入。

③无交易费用和税收，所有证券可以无限分割。

④在期权期限内，股票不支付任何股息。

⑤不存在无风险套利机会。

⑥证券交易为连续进行。

⑦短期无风险利率 r 为常数，并且对所有期限是相同的。

运用前面对于股票价格过程所做的假设：

$$dS = \mu Sdt + \sigma Sdz \tag{4-25}$$

假定 f 为关于 S 的看涨期权，或其他的衍生工具价格，变量 f 就是 S 和 t 的函数。因此，运用伊藤引理，得：

$$df = \left(\frac{\partial f}{\partial S}\mu S + \frac{\partial f}{\partial t} + \frac{1}{2}\frac{\partial^2 f}{\partial S^2}\sigma^2 S^2\right)dt + \frac{\partial f}{\partial S}\sigma Sdz \tag{4-26}$$

离散化形式为：

$$\Delta f = \left(\frac{\partial f}{\partial S}\mu S + \frac{\partial f}{\partial t} + \frac{1}{2}\frac{\partial^2 f}{\partial S^2}\sigma^2 S^2\right)\Delta t + \frac{\partial f}{\partial S}\sigma S\Delta z \tag{4-27}$$

式中 ΔS 和 Δf 为 S 和 f 在一段时间 Δt 内的变化量，可以运用适当的股票及衍生品期权的组合来消除维纳过程。

适当的股票及期权证券组合为：

$$-1\text{—— 衍生产品}$$

$$+\frac{\partial f}{\partial S}\text{—— 股票}$$

以上组合为含有一个衍生证券的空头和 $\partial f/\partial S$ 的股票多头。定义 Π 为证券组合的价值：

$$\Pi = -f + \frac{\partial f}{\partial S}S \tag{4-28}$$

证券组合的价格在 Δt 时间区间内的变化为：

$$\Delta\Pi = -\Delta f + \frac{\partial f}{\partial S}\Delta S \tag{4-29}$$

$$\Delta\Pi = \left(-\frac{\partial f}{\partial t} - \frac{1}{2}\frac{\partial^2 f}{\partial S^2}\sigma^2 S^2\right)\Delta \mathrm{t} \tag{4-30}$$

上式右端是不含有 Δz 项的，证券组合在时间间隔 Δt 内就是无风险的。证券组合在无套利机会假设下一定期望获得与其他短期无风险证券相同的瞬时收益率：

$$\Delta\Pi = r\Pi\Delta t \tag{4-31}$$

其中，r 为无风险利率。将 $\Pi = -f + \frac{\partial f}{\partial S}S$ 和 $\Delta\Pi = \left(-\frac{\partial f}{\partial t} - \frac{1}{2}\frac{\partial^2 f}{\partial S^2}\sigma^2 S^2\right)\Delta t$ 代入上式，得出：

$$\left(\frac{\partial f}{\partial t} + \frac{1}{2}\frac{\partial^2 f}{\partial S^2}\sigma^2 S^2\right)\Delta t = r\left(f - \frac{\partial f}{\partial S}S\right)\Delta t \tag{4-32}$$

$$\frac{\partial f}{\partial t} + rS\frac{\partial f}{\partial S} + \frac{1}{2}\sigma^2 S^2\frac{\partial^2 f}{\partial S^2} = rf \tag{4-33}$$

此式即为布雷克—斯科尔斯—默顿微分方程。对应不同的衍生产品，微分方程有不同的并以 S 为标的变量的解。对于某一特定衍生产品，微分方程的解与该式的边界条件有关，边界条件定义了衍生产品在 S 和 t 的边界上的取值。欧式看涨期权的关键边界条件为：

$$f = \max(S - K, 0) \quad 当 t = \mathrm{T} 时$$

欧式看跌期权的关键边界条件为：

$$f = \max(K - S, 0) \quad 当 t = \mathrm{T} 时$$

运用解的边界条件解微分方程，得：

$$c = S_0 N(d_1) - Ke^{-rT}N(d_2) \tag{4-34}$$

$$p = Ke^{-rT}N(-d_2) - S_0 N(-d_1) \tag{4-35}$$

式中，

$$d_1 = \frac{\ln(S_0/K) + (r + \sigma^2/2)T}{\sigma\sqrt{T}}$$

$$d_2 = \frac{\ln(S_0/K) + (r - \sigma^2/2)T}{\sigma\sqrt{T}} = d_1 - \sigma\sqrt{T}$$

五、中国期权市场的相关实践

目前中国市场上并没有真正意义上的期权市场，认股权证等类似期权的交易也不够活跃。新“国九条”提出要建设金融期货市场，配合利率市场化和人民币汇率形成机制改革，适应资本市场风险管理需要，平稳有序发展金融衍生产品，逐步丰富股指期货、股指期权和股票期权品种，逐步发展国债期货，进一步健全反映市场供求关系的国债收益率曲线。在2014年5月份第九届中国期货暨衍生品市场论坛上，上期所、郑商所、大商所和中金所的相关负责人均表示，目前正在按照既定的计划和步骤有条不紊地开展期权上市前的准备工作，对期权的推出充满信心。

截至2013年9月份，四大交易所都在积极筹备期权上市工作。而根据交易所开展的会员联合研究课题、模拟测试可初步判断国内拟上市的期权品种，主要包括：中国金融期货交易所沪深300股票指数期权，上海期货交易所铜（或黄金）期货期权，大连商品交易所豆粕期货期权，郑州商品交易所白糖期货期权。其中，中金所沪深300股票指数期权为现货期权，而另外三大交易所拟上市的均为期货期权。

2011年11月，上海期货交易所正式启动商品期货期权仿真交易。此次仿真交易面向全市场开放，仿真交易的品种为铜期货期权和黄金期货期权。国内四家期货交易所期权仿真交易已悉数登场。10月份，大商所向期货公司发布了《关于面向全市场开展期权仿真交易的通知》，开始面向全市场进行豆粕期权仿真交易；郑商所在开展了内部模拟测试基础上面向市场开展白糖期货和期权的仿真交易竞赛。中金所则于11月开始面向全市场开展股指期权仿真交易。

在这一系列密集上市的仿真交易中，交易所“各显神通”，亮点颇多。以上期所仿真交易为例，其最大的亮点在于采用了Delta模式的保证金。“Delta模式的保证金相比于传统模式，既能兼顾期权的风险特性，同时又能保证资金使用效率，是一种非常科学合理的保证金模式。”银河期货研究员毛舒能博士称，这与之前几家交易所的期权保证金方案存在明显不同。从仿真交易首日情况看，交易平稳有序，技术系统运转正常，参与仿真交易的法人和自然人仿真账户共1410个，仿真交易首日黄金期权共成交35848手，铜期权共成交30750手。

郑商所白糖期权仿真交易中则首次引入了流动性服务提供商制度。这一制度类似做市商制度，被认为是白糖期权仿真交易量巨大的重要推动因素。根据郑商所《白糖期权仿真交易流动性服务商管理办法》，当投资者进行询价时，流动性服务商应进行双边报价，且对报价的响应时间、挂单时间、下单量和价差作出严格要求。

2014年7月，随着上海证券交易所（下称上交所）的股票期权（个股期权、ETF期权）开始进入加速上市的跑道，一直以来在几大交易所期权上市竞争中颇显低调的深圳证券交易所“撒手锏”亦将亮出。据悉，深交所即将开始测试的股票期权将重点突出错位竞争，发挥自身中小板股票种类丰富、交投活跃的优势，推出“深证 100ETF”期权及一只定位中小板股票的期权产品。深交所股票期权标的确定为“深证 100ETF”期权，另外一只很有可能是中小板 ETF，唯一清晰的时间节点是 9 月 9 日开始测试。

事实上，上交所两大类股票期权产品中的个股期权，早在 2014 年 6 月便已进入了最后冲刺阶段，各项准备箭在弦上。然而，监管层的意见却于今年 5 月将个股期权暂缓，改为先推 ETF 期权上线。从各大券商的准备来看，6 月之前后台部门全部精力主要都集中在上交所个股期权的技术准备上，演练内容重点包括强行平仓、标的证券除权除息情景演练、标的证券分红配股场景演练等，相对较为复杂。直到上交所 6 月改弦更张之后，才开始重点备战上证 50、上证 180 期权。

“ETF 期权最快将在 8 月底前正式推出。”市场预期，ETF 期权正渐行渐近，其问世将给投资者提供一个全新的证券品种，而资本市场的发展则迎来新的历史节点。首批 ETF 期权的试点标的包括上证 50ETF 和上证 180ETF，对于最终推出的时间表，尽管上海证券交易所守口如瓶，但多位业内人士和专家表示，8 月底前最有希望问世。2012 年 6 月，上交所开始 ETF 期权模拟交易，至今已经平稳运行两年；2013 年 12 月 26 日，上交所正式启动了基于生产环境的期权全真模拟交易。截至 2014 年 6 月，77 家券商的经纪业务客户参与了模拟交易，开户数超过 37 万户，总体运行平稳。当前，ETF 期权的交易、结算等系统已经部署完毕，上交所也已完成了 67 家会员业务和技术准备情况的现场检查。一家 A 类券商的人士透露，他所在的公司已准备就绪，并在上周接受了现场检查和技术检测，A 类券商均主动要求现场检查和测试。所以有理由期待，中国的期权市场将会在不久的将来慢慢建立起来。

第二节　期货及其定价

一、远期及期货合约

期货合约与远期合约都是规定在将来的某一时间购买成者出售某资产，这与期权类似。关键不同之处在于，期权持有者不会被强制购买或者出售资产，当无利可图时可以选择放弃交。但是，期货或者远期合约则必须履行事先约定的合约义务。

严格地讲，远期合约并不是一项投资，因为投资是以资金交换资产。远期仅仅是现在对未来进行交易的一个承诺。远期协议是投资学一个重要组成部分，因为它们提供了对冲其他投资的重要途径，并且通常改变投资组合的特性。

允许各类产品在未来进行交割的远期市场至少可以追溯到古希腊。有组织的期货市场直到19世纪才初露端倪。期货市场以高度标准化的交易所证券代替了非标准化的远期合约。

期货市场起源于农产品和商品，而现在已经被金融期货主导。常见的将金融期货标的包括股票指数，利率相关的证券如政府债券和外汇。市场自身也在改变，越来越多的交易发生在电子交易平台。

1. 远期合约

远期合约是一种比较简单的衍生产品，它是在将来某一指定时刻约定价格买入或卖出某一产品的合约。远期合约与即期合约不同，即期合约是指在今天就要买入或卖出资产的合约；远期合约是在场外交易中金融机构之间或金融机构与客户之间的交易。在远期合约中，同意在将来某一时刻以某一约定价格买入资产的一方称多头，远期合约中的另一方同意在将来某一时刻以同一约定价格卖出资产，这一方被称空头。

外汇远期合约在市场上十分流行。许多大的银行都雇用了即期和远期合约交易员。即期交易员进行马上就要交割的交易，远期交易员进行在将来某时刻交割的交易。

远期合约可以用于对冲外汇风险，假定2014年7月20日，中国某企业的资金部主管已经预知在6个月后（2015年1月20日）要支付100万美元，这位主管准备对冲外汇风险，他可以同银行达成一个远期合约，此合约约定在6个月后这家企业必须以每美元6.6人民币的价格买入100万美元，在远期合约中此企业为多头，也就企业在2015年1月20日以660万人民币的价格买入100万美元。银行在合约中处在空头方的位置，也就是说银行必须在2015年1月20日以660万人民币的价格卖出100万美元。企业和银行都必须履行合约。

通常，在合约到期时，对于远期合约的多头来讲，每一个远期单位的收益为：

$$S_T - K$$

式中，K为合约的执行价格，S_T为资产在合约到期时的市场价格，合约约定多头方必须在合约到期时以执行价格买入约定数量的资产。同样，对于空头方来讲，合约所带来的收益就是$K - S_T$。由于进入远期合约的费用为0，所以合约的收益就是交易的所有盈利与亏损。

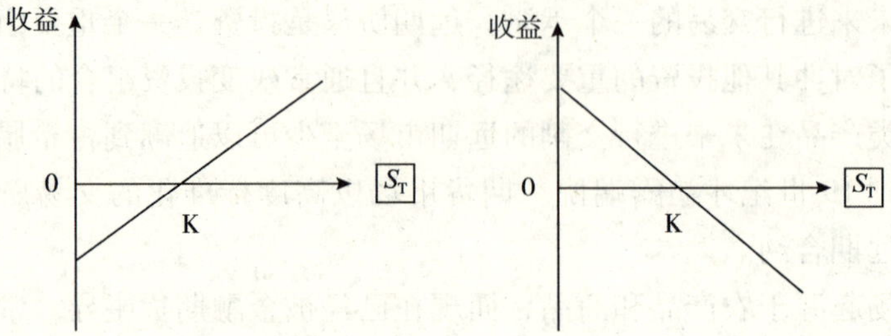

图 4.14　远期合约的收益

2. 期货合约

与远期合约类似，期货合约也是在将来某一时间以约定的价格买入或卖出一些数量的资产的合约。与远期合约不同的是，期货合约的交易是在交易所进行的。为了保证交易的正常进行，交易所对期货合约制定了一些标准特性。期货合约的交易双方不一定知道交易对手是谁，交易所设定了一系列的机制来保证交易双方履行合约承诺。

大多数期货交易往往不会实物交割。其原因是多数交易员在合约规定的交割期到来前会选择平仓。例如，投资者在 3 月 5 日买入一份 7 月份的玉米期货合约，他在 4 月 20 日可以卖出（即进入空头）一份 7 月份的合约来进行平仓；另外一个投资者在 3 月 5 日卖出（即持有空头寸）一份 7 月份的期货合约，该投资者在 5 月 25 日可以买入一份 7 月份的合约来进行平仓。在各种情况下，该投资者的总损益等于平仓日的期货价格与 3 月 5 日的期货价格之差。

当开发一项新的合约时，交易所必须详细注明双方协议上的具体条款。尤其是资产的品种、合约的规模（即每一合约待交割资产的确切数量）、交割地点以及时间。有时交割资产备选方案也会说明交易标的资产的等级或交割地点等。一个常用的规则是期货的空头方可以在备选方案中做出选择。当合约的空头方准备备选方案进行交割时，空头方要向交易所填写交割意向通知书。

当期货标的资产为某一商品时，这一商品的质量可能有很大差别。因此，当指定标的资产时，交易所对允许交割资产等级的规定至关重要。对于某些商品，在一定等级范围内的商品都可以用于交割，但价格要根据选择的等级进行调整。

当期货合约中的标的资产为金融资产时，其定义通常很明确，含义也很清楚。例如，我们无须定义日元的等级。但是，在芝加哥交易所交易的美国中长期国债期货合约有一些很有意思的特性。在长期国债期货合约中，标的资产是任何在期货到期时期限超过 15 年，并且在 15 年内不可赎回的美国国债。在中期国债期货合约中，标的资产是任何在期货到期时期限不少于 6.5 年但同时不超过 10

年的国债。在这两种情况下，交易所定义了一种公式，并根据所交割的国债期限和券息来调整收取的价格。

合约的规模定义了每一合约中交割资产的数量。有关合约规模的定义是交易所的一个重要决策。如果合约规模太大，许多希望对冲较小头寸的投资者或希望持有较小头寸的投机者就不可能利用交易所交易。从另一方面来讲，如果合约的规模太小，由于每个合约都会有交易成本，因此整个交易成本就会太高。显然合约的适当规模取决于潜在客户的需求。某个农产品期货合约中交割资产的价值从10000 美元到 20000 美元不等，而一些金融期货合约的规模会大得多。例如，在芝加哥交易所交易的长期国债期货标的资面值为 100000 美元。

一些交易所引进了“小型”合约来吸引小额度的投资者。例如，CME 的小型纳斯达克 100 期货合约是以 20 倍的纳斯达克 100 指数为标的资产，而标准合约是以 100 倍的纳斯达克 100 指数为标的资产。

交割地点必须由这对那些运输费用昂贵的商品尤其重要。当选择用交割地点时，期货的空头方所收入的价格会随着交割地点的不同面得以调整。期货交割地点离商品生产地越远，交割价格越高。

期货合约通常以其交易月份来命名。交易所必须指定交割月份内的准确交割时间。对于许多期货合约来说，交割时间区间为整个月。不同的合约有不同的交割月份。交易所对交割月的选取是为了满足客户的需要而定。例如，芝加哥交易所交易的玉米期货交割月份为 3 月份、5 月份、7 月份以及 12 月份。在任意的给定时间，交易所交易的合约包括最近交割月的合约和一系列随后交割月的合约。交易所指定特定月份合约开始交易的时刻，同时也指定这合约的最后交易日。通常来讲是在最后交割日的前几天期停止交易。交易所定义报价的方式各不相同，例如，纽约商品交易所以美元和美分来进行原油报价，芝加哥的中长期国债期货报价是以在美元以及 1/32 美元来报价的。

对大多数合约而言，每天价格的变动限额是由交易所来规定的。如果某一天价格下跌的金额等于每日价格限额，这一合约被称为跌停板。如果上涨的金额等于美日的价格限额，这一合约被称为涨停板。通常来讲，价格一旦达到当天的涨停或跌停限额时，该合约当天的交易就会停止。但是，在某些情况下交易所有权干涉并改变每天价格变动的限额。设定每日价格变动限额的目的是为了阻止过度投机而造成价格的巨幅波动。然而，当标的商品的价格迅速上升或下降时，这些限制将会成为交易的障碍。价格限额是否对期货市场有利仍是一个有争议的话题。头寸限额是一个投机者可持有的最大合约数量。头寸限额的目的是为了控制投机者过分操作而对市场造成不利影响。

随着期货合约交割月份的逼近，期货价格会逐渐收敛到标的资产的即期价格。在到达交割日期时，期货价格会等于或非常接近于即期价格。为了说明原因，我们首先假定在交割时间内期货的价格高于即期价格，这时，交易员可以得到一个显而易见的套利机会：

①卖出一个期货合约（即持有空头寸）；

②买入资产；

③进行交割。

以上交易一定会盈利，其盈利额等于期货价格高于即期价格的余额。一旦交易员发现这个套利机会，期货价格会下降。接下来假定在交割期间期货价格低于即期价格。想获得该标的资产的公司就会发现买入期货然后等待空头方交割资产会更有利。一旦公司这么做以后，期货的价格就会上涨。因此，在交割期限内，期货价格与即期价格会十分接近。

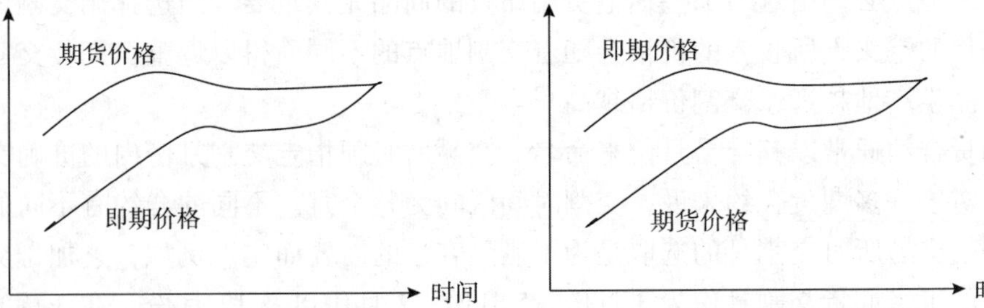

（a）期货价格高于即期价格　　（b）期货价格低于即期价格

图 4.15　随着交割日的临近，期货价格与即期价格之间的关系

3. 每日结算与保证金的运作

如果两个投资者直接接触并且在将来某时刻按某一特定的价格交易某一资产，很明显，这其中存在风险。投资者的某一方可能对该交易感到后悔并想退出交易。另外，投资者也可能没有财力来保持承诺。交易所的一个关键职责是组织交易以避免违约的产生，这正是设定保证金的根本目的。

（1）保证金的运作过程

为了说明保证金的运作过程，我们假定一个投资者在 6 月 5 日星期四与经纪人联系，他准备买入两份纽约商品交易所 12 月份到期的黄金期货合约。我们假定期货合约的当前价格为每盎司 600 美元，由于合约的规模为 100 盎司黄金，所以投资者想以这一约定价格买入 200 盎司黄金。经纪人要求投资者将资金存入保证金账户中，投资者在最初开仓交易时必须存入的资金量被称为初始保证金。我们假定每份合约的初始保证金为 2000 美元，因此整体保证金为 4000 美元，在交易日结束时，保证金额数量将得到调整以反映投资者的盈亏。这一做法被称为按市场定价。

例如，假定在6月5日，期货价格从600美元跌至597美元。投资者的损失为600美元，这是因为投资者约定要以600美元的价格买入200盎司12月份的黄金，现在仅能以597美元出售。因此保证金账户中的余额要减少600美元，即减至3400美元。类似地，如果12月份的期货价格在第一个交易日结束时上涨为603美元，保证金账户的余额也增加600美元，即增至4600美元。一笔交易在交易发生日结束时第一次以市场价格定价，随后在每个交易日结束时都要以市场定价。按市场定价不仅是经纪人与其客户之间的协议。当期货价格下降，期货多头投资者的保证金账户的余额减少了600美元时，这一经纪人必须向交易所支付600美元，然后交易所将600美元支付给期货空头投资者。类似地，当期货价格上升，空头方的经纪人将资金支付给交易所，交易所再将资金转给期货多头方的经纪人。

投资者有权提走保证金账户中超过初始保证金的那一部分资金。为了确保保证金账户的资金余额永远不会出负值，交易所设置了维持保证金。维持保证金通常低于初始保证金额。如果保证金账户的余额小于维持保证金金额，投资者会收到保证金催付通知，这一通知要求在下一个交易日投资者须将账户内资金补足到初始保证金水平。这一追加资金称为变动保证金。如果投资者不能提供变动保证金，经纪人将对合约进行强制平仓以满足保证金需求。

（2）结算中心与结算保证金

结算中心是交易所的附属机构，该机构为期货交易的媒介，它保证交易双方履行合约。中心拥有一定数量的会员，这些会员必须在交易所注入资金。那些不是结算中心会员的经纪人必须通过结算中心的会员来开展业务。结算中心的主要任务是对每日交易进行记录，以便计算每一个会员的净头寸。就像经纪人要求投资者开设保证金账号那样，结算中心也要求其会员在结算中心开设保证金账户。其相应的保证金被称为结算保证金。与投资者保证金账户的运作方式类似，结算中心会员的保证金账户的余额在每一交易日结束时也按其盈亏做出调整。但是，于结算中心的会员只有初始保证金的要求，没有维持保证金要求。每天各种合约的保证金余额必须等于初始保证金乘以正在流通的合约的数量。因此结算中心的会员在每个交易日结束时根据一天的价格变动，可能要向其保证金账号上注入追加资金。另外，他也可能会从保证金账号中提取资金。如果某个经纪人不是结算中心的会员，他必须在结算中心会员那里开设一个保证金账户。

在计算结算保证金时，结算中心基于两种方式计算流通合约的数量，一种是基于总值，另一种是基于净值。基于总值的方式是将客户的多头与空头总数相加；净值的方式是使多头与空头相互抵消。结算中心的会员共有两个客户：一个客户持有20份合约的多头，另一方客户持有15份合约的空头。基于总值的方式是以35份合约为基础来计算结算保证金；基于净值的方式是以5份合约为基础来计算结算保证金。现在大多数交易所采用净值方式来计算结算保证金。

4. 信用风险

设定保证金的根本目的是保证交易员履行自身的承诺。整体上来讲，这一系统十分成功。在大的交易所里交易员进行的交易还没有出现过违约情况。美国期货市场在1987年10月19日曾承受了考验，这一天S&P500指数下跌了20%，持有S&P500长头寸的交易员发现自身的保证金账户出现了负余额的情况。那些不能满足保证金催付要求的交易员的交易被平仓，即使这样，这些交易员仍然欠款于经纪人。由于有一些人没有支付，造成了一些经纪人违约，原因在于没有得到客户的资金，经纪人不能满足他们所代表客户进入合约中的催付保证金要求。即使这样，交易所仍有足够多的资金来满足那些持有S&P500期货空头的支付。

5. 场外市场抵押品和中心结算

信用风险是场外市场的一个特征。在场外交易中，交易对手总有一定的可能会违约。有趣的是，为了降低信用风险，场外市场通过设定抵押品策略来模仿保证金系统。

考虑场外市场的两个参与者，公司A和公司B之间有一场外交易。在抵押品条约下，他们每天对交易合约进行定价。如果从某天到第二天，场外交易对于A的价值增长了，公司B要增加相当于交易价值增量的抵押品，同时A公司会收到相应的抵押品。类似的假如在某一天相对于A的价值降低了，A要增加相当于交易价值增量的抵押品，这时B就会收到相应的抵押品。抵押品制度大大降低了场外交易的信用风险。

专栏4.6　长期资本管理公司的巨大损失

20世纪90年代中期成立的对冲基金长期资本管理公司（LTCM）在其交易中一直采用抵押品条款，这家对冲基金的投资策略为收敛套利（convergence arbitrage）策略，这一策略的简单例子如下：假如X和Y是同一家公司发行的两种债券，X和Y具有相同的收益，但X的流动性比Y要差（X的交易没有Y活跃），市场对于较强的流动性会给予一定的补偿，因此X的价格比 Y 要低一些。LTCM 在交易中首先对 X 持长头寸，并对 Y 持短头寸，之后等待在将来某个时刻两种债券的价格趋向一致，这样就可以达到套利的目的。

当利率增长时，LTCM 预计债券价格下降的数量基本相同，因此对于 X 债券付出的抵押品与 Y 债券收入的抵押品基本相同；类似地，当利率下降时，LTCM 预计债券价格上涨的数量也会基本相同，因此因抵押条约造成的资金外流不会很大。

1998 年 8 月，俄罗斯对本国国债违约，造成了资本市场的"择优而栖"(flight to quality) 现象，使得流动性较强的产品的价格与流动性差的产品价格之间的差价比平时要高得多，因此在 LTCM 投资组合中流动性强的产品与流动性差的产品的差价急剧增大，买入的债券价格大幅下降，而卖出的债券价格急剧上升。这时，无论对长头寸还是短头寸交易都必须注入抵押品，公司的财务又处于高杠杆状态（高负债比率）。由于 LTCM 不能满足抵押品的要求，因此必须对交易进行平仓，从而给 LTCM 造成了 40 亿美元的损失。假如财务并不处于高扛杆状态，LTCM 也许能够承受"择优而栖"现象带来的压力，这样公司就有机会等到流动性强的产品价格和流动性差的产品价格趋向一致的时候。

自 2007 ~ 2009 年金融危机以后，美国以及世界各国政府纷纷通过立法要求场外衍生产品通过中心结算机制来进行交易。场外衍生产品中心结算过程如下：A 和 B 的交易谈判在开始时与以前一样，一旦同意进行交易，A 和 B 同时将交易提交到结算中心（即中心结算方）。假定结算中心接受了交易，这时结算中心也就成了 A 和 B 的交易对手（这里的运作方式与期货交易中结算中心是期货双方的交易对手类似）。结算中心需要承担 A 和 B 的信用风险。结算中心对其信用风险的管理是向 A 和 B 要求初始保证金和维持保证金。

促成中心结算机制成立的原因之一是美国国际集团（AIG）的危机。在信用危机前，A1G 为许多金融机构提供了关于美国次贷房产按揭的信用保护。因为在最初交易时，A1G 的信用评级为 AAA 级，因此无须向交易对手提供抵押品。这些信用保护使 AIG 蒙受了巨大损失，后来美国政府不得不斥资 850 亿美元来挽救 AIG。中心结算机制是否会避免类似 AIG 这样的事件还是个未知数，因为目前法律只是要求标准的衍生产品必须通过中心结算，而 AIG 的交易属于非标准型。对非标准型合约可实施强制性抵押品的规定，但采用这种方式来预防类似 AIG 的危机是一个任重道远的过程。

二、利用期货的对冲策略

很多期货市场投资者进入期货市场是为了利用期货市场来对自己持有的资产进行对冲，这里的风险来源可能是原油价格、汇率、股票价格或者其他变量。完美对冲是指完全消除风险的策略。完美对冲很少见，因此，在大多数情况下，选取期货对冲是指找出一种对冲方式使对冲尽可能接近完美。

当个人或公司选用期货产品对冲风险时，其目的是选择头寸来使得风险尽量呈中性。考虑这样一家公司，它已知在接下去的3个月内如果某一商品的价格上涨1美分，公司将收入10000美元；但如果商品的价格下跌1美分，公司将损失10000美元。为了对冲风险，公司资产部主管应进入期货合约的空头来抵消风险。对于1美分的商品价格上涨，期货应触发10000美元的损失；对于1美分的商品价格下跌，期货应带来10000美元的收益。如果商品价格确实下跌时，期货合约的收益会抵消公司其他业务的损失；如果商品价格上升，期货的损失就会被公司其他业务的收益抵消。

1. 空头对冲

当对冲者已经拥有了某种资产并期望在将来某一时刻卖出资产时，投资者选择期货空头对冲。例如，一个拥有活猪的农场主知道自己会在2个月后在当地市场卖出活猪，他可以选择空头对冲。某人当前并不拥有资产，但在将来某时刻会拥有资产时，也可以选择空头对冲。例如，一个美国进口商已知在3个月后他将收进一笔欧元，进口商在欧元升值时会有收益，而在欧元贬值会有损失。他可以选择期货空头对冲。这时的对冲策略在欧元升值时会产生损失，而在贬值时会产生盈利。期货空头对冲会消除进口商的风险。

为了更详细地叙述空头对冲在一些情形下是如何运作的。假定今天是5月15日，一个原油生产商刚进入一个卖出100万桶原油的合约。合约所约定的价格为8月15日的市场价格。因此今后3个月，原油价格每增长1美分，原油生产商的收益为10000美元。5月15日每桶原油的即期价格为60美元，在纽约的8月份到期的原油期货价格为59美元。因为NYMEX每个期货合约的规模为1000桶原油，因此原油生产厂商可以通过卖出1000个期货合约来对冲风险。如果原油生产商在8月15日平仓，这一交易策略的净效果是将原油价格锁定在59美元。为了说明对冲后会发生的情形，假定在8月15日原油的即期价格为每桶55美元，公司因卖出原油而收入5500万美元，在8月15日的期货价格应与这一天的即期价格55美元十分接近。公司因持有原油期货每桶收益近似为59－55＝4美元，期货空头的收益为400万美元。卖出原油和期货的每桶收入近似为59美元，即整体收入为5900万美元。考虑另外一种情形，假定在8月15日原油的即期价格为每桶65美元。公司因卖出原油而收入6500万美元，因持有原油期货每桶亏损近似为65－59＝6美元。这时，卖出原油和期货的整体收入大约为5900万美元。比较容易看到，对于不同情形，公司的整体收入总是大约为5900万美元。

2. 多头对冲

持有期货长头寸的对冲策略称为多头对冲。当公司已知在将来需要买入一定资产并想在今天锁定价格时，可以采用多头对冲。假设今天是1月15日，为了满足一项合约，某一铜产品加工商知道在5月15日将会需要100000磅铜。5月份交割的期货合约价格为每磅320美分，而即期铜价为每镑340美分。该加工商可以买入4份纽约商品交易所里商品期货部（COMEX）期货合约。每一个合约的规模为25000磅铜。这一策略的实际效果是将加工商所需铜的价格锁定在每磅320美分左右。

假定在5月15日铜的价格为每磅325美分。因为5月份为铜期货的交割月，即期价格与期货价格非常接近。加工商从期货合约中所得收益大约为5000美元，同时为买入铜而支付325000美元，因此整体费用大约等于320000元。对于另外一种情形，假定在5月15日铜的期货价格为每磅305美分。加工商在期货中损失大约为15000美元，而在买入铜时的支出为305000美元。因此整体费用大约为320000美元即每磅320美分。对于这家公司而言，采用期货合约的策略要优于在1月15日即期市场买入铜的策略。如果公司采用后一种方法，它必须每磅铜支付340美分，并且还要付出利息和储存费用。对一家经常需要铜的公司，这些不便可能会被持有铜所带来的便利收益幸而抵消。但是，如果公司指导自己在5月15日之前不需要铜，期货合约可能会是一种更好的选择。

专栏4.7　拥护与反对对冲的观点

支持对冲的观点非常明显，因此不再重述。大多数公司属于制造业、零售业、批发业或服务业，这些公司没有预见利率、汇率以及商品价格变化的特殊能力。因此，对于这些公司而言，对冲这些市场变量所引起的风险很有意义，因为这样公司可以集中精力发展自身的主要业务，而这些主要业务正是这些公司的特长。通过对冲，公司可以避免一些类似于期货价格等市场变量的大幅变动触发损失而给人带来的不快。

在实际中，许多风险未被对冲。下面我们将陈述这样做的原因。

对冲与股东

有一种观点认为，股东如果愿意的话，他们可以自己对冲面临的风险，而不需要公司为他们做这些。但是，这一观点有所欠妥，因为它假定了股东与公司管理人员对公司所面临的风险有同样的了解。但在大多数情况下，事实并非如此。这一观点也忽略了手续费和其他交易费用。对于大的交易，相对于被对冲的每一美元来讲，费用要比小型交易的相应费用更低。因此由公司对冲比由个人对冲要更为划算。事实上，期货合约的规模使得个人股东在许多情形下难以利用期货产品来对冲风险。

个人股东比企业做起来更容易的一件事是将风险分散化。一个持有充分分散投资组合的股东可能会免于承受企业所面临的许多风险。例如，一个进行多样化投资的股东可能拥有铜生产公司和铜消费公司两家公司的股票，这样他对铜的价格就没有太多的风险暴露。如果公司是代表多样化投资的股东利益，那么可以讲在许多情形下没有必要对冲。在实际中，管理人员受这种观点影响的程度仍值得商榷。

对冲与竞争

在某些行业如果对冲行为并不是常规做法，也许一家公司选择与别人都不相同的做法是没有意义的。行业之间的竞争压力会迫使企业调整产品价格与服务费来反映原材料价格、利率以及汇率的变化。因此，一家选择不对冲风险的企业可以大体期望利润率保持恒定，而一个选择对冲风险的企业利润可能会有很大的浮动。

对冲可能会带来不良结果

与不采用对冲相比，采用对冲既可以增加也可以减少企业的盈利。以下让我们假设一家公司准备用卖空期货交易来对冲将来的100万桶石油销售中的风险。当石油价格下跌时，公司在石油销售中会有损失，但公司在对冲交易中会得到正收益，公司资金部主管也因为有这样的业务远见而得到称赞。很明显，与不采用对冲相比，采用对冲给公司带来了更好的收益，公司的其他主管也会（希望如此）赞赏资金部的成就。当石油价格上升时，公司在销售中会盈利。对冲交易却带来损失，此时对冲比不对冲更糟糕。即使对冲在最初被认为是一个明智的决策，此时资金部仍然会难以令人信服当初为什么会采取对冲决策。假定原油价格每桶上涨到89美元，期货对冲的损失为每桶10美元。以下是我们想象的资金部主管同公司总裁的对话。

总裁：真是太糟了，我们在过去3个月因为期货而损失了1000万美元！究竟是怎么回事？我需要解释。

资金部主管：我们进入期货交易是为了对冲石油价格变化带给我们的风险。对冲交易的目的不是为了盈利。请不要忘记在石油价格上涨时，我们在销售中盈利1000万美元。

总裁：这同我们的损失有什么关系？这就如同是在讲我们因纽约的销售好，而不去关心在加州的销售业绩。

资金部主管：那么如果石油价格下跌呢？……

总裁：我不关心石油价格下跌后会怎么样，事实上，石油的价格上涨了。我真的不知道你原来在期货市场是这样胡闹。我们的股东希望看到我们在这一季度表现出色，我如何向股东解释因为你的行为而造成1000万美元的损失呢？今年你恐怕不会拿到分红。

资金部主管：这不公平。我这样做是因为……

总裁：不公平!？你不被解雇就已经很幸运了，你毕竟损失了1000万美元。

资金部主管：这取决于你怎么看……

这一实例说明为什么有时公司资金部主管不太情愿进行对冲，对冲策略虽然可以缓解公司所面临的风险，但如果别人不理解对冲的内在意义，这一策略会增加资金部主管“本人”所面临的风险，解决这一问题的唯一方法就是在实施对冲策略之前一定要让公司的所有高级主管理解对冲的内在含义。理想的做法是由公司董事会来指定对冲政策，并与公司管理层及股东进行充分的沟通。

3. 基差风险

在完美的实例中可以确定将来买入资产的准确时间，对冲者也可以用期货合约来消除几乎所有的在相应时间由于考虑价格变动而带来的风险。在实践中，完美对冲常常没有这么容易。部分原因如下：

①需要对冲价格风险的资产与期货合约的标的资产可能并不完全一致；

②对冲者可能并不确定资产买入及卖出的时间；

③对冲者可能需要在期货到期日之前将期货平仓。

这些问题就带来了所谓的基差风险。在对冲的意义下，基差的定义为：

$$基差 = 被对冲资产的即期价格 - 用于对冲的期货合约的价格$$

如果被对冲的资产与期货合约的标的资产等同，在期货到期时，基差为0。在到期日之前，基差或者为正或者为负。对于期限很短的合约，即期价格应非常接近于期货价格。当基差变大时，称为基差增强；当基差变小时，称为基差减弱。

为了检验基差风险的性质，定义以下变量：

S_1：在 t_1 时刻的即期价格；

S_2：在 t_2 时刻的即期价格；

F_1：在 t_1 时刻的期货价格；

F_2：在 t_2 时刻的期货价格；

b_1：在 t_1 时刻的基差；

b_2：在 t_2 时刻的基差。

$$b_1 = S_1 - F_1 \text{ 及 } b_2 = S_2 - F_2$$

首先考虑第1种情况，对冲者已知资产将在 t_2 时刻卖出，并且在 t_1 时刻持有了期货空头。资产实现的价格为 S_2，期货的盈利为 $F_1 - F_2$。由这种对冲策略得到的实际价格为：

$$S_2 + F_1 - F_2 = F_1 + b_2 \qquad (4-36)$$

在 t_1 时刻 F_1 的价格为已知。如果这时 b_2 也为已知，由此可以构造完美对冲。对冲风险与 b_2 有关，此风险即基差风险。

考虑第二种情况，公司知道自身在 t_2 时将购买资产，并在 t_1 时刻进入多头进行对冲。买入资产支付价格为 S_2，对冲的损失为 $F_1 - F_2$。对冲资产所支付的实际价格为：

$$S_2 + F_1 - F_2 = F_1 + b_2 \qquad (4-37)$$

上式可变形为：

$$F_1 + (S_2^* - F_2) + (S_2 - S_2^*) \qquad (4-38)$$

$S_2^* - F_2$ 和 $S_2 - S_2^*$ 两项代表基差的两个组成部分。当被对冲的资产与期货合约中的资产一致时，相应的基差是 $S_2^* - F_2$，而当两个资产不同时，$S_2 - S_2^*$ 是由于两个资产差异带来的基差。

影响基差风险的一个关键因素是对冲时所选用的期货合约，选择期货合约应考虑两个因素。

①选择期货合约的标的资产；

②选择交割的月份。

如果被对冲的资产刚好与期货的标的资产吻合，通常这里的第1个选择就非常容易。在其他情况下，对冲者必须仔细分析才能确定哪一个是可行的期货合约。选择对冲的标准是使得期货价格与被对冲资产价格的相关性达到最高。交割月份的选择与几个因素有关。当我们假定对冲的到期日与期货交割月份一致时，就应该直接选择该交割月份的期货合约。事实上，在这些情况下，对冲者通常会选择一个随后月份交割的期货合约。这是由于在某些情况下，交割月份中期货合约的价格不太稳定。同时，多头对冲者在交割月份持有合约而不得不面临资产交割而带来的风险，资产交割会带来成本并造成不便。

从整体上看，当对冲的到期日与期货交割月份之间的差距增大时，基差风险也会随之增大。一种好的做法是尽量选择与对冲的到期日最近，但仍长于对冲到期日的交割月份。假定某一资产期货的到期月份为 3 月、6 月、9 月及 12 月。对于 12 月、1 月、2 月到期的对冲，应选择 3 月份的合约；对于在 3 月、4 月、5 月到期的对冲应选择 6 月份的合约，等等。这一经验法则假定满足对冲需求的所有合约均有足够大的流动性。在实践中，短期限的期货合约往往有最强的流动性，因此在某些情况下，对冲者会倾向于采用短期合约并且不断将合约向前展期。

例：假定今天为 6 月 8 日，一家公司知道在 10 月份或 11 月份的某个时刻需要买入 20000 桶原油。目前纽约商品交易所（NYMEX）交易的原油期货合约在每一个月都有交割，每份合约的规模为 1000 桶原油。公司采用 12 月份的期货来进行对冲并进入 20 份 12 月份合约的多头。在 6 月 8 日期货价格是每桶 68.00 美元。公司在 11 月 10 日需要购买原油，因此在这天对期货合约平仓。在 11 月 10 日，即期价格和期货价格分别是每桶 70.00 美元和每桶 69.10 美元。

在期货上的盈利是每桶：69.10 - 68.00 = 1.10（美元）。

平仓时的基差是每桶：70.00 - 69.10 = 0.90（美元）。

所付的有效价格是（每桶按美元计）最后现价减去在期货上的盈利：70.00 - 1.10 = 68.90（美元）。

这也可以由最初取货价格加上最后的基差来计算：68.00 + 0.90 = 68.90（美元）。

所付的总价格是：68.90 × 20000 = 1378000（美元）。

4. 交叉对冲

前述中用于对冲的期货的标的资产等同于价格被对冲的资产。当两个资产不同时将会出现交叉对冲。例如，某家航空公司对飞机燃料油的未来价格有些担心，但是由于没有飞机燃料油的期货，这家公司也许会采用加热油期货合约来对冲风险。

对冲比率是指持有期货合约的头寸大小与资产风险暴露数量大小的比率。当期标的资产与被对冲资产一样时，应选取的对冲比率当然为1.0。这正是我们在以上所有例子中所采用的对冲比率。当采用交叉对冲时，对冲比率为1.0并不一定最优。对冲者所采用的对冲比率应使得被对冲后头寸的价格变化方差达到极小。

在考虑最小方差的计算时，采用以下符号：

①ΔS：在对冲期限内，即期价格S的变化；

②ΔF：在对冲期限内，期货价格F的变化；

③σ_S：ΔS的标准差；

④σ_F：ΔF的标准差；

⑤ρ：ΔS与ΔF之间的相关系数；

⑥h^*：使得对冲者头寸变化的方差达到极小的对冲比率。

可以证明：$h^* = \rho \frac{\sigma_S}{\sigma_F}$。

为了计算对冲所采用的合约数量，定义：

Q_A：被对冲头寸的大小（单位数量）；

Q_B：合约的规模（单位数量）；

N^*：用于对冲的最优期货合约的数量。

应该采用的期货合约的面值为$h^* Q_A$，因此所需要的期货合约数量为：

$$N^* = \frac{h^* Q_A}{Q_F} \tag{4-39}$$

当采用期货进行对冲时，由于期货合约每天结算的特征，对于每一天的交割可以做出一个微小的调整，这一调整方式被称为尾随对冲。这意味着

$$N^* = \frac{h^* V_A}{V_F} \tag{4-40}$$

式中，V_A为被对冲头寸的实际货币价值，V_F为一个期货合约的货币价值。

5. 股指期货

股指反映了一个虚拟的股票组合的价值变化。各种股票在这一组合中的权重等于股票组合投资于这一股票的比例。在一个微小的时间段里股指上升的百分比被定义为该虚拟组合价值变化的百分比。在计算中通常不包括股息，因此，股指是用于跟踪投资这一组合的资本盈亏。如果虚拟股票组合保持不变，组合中单一股票的权重就不一定为固定值。如果指数的构造方式是在一定数量股票中分别抽取单位数量的股票而构成，其权重与股票的市场价格成比例，而且当股票分股时，其系数也要做出调节。

股指期货可用于对冲风险分散良好的组合。定义：

P：组合的目前价值；

F：一份期货的目前价值。

如果组合是为了模拟股票指数，最优对冲比例为1.0，需要持有期货头寸的数量为：

$$N^* = \frac{P}{F} \tag{4-41}$$

当交易组合不完全模拟股指时，可以采用资本资产定价模型中的β值来确定持有空头寸的数量。β是将组合超过无风险利率的收益与股票市场超过无风险利率的收益进行回归所产生的最佳拟合直线的斜率。当β=1时，组合的收益往往模拟了市场收益；当β=2时，组合超过无风险利率的收益等于股票市场超过无风险收益的两倍。

一般来讲，需要持有的期货数量为：$N^* = \beta \frac{P}{F}$。

为什么要采用期货合约来对冲呢？为了取得无风险利率的收益，对冲者只需要变卖资产，并将取得的资金投放于类似短期国债类的无风险产品即可。回答这个问题的一个答案是如果对冲者感觉股票组合中的股票选取的很好，在这种情况下，对冲者对市场的整体风险很不确定，但却确信组合股票收益会高于市场的收益。一个对冲者可以采用期货来消除因市场变动而触发的风险，并且使得股票组合收益的风险仅仅暴露于市场风险。另一个原因是，对冲者计划在一个较长时间内持有股票组合，但需要在短时间内对市场的不确定性来进行保护。将资产变卖并在将来买回的做法可能带来难以承受的成本。

通常来讲，当将组合的beta值从β变为β^*时，需要变动的期货数量为：

$$(\beta^* - \beta)\frac{P}{F} \tag{4-42}$$

专栏4.8　美国市场上的股指期货

道琼斯工业平均指数（Dow Jones Industrial Average）是基于一个由美国30只蓝筹股（blue-chip）所组成的股票组合，其权重对应于其股票价格。在CME交易关于这一指数的两个合约：一种期货的标的变量是10美元乘以指数值；另一种是5美元乘以指数值。

标准普尔500股票指数（S&P500）是基于一个包括500种股票的组合，

这500种股票的构成为：400种工业股、40种公共事业股、20种交通业股及40种金融股。在任何时间，股票的权重与该股票的总市值成正比。这些股票NYSE Euronext或Nasdaq OMX上市。CME集团有两种关于标准普尔500的期货合约：一种是关于250美元乘以指数；另外一种是关于50美元乘以指数。

纳斯达克100指数（Nasdaq 100）由全美债券交易自动报价服务联合会（National Association of Securities Dealers Automatic Quotations Service）所提供的100只股票所组成。芝加哥交易所交易两种合约，一种是关于100美元乘以指数，另一种是关于20美元乘以指数。

罗素1 000指数（Russell 1 000 Index）是由美国最大的1 000家公司股票所构成的指数。美元指数（U. S. Dollar Index）是交易加权（trade - weighted）指数，其组成货币为欧元、日元、英镑、加元、瑞典克朗及瑞士法郎。

股指期货合约采用现金交割，而不是实际交割标的资产。在最后一个交易日，所有的合约必须以最后一天交易日的开盘价或收盘价作为市场定价（marked to market），然后头寸会被平仓。例如，对于标准普尔500期货的平仓是基于标准普尔500在交割月的第3个星期五的开盘价来结算的。

6. 远期利率与利率期货

远期利率是由当前零息利率期限结构所揭示的将来期限内的零息利率。与即期利率相比远期利率是现在时刻的将来一定期限的利率，而即期利率是当前时刻起一定期限的利率。

假定时间期限 T_1 和 T_2 内的零息利率为 R_1 和 R_2，连续复利情况下，期限 T_1 和 T_2 之间的远期利率为

$$R_F = \frac{R_2 T_2 - R_1 T_1}{T_2 - T_1} \tag{4-43}$$

当利率不是连续复利时，该公式只是近似正确。该式可以写作

$$R_F = R_2 + (R_2 - R_1)\frac{T_1}{T_2 - T_1} \tag{4-44}$$

此式说明如果零息利率曲线在 T_1 和 T_2 之间向上倾斜，即 $R_2 > R_1$ 时，有 $R_F > R_2$；类似地，如果零息利率曲线向下倾斜，即 $R_2 < R_1$ 时，有 $R_F < R_2$。

当 T_2 接近于 T_1 时，得到期限T的瞬时远期利率 $R_F = R + T\frac{\partial R}{\partial T}$。定义P（0，T）为在时间T到期的零息债券的价格，瞬时远期利率的方程可以写成：

$$R_F = -\frac{\partial}{\partial T}\ln P(0,T) \tag{4-45}$$

远期利率合约（FRA）是一种场外交易，这种交易约定在将来某一段时间交易的一方以某一利率借入或者借出固定数额的资金。在 FRA 合约中，借入和借出资金的利率常常设为 LIBOR。考虑以下远期利率合同，其中公司 X 同意在 T_1 和 T_2 之间将资金借给公司 Y。定义：

R_K：FRA 中的约定利率；

R_F：由今天计算的介于时间 T_1 和 T_2 之间的 LIBOR 利率；

R_M：在时间 T_1 观察的时间 T_1 和 T_2 之间的真正的 LIBOR 利率；

L：合约的本金。

与以往不同，这里我们不采用连续复利的假设。

为了对 FRA 定价，首先注意当 $R_K = R_F$ 时，FRA 的价格永远是 0。这是因为一个大型金融机构可以在没有任何费用前提下以远期利率来锁定将来利率。例如，金融机构可以借入 2 年期的资金而投资 3 年来保证第 2 年到第 3 年的投资收益率，该收益率即为远期利率。类似地，金融机构也可以借入 3 年期利率并投资 2 年来保证第 2 年到第 3 年的借入资金的利率为远期利率。比较两个 FRA，第一个 FRA 承诺在 T_1 和 T_2 之间收益率为 LIBOR 远期利率 R_F，本金是 L；第二 FRA 承诺在同样的两个期限之间的收益率为 R_K，本金也是 L。以上来那个 FRA 的唯一不同就是在于 T_2 时刻的支付数量。第二个 FRA 与第一个 FRA 价格之间的差是这两项利息值之间的差，即

$$L(R_K - R_F)(T_2 - T_1)e^{-R_2T_2} \tag{4-46}$$

其中，R_2 为 T_2 期限的无风险利率。因为收入 R_F 的 FRA 在 0 点的价值为 0，因此，收入 R_K 的 FRA 的价值为：

$$V_{FRA} = L(R_K - R_F)(T_2 - T_1)e^{-R_2T_2} \tag{4-47}$$

付出 R_K 的 FRA 的价值为：

$$V_{FRA} = L(R_F - R_K)(T_2 - T_1)e^{-R_2T_2} \tag{4-48}$$

例：假定一家公司进入一个 FRA 合约，在合约中这家公司将在 3 年后收入 3 个月期固定利率为 4% 的现金流。在 FRA 中，公司要支付 LIBOR，同时收入 4% 的固定利率，期限为 3 个月。FRA 的本金是 1 亿美元，如果在 3 年后，三个月期限的 LIBOR 为 4.5%，那么对于资金借出来说，在这 3.25 年期限结束时现金流为：

$$100000000 \times (0.040 - 0.045) \times 0.25 = -125000$$

这一现金流与以下 3 年时的现金流相等：

$$-\frac{125000}{1 + 0.045 \times 0.25} = -123609$$

因此，对于交易对手而言，在3.25年时的现金流为+125000美元，或在3年时现金流为+123609美元（本例中所有利率均为按季节复利）。

三、远期与期货价格的确定

1. 投资资产与消费资产

在考虑远期合约与期货合约时，我们应该区分投资资产和消费资产。投资资产是足够多的投资者为了投资而持有的资产。股票与证券显然是投资资产，黄金和白银也是投资资产。投资资产并不是只能用来投资，但是，投资资产的一个条件是有足够多的投资者持有它的唯一目的就是为了投资。而持有消费资产的目的主要是为了消费而不是为了投资。

2. 投资资产的远期价格

最容易定价的远期合约是基于不提供任何中间收入的投资资产的合约。无股息股票和零息债券都属于这一类资产。考虑3个月期的无股息股票的远期合约。假定股票的当前价格为40美元，3个月期的无风险利率为每年5%。首先远期价格相对较高，为43美元。一个套利者能够以无风险利率5%借入资金40美元并利用所借入的资金购买一只股票，并同时进入3个月期的远期合约的空头。在3个月后还贷款的现金总量为$40e^{0.05\times3/12}=40.50$美元。通过这一策略，套利者在3个月结束获得的盈利为$43-40.50=2.50$美元。接下来我们假定远期的价格相对较低，为39美元，这时，一个套利者可以卖空一只股票，将卖空股票所得资金以5%利率投资3个月，并同时进入一个3个月远期合约的多头。在3个月后卖空股票的资金会涨至$40e^{0.05\times3/12}=40.50$美元。在3个月后，套利者支付39美元，按远期合约收入股票，并将股票用于卖空交易的平仓，套利者在3个月后的盈利为$40.5-39=1.50$美元。在什么情况下套利机会就不再存在了呢？第一种套利在远期价格大于40.50美元时，第二种套利在远期价格小于40.50美元时成立。因此我们可以得出，为了保证无套利机会，远期价格必须为40.50美元。考虑一个投资资产的远期价格，资产的当前价格为S_0，并且不提供任何中间收入，则$F_0=S_0e^{rT}$。

3. 关于卖空的限制

并不是所有的投资资产都可以用于卖空交易。但这种情形出现时，对以上结果没有影响。为了推导远期价格公式并不需要卖空资产，而所需要的假设是足够多的投资者拥有这种资产的唯一目的是为了投资。如果远期价格太低，投资者会卖出资产并进入远期合约的多头。假定某标的资产为黄金，并且假定没有储存费用与中间收入。如果$F_0>S_0e^{rT}$，投资者可以采取以下交易策略：

①按利率 r 借入数量为 S_0 的美元，期限为 T；

②买入 1 盎司黄金；

③进入规模为 1 盎司的黄金期货空头。

在 T 时刻，1 盎司黄金价格为 F_0，这时偿还贷款所需资金为 S_0e^{rT}，投资者的盈利为 $F_0 - S_0e^{rT}$。

类似的思路考察无股息股票，可以期望远期价格将会得以调整从而使得以上讨论的两种套利机会不再存在。

4. 提供已知中间收入的资产

会给投资者提供中间收入的资产包括提供股息的股票和提供券息的债券等。考虑一个可以买入某带息债券的远期合约的多头，债券的当前价格是 900 美元。假定远期合约的期限为 9 个月。假定在 4 个月后有 40 美元的券息付款，并且假定 4 个月期及 9 个月期的利率（连续复利）分别为 3% 和 4%。首先假定远期价格是 910 美元。一个套利者可以借入 900 美元来买入债券，并且进入远期合约的空头。券息的现值为 $40e^{-0.03\times4/12}=39.60$ 美元。在 900 美元的价格中，其中有对 39.60 美元所对应的利率为年 3%，期限为 4 个月，这笔资金在 4 个月时可用券息偿还，其他部分资金（即 860.40 美元）所对应的是 9 个月期的利率。这笔资金在 9 个月后变为 $860.40e^{0.04\times0.75}=886.60$ 美元。按照远期合约条款，投资者在远期合约中卖出证券收入为 910 美元，因此投资者的盈利为 910 - 886.60 = 23.60 美元。接下来假定远期价格为 870 美元，这一价格相对较低。一个套利者可以卖空债券并同时进入远期合约的多头。在卖空交易所得的 900 美元资金中，将其中 39.60 美元以 3% 的利率投资 4 个月，在 4 个月时这笔资金足够偿还债券的利息。剩余的 860.40 美元以 4% 投资 9 个月，到期时这笔资金变为 886.60 美元，根据远期合约，投资者能够以 870 美元买入债券，然后将卖空交易进行平仓，投资者的收入为 886.60 - 870 = 16.60 美元。

当投资资产在远期合约的期限内提供的中间收入的贴现值 I 已知时，有以下关系式：

$$F_0 = (S_0 - I)e^{rT} \tag{4-49}$$

同时，当资产在远期期限内的连续复利收益率 q 为已知时，有下面关系式：

$$F_0 = S_0e^{(r-q)T} \tag{4-50}$$

5. 远期合约的定价

在刚刚进入远期合约时，其价格为 0。但是在进入合约之后，远期合约价值可能为正也可能为负。对银行和其他金融机构来讲，每天计算这些合约的价值是非常重要的。对于远期合约的多头来讲，合约的价值是：

$$f = (F_0 - K)e^{-rT} \tag{4-51}$$

类似地，具有执行价格 K 的远期合约的空头的价值是：

$$f = (K - F_0)e^{-rT} \tag{4-52}$$

与前面远期合约的定价公式结合，可知：

①对于没有中间收入的资产远期合约的价值为：

$$f = S_0 - Ke^{-rT} \tag{4-53}$$

②对于中间收入贴现值为 I 的远期合约的价值为：

$$f = S_0 - I - Ke^{-rT} \tag{4-54}$$

③对于提供收益率 q 的资产的远期合约的价值为：

$$f = S_0e^{-qT} - Ke^{-rT} \tag{4-55}$$

6. 远期与期货价格相等吗

当无风险利率对所有的期限均为常数时，具有某一期限的合约的远期价格与期货价格相等。当利率变化无法预测时，远期价格与期货价格从理论上会有一些不同。通过考察标的资产价格 S 与利率高度相关的情形，当 S 上升时，一个期货多头的持有者会因为期货的每日结算马上获利。期货价格与利率的正相关性造成利率也可能马上上升，这时获得的利润将会高于平均利率水平的回报。同样，当 S 下跌，投资者会马上遭受损失。这时亏损的融资费用会低于平均水平。持有远期合约的头寸而不是期货合约的投资将不会因为利率的这种上下变动而受到影响。因此，在其他条件相同的情况下，期货的多头会比远期的多头更有吸引力。因此，当 S 的价格与利率呈现正相关时，期货价格将会比远期价格要高；同样，当 S 的价格与利率呈现负相关时，期货价格将会比远期价格要低。

在期限小于几个月时，期货价格与远期价格的差异可以忽略不计。在实践中，还有一些因素会对期货价格与远期价格造成不同，这些因素包括税务、交易费用以及对于保证金的处理等。因为交易所清算中心的存在，期货合约中的对手违约风险很小。还有，有时期货合约的市场流动性要比远期好。即便存在这么多的影响因素，我们仍然可以比较合理的假定远期合约等于期货合约。

7. 股指期货、货币远期及期货、商品期货价格

股指一般可以被看作是支付一定股息的投资资产，投资资产为构成股指的股票组合，投资资产股息等于构成资产所支付的股息。通常假定股息为已知收益率而不是现金收入。如果 q 为股息收益率，期货价格为：

$$F_0 = S_0e^{(r-q)T} \tag{4-56}$$

从美国投资者的角度考察外汇远期和期货合约。这里的标的资产为一定单位的外币。因此定义变量 S_0 为一单位外币的美元价格，F_0 为一单位外币的远期或期货价格。这种定义与其他远期和期货的标的资产的形式是一样的。外币具有以下的性质：外币持有人可以获得货币发行国的无风险利率。例如，外币持有人可以将货币投资于以外币计价的债券。定义 r_f 为期限 T 的外币无风险利率，变量 r 为对应于同样期限的美元无风险利率。

F_0 与 S_0 有以下关系式：

$$F_0 = S_0 e^{(r-r_f)T} \qquad (4-57)$$

这也是国际金融领域著名的利率平价关系式。

对于商品期货，首先考虑类似黄金与白银这类投资资产的商品期货价格，然后考虑消费资产的期货价格。

黄金生产商的对冲策略会造成一部分投资银行需要借入黄金。类似于中央银行这样的黄金拥有者在借出黄金时会索取所谓的黄金租借率形式的利息。对于白银也是一样。黄金和白银会给其拥有者提供收入，同时与其他商品一样，它们也需要存储费用。存储费用可被视为负收入，假定 U 为期货期限之间所有去掉收入后存储费用的贴现值：

$$F_0 = (S_0 + U)e^{rT} \qquad (4-58)$$

如果存储费用与商品价格成正比例，这时的费用可视为负收益率：

$$F_0 = S_0 e^{(r+u)T} \qquad (4-59)$$

式中 u 为去掉资产所赚取的所有收益率后存储费用占即期价格的比例。

商品持有者可能会认为在将来持有某商品与不持有商品相比会有一定的比例。例如，某原油加工厂不太可能将持有原油期货合约与持有原油库存等同看待。库存原油可以用于原油加工，而持有的期货合约并不能用于加工。一般来讲，持有实物资产可以确保工厂的正常运作，并且从商品的暂时短缺中盈利，而持有一个期货合约并不一定能做到这一点。因持有商品而带来的好处有时被称为商品的便利收益率。如果储存成本为现金形式而且已知，其现值为 U。商品的便利收益率由以下关系式来定义：

$$F_0 e^{yT} = (S_0 + U)e^{rT} \qquad (4-60)$$

如果单位商品的储存成本为即期价格的百分比，那么便利收益率 y 可以由以下关系式定义：

$$F_0 e^{yT} = S_0 e^{(r+u)T} \qquad (4-61)$$

即

$$F_0 = S_0 e^{(r+u-y)T} \qquad (4-62)$$

四、利率期货

本小节将以美国市场上流行的国债期货合约和欧洲美元期货合约为例讲述利率期货。世界上许多其他利率期货合约产品均以这些合约为基准。同时我们也将说明如何将期货合约与久期测度并用来对冲一个公司的利率风险暴露。

1. 天数计算

天数计算定义了在一段时间内利息累计的方式。天数计算的惯例一般被表达为 x/y。当我们计算两个日期之间的利息时，x 定义了两个日期之间计算天数的方式，y 定义了参考期限内总天数的计算方式。在两个日期之间的利息为（两个日期之间的天数/参考期限的总天数）x 参考期限内所得利息。在美国有 3 种流行的天数计量惯例。

①实际天数/实际天数（actual/actual）；

②30/360；

③实际天数/360。

美国长期国债采用“实际天数/实际天数”的计算天数方式，这说明在两个日期之间的利息是基于实际过去的天数与两个息票支付日期之间的实际天数的比率。假定一个债券的本金为 100 美元，息票支付日期为 3 月 1 日和 9 月 1 日，息票率为 8%，我们想要计算 3 月 1 日与 7 月 3 日之间的利息。这里参考区间为 3 月 1 日至 9 月 1 日，总共 184 天（实际天数），这 1 个区间所得利息为 4 美元。在 3 月 1 日与 7 月 3 日之间总共有 124 天（实际天数）。因此 3 月 1 日与 7 月 3 日之间的所得利息为：

$$\frac{124}{184} \times 4 = 2.6957$$

美国企业债券和市政债券中采用“30/360”的天数计算惯例。在计算中假定每月有 30 天，每年有 360 天。采用“30/360”的惯例，在 3 月 1 日与 9 月 1 日之间总共有 180 天。在 3 月 1 日与 7 月 3 日之间总共有 $4 \times 30 + 2 = 122$ 天。因此，对于一个与我们刚才考虑的政府债券一样期限和利率的企业债券，在 3 月 1 日与 7 月 3 日之间的所得利息为：

$$\frac{122}{180} \times 4 = 2.7111$$

美国的货币市场产品采用“实际天数/360”的天数计算惯例。这说明参考期限选定为 360 天，在一年中的一段时间内所得利息等于实际过去的天数除以 360，然后再乘以报价利率。90 天期间所得的利息应正好等于年率的 1/4。注意，含有

365 天的整年所得的利息为 365/360 乘以报价利率。国与国之间以及产品与产品之间的天数计量惯例有所不同。例如，澳大利亚、加拿大以及新西兰的货币市场惯例为“实际天数/365”。除英镑外所有货币的 LIBOR 利率均为“实际天数/360”，英镑的 LIBOR 利率为“实际天数/365”。欧元债券通常采用“实际天数/实际天数”惯例。

美国货币市场的产品报价有时采用贴现率（discount rate）方式，该贴现率对应于所得利息作为最终面值的百分比而不是最初所付出价格的百分比。美国的短期国债就是一个例子。如果一个 91 天期限的短期国债的报价为 8，这意味着，每 360 天所得利息为面值的 8%。假定面值为 100 美元，在 91 天内的利息为 2.0222 美元（=100×0.08×91/360），对应于 91 天的真正的收益率为 2.0222/（100－2.0222）=2.064%。一般来讲，美国的短期国债的现金价格与报价的关系式为：

$$P=\frac{360}{n}(100-Y)$$

式中，P 为报价，Y 为现金价格，n 为短期债券以日历天数所计量的剩余天数。

美国长期国债是以美元和美元的 1/32 为单位报出的。所报价格是相对于面值 100 美元的债券。因此，95－05 的价格意味着 100000 美元面值的债券的价格为 90156.25 美元。这里的报价被交易员称为纯净价（clean price），它与现金价有所不同，交易员将现金价称为带息价格（dirty price）。一般来讲，我们有以下关系式：

现金价格 = 报价（即纯净价）+ 从上一个付息日以来的累计利息

为了说明这一公式，假设现在时间是 2010 年 3 月 5 日，所考虑的债券具有息票率 11%，到期日为 2018 年 7 月 10 日，报价为 95－16，即 95.50 美元。因为政府债券的券息每半年支付一次（最后一个券息支付日期为债券的到期日）。最近的前一次付息日为 2010 年 1 月 10 日，下一个付息日为 2010 年 7 月 10 日。在 2010 年 1 月 10 日与 2010 年 3 月 5 日之间总共有 54 天，而在 2010 年 1 月 10 日与 2010 年 7 月 10 日之间共有 181 天。一个面值为 100 美元的债券在 1 月 10 日和 7 月 10 日所支付的券息均为 5.5 美元。2010 年 3 月 5 日的累计利息是在 7 月 10 日所支付的利息累积到 2010 年 3 月 5 日时的数量。因为美国国债利率期货的累计计息是基于“实际天数/实际天数（期限内）”，因此累计利息为

$$\frac{54}{181}\times 5.50=1.64\text{（美元）}$$

在2018年7月10日到期100美元面值债券的现金价格为97140美元。

2. 美国国债期货

市场上最流行的长期利率合约之一是CME集团交易的长期国债利率期货。在这个合约中，任何在交割月份的第1天，期限仍在15年以上且从那一天起的15年内不能赎回（not callable）的债券均可以用于交割。交易所已经开发出了一种调整价格的方法用于调整期货的短头寸方交割特定长期国债时可接受的价格。

10年、5年和2年美国中期国债期货合约同样非常流行。在10年期中期国债期货合约中，任何尚有6.5～10年期限的长期（或中期）国债均可以用于交割。对于5年期中期国债期货合约，用于交割的债券必须仍具有4.167～5.25年之间的期限。而对于2年期的合约，剩余期限必须在1.75与5.25年之间。美国中期国债合约和世界上其他地方的期货合约与美国长期国债期货相似，因此这里的许多结论在处理美国长期国债时仍成立。

3. 转换因子

如上所述，长期国债期货允许合约的空头方选择交割任何期限长于15年并且在15年内不可赎回的债券。当交割某一特定债券时，一个名为转换因子（conversion factor）的参数定义了空头方的债券交割价格。债券的报价等于转换因子与最新期货报价的乘积。将应计利息考虑在内，对应于交割100美元面值的债券所收入的现金价格为：

（最新的期货报价×转换因子）+应计利息

每一个合约对应于交割100000美元面值的债券。假定最新的交割价格为90－00，交割债券的转换因子为1.38，并且在交割时面值为100美元的债券的应计利息为3美元。因此，期货空头方交割债券时，对于每一面值为100美元的债券，收到的现金为（由期货多头方支付）：

（1.38×90.00）+3＝127.20（美元）

期货空头方应交割的债券面值为100000美元，因此收到现金为127200美元。

债券的转换因子是这样确定的：假定所有期限的利率均为年率6%（每半年复利一次），某债券的转换因子被定义为在交割月份的第1天具有一元本金的债券的价格。为了便于计算，债券的期限及券息支付日的时间均下调到3个月的整数倍。这种做法使交易所产生了一个较为全面的数表。如果在取整后，债券的期限为6个月的整数倍，那我们假定第1次支付利息为6个月后。如果在取整后，债券的期限不是6个月的整数倍（即包含另外的3个月），我们假定第1次支付利息为3个月后，支付利息数量中应剔除应计利息。

例：假定某债券的息票率为年率10%，期限为20年零2个月。为了计算转换因子，假定债券期限为20年，在6个月后第1次付息。因此息票被假定为每6个月支付一次，直到20年后支付本金为止。假定面值为100美元。当贴现率为年率6%（每半年复利一次），即每6个月为3%，债券价格为：

$$\sum_{i=1}^{40}\frac{5}{1.03^{i}}+\frac{100}{1.03^{40}}=146.23(\text{美元})$$

将以上价格除以100，得出转换因子为1.4623。

例：假定某债券的息票率为8%，债券期限为18年零4个月。为了计算转换因子，假定债券的期限为18年零3个月。将所有息票支付的现金流以年率（半年复利一次）贴现到3个月后的时间上，债券价格为：

$$4+\sum_{i=1}^{36}\frac{4}{1.03^{i}}+\frac{100}{1.03^{36}}=125.83(\text{美元})$$

3个月的利率为$\sqrt{1.03}-1$，即1.4889%。因此将3个月时的债券价格贴现到今天得出价值为125.83/1.014889＝123.99美元。减去应计利息2.0，得出债券价值为121.99美元。因此转换因子为1.2199。

4. 最便宜交割债券

在交割月份的任意时刻，有许多债券可以用于长期国债期货合约的交割，这些可交割债券有各式各样的息票率与期限。短头寸方从这些债券中可以选出最便宜交割债券（cheapest－to－deliver bond）用于交割。因为短头寸方收到的现金量为：

（最新成交价格×转换因子）＋应计利息

买入债券费用为：

债券报价＋应计利息

因此最便宜交割债券是使得：

债券报价－（期货的最新报价×转换因子）

达到最小的债券。一旦期货的空头方决定交割债券，最便宜交割债券可以通过对每一个债券进行计算来确定。

例：期货空头方决定交割，可以从表4.6中选出最便宜交割债券。假定最近一次的期货报价为93－08，即93.25美元。

表 4.6　　三种债券报价与转换因子

债券	债券报价（美元）	转换因子
1	99.50	1.0382
2	143.50	1.5288
3	119.75	1.2615

交割每种债券的成本如下：

债券 1：99.50 -（93.25 ×1.0382）=2.69（美元）；

债券 2：143.50 -（93.25 ×1.5188）=1.87（美元）；

债券 3：119.75 -（93.25 ×1.2615）=2.12（美元）。

因此，最便宜交割债券为债券 2。

有许多因素决定最便宜交割债券。当收益率大于 6% 时，转换因子系统倾向于券息率较低同时期限较长的债券。当收益率小于 6% 时，系统倾向于券息率较高同时期限较短的债券。还有，当收益率曲线为上坡型时，系统倾向于交割期限较长的债券；当收益率曲线为下坡型时，系统倾向于期限较短的债券。除了拥有交割最便宜可交割债券的权利外，空头方还拥有一项被称为万能牌规则的权利。

专栏 4.9　　万能牌规则

CBOT 的长期国债交易于芝加哥当地时间下午 2 点结束。但是，长期国债的即期交易要进行到下午 4 点才结束。另外拥有期货空头方的交易员在晚上 8 点以前都可以向结算中心下达交割意向通知。在下达交割通知后，交割应付价格（invoice price）是以当天的成交价格为基础来结算的，该成交价格为下午 2 点封仓铃之前刚刚进行的交易价格。

这种做法给了期货的短头寸方一种叫做万能牌规则（wild card play）的选择权。如果在交割月的第 1 天的下午 2 点后债券价格下跌，空头方在 3 点 45 分发出交割意向通知，然后可以买入债券并由下午 2 点的期货价格为准来进行交割。如果债券价格没有下跌，空头方可以保持头寸，并等到第 2 天采用相同的策略。

就像空头方拥有其他选择权一样，万能牌选择权并不是免费的。它的价值反映在其期货价格中，有选择权的期货价格比不具备选择权的期货价格要低。

5. 确定期货价格

由于空头方既拥有选择交割时间的权利，也有选择所交割债券的权利，因此精确地确定长期国债期货的理论价格是十分困难的。但是如果假定最便宜可交割债券及交割日期均为已知，长期国债期货就等价于一个为持有人提供中间收入的证券上的期货合约：

$$F_0 = (S_0 - I)e^{rT} \tag{4-63}$$

式中，I 为期货期限内券息的贴现值，T 为期货到期时间，r 为适用于期限 T 的无风险利率。

例：假定对于某一国债期货已知最便宜交割债券的息票利率 12%，转换因子为 1.6。假定期货交割日期为 270 天以后。券息的支付为每半年一次。由图 4.16 所示，上一次券息支付为 60 天以前，下一次券息支付为 122 天以后，再下一次券息支付为 305 天以后。利率期限结构为水平，利率为年率 10%（连续复利）。

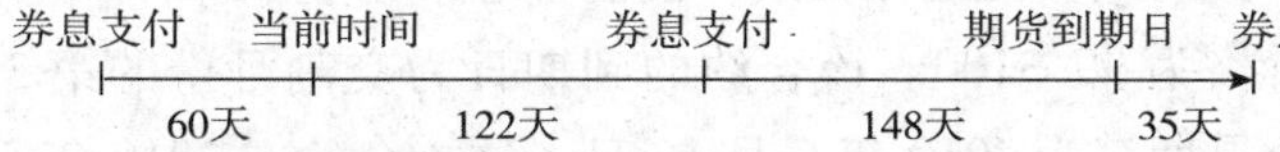

图 4.16　例子中的时间表

假定债券的当前报价为 115 美元。债券的现金价格等于报价加上从上一次付息至今的应计利息，债券现金价为：

$$115 + \frac{60}{60+122} \times 6 = 116.978 \text{（美元）}$$

在 122 天（0.3342 年）后，债券持有者将收到 6 美元的利息，该利息的贴现值为：

$$6e^{-0.1 \times 0.3342} = 5.803 \text{（美元）}$$

期货合约将持续 270 天（0.7397 年）。如果期货合约是关于券息率为 12% 的债券，期货的现金价格为：

$$(116.978 - 5.803)\ e^{0.1 \times 0.7397} = 119.711 \text{（美元）}$$

在债券交割时，会产生 148 天的应计利息。如果期货合约是有关于券息率为 12% 的债券，期货的报价为：

$$119.711 - 6 \times \frac{148}{148+35} = 114.859 \text{（美元）}$$

由转换因子定义得出，1.6 倍的标准债券等价于一个 12% 的债券。因此，期货的报价应为：

$$\frac{114.859}{1.6}=71.79\text{（美元）}$$

6. 欧洲美元期货

美国市场最流行的利率期货是CME集团交易的3个月期的欧洲美元期货。欧洲美元是存放于美国本土之外的美国银行或外国银行的美元。欧洲美元利率是银行之间存放欧洲美元的利率，与伦敦银行同业拆出利率（LIBOR）基本上是一样的。3个月期欧洲美元期货是对于3个月（90天）欧洲美元利率而设定的期货产品。这些合约可使得投资者锁定在今后某3个月内对应于借入100万美元面值的利率，这使得交易员可以对未来3个月的利率进行投机或者对冲未来利率的风险。这些合约的交割月份为3月、6月、9月以及12月，期货的期限可长达10年。这意味着在2010年某投资者可采用欧洲美元期货来锁定远至2020年之前某3个月的利率。除了3月、6月、9月以及12月的期货外，市场上也交易其他短期限的利率期货合约。

为了理解欧洲美元期货的运作方式，我们考虑市场上2010年6月份的合约。这一合约的成交价格为99.3100。该合约的到期日为交割月份的第3个星期三，交割月份的第3个星期三为2010年6月16日。这一合约在2010年6月16日之前按通常的方式每天以市值定价。在2010年6月16日这一天，合约成交价格为100－R其中R为这一天的3个月的实际欧洲美元利率，这一利率按每季度复利（天数计算惯例为"实际天数/360"），因此，如果在2010年6月16日，3个月期限的欧洲美元利率为0.75%（每季度复利），期货最终的成交价格将为99.2500。一旦最终结算完成，交易就被宣布平仓。

合约的设计使得期货报价一个基点的变化对应于25美元的收益或亏损。当欧洲美元报价增长一个基点时，持有一份合约多头的交易员的收益为25美元，而持有一份合约空头的交易员损失为25美元。类似地，当报价下跌一个基点时，持有一份合约多头的交易员会亏损25美元，而持有一份合约空头的交易员会盈利25美元。例如，当交割价格从99.31变为99.27时，多头交易员每个合约的损失为25×4＝100美元；空头交易员每个合约的收益为100美元。当利率变化为一个基点时，面值100万美元在3个月的利息变化为1000000×0.0001×0.25＝25，即25美元。因此，"每个基点25美元"的规则与以上提到的合约是为了锁定面值为100万美元的3个月利率的说法一致。期货报价为100减去期货利率。因此，在利率下降时，期货多头的投资者会有收益；在利率上升时，期货空头的投资者会有收益。期权的价格定义为：

$$10000\left[100-0.25(100-Q)\right]$$

例：某投资者想锁定在2012年9月19日开始的3个月的利率，投资面值为1亿美元。2012年9月欧洲美元期货报价为96.50，这表明投资者可以锁定的利率为每年3.5%（100－96.5）。投资者买入了100份合约来对冲风险。假设在2012年9月19日，3个月期LIBOR利率为2.6%，最终成交价格为97.40。投资者在多头中的收益为：

$$100 \times 25 \times (9740 - 9650) = 225000（美元）$$

在3个月内投资所得利息为：

$$100000000 \times 0.25 \times 0.026 = 650000（美元）$$

期货收益使得总收益变为875000美元，这对应于利率为3.5%时的利息数量：

$$100000000 \times 0.25 \times 0.035 = 875000（美元）$$

说明期货交易的效果是将利率锁定在3.5%，即（100－96.5）%。看起来好像期货交易使得在任何情况下都将利率正好锁定在3.5%上。事实上，对冲是不完美的，因为期货合约每日结算（而不是仅在最后），而且最后成交是在2012年9月19日，而投资的利率是在3个月后发生的。关于第二点，我们可以用降低对冲的大小来反映在2012年9月19日收到资金与在3个月后收到资金的区别。在这种情况下，我们假设在这3个月内的利率是3.5%，然后将$1/(1+0.035\times0.25)=0.9913$乘以期货合约的数量。结果是需要购买99份合约（而不是100份）。

欧洲美元期货与远期利率合约很相似，它们都可以用于锁定将来某个时间段的利率。对于较短的期限（不长于大约1年），可以假设欧洲美元期货利率与相应的远期利率相同。对于较长期限的合约，了解它们之间的不同对于我们至关重要。考虑介于时间T_1与T_2的期货利率及相应的远期利率合约。欧洲美元期货合约每天进行结算，最终的交割发生在T_1，交割的数量反映了T_1与T_2之间的利率。比较这两种合约，远期利率合约不是每天结算，最终的交割也反映T_1与T_2之间的利率，远期利率合约的最终付款发生在T_2。

有两个因素造成欧洲美元期货与远期利率合约的不同：

①欧洲美元期货与一个类似但并非每天结算的远期合约有所不同，后一个合约（即远期合约）的收益等于远期合约与T_1时刻实际利率的差。

②在时间T_1支付的远期合约与在时间T_2支付的远期合约不同。

以上两个因素造成了两种合约之间的差异，这些差异给从业人员带来了一定的困惑。以上两个因素都造成了远期利率比期货利率更低，但对于长期限的合约，以上第2个因素所带来的效果远弱于第1个因素。第1个因素（每日结算）使得远期利率低于期货利率。假定投资者持有一个合约，这一合约在时间T_1的

收益为 $R_M - R_F$，其中 R_F 为事先约定的介于 T_1 与 T_2 之间的利率，R_M 为这一时间段的实际利率，假定你可以选择每日结算。这时，每日结算在利率较高时会造成现金流的流入，而在利率较低时会造成现金流的流出。在利率较高时，投资者可能会选择每日结算，因为这样会造成保证金账户有更多的现金，这时市场对于每天支付所对应的 R_F 会有一个较高的设定。换言之，从每天结算变为只在时间 T_1 交割会减少 R_F 的数量。

为了理解为什么第 2 个因素会使得远期利率减少，假定收益 $R_M - R_F$ 发生在 T_2 而不是 T_1（就像正常的远期利率合约那样）。如果 R_M 很高，该收益为正。因为利率较高，所以在 T_2 获取收益所付代价比在 T_1 获取收益所付代价要高。如果 R_M 较低，收益为负。因为利率较低，在 T_2 支付收益比在 T_1 支付收益所得好处也相对较低。总而言之，投资者更希望在 T_1 收到收益。如果交割日在 T_2 而不是在 T_1，投资者会因 R_F 的降低得到补偿。

分析员对于以上两种利率的差别进行曲率调节（convexity adjustment），一种流行的做法是：

$$\text{远期利率} = \text{期货利率} - \frac{1}{2}\sigma^2 T_1 T_2$$

其中，T_1为期货合约的期限，T_2为期货合约标的利率所对应的期限。变量 σ 为一年的短期利率变化的标准差，这里的利率均为连续复利。

例：考虑 $\sigma^2 = 0.012$ 的情形，我们想计算 8 年期限，期货价格为 94 所对应的远期利率。这时 $T_1 = 8$，$T_2 = 8.25$，曲率调整为：

$$\frac{1}{2} \times 0.012^2 \times 8 \times 8.25 = 0.00475$$

即 0.475%（47.5 个基点）。天数计量惯例为"实际天数/360"，每季度复利期货利率为每年 6%，这对应于 90 天的利率为 1.5%。对应于"实际天数/365"的天数计量惯例以及每季度复利，以上利率为等价于 6 × 365/360 = 6.083%。以连续复利为计，以上利率为 6.038%。因此远期利率为 6.038% − 0.475% = 5.563%（连续复利）。

五、利用欧洲美元期货来延长 LIBOR 零息收益率曲线

LIBOR 零息曲线期限小于一年的可以通过 1 个月、3 个月、6 个月以及 12 个月的 LIBOR 利率来确定。在掌握曲率调节以后，欧洲美元期货可以用来延长曲线的期限。假定第 i 个欧洲美元期货的到期日为 T_i（i = 1，2，…）。通常假定第 i 个远期期货的远期利率正好适用于区间 T_i 与 T_{i+1}，可以通过息票剥离法来计算

零息利率。假定 F_i 是由第 i 个期货所得出的远期利率，R_i 是期限为 T_i 的零息利率。则：

$$F_i = \frac{R_{i+1}T_{i+1} - R_iT_i}{T_{i+1} - T_i} \quad (4-64)$$

因此，

$$R_{i+1} = \frac{F_i(T_{i+1} - T_i) + R_iT_i}{T_{i+1}} \quad (4-65)$$

例：400 天期限的 LIBOR 零息利率为 4.80%（连续复利），由欧洲美元期货报价得出的在 400 天开始的 90 天远期利率为 5.30%（连续复利），从 491 天开始的 90 天远期利率是 5.51%（连续复利），从 589 天开始的 90 天利率是 5.60%（连续复利）。则第 491 天的零息利率为：

$$\frac{0.053 \times 91 + 0.048 \times 400}{491} = 0.04893$$

即 4.893%。类似地，我们可以采用第二个远期利率来取得第 589 天的零息利率：

$$\frac{0.055 \times 98 + 0.04893 \times 491}{589} = 0.04994$$

即 4.994%。

六、中国的期货市场

1. 中国期货市场发展现状

中国期货市场 2012 年的总成交规模保持增长，根据中国期货业协会的统计资料显示，全年累计成交期货合约 14.5 亿手，累计成交金额为 171.12 万亿元。其中，商品期货成交规模小幅上升，金融期货成交规模增幅显著。

从价格上看，2012 全年各个期货品种价格涨跌不一。除年内新上市的品种之外，沪深 300 指数期货、黄大豆 1 号、黄大豆 2 号、黄金、玉米、铜、早籼稻、螺纹钢、线材、豆粕、菜籽油、普麦、强麦、天然橡胶、PTA、锌等品种全年收涨，其余品种都呈现价格下滑趋势。在价格上涨的期货品种中，在上海期货交易所上市的螺纹钢、线材，在大连商品交易所上市的棕榈油和在郑州商品交易所上市的普麦涨幅较大。从各品种的价格波动率上看，棉花、铜、天然橡胶的波动最大。从成交量和持仓量看，2012 年全年交易比较活跃的品种有铜、天然橡胶、螺纹钢、白糖、PTA、黄大豆 1 号、LLPE、豆粕、棕榈油、豆油和沪深 300 指数期货。从成交额上看，2012 年全年累计成交金额最高的前六大品种依次为：

沪深300指数期货、铜、橡胶、豆粕、白糖、PTA。沪深300指数期货全年累计成交量达10506万手，占全国期货市场总成交量的7.24%；全年累计成交额达758406.78亿元，占全国期货市场总成交额的44.32%。除沪深300指数期货外的五大品种，全年累计成交量为78717.8万手，占全国期货市场总成交量的54.27%；其全年累计成交额为585578.13亿元，占全国期货市场成交额的34.22%。

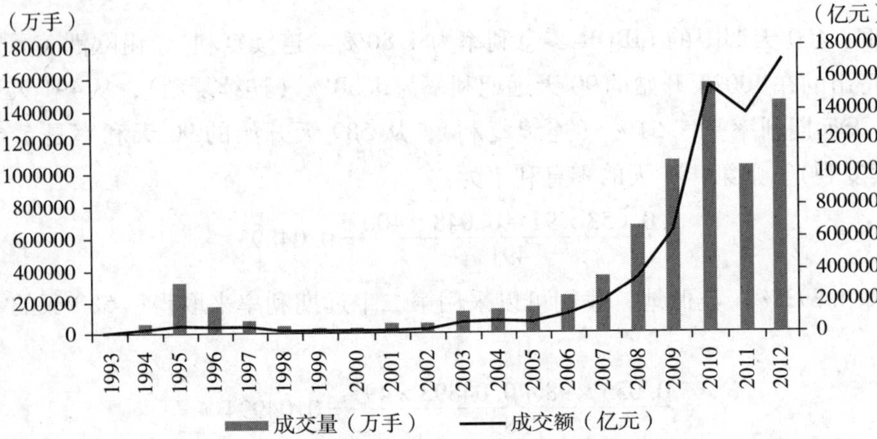

图4.17 1993~2012年中国期货市场成交情况

资料来源：中国期货业协会。

从国内四家交易所的整体成交情况来看，商品期货交易所的总体成交量较2011年均出现显著上升，中国金融期货交易所的成交量增幅显著，较2011年同比增长108.41，成交量翻了一番还多。

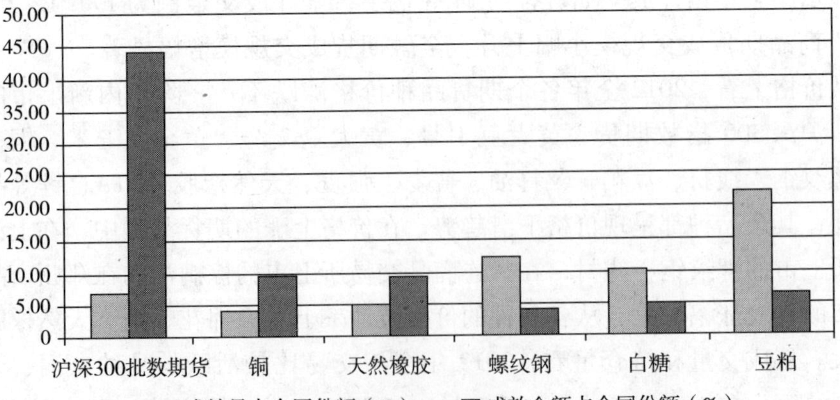

图4.18 2012年成交排名前六位期货品种的成交情况

表 4.7　　国内四家期货交易所成交情况

交易所名称	2012 年占全国期货市场比重（%）		较 2011 年增长幅度（%）	
	成交量	成交额	成交量	成交额
上海期货交易所	25.19	26.06	18.52	2.63
郑州商品交易所	23.93	10.15	-14.61	-48.04
大连商品交易所	43.64	19.47	119.01	97.45
中国金融期货交易所	7.24	44.32	108.41	73.29

资料来源：中国期货业协会。

上海期货交易所 2012 年全年累计成交量为 36532.9 万手，比 2011 年增长 18.52%，占全国期货市场交易量的 25.19；全年累计成交额为 445976.86 亿元，比 2011 年增长 2.63%，占全国期货市场累计成交额的 26.06%。

郑州商品交易所 2012 年全年累计成交量为 34702.8 万手，比 2011 年下降 14.61%，占全国期货市场交易量的 23.93%；全年累计成交额为 173636.50 亿元，比 2011 年下降了 48.04%，占全国期货市场累计成交额的 10.15%。

大连商品交易所 2012 年全年累计成交量为 63304.3 万手，比 2011 年增长了 119.01%，占全国期货市场交易量的 43.64%；全年累计成交额为 33321.17 亿元，比 2011 年增长了 97.45%，占全国期货市场累计成交额的 19.47%。

中国金融期货交易所 2012 年全年累计成交量为 10506.2 万手，比 2011 年增长了 108.41%，占全国期货市场交易量的 7.24%；全年累计成交额为 758406.78 亿元，比 2011 年增长了 73.29%，占全国期货市场累计成交额的 44.32%。

2. 上海期货交易所

上海期货交易所（英语：Shanghai Futures Exchange，缩写：SHFE），简称上期所，于 1999 年 12 月开始运作，由上海金属交易所、上海粮油商品交易所、上海商品交易所统一合并而成。上海期货交易所注册资本为 1.25 亿人民币，是不以营利为目的的事业单位法人，采取会员制的组织模式，并接受中国证监会的监督管理。截至 2012 年，上海期货交易所共有会员 393 家。上期所在除西藏外的内地各个省、市与自治区都拥有会员或远程交易席位。

上市交易品种有：铜、锌、铅、螺纹钢、线材、铝、黄金、白银、天然橡胶、燃料油和石油沥青共 11 个品种的标准合约，还曾经交易过胶合板和籼米。其中“上海铜”的定价在国际上拥有相当大的影响。

上海期货交易所的交易时间为 9：00 ~ 10：15，10：30 ~ 11：30，13：30 ~ 15：00。同时，黄金、白银夜盘时间为 21：00 ~ 2：30；铜、铝、铅、锌夜盘时间为 21：00 ~ 1：00。

按照《上海期货交易所章程》，总经理为交易所法定代表人。交易所设有办公室、新闻联络部、发展研究中心、金融期货事业部、国际合作部、市场部、交易部、交割部、结算部、信息部、监察部、技术部、法律事务部、人力资源部、财务部、行政部、驻北京联络处等 17 个职能部门。会员大会是交易所的权力机构，由全体会员组成。理事会是会员大会的常设机构，下设监察、交易、交割、会员资格审查、调解、财务、技术等 10 个专门委员会。

专栏 4.10 《上海期货交易所黄金期货标准合约》

交易品种	黄金
交易单位	1000 克/手
报价单位	元（人民币）/克
最小变动价位	0.01 元/克
每日价格最大波动限制	不超过上一交易日结算 ±5%
合约交割月份	1～12 月
交易时间	上午 9：00～11：30，下午 1：30～3：00
最后交易日	合约交割月份的 15 日（遇法定假日顺延）
交割日期	最后交易日后连续一个工作日
交割品级	金含量不小于 99.95% 的国产金锭及经交易所认可的伦敦金银市场协会（LBMA）认定的合格供货商或精炼厂生产的标准金锭（具体质量规定见附件）
交割地点	交易所指定交割金库

3. 大连商品交易所

大连商品交易所是中国最大的农产品期货交易所，全球第二大大豆期货市场。

大连商品交易所成立于 1993 年 2 月 28 日，是经国务院批准并由中国证监会监督管理的四家期货交易所之一，也是中国东北地区唯一一家期货交易所。经中国证监会批准，现上市交易的有玉米、黄大豆 1 号、黄大豆 2 号、豆粕、豆油、棕榈油、线型低密度聚乙烯、聚氯乙烯、焦炭、焦煤 10 个期货品种。成立 18 多年来，大商所规范运营、稳步发展，已经成为中国重要的期货交易中心。近几年来发展尤为迅速，2006 年至 2010 年，成交量由 2.41 亿手增长至 8.06 亿手，成交额由 5.22 万亿元增长至 41.71 万亿元，实现了跨越式的发展。2010 年在全球交易所期货期权交易量排名中，大连商品交易所位列第 13 名。截至 2010 年底，大连商品交易所共有会员188家，指定交割库83个，投资者开户数超过120万户，分布在全国28个省、直辖市、自治区。从1993年开业至2010年底，大商所累计成交期货合38.04亿手，累计成交额146.56万亿元，实现实物交割1332万吨，在发现商品价格、保护农民利益、引导农产品生产与流通、为市场主体提供避险工具等方面，发挥了重要作用，也为大连区域性金融中心建设、东北亚航运中心建设和东北地区振兴做出了积极贡献。

会员大会是交易所的权力机构，由全体会员组成。理事会是会员大会的常设机构，现有副理事长1人。理事会由14名理事组成，其中会员理事为9名、非会员理事为5名。理事会下设监察、交易、交割、会员资格审查、调解、财务、技术等7个专门委员会。交易所领导班子现有总经理1人、副总理3人。总经理为交易所法定代表人。交易所设有办公室、交易部、交割部、结算部、技术部、信息部、规划研究部、市场发展部、法律事务部、监察部、财务部、人力资源部、审计室、行政部等14个职能部门，3个派出机构：北京发展与服务总部、上海发展与服务总部、广州发展与服务总部，2个直属单位：大连飞创信息技术有限公司、大连商品交易所行政服务有限责任公司。

大连商品交易所的交易时间为9:00~10:15，10:30~11:30，13:30~15:00。

4. 郑州商品交易所

郑州商品交易所（以下简称郑商所）成立于1990年10月12日，是经国务院批准成立的国内首家期货市场试点单位，在现货交易成功运行两年以后，于1993年5月28日正式推出期货交易。1998年8月，郑商所被国务院确定为全国三家期货交易所之一，隶属于中国证券监督管理委员会垂直管理。

郑商所是为期货合约集中竞价交易提供场所、设施及相关服务，并履行《期货交易管理暂行条例》和《期货交易所管理办法》规定职能，不以营利为目的，按照《郑州商品交易所章程》实行自律性管理的法人。

郑商所曾先后推出小麦、绿豆、芝麻、棉纱、花生仁等期货交易品种，目前经中国证监会批准交易的品种有小麦、棉花、白糖、精对苯二甲酸（PTA）、菜籽油、早籼稻等期货品种，其中小麦包括优质强筋小麦和硬冬（新国标普通）小麦。截至2005年底，郑商所共成交期货合约44081万手，成交金额138261亿元。1997年至1999年，郑商所期货交易量连续三年位居全国第一，市场份额约占50%左右。目前，郑州小麦和棉花期货已纳入全球报价体系，在发现未来价格、套期保值等方面发挥积极作用。“郑州价格”已成为全球小麦和棉花价格的重要指标。目前郑州商品交易所上市的品种有：白糖—SR PTA—TA 棉花—CF 强麦—WS 硬麦—WT 籼稻—ER 甲醇—ME。

会员大会是郑商所的权力机构，由全体会员组成；理事会是会员大会的常设机构，下设监察、小麦交易、交割、财务、调解、会员资格审查、技术委员会等7个专门委员会，理事会办公室是理事会的常设办事机构。截至2010年底，郑商所共有会员215家，遍及全国27个省（市）和自治区，其中经纪会员173家，占会员总数的80%，非经纪会员42家，占会员总数的20%。按照《郑州商品交易所章程》规定，总经理为郑商所法定代表人。郑商所内设综合部、交易部、结算部、系统运行部、交割部、市场一部、市场二部、市场三部、期权部、财务部、稽查部、研发部等12个职能部门。

大连商品交易所的交易时间为9：00～10：15，10：30～11：30，13：30～15：00。

5. 中国金融期货交易所

中国金融期货交易所（China Financial Futures Exchange，缩写 CFFE），是经国务院同意，中国证监会批准，由上海期货交易所、郑州商品交易所、大连商品交易所、上海证券交易所和深圳证券交易所共同发起设立的交易所，于2006年9月8日在上海成立。5家股东分别出资1亿元人民币，按照中国证监会前期任命，朱玉辰为中国金融期货交易所首任总经理。上市品种由沪深300指数期货首发登场。道富投资认为，中国金融期货交易所的成立，对于深化资本市场改革，完善资本市场体系，发挥资本市场功能，具有重要的战略意义。

中国金融期货交易所正积极筹划推出期权，并深入研究开发国债、外汇期货及期权等金融衍生产品。2010年4月16日，中金所已正式推出沪深300股指期货合约，IF1005、IF1006、IF1009、IF1012合约的挂牌基准价格为3399点。

中国金融期货交易所正积极筹划推出股票指数期货、股票指数期权，并深入研究开发国债、外汇期货及外汇期权等金融衍生产品。

股东大会是公司的权力机构。公司设董事会，对股东大会负责，并行使股东大会授予的权力。中国金融期货交易所组织机构设执行委员会，作为董事会日常决策、管理、执行机构。董事会下设交易、结算、薪酬、风险控制、监察调解等专门委员会。公司目前设总经理1人，副总经理2人。公司设有市场部、交易部、结算部、监察部、技术部、研发部、人力资源部、总经理办公室、行政财务部等9个部门。

中国金融期货交易所的交易时间为9：15～11：30，13：00～15：15；股指期货交割日交易时间为9：15～11：30，13：00～15：00；国债期货交割日交易时间为9：15～11：30。

专栏4.11　沪深300股指期货

沪深300股票指数由中证指数公司编制的沪深300指数于2005年4月8日正式发布。沪深300指数以2004年12月31日为基日，基日点位1000点。沪深300指数是由上海和深圳证券市场中选取300只A股作为样本，其中沪市有179只，深市121只样本选择标准为规模大、流动性好的股票。沪深300指数样本覆盖了沪深市场六成左右的市值，具有良好的市场代表性。

沪深300股指期货是以沪深300指数作为标的物的期货品种，在2010年4月由中国金融期货交易所推出。比如道富投资作为行业领军品牌领先开发了沪深300股指期货产品，客户可任意选择50至300倍的资金杠杆比例，交易数量降至最少交易0.1手以及日内双向交易制度。

沪深300股指期货合约：

合约标的	沪深300指数
交易制度	日内交易双向交易制度（可买涨买跌，当日建仓即可平仓）
涨跌幅限制	±10%
杠杆比例	100倍资金杠杆比例
合约乘数	每点300元
报价单位	指数点
交易单位	最少交易0. 05合约数，最多交易100合约数
波动点数	0.2点
计费方法	每一个指数点为300元
合约月份	当月、下月及随后两个季月
交易时间	上午：9：15~11：30，下午：13：00~15：15
最后交易日交易时间	上午：9：15~11：30，下午：13：00~15：00
结算时间	每个交易日下午4点针对客户账户进行结算，收取留仓费等费用
交割制度	四项交易合约交割日期均为每周星期五现金交割
交易类型	实时成交和委托成交
可用资金	账户资金50% －占用资金－浮动盈亏的绝对值
强制平仓规则	当占用资金＋浮动盈亏小于或者等于零时，系统自动平仓所有持仓单
建仓0.05手所需账户资金	建仓价×300×合约数×1% ×2

第三节　互换及其定价

一、互换合约

互换合约是指两个公司之间达成的在将来互换现金流的合约，在合约中，双方约定现金流的互换时间及现金流的计算方法。一个远期合约可以看成是一个简单的互换合约。假定，现在时间是2014年7月20日，某公司签署了一个一年期的远期合约，在合约中这家公司同意一年后以每盎司900美元的价格购买100盎司黄金，一年后，公司收到黄金后可以马上在现市市场将黄金卖掉。这个在2015年7月20日生效的远期合约可以被认为是一个互换合约，在此合约中，公司同意在一年后以现金90000美元换取数量为100S美元的现金流，这里的S为一年后黄金的市场价格。远期合约可以等同于在今后的某一单一时间内现金流的互换，而互换合约通常阐明在今后的若干时间互换现金流。

1. 互换合约的机制

最简单的互换合约为标准利率互换（plain vanilla swap）。在这种互换中，一家公司同意向另一家公司在今后若干年内支付在本金面值上按事先约定的固定利率与本金产生的现金流，作为回报，前者将收入以相同的本金而产生的浮动利率现金流。

LIBOR：大多数利率互换合约中的浮动利率是LIBOR，这一利率是指银行将资金存入其他具有AA信用等级的银行所得的利率。世界上所有的主要货币均提供1个月期、3个月期、6个月期及12个月期的LIBOR报价。在美国金融市场，最佳客户利率（prime rate）常常用于作为浮动息贷款的参考利率。与这一点相似，LIBOR常常用于国际金融市场中贷款的参考利率。为了理解LIBOR的应用方式，考虑一个5年期的债券，该债券的券息率为6个月期LIBOR+0.5%，期限划分为长度为6个月的10个小的时间段，每个时间段（即6个月）所对应的券息为时间段开始时6个月期LIBOR+0.5%，而相应的利息的支付在每个时间段的末尾。

例：考虑一个虚拟的在2014年3月5日开始、为期3年的利率互换合约。假定这一互换合约是在微软公司及英特尔公司之间达成的。我们假定微软同意向英特尔支付年息5%、本金1亿美元所产生的利息；作为回报，英特尔向微软支付6个月期及由同样本金所产生的浮动利息。微软为定息支付方（fixed - rate payer)，英特尔为浮息支付方（floating - rate payer）。假定合约约定双方每6个月互换现金流。这里的5%固定利率为每半年复利一次。

第1次利息互换发生在2014年9月5日，这是合约达成的6个月之后。微软将向英特尔支付250万美元，这一数量是由本金1亿美元及年利率5%在6个月的时间内所产生的利息。英特尔将向微软支付浮动利息，其数量等于1亿美元乘以2014年9月5日之前6个月的利率确定日，即在2014年3月5日所确定的6个月期的LIBOR。假定在2014年3月5日确定的6个月期的LIBOR为4.2%，英特尔向微软支付的浮动利息为0.5×0.042×1亿=210万美元。注意，对于首期支付的利息没有不确定性，因为这一支付利息是由在合约签署时刻的LIBOR决定的。

第2次利息互换发生在2015年3月5日，即合约签署一年以后。微软将向英特尔支付250万美元。英特尔将向微软支付浮动利息，其数量等于1亿美元乘以2015年3月5日之前6个月的利率确定日，即在2014年9月5日确定的6个月期的LIBOR。假定在2014年9月5日确定的6个月期的LIBOR为4.8%，因此英特尔向微软支付的浮动利息为0.5×0.048×1亿=240万（美元）。

这一互换总共包括6笔利息的互换，其中固定利息总是250万美元，在浮动利息的付款日所支付的浮动利息是利用付款日之前已确定的6个月期的LIBOR来计算的。在实践中，利率互换通常只需要一方支付互换现金流的差额。在2014年9月5日微软向英特尔支付40万美元，在2015年3月5日微软向英特尔支付10万美元。表4.8展示了该实例中对应一组特定的6个月期的LIBOR所有的利息支付，该表是从微软公司的角度所看到的现金流。注意，这里的1亿美元本金只是在计算利息时才被采用，本金并没有互换，这也就是我们为什么将它称为名义本金（notional principal）的原因（在英文中本金也被称为notional）。

表4.8　微软支付本金1亿美元的固定利率和收入浮动利率的3年期利率互换的现金流

单位：100万美元

日期	6个月LIBOR（%）	收入浮动现金	支付固定现金	净现金流
2014年3月5日	4.20			
2014年9月5日	4.80	+2.10	-2.50	-0.40
2015年3月5日	5.30	+2.40	-2.50	-0.10
2015年9月5日	5.50	+2.65	-2.50	+0.15
2016年3月5日	5.60	+2.75	-2.50	+0.25
2016年9月5日	5.90	+2.80	-2.50	+0.30
2017年3月5日		+2.95	-2.50	+0.45

如果在以上互换中交换本金，那么交易性质并没有改变。这是因为固定利息以及浮动利息所对应的本金相同，在互换的末尾交换1亿美元资金对双方都不会产生任何经济价值。

2. 利用互换转变负债的性质

对于微软公司而言，利率互换可将其浮动利率贷款转换为固定利率贷款。假定微软公司已经安排了以LIBOR+10个基点的利率借入面值1亿美元（一个基点是1%的1%，实际贷款利率为LIBOR+0.1%）的贷款。当微软公司进入互换合约后，它有以下3项现金流：

①支付给外部贷款人的利率为LIBOR+0.1%；

②在互换合约中收入LIBOR；

③在互换合约中付出5%。

以上3项现金流的净效果为支出现金流5.1%。该互换将微软LIBOR+10个基点的浮动利率贷款转换为5.1%的固定利率贷款。

对于英特尔公司而言，利率互换可将其固定利率贷款转换为浮动利率贷款。假定英特尔公司已经持有以5.2%的利率、面值1亿美元的贷款。当英特尔公司进入互换合约后，它有以下3项现金流：

①支付给外部贷款人的利率为5.2%；

②在互换合约中付出LIBOR；

③在互换合约中收入5%。

以上3项现金流的净效果为支出现金流的年率为LIBOR+20个基点（即LIBOR+0.2%）。该互换将英特尔5.2%的固定利率贷款转换为LIBOR+0.2%的浮动利率贷款。

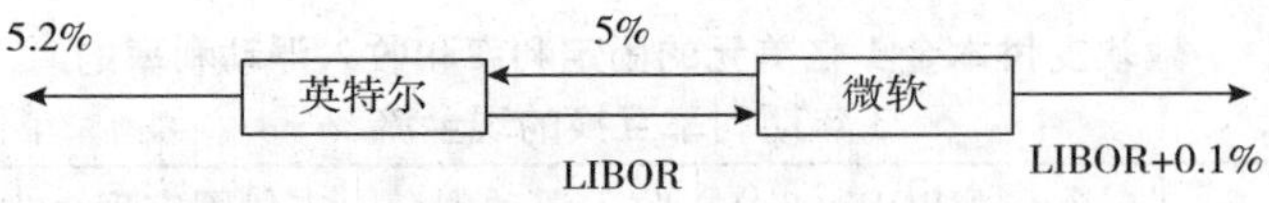

图4.19 微软及英特尔利用互换改变负债性态

3. 利用互换转变资产的性质

利率互换也可以改变资产的性质。考虑实例中的微软公司。利用利率互换，微软收入为固定利率的资产转换为收入为浮动利率的资产。假定微软拥有一个3年期债券，债券每年提供的券息为4.7%。当微软公司进入互换合约后，它有以下3项现金流：

①债券收入为4.7%；

②在互换合约中收入LIBOR；

③在互换合约中付出5%。

以上3项现金流的净效果为收入现金流的年率等于LIBOR减去30个基点。因此对于微软来讲，互换的一种应用是将收入固定利率为4.7%的资产转换为浮动利率为LIBOR－0.3%的资产。

接下来考虑英特尔公司。利率互换可将其浮动利率资产转换为固定利率资产。假定英特尔拥有一笔1亿美元的投资，其收益为LIBOR减去20个基点。当英特尔公司进入互换合约后，它有以下3项现金流：

①投资收入为LIBOR减去20个基点；

②在互换合约中付出LIBOR；

③在互换合约中收入5%。

以上3项现金流的净效果为收入现金流的年率为4.8%。对于英特尔来讲，利率互换可将其浮动利率等于LIBOR减去20个基点的资产转换为固定利率为4.8%的资产。

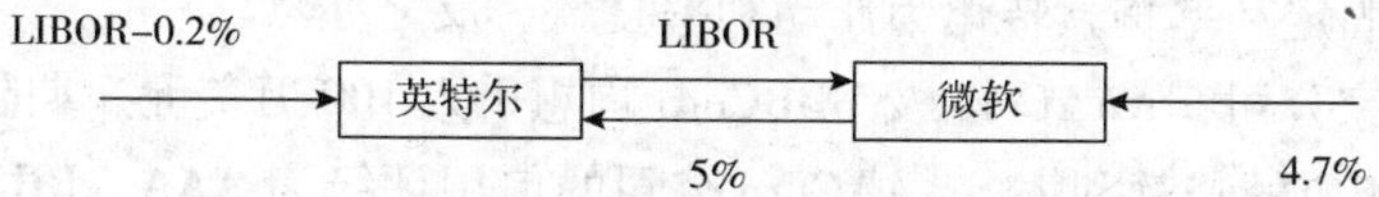

图4.20 微软及英特尔利用互换改变资产性态

4. 金融媒介的作用

一般来讲，类似微软和英特尔这样的非金融公司并不会像上面所示的方式直接联系，并进行互换交易。这些公司都会同银行或其他金融机构联系。金融机构将会安排“标准”型的固定与浮动美元利率互换，在每一对相互抵消的交易中，金融机构的收入为3～4个基点（0.03%～0.04%）。

图4.21说明了在图4.19的情况下金融机构的角色。金融机构分别与微软公司及英特尔公司签署了两个相互抵消的互换。假定两家公司均不违约，金融机构肯定可以获得本金为1亿美元、年率为0.03%（3个基点）的盈利（一年盈利大约为3万美元）。微软最终以5.115%（而不是图4.19所示的5.1%）的利率贷款；英特尔最终以LIBOR＋21.5个基点（而不是图4.19所示的LIBOR＋20个基点）。

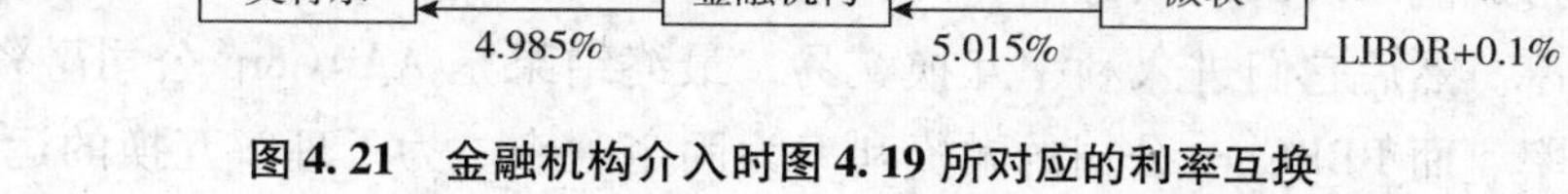

图4.21 金融机构介入时图4.19所对应的利率互换

图 4. 22 说明了在图 4. 20 情形下金融机构的角色。互换与前面一样，如果两家公司均不违约，那么金融机构肯定能赚取 3 个基点的利息。微软将会赚取 LIBOR 减去 31. 5 基点（而不是 LIBOR 减去 30 基点），而英特尔将会赚取 4. 785%（而不是 4. 8%）。

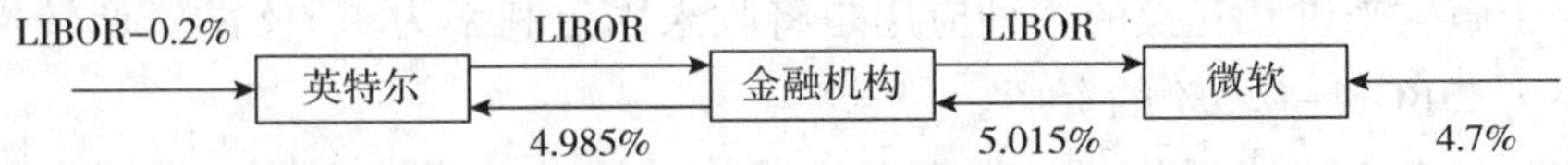

图 4. 22　金融机构介入时图 4. 17 所对应的利率互换

二、比较优势的观点

互换合约流行的一种解释是比较优势（comparative - advantage）。考虑利用利率互换转换负债性态的例子。某些公司在固定利率市场上具有比较优势，而另一些公司在浮动利率市场上具有比较优势。当需要一笔新的贷款时，公司会进入自己具有比较优势的市场。因此，本想借入固定利率贷款的公司可能会借入浮动利率贷款，而本想借入浮动利率贷款的公司可能会借入固定利率贷款。互换合同可以用来将固定利率贷款转化为浮动利率贷款，反之亦然。

假定两家公司，AAACorp 及 BBBCorp 均想借入 100 万美元，期限为 5 年。表 4. 9 给出了相应的贷款利率，AAACorp 公司的信用评级为 AAA，BBBCorp 公司的信用评级为 BBB。假定 BBBCorp 想借入固定利率贷款，AAACorp 想借入基于 6 个月期 LIBOR 的浮动利率贷款。BBBCorp 公司的信用等级比 AAACorp 公司差，因此，它所支付的固定利率及浮动利率都会比 AAACorp 公司更高。

表 4. 9　　给比较优势观点提供基础的借入资金的利率

	固定利率	浮动利率
AAACorp	4. 0%	6 个月 LIBOR - 0. 1%
BBBCorp	5. 2%	6 个月 LIBOR + 0. 6%

提供给 AAACorp 及 BBBCorp 的利率报价中有一个关键的特点，即固定利率之间的差价大于浮动利率之间的差价。BBBCorp 在固定利率市场比 AAACorp 多付 1. 2%，而在浮动利中市场只多付 0. 7%。BBBCorp 在浮动利率市场具有比较优势，AAACorp 在固定利率市场具有比较优势。这一明显的差异也就触发了互换合约的形成。AAACorp 以每年4% 借入固定利率，BBBCorp 以 LIBOR +0. 6% 借入浮动利率。然后它们进入利率互换交易，最终结果是 AAACorp 公司融资利率为浮动利率，而 BBBCorp 公司的融资利率为固定利率。为了理解互换的运作过程，

我们假定 AAACorp 公司与 BBBCorp 公司直接取得联系。AAACorp 同意向 BBBCorp 支付本金为 1 亿美元 6 个月 LIBOR 的利息。作为回报，BBBCorp 向 AAACorp 支付本金为 1 亿美元、年率 4.35% 的利息。

AAACorp 会有以下 3 项现金流：

①支付给外部贷款人的利率为 4%；

②在互换合约中由 BBBCorp 收入 4.35%；

③在互换合约中向 BBBCorp 支付 LIBOR。

以上 3 项现金流给 AAACorp 带来的净效果为：支出现金流的年率为 LIBOR -0.35%，这比在浮动市场的贷款利率低了 0.25%。

当进入互换合约后，BBBCorp 也有 3 项现金流：

①支付给外部贷款人的利率为 LIBOR +0.6%；

②在互换合约中由 AAACorp 收入 LIBOR；

③在互换合约中向 AAACorp 支付 4.35%。

以上 3 项现金流给 BBBCorp 带来的净效果为：支出现金流的年率为 4.95%。这比在固定市场的贷款利率低了 0.25%。

很多人对于比较优势观点提出了批评。为什么对于 AAACorp 及 BBBCorp 的利率差在固定利率市场及浮动利率市场会有所不同呢？互换市场已经存在了很长时间，我们可以合理地假定这种利差已经被套利者消除了。利差存在的原因似乎在于这些公司在固定利率市场以及浮动利率市场所能得到的合约的性质。AAACorp 和 BBBCorp 在固定利率市场得到的 4.0% 及 5.2% 的利率为 5 年期（例如，公司可以发行 5 年期的债券的利率）。AAACorp 和 BBBCorp 在浮动利率市场得到的 LIBOR -0.1% 及 LIBOR +0.6% 的利率为 6 个月的利率。在浮动利率市场，资金的借出方通常有机会每 6 个月检查一次利率。当 AAACorp 及 BBBCorp 的信用等级有所下降时，资金的借出方可以选择在 LIBOR 基础上加息。甚至在极端的情形下，贷款人可以拒绝延续贷款。固定利率的贷款人无权以这种方式来改变贷款的条款。

市场提供给 AAACorp 及 BBBCorp 的贷款利率的溢差反映了 BBBCorp 比 AAACorp 更有可能违约的程度。在今后的 6 个月内，AAACorp 和 BBBCorp 违约的机会都很小。当我们考虑更长的期限时，违约统计结果表明，具有较低信用等级的公司（如 BBBCorp）平均违约概率比具有较高信用等级的公司（如 AAACorp）平均违约概率增长得更快。这也就是 5 年期的利率差价比 6 个月期的利率差价更大的原因。在取得了 LIBOR +0.6% 的浮动利率贷款并进入上面例子互换后，BBBCorp 似乎取得了 4.97% 的固定利率贷款。但事实并非如此。实际中，只有在

BBBCorp 能够连续地以 LIBOR + 0.6% 借入浮动利率资金的前提下，固定利率才为 4.97%。例如，如果 BBBCorp 的信用等级下降使浮动贷款利率变成了 LIBOR + 1.6%，这时 BBBCorp 所付出的利率变为 5.97%。市场预计 BBBCorp 在 LIBOR 浮动利率之上的溢差平均来讲将会有所增加，因此 BBBCorp 预计在进入互换交易后自身借入资金的利率平均也会有所增长。

三、利率互换定价

1. 由债券价格来计算互换的价格

在利率互换中，本金不进行交换。可以假设本金在互换中进行交换，这一假设并不影响互换的价值，将收入固定利率并付出浮动利率的互换作为固定利率债券的多头与浮动利率债券的空头的组合，因此：

$$V_{swap} = B_{fix} - B_{fl}$$

式中，V_{swap} 为互换的价值；B_{fl} 为互换中浮动利率债券的价值；B_{fix} 为互换中固定利率债券的价值。类似地，一个收入浮动利率并付出固定利率的互换可作为浮动利率债券的多头与固定利率债券的空头的组合，因此：

$$V_{swap} = B_{fl} - B_{fix}$$

计算浮动利率债券的价格：债券在券息付出后等于其面值，因为在这时债券为"公平交易"价格，其中借贷人对于每个计息区间所支付的利率为 LIBOR。假定下一个互换现金流的时间为 t^*，在 t^* 支付的浮动利息（在前一个付款期已确定）为 k^*，在支付之后，如前所述，$B_{fl} = L$。在支付利息之前，$B_{fl} = L + k^*$。因此，浮动利率债券可以看作是在 t^* 提供单一现金流的产品，对这一现金流进行贴现，得出浮动利息债券今天的价格为：

$$B_{fl} = (L + k^*)\ e^{-r^* t^*}$$

式中，r^* 为 LIBOR/互换零息利率曲线上对应于 t^* 的利率。

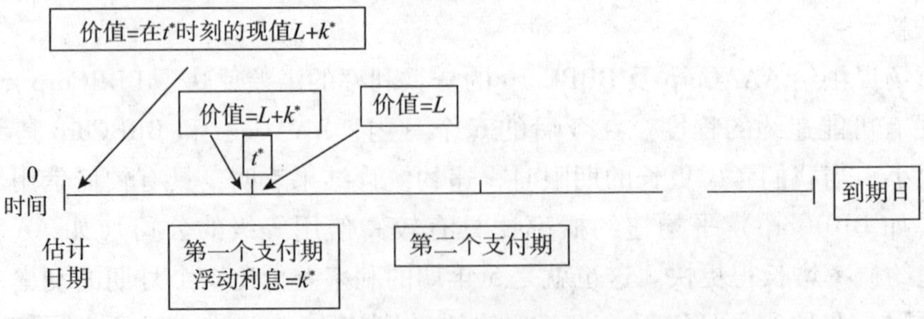

图 4.23　面值为 L 在下一付款日 t^* 支付利息为 k^* 的浮动债券的定价

例：假定某金融机构同意在互换合约中支付6个月期的LIBOR并同时收入年率8%（每半年复利一次）的固定利率，互换的本金为1亿美元。互换合约还有1.25年的剩余期限。对应于期限为3个月、9个月及15个月的LIBOR（连续复利）分别为10%、10.5%及11%。前一个付款日所对应的LIBOR为10.2%（每半年复利一次），表4.10是以债券形式对互换定价的总结。

表4.10　　债券形式对互换定价现金流

时间	B_{fix}现金流	B_{fl}现金流	贴现因子	B_{fix}贴现值	B_{fl}
0.25	4.0	105.100	0.9753	3.901	102.505
0.75	4.0		0.9243	3.697	
1.25	104.0		0.8715	90.640	
总结				98.238	102.505

固定利息的债券现金流在3个付款日上分别为4、4及104。对应于这3个付款日的贴现因子数值结果列在表4.10的第4列，这一表格显示的固定利率债券价格（以百万美元计）为98.238。在这一实例中，L＝1亿美元，$k^* = 0.5 \times 0.102 \times 100 = 510$万美元，$t^* = 0.25$。因此，浮动利率债券等价于在3个月期时的现金流，其数量为105.1美元。浮动债券价格（以百万美元计）为$105.1 \times 0.9753 = 102.505$。

债券价格为以上两个债券的差：

$$V_{swap} = 98.238 - 102.505 = -4.267$$

即－426.7万美元。

2. 利用FRA对互换定价

互换合约等价于远期利率合约的组合。考虑微软与英特尔之间的互换合约，这一合约在2014年3月5日签署，付款频率为每半年一次。在合约成交时，我们已经知道第1个支付量为多少。其他5个支付量可以看作是由FRA产生的。在2015年3月5日的现金流互换可以看作固定利率5%与在2014年9月5日所观测到的浮动利率互换而形成的FRA；在2015年9月5日的现金流互换可以看作固定利率5%与在2014年3月5日所观测到的浮动利率互换而形成的FRA，等等。FRA的定价可以假定远期利率在将来会得以实现。因为简单互换合约是远期利率合约FRA的组合，在这一合约定价中我们可以假定远期利率在将来会实现，其定价过程如下：

①利用LIBOR/互换零息利率曲线计算每一个决定互换现金流的LIBOR利率

所对应的远期利率；

②假定 LIBOR 等于远期利率，并计算互换现金流；

③对现金流进行贴现（以 LIBOR/互换零息利率曲线为贴现率来定出互换的价值）。

例：某金融机构同意支付6个月期的 LIBOR 并同时收入年率8%（每年复利一次）的固定利率。互换的本金为1亿美元，互换还有1.25年的剩余期限。对应于期限为3个月、9个月及15个月的 LIBOR（连续复利）分别为10%、10.5%及11%。前一个付款日所对应的6个月期 LIBOR 为10.2%（每半年复利一次）。表4.11是对于计算过程的总结（现金流以百万美元计）。

表4.11　例中互换中现金流及现值　单位：百万美元

时间（年）	固定现金流	浮动现金流	净现金流	贴现因子	净现金流贴现值
0.25	4.0	-5.100	-1.100	0.9753	-1.073
0.75	4.0	-5.522	-1.522	0.9243	-1.407
1.25	4.0	-6.051	-2.051	0.8715	-1.787
总计					-4.267

表4.11的第1行显示了在第3个月会有现金流的交换，现金流的数量已被确定。固定利率8%所对应的现金流为 $100\times0.08\times0.5=400$ 万美元。浮动利率10.2%（在3个月以前设定）所对应的现金流为 $100\times0.102\times0.2=510$ 万美元。表4.18中的第2行显示在9个月时会有现金流交换，其中假设远期利率会得以实现。同上，收入现金流为400万美元。为了计算支出现金流，首先计算介于3个月与9个月之间的远期利率：

$$\frac{0.105\times0.75-0.10\times0.25}{0.5}=0.1075$$

即10.75%（连续复利）。对应于每半年复利一次的远期利率为11.044%。因此，支出现金流为552.2万美元。类似地，第3行显示假定远期利率会实现时，在15个月时的现金流。对应于这3个付款日期的贴现因子分别为 $e^{-0.1\times0.25}$，$e^{-0.105\times0.75}$，$e^{-0.11\times1.25}$。

在3个月支付的贴现值为 -107.3 万美元，第9个月及第15个月所对应的 FRA 的价值分别为 -140.7 万美元及 -178.7 万美元。互换的总价值为 -426.7 万美元。

在互换合约刚刚开始时，固定利率的设定往往是保证互换的价值为0。这意味着在初始时，互换中所有 FRA 的价值总和为0，但并不意味着每个 FRA 的价值为0。通常来讲，有些FRA会有正价值，而有些FRA会有负价值。

3. 隔夜指数互换

自20世纪90年代市场引入隔夜指数互换以来，这一产品在所有的主要货币下已经变得十分流行。该产品主要是被银行用于在每天结束时，通过以隔夜利率借入或借出资金来满足流动性的需要。隔夜利率常常是中央银行为影响货币政策采用的目标利率。在美国，该利率被称为联邦基金利率（Fed Funds rate）。

在一个隔夜指数互换（overnight indexed swap OIS）中，某个时间区间（例如1个月、3个月、1年或2年）的固定利率与这一时间段隔夜利率的几何平均值进行互换。对应某个时间段，如果银行每天以隔夜利率借入资金（每天将贷款进行延展），最终银行借入资金的实际利率是隔夜利率的几何平均值；如果银行每天以隔夜利率借出资金，最终银行借出资金的实际利率也是隔夜利率的几何平均值。隔夜指数利率互换可以将以隔夜利率为基准的借款和贷款利率转换为一个固定利率，这种互换中的固定利率被称为是隔夜指数互换利率。

银行（银行A）可以进行以下交易：

①在3个月内从隔夜市场借入1亿美元资金，每天将贷款进行延展；

②将1亿美元资金在LIBOR市场借给另外一家银行（银行B）；

③利用隔夜指数互换将隔夜市场借款利率转换为固定利率。

通过这一交易，银行A收入3个月期的LIBOR利率，同时支付3个月期的隔夜指数互换利率。我们也许会认为3个月期的隔夜指数互换利率会等于3个月期的LIBOR利率，但实际上，前者通常会更低一些，这是因为银行A会因为承担B在LIBOR贷款中的违约风险而索取回报。3个月期LIBOR利率与3个月期隔夜指数互换利率的差被称为LIBOR－OIS溢差，该溢差可以用于检验压力市场的受压程度。在正常市场下，该溢差一般在10个基点左右。但在2007～2009年的信用危机中，因为银行之间不愿意进行借贷，在2008年10月，LIBOR－0IS溢差曾高达364个基点。1年以后，这一溢差恢复到了正常水平。但在2010年6月，因为投资者对希腊和其他几个欧洲国家财政状况的担忧，这一溢差又曾经升至30个基点。越来越多的投资者已经认为隔夜指数互换利率是对无风险利率比LIBOR利率更好的解释。

四、货币互换

1. 货币互换

另外一种较为流行的互换为货币互换（currency swap）。最简单的货币互换包括在某种货币下的利息及本金与另一种货币下的利息及本金进行互换。货币合约要求阐明在两个不同货币下的本金。互换中通常包括起始及最终的货币互换。通常货币本金互换数量的选取在互换开始时的兑换率下大致相同，但在最后交换时两者的价值可能大不一样。

考虑一个虚拟的5年期的IBM与英国石油公司之间的货币互换合约，互换的起始日期为2014年2月1日。假定IBM支付英镑的利率为5%，同时IBM由英国石油公司收入美元的利率为6%。现金流互换频率为一年一次，本金数量分别为1800万美元及1000万英镑。这一互换为固定息与固定息（fixed - for - fixed）的货币互换，互换之所以被如此命名是因为每个货币下所对应的均为固定利息。在互换开始，IBM首先支付1800万美元并同时收入1000万英镑。每年IBM收入108万美元（即1800万的6%）并支付50万英镑（即1000万英镑的5%）。在互换结束时，IBM支付1000万英镑并收入1800万美元。

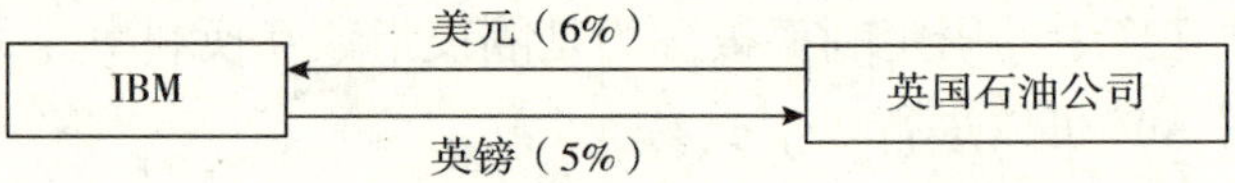

图4.24 货币互换

2. 利用货币互换来改变货款及资产的性质

我们这里所描述的互换可以将一种货币下的贷款转化为另外一种货币下的贷款。假定IBM能够以6%的利率发行1800万美元的债券。货币互换可以将债券转化为英镑债券，债券本金为1000万英镑，利率为5%，最初的本金互换将最初债券的美元收费转化为英镑，之后货币互换的支付将美元利息及本金转化为英镑。

互换也可以用来转化资产的性质。假定IBM可以将1000万英镑在英国投资5年，其收益率为年率5%，IBM认为美元价格同英镑价格比较会有所上涨，因此想将其投资转化为美元的投资。货币互换可以将英镑投资转化为收益率为6%，本金为1800万美元的投资。

3. 比较优势

货币互换可能是由比较优势造成的。为了说明这一点，考虑另一个虚拟的例子。假定通用电气及快达航空公司分别借入美元及澳元（AUD）的5年期固定利率（如表4.12所示）。表4.12中的数据显示澳元的利率比美元的利率高，并且通用电气在两种货币所对应的信用等级都比快达航空更好，所以在两种货币下通用电气所能得到的利率都好过于快达航空。从互换交易员的角度来看，通用电气在两种不同货币下所付利率的差价与快达航空所付利率的差价不等。快达航空在美元所付的利率比通用电气要高2%，而在澳元市场只高0.4%。

表 4.12　　为货币互换提供基础的利率表（%）

	USD	AUD
通用电气	5.0	7.6
快达航空公司	7.0	8.0

通用电气在美元中有比较优势，快达航空在澳元中有比较优势。比较不同货币下的利率，因此比较优势理论有一定的可信度。一种造成比较优势的原因是由于纳税环境不同。通用电气所处的位置使得它借入美元资金而在全球范围内经营的税率低于借入澳元所面临的税率。快达航空所处的位置可能刚好与通用电气相反。

假定通用电气想借入2000万澳元，快达航空想借入1500万美元，并且当前的汇率为0.75（每澳元所对应的美元数量）。这是产生货币互换的完美情形。通用电气及快达航空在自身有比较优势的市场借入资金，即通用电气借入美元，快达航空借入澳元。货币互换可以将通用电气的美元贷款转化为澳元贷款，并同时将快达航空的澳元贷款转化为美元贷款。两家公司以美元借入资金的差价为2%，同时以澳元借入资金的差价为0.4%。同利率互换的实例类似，我们期望对于所有交易的整体收益为2% −0.4% =1.6%。互换有很多构成形式类似于利率互换，货币互换同样常常有金融机构介入。

五、货币互换定价

1. *以债券形式进行定价*

如果我们定义 V_{swap} 为收入美元并支付外币的货币互换的美元价值，那么，

$$V_{swap} = B_D - S_0 B_F$$

式中，B_F 为互换中外汇现金流所对应债券，并以外币计量的价值，B_D 为互换中本国货币的现金流所对应的债券，并以美元计量的价值，S_0 为即期汇率（表达形式为一单位外币所对应的美元数量）。互换的价值可以由两个不同货币下的 LIBOR、美国国内货币的利率期限结构及即期汇率来确定。

类似地，收入外币并同时支付美元的互换价值为：

$$V_{swap} = S_0 B_F - B_D$$

例：假定日元及美元的 LIBOR/互换零息利率曲线均为水平。日元利率为年

率4%，美元利率为年率8%，以上利率均为连续复利。某金融机构进入一个货币互换，在互换中收入日元利率为5%，付出美元利率为9%，互换的支付每年进行一次。两个货币的本金分别为1000万美元及12亿日元。互换期限为3年，当前汇率为1美元兑110日元。

表4.13　例中货币互换现金流及贴现值

时间	美元债券现金流	美元现金流贴现值	日元债券现金流	日元现金流贴现值
1	0.8	0.7311	60	57.65
2	0.8	0.6682	60	55.39
3	0.8	0.6107	60	53.22
3	10.0	7.6338	1200	1064.30
总计		9.6439		1230.55

互换中所对应的美元债券的现金流在第2列中显示，以9%利率进行贴现所得结果在第3列中显示，互换中所对应的日元债券的现金流在第4列中显示，以4%日元利率进行贴现所得结果在最后一列中显示。美元债券价格 B_D 为964.39万美元，日元债券价格为12.3055亿日元。因此互换价格为：

$$\frac{1230.55}{110}-9.6439=154.30\text{（万美元）}$$

2. *以远期合约组合的形式定价*

互换合约中的每一个固定息与固定息互换都可以看作是一个外汇远期合约。外汇远期合约可以在假定远期汇率会被实现的情况下定价。对货币互换，可以采用类似的假设。货币互换在刚刚成交时，价值为0。采用成交时的汇率转换，如果两个本金相等，那么在本金刚刚交换后，互换的价值也为0。但是，类似于利率互换，这并不意味着互换中的每一个远期合约的价值都为0。可以证明，如果货币互换中两个利率非常不同，那么高利率的支付者所处的情形为：对早期支付互换现金流的外汇远期的价值为负，而对最后互换本金时的外汇远期的价值为正。低利率的支付者所处的情形刚好相反，对早期支付互换的外汇远期的价值为正，而对最后互换本金时的外汇远期的价值为负。这些结果对于评估互换的信用风险十分重要。

例：假定日元及美元的LIBOR/互换零息利率曲线均为水平。日元利率为年率4%，美元利率为年率9%，以上利率均为连续复利。某金融机构进入一个货币互换，在互换中收入日元的利率为5%，付出美元的利率为8%，支付互换每年进行一次。两个货币的本金分别为1000万美元及12亿日元。互换期限为3

年，当前汇率为1美元兑110日元。

表4.14　　例中货币互换现金及贴现值

时间	美元现金流	日元现金流	远期汇率	日元现金流美元价值	净现金流美元价值	贴现值
1	-0.8	60	0.009557	0.5734	-0.2266	-0.2071
2	-0.8	60	0.010047	0.6028	-0.1972	-0.1647
3	-0.8	60	0.010562	0.6337	-0.1663	-0.1269
3	-10.0	1200	0.010562	12.6746	+2.6746	2.0417
总计						1.5430

金融机构每年支付0.08×1000万=80万美元，并且同时收入12亿×0.05=6000万日元。另外，在3年后金融机构将支付1000万美元并且收入12亿日元。即期汇率为0.009091美元，一年时的远期汇率为每日元等于

$$0.009091e^{(0.09-0.04)\times 1}=0.009557\text{（美元）}$$

第2年及第3年期汇率也可以采用类似的方法来进行计算。远期合约的定价可以假定远期汇率会被实现。如果一年期汇率被实现，在1年期日元现金流的美元价值为60×0.009557=0.5734（百万美元），因此在1年期净现金流为0.8-0.5734=-0.2266（百万美元），其贴现值为$-0.2266^{-0.09\times 1}=-0.2071$（百万美元），这一价值为1年期现金流互换所对应远期合约的价值。其他期限的远期合约也可以采用类似的方式计算。

六、其他类型的互换

前面已经讨论了LIBOR与固定利率互换的利率互换交易以及某一货币的固定利率与另一货币的固定利率进行互换的货币互换合约。市场也交易其他形式的互换。

1. 标准利率互换的变形

在固定利率与浮动利率进行交换的互换合约中，LIBOR是最为普遍的参考浮动利率。LIBOR的期限（tenor，即付款频率）为6个月，具有1个月、3个月及12个月期限的LIBOR互换在市场上也常常出现。浮动利率的期限不一定与固定利率的期限一致（事实上，在美国，标准利率互换中的LIBOR期限为3个月，付款频率为每半年一次）。LIBOR是最常见的浮动利率，但是其他形式的浮动利率，例如商业票据（CP）利率，也常被采用。有时浮动利率与浮动利率的利率

互换也会成交。例如，3 个月期商业票据利率加上 10 个基点可能会与 3 个月期限的 LIBOR 进行互换，两个浮动利率对应的本金相同（某公司的资产及负债的参考利率为不同的浮动利率，如果这家公司想对冲其风险暴露，可以采用这种利率互换）。

在互换合约中，本金可在互换期限内进行变化以满足交易对手的需求。在一个本金分期减少的摊还互换（amortizing swap）中，本金能够以事先确定的方式递减（这一设计可能是与本金分期减少的贷款相对应）。在一个递升互换（step - up swap）中，本金以某种确定的方式递增（这一设计可能对应于某贷款中的本金的增加）。在延期互换（deferred swap）或远期互换（forward swap）中，双方交换利息直到将来的某一时刻才开始。有时互换合约的浮动利率所对应的本金与固定利率所对应的本金会有所不同。

固定期限互换（constant maturity swap，CMS）是 LIBOR 与某互换利率之间的互换合约。例如，在今后 5 年内每 6 个月将 6 个月期限的 LIBOR 与 10 年期的互换利率互换，双方所对应的本金相同。类似地，固定期限的国债互换（constant maturity treasury swap，CMT swap）是 LIBOR 与某个特定国债利率（例如 10 年期的国债利率）的互换。

在一个复合利率互换（compounding swap）中，双方的利率都会以某既定形式被复合到互换的末端，这种互换的付款日只有一个，即互换的到期日。在 LIBOR 后置互换（LIBOR - in - arrears swap）中，LIBOR 的观察日期与付款日期重合。在一个区间互换（accrual swap）中，某一方的利息只有在浮动利率在一定范围内时才进行累计。

2. 其他货币互换

前面考虑了固定息与固定息的货币互换，另一种货币互换为固定息与浮动息的互换。在这一互换中，一种货币下的浮动利率（通常为 LIBOR）与另一种货币下的固定利率进行交换，这是一个固定—浮动利率互换与固定—固定货币互换的组合，这一交易被称为交叉货币利率互换（cross - currency interest rate swap）。另一种货币互换为浮动息与浮动息（float - for - float）的货币互换，即其中一种货币的浮动利率与另一种货币的浮动利率进行互换。

有时在某一种货币所观察到的利率被应用到另一种货币的本金上，比如在美国观察到的 3 个月 LIBOR 与在英国观察到的 LIBOR 进行互换，这里的浮动利率所对应的本金均为 1000 万英镑。这类互换被称为跨货币互换（differential swap）或 Quanto 互换。

3. 股权互换

股权互换（equity swap）是将某个股指的整体收益（股息及资本收益的总和）与某固定利率或浮动利率进行互换。例如，互换可能是在今后每6个月由S&P500的整体收益与LIBOR互换，互换双方的本金相同。股权互换可以被证券组合经理用来将固定及浮动资产收益转化为股指收益，反之亦然。

4. 期权

有时在互换中嵌有期权。例如，在可延期互换（extendable swap）中，互换的一方有权延长互换的期限。在可赎回互换（puttable swap）中，一方可以提前结束互换。互换期权（option on swap 或 swaption）在市场上也进行交易。这时期权的持有人可以在将来进入一个互换，其中与浮动利率进行互换的固定利率要事先约定。

5. 商品互换、波动率互换

商品互换（commodity swap）实际等价于具有不同期限但具有同一执行价格的商品远期合约。在波动率互换（volatility swap）中，首先要阐明一定的时间段序列，在每一个时间段，互换的一方支付固定波动率，而另一方支付在这一时间段实现的历史价格波动率。在计算支付量时，双方所对应的本金相同。

七、中国互换市场的实践

1. 利率互换现状

2006年2月9日人民银行发布了《关于开展人民币利率互换交易试点有关事宜的通知》，接着国家开发银行与光大银行实施了第一笔人民币利率互换交易，这标志着中国人民币利率互换市场的正式形成。目前，国内人民币利率互换市场主要通过路透、彭博、人民币交易系统等电子交易平台和国利货币经纪等金融中介平台由10余家中外银行对互换品种、期限进行公开、持续的报价，需求方选择进行成交。也可以通过各金融机构内部业务信息平台撮合成交。

据路透统计，2013年中国人民币利率互换（IRS）成交名义本金2.71万亿元，较2012年的2.9万亿元减近一成，也是该交易品种自2006年推出以来首次下降。根据中国货币网数据计算，2013年以七天期回购为基准的IRS成交名义本金为17654亿元，约占当年全部成交量的65%。中债报告称，受债市整顿等多重因素影响，2013年债市交投活跃度明显降低。当年全市场口径现券和回购交易结算270.82万亿元，同比增长1.15%，较2012年增速下降31.52个百分点。

2014年7月1日起，中国开始对场外金融衍生品实行强制集中清算，首个集中清算产品为“利率互换”。为什么要对场外金融衍生品实行强制集中清算？集中清算的利率互换产品将带来怎样的变化?

①自行结算潜藏系统性金融风险，各国竞相集中清算。集中清算主要针对各金融机构，源起2008年国际金融危机之后。与传统的交易双方自行清算、各自承担相应的权利义务不同，集中清算通过引入一个位于交易各方中间的、共同的“对手”，亦称为中央对手方，可以有效地隔离交易个体风险向全市场系统性风险的传染蔓延，并能增强信息透明度。监管部门通过规范中央对手方，可以有效地监督和管理场外金融衍生品市场。2008年国际金融危机爆发的重要原因，是不受监管的场外金融衍生品市场的过度发展。不受监管的场外金融衍生品交易，其主要特征是，交易在双边达成后由交易双方自行清算，交易风险敞口和交易对手方信用风险不透明，潜藏系统性金融风险。2008年国际金融危机爆发后，二十国集团领导人系列峰会对场外金融衍生品改革达成共识。集中清算成为后金融危机时代各国金融监管改革的竞技场。中国作为二十国集团的重要成员国之一，在这场集中清算的国际竞赛中奋勇争先。2009年11月28日，经财政部同意、中国人民银行批准成立了上海清算所，是国际金融危机后全球新成立的第二家专业清算机构。2014年1月，中国人民银行发布《关于建立场外金融衍生产品集中清算机制及开展人民币利率互换集中清算业务有关事宜的通知》，宣布将对银行间市场参与者达成的场外金融衍生品实施集中清算。其中，人民币利率互换交易的相关品种，于7月1日开始实施强制性的集中清算。中国实行场外金融衍生品集中清算的步伐基本与国际保持同步。

②力图改变中国在场外金融衍生品市场中的被动地位。目前，全球已有20多家金融机构参与了上海清算所的利率互换集中清算业务，包括汇丰银行、花旗银行、JP摩根等顶尖金融机构。这意味着，这些机构在中国的集中清算得到这些机构所在国的认可。此前，这些机构的集中清算即使在中国，也要受其所在国的监管。金融衍生品交易既可以通过交易场所进行，也可以在场外进行。根据国际清算银行公布的调查统计数据，截至2013年12月底，全球场外金融衍生品未到期合约面值总额达到710万亿美元，较2012年上涨了12%，是交易所的25倍。场外金融衍生品市场的机构数量众多，除了银行、券商、基金、保险，还有相当一部分跨国企业。然而，将近2/3的场外金融衍生品交易集中在以欧美商业银行、投资银行为主的不到30家核心交易商。在全球最主要的场外金融衍生品行业自律组织——国际互换交易协会的重大事务决策委员会中，2/3的席位由欧美交易商长期把持。中国等新兴国家的金融机构和企业在由欧美实际垄断的场外金融衍生品市场处于被动接受的地位。与此同时，如何突破欧美目前实行的“长

臂管辖”监管政策，也是中国集中清算需要克服的难关。

③“中国标准”较欧美宽松，有利于企业收益最大化。利率互换最大的优势是可以使资金效益最大化。过去，一笔贷款如果贷款时间锁定，这期间的利率也就锁定。现在，通过利率互换，可以在几个利率中选择，每3个月选择一个利率，使成本最低，收益最大。人民币利率互换交易的强制清算，有以下要点：主要针对金融机构之间的交易，仅限于银行同业间7天回购定盘利率、上海银行间同业隔夜拆放利率和上海银行间同业3个月拆放利率等3个参考利率；合约期限在5年以下（含5年）、参与主体和合约要素应符合上海清算所有关规定。中国纳入强制集中清算的衍生品交易范围，明显小于美国和欧盟的相关范围。

2. 货币互换现状

中国虽然在20世纪80年代就有互换交易，但发展十分缓慢，直至2001年中国加入WTO之后，经济活动日益国际化，汇率风险日益成为影响成本与收益的首要因素。在这种情况下，中国金融衍生品市场不断地开放，货币互换逐渐获得发展。在2000年5月于泰国清迈举行的“10+3”财长会议上，各方一致通过关于建立货币互换协议网络的《清迈倡议》。决定扩大东盟原有货币互换网络的资金规模，并号召东盟国家及中、日、韩在自愿的基础上格局共同达成的基本原则建立双边货币互换协议。2001年，中国与泰国银行签署总额为20亿美元的货币互换协议；2002年，与日本签订约30亿美元的货币互换协议；同时中国还相继与俄罗斯、缅甸、蒙古、越南等周边国家签订互换协议。

金融危机后，中国先后与韩国、马来西亚、白俄罗斯、印度尼西亚、阿根廷、冰岛、新加坡、新西兰等地建立和扩大货币互换协议。

专栏4.12　中国近年的一些货币互换

2008年12月，央行和韩国签订了260亿美元（按当时汇率约合1800亿元人民币/38万亿韩元）货币互换协议。

2009年1月20日，央行和香港金管局签署2000亿元人民币货币互换协议。

2009年2月8日，央行和马来西亚国民银行签署双边货币互换协议，规模为800亿元人民币/400亿林吉特，协议实施有效期三年，经双方同意可以展期。

2009年3月11日，央行和白俄罗斯共和国国家银行宣布签署双边货币互换协议，规模为200亿元人民币/8万亿白俄罗斯卢布，协议实施有效期3年，经双方同意可以展期。

2009 年 3 月 23 日，央行和印度尼西亚银行在北京宣布签署双边货币互换协议，规模为 1000 亿元人民币/175 万亿印尼卢比，协议实施有效期 3 年，经双方同意可以展期。

2009 年 3 月 29 日，央行和阿根廷中央银行在亚麦德林签署了 700 亿元等值人民币的货币互换框架协议。

2010 年 6 月 9 日，央行和冰岛签署一项价值超过 5 亿美元（按当时汇率约合 35 亿元人民币）的货币互换协议。

2010 年 7 月 24 日，央行和新加坡金融管理局在北京签署了双边本币互换协议，互换规模为 1500 亿元人民币/约 300 亿新加坡元，协议实施有效期 3 年，经双方同意可以展期。

2011 年 4 月 19 日，央行和与新西兰储备银行在北京签署了金额为 250 亿元人民币的双边本币互换协议，协议有效期 3 年，经双方同意可以展期。

2011 年 5 月 6 日，央行和蒙古国中央银行在蒙古国首都乌兰巴托签署双边货币互换协议，互换协议金额为 50 亿元人民币，协议有效期 3 年，经双方同意可以展期。

2011 年 6 月 13 日，央行和哈萨克斯坦共和国国家银行在哈萨克斯坦首都阿斯塔纳签署了金额为 70 亿元人民币的双边本币互换协议，协议有效期 3 年，经双方同意可以展期。

2011 年 10 月 26 日，中国人民银行与韩国银行（中央银行）在首尔续签中韩双边本币互换协议，互换规模由原来的 1800 亿元人民币/38 万亿韩元扩大至 3600 亿元人民币/64 万亿韩元，有效期三年，经双方同意可以展期。2009 年 4 月 20 日签署的原中韩双边本币互换协议自本续签之日起失效。

2011 年 11 月 22 日，中国人民银行与香港金融管理局在北京续签货币互换协议，互换规模由原来的 2000 亿元人民币/2270 亿港币扩大至 4000 亿元人民币/4900 亿港币，有效期三年，经双方同意可以展期。2009 年 1 月 20 日签署的原货币互换协议自续签之日起失效。

2011 年 12 月 22 日，中国人民银行与泰国银行在曼谷签署了中泰双边本币互换协议，旨在加强双边金融合作，促进两国贸易和投资，共同维护地区金融稳定。互换规模为 700 亿元人民币/3200 亿泰铢，有效期三年，经双方同意可以展期。

2011 年 12 月 23 日，中国人民银行与巴基斯坦国家银行在伊斯兰堡签署了中巴双边本币互换协议，旨在加强双边金融合作，促进两国贸易和投资，共同维护地区金融稳定。互换规模为 100 亿元人民币/1400 亿卢比，有效期三年，经双方同意可以展期。

2012 年 1 月 17 日，中国央行与阿联酋中央银行在迪拜签署了中阿双边本币互换协议。互换规模为 350 亿元人民币/200 亿迪拉姆（约 55.4 亿美元），有效期三年，经双方同意可以展期。该互换协议旨在加强双边金融合作，促进两国贸易和投资，共同维护地区金融稳定。

2012 年 2 月 8 日，中国人民银行与马来西亚国家银行续签了中马双边本币互换协议，互换规模由原来的 800 亿元人民币/400 亿林吉特扩大至 1800 亿元人民币/900 亿林吉特，有效期三年，经双方同意可以展期。2009 年 2 月 8 日签署的原双边本币互换协议自续签之日起失效。双方认为，双边本币互换协议的续签将有利于维护区域金融稳定，便利双边贸易和投资。

2012 年 2 月 21 日，中国人民银行与土耳其中央银行在安卡拉签署了中土双边本币互换协议，旨在加强双边金融合作，促进两国贸易和投资，共同维护地区金融稳定。互换规模为 100 亿元人民币/30 亿土耳其里拉，有效期三年，经双方同意可以展期。

2012 年 3 月 20 日，中国人民银行与蒙古银行在北京签署了中蒙双边本币互换补充协议，互换规模由原来的 50 亿元人民币/1 万亿图格里特扩大至 100 亿元人民币/2 万亿图格里特。双方认为双边本币互换补充协议的签署将有利于维护区域金融稳定，便利双边贸易和投资。

2012 年 3 月 22 日，中国人民银行与澳大利亚储备银行在北京签署了中澳双边本币互换协议，旨在加强双边金融合作，促进两国贸易和投资，共同维护地区金融稳定。互换规模为 2000 亿元人民币/300 亿澳大利亚元，有效期三年，经双方同意可以展期。

……

2014 年 7 月 18 日，中国国家主席习近平访问阿根廷。期间两国央行将再签一份货币互换协议，规模为 700 亿人民币或 900 亿阿根廷比索，相当于 110 亿美元，协议期限 3 年，年息 6% ~7%。几乎同时，中国与瑞士签署了规模为 1500 亿元人民币/210 亿瑞士法郎的双边本币互换协议，旨在为双边经贸往来提供流动性支持，并维护金融市场稳定。

根据中国央行的数据，自 2008 年末以来至今，中国已与 24 个国家及地区分别签署了货币互换协议，累计总规模超过 2.7 万亿元人民币。而 2013 年中国央行分别与 8 个国家的央行签署或者续签了本币双边互换协议，累计金额超 1.1 万亿元人民币。

货币互换的意义在于以下几个方面。

①稳定出口。因全球美元流动性吃紧，中国的一些贸易伙伴陷入贸易结算的困境，利用人民币互换稳定多边贸易是对抗金融危机的一种方式。对中国而言，则对稳定出口，扶持出口企业起到重要的支撑作用。

②稳定地区货币制度，防范金融风险。中国人民银行的最新举动意味着人民币国际化版图已“趁势”从亚洲扩张到东欧、拉美。不难看出，自金融危机爆发以来，中国人民银行已经加快了与周边国家以及欧洲、拉美国家的货币互换步伐。中国与一些亟须资金的国家签订一系列货币互换协议，这一慷慨之举的最大受益方或是中国自身面临困境的出口企业。此举在金融危机日益蔓延的非常时期，对稳定地区货币制度、防范金融风险和减少危机扩散性效应起到积极作用。

③支持互换资金用于贸易融资，可推动双边贸易及直接投资，促进经济增长。中国签订的这些互换协议的作用有所差别。在阿根廷、马来西亚和印尼，人民币主要是在贸易中充当支付结算的角色；白俄罗斯则将人民币作为储备货币；韩国主要是帮助在华企业进行融资；香港是人民币第二大集散中心，中央又准备在香港发债，货币互换主要是为满足资金供给。目前中国央行还在就签署双边货币互换协议与其他有类似需求的央行进行磋商。

④充分发挥地区资金救助机制作用。货币互换步伐的加快，一方面顺应了市场发展的内在要求，另一方面区域性货币的使用显然已成为对抗危机、增进贸易的重要手段。特别是为了应对美元等“硬通货”的波动，在东亚、中亚甚至南美的发展中国家，人民币正日渐成为各方认可的结算货币，甚至储备货币，表明中国的贸易伙伴认可了人民币的地位和稳定性，从而给人民币走向国际化带来了良好的机遇。

⑤人民币地位可获提升。中国的货币互换更多是基于贸易需求，除了“解决短期流动性问题”之外，由于互换货币可以用于贸易、投资方面的日常支付，也为人民币的国际化创造了条件。

同时中国的货币互换市场面临着一些问题：

①人民币尚未实现资本项目下的可兑换，跨境流通有一定困难。

②金融机构运行成本增大，且具有一定的风险。

③与别国央行进行货币互换的协调中，可能会出现利益协调问题。

《人民币国际化报告》显示，2013 年底，人民币国际化指数达到 1.69%，与 2013 年初的 0.92% 相比提高了 84%，增长进一步提速。而据 2013 年末的排名来看，美元国际化指数为 52.96%，遥遥领先；其次为欧元（30.53%）、英镑（4.3%）；日元（4.27%），人民币则排名第五。虽然目前人民币同美元和欧元等相差甚远，但是最短三年内人民币有望跻身为全球第三大货币。到 2014 年底人民币国际化指数的预测值有望达到 2.4%，更乐观估计有可能突破 3%。通过开展双边本币互换，为周边经济体提供流动性支持，正是中国积极参与应对国际金融危机合作的重要内容。签署双边本币互换协议，可以提高人民币在一些国家的使用，为人民币的国际化铺路，同时也能降低签约国面临的美元汇率风险。近年来，全球掀起货币互换热潮，特别是美国次贷危机引发的全球金融危机波及越来越多的国家和地区的时候，各国央行之间签署货币互换协议更加频繁。这种以货币互换网络为基础的金融结构正成为一种新趋势。从推动人民币国际化的战略目标角度，应该积极构建人民币互换基金池，这样可以有效防范风险。在人民币"一对多"的互换、清算系统中，筹建互换资金池，可以极大地扩大这个系统，从而推进清算功能的发展。

第四节　实证研究：中国股指期货市场的价格发现与波动溢出效应

一、概述

股指期货是一种以股票价格指数为标的物的标准化期货合约，买卖双方交易的是将来某时刻的股票指数交易价格，在合约结束时以现金结算进行交割。它产生于现代资本市场，其出现原因最初是为了满足投资者对冲股票市场风险的需求，为套期保值规避风险而设计。最早是以风险管理工具的身份在 20 世纪 80 年代的美国出现，并在接下来的十几年中成为美国期货市场最重要的期货产品之一，成为规避系统风险和完善市场功能的不可或缺的金融工具。

在中国，随着中国金融市场的不断发展和日益蓬勃，2006 年中国金融期货交易所成立；2010 年 4 月 16 日，经历了三年的仿真交易后，中国内地第一个金融期货商品——沪深 300 股指期货在中金所正式上市交易，该股指期货是以沪深两市 300 只流通的样本股票市值加权计算得到的平均价格指数，它的出现解决了我们长期缺乏做空机制和对冲工具的问题。上市后一直保持良好活跃的交易势头，也对期货市场带来了有利的影响。

沪深 300 股指期货具有合约标准化、交易成本低、执行速度快、有杠杆性等特点，上市后很多相关问题一直受到学者们的关注，尤其是它的价格发现功能以及波动溢出效应。首先，由于期货市场和现货市场的信息具有同源性，其价格变动是相关的，研究其价格发现功能一方面可以了解期货市场是否存在套利机会，另一方面可以检验期货市场的有效性；第二，波动溢出效应是资本市场之间收益和波动的传导机制，可以利用不同市场价格变动的领先与滞后对未来进行预测。研究其波动溢出效应可以了解期货市场和现货市场的信息传递效率以及是否有双向影响。一些学者曾利用仿真数据对此类问题进行研究，但仿真数据毕竟与事实交易情况存在差异，其研究成果也有一定的局限。在沪深300股指期货运行四年多的当下，利用真实的交易数据进行相关实证研究，有着很强的现实意义。通过研究股指期货的价格发现和波动溢出效应，能够反映现货市场和期货市场的信息传递情况，这有利于投资者对股指期货市场有更清晰的认识，能够更理智的进行投资，并且能够促进整个市场的稳定健康发展。

二、文献综述

与国外成熟的股指期货市场相比，中国国内股指期货市场尚处萌芽状态。国外股指期货等金融衍生品的研究也更加成熟和深入。

Garbade 和 Silber（1983）最早建立了期货价格与现货价格之间相互联系的动态模型来刻画期货价格和现货价格在价格发现功能中作用的大小。随后 Kawaller（1987）等最早对标准普尔 500 指数（S&P500）期货价格与现货价格之间的关系做了系统研究，在此提出一个理论假说，指称股指期货价格具有领先现货价格的理论基础。并运用三阶段最小二乘法回归模型对标准普尔 500 指数进行检验，最终发现期货价格要领先现货价格 20 ~ 45 分钟。Chan K 和 Kaloc C（1992）利用向量自回归模型研究、考察了不同国家的股票指数和股指期货市场之间的价格滞后关系，发现期货价格变化领先现货价格变化，认为低交易成本的市场的信息接收及传递速度较快。Antoniou Antonios 和 Phil Holmes 使用 GARCH（1，1）及其修正模型研究了 FTSE - 100 股指期货推出前后现货市场波动率的情况，结果表明股指期货推出后增大了现货市场的价格波动，同时现货市场的价格波动受新信息的影响显著上升，受旧信息的影响显著下降。Booth 等同样以协整与误差修正模型分析德国 DAX 指数现货、期货和期权的价格发现过程，研究结果表明 DAX 期货的价格发现能力明显优于期权，符合低交易成本具价格发现优势的假说。Kim 等应用 VAR 模型检验了 S&P 500、MMI 和 NYSE composite 三种指数的期货市场与现货市场，研究表明在期货市场以 S&P 500 领先，而现货市场是以 MMI 指数为主导，两个结果都证明低交易成本赋予市场价格发现的优势。

Tse（1999）利用向量误差修正模型和多变量 EGARCH 模型，对道琼斯工业指数期货和现货之间的价格发现和波动溢出进行了实证研究，发现了期货市场相比现货市场，对于新的信息能够更快地吸收并反映在价格波动上，这主要得益于期货市场具有的杠杆功能，较低的交易成本和交易限制更为宽松。另外，期货市场与现货市场之间存在双向波动溢出，但是期货市场的波动性溢出强于现货市场。Baillie（2002）以及 Hasbrouck（2002）对信息共享模型进行了深入的研究与探讨，给出了价格发现的量化方法。

通过对期货价格与现货价格之间波动溢出效应的研究，揭示信息在不同市场之间的传递过程。Chan（1991）使用多变量 GARCH 模型研究了标准普尔 500 指数期、现货市场之间的波动溢出效应，得出了波动溢出具有很强的双向性。由于 EGARCH 模型能更好地捕捉好消息和坏消息对波动影响的不对称性，随后 Koutmos 和 Tucker（1996）基于双变量 EGARCH 模型研究得出期货市场对现货市场有波动溢出，但现货市场对期货市场的溢出影响并不显著，并指出两个市场都表现出非对称的波动效应。Zhong 等（2004）采用向量误差修正模型和带有误差修正项的双变量 EGARCH 模型探讨了墨西哥股票指数期货的价格发现功能以及期货市场交易对现货市场波动的影响，结果显示尽管期货交易导致了现货市场的不稳定，但期货市场还是价格发现的有用工具。

严敏、巴曙松和吴博通过分析沪深 300 指数日交易收盘价数据（2006～2009 年共 583 个交易日数据），对沪深 300 股指期货市场和现货市场的价格发现功能和互动关系进行了研究，利用向量误差修正模型、公共因子模型和带有误差修正的双变量 EGARCH 模型，首先说明了期货价格与现货价格之间具有相互引导关系，其中现货价格在价格发现中占有主导地位。价格发现的实证结果分析表明现货市场在价格发现中贡献度要比期货市场大。其次，实证表明两个市场之间不存在显著的非对称双向波动溢出效应，但是指数期货价格和现货价格之间存在长期的均衡关系、短期的双向 Granger 因果关系。最后，从实证结果来看，指数期货的价格发现能力较弱，现货市场价格的波动主要受自身波动的影响。方匡南和蔡振忠基于沪深 300 股指期货 5 分钟高频数据，利用协整检验、误差修正模型和脉冲响应函数研究了中国股指期货长短期的价格发现机制，并用信息共享模型、共因子模型研究了中国股指期货市场的价格发现贡献程度。他们认为中国指数期货和现货价格存在相互引导关系，现货市场在价格发现功能中的作用相对较大；随着涨跌幅度的变化，现货对期货的影响呈 U 型走势，而期货对现货的影响呈单边上升走势。这一结论与理论上期货具有很强价格发现能力的论断是相违背的，但其实是中国期货现状的正常反应。

而苟国平认为，价格发现是期货市场最重要的功能之一，是实现套期保值功能的基础条件，它不仅对于期货市场非常重要，而且有利于国家制定宏观调控政策，资源的优化配置，以及实现现货市场的价格稳定。他利用协整关系检验、向量误差修正模型（VECM）、基于 VAR 基础之上的广义脉冲响应函数及方差分解对期货价格对当期现货价格的引领滞后关系进行研究；同时采用信息份额模型（IS）和永久短暂模型（PT）对期、现市场对价格发现各自所贡献的份额大小进行量化分析。创新性地使用大量真实交易数据以及多种模型的分析框架，研究结果表明，中国沪深 300 股指期货的价格发现能力比现货市场强，对价格发现的贡献比现货市场多，股指期货价格领先于现货价格，股指期货在价格发现中占主导作用。

戴佳青采用 2011 年 2 月 9 日至 2011 年 4 月 8 日的一分钟高频数据，分别运用了误差修正的 VAR 模型和双变量 GARCH 模型对中国沪深 300 股指期货和现货之间的价格发现能力和波动溢出效应进行了研究。研究表明，沪深 300 股指期货价格和现货价格之间存在着长期均衡的协整关系，沪深 300 股指期货价格与指数价格走势基本一致，拟合度良好。沪深 300 股指期货和现货之间存在交互的价格引导关系。沪深 300 股指期货和现货之间存在着双向的波动溢出效应。沪深 300 股指现货对股指期货的波动溢出效应要大于股指期货对沪深 300 股指现货的波动溢出效应。

三、实证分析

1. 建立模型

（1）向量误差修正模型

根据协整关系的意义，当期货价格序列 Ft 和现货价格序列 St 之间存在协整关系时，通过向量误差修正模型，可以研究期货价格与现货价格之间的相互引导关系。来看下面两个式子：

$$\Delta F_t = C_1 + T_1 Z_{t-1} + \sum_{i=1}^{k} \Gamma_i^{11} \Delta F_{t-i} + \sum_{i=1}^{k} \Gamma_i^{12} \Delta S_{t-i} + X_{1,t}$$

$$\Delta S_t = C_2 + T_2 Z_{t-1} + \sum_{i=1}^{k} \Gamma_i^{21} \Delta F_{t-i} + \sum_{i=1}^{k} \Gamma_i^{22} \Delta S_{t-i} + X_{2,t}$$

式中，Z_{t-1} 是误差修正项，$X_{1,t}$ 和 $X_{2,t}$ 是残差项，C_1 和 C_2 是常数项，T_1 和 T_2 是误差修正项的调整系数，Γ_i^{11}、Γ_i^{12}、Γ_i^{21}、Γ_i^{22} 是短期调整系数，k 是滞后阶数，Δ 是对变量的一阶差分符号。

短期上，如果第一个式子中，ΔS_{t-i} 的系数显著不全为零，就说明 S_t 是 F_t 的格兰杰原因；反之，如果第二个式子中，ΔF_{t-i} 的系数显著不全为零，就说明 F_t 是 S_t 的格兰杰原因。

长期上，如果误差修正项的调整系数 T_1 相对较小，那么期货价格回复到均衡状态的速度就相对较慢，从第一个式子可以看出，期货价格回复到均衡状态主要是通过现货价格的调整来完成的；反之，如果误差修正项的调整系数 T_2 相对较小，那么现货价格回复到均衡状态的速度就相对较慢，从第二个式子可以看出，现货价格回复到均衡状态主要是通过期货价格的调整来完成的。

（2）价格发现的度量

在向量误差修正模型基础上进行公共因子分析，除了能够明确哪个市场具有引导作用，还能够从数量上确认每个市场的价格发现优势。本节采取了两种公共因子分析的方法：共因子模型和信息份额模型。其中，共因子模型定义“市场对价格发现的贡献度”为误差修正系数的函数，关注的是公共因子和误差修正过程。而信息份额模型定义“价格发现”为新息冲击对公共因子产生的方差，关注的是期货市场与现货市场对此方差的相对贡献大小。

Gonzalo 和 Granger（1995）提出了公共因子模型，他们分解了公共因子 f_t，令 $f_t = ZY_t$，其中 $Z = Z\ (Z_1,\ Z_2)'$为公共因子系数向量，且 $Z_1 + Z_2 = 1$，Z_t 刻画的是市场 i 对价格发现的贡献度。因为 Z 与向量误差修正模型中误差修正系数向量 $T = (T_1,\ T_2)'$相互正交，所以公共因子系数向量 $Z = (Z_1,\ Z_2) = \left(\frac{T_2}{T_2 - T_1},\ \frac{-T_1}{T_2 - T_1}\right)$。

Hasbrouck（1995）提出的信息份额模型，对向量误差模型进行了变换，$Y_t = Jh\sum_{k=1}^{t} X_k + H^*(L)X_t$，式中，$Y_t = (F_t,\ S_t)'$为 2×1 的列向量，$J = (1,\ 1)'$为 2×1的单位列向量，$\Phi^*(L)$ 为带滞后算子的矩阵多项式，$X_t = (X_{1,t},\ X_{2,t})'$。增量 hX_t 是由于新息引起价格变动的长期作用部分，其方差为 $VAR(hX_t) = hCh^T$，C 为残差 $X_t = (X_{1,t},\ X_{2,t})'$的方差—协方差矩阵，即

$$\begin{bmatrix} e_1 & de_1e_2 \\ de_1e_2 & e_2^2 \end{bmatrix}$$

本节的期货价格的变动与现货价格的变动并非相互独立，因此残差序列 $X_{1,t}$ 和 $X_{2,t}$同步相关，对矩阵 C 进行 Cholesky 分解，即 $C = MM'$，其中 M 为下三角矩阵。在信息份额模型中，市场 i 所占的信息份额 S_i 即为市场 i 在方差 $VAR(hX_t) = hCh^T$ 中的比重，$S_i = \frac{([hM]_j)^2}{hCh'}$，式中，$[hM]_j$ 为行矩阵 hM 的第 j 元素。该分解的结果会由于变量顺序的变化而变化，因此，通过变换变量顺序，即可获得每个市场信息份额的上限和下限。再根据 Baillie（2002）的研究，可以得到期货市

场份额的上限和下限。

$$IS_F^U = \frac{(T_2e_1 - T_1de_2)^2}{T_2^2e_1^2 - 2T_1T_2de_1e_2 + T_1^2e_2^2}$$

$$IS_F^L = \frac{T_2{}^2e_1{}^2(1 - d^2)}{T_1^2e_2^2 - 2T_1T_2de_1e_2 + T_2^2e_1^2}$$

式中，IS_F^U 和 IS_F^L 分别为期货市场信息份额的上限和下限。用同样的方法也可以获得现货市场份额的上限和下限。

采用该方法来估计价格发现功能的原理在于，如果一个市场吸收了更多的信息，那么所占的信息份额上下限均值也就越大。

（3）波动溢出模型

波动溢出，即信息在市场之间传递时，对市场波动性的影响。本节采用 BEKK－GARCH 模型来研究沪深 300 股指期货和现货市场的波动溢出效应。一般来说，可以分两步对 VECM 模型和 GARCH 模型分别估计，或者直接进行一次联合估计，但这两种方法是渐进等价的。下式即为 GARCH 模型：

$$Garch = M + A1. \times Resid(-1) \times Resid(-1)' \times A1 + B1. \times Garch(-1) \times B1$$

根据模型的含义，如果方程中的 ARCH 和 GARCH 项系数显著异于 0，尤其是矩阵对角元素，就可以证明股指期货或者现货市场的自身波动具有相关性，前期波动往往影响着下一期的波动，即股指期货和现货市场的波动聚集特征显著。

2. 数据来源与处理

样本数据为 2010 年 4 月 16 日至 2014 年 10 月 17 日期间，共 1091 个交易日数据。本节将沪深 300 指数日交易收盘价数据作为现货价格。对于期货价格选择，股指期货交易合约有 4 张，即当月、下月及随后两个季月。由于当月合约存在到期日效应，此外为研究需要，克服期货价格不连续的缺点，必须产生连续的期货价格，本节按照以下方法构造连续期货合约序列：选取下月期货合约的价格，在下月期货合约进入交割月后，选择下一个下月期货合约的价格，以此类推，得到连续的期货价格序列。数据均来源于 Wind 资讯，计量分析软件为 Eviews 7.2。

为消除时间序列可能存在的异方差，分别对现货价格序列和期货价格序列取自然对数相减得到价格收益率。记原始现货取对数后相减得到的价格收益率为 S1，记原始期货取对数后相减得到的价格收益率为 F2，S 为原始现货数据，F 为原始期货数据。

下面是对 S1 和 F1 的样本描述：

表 4.15　　样本数据的描述统计

	Mean	Median	Maximum	Minimum	Std. Dev.	Skewness	Kurtosis	JB	Probability	Sum	SumSq. Dev.
S1	-0.000292	-0.00035	0.049256	-0.065157	0.013439	-0.173403	5.065447	199.2131	0.000000	-0.318141	0.196669
F1	-0.000314	-0.000729	0.062752	-0.072876	0.014078	-0.015071	6.011556	411.9464	0.000000	-0.342137	0.215839

注：JB 统计量为 Jarque - Bera 正态性检验统计量，JB = T［S2 + （K - 3）2/4］/6，其中 S 为偏度，K 为峰度，T 为样本个数。

从表 4.15 可以看出，从标准差来比较，期货市场的波动与现货市场的波动剧烈程度类似。从序列的偏度、峰度以及 JB 统计量来看，现、期货价格收益率序列均不服从正态分布，呈现一般金融时间序列所具有的尖峰厚尾特征。

3. 实证结果及分析

（1）协整关系检验

在进行协整关系检验之前，必须先检验时间序列的平稳性，即检验序列是否服从单位根过程。本节采用常用的单位根检验方法——ADF 检验。

表 4.16　　单位根 ADF 检验结果

变量	检验类型	ADF 值	1% 临界值	结论
S1	（c，0，0）	-33.2462	-3.43614	稳定
F1	（c，0，0）	-34.3722	-3.43614	稳定
et	（c，0，0）	-5.14404	-3.43615	稳定

在表 4.16 中，ADF 检验值的检定结果表明，在 1% 的显著水平下，两个价格序列一阶差分后所对应的序列 S1 和 F1 均为平稳序列。因此，现货价格序列和期货价格序列都是一阶单整过程，即 S ~ I（1），F ~ I（1）。对于两组或两组以上存在单位根的变量序列，如果它们的线性组合是平稳的，则表明这些变量序列之间存在协整关系。本节应用 Engle 和 Granger（1987）提出的两步法（回归残差法）进行序列 S 和序列 F 之间协整关系检验，即首先以 F 为因变量、S 为自变量建立线性回归方程，再对回归的残差序列 et 进行单位根检验，如果残差序列 et 为平稳序列，则 S 和 F 具有协整关系。从表 2 的检验结果可以看出，残差序列 et 在 1% 的显著性水平下是平稳的，因而 St 与 Ft 之间具有协整关系。

（2）价格发现功能的实证检验

根据上文模型，我们首先需要确定最佳的滞后阶数。在此，我们主要参照了 LR 统计量、AIC 信息准则、SC 信息准则与 HQ 信息准则四个指标，在之后阶数为 1 时四项指标的数值如下，结合 5% 的置信水平，我们认为 1 阶是比较理想的滞后阶数。

表 4.17　　滞后 1 阶时的信息准则指标

Log likelihood	4506.534	Akaike info criterion	−8.282491
Schwarz criterion	−8.259533	Hannan − Quinn criter.	−8.273801

在确定之后阶数后，我们使用 Vector Error Correction 模型对时间序列数据$\{\Delta S_t\}$与$\{\Delta F_t\}$进行分析，得到结果如表 4.18。

表 4.18　　误差修正模型（VEC 模型）的估计结果

	C	Z_{t-1}（T_i）	ΔS_{t-1}	ΔF_{t-1}
ΔS_t	−0.000342 (0.00041)	0.045234* (0.05604)	−0.238075 (0.10616)	0.223477** (0.10110)
ΔF_t	−0.000297 (0.00044)	−0.055201* (0.05899)	0.111440* (0.11175)	−0.141766* (0.10642)

注：括号中为标准差，* 为 10% 的显著水平内显著，** 为 5% 的显著水平内显著。

从 VEC 模型来看，首先，调整系数 T_1 和 T_2 在 10% 的置信水平上显著，说明误差修正项对于期货价格与现货价格均具有解释能力。因此，如果系统偏离了均衡状态，那么误差修正项会对下一期的价格有直接的影响。

具体分析这种影响的类型，我们可以由 T_1 和 T_2 的正负性得出结论。对于现货序列$\{\Delta S_t\}$，T_i 的符号为正，说明误差修正对于现货价格的变动具有正向调节作用。对于期货序列$\{\Delta F_t\}$，T_i 的符号为负，说明误差修正对于现货价格的变动具有负向调节作用。

从经济学含义来看，这种现象可以解释为：对于期货市场而言，在偏离均衡的状态下，由于误差修正项为负，说明期货价格相对于现货价格偏低，则下一期的现货价格将下降，而期货价格将上升。

另一方面，从绝对值的大小关系来看，由于期货市场对应的 T_i 的绝对值更高，说明期货市场比现货市场对于非均衡状态的反应更敏感。根据 Gonzalo 与 Granger（1995）的解释，这种结果说明期货价格的变化受制于现货价格的变化，即现货市场在价格发现中贡献度要比期货市场大。

最后，本节从 Granger Test 的角度对于现货价格与期货价格之间的相关关系作出检验。Granger Test 的结果表现为表 4.19。

表 4.19　　Granger Test 结果

Null Hypothesis	Obs	F − Statistic	Prob.
F does not Granger Cause S	1027	3.89817	0.0206
S does not Granger Cause F		1.44431	0.2364

Granger Test 的结果表明：对于第一个原假设，即期货是现货的 Granger 原因，应当予以拒绝。而对于第二个假设，即现货是期货的 Granger 原因，则在 10%的置信水平下亦不能拒绝。综上所述，我们可以认为，现货价格对于期货价格有引导的作用，而反之，期货价格对于现货价格的引导作用则并不能予以证明。

通过以上的分析，我们得出了初步的现货价格与期货价格时间序列之间的相关关系。但是，对于这种关系的强弱程度以及随时间变化的趋势，尚且没有详细的分析。为了进一步了解这一关系，我们将使用脉冲响应函数来进行进一步的研究。

在脉冲响应分析中，我们分别假设在 VEC 模型的残差项中有一个初始的、标准误差的冲击，然后分析这一影响对于之后若干期的现货价格与期货价格序列分别有怎样的影响，这一影响的大小分别是怎么随时间变化的。

本节建立的脉冲响应函数表现如图 4. 25。

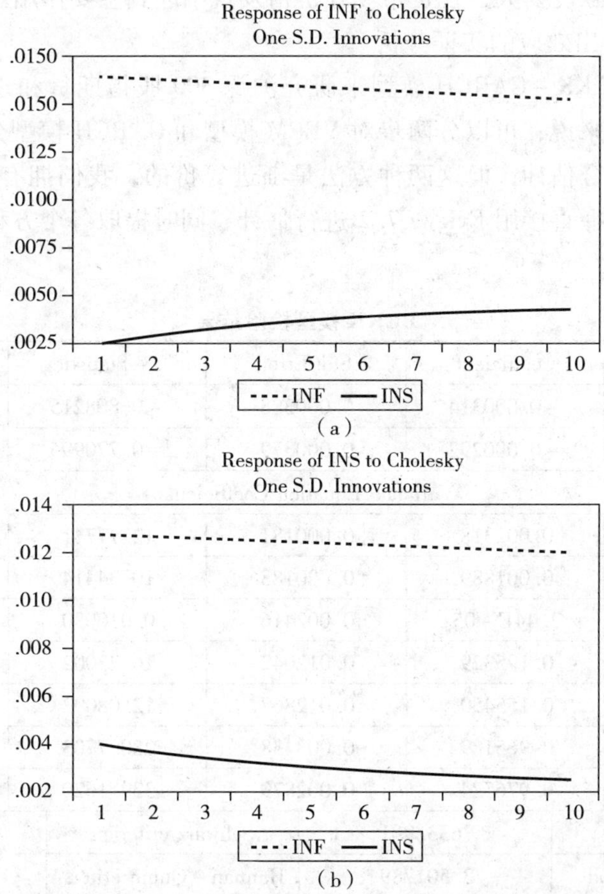

图 4. 25　期货价格与现货价格的脉冲响应图

图4.25（a）表现的是现货价格受到期货价格冲击的脉冲响应。图4.25（b）表现的是期货价格受到现货价格冲击的脉冲响应。对比两图可以发现，对于期货价格的一个标准误差冲击，现货价格在1天之后开始出现反应，这种反应随着时间增加缓慢上升，最终维持在0.2%左右。对于现货价格的一个标准误差冲击，期货价格在第一天就出现了比较大的价格反应，其反应大约为1.3%，并且在之后缓慢下降，最终维持在1.2%以上。

因此，我们可以认为，现货价格对于期货价格的影响，要远远强烈于期货价格对于现货价格的影响。期货价格应对现货变动更加敏感、强烈，而现货价格的变动受到自己的影响要比期货价格的影响更大。这种现象也从一个侧面反映了现货价格在价格发现中的主导地位。

综合以上的模型分析，我们得出了相对一致的结论，即现货市场比期货市场对价格发现的贡献度要大，现货市场在价格发现中起到主要作用。

（3）波动溢出效应的实证分析

我们采用BEKK－GARCH模型来研究沪深300股指期货和现货市场的波动溢出效应。一般来说，可以分两步对VECM模型和GARCH模型分别估计，或者直接进行一次联合估计，但这两种方法是渐进等价的，我们拥有大约1000个样本数据，因此选择直接用Eviews 7.2进行估计，同时提取各个方程的残差，运行结果如表4.20。

表4.20　　BEKK模型检验结果

	Coefficient	Std. Error	z－Statistic	Prob.
C（1）	－0.000314	0.000388	－0.808215	0.4190
C（2）	－0.000292	0.000379	－0.770995	0.4407
Variance Equation Coefficients				
C（3）	0.002318	0.000181	12.77741	0.0000
C（4）	0.001889	0.000183	10.34414	0.0000
C（5）	2.44E－05	0.002416	0.010080	0.9920
C（6）	0.195329	0.012042	16.22002	0.0000
C（7）	0.155450	0.012867	12.08092	0.0000
C（8）	0.965189	0.003438	280.7703	0.0000
C（9）	0.976524	0.002879	339.1620	0.0000

Log likelihood	7633.901	Schwarz criterion	－13.94941
Avg. log likelihood	3.501789	Hannan－Quinn criter.	－13.97504
Akaike info criterion	－13.9906		

续表

Covariance specification: Diagonal BEKK GARCH = M + A1 * RESID (-1) * RESID (-1)' * A1 + B1 * GARCH (-1) * B1 M is a full rank matrix A1 is a diagonal matrix B1 is a diagonal matrix				
Transformed Variance Coefficients				
	Coefficient	Std. Error	z - Statistic	Prob.
M (1, 1)	5.38E-06	8.41E-07	6.388706	0.0000
M (1, 2)	4.38E-06	7.47E-07	5.865828	0.0000
M (2, 2)	3.57E-06	7.57E-07	4.713358	0.0000
A1 (1, 1)	0.195329	0.012042	16.22002	0.0000
A1 (2, 2)	0.155450	0.012867	12.08092	0.0000
B1 (1, 1)	0.965189	0.003438	280.7703	0.0000
B1 (2, 2)	0.976524	0.002879	339.1620	0.0000

由表4.26分析可知，我们对期货和现货市场进行BEKK－GARCH检验时，模型中的系数矩阵的元素对应如下，得到：

$$C=\begin{pmatrix} c(3) & \\ c(4) & c(5) \end{pmatrix}$$

$$A=\begin{pmatrix} c(6) & \\ & c(7) \end{pmatrix}$$

$$B=\begin{pmatrix} c(8) & \\ & c(9) \end{pmatrix}$$

可以发现，因为c（6）、c（7）在1%水平下显著，所以说明沪深300股指现货和期货市场的短期波动受到自身新信息的影响显著；另外，由于c（8）、c（9）均在1%水平下显著，说明现货和期货市场的长期波动具有持久性。

同时，从结果的方差方程来看，方程中的ARCH和GARCH项系数显著异于0，尤其是矩阵对角元素，更加证明了自身波动具有相关性，前期波动往往影响着下一期的波动，股指期货和现货市场的波动聚集特征显著。另外，从分析结果看来，股指期货和现货市场的当期波动也有极大可能受到对方市场前期波动的影响，但由于Eviews技术限制，我们对股指现货和期货市场之间的波动溢出程度还无法精确度量，这也是下一阶段值得改进的地方。

四、总结

本节以沪深300指数期货仿真交易和沪深300指数的日度收盘价数据为研究对象，对指数期货市场与现货市场之间的价格发现功能和波动溢出效应进行了研究，探讨了股指期货市场与现货市场间存在的交互作用。得出的结论与启示为：①从长期来看现货价格回复到均衡状态主要是通过期货价格的调整来完成的，指数期货价格和现货价格之间存在长期的协整关系和短期的双向Granger因果关系，这一结论表明，中国沪深300股指期货合约交易规则和制度设计基本上是有效的，投资者可以在期货市场和现货市场实施反向操作，进行套期保值和套利活动，实现风险转移和分散。②现货价格对于期货价格的影响，要远远强烈与期货价格对于现货价格的影响。期货价格应对现货变动更加敏感、强烈，而现货价格的变动受到自已的影响要比期货价格的影响更大。这种现象也从一个侧面反映了现货价格在价格发现中的主导地位。现货市场比期货市场对价格发现的贡献度要大，现货市场在价格发现中起到主要作用。③误差修正项对于期货市场以及现货市场的条件均值和条件方差都具有很好的解释作用。在建立套期保值统计模型时，期货市场与现货市场之间任何协整关系的忽略都会对套期保值比率以及套期保值绩效产生很大的影响。因此，在进行动态套期保值时，若考虑误差修正项对条件方差的影响，可能会有利于增强套期保值效果。④从目前实证结果来看，方程中系数显著异于0，尤其是矩阵对角元素，验证了自身波动具有相关性，前期波动往往影响着下一期的波动，股指期货和现货市场的波动聚集特征显著。另外，从分析结果看来，股指期货和现货市场的当期波动也有极大可能受到对方市场前期波动的影响。这一结论与理论上期货更加具有价格发现效率是不同的，这可能与仿真交易的“虚拟”性所导致的无法真正进行套期保值、投机和套利活动有关，仿真交易者类型不同、资金真实性不同、交易心理不同、交易策略不同，以及参与的交易者不必承受相应真实交易带来的损失，进而引起仿真交易股指期货价格发现效率低下。期货市场价格发现功能的强弱直接反映了市场结构的完备程度和市场的有效性，要使股指期货发挥其价格发现主导功能，前提是股指期货市场要具有一定的市场深度和广度，这在监管当局进行市场微观结构层面的规则制订时所必须要考虑的，为此，需要进一步建立健全中国证券市场法律法规以及交易制度，为股指期货的推行创造良好的环境。

本章小结

1. 期权包括看涨期权和看跌期权、欧式期权和美式期权、期权的交易策略包括单一期权与股票交易的策略、价差策略、组合策略。

2. 期权平价定理将看跌期权与看涨期权联系在一起。如果违背平价关系，就会出现套利机会。平价关系为

$$c + Ke^{-rT} = p + S_0$$

3. 影响期权价值的因素至少有六个：股票价格、执行价格、股票价格的波动性、到期期限、利率和股票的股息率。

4. 对于期权期限内股票价格服从单步二叉树的情形，可以构造一个由期权与股票所构成的无风险交易组合，在无套利的前提下对于期权进行定价。并且可以推导出多步的二叉树欧式期权和美式期权定价。

5. 假设股票价格的随机过程服从几何布朗运动，通过伊藤引理推出B－S微分方程。

6. B－S－M模型是对股票期权进行定价的一种方法，欧式期权中，

$$c = S_0N(d_1) - Ke^{-rT}N(d_2)$$

$$p = Ke^{-rT}N(-d_2) - S_0N(-d_1)$$

式中，$d_1 = \frac{\ln(S_0/K) + (r+\sigma^2/2)T}{\sigma\sqrt{T}}$，$d_2 = \frac{\ln(S_0/K) + (r-\sigma^2/2)T}{\sigma\sqrt{T}} = d_1 - \sigma\sqrt{T}$。

7. 中国正在酝酿推出期权交易。

8. 远期合约是一种比较简单的衍生产品，它是在将来某一指定时刻约定价格买入或卖出某一产品合约。期货合约也是在将来某一时间以约定的价格买入或卖出一些数量的资产的合约。

9. 每日结算与保证金的运作是交易所避免违约的产生的有效机制。场外市场通过设定抵押品策略来模仿保证金系统。

10. 很多期货市场投资者进入期货市场是为了利用期货市场来对自己持有的资产进行对冲，风险来源可能是原油价格、汇率、股票价格或者其他变量。完美对冲是指完全消除风险的策略。在大多数情况下，选取期货对冲是指找出一种对冲方式使对冲尽可能接近完美。

11. 长期国债期货交割可用多种债券，转换因子定义了空头方的债券交割价格。短头寸方从这些债券中可以选出最便宜交割债券于交割。

12. 中国有上海期货交易所、郑州商品交易所、大连商品交易所、中国金融期货交易所四家期货交易所。

13. 互换合约是指两个公司之间达成的在将来互换现金流的合约，在合约中，双方约定现金流的互换时间及现金流的计算方法。利用互换可以转变资产和

负债的性态。

14. 可以通过债券价格来计算利率互换与货币互换的价格，同时也可以利用FRA对互换进行定价。

重要术语

看涨期权　看跌期权　欧式期权　美式期权　执行价格　实值保护性看跌期权　虚值抛补的看涨期权　看跌期权与看涨期权平价定理　内在价值　二叉树模型　伊藤引理　布雷克—斯科尔斯模型　远期合约　期货合约　保证金制度　盯市价差　期货—现货平价定理　股指期货　利率期货　转换因子　最便宜交割债券　LIBOR零息收益率　互换合约　利率互换　货币互换

思考与练习题

1. 某一个交易员买入一个看涨期权和一个看跌期权，看涨期权的执行价格为50元，看跌期权的执行价格为40元，两个期权的期限是相同的，看涨期权的价格为4元，看跌期权的价格为6元，画出交易员盈利与资产价格的关系图。

2. 一个无股息看涨期权的期限是3个月，执行价格为30元，股票的现在价格是33元，无风险利率是每年6%，期权的下限是多少？

3. 一个无股息的股票的价格是20元，这一股票的一个6个月的欧式看涨期权的执行价格是23元，期权的价格是2元，无风险利率是6%，这个股票上6个月看跌期权执行价格为23元的价格是多少？

4. 假设c_1、c_2、c_3分别代表执行价格为K_1、K_2、K_3的欧式看涨期权的价格，这里的执行价格满足$K_3>K_2>K_1$和$K_3-K_2=K_2-K_1$。所有期权具有相同的期限，证明

$$c_2 \leqslant 0.5\ (c_1+c_3)$$

提示：考虑以下交易组合，一个执行价格为K_1的期权的多头，一个执行价格为K_3期权的多头，以及两个执行价格为K_2的期权空头。

5. 画出以下几种投资者的交易组合与股票价格之间的盈亏关系图。

（1）持有一只股票并持有一个看涨期权的空头。

（2）持有两只股票并持有一个看涨期权的空头。

（3）持有一只股票并持有两个看涨期权的空头。

（4）持有一只股票并持有四个看涨期权的空头。

6. 股票价格当前为40元，已知在2个月后这一只股票的价格将变为43元或37元，无风险利率为每年6%（连续复利），执行价格为41元，求此看涨期权的

价格是多少？

7. 某一只股票的当前价格是40元，已知在3个月后股票价格变为45或35元，无风险利率为每年6%（连续复利），计算执行价格为40元，期限为3个月的欧式看涨期权价格，验证由无套利理论及风险中性定价给出的价格相等。

8. 一只股票的当前价格为25元，已知在两个月后股票价格变为23元或27元，无风险利率为每年6%（连续复利），假定S_T为股票在两个月后的价格，对于这一股票的某衍生品在两个月后收益为S_T^2，此衍生品的价格是多少？

9. 股票A和B均服从几何布朗运动，在任何段时间内两者的变化相互无关，由一只股票A和股票B所组成的证券组合的价值是否符合几何布朗运动？

10. 假定股票价格S服从几何布朗运动

$$dS = \mu Sdt + \sigma Sdz$$

变量S^n服从什么过程？求证S^n也服从几何布朗运动。

11. 假定股票价格S服从几何布朗运动

$$dS = \mu Sdt + \sigma Sdz$$

以下变量都服从什么过程？

（1）$y = 2S$。

（2）$y = S^2$。

（3）$y = e^S$。

（4）$y = e^{r(T-t)}/S$。

对于每一种情形，将dt和dz系数用y而不是用S表达。

12. 证明由布雷克—斯科尔斯—默顿给出的期权定价公式满足看跌—看涨平价关系式。

13. 考虑一个无股息股票上的期权，股票价格为30元，执行价格为29元，无风险利率为年率6%，波动率为年率25%，期权期限为4个月。

（1）如果期权是欧式看涨期权，其价格是多少？

（2）如果期权是欧式看跌期权，其价格是多少？

（3）验证看涨—看跌期权平价公式。

14. 某投资者进入一个远期合约的空头，在该合约中投资者能够以1.4的汇率（美元/英镑）卖出100000英镑。当远期合约到期时汇率为1.38和1.41时投资者的损益是多少？

15. 假如你拥有5000股股票，每股价格25元，如何采用一个看跌期权而使得将来3个月内你的投资价值得到保护？

16. 一名资产组合经理怎样使用金融期货来规避下列情况下的风险？

（1）你有一个相对流动性较差的并准备出售的债券大头寸。

（2）你从你持有的一种国债获得一大笔收益，并想将该国债售出，但你却想将这笔收益延迟到下个纳税年度。

（3）你将在下个月收到你的年终奖金，你想将它投资于长期公司债券。你认为现在出售的公司债券的收益相当吸引入，但你很担心此后几周内债券的价格可能会上升。

17. 如果在交割区间期货价格大于即期价格，证明有套利机会。如果期货价格小于即期价格，套利机会还在吗？

18. 什么是完美对冲？一个完美对冲的后果一定好过不完美对冲吗？

19. 假定今天是7月16日，一家公司持有价值1亿美元的股票组合，此股票组合的Beta系数为1.2，这家公司希望采用CME在12月份到期的S&P500股指期货在7月16日至11月16日之间将Beta系数由1.2变为0.5。S&P500股指当前价值是1000，而每一份期货合约面值为250美元与股指的乘积。

（1）公司应做怎样的交易？

（2）假如公司改变初衷而想将投资组合的Beta值由1.2增加到1.5，公司应持有什么样的头寸？

20. 考虑同一股票的期货合约、看涨期权和看跌期权交易，该股票无红利支付。三种合约到期日均为T，期权执行价格都为X，期货价格为F。证明如果X=F，则看涨期权价格等于看跌期权价格。利用平价条件来证明。

21. 现在是1月份，现行利率为5%，7月份基金期货价格为346.30美元，而12月份期货价格为360美元。是否存在套利机会？如果存在，你怎样操作？

22. 考虑标准普尔500指期合约，六个月后到期。利率为每六个月3%，红利在未来6个月后价值预期为10美元。指数现行水平为950点，假定你可以卖空标准普尔指数。

（1）假定市场的期望收益率为每6个月6%，6个月后预期的指数水平是多少？

（2）理论上标准普尔500 6个月期货合约的无套利定价是多少？

（3）假定期货价格为948点，是否有套利机会？如果有，怎样套利？

23. 无风险利率为每年7%（连续复利），股指的股息收益率为每年3.2%，股指的当前价格为150。6个月的远期价格是多少？

24. 指数为1200，3个月期的无风险利率为每年3%，接下来的3个月的股息收益率为每年1.2%；6个月的无风险利率为每年3.5%，接下来的6个月的股息收益率为每年1%。估计3个月和6个月期限的指数期货价格（假定连续复利）。

25. 假定现在是2014年1月9日。一个券息为12%，并在2021年10月12日到期的美国国债期货的价格为102－07，其现金价格是多少？

26. 假定现在是2014年7月30日。在2014年9月到期的国库券期货所对应的最便宜交割债券的券息率为13%，预计交割时间为2014年9月30日，债券券息的支付时间为每年2月4日和8月4日。期限结构为水平，每半年复利一次的利率为每年12%。这一债券的转换因子是1.5，债券的当前价格是110美元。计算这一期货的报价。

27. 公司A和B可以按下表所示的利率借入2000万美元的5年期贷款。

	固定利率	浮动利率
公司A	5.0%	LIBOR+0.1%
公司B	6.4%	LIBOR+0.6%

公司A想得到浮动利息贷款，公司B想得到固定利息贷款，设计一个互换。再加入一个中介结构，其中中介机构要求净收益0.1%。

28. 公司A希望借入美元和B希望借入日元。借入的资金经即期汇率转换后基本相等。

	日元	美元
公司A	5.0%	9.6%
公司B	6.5%	10.0%

设计一个互换。再加入一个中介结构，其中中介机构要求净收益0.1%。

29. 一个货币互换的剩余期限是15个月，这一互换将年率为10%、本金为2000万英镑的利息转换为年率6%，本金3000万美元的利息，英国及美元的期限结构均为水平。如果互换今天成交，互换中的美元利率为4%，英镑利率为7%，所有利率均为每年复利。当前即期汇率为1.85。对于支付英镑的一方而言，这一互换的价格是多少？

30. 一个面值为1亿美元的互换的剩余期限为10个月。根据互换条款，6个月期LIBOR利率与固定利率7%（每半年复利一次）在进行交换。对于所有期限的现金流互换，浮动利率为LIBOR，固定利率卖出买入价的平均值为5%（连续复利）。在2个月前，6个月期的LIBOR利率为4.6%。对于支付浮动利息方，这一互换的当前价格是多少？

第五章 投资组合与定价

哈里·马克维茨主要因其在1952年首次发表的一篇题为《资产组合选择》的文章而获诺贝尔经济学奖，以后他又将该论文扩充成一本书《资产组合选择：有效的分散化》（1959）。资产组合选择理论源于一种供投资经理们用的规范性理论，即财富在期望报酬和风险不同的资产中如何实现最优投资的理论。当然，投资经理们和学院经济学家们都明白必须同时考虑报酬和风险，即“所有鸡蛋不要放在同一个篮子里”。马克维茨的主要贡献是发展在一个不确定条件下选择资产组合的严格公式化的、操作性强的理论——这个理论进一步演变成研究金融经济学的基础。

马克维茨之所以荣获1990年诺贝尔经济学奖，是因为他“对现代金融经济学理论的开拓性研究，为投资者、股东及金融专家们提供了衡量不同金融资产投资的风险和收益的工具，以估计预测股票、债券等证券的价格”。马克维茨与另外两位获奖者的理论阐释了下述问题：在一个给定的证券投资总量中，如何使各种资产的风险与收益达到均衡；如何以这种风险和收益的均衡来决定证券的价格以及税率变动或企业破产等因素又怎样影响证券的价格。马克维茨的突出贡献是发展了资产选择理论。他于1952年发表的经典之作《资产选择》一文，将以往个别资产分析推进一个新阶段，他以资产组合为基础，配合投资者对风险的态度，进而进行资产选择的分析，由此产生了现代的有价证券投资理论。

马克维茨关于资产选择理论的分析方法，有助于投资者选择最有利的投资组合，使其投资报酬最高，而风险最小。

在有效市场假说产生和发展的同时，马克维茨于1952年把可能收益率的分布，以其方差为度量，来求得资产组合的风险。方差度量可能的收益率依赖于平均收益率的离散程度，离散程度越大，标准差就越高，意味着股票的风险越大。再结合奥斯本的期望收益率的概念，就可以得出在给定风险水平下投资者会要求得到期望收益率最高的资产组合。马克维茨的方法以“均值/方差有效性”知名，理性投资者将会选择其“有效边界”上的最优资产组合，即投资者是回避风险型的。

资料来源：1990年瑞典皇家科学院公告。

本章学习目标

1. 了解收益与风险的概念。

2. 掌握资产组合理论、因素模型、CAPM理论、APT模型的假设的形式和局限性。

3. 掌握将资产组合理论、因素模型、CAPM理论、APT模型用于投资组合实证分析的能力。

第一节　投资的收益与风险

随机观测和学术研究都表明，投资风险和投资的期望收益同等重要。投资者最主要的目的是获取最大化的收益，但收益与风险是证券投资中的一对最基本的矛盾。而期望收益和风险由于难以直接观测，使得这个问题更加复杂化。收益和风险是投资的核心要素，正确理解收益和风险的概念，并以较精确的方法对其进行衡量是投资分析和选择的重要前提。风险的存在可能导致使投资者的实际收益偏离其预期收益，因而投资者需要在收益与风险的矛盾中进行权衡。

一、收益与风险的内涵

1. 收益

从经济学上来讲，收益就是指经济主体在会计期间内，经济利益的增加，也即新创造的财富。其表现形式为因资产的流入或增加、负债的减少而导致的权益的增加。早在1776年，亚当·斯密在其名著《国富论》中首次将收益定义为“财富的增加”、“那部分不侵蚀资本的可予消费的数额”。

1890年，艾尔弗雷德·马歇尔在其著作《经济学原理》中首先将“财富的增加”这一概念引入企业，并进而提出了区分“实体资本”和“增值收益”这一重要的经济学思想。20世纪初，欧文·费雪进一步发展了收益理论，他在《资本与收益的性质》一书中提出：收益是补偿资本之后的一种增值。

1946年，希克斯在《价值与资本》一书中给收益下了一个至今在西方经济学中仍占重要地位的定义，他认为收益是指保持期末和期初同样富有的情况下，可能消费的最大金额。从整体上概括了传统意义上收益的含义。

1980 年，美国财务会计标准委员会提出了“全面收益”概念，并将其定义为：企业在报告期内，除与所有者之间的交换以外，由于其他一切原因导致的净资产的变动。从物质资本保全的观点出发，注重物质财富的增加，实现了对收益涵义的创新。会计学特别强调，收益不得来源于资本。

2. 风险

风险，既是自然现象，也是一个社会经济现象，它具有自然与社会两种属性，而且这两种属性对立统一，相互转化。在理论界，对风险的理解，国内外学者的阐述不尽一致，风险的有关理论主要包括：

（1）损失可能论

该理论从企业经营角度出发讨论风险与损失之间的内在联系，强调损失发生的可能性。

（2）损失不确定论

风险是损失的不确定性。该理论认为：不确定的程度可以用概率来描述，当概率在 0 到 0.5 时，随着概率的增加，不确定性也相应增加；当概率为 0.5 时，不确定性最大；当概率在 0.5 至 1 时，随着概率的增加，不确定性随之减少；当概率等于 0 或 1 时，不确定性转化为确定性。

（3）风险因素结合论

该理论将风险与人们的利益联系起来，认为风险是每个经济主体和风险因素的结合体。

（4）风险主观论

该理论强调“损失”与“不确定性”之间的关系。认为风险是主观的，个人和心理上的一种观念，并将风险界定为：“风险是与损失相关的不确定性。”

（5）风险客观论

该理论是以风险客观存在为前提，以风险事故的观察为基础，通过数学和统计学的观点加以定义，并认为风险可用客观尺度测度其大小，认为“风险是可测度的概率的大小”，即风险是客观的，可以通过概率进行测算。

（6）结果变动论

即在某个特定状态下和特定时间内可能发生的结果的变动。换言之，只要某项活动未来结果有两种或两种以上，就是风险，即未来的结果的不确定性。如果结果只有一种就不存在风险了。金融资产价格的波动，既有向上波动的不确定性，也有向下波动的不确定性。但是一般不将价格向下波动看作是风险。

对于风险的内涵，学术界虽然有不同的理论，但这些理论都是从一个方面对风险进行界定。如果单从某一理论就给风险下一个明确的定义，难免有些欠妥。现今普遍的而又被大家接受的含义是：风险就是收入或本金的损失，或者预期收益的不能达到。具体到股票市场，即在一定的客观条件和一定的时间内，由于不确定因素的作用引起股票价格的变动，给投资者造成损失或收益的可能性以及损失或收益程度。正确理解风险的定义应明确以下几点。

第一，风险仅指不确定性。投资实际收益只要可能高于或低于预期值，即只要投资预期收益是不确定的，就称为风险。如果投资损失是可事先预料的，或者说是确定的，则不属于风险范畴。

第二，风险不仅指可能的损失，也包括可能的收益。有人把风险理解为发生损失的可能性，如所持股票跌价的可能性，但不包括股票涨价的可能性，然而在投资理论中，风险还包括可能的盈利。只有这样，才会有风险损失、风险利润等概念，才会有风险规避与风险偏好的划分。经济学中的风险指的是一种动态行为，即经济行为主体的双重影响方式，既有蒙受损失的可能性也有获取收益的可能性，并在此基础上相应调整经济运行中的各种利益关系，以寻求资源的有效配置。

第三，风险是一种机制，不仅仅是单纯的经济现象。也就是说，由于风险的客观性和不确定性，使经济运行中各经济系统可以形成自我约束、自我调节、自我平衡和自我发展的规则，从而促进经济的发展，并不是一种单纯的静态反映损失或收益的大小。

风险具有不确定性、普遍性、扩散性、突发性和负面性等特征。

不确定性是指投资者预期收益的不确定性，即对应于各种不同的经济状况有一系列的可能结果。人们都是尽可能地收集信息，并在此基础上进行科学的预测和分析，以把握好各种不同的不确定因素，尤其是对风险程度的分析，从而提高对将来损失或收益预期的准确性。

现实世界的变化是永恒的、普遍的，在通过价格配置资源的市场经济中，市场参与者面临的市场瞬息万变，由于信息的不对称性，任何人都不可能完全掌握市场的运动。因此，风险普遍存在，它不可能消除，只能积极防范和管理。

股票市场是资产市场的一个组成部分，同时又是整个社会金融活动的一个重要组成部分，股市各相关机构作为一种中介组织，是多边信用网络上的节点。所有这些机构的市场参与使原始的信用变成相互交织、相互联动的网络。市场活动不是完全的，其外部效应广泛存在。任何一个节点出现断裂都有可能产生连锁反应，引起其他节点的波动，使股票市场出现大的震荡，进而导致金融体系的局部甚至整体发生动荡或崩溃。

股票市场收益或损失的不确定性，不一定立即表现出现实的损失或收益。因此，各投资者往往存有侥幸心理，尽力掩盖风险，期待市场出现转机。加之金融机构的信用创造能力，掩盖了已经出现的损失和问题。如果股票市场风险不断积累，最终会以突发的形式表达出来。

虽然风险是指损失或收益的可能性，但人们较多关注的还是它的损失，即负面性，就是风险对个人、对社会产生的消极的、负面的影响。这种负面性是巨大的，一夜之间倾家荡产的投资者大有人在，一个国家经过金融风波之后也可能回到几十年前的发展水平，如东南亚金融风波期间，马来西亚就顷刻之间回到二十年前的发展水平。

二、收益与风险的度量

1. 相关概念及其计算方法

(1) 名义利率与实际利率

所谓名义利率，是央行或其他提供资金借贷的机构所公布的未调整通货膨胀因素的利率，即利息（报酬）的货币额与本金的货币额的比率。即指包括补偿通货膨胀（包括通货紧缩）风险的利率。

实际利率，指物价水平不变，从而货币购买力不变条件下的利息率。

因此，名义利率不能完全反映资金时间价值，实际利率才真实地反映了资金的时间价值。名义利率与实际利率有如下关系：设名义利率为 R，实际利率为 r，通胀率为 i，则 $1+R=(1+r)\times(1+i)$，即 1 + 名义利率 = （1 + 实际利率）×（1 + 通货膨胀率），一般简化为：名义利率 = 实际利率 + 通货膨胀率。

掌握上述名义利率与实际利率的关系，对于分析现实问题有帮助。如果银行一年期存款利率为 2%，而同期通胀率为 3%，则储户存入的资金实际购买力在贬值。因此，扣除通胀成分后的实际利率才更具有实际意义。仍以上例，实际利率为 $2\%-3\%=-1\%$，也就是说，存在银行里是亏钱的。在中国经济快速增长及通胀压力难以消化的长期格局下，很容易出现实际利率为负的情况，即便央行不断加息，也难以消除。所以，名义利率可能越来越高，但理性的人士仍不会将主要资产以现金方式在银行储蓄，只有实际利率也为正时，资金才会从消费和投资逐步回流到储蓄。

（2）单利与复利

单利和复利都是计息的方式。单利与复利的区别在于利息是否参与计息。单利计算方法下在到期时段内利息不参与计息；复利计算中利息按照约定的计息周期参与计息。

例如：一项存款为单利年利率为4.50%，数额为10000元，如果选择存两年，那么两年后应得的利息为：10000×4.5%×2=900（元）；如果该项存款为按年计复利，那么两年后应得的存款利息为：10000×4.5%+10000×4.5%+10000×4.5%×4.5%=920.25（元），最后一部分（10000×4.5%×4.5%）即为利息孳生的利息。

对于复利，简单来说就是利滚利。在极端情况下，本金在无限短的时间内按照复利计息。

假设目前名义年利率为r，e为自然常数，则在投资年限T年后，投资的终值：

$$F_v = C_0 \times e^{rt} \tag{5-1}$$

（3）风险与风险溢价

持有期收益率指投资者持有股票期间的股息或红利收入与买卖价差占股票买入价格的比率。股票没有到期日，投资者持有股票的时间短则几天，长则数年，持有期收益率就是反映投资者在一定的持有期内的全部股息收入和资本利得占投资本金的比率。持有期收益率是投资者最关心的指标，但如果要将它与债券收益率、银行利率等其他金融资产的收益率比较，须注意时间的可比性，可将持有期收益率化为年收益率。

持有期收益率是投资者投资于股票的综合收益率。

在市场经济中有四个决定收益率的因素：资本商品的生产率，即对煤矿、大坝、公路、桥梁、工厂、机器和存货的预期收益率；资本商品生产率的不确定程度；时间偏好，即人们对即期消费与未来消费的偏好；风险厌恶，即人们为减少风险暴露而愿意放弃的部分。其计算方法如下：

$$r = [D + (P_1 - P_0) / n] / P_0 \tag{5-2}$$

D是年现金股利额，P_0是股票买入价，P_1是股票卖出价，n是股票持有年数。

超额收益率是指超过正常（预期）收益率的收益率，它等于某日的收益率减去投资者（或市场）当日要求的正常（预期）收益率。

超额收益率是股票的实际收益率与其正常收益率的差，其中正常收益率是在该事件不发生时的预期收益率。这里我们采用上述的参数估计期数据来估计正常收益率，此处选用市场模型，其表述为：

$$R_{i,t}=\alpha_i+\beta_i R_{m,t}+\varepsilon_{i,t} \tag{5-3}$$

其中，$R_{i,t}$是股票 i 在 t 时期的实际收益率；$R_{m,t}$是市场在 t 时期的收益率，该收益选用天相流通指数来表示；$\varepsilon_{i,t}$为随机扰动项。

利用最小二乘估计法对上式进行回归，用估计期数据估计出参数，并假定其在事件期里保持不变，则事件的超额收益率：

$$AR_{i,t}=R_{i,t}-\alpha_i-\beta_i R_{i,m} \tag{5-4}$$

其中，$AR_{i,t}$为非正常收益，$R_{i,m}$为事件期 t 时期的天相流通指数（市场收益率），α_i 和 β_i 为市场模型估计出的参数值。

2. 单个资产的风险与收益的度量

一般来说，投资收益来源包括资产买卖差价、利息、股利等收入。

假设某投资者持有股票一段时间，其价格由 P_{t-1}变化到 P_t，在此期间投资者获得的现金股利收入为 D_t，那么该投资者单期的收益率 R_t可定义为：

$$R_i=\frac{D_t+(P_t-P_{t-1})}{P_{t-1}} \tag{5-5}$$

但由于风险资产的收益不能预先确知，投资者只能估计各种可能发生的结果以及每一结果发生的概率，因此，风险资产的收益率通常用统计学的期望值来表示（但在实际操作中，常采用实际收益率的均值来代替资产的预期收益）。

$$ER=\sum_{i=1}^{m}R_iP_i \tag{5-6}$$

其中，ER 为资产的预期收益；R_i为第 i 种可能状态下的收益；P_i为第 i 种可能状态发生的概率；m 为可能性的数目。

而对于风险，则一般用收益的方差或标准差来衡量，即采用资产预期收益的均方差来衡量资产风险，用以刻画资产价格变动偏离期望收益率的程度。

$$\sigma=\sqrt{\sum_{i=1}^{m}(R_i-ER)^2P_i} \tag{5-7}$$

3. 两种资产组合的风险与收益的度量

(1) 资产组合的预期收益

假定投资者仅持有两种资产 A 与 B，其投资比重（按市值计算）分别为 W_A 和 W_B，两种资产的预期收益为 ER_A和 ER_B，则投资组合的预期收益 ER_P为：

$$ER_P=W_AER_A+W_BER_B \tag{5-8}$$

投资组合的预期收益等于组合中各种资产的预期收益的加权平均数，各资产权重为其市场价值在组合市场价值中所占的比例。

（2）资产组合的风险

资产组合（两个或两个以上资产构成的组合）的风险不能简单地等于单个资产风险以其比重为权数的加权平均。因为各资产之间存在一定的相关性，各资产的价格或收益波动并不是完全独立的。根据统计学的基本原理，投资组合的风险为：

$$\sigma_P = \sqrt{W_A^2\sigma_B^2 + W_B^2\sigma_B^2 + 2W_A W_B \sigma_{AB}} \tag{5-9}$$

其中，σ_{AB}表示资产 A 与资产 B 之间收益变动的协方差。

由统计学知识可知：

$$\frac{\sigma_{AB}}{\sigma_A \sigma_B} = \rho_{AB} \tag{5-10}$$

等式右边即为资产 A 与资产 B 的相关系数，其值介于 -1 到 1 之间。因此可以得到：

$$\sigma_P \leqslant (W_A\sigma_A + W_B\sigma_B) \tag{5-11}$$

这说明简单的、未经过优化的资产组合确实能够降低风险，这是现代投资组合理论的主要贡献与主要观点。用方差衡量资产的收益率对其期望值的偏离程度，应当同时考虑收益率可能高于或者低于期望收益率这两种情况。而收益率高于期望收益率的情况对投资者是有利的。而投资组合理论则将这种情况作为对期望值的过大偏离剔除了，此为该理论的局限性。

（3）相关系数

当相关系数取值为 -1 时，表示资产 A 与资产 B 的收益变动完全负相关；当其取值为 1 时，表示资产 A 与资产 B 的收益变动完全正相关；当取值为 0 时，表示二者完全不相关。证券投资组合中只有将相关性不大的股票构成一个组合才可能避免因同涨同跌而带来的风险。如图 5.1 所示。

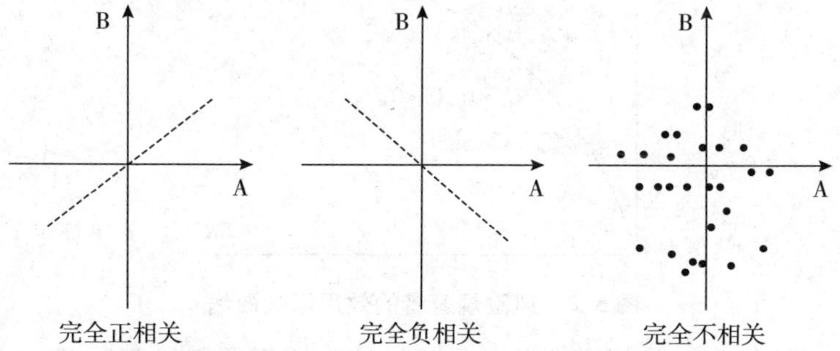

图 5.1　资产 A 与资产 B 变动的相关性

4. n种资产组合的风险与收益的度量

n种资产组合的收益为：

$$ER_P = \sum_{i=1}^{n} (W_i ER_i) \tag{5-12}$$

n种资产组合的风险为：

$$\sigma_P = \sqrt{\sum_{i=1}^{n} \sum_{j=1}^{n} (W_i W_j \sigma_{ij})} \tag{5-13}$$

其中，σ_{ij}为资产i和j的预期收益的协方差。

三、投资者对于风险的态度

根据对风险的态度，投资者分为风险规避者、风险偏好者、风险中性者。

1. 风险规避

风险规避是指投资者每承担一定的风险，就必然要求与其所承担的风险相应的收益来补偿。

投资或投资组合对投资者的效用可以表示为该投资或投资组合的预期收益率和风险的函数，即效用函数为：U = U（ER，σ），其中U，ER，σ分别表示投资或投资组合的效用，投资的预期收益率和风险水平。一般来说，

$$\frac{\partial U}{\partial ER} > 0; \frac{\partial U}{\partial \sigma} < 0$$

即收益给投资者带来正效用，而风险则带来负效用。如图5.2是风险规避者的效用函数曲线。

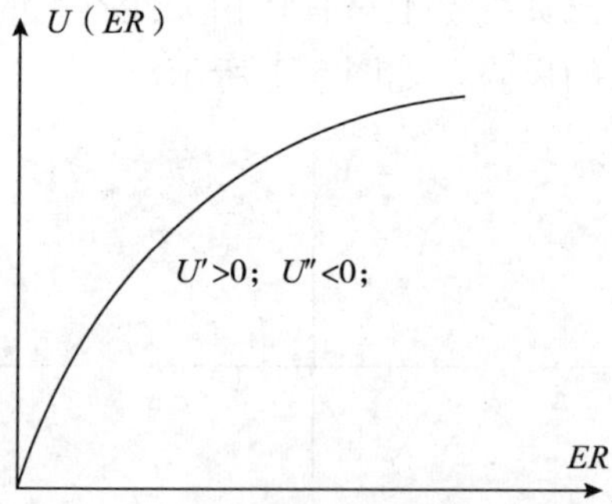

图5.2　风险规避者的效用函数曲线

值得注意的是，风险规避者并不是指经济主体不承担或不愿意承担风险，而是指投资者在不能获得足够的风险补偿的前提下会回避风险。换言之，在经济主体得到风险补偿的前提下，他是愿意承担风险的。

我们利用无差异曲线，以投资或投资组合的预期收益为纵坐标，以投资或投资组合的标准差为横坐标，我们可以得到风险规避者的无差异曲线，如图 5.3。风险厌恶程度高的投资者具有更为陡峭的无差异曲线（如图 5.3 中曲线 A），而风险厌恶程度较低的投资者，其无差异曲线则较为平缓（如图 5.3 中曲线 B）。

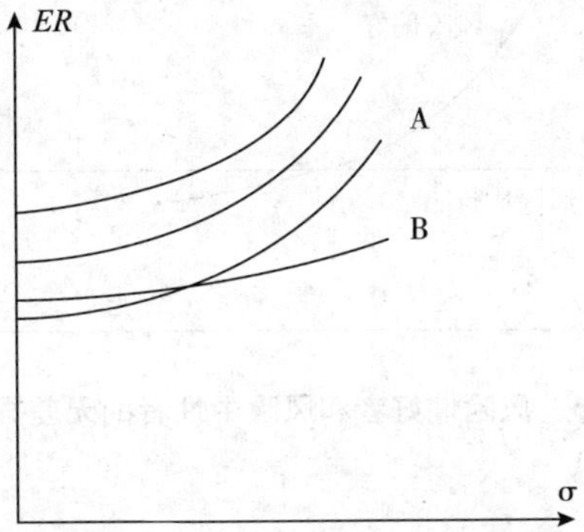

图 5.3　风险规避者的无差异曲线

2. 风险偏好

风险偏好的投资者不仅对投资的回报感兴趣，而且对投资的风险也感兴趣。因此，风险不仅不会给他带来效用水平的降低，反而会增进其效用水平。换言之，在一个确定性的收入与另一个具有风险的同等的预期收入之间，如果风险承担主体更愿意接受后者，那么他是风险偏好的。

3. 风险中性

风险中性表示投资者对一个确定性的收入与另一个具有风险的同等的预期收入水平之间的态度是无差异的。

图 5.4 是风险偏好者和风险中性者的效用函数曲线。

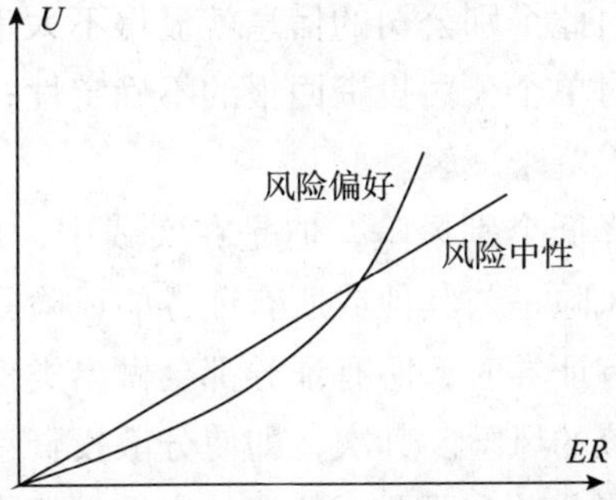

图 5.4　风险偏好者和风险中性者的效用函数曲线

图 5. 5 是风险偏好者和风险中性者的无差异曲线。

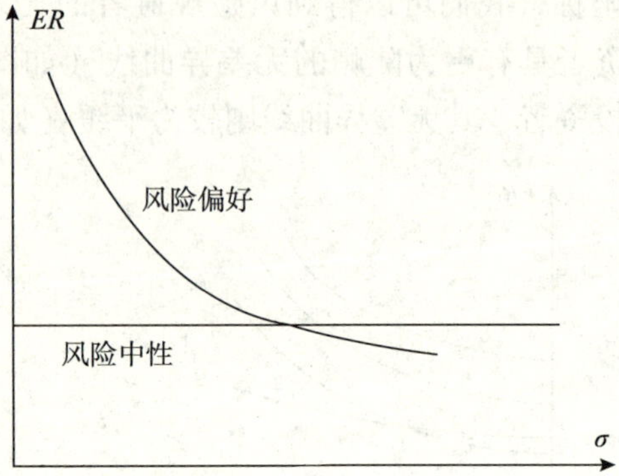

图 5. 5　风险偏好者和风险中性者的无差异曲线

第二节　资产组合理论

一、概述

所谓资产组合，就是指投资者将投资资金按照一定比例以组合投资的形式投资在不同的资产上。资产组合理论，就是讨论由多项资产构成的资产组合作为一个整体的风险与收益关系，以及投资者如何合理地选择自己的最佳投资组合等问题。

现代资产组合理论（Modern Portfolio Theory，MPT），也有人将其称为现代证券投资组合理论、证券组合理论或投资分散理论。现代资产组合理论的提出主要是针对化解投资风险的可能性。该理论认为，有些风险与其他证券无关，分散投资可以减少个别风险，由此个别公司的信息就显得不太重要。个别风险是指围绕着个别公司的风险，是对单个公司投资回报的不确定性；市场风险指整个经济所生的风险，无法由分散投资来减轻。

虽然分散投资可以降低个别风险，但是在实践中，风险分散并非完全有效。原因有三：首先，有些风险是与其他或所有证券的风险具有相关性，在风险以相似方式影响市场上的所有证券时，所有证券都会做出类似的反应，因此投资证券组合并不能规避整个系统的风险。其次，即使分散投资也未必是投资在数家不同公司的股票上，而是可能分散在股票、债券、房地产等多方面。再次，未必每位投资者都会采取分散投资的方式。

现代资产组合理论最初是由美国经济学家哈里·马科维茨（Markowits）于1952年创立的，他认为最佳投资组合应当是具有风险厌恶特征的投资者的无差异曲线和资产的有效边界线的交点。威廉·夏普（Sharpe）则在其基础上提出单指数模型，并提出以对角线模式来简化方差—协方差矩阵中的非对角线元素。他据此建立了资本资产定价模型（CAPM），指出无风险资产收益率与有效率风险资产组合收益率之间的连线代表了各种风险偏好的投资者组合。根据上述理论，投资者在追求收益和厌恶风险的驱动下，会根据组合风险收益的变化调整资产组合的构成，进而会影响到市场均衡价格的形成。

二、理论假设

资产组合理论基于下列假设：

①投资者全部是风险规避者，即投资者每承担一定的风险，就必然要求与其所承担的风险相应的收益来补偿。若以纵坐标表示资产或资产组合的预期收益ER，横坐标表示风险大小（用标准差衡量），则该投资者的无差异曲线为向右上方倾斜的二次曲线，即投资者的效用函数是冯·诺依曼—摩根斯坦二次型效用函数。

②投资者只进行单期投资决策，其投资决策只受当期因素的影响。并且投资者对其资产或资产组合的持有期完全相同，因而该理论实质上是一种静态的投资决策（单期随机现金流模型）。

③假设资产的收益和风险状况可以通过资产收益率的均值和方差反映。投资者通过资产收益率的均值和方差来选择投资，同一均值水平上方差小的投资优于方差大的投资（风险规避），同一方差水平上均值大的投资优于均值小的投资（非饱和性）。

④市场不存在不完全信息，所有的市场参与者均能免费获得同样的信息。投资者对市场上各种风险资产的预期收益率和风险大小以及各种资产之间的相关系数都有一致的认识，即齐性预期假设。

⑤不考虑税收、交易成本等因素，即市场环境是无摩擦的；允许风险资产的卖空交易（在马克维茨最初的研究中，他假定风险资产不允许卖空，后来布莱克引入了允许卖空假设）。

⑥不考虑无风险资产（所有的资产均为风险资产），投资者不可以按无风险利率水平进行资金的借贷。

三、主要思想

在上述假设及分析基础上，该理论认为，只要各资产之间的相关系数不为1，则投资者投资于多样化的风险资产就能够降低非系统风险。并且，我们可以逻辑地推理出，只要投资组合设计得足够好，那么投资组合不应该含有任何非系统性风险。

该理论一个隐含的推论就是，市场不对非系统风险进行风险补偿，而只对系统风险进行补偿。

下面我们来进行理论推导（考虑两资产，不允许卖空的情形）。

我们记：

ER_A，ER_B，ER_p：资产 A、资产 B 与投资组合的预期收益率；

σ_A，σ_B：资产 A、资产 B 及投资组合的均方差（表示风险）；

W_A，W_B：按市值计算的风险资产 A、资产 B 在最终投资组合中所占的权重。

设 V_p 为组合的市场价值，V_A，V_B 分别为资产 A、资产 B 的市场价值，显然有：

$$\sigma_p^2 = W_A^2\sigma_A^2 + W_B^2\sigma_B^2 + 2W_AW_B\rho\sigma_A\sigma_B \tag{5-14}$$

$$ER_p = W_AER_A + W_BER_B \tag{5-15}$$

$$W_A = \frac{V_A}{V_p},\ W_B = \frac{V_B}{V_p}$$

ρ 是风险资产 A、资产 B 的相关系数，且一定有 $|\rho| \leqslant 1$。

由于，

$$\sigma_p^2 = W_A^2\sigma_A^2 + (1-W_A)^2\sigma_B^2 + 2W_A(1-W_A)\rho\sigma_A\sigma_B;$$

因此，

$$[W_A\sigma_A - (1-W_A)\sigma_B]^2 \leqslant \sigma_p^2 \leqslant [W_A\sigma_A + (1-W_A)\sigma_B]^2$$

即风险资产组合的方差不大于风险资产方差的组合，因此，只要 $\rho \neq 1$（现实中确实不存在相关系数为 1 的两种资产）即有，

$$\sigma_p \leqslant W_A\sigma_A + (1-W_A)\sigma_B \tag{5-16}$$

因此，未经优化的投资组合确实能在不降低收益的前提下降低风险，这就是投资组合的风险分散化原理。我们在既定收益水平下求两证券组合的最小方差或标准差，从而可以求出包括有效投资组合前沿在内的最小方差集，它们是既定收益水平下的最小风险组合或风险既定下的最大收益组合。

现在，我们来介绍可行集、有效集与最优投资组合这几种在资产组合理论中极其重要的概念的内涵。

1. 可行集（feasible set）

又称可行区域（feasible region），指由 n 种证券所形成的所有投资组合的预期收益率与风险之间对应关系的集合，它包括了现实中所有风险资产可能的组合。

在多种证券组合或资产组合的风险—收益关系坐标平面中，n 种风险资产所构成的投资组合所带来的投资机会可能布满图 5.6 所示的整个深色区域，这一机会区域被称为在不存在风险资产卖空条件下的投资的可行集（一般而言，允许卖空条件下的可行区域包含不允许卖空条件下的可行区域，但是二者形状还是基本相同的）。现实中可行集的位置也许与图 5.6 所示有所出入，但是基本形状则大体一致。

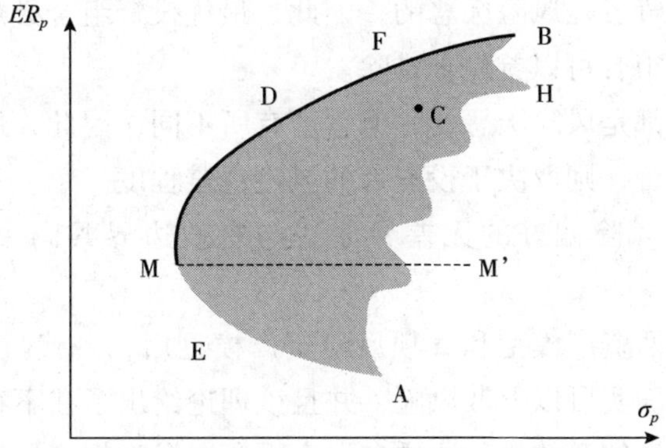

图 5.6　可行集与有效集

2. 有效集

对理性投资者而言，对于既定的风险水平，他们会选择最大的预期收益率（非饱和性，non - satiation），对于既定的收益水平则会选择最小的风险水平。因此，只有能同时满足这两个条件的投资组合的集合才成为有效集或有效边界（efficient set），而在有效边界上的点所代表的投资组合就称为有效投资组合（efficient portfolio）。

显然，有效集是可行集的一个子集，因此根据定义我们可以从可行集中确定有效集的大致位置。

首先考虑风险规避条件，位于 AMB 曲线右边任意一点的资产组合都并非最优，因为在曲线上总可以找到相应的某一点组合优于该点，如 C 点所代表的投资组合即次于 D 点所代表的投资组合。因此，对各种收益水平而言，能够提供最小风险的组合集是可行集中介于 A 和 B 点之间的左边边界上的组合集（即最小方差集，又称为投资组合的包络曲线，在图形上则表现为曲线 AEMDFB）。

再考虑第二个条件，要在风险水平既定的条件下，选择最大预期收益的组合，则此组合集是可行集中介于 A 和 H 之间的上方边界上的组合集（即 MBH）。在同时满足这两个条件时，我们发现只有 MB 曲线（取上述二者的交集，即图中黑实线）满足上述条件。MB 即是有效集，又称为有效组合边界或有效前沿（efficient frontier）。

有效集是一条向右上方倾斜的曲线，反映了“高风险，高收益”的原则（注意，这里的风险就是系统风险）；有效集是一条向上凸的曲线，即其函数为凹函数，具有一阶导数大于 0，二阶导数小于 0 的特点。

3. 最优投资组合的选择

①由于假设投资者是风险厌恶的，因此，最优投资组合必定位于有效集边界上，其他非有效的组合可以首先被排除。

②虽然投资者都是风险厌恶的，但程度有所不同，因此，最终从有效边界上挑选哪一个资产组合，则取决于投资者的风险规避程度。

③度量投资者风险偏好的无差异曲线与有效边界共同决定了最优的投资组合。

因此，分析了两资产模型和 n 项风险资产模型后，现代投资组合理论认为，多样化的投资组合确实可以分散风险，并且该理论给出了在不存在无风险资产条件下可供投资者选择的有效集。这样在引入投资者风险规避假设后，即可确定某一投资者的最优风险资产组合，该组合必然是有效组合边界 MB 曲线与投资者无差异曲线的切点所代表的投资组合，如图 5. 7 中的 N 点、G 点。

马克维茨的投资组合理论建立了一系列的基本概念，运用统计学的均值和方差等概念为金融资产的风险与收益分析提供了科学的依据，使得以均值衡量收益、方差衡量风险的现代风险分析基本框架在现代金融理论中得到确立。该理论提出的有效投资组合的概念及分析方法大大简化了投资分析的难度，马克维茨认为投资组合中各证券之间的相关关系是决定投资组合风险的关键因素。

但是，投资组合理论也有其局限性。首先，该理论没有考虑现实中存在的无风险资产情况。在该理论中，我们假定所有证券均是有风险的，而没有考虑无风险资产的情况（在引入无风险借贷假设后，有效前沿或有效集将发生重大改变）。其次，该理论也没有考虑到西方金融市场实践中现实存在的可以卖空风险资产的情况（在引入风险资产卖空假设后，有效前沿将会发生轻微的改变）。第三，马克维茨所提供的方法对普通投资者而言应用难度太大，只有一些大型的机构投资者才能运用，并且该理论在实际运用中还面临计算烦琐等问题。

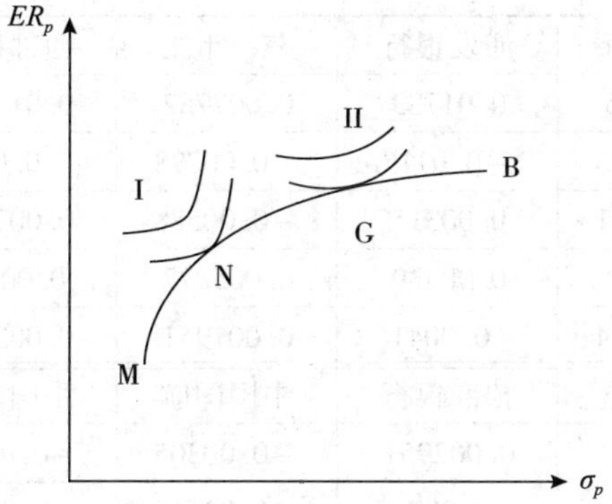

图 5.7　最优投资组合

尽管马克维茨的投资组合理论存在一些缺点，但该理论在金融学理论发展史上是至关重要的。后续的 CAPM 等理论发展，一方面综合了其理论成果，另一方面则进一步简化了现代投资组合理论在现实操作中的一些困难。

专栏 5.1　投资组合一定能分散风险吗？

为了证实组合风险随着分散化而降低，首先选取上证 500 中具有行业代表性、流通市值规模性、区域代表性、财务状况和经营业绩良好的 20 只股票，选取其在 2013 年 3 月到 2014 年 6 月 18 日的收盘价如下。

表 1　　20 只股票的收盘价

日期	宝钢股份	大秦铁路	江西铜业	金地集团	潞安环能
2014/6/3	-0.00254	-0.00149	-0.01401	-0.02025	0
2014/6/4	-0.00255	0	-0.00333	0.022757	-0.01167
2014/6/5	0.002548	0.005952	0.004983	0.046406	0.012954
2014/6/6	0	-0.00894	-0.00665	-0.00119	0.003854
2014/6/9	0	0	-0.00586	0.003578	-0.00514
2014/6/10	0.005076	0.010425	0.006689	-0.00238	0.006423
2014/6/11	-0.01018	0.00148	0.010775	0	-0.00771
日期	民生银行	浦发银行	三一重工	西部矿业	兴业银行
2014/6/3	-0.00134	-0.00314	-0.00192	0.005709	-0.00306
2014/6/4	-0.00539	-0.00948	-0.0155	-0.0153	-0.0082

续表

日期	民生银行	浦发银行	三一重工	西部矿业	兴业银行
2014/6/5	0.008075	0.01783	0.007782	0.013397	0.013286
2014/6/6	-0.00808	-0.0115	-0.00778	-0.0134	-0.01226
2014/6/9	-0.00271	0.00315	-0.00588	0.007678	0.006148
2014/6/10	0.00944	0.00939	0.005877	0.00572	0.015206
2014/6/11	-0.00944	-0.00416	0.001951	0.003795	-0.00403
日期	阳泉煤业	招商银行	中国国航	中国南车	中国神华
2014/6/3	0	0.002951	-0.00305	-0.00475	0.000698
2014/6/4	-0.01053	-0.00789	-0.00613	-0.00717	-0.0063
2014/6/5	0.005277	0.005923	0.003072	0.009547	0.009783
2014/6/6	-0.01058	-0.01587	0.003063	-0.00715	-0.00348
2014/6/9	-0.00533	0	-0.00306	-0.0048	0.000698
2014/6/10	0.015915	0.014889	0.015221	0.019048	0.002786
2014/6/11	-0.00351	-0.00296	0.006024	0.002356	0.002778
日期	中国石化	中国石油	中国太保	中国黄金	中国人寿
2014/6/3	-0.01183	0.00394	-0.00179	-0.00522	0.001428
2014/6/4	0	0.002618	-0.00479	-0.00657	-0.01004
2014/6/5	-0.00199	-0.0198	0.017247	0.001317	0.023497
2014/6/6	0	-0.00401	-0.00118	0	-0.00211
2014/6/9	-0.00199	0.001338	0.006473	-0.00793	0.007027
2014/6/10	0.017769	0.004003	0.013978	0.002649	0.012526
2014/6/11	0.001955	0	-0.00232	0.002642	-0.00485

使用 excel 计算日收益的均值和标准差及其增长率如下。

表 2　　20 只股票日收益的均值和标准差及其增长率

	宝钢股份	大秦铁路	江西铜业	金地集团	潞安环能
日收益均值	-0.00066	-0.00032	-0.002	0.001126	-0.00275
标准差	0.011729	0.015516	0.01815	0.025889	0.024238
	民生银行	浦发银行	三一重工	西部矿业	兴业银行
日收益均值	-0.00091	-0.00021	-0.00234	-0.00109	-0.00196
标准差	0.020771	0.021817	0.018412	0.016486	0.034521

续表

	阳泉煤业	招商银行	中国国航	中国南车	中国神华
日收益均值	-0.00299	-0.00061	-0.00171	6.82618E-05	-0.00132
标准差	0.024347	0.017502	0.014645	0.020711849	0.013923
	中国石化	中国石油	中国太保	中国黄金	中国人寿
日收益均值	-0.00107	-0.00049	-5.6E-06	-0.00212	-0.00052
标准差	0.024124	0.009686	0.018067	0.018461	0.016117
	宝钢股份	大秦铁路	江西铜业	金地集团	潞安环能
日收益均值增长率	-0.0007	-0.0003	-0.002	0.0011	-0.0027
标准差增长率	0.0117	0.0155	0.0182	0.0259	0.0242
	民生银行	浦发银行	三一重工	西部矿业	兴业银行
日收益均值增长率	-0.0009	-0.0002	-0.0023	-0.0011	-0.002
标准差增长率	0.0208	0.0218	0.0184	0.0165	0.0345
	阳泉煤业	招商银行	中国国航	中国南车	中国神华
日收益均值增长率	-0.003	-0.0006	-0.0017	0.0001	-0.0013
标准差增长率	0.0243	0.0175	0.0146	0.0207	0.0139
	中国石化	中国石油	中国太保	中国黄金	中国人寿
日收益均值增长率	-0.0011	-0.0005	0	-0.0021	-0.0005
标准差增长率	0.0241	0.0097	0.0181	0.0185	0.0161

由此可得这20只股票的相关系数如表3所示。

表3　　20只股票的相关系数

	宝钢股份	大秦铁路	江西铜业	金地集团	潞安环能
宝钢股份	1	0.364922741	0.561778867	0.30261442	0.562997435
大秦铁路	0.364922741	1	0.426332571	0.199402423	0.433250655
江西铜业	0.561778867	0.426332571	1	0.379132448	0.754410009
金地集团	0.30261442	0.199402423	0.379132448	1	0.391285051
潞安环能	0.562997435	0.433250655	0.754410009	0.391285051	1
民生银行	0.489095301	0.393096136	0.562163901	0.408924397	0.549187645
浦发银行	0.494257911	0.445254544	0.570318056	0.385117538	0.552616072

续表

	宝钢股份	大秦铁路	江西铜业	金地集团	潞安环能
三一重工	0. 511489756	0. 440572707	0. 709668655	0. 361551113	0. 685860534
西部矿业	0. 606563946	0. 397494843	0. 826916309	0. 37957463	0. 763535693
兴业银行	0. 29367683	0. 292185445	0. 394379931	0. 31541211	0. 32716851
阳泉煤业	0. 545951193	0. 425443736	0. 740573426	0. 374709371	0. 898885602
招商银行	0. 498844122	0. 436754254	0. 548519397	0. 43798136	0. 541797595
中国国航	0. 589891896	0. 463499592	0. 685219845	0. 419524676	0. 672537176
中国南车	0. 446984092	0. 378248262	0. 482039095	0. 288841329	0. 48548789
中国神华	0. 612254293	0. 446168501	0. 72961535	0. 335265289	0. 743134645
中国石化	0. 279591569	0. 196178045	0. 319644857	0. 168458358	0. 275180473
中国石油	0. 31263389	0. 246613887	0. 380713915	0. 231503309	0. 346064924
中国太保	0. 581443283	0. 457437323	0. 575773125	0. 42239831	0. 583412955
中国黄金	0. 415725677	0. 264338149	0. 638343223	0. 171301989	0. 522798796
中国人寿	0. 548196478	0. 439774578	0. 601962879	0. 391677973	0. 561299721

	民生银行	浦发银行	三一重工	西部矿业	兴业银行
宝钢股份	0. 489095	0. 494258	0. 51149	0. 606564	0. 293677
大秦铁路	0. 393096	0. 445255	0. 440573	0. 397495	0. 292185
江西铜业	0. 562164	0. 570318	0. 709669	0. 826916	0. 39438
金地集团	0. 408924	0. 385118	0. 361551	0. 379575	0. 315412
潞安环能	0. 549188	0. 552616	0. 685861	0. 763536	0. 327169
民生银行	1	0. 751379	0. 503618	0. 564959	0. 565856
浦发银行	0. 751379	1	0. 539143	0. 578512	0. 556121
三一重工	0. 503618	0. 539143	1	0. 698235	0. 415966
西部矿业	0. 564959	0. 578512	0. 698235	1	0. 41438
兴业银行	0. 565856	0. 556121	0. 415966	0. 41438	1
阳泉煤业	0. 536867	0. 571426	0. 677093	0. 746591	0. 34643
招商银行	0. 721637	0. 753568	0. 50408	0. 55015	0. 455911
中国国航	0. 52608	0. 633072	0. 668896	0. 697405	0. 409642
中国南车	0. 355774	0. 352284	0. 534161	0. 519867	0. 273405

续表

	民生银行	浦发银行	三一重工	西部矿业	兴业银行
中国神华	0.508797	0.579702	0.649277	0.723047	0.384647
中国石化	0.313986	0.34182	0.271073	0.300364	0.202302
中国石油	0.371726	0.426928	0.339245	0.384563	0.135729
中国太保	0.617264	0.65647	0.580187	0.630323	0.432677
中国黄金	0.398456	0.389994	0.461388	0.573972	0.198476
中国人寿	0.629669	0.665763	0.586545	0.620009	0.461772
	阳泉煤业	招商银行	中国国航	中国南车	中国神华
宝钢股份	0.545951	0.498844	0.589892	0.446984	0.612254
大秦铁路	0.425444	0.436754	0.4635	0.378248	0.446169
江西铜业	0.740573	0.548519	0.68522	0.482039	0.729615
金地集团	0.374709	0.437981	0.419525	0.288841	0.335265
潞安环能	0.898886	0.541798	0.672537	0.485488	0.743135
民生银行	0.536867	0.721637	0.52608	0.355774	0.508797
浦发银行	0.571426	0.753568	0.633072	0.352284	0.579702
三一重工	0.677093	0.50408	0.668896	0.534161	0.649277
西部矿业	0.746591	0.55015	0.697405	0.519867	0.723047
兴业银行	0.34643	0.455911	0.409642	0.273405	0.384647
阳泉煤业	1	0.551665	0.677838	0.430572	0.730703
招商银行	0.551665	1	0.570898	0.334393	0.567487
中国国航	0.677838	0.570898	1	0.492078	0.664899
中国南车	0.430572	0.334393	0.492078	1	0.47649
中国神华	0.730703	0.567487	0.664899	0.47649	1
中国石化	0.295196	0.336861	0.328439	0.220643	0.341004
中国石油	0.376736	0.424502	0.408385	0.258231	0.377651
中国太保	0.56033	0.682939	0.648812	0.423479	0.657077
中国黄金	0.547241	0.403007	0.455243	0.223718	0.489121
中国人寿	0.563551	0.702511	0.63942	0.439412	0.677156

续表

	中国石化	中国石油	中国太保	中国黄金	中国人寿
宝钢股份	0.279592	0.312634	0.581443	0.415726	0.548196
大秦铁路	0.196178	0.246614	0.457437	0.264338	0.439775
江西铜业	0.319645	0.380714	0.575773	0.638343	0.601963
金地集团	0.168458	0.231503	0.422398	0.171302	0.391678
潞安环能	0.27518	0.346065	0.583413	0.522799	0.5613
民生银行	0.313986	0.371726	0.617264	0.398456	0.629669
浦发银行	0.34182	0.426928	0.65647	0.389994	0.665763
三一重工	0.271073	0.339245	0.580187	0.461388	0.586545
西部矿业	0.300364	0.384563	0.630323	0.573972	0.620009
兴业银行	0.202302	0.135729	0.432677	0.198476	0.461772
阳泉煤业	0.295196	0.376736	0.56033	0.547241	0.563551
招商银行	0.336861	0.424502	0.682939	0.403007	0.702511
中国国航	0.328439	0.408385	0.648812	0.455243	0.63942
中国南车	0.220643	0.258231	0.423479	0.223718	0.439412
中国神华	0.341004	0.377651	0.657077	0.489121	0.677156
中国石化	1	0.493149	0.329874	0.274933	0.355274
中国石油	0.493149	1	0.412893	0.232599	0.482446
中国太保	0.329874	0.412893	1	0.378783	0.867447
中国黄金	0.274933	0.232599	0.378783	1	0.407444
中国人寿	0.355274	0.482446	0.867447	0.407444	1

绘制20只股票的组合风险如图1所示。

由图1可知，20只股票所构成的资产组合并没有起到分散风险的作用，这是为什么呢？有很多种可能。首先，组合风险随着分散化而降低，但是分散化降低风险的能力受系统性风险的限制；其次，新加入组合的股票波动太大，也可能加大组合波动情况。在上述投资组合的构成中，我们可以看到，20只股票的相关系数很大，这证明，其相关性太高，导致风险无法得以分散。

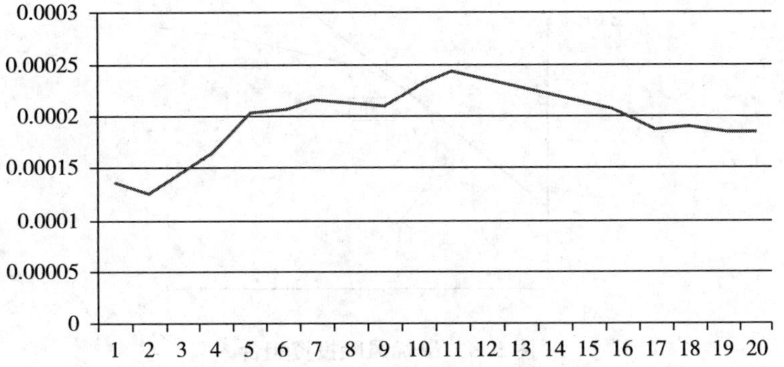

图1　20只股票的组合风险

四、风险资产组合与加入无风险资产的组合

1. 最优风险资产组合

假设我们有两个风险资产D和E，现在需要我们将其组成投资组合，并尽可能的实现收益，控制风险，那么我们应该如何考虑投资于这两种资产的比重呢？这里我们需要用到一个概念：夏普比率，该比率可视为测量证券单位风险上超额收益的指标，即

$$s_p = \frac{E(r_p) - r_f}{\sigma_p} \tag{5-17}$$

很显然，我们需要的就是夏普比率最大，即确定 ω_E，ω_D 使得 $s_p = \frac{E(r_p) - r_f}{\sigma_p}$ 实现最大，其中，

$$E(r_p) = \omega_E E(r_E) + \omega_D E(r_D)$$

$$\sigma_p^2 = \omega_D^2 \sigma_D^2 + \omega_E^2 \sigma_E^2 + 2\omega_E \omega_D Cov(r_D, r_E) \tag{5-18}$$

通过微分求解我们可得：

$$\omega_D = \frac{E(R_D)\sigma_E^2 - E(R_E)Cov(R_D, R_E)}{E(R_D)\sigma_E^2 + E(R_E)\sigma_D^2 - [E(R_D) + E(R_E)]Cov(R_D, R_E)}$$

$$\omega_E = 1 - \omega_D \tag{5-19}$$

其中，$R_i = r_i - r_f$。

其实，更为直观地来看，这个过程就是在寻找有效边界上斜率最大的点。

这也就是为什么当风险资产一定时，最优的风险资产投资组合也是一定的，即形成市场组合M。而连接无风险资产与市场组合的线就成为资本市场线CML。

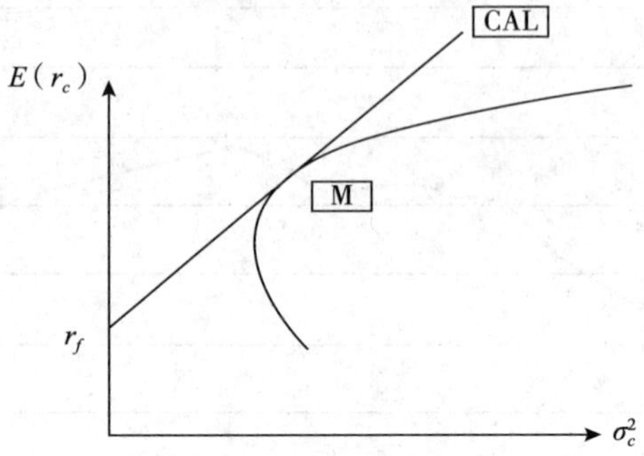

图 5.8　最优风险投资组合

2. 考虑加入无风险证券的投资组合

（1）无风险资产

凭借其税收和控制货币供给的能力，只有政府可以发行无违约风险的债券。事实上，即使政府担保无违约风险，债券在其持有期间也不是完全没有风险的。实际中唯一的无风险资产是一种理想的指数化债券。另外，无违约风险的理想指数化债券也只有在期限等于投资者愿意持有的期限时，才能对投资者的实际收益率进行担保，即使指数化债券因实际利率随时间变化难以预测，所以面临利率风险。未来实际利率不确定时，未来指数化债券的价格就不确定。

尽管如此，在实际中仍把短期国债看做无风险资产。它们的短期性使得它们的价值对利率变动不敏感。确实，投资者可以通过购买债券并持有到期来锁定短期的名义收益。另外，几个星期内或几个月内通货膨胀率的走势不确定性，与股票市场的不确定性相比基本可以忽略不计。在实际操作中，大多数投资者应用更广的货币市场工具作为无风险资产。所有的货币市场工具实际上无利率风险，因为它们的期限短，并且从违约或信用风险来看基本是安全的。多数货币市场基金大部分持有三种类型的证券：短期国债、银行可转换存单和商业票据，它们在违约风险上有细微不同。例如银行存单和商业票据的到期收益率总是高于同样期限的短期债券。

货币市场基金随着时间推移改变了这些证券的相对持有量，但是，一般来说，短期国债只占到组合的15%左右。尽管如此，这些热门的短期投资工具如银行存单与商业票据的投资风险和大量其他资产如长期债券、股票或房地产相比简直微乎其微。因此，我们把货币市场基金看做大多数投资者最易接触到的无风险资产。

（2）加入无风险资产的投资组合

由上文的分析我们可以得出著名的单基金定理：存在一只由风险资产组合而构成的基金 M，使得任意的有效投资组合都可以由基金 M 和无风险资产组合而成。而单基金定理之所以成立，其原因就在于存在无风险资产，改变了有效前沿的外形，使得有效前沿为一条直线，且在风险资产组合最优边界上只取一个点（M）。

而由以上的单基金定理，我们就可以得出著名的定理——分离定理：投资者对风险和收益的偏好状况与该投资者风险资产组合的最优构成是无关的。在齐性预期的假设前提下，所有的投资者，无论其风险偏好如何，对最优风险资产组合的看法都是相同的，都会选择相同的 M 点组合。而他们对风险的不同厌恶程度则可以通过无风险资产和最优风险资产组合的搭配来满足。这样，整个投资过程，即通过资产选择形成投资组合的过程就可以分为两个相互独立的投资决策过程——最优风险资产组合的确定和投资者对该组合与无风险资产比例的确定。

当我们确定了风险资产组合之后，这个世上的任何一个投资组合都可以看成是无风险资产与风险资产的组合，即形象地看成两种资产 f 和 p。我们假设全部组合中无风险证券所占比例为 y，那么不同的投资者将具有不同的 y，这与具体投资者的个人风险偏好与风险厌恶程度有关。

而最终投资组合 c 满足：$\begin{cases} E(r_C) = r_f + y[E(r_p) - r_f] \\ \sigma_C^2 = y^2\sigma_p^2 \end{cases}$。

此时，我们就需要确定投资于风险资产的权重 y，使得投资者的效用最大化。一般我们假设投资者效用为 $U = E(r_C) - 1/2A\sigma_C^2$，其中，A 为衡量投资者风险厌恶水平的指标。同样借助微分求解，可得：

$$y^* = \frac{E(r_p) - r_f}{A\sigma_p^2} \tag{5-20}$$

用图形表示即为：

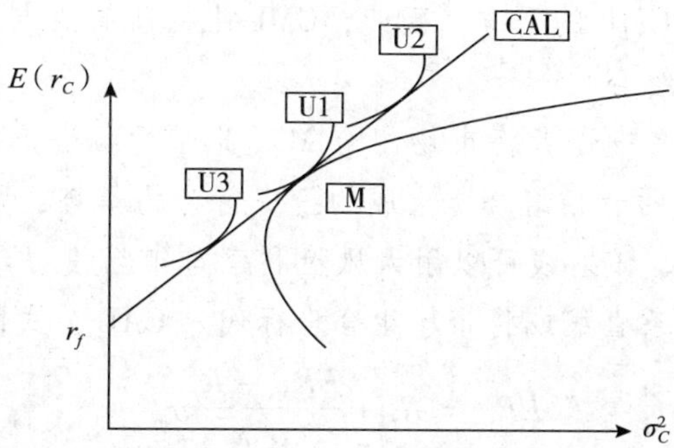

图 5.9　最优资产组合

至此，所有的投资组合都可以看成是无风险资产与市场组合的组合，其差别仅在投放多少资产在无风险证券上，投放多少资产在风险资产上。注意，当 CAL 曲线成为资本市场线 CML 时即成为加入无风险资产后的可行域。

专栏 5.2 从 CAL 到 CML

在纵轴上用点 A 表示无风险资产，我们将点 A 和有效边界或有效前沿上的任一点的连线称为资本配置线（capital allocation line，CAL），这样的资本配置线有无数条（显然这无数条配置线都不会优于射线 AM 这条特殊的资本配置线）。

我们进一步假设风险资产投资组合的预期收益率和方差分别为 ER_r 和 σ_r^2；无风险资产的收益率为 R_f，标准差为 0。引入无风险资产后的投资组合的预期收益率和标准差分别为 ER_p 和 σ_p。用 W_r 表示投入到风险资产组合的资金比重，则：$\begin{cases} ER_p = W_r ER_r + (1 - W_r) R_f \\ \sigma_p = W_r \sigma_r \end{cases}$，因此，$ER_p = R_f + \frac{ER_r - R_f}{\sigma_r}\sigma_p$。

由此可见，新的投资组合点一定落在由点 A 和该风险资产组合点确定的 CAL 线上。

显然，不论投资者的风险—收益偏好程度如何，随着 CAL 线围绕点 A 逆时针旋转，越在上方的 CAL 线上的点所代表的投资组合能够给投资者带来的效用就越大。因此，在无风险借贷（并且借贷利率相等或借贷利差非常小的条件下）存在的情况下，最优风险资产组合点应是过点 A 且与马克维茨有效边界相切的 CAL 线，这条过点 A 且与有效边界相切的资本配置线就称为资本市场线（capital market line，CML）。它是在允许无风险借贷和允许卖空条件下的有效集或有效前沿，任何不利用市场组合以及不进行无风险借贷的其他所有组合都将位于 CML 的下方。因此，CML 上的所有的点所代表的投资组合就构成了有效投资组合。

射线 AM 是所有投资者将市场组合 M（此时风险资产组合即市场组合）与无风险资产 A 这两者相组合所生成的投资行为的集合，从而形成了资本市场直线。在数学上，该射线可以用无风险利率与市场投资组合的回报率加以刻画（两点确定一条直线或将市场组合坐标代入 CAL 公式即可）。

$$ER_p = R_f + \frac{ER_M - R_f}{\sigma_M}\sigma_p$$

其中，ER_M表示市场组合的预期收益率，σ_p和σ_M分别表示有效投资组合与市场组合收益率变动的标准差。

从上式我们可以看到，证券市场的均衡可以用两个关键式子来表示：一是无风险利率，或者说是无风险资产的预期收益率；二是单位风险报酬$\frac{ER_M - R_f}{\sigma_M}$。它们分别代表了资金的时间价值和风险的市场价格。因此我们得到证券市场的本质：证券市场是提供时间和风险交易的场所，二者的价格分别由其供求双方的力量决定。

根据CML公式知，有效投资组合的预期收益是：

预期收益＝时间价格＋风险价格×风险数量

因此，CML实际上指出了有效投资组合的风险与预期收益率之间的关系，它提供了衡量有效投资组合风险的基本方法。有效投资组合就是分布在CML上的点所代表的投资组合，代表了新的有效集。

第三节　因素模型

因素模型假定证券之间存在关联性，但其认为证券间关联性的存在是因为某些相同的外部经济力量会对各种证券同时产生影响，因此不同的证券会产生相同的变动。也就是说，证券间的关联性是因为他们都受到同一种或多种因素影响。为了便于理解，首先从最简单的形式——单因素模型开始讨论。

一、单因素模型

该模型认为，证券收益率只受某一种共同的因素影响。对于任意的证券i，其在时期t的单因素模型表达式为：

$$R_{it} = a_i + b_i F_t + \varepsilon_{it} \tag{5-21}$$

其中，R_{it}为i证券在时期t的收益率；F_t为该因素在时期t的预测值；b_i为i证券对该因素的敏感度；ε_{it}为证券i在t时期的随机干扰，均值为0，标准差为定值，并且它与因素相互独立，任意两种证券的随机干扰相互不相关，即Cov（ε_{it}，F_t）＝0和Cov（ε_i，ε_j）＝0（$i \neq j$）。

我们只考虑某一给定时间的因素模型，因此，我们将单因素模型改写为：

$$R_i = a_i + b_iF + \varepsilon_i \tag{5-22}$$

则证券 i 的预期收益率为：

$$ER_i = a_i + b_iEF \tag{5-23}$$

证券预期收益率的方差为（或模型两边直接取方差）：

$$\begin{aligned}\sigma_i^2 &= E(R_i - ER_i)^2 \\ &= E[b_i(F - EF + \varepsilon_i)]^2 \\ &= b_i^2\sigma_F^2 + \sigma_{\varepsilon_i}^2\end{aligned}$$

证券 i 和证券 j 之间的斜方差为：

$$\sigma_{ij} = b_ib_j\sigma_F^2 \tag{5-24}$$

我们定义，$b_i^2\sigma_F^2$ 为证券 i 的因素风险，$\sigma_{\varepsilon_i}^2$ 为其非因素风险。

我们可以利用因素模型来简化马克维茨模型的计算。马克维茨的模型局限之一即在于其计算的繁复。对 n 个资产的组合，该模型必须计算 n 个方差和 $\frac{n(n-1)}{2}$ 个协方差。这使得该模型的实际运用大受限制，目前该模型主要由一些大型的机构投资者所运用。由单因素模型中证券均值、方差和斜方差的公式我们知道，如果证券回报率满足单因素模型，那么我们只需要估计 n 个风险证券的 a_i，b_i 和 σ_{ε_i} 以及因素的均值和标准差，计算量大大减少。

使单因素模型具备可操作性的一个方法是将标准普尔 500 代理指标。这一方法推导出和单因素模型相似的等式，来代表共同经济因素。这类股票指数的收益率视为共同宏观经济因素的有效称为单指数模型，因为它使用市场指数来代表共同的经济因素。

因为标准普尔 500 指数是一个股票组合，其价格和收益率易于观察。用 M 表示市场指数，其超额收益率为 $R_m = r_m - r_f$，因为指数模型是线性的，我们可以用单变量线性回归来估计一个证券对市场指数的敏感性系数。由上一部分的超额收益回归方程为：

$$R_i(t) = \alpha_i + \beta_iR_m(t) + e_i(t) \tag{5-25}$$

这一方程的截距是当市场指数超额收益为零时该证券的期望超额收益率，斜率是证券对指数的敏感性，即每当市场指数上涨或下跌 1% 时，证券 i 收益的涨跌幅。均值为 0，是 t 时刻公司层面收益率的冲击，也称为残值。

二、两因素模型

两因素模型表达式为：

$$R_i = a_i + b_{i1}F_1 + b_{i2}F_2 + \varepsilon_i \tag{5-26}$$

两因素模型除了具备单因素模型的基本假定外，还假设两个因素之间也不相关（共线性检验）。

证券 i 的预期收益率为：

$$ER_i = a_i + b_{i1}EF_1 + b_{i2}EF_2 \tag{5-27}$$

方差为：

$$\sigma_i^2 = b_{i1}^2\sigma_{F_1}^2 + b_{i2}^2\sigma_{F_2}^2 + \sigma_{\varepsilon_i}^2 \tag{5-28}$$

该式表明，某一单个证券的收益率的总风险由三个部分构成：第一部分是该证券收益率关于风险因素 F_1 的风险；第二部分是关于风险因素 F_2 的风险；第三部分则是该证券的非因素风险，即非系统性风险。

证券组合的预期收益率为：

$$ER_p = \sum_{i=1}^{n}\omega_i ER_i = \sum_{i=1}^{n}\omega_i(a_i + b_{i1}ER_1 + b_{i2}ER_2) \tag{5-29}$$

方差为：

$$\sigma_p^2 = (\sum_{i=1}^{n}\omega_i b_{i1})^2\sigma_{F_1}^2 + (\sum_{i=1}^{n}\omega_i b_{i2})^2\sigma_{F_2}^2 + \sum_{i=1}^{n}\omega_i^2\sigma_{\varepsilon_i}^2 \tag{5-30}$$

仿照单因素模型，我们可以知道，当组合中证券的数目趋向于无穷大时，证券组合的非因素风险将近似于0，组合能够分散非因素风险，但是对因素风险却无能为力。

三、多因素模型

当投资者不需要进行净投资就可以赚取无风险利润时，例如，同一只股票在两个不同的交易中以不同的价格交易，就存在套利（arbitrage）机会。一个典型的例子就是当假设 IBM 公司股票在纽约证券交易所卖 95 美元，而在纳斯达克仅仅卖 93 美元。然后你可以在买进纳斯达克股票的同时在纽约证券交易所卖出，在不动用任何资本的情况下每只股票可以赚取 2 美元的无风险利润。

一价定律指出如果两项资产在所有的经济性方面均相同，那它们应该具有相同的市场价格。一价定律被套利者所利用：一旦发现违背了这一定律，他们将进行套利活动——在价格低的地方买进资产并同时在价格高的地方售出资产。在这一过程中，他们将促使低价市场价格上扬，而高价市场价格被压低，直到套利机会消失。市场价格变动直到套利机会消除，这也许是资本市场理论中最基本的观点。违背这一原则是市场非理性的明显表现。一个无风险套利投资组合最重要的性质是，不管其风险厌恶程度和财富水平如何，投资者都愿意持有一个无限的头寸。由于大量的头寸使价格上涨或下跌至套利机会完全消除，证券价格将满足

"无套利条件"，也就是停留在一个不存在套利机会的价格水平上。套利与风险—收益占优的观点相比较可以发现，二者在均衡价格的形成上存在着重要区别。风险—收益占优的观点认为，当均衡价格关系被打破时，投资者将在一定程度上改变他们的投资组合，这取决于他们的风险厌恶程度。这些有限的投资组合改变的加总将产生大量的买卖行为，从而重建均衡价格。

相反，当套利机会存在，每个投资者都愿意尽可能多地持有头寸，因此不需要很多投资者就会给价格带来压力使价格恢复平衡。因此，由无套利论点得出的价格的意义要大于由风险—收益占优观点所得到的结论。资本资产定价模型就是这种占优观点的一个典型例子，它意味着所有投资者都持有均值—方差有效投资组合。如果证券没有被正确定价，那么投资者在构建投资组合时更倾向于被低估的证券而不是被高估的证券。许多投资者改变自己的投资组合给均衡价格带来压力，尽管每个人都是相对较小数量的改变。存在大量均值—方差敏感的投资对于资本资产模型来说至关重要。相反，无套利条件指的是少量投资者发现投资机会并大量动用自己的资金在短时间内使价格恢复均衡。从业人员并不像此处的定义一样对"套利"和"套利者"进行严格的区分。"套利者"通常表示在专业领域如并购某目标股票中寻找没有被正确定价的行为，而不是寻找严格意义上（无风险）套利机会的人。这样的行为通常叫做风险套利（risk arbitrage）来与纯套利进行区别。

这里我们先提及一下，第四部分我们将讨论"衍生"证券例如期货期权，它们的市场价值完全由其他证券的价值确定。例如，股票看涨期权的价值由股票的价值确定。对于这些证券，严格套利是完全可能的，无套利条件将产生精确的定价。而对于股票以及价值不是严格地由其他一种或者多种资产所决定的"原始"证券，无套利条件一定要从分散化投资的角度得出。

多因素模型表达式为：

$$R_{it}=a_i+b_{i1}F_{1t}+b_{i2}F_{2t}+\cdots\cdots+b_{ik}F_{kt} \tag{5-31}$$

或者，

$$R_i=a_i+b_{it}F_1+b_{i2}F_2+\cdots\cdots+b_{ik}F_k+\varepsilon_i \tag{5-32}$$

值得注意的是，与下文即将论述的资本资产定价模型不同，因素模型本身并不是资产定价的一般均衡模型（这实际上是一个回归模型）。我们在实际运用中，常常需要通过理论分析来确定影响证券的各种因素，如 GDP 增长率、通货膨胀率等，然后根据历史数据，运用时间序列与因素分析等方法估计出因素模型。

第四节　资本资产定价模型

马克维茨的投资组合理论只涉及了非系统风险的规避问题。该理论认为通过多样化或风险分散化的投资行为可以有效地规避非系统风险。但在分析中并未考虑到现实金融领域中存在的无风险资产（如短期国库券）的情况，并且也未能有效解决系统风险定价问题。

由马克维茨所创立的现代投资组合理论引发的问题是：如果市场中的所有投资者都按照马克维茨的原则选择证券，进行投资组合，那么我们就应该能够分析投资者整体的行为及其产生的影响。

投资者整体的证券买卖和投资组合行为无疑会决定市场的供求关系从而决定市场价格，因此，后续研究需要做的是如何分析投资者整体的行为，以及使市场出清的价格和收益是如何确立的。

这方面的研究在 1964 年左右，由马克维茨的学生 Sharpe 以及 Mossin 和 Lintner 等人分别独立地解决了。他们在马克维茨研究基础上，将无风险资产引入了分析框架中，提出了资本资产定价模型（CAPM），从而给出了在市场均衡的状态下，风险资产预期收益率的确定方法和系统风险的定价问题。

一、模型假设

CAPM 理论的基本假设除了包括马克维茨资产组合理论的基本假设外，还包括如下的假设。

①投资者完全理性假设：所有投资者都能遵循马克维茨投资组合理论的基本原则进行资产的最优选择和投资组合的优化。

②资本市场是完美的，不存在摩擦：所有资产都是无限可分割的；市场交易中不存在交易成本；没有税收（如个人所得税）；没有保证金要求；所有投资者都可以无偿获取信息，并掌握同样的信息。

③市场完全竞争假设：市场上的买卖双方都是价格的接受者，不具备做市力量，市场不存在做市商，投资者的买卖行为不能影响股票价格。

④允许无限制卖空假设：投资者可以卖空任意数量的股票。

⑤市场存在一个无风险利率，所有的投资者都可以按照相同的无风险利率无限制地进行资金的借入和贷出。

二、资本资产定价模型与证券市场线

资本市场线反映的是有效组合的预期收益率与标准差之间的对应关系，任何单个风险证券或资产及无效投资组合由于均不是有效组合而一定位于该直线的下方。因此，该直线未能说明无效投资组合或单个证券的风险与收益之间的关系，也并未给出无效投资组合或某一单个证券的定价模型。1964 年 William Sharpe 在其论文“Capital asset prices：A theory of market equilibrium under conditions of risk”提出了证券市场直线解决了这一问题。

我们先给出资本资产定价模型的结论，然后再给出证明。

资本资产定价模型（CAPM）：如果市场组合 M 是有效的，那么任一资产或证券（当然也可以是资产或证券组合）的预期收益率应满足：

$$ER_i - R_f = \beta_i(ER_M - R_f) \tag{5-33}$$

其中，

$$\beta_i = \frac{\sigma_{iM}}{\sigma_M^2}$$

证明：

对于任意的 W（允许 W 为负），考虑持有比重 W 的资产或证券 i 与比重 1 - W 的市场组合 M 所构成的一个新投资组合。

新的组合的预期收益率为：

$$ER_w = wER_i + (1 - w)ER_M \tag{5-34}$$

新的组合的标准差为：

$$\sigma_w = \sqrt{w^2\sigma_i^2 + 2w(1 - w)\sigma_{iM} + (1 - w)^2\sigma_M^2} \tag{5-35}$$

如图 5.10 所示，随着 w 的变动，预期收益率与标准差所代表的各点在均值—标准差平面上描绘出一条曲线 C。当 w = 0 时，新的组合就是市场组合。我们注意到，该曲线 C 是不能穿过资本市场线的，如果穿过的话，那么资本市场线上方任何一点所对应的投资组合将违反资本市场线作为有效前沿的定义。

因此，曲线 C 必与资本市场线相切于 M 点，也即在 M 点曲线的斜率与资本市场线的斜率相等。

首先计算曲线 C 的斜率：

$$\frac{dER_\omega}{d\omega} = ER_i - ER_M$$

$$\frac{d\sigma_\omega}{d\omega} = \frac{\omega\sigma_i^2 + (1 - 2\omega)\sigma_{iM} + (\omega - 1)\sigma_M^2}{\sigma_M}$$

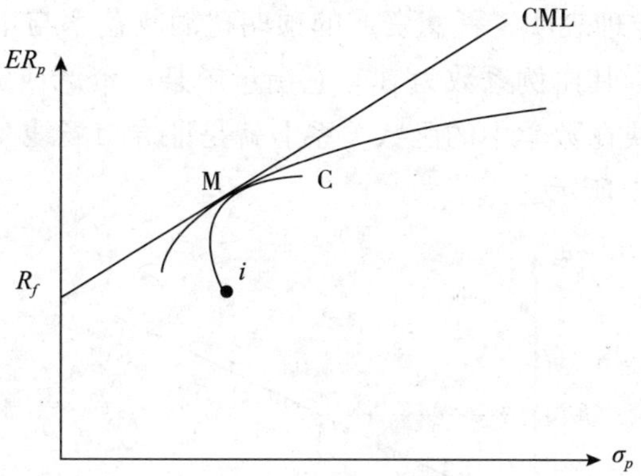

图 5.10　投资组合曲线

因此，

$$\frac{d\sigma_{\omega}}{d\omega}\mid_{\omega=0}=\frac{\sigma_{iM}-\sigma_M^2}{\sigma_M}$$

由于，

$$\frac{dER_{\omega}}{d\sigma_{\omega}}=\frac{\frac{dER_{\omega}}{d\omega}}{\frac{d\sigma_{\omega}}{d\omega}}$$

因此曲线 C 在 M 点的斜率为：

$$\frac{dER_{\omega}}{d\sigma_{\omega}}\mid_{\omega=0}=\frac{(ER_i-ER_M)\ \sigma_M}{\sigma_{iM}-\sigma_M^2}$$

该斜率必须与资本市场线斜率相等，因此有：

$$\frac{(ER_i-ER_M)\ \sigma_M}{\sigma_{iM}-\sigma_M^2}=\frac{ER_M-R_f}{\sigma_M}$$

化简得到：

$$ER_i-R_f=\frac{\sigma_{iM}}{\sigma_M^2}(ER_M-R_f)$$

令 $\beta_i=\frac{\sigma_{iM}}{\sigma_M^2}$，则有，

$$ER_i-R_f=\beta_i(ER_M-R_f)$$

证毕。

在 CAPM 定价模型中，我们称 ER_i-R_f 为资产 i 的预期超额收益率；同样，ER_M-R_f 称为市场组合的预期超额收益率。

因此，CAPM 定理表明，任意资产的预期超额收益率与市场组合的预期超额收益率水平成比例，其比例系数为 β_i。它衡量了某一资产或资产组合的系统风险的大小。该模型反映在数学中的函数关系上就是证券市场线（SML，security market line），如图 5.11 所示。

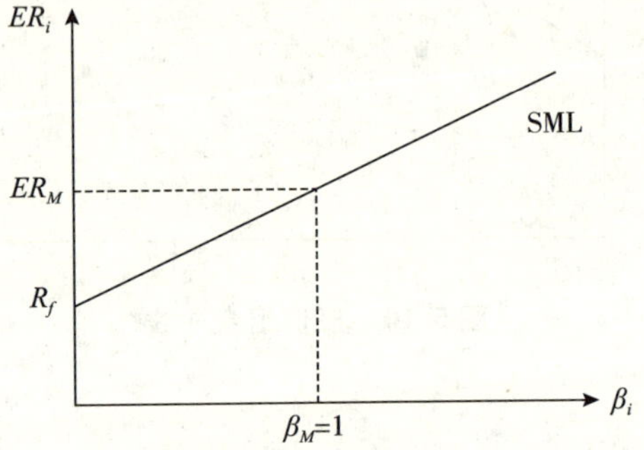

图 5.11　证券市场线

其实不难看出，CAPM 很像是单因素模型，只不过 CAPM 的建立是基于对收益率的期望。若以单因素模型的方式来表示，可以看为：

$$r_p - r_f = \beta_p (r_m - r_f) + \varepsilon_p$$

而对其取期望则成为 CAPM，此外还应该注意的一点是 $\sigma_p^2 = \beta_p \sigma_{m^2} + \varepsilon_p^2$，这对于我们了解 β 系数很关键。

三、β 系数的含义及其在投资管理中的应用

1. β 系数的含义

① β 系数反应证券或证券组合对市场组合方差的贡献率。从公式中可以看出，市场组合方差是市场中每一证券或组合与市场组合协方差的加权平均值，加权值是单一证券或组合的投资比例，因此 $\beta_p = \sigma_{im}/\sigma_{m^2}$ 可以作为单一证券或组合的风险测定。

② β 系数反映了证券或组合的收益水平对市场平均收益水平变化的敏感性。将原公式稍作变形就可得到：

$$E(r_p) = r_f + \beta_p E(r_m) - r_f \beta_p$$

从而可以看出，证券或组合的收益与市场指数收益呈线性相关，β 系数为直线斜率，反映了证券或组合的收益水平对市场平均收益水平变化的敏感性。β 系数绝对值越大，表明证券或组合对市场指数的敏感性越强。

③ β 系数是衡量证券承担系统风险水平的指数。由 $\sigma_p^2 = \beta_p \sigma_{m^2} + \varepsilon_p^2$ 很明显可

以看出，证券或者组合的风险由两部分组成：$\beta_p\sigma_{m^2}$ 为系统风险，ε_p^2 为非系统风险。

2. β 系数的应用

①证券的选择。证券选择的一个重要环节是证券的估值。资本资产定价模型的应用中就涉及利用 β 系数这一重要参数进行估值。另外，当市场处于牛市或熊市时，投资者证券的选择通常有不同的要求。一般来说，当市场处于牛市时，在估值优势相差不大的情况下，投资者会选择 β 系数较大的股票，以期望获得较高的收益；反之，处于熊市时投资者就选择 β 系数较小的股票，以降低股票下跌损失。

②风险控制。由于 β 系数是证券或组合系统风险的量度，因此，风险控制部门或投资者通常会利用 β 系数对证券投资进行风险控制，控制 β 系数过高证券的投资比例。另外，针对衍生证券的对冲交易，通常会利用 β 系数控制对冲的衍生证券头寸。

③投资组合绩效评价。评价组合业绩是基于风险调整后的收益进行考量，即既要考虑组合收益的高低，也要考虑组合所承担风险的大小。

四、资本资产定价模型在投资管理中的应用及有效性

1. 资产估值

在资产估值方面，资本资产定价模型主要被用来判断证券是否被市场错误定价。

根据资本资产定价模型，每一证券的期望收益率应该等于无风险利率加上该证券由 β 系数测定的风险溢价：$E(r_i)-r_f=\beta_i(E(r_m)-r_f)$。一方面当我们获得市场组合期望收益率的估计和该证券风险 β_i 估计时，我们就能计算市场均衡状态下证券 i 的期望收益率；另一方面，市场对证券在未来所产生的收入流（股息加期末价格）有一个预期值，这个预期值与证券 i 的期初市场价格及其预期收益率之间有如下关系：

$$E(r_i)=\frac{E(\text{股息}+\text{期末价格})}{\text{期初价格}}-1 \tag{5-36}$$

在均衡状态下，上述两个 $E(r_i)$ 应有相同的值。因此，均衡期初价格应定为：

$$\text{均衡期初价格}=\frac{E(\text{股息}+\text{期末价格})}{1+E(r_i)} \tag{5-37}$$

于是，我们可以将现行的实际市场价格与均衡的期初价格进行比较。两者不等，则说明市场价格被误定，被误定的价格应该有回归的要求。利用这一点，我

们便可获得超额收益。具体来讲，当实际价格低于均衡价格时，说明该证券是廉价证券，我们应该购买该证券；相反，我们则应该卖出该证券，而将资金转向购买其他廉价证券。

2. 资源配置

就是根据对市场走势的预测来选择具有不同 β 系数的证券或组合以获得较高收益或者规避市场风险。正如前文提到了，牛市买高 β 系数证券，熊市买低 β 系数证券，此处不再赘述。

3. 资本资产定价模型的有效性

资本资产定价模型表明 β 系数作为衡量系统风险的指标，其与收益水平是正相关的，即风险越大，收益越高。由于资本资产定价模型是建立在对现实市场简化的基础上，因而现实市场中的 β 系数与收益是否具有正相关性，是否还有更合理的度量工具用以解释不同证券的收益差别，就是所谓的资本资产定价模型的有效性问题。

最近几十年来，资本资产定价模型的有效性一直是广泛争论的焦点。最初测试表明，β 系数与收益呈正相关性，因而用 β 系数度量风险具有合理性，纵使存在其他度量风险的工具。然而，1977 年，罗尔指出，由于测试时使用的是市场组合的替代品，对资本资产定价模型的所有测试只能表明该模型实用性的强弱，而不能说明该模型本身有效与否。

第五节　套利定价理论

套利定价理论（Arbitrage Pricing Theory，APT）是由罗斯于 1976 年提出来的一个替代 CAPM 的结论。APT 是以多因素模型为基础，建立在一个重要的假设基础上的理论，即当市场达到均衡时，不存在套利机会。所谓套利组合，是指满足下述三个条件的证券组合：

①该组合中各种证券的权数满足 $\omega_1+\omega_2+\omega_3+\cdots+\omega_N=0$

②该组合因素灵敏度系数为零，即 $\omega_1 b_1+\omega_2 b_2+\omega_3 b_3+\cdots+\omega_N b_N=0$

③该组合具有正的期望收益率，即 $\omega_1 Er_1+\omega_2 Er_2+\omega_3 Er_3+\cdots+\omega_N Er_N>0$

套利组合举例：

假如市场上有三种股票，每个投资者都认为它们满足单因素模型，且具有以下的期望收益率和因素敏感度：

证券	$\bar{r_i}$（%）	b_i
1	15	0.9
2	21	3
3	12	1.8

首先我们先看看这个组合是否存在套利机会。根据套利组合定义的三个条件，一个套利组合应该满足：

$$\begin{cases}\omega_1+\omega_2+\omega_3=0\\0.9\omega_1+3\omega_2+1.8\omega_3=0\\0.15\omega_1+0.21\omega_2+0.12\omega_3>0\end{cases}$$

显然，满足该条件的解有无数多个，假设随便取一组解（0.1，0.075，-0.175），该组合就是个套利组合，此时期望收益率为0.98%。如果暂时忽略风险，该组合有着相当的吸引力。若我们求解一组普遍情况，可以发现 $\omega_1=-\frac{4}{7}\omega_3$；$\omega_2=-\frac{3}{7}\omega_3$，代入三式可以得出所需要的条件为 $-\frac{0.39}{7}\omega_3>0$，所以只要 $\omega_3<0$ 即可。

一、理论假设

APT 的主要假设有：

①市场是完全的、无摩擦的，不存在交易成本。

②投资者是非满足的：只要存在无风险套利机会时，他们就会不遗余力地构筑套利组合以追求自身的利润最大化。

③投资者具有相同的投资理念：任意证券的收益率都满足因素模型（齐性预期假设）。

④因素模型中随机误差项或随机干扰项的均值为0；各随机误差项与所有的因素之间不相关，并且不同随机误差项之间的斜方差为0，即随机误差项序列不相关。

⑤证券市场上交易的证券种类大于因素的数量。

因素模型表明，所有具有相等的因素风险敏感度的证券或证券组合，在剔除非因素风险后，其收益率形成行为是一致的。因此，所有因素敏感度相同的证券或证券所构成的投资组合的预期收益率（或者说价格）应该是一样的。否则，就说明市场存在无风险的套利机会。在投资者逐利动机的驱动下，套利机会逐渐消失，市场会恢复均衡。

要注意的是，与 CAPM 理论假设不同，套利定价理论没有这些假设：

①单一投资期。

②不存在税赋问题。

③投资者能以无风险利率自由地借入和贷出资金。

④投资者以回报率的均值—方差为基础选择投资组合。

⑤投资者对待风险的态度。

二、单因素套利定价理论

投资者进行套利活动目的在于使其套利组合预期收益率最大化，但同时又要受到条件的限制，因此我们有：

$$\max(ER_{ap}) = x_1ER_1 + \cdots + x_nER_n$$

$$s.t. \sum_{i=1}^{n} x_i = 0; \sum_{i=1}^{n} b_ix_i = 0$$

建立拉格朗日函数如下：

$$\max L = \sum_{i=1}^{n} x_iER_i - \lambda_0 \sum_{i=1}^{n} x_i - \lambda_1 \sum_{i=1}^{n} b_ix_i$$

最大化的一阶条件是：

$$\frac{\partial L}{\partial x_i} = ER_i - \lambda_0 - \lambda_1 b_i = 0$$

$$\frac{\partial L}{\partial \lambda_0} = \sum_{i=1}^{n} x_i = 0$$

$$\frac{\partial L}{\partial \lambda_1} = \sum_{i=1}^{n} b_ix_i = 0$$

解得：

$$ER_i = \lambda_0 + \lambda_1 b_i$$

其中，λ_0的基本涵义为无风险利率；λ_1的基本涵义为纯因素的风险报酬。

根据上述拉格朗日乘子的基本经济涵义，我们还可以得到单因素 APT 模型的另一种表达方法：

$$ER_i = R_f + b_i(ER_F - R_F) \tag{5-38}$$

显而易见的是，当该纯因素组合被替换为市场组合，并且证券收益仅仅受系统风险因素决定时，单因素套利定价模型就变成了标准的资本资产定价模型（CAPM）。因此，从这个意义上来说，资本资产定价模型不失为单因素套利定价模型的一个特例。

其中，b_i衡量了证券对因素市场变动的反应程度或敏感程度，因此它表示对证券系统性风险（这里表现为因素风险）的评价与衡量。

正如许多学者已经证明的，当证券的收益率通过市场组合因素这种单一风险因素形成时，APT 理论就形成了一种与资本资产定价模型相同的关系。并且，理论上还证明了，当证券回报率受多因素影响时，套利定价理论与多因素资本资产定价理论的表达仍然一致。

因此，可以认为 APT 理论是一种广义的资本资产定价模型，它为投资者提供了一种替代性的方法来理解市场中的风险与收益率间的均衡关系。

三、多因素套利定价理论

在金融市场具体的运作中，影响证券收益率的因素并不唯一。除了市场因素外，还有很多影响证券价格形成的因素。以上的分析（包括 CAPM）仅考虑了市场因素，实际上其他因素，如国民收入、利率、产业、证券流动性等都会对证券价格的形成产生重大影响。很多的实证研究也证明了这一点。因此，分析某一投资组合或某一证券时，多因素模型将具有更为实际的也更为有力的解释能力与预测能力。仿照单因素模型的推导方法，我们可以得到多因素模型：

$$ER_i = \lambda_0 + b_{i1}\lambda_1 + \cdots + b_{ik}\lambda_k \qquad (5-39)$$

其中，λ_0表示无风险利率；λ_j表示第 j 种纯因素风险，即该投资组合对因素 j 的敏感度为 1，而对所有其他因素的敏感度为 0。

考虑对任意因素 j 敏感度为 1，而对其他因素敏感度为 0 的纯因素投资组合。假设其预期收益为 ER_{p_j}，那么多因素套利定价模型又可改写为：

$$ER_i = R_f + b_{i1}(ER_{p_1} - R_f) + \cdots + b_{ik}(ER_{p_k} - R_f) \qquad (5-40)$$

显然，任意证券的预期收益率等于无风险利率加上 k 个因素的因素风险报酬。

套利定价理论是一个非常吸引人的模型。它依赖于“资本市场中的理性均衡会排除套利机会”的假设。即便是很少的投资者注意到市场的不平衡，违背套利定价理论关系将会产生巨大的压力使之恢复均衡。进一步说，套利定价理论利用一个由许多证券构成的充分分散的投资组合来得出期望收益—贝塔关系。与之相比，资本资产定价模型建立在假设存在一个内生的不可观测的“市场”投资组合上。资本资产定价模型依赖均方差的有效性，也就是说，如果有证券违背了期望收益—贝塔关系，那么许多投资者（除相关的小部分）将调整自己的投资组合，使他们共同对价格造成压力迫使这种关系再次满足。

尽管存在着明显的优势，与资本资产定价模型相比，套利定价理论并没有完全占据优势。资本资产定价模型对所有证券的期望收益—贝塔关系做出了明确清晰的阐述，而套利定价理论表示只对除一小部分之外的所有证券适用。由于它着眼于无套利条件，不需要市场或指数模型的进一步假定，因此套利定价理论不能排除特殊的单个资产违背期望收益—贝塔关系。对于这些，我们需要资本资产定价模型的假设以及它的占优性观点。

构建一个多因素套利定价理论与构建单因素模型相似。但首先我们必须介绍纯因子组合的概念，即构建一个充分分散的投资组合，其中一个因素的 β 值为 1，另一个因素的 β 约为零。我们可以将一个纯因子组合看做跟踪投资组合，即该投资组合的收益跟踪某些特殊的宏观经济风险来源的演变，而与其他的风险来源无关。构建这样的纯因子组合是非常简单的，因为相对于较少的风险因素而言，我们有大量的证券可供选择。纯因子组合可以作为推导多因素证券市场线的基准投资组合。

四、套利定价模型在投资管理中的应用

套利定价模型在实践中的应用一般有两个方面。

事先仅是猜测某些因素可能是证券收益的影响因素，但并不确定知道这些因素中，哪些因素对证券收益有广泛而特定的影响，哪些因素没有。于是可以运用统计分析模型对证券的历史数据进行分析，以分离出那些统计上显著影响证券收益的主要因素。

明确确定某些因素与证券收益有关，于是对证券的历史数据进行回归以获得相应的灵敏度系数，再利用公式进行预测。

罗尔与罗斯利用套利定价模型对美国股市上市股票的影响因素进行了实证分析，使用的数据是纽约股票交易所上市股票的日收益率数据，样本区间从 1962 年 7 月 5 日到 1972 年 12 月 31 日。结果发现，下述四个宏观经济变量影响证券收益：工业产值指数、未预期的通货膨胀率、投机级债券与高等级债券收益率差额、长期政府债券与短期政府债券收益率差额。通过回归分析得出，某证券 A 上述四个因素的灵敏度系数为：1.2、-0.6、0.4、0.8。已知无风险利率为 5%；工业生产增长从预期的 4% 升至 6%；通货膨胀率预期为 3%，实际为 -1%；投机级债券与高等级债券收益率差额为 3%；长短期政府债券收益率差额为 -2%。则根据公式得出 A 的收益率为 9.4%。

第六节　证券投资基金

一、股票型基金

股票型基金是指 60% 以上的基金资产投资于股票的基金。按股票种类分，

股票型基金可以按照股票种类的不同分为优先股基金和普通股基金。优先股基金是一种可以获得稳定收益、风险较小的股票型基金，其投资对象以各公司发行的优先股为主，收益主要来自于股利收入。而普通股基金以追求资本利得和长期资本增值为投资目标，风险要较优先股基金高。

按基金投资分散化程度，可将股票型基金分为一般普通股基金和专门化基金，前者是指将基金资产分散投资于各类普通股票上，后者是指将基金资产投资于某些特殊行业股票上，风险较大，但可能具有较好的潜在收益。

按基金投资的目的，可将股票型基金分为资本增值型基金、成长型基金及收入型基金。资本增值型基金投资的主要目的是追求资本快速增长，以此带来资本增值，该类基金风险高、收益也高。成长型基金投资于那些具有成长潜力并能带来收入的普通股票上，具有一定的风险。股票收入型基金投资于具有稳定发展前景的公司所发行的股票，追求稳定的股利分配和资本利得，这类基金风险小，收入也不高。

与投资者直接投资于股票市场相比，股票基金具有分散风险、费用较低等特点。对一般投资者而言，个人资本毕竟是有限的，难以通过分散投资种类而降低投资风险。但若投资于股票基金，投资者不仅可以分享各类股票的收益，而且也可以通过投资于股票基金而将风险分散于各类股票上，大大降低了投资风险。此外，投资者投资了股票基金，还可以享受基金大额投资在成本上的相对优势，降低投资成本，提高投资效益，获得规模效益的好处。

从资产流动性来看，股票基金具有流动性强、变现性高的特点。股票基金的投资对象是流动性极好的股票，基金资产质量高、变现容易。

专栏 5.3　公募一哥王亚伟

经典语录

投资很辛苦，跟农民很像。我没想过要做巴菲特，也没想过做索罗斯，只想做个兢兢业业的好“农民”。

中国最赚钱的基金经理

王亚伟被称为中国“最牛基金经理”，他是中国公募基金界的神话，被称为“公募一哥”。他接手华夏大盘后，在5年不到的时间里，创造了10倍的回报。

1971年，王亚伟出生于安徽马鞍山市。1989年他以安徽省高考状元身份考入清华大学。1995年进入华夏证券公司，在当时全国最大的证券营业部——

华夏证券北京东四营业部任研究部经理。

1998 年，王亚伟加入华夏基金公司，王亚伟最初时任华夏基金旗下第一只封闭式基金——基金兴华的基金经理助理，之后任基金经理。

2001 年年末，华安、南方和华夏三家分别发行了开放式基金，从 2001 年 12 月起王亚伟开始担任华夏成长的基金经理。2004 年，熊市依然延续着，华夏成长当年净值增长率为 3.91%，王亚伟仍然没有创造出让行业之外的人记得他的成绩。

2005 年 4 月，王亚伟不再担任华夏成长的基金经理。同年 12 月王亚伟接手华夏大盘精选基金。

2006 年，华夏大盘以 154.49% 的业绩在 118 只基金中排名第 12，对应上证综指涨幅达到了 130%。

2007 年，华夏大盘精选气势如虹，以 226% 的净值增长率高居国内各类型基金之首，比第二名高出 35 个百分点，其净值增长率是同期上证综指涨幅的 2.33 倍。王亚伟则获得“中国最赚钱的基金经理”的殊荣，一举将基金金牛奖、明星奖、最佳表现奖、最高回报奖、最受欢迎奖尽数收入囊中。

2008 年确立了王亚伟江湖地位。在 2008 年的大熊市中，王亚伟做到“熊市跌得比别人少，牛市涨得比别人快”，华夏大盘在股市暴跌中成为基金抗跌亚军。

频频重仓冷门股曾遭质疑

2009 年，对于王亚伟来说是个“多事之秋”。重仓多只冷门股引发内幕交易猜想、分仓东莞证券等行为均遭业内人士追问，甚至他的家事也被传得沸沸扬扬。传言证监会曾对王亚伟管理的两只基金进行过调查。

王亚伟所管理的华夏大盘精选和华夏策略基金同时买进 10 档冷门股，其中多数是颇具风险性、前景不被看好的上市公司，如 *ST 昌河、吉林敖东、乐凯胶片、峨眉山 A 等股，一时间质疑王亚伟操纵股价的声音甚嚣尘上。

王亚伟对此解释是：“首先是因为我没有任何违规的操作，不心虚当然坦然；其次还因为，有质疑说明有人关心你，有人关心总比没人关心好，尽管其中存在很多误解，但我不想去和这些误解较劲。”

伟哥奔私

2012 年 12 月，王亚伟首款私募产品已经确认即将发行。而与王亚伟私募首秀进行合作的，将是外贸信托、国信证券与招商银行。

这只备受期待的私募产品，全名为“外贸信托昀沣证券投资集合资金信托计划”，投资顾问深圳千合资本，保管户开户银行为招商银行深圳分行，经纪商为国信证券深圳红岭中路营业部。

与此前业界传闻一致的是，此只产品认购门槛1000万元。信托产品介绍显示，认购费用为认购金额的1%，每月30日开放。

招商银行客户经理向21世纪网确认，王亚伟的确在和招商银行合作发行私募产品，但是并非此前传言的睿远三期。“按照我们私人银行业务的标准，门槛会比较高，至少要求客户资产5000万元以上，此次门槛是否要求更高，还说不准。”

从确认复出从事私募事业，到无视中信证券屡次抛出的橄榄枝而最终选择国信证券，王亚伟一直在不断地抛出意外，挑战业界的各种惯性思维。

A股孱弱之际，终于等到了这位昔日王者的归来。

王亚伟首款私募产品取名“昀沣”，昀，日光也，沣，意为春季植物疯长时水量充沛的河流。A股的春天，真的来了吗？

资料来源：网易财经。

二、债券基金

1. 定义

以国债、金融债等固定收益类金融工具为主要投资对象的基金称为债券型基金，因为其投资的产品收益比较稳定，又被称为“固定收益基金”。根据投资股票的比例不同，债券型基金又可分为纯债型基金与偏债型基金。两者的区别在于，纯债型基金不投资股票，而偏债型基金可以投资少量的股票。偏债型基金的优点在于可以根据股票市场走势灵活地进行资产配置，在控制风险的条件下分享股票市场带来的机会。一般来说，债券型基金不收取认购或申购的费用，赎回费率也较低。

2. 投资范围

第一类是超短债基金和纯债型基金。超短债基金的投资组合久期较短，一般控制在一年以内，组合流动性好，基金风险在债券型基金中最低。纯债型基金仅投资于各类固定收益工具。

第二类是可以进行新股申购、参与股票增发、可转债转股或被动持有权证，但权益类投资比例不超过20%而固定收益类投资不低于80%的债券型基金。

第三类是既可以在一级市场申购新股或参与股票增发，也可以同时在二级市场主动进行股票等权益类投资，但投资比例不超过20%的债券型基金以及股票投资比例可以达到20%以上的偏债型基金。

3. 债券基金特点

（1）低风险，低收益

由于债券型基金的投资对象——债券收益稳定，风险也较小，所以，债券型基金风险较小，但是同时由于债券是固定收益产品，因此相对于股票基金，债券基金风险低但回报率也不高。

（2）费用较低

由于债券投资管理不如股票投资管理复杂，因此债券基金的管理费也相对较低，目前中国债券型基金的管理费一般低于1%。

（3）收益稳定

投资于债券定期都有利息回报，到期还承诺还本付息，因此债券基金的收益较为稳定。

（4）注重当期收益

债券基金主要追求当期较为固定的收入，相对于股票基金而言缺乏增值的潜力，较适合于不愿过多冒险，谋求当期稳定收益的投资者。

三、货币基金

1. 定义

货币市场基金是指投资于货币市场上短期有价证券的一种基金。该基金资产主要投资于短期货币工具如国库券、商业票据、银行定期存单、政府短期债券、企业债券、同业存款等短期有价证券。

2. 投资范围

顾名思义，货币市场基金是以货币市场工具为投资对象的基金。根据《货币市场基金管理暂行规定》的规定，中国货币基金的投资范围包括：一年以内（含一年）的银行定期存款、大额存单；剩余期限在397天以内（含397天）的债券；期限在一年以内（含一年）的债券回购；期限在一年以内（含一年）的中央银行票据；中国证监会、中国人民银行认可的其他具有良好流动性的货币市场工具。

3. 货币基金特点

①货币市场基金与其他投资于股票的基金最主要的不同在于基金单位的资产净值固定不变，始终为1元。比如某投资者以100元投资于某货币型基金，可拥

有100个基金单位，1年后，若投资报酬是8%，那么该投资者就多8个基金单位，总共108个基金单位，价值108元。基金实施红利再投资，使收益就不断累积，增加投资者所拥有的基金份额。

②衡量货币市场基金表现优劣的标准是收益率。

③流动性好、安全性高。投资者可以不受到日期限制，随时可根据需要而赎回基金单位。

④风险性低。货币市场工具的到期日通常很短，投资组合的平均期限一般为4~6个月，因此风险较低，其收益率通常只受市场利率的影响。

⑤投资成本低。货币市场基金不收取申购、赎回费用，其管理费用也较低。

⑥货币市场基金通常被视为无风险投资工具，适合资金短期投资生息，以备不时之需的现金以货币市场基金的形式持有。

4. 货币市场基金的收益

从理论上说，货币市场基金也存在一定的风险，也曾经有个别基金在个别日子的万份基金单位收益为负值，但是从未有任何币市场基金在某一天的7日年化收益率为负值，可以非常明确地说，货币市场基金绝没有本金亏损的风险，只是收益率高低的问题而已。

反映货币市场基金收益率高低有两个指标：一是7日年化收益率；二是每万份基金单位收益。作为短期指标，7日年化收益率是包括当天在内的前7日的平均收益乘以一年天数折合成年收益率的数据，是最直观反映基金业绩状况的指标，便于和储蓄收益相比较。但那仅是基金过去7天的盈利水平，并不意味着未来收益水平。在考察该指标时，不能忽视对收益波动率的关注，因为这反映该基金未来收益预期是否具有稳定性。一般来说，如果该指标波动很大，投资者的实际收益率与购买时的收益率可能存在较大出入。每万份基金单位收益，是指把货币基金每天运作的收益平均摊到每份份额上，然后以1万份为标准进行衡量和比较的数据。这个指标越高，投资人获得真实收益就越高。银行定期储蓄虽然有较高的收益率，但流动性不足，一旦存款没有到期而需要用钱时，取出就只能按活期存款计算利息。而活期存款虽然能够随时存取，但利息低。而货币市场基金的流动性较高，同时收益也较高。可以随时赎回，一般在赎回的次日最晚是第三日就可到账。再者，银行活期储蓄是按年计算复利，而货币市场基金是按日计算复利。比如你有一万份货币型基金，今天每万份基金净收益是0.8000，即你今天的收益就是0.8000元，明天的收益就以本金为10000.80元计算。货币型基金的收益一般是按月结转。赎回时，尚未结转的收益会一并赎回。

表 5.1　截至 2014 年 10 月 12 日中国开放式货币基金 5 日收益前 8 名的基本情况

基金简称	投资目标	投资范围	基金 5 日净值增长率（%）
建信双周安心理财 B	在严格控制风险并保持良好流动性的基础上，通过主动的组合管理为投资者创造稳定的当期回报，并力争实现基金资产的长期稳健增值	本基金投资于具有良好流动性的固定收益类金融工具，包括：现金，通知存款，一年以内（含一年）的银行定期存款和银行协议存款，剩余期限一年以内（含一年）的债券回购，期限在一年以内（含一年）的中央银行票据、中期票据、短期融资券，剩余期限 397 天以内（含 397 天）债券（不含可转换债券），以及中国证监会认可的其他具有良好流动性的金融工具。如果法律法规或监管机构以后允许基金投资其他品种，基金管理人在履行适当程序后，可以将其纳入投资范围。 在任何一个交易日，本基金投资组合平均剩余期限不得超过 134 天	0.208139
建信双周安心理财 A	在严格控制风险并保持良好流动性的基础上，通过主动的组合管理为投资者创造稳定的当期回报，并力争实现基金资产的长期稳健增值	本基金投资于具有良好流动性的固定收益类金融工具，包括：现金，通知存款，一年以内（含一年）的银行定期存款和银行协议存款，剩余期限一年以内（含一年）的债券回购，期限在一年以内（含一年）的中央银行票据、中期票据、短期融资券，剩余期限 397 天以内（含 397 天）债券（不含可转换债券），以及中国证监会认可的其他具有良好流动性的金融工具。如果法律法规或监管机构以后允许基金投资其他品种，基金管理人在履行适当程序后，可以将其纳入投资范围。 在任何一个交易日，本基金投资组合平均剩余期限不得超过 134 天	0.200126
泰达宏利货币 B	在确保本金安全性和基金财产流动性的基础上，力争为投资者获取超过业绩比较基准的收益	本基金主要投资于货币市场工具，主要包括现金、一年以内（含一年）的银行定期存款和大额存单、剩余期限在 397 天以内（含 397 天）的债券，期限在一年以内（含一年）的中央银行票据、债券回购，以及中国证监会、中国人民银行认可的其他具有良好流动性的货币市场工具	0.186770

续表

基金简称	投资目标	投资范围	基金 5 日净值增长率（%）
泰达宏利货币 A	在确保本金安全性和基金财产流动性的基础上，力争为投资者获取超过业绩比较基准的收益	本基金主要投资于货币市场工具，主要包括现金、一年以内（含一年）的银行定期存款和大额存单、剩余期限在 397 天以内（含 397 天）的债券，期限在一年以内（含一年）的中央银行票据、债券回购，以及中国证监会、中国人民银行认可的其他具有良好流动性的货币市场工具	0. 180291
万家货币 R	在力保本金稳妥和基金资产高流动性的基础上，为投资者提供资金的流动性储备，并追求高于业绩比较基准的稳定收益	①现金； ②通知存款； ③1 年以内（含 1 年）的银行定期存款、大额存单； ④剩余期限在 397 天以内（含 397 天）的债券； ⑤期限在 1 年以内（含 1 年）的债券回购； ⑥期限在 1 年以内（含 1 年）的中央银行票据； ⑦中国证监会、中国人民银行认可的其他具有良好流动性的货币市场工具。 对于法律法规或监管机构以后允许货币市场基金投资的其他品种，基金管理人在履行适当程序后，可以将其纳入投资范围	0. 164568
万家货币 B	在力保本金稳妥和基金资产高流动性的基础上，为投资者提供资金的流动性储备，并追求高于业绩比较基准的稳定收益	①现金； ②通知存款； ③1 年以内（含 1 年）的银行定期存款、大额存单； ④剩余期限在 397 天以内（含 397 天）的债券； ⑤期限在 1 年以内（含 1 年）的债券回购； ⑥期限在 1 年以内（含 1 年）的中央银行票据； ⑦中国证监会、中国人民银行认可的其他具有良好流动性的货币市场工具。 对于法律法规或监管机构以后允许货币市场基金投资的其他品种，基金管理人在履行适当程序后，可以将其纳入投资范围	0. 164315

续表

基金简称	投资目标	投资范围	基金 5 日净值增长率（%）
万家货币 E	在力保本金稳妥和基金资产高流动性的基础上，为投资者提供资金的流动性储备，并追求高于业绩比较基准的稳定收益	①现金； ②通知存款； ③1 年以内（含 1 年）的银行定期存款、大额存单； ④剩余期限在 397 天以内（含 397 天）的债券； ⑤期限在 1 年以内（含 1 年）的债券回购； ⑥期限在 1 年以内（含 1 年）的中央银行票据； ⑦中国证监会、中国人民银行认可的其他具有良好流动性的货币市场工具。 对于法律法规或监管机构以后允许货币市场基金投资的其他品种，基金管理人在履行适当程序后，可以将其纳入投资范围	0. 161926
农银汇理货币 B	本基金以保持资产的低风险和高流动性为优先目标，力争实现超越业绩比较基准的投资回报，为投资者提供良好的现金管理工具	本基金主要投资于货币市场金融工具：现金、通知存款、一年以内（含一年）的银行定期存款和大额存单、剩余期限在 397 天以内（含 397 天）的债券、期限在一年以内（含一年）的中央银行票据、期限在一年以内（含一年）的债券回购、短期融资券、剩余期限在 397 天以内（含 397 天）的资产支持类证券以及中国证监会、中国人民银行认可的其他具有良好流动性的货币市场工具	0. 161175

资料来源：天天基金网。

四、分级基金

分级基金（Structured Fund）又叫“结构型基金”，是指在一个投资组合下，通过对基金收益或净资产的分解，形成两级（或多级）风险收益表现有一定差异化基金份额的基金品种。它的主要特点是将基金产品分为两类或多类份额，并分别给予不同的收益分配。分级基金各个子基金的净值与份额占比的乘积之和等于母基金的净值。例如拆分成两类份额的母基金净值 = A 类子基净值 × A 份额占比 + B 类子基净值 × B 份额占比。如果母基金不进行拆分，其本身是一个普通的基金。

分级基金有股票（指数）分级基金、债券分级基金和货币分级基金三类。

股票分级基金的分级模式主要有融资分级模式、多空分级模式。债券型分级基金为融资分级，货币分级基金为多空分级。

融资型分级基金通俗的解释就是，A 份额和 B 份额的资产作为一个整体投资，其中持有 B 份额的人每年向 A 份额的持有人支付约定利息，至于支付利息后的总体投资盈亏都由 B 份额承担。以某融资分级模式分级基金产品 X（X 称为母基金）为例，分为 A 份额（约定收益份额）和 B 份额（杠杆份额），A 份额约定一定的收益率，基金 X 扣除 A 份额的本金及应计收益后的全部剩余资产归入 B 份额，亏损以 B 份额的资产净值为限由 B 份额持有人承担。当母基金的整体净值下跌时，B 份额的净值优先下跌；相对应的，当母基金的整体净值上升时，B 份额的净值在提供 A 份额收益后将获得更快的增值。B 份额通常以较大程度参与剩余收益分配或者承担损失而获得一定的杠杆，拥有更为复杂的内部资本结构，非线性收益特征使其隐含期权。

根据分级母基金的投资性质，母基金可分为分级股票型基金（其中多数为分级指数基金）、分级债券基金。分级债券基金又可分为纯债分级基金、混合债分级基金、可转债分级基金，区别在于纯债基金不能投资于股票，混合债券基金可用不高于 20% 的资产投资股票，可转债分级基金投资于可转债。

根据分级子基金的性质，子基金中的 A 类份额可分为有期限 A 类约定收益份额基金、永续型 A 类约定收益份额基金；子基金中的 B 类份额又称为杠杆基金。杠杆基金可分为股票型 B 类杠杆份额基金（其中多数为杠杆指数基金）、债券型 B 类杠杆份额基金（杠杆债基）、反向杠杆基金等。

分级基金首先由母基金进行募集，然后再拆分成两份风格不同的子基金，也就是分级基金。拆分后的基金分别可在二级市场上交易，类似于封闭基金的交易形式。

首先要明确的是分级基金的净值收益其实都来源于母基金，只是把母基金的总收益按照一定的规则分配到子基金上去。简单地说，分级基金只是利益或者亏损再分配的过程。而分配原则就直接影响了分级基金的风险收益特性，也就是杠杆率。其次，和普通开放基金不同，很多分级基金的风险收益特性和母基金净值大小有直接的关系。而对于普通开基来讲，“净值无高低”，也就是我们需要关注的是净值增长率，而不是净值的大小。投资 1 元净值的开基和投资 2 元的开基没有本质的区别。但对分级基金就完全不一样，我们不但要考虑母基金的净值增长率，还要考虑购买分级基金时的净值大小和杠杆率。另外，还要考虑由于在场内交易，会产生溢价或者折价。这对收益同样是有影响的，也就是净值和价格的区别。所以分级基金很复杂，比封基更复杂。

专栏5.4 银华深100分级

银华锐进最近很火爆，半个月暴涨20%，实实在在吓人一跳。如果看懂了银华是如何分级，那么理解它的高收益率其实并不困难。

银华深证100指数分级证券投资基金5月7日正式成立，场外募集了17亿，叫银华深100场外份额。场内认购的按1∶1的比例确认为2.27亿份银华锐进和2.27亿份银华稳进，分别上市交易。

母基金银华深100是一个跟踪深100指数的被动指数型基金，资产的90%以上投资深100指数的成分股。至于深100指数，大家都很熟悉了，的确是非常强悍的指数。管理费1%，托管费0.2%，费用比前面分析的几个基金少一点点。

稳健部分是银华稳进，和双禧A一样，是一个固定收益的品种，"约定年基准收益率为1年期同期银行定期存款利率（税后）+3%"，按照现在的情况就是2.25%+3%=5.25%。每天净值按照这个收益的日平均复利计息。

激进部分叫银华锐进，母基金资产中扣除给银华稳进的部分，剩下的全部归银华锐进。也就是锐进按照1∶1的比例借贷稳进的部分进行投资，除了给稳进保本付息之外，独吞基金运作的剩下所有收益。这当然是杠杆型基金。在开始的时候，一元锐进借贷一元稳进，撬起2元的银华深100，也就是杠杆率为2。和其他的这类基金相似，这个杠杆率随着锐进净值的增加而减少，随着锐进净值的减少而增加。这很好理解，因为1份锐进借贷的稳进的钱基本上就是1元，那锐进的净值高了，杠杆率就低了；锐进的净值低了，杠杆率就高了。比如锐进的净值是3元，再借贷1元稳进，撬动4元的深100，杠杆率是4/3=1.33；如果锐进的净值是0.5元了，还是借贷1元，撬动1.5元的深100，杠杆率就是1.5/0.5=3。这样，随着市场的上涨，锐进的杠杆率就越来越低；如果市场持续下跌，锐进的杠杆会大幅度增加，而到一定的时候，如果母基金的总资产小于稳进的资产，基金也没有办法运转下去。

于是，这个基金有个不定期份额折算的规则，当母基金的净值达到2元（差不多是锐进3元）的时候或者锐进的净值低于0.25元的时候，净值归一，而且按照稳进和锐进1∶1进行折算，超出的部分转化到场内的银华深100。这样就有了一个上限和一个下线。既保证了高杠杆率，也保证了稳进的运行。

同时在每个年末，稳进固定收益盈余的部分要转化到场内银华100上去，稳进的净值就回到1；但母基金银华100的净值略有变动，同时份额也增加；

而锐进净值份额都不变，一直到上限或者下限触发份额折算机制。这个基金同样有配对份额配对转化机制，控制套利。7月23日，银华锐进的杠杆率是1.97倍，溢价率是1.24%，显然市场转暖后，大家开始喜欢这个基金。银华稳进也有2.18的溢价，到底有固定5.25的年收益，所以也被看好。银华锐进的母基金是深100，这的确是很好的指数，也是很激进的指数。而且自己拿1元，再借1元初始2倍的杠杆率，比6∶4的借贷率当然就高，让波动更为剧烈。上个周末母基金涨了0.39，锐进却涨了0.77；不过大家也要看到6月29日，母基金跌4.28%，锐进可是跌了8.9%。

杠杆率和母基金的净值有非常大的相关性，而且变化也很快，所以投资这种杠杆基金一定要盯着杠杆率。

综上所述，研究分级基金，要看母基金的盈利能力和波动，要看杠杆率，也要看折价率。这三点对于分级基金的收益率至关重要。

五、混合基金

混合基金是指同时投资于股票、债券和货币市场等工具，没有明确的投资方向的基金。其风险低于股票基金，预期收益则高于债券基金。它为投资者提供了一种在不同资产之间进行分散投资的工具，比较适合较为保守的投资者。

混合基金根据资产投资比例及其投资策略再分为偏股型基金（股票配置比例50%～70%，债券比例在20%～40%）、偏债型基金（与偏股型基金正好相反）、平衡型基金（股票、债券比例比较平均，大致在40%～60%左右）和配置型基金（股债比例按市场状况进行调整）等。

投资者在选择混合型基金时应该注意以下三点。

第一，盈利能力。投资者考察混合型基金的盈利能力，可以考虑基金的阶段收益率和超越市场平均水准的超额收益率等指标。基金的阶段收益率反映了基金在这一阶段的收益情况，是基金业绩的最直接体现，但这个业绩受很多短期因素影响，有较多偶然成分。评价收益率还需要考虑基金获得超越市场平均水准的超额收益率，常用詹森指数等作为衡量指标。詹森指数衡量基金获得超越市场平均水准的超额收益能力，可以作为阶段收益率的补充，可以帮助投资者更全面地判断基金的盈利能力。

第二，抗风险能力。投资者选择混合型基金时，还应关注基金的抗风险能力，这主要通过该基金的亏损频率和平均亏损幅度来比较。不同的亏损频率和亏损的幅度一定程度上反映了基金经理的操作风格，只有将亏损频率和亏损幅度较好平衡的基金才能具有较强的抗风险能力，帮助投资者实现长期持续的投资回报。

第三，选股择时能力。一般而言，混合型基金的管理团队应该坚持价值投资的理念，分享国民经济和资本市场的成长是混合型基金的价值所在。混合型基金的业绩很大程度上取决于基金经理是否能够通过主动投资管理实现基金资产增值，考察混合型基金的选股就显得尤为重要。衡量基金经理选股能力的常用指标有组合平均市盈率、组合平均市净率、组合平均净资产收益率等，只有持仓组合的组合平均市盈率、组合平均市净率、组合平均净资产收益率等指标处于较合理的水平，基金资产才有较好的增值前景。相比股票型基金投资者，混合型基金的投资者风险偏好较低，除考察盈利能力、抗风险能力、选股能力外，混合型基金重在考察择时配置能力，基金管理人需要通过灵活择时来规避市场风险，实现资产的稳健增值。常用的衡量混合型基金把握市场时机与资产配置水准的指标有C－L择时能力等。

六、证券投资基金选股择时能力概述

1. 选股能力

目前理论界比较公认的选股能力是指证券投资基金通过对市场的挖掘发现市场上那些被市场估值较低的股票，然后将其替换于自己的投资组合中，不断动态地运用这种方法获得超额的市场收益，持续拥有这种获得超额收益的能力就叫选股能力。

从市场的实际表现来看，市场上时时刻刻都可能存在被市场低估的股票。所以不断地挖掘这类被估值低股票完全可能，这应该是证券投资基金最重要的获得超额收益的能力。

2. 择时能力

证券投资基金的择时能力是指基金能够对市场未来的走势有大致的把握，然后根据自己对未来的预测对资产进行配置，也就是在未来走势向上时，提高资产组合的风险水平，增加收益，在未来走势向下时，降低资产组合的风险水平，其实质是根据对未来市场情况预测，调整投资组合的风险水平。

不同的投资风格导致了不同投资风格基金经理对当期收益与风险以及对未来收益与风险的认知不同，不同的认知必然就会导致不同的偏好，最终导致操作策略的差异性。比如说当投资组合中的某只股票近期价格突然快速下跌，成长型基金的经理则要对这只股票的公司进行分析，到底是因为某些暂时的谣言或者负面消息产生的影响还是公司的基本面完全产生了变化，考虑了这些才会作出决定；而平衡型基金的经理则要取舍一下买卖这只股票对整个投资组合的收益产生的利弊，平衡之后才会作出决策；价值型基金关注的是这只股票的投资价值，是否还存在继续持有的价值，这是对公司前景的一个预测，关注的是价值投资。

市场处于不同的行情周期，必然会影响证券投资基金经理的决策和操作。市场总是变幻莫测的，所以当市场处于波动时更能体现出证券投资基金的选股择时能力，因为市场处于不同阶段，基金经理对市场的判断难度是不一样的。普遍认为，当市场处于大牛市的时候，持股就能获得较大收益，这种普遍的获益很难让基金表现出选股择时能力，相反当市场处于波动，或者是熊市阶段，如果基金经理有较好的选股择时能力便可以脱颖而出，表现出较为明显的选股择时能力。

第七节　基金评价模型

一、证券投资基金的收益

投资者进行证券投资的最主要的目的就是获得良好的收益报酬，在对基金进行评价时我们也要首先从投资者可以获得的收益出发对基金进行评价。基金投资收益一般包括两部分：一部分是资本利得，即基金管理人利用证券二级市场波动而获取的买卖价差；另一部分是基金资产在评估期间获得的利息、红利等收益。在评价基金表现时，大多数评价方法的评价基础数据都是基金投资收益率，因此基金投资收益率计算的准确性是基金评价结果合理的一个重要基础。

1. 单位基金净值

基金净值是基金向投资者及时披露的主要信息，基金投资收益率就是基于这一信息计算的。单位基金净值（Net Asset Value，NAV）表示每基金单位的市场价值，通常用 NAV 来表示。在基金业发展之初，投资者将基金的净值增长率视为基金的投资收益率。

$$NAV=\frac{基金净资产}{发行在外的基金份额}$$

但是该指标存在一些其缺点。首先，该指标在不同生命周期的投资基金之间不具有可比性。由于各投资基金发行时间不同，在股价持续上涨期间，发行较早的基金，其基金单位净资产就可能高些。其次，该指标不能反映出其投资组合所承担的风险。一般讲投资收益总是一定风险条件下的收益，两只基金获得了相同的收益，但是他们承担的风险不同，那么他们的管理业绩自然也不相同。

2. 基金净值增长率

（1）简单净值增长率

简单净值增长率不考虑分红对投资收益率的影响：

$$R = \frac{NAV_t + D_t - NAV_{t-1}}{NAV_{t-1}}$$

其中，R 是简单净值增长率，NAV_t 和 NAV_{t-1} 表示本期末与上期末的单位基金净值，D_t 为本期内的单位基金分红。

（2）时间加权净值增长率

简单净值增长率并没有将分红的时间价值考虑在内，因而是一种比较粗略的收益率计算；而时间加权净值增长率将时间价值因素考虑在内。

时间加权净值增长率假设红利以除息前一日的单位净值减去单位分红后的净值并立即进行再投资：

$$R = (1 + R_1)(1 + R_2)\cdots(1 + R_n) - 1$$
$$= \frac{NAV_1}{NAV_0}\frac{NAV_2}{NAV_1 - D_1}\cdots\frac{NAV_n}{NAV_{n-1}} - 1$$

其中，R_1 为第一次分红之前的净值增长率；R_2 为第二次分红之前的净值增长率；NAV_0 表示基金期初的单位净值，NAV_1，$NAV_2 \cdots NAV_{n-1}$ 表示除息前一日的单位基金净值；NAV_n 表示基金期末的单位净值；D_1，$D_2 \cdots D_{n-2}$ 为单位净值的分红。时间加权净值增长率反映了 1 元投资在不取出的情况下的净值增长率，其计算方式将不受分红多少的影响，可以准确地反映基金经理的真实投资表现。

（3）算术平均增长率和几何平均增长率

在对多期收益率的衡量与比较上，经常要用到平均收益率指标。通常有两种方法计算平均收益率。

算术平均收益率的公式为：

$$\bar{R}_A = \frac{\sum_{t=1}^{n} R_t}{n}$$

几何平均增长率的公式为：

$$\bar{R}_G = \sqrt[n]{\left[\prod_{t=1}^{n}(1 + R_t)\right]} - 1$$

一般地，算术平均增长率要大于几何平均增长率，每期的净值增长率差距越大，两种方法的差距越大。几何平均增长率可以准确衡量基金表现的实际收益情况，因此常用于对基金过去净值增长率的衡量。算术平均增长率一般用作对净值平均增长率的无偏估计，更多地用来对将来收益率的估计。

3. 基金绩效的净值增长率方法

净值增长率给出了基金经理人的绝对表现，但是投资者却无法据此判断基金经理人业绩表现的优劣。基金表现优劣只能通过相对表现才能判断，在实际生活中，分组比较和基准比较是两种最常用的比较方法。

(1) 分组比较法

分组比较就是根据资产配置的不同、风格的不同、投资区域的不同等，将具有可比性的相似的基金放在一起进行业绩的相对比较，其结果通常以顺序、百分位、型号等形式给出。这种比较要比不分组的比较更能给出有意义的衡量结果。

(2) 基准比较法

基准比较法是通过给被评价的基金定义一个市场的基准组合，比较基金净值增长率与基准组合收益率的差异来对基金表现加以衡量的一种方法。那么基金组合应该是可投资的、未经管理的、与基金具有相同风格的组合。在选择基准组合时，首先要具有明确的组成成分，然后这个组合要具有切实的投资可行性，同时基准组合要与被评价的基金具有相同的风格和风险特征，并且基准组合的构造要先于被评价基金的设立。一般来讲，基准组合可以是风格指数、全市场指数或者是不同指数复合成的复合指数。

二、证券投资基金的风险

投资者投资于证券基金会承担一定的风险，在衡量基金的投资收益时投资者不可避免地需要考察其面临的风险。识别风险并且对风险进行科学度量是非常有必要的。有很多指标可以对证券投资基金的风险进行衡量。

1. 标准差与年化标准差

基金标准差衡量的是基金净值增长率的波动程度：

$$\sigma = \sqrt{\frac{1}{n-1}\sum_{i=1}^{n}(R_i - \bar{R})^2}$$

其中，R_i 为基金 i 的净值增长率；n 为计算所用样本的个数；$\bar{R}$ 为样本净值增长率的均值。在计算标准差时，有些情况下需要将阶段的标准差化为年化标准差，来衡量基金净值增长率在一年内的波动性，这就涉及年化标准差的计算：

$$\sigma_{年} = \sigma\sqrt{k}$$

其中，σ 为基金净值增长率的标准差；k 为一年内交易日（或是周、月……）的数量，例如，如果 R_i 是日净值增长率，则 k = 252，如果 R_i 是周净值增长率，则 k = 52。

因为标准差的绝对数值受到净值增长率的衡量期间长短的影响，不能直接用于比较，因此作比较时一般会用年化标准差。标准差与年化标准差表示的是基金的总风险。

2. β 系数

在 CAPM 模型中的 β 系数可以衡量资产的系统性风险，国内外广泛应用于测定某种证券或证券组合的相对风险。在实际的证券投资中，β 系数的重要性在于它可以代表证券价格对于未来市场变化的敏感度，某种证券的 β 系数越大，说明该种证券在市场变化时其价格上下变动越剧烈。

在基金投资中，根据 CAPM 模型，β 系数可以被定义为某只基金的净值增长率和市场基准组合的收益率的协方差相对于市场组合方差的大小：

$$\beta_i = \frac{COV(R_i, R_M)}{\sigma_M^2}$$

其中，β_i 为第 i 只基金的 β 系数；R_i 为第 i 只基金的净值增长率；R_M 为市场组合的回报率；σ_M^2 表示市场组合的方差；COV（R_i，R_M）为第 i 只基金的净值增长率和市场组合的收益率的协方差：

$$COV(R_i, R_M) = \frac{1}{n-1}\sum_{t=1}^{n}(R_{ti} - \bar{R}_i)(R_{tM} - \bar{R}_M)$$

$\bar{R}_i$ 表示第 i 只基金的样本净值增长率的均值；$\bar{R}_M$ 表示市场组合的收益率均值。β 系数可以直接反映基金所承受的风险水平，同时可以用于横向比较和纵向比较以及其他风险因素分析。当 β > 1 时，基金所面临的系统风险高于市场基准组合风险；当 β = 1 时，基金的系统性风险与市场风险相当；当 β < 1 时，基金的系统性风险低于市场基准组合的风险。

3. α 系数

根据威廉 · 夏普的市场模型可知，资产的收益率等于常数项与资产的 β 系数乘以市场基准收益率之和再加上随机项（ε）：

$$R_i = \alpha_i + \beta_i R_M + \varepsilon_i$$

α 系数描述了基金能够产生的收益率高于、等于或低于市场基准收益率的程度，也被称为超额收益率，它描述了基金相对于市场基准指数的波动性。α 系数测量了一只基金相对于通过 β 系数调整的市场基准收益率的超额业绩或不足业绩。如果一只基金的收益率高于通过 β 系数调整的市场基准收益率，则存在正的 α 系数，称为正 α；反之，称为负 α。

4. 下限风险

马克维茨提出了相对于投资组合收益和风险的衡量标准，其中将标准差视为组合的总风险，描述了组合收益率高于或低于平均收益率的波动幅度。但在实际的投资中，投资者往往会对收益和风险有一个权衡，与收益率高于基准部分所带来的收益回报相比，投资者可能更关心低于基准部分的收益下跌风险，即所谓下限风险。在基金投资中，下限风险是指基金净值增长率的下方标准差，测量的是基金的净值增长率与目标回报率或者期望回报率反向的偏差程度：

$$DR_i = E(\min\{R_i - \bar{R}_i, 0\})^2$$

其中，DR_i 表示第 i 只基金的下限风险，min $\{R_i - \bar{R}_i, 0\}$ 表示样本中低于平均值的基金净值增长率，n 为样本数。一般来讲，下限风险越大，说明基金组合回报向下的风险越大。

5. 跟踪误差

跟踪误差是指组合收益率与基准收益率之间的差异的收益率标准差，反映了积极管理的风险。基金的净值增长率和基准收益率之间的差异收益率称为跟踪偏离度。跟踪误差则是基于跟踪误差偏离度计算出来的，这两个指标是衡量基金收益与目标指数收益偏离度的重要指标。

（1）跟踪偏离度

$$TD_{ti} = R_{ti} - R_{tM}$$

其中，TD_{ti}表示基金 i 在时间 t 内的跟踪偏离度；R_{ti}为基金 i 在时间 t 内的净值增长率。

（2）跟踪误差

$$TE_i = \sqrt{\frac{1}{n-1}\sum_{t=1}^{n}(TD_{ti} - \overline{TD}_i)^2}$$

其中，TE_i 表示基金 i 的跟踪误差；$\overline{TD}_i$ 表示基金 i 的跟踪偏离度样本均值；n 表示样本数。

跟踪误差越大，说明基金的净值增长率与基准组合收益率之间的差异越大，并且基金经理主动投资的风险越大。通常认为跟踪误差在 2% 以上意味着差异比较显著。

6. 信息比率

信息比率以马克维茨的均值—方差模型为基础，表示单位主动风险所带来的超额风险：

$$IR_i = \frac{\overline{TD}_i}{TE_i}$$

其中，IR_i 表示基金 i 的信息比率，$\overline{TD}_i$ 表示基金 i 的跟踪偏离度的样本均值，TE_i 为基金的跟踪误差。信息比率是从主动管理出发描述风险调整后收益。信息比率越大，说明基金经理单位跟踪误差所获得的超额收益越大。投资者在选择基金时需要考虑基金公司能不能提供明确的收益预期。信息比率对于考察基金经理的业绩具有非常重要的意义，因为其奖励的不仅仅是绝对业绩，而是持续稳定的业绩。合理的投资目标应该是在承担适度风险的情况下追求比较高的信息比率，而不仅仅是单纯追求高信息比率。过低或过高的承担主动风险都不是基金经理的理性选择。

7. 投资分散度

投资分散度反映投资组合面临的总风险中系统性风险所占比例。基金的标准差衡量的是总风险，β 系数衡量的是系统风险，投资分散度是基金的 β 系数和标准差的比率：

$$投资分散度 = \frac{\beta 系数}{标准差} = \frac{\beta_i}{\sigma_i}$$

其中，β_i 表示基金 i 的 β 系数，σ_i 表示基金 i 的标准差。基金的投资分散度越大，则其在面临的总风险中系统性风险所占比例越大，非系统性风险越小，组合回报率可用于市场回报解释的程度越大。投资分散度越低，说明组合回报率与市场回报率的关系越小。

8. 变异系数

在基金投资中，如果基金的实际收益和预期收益偏差太大会直接影响到投资者的投资信心，进而影响基金业绩的持续性。因而投资者会要求基金净值增长率的偏离不能太大，通常会用变异系数来测量波动性：

$$CV_i = \frac{\sigma_i}{E(R_i)} = \frac{\sigma_i}{\frac{1}{n}\sum_{t=1}^{n} R_{ti}} = \frac{n\sigma_i}{\sum_{t=1}^{n} R_{ti}}$$

其中，CV_i 表示基金 i 的变异系数，E（R_i）为基金 i 的期望净值增长率，σ_i 为基金 i 的标准差，n 为样本个数。变异系数反映单位期望报酬率所承担的风险。

9. 风险价值

风险价值 VaR 指在未来某一特定的资产持有期内，在给定的置信度下资产或资产组合可能遭受到的最大损失值。衡量 VaR 首先要关注两个因素：基本的时间间隔应为多长；置信区间应该为多大。VaR 方法基本可以简明地表示市场风险的大小，单位是货币单位。同时可以在事前计算风险，不仅让投资者知道发生损失的规模，而且可以知道其发生的可能性，除了能计算单个计算金融工具的风险之外，还能计算由多个金融工具组成的投资组合风险。

VaR 的度量方法一般来讲可以分为以局部估值为基础的分析类方法和以完全估值为基础的模拟方法。完全估值为基础的度量方法包括历史模拟法和蒙特卡洛法。

三、经过风险调整后的收益衡量

风险的大小在现代投资理论中在决定组合表现上具有基础性的作用，直接以收益率的高低进行衡量有很大的问题。表现好的基金有可能是因为高风险而获得而不是基金经理的好的投资技巧，同样表现差的基金可能是因为承担较低的风险而不是基金经理的投资技巧不足。经过风险调整的指标更能表现基金的业绩。

1. 特雷诺比率

特雷诺比率（特雷诺指数）由特雷诺在其《如何评价投资基金管理》（1965）中提出的一种风险调整的衡量方法。特雷诺通过对于美国基金数据的分析后提出足够的证券组合可以消除单一资产的非系统风险，系统风险就可以比较好地反映基金的风险，因而提出一种比率公式：

$$T_i = \frac{\bar{R}_i - \bar{R}_f}{\beta_i}$$

其中，T_i 表示第 i 只基金的特雷诺指数，$\bar{R}_i$ 表示考察期内第 i 只基金的平均回报率，$\bar{R}_f$ 表示样本期内的平均无风险收益率，β_i 为第 i 只基金的系统风险。

特雷诺指数是每单位风险获得的风险溢价，是投资者判断某一基金管理者在管理基金过程中所冒风险是否有利于投资者的判断指标。特雷诺指数越大，单位风险溢价越高，开放式基金的绩效越好，基金管理者在管理的过程中所冒风险有利于投资者获利。相反，特雷诺指数越小，单位风险溢价越低，开放式基金的绩效越差，基金管理者在管理的过程中所冒风险不有利于投资者获利。

2. 夏普比率

1966 年威廉·夏普发表《共同基金的业绩》，提出用基金的单位总风险所带来的超额收益作为衡量基金业绩的一个风险调整指标。夏普比率通过一定时间内基金投资组合的风险溢价与收益率的标准差之比来衡量基金的表现：

$$S_i = \frac{\bar{R}_i - \bar{R}_f}{\sigma_i}$$

其中，S_i 表示基金 i 的夏普比率，$\bar{R}_i$ 是考察期内基金 i 的平均回报率，$\bar{R}_f$ 表示样本期内的平均无风险收益率，σ_i 为基金 i 的收益率的标准差。

夏普比率的目的是计算投资组合每承受一单位总风险，会产生多少的超额报酬。比率依据资本市场线的观念而来，是市场上最常见的衡量比率。当投资组合内的资产皆为风险性资产时，适用夏普比率。夏普比率代表投资人每多承担一分风险，可以拿到几分报酬；若为正值，代表基金报酬率高过波动风险；若为负值，代表基金操作风险大过于报酬率。这样一来，每个投资组合都可以计算投资回报与多冒风险的比例，这个比例越高，投资组合越佳。

3. 詹森指数

詹森指数是测定证券组合经营绩效的一种指标，是证券组合的实际期望收益率与位于证券市场线上的证券组合的期望收益率之差。1968 年，美国经济学家迈克尔·詹森发表了《1945～1964 年间共同基金的业绩》一文，提出了这个以资本资产定价模型为基础的业绩衡量指数，它能评估基金的业绩优于基准的程度，通过比较考察期基金收益率与由定价模型 CAPM 得出的预期收益率之差，即基金的实际收益超过它所承受风险对应的预期收益的部分来评价基金，此差额部分就是与基金经理业绩直接相关的收益。

$$\begin{aligned} J_i &= E(R_i) - [R_f + \beta_i(E(R_m) - R_f)] \\ &= \bar{R}_i - [R_f + \beta_i(E(\bar{R}_m) - R_f)] \end{aligned}$$

其中，J_i 表示基金 i 的詹森指数，$\bar{R}_i$ 是考察期内基金 i 的平均回报率，R_f 表示样本期内的无风险收益率，$\bar{R}_m$ 表示样本期内市场基准组合的平均无风险收益率，β_i 为基金 i 所承担的系统风险。

詹森指数是绝对值指标，表示基金业绩中超过市场基准组合所获得的超额收益。就是詹森指数大于 0，表明基金业绩表现优于市场基准组合，大得越多，业绩越好；反之，如果詹森指数小于 0，则表明绩效不好。

投资者可以参考詹森指数，来对基金投资的期望收益与证券市场的期望收益进行比较。投资基金可能在某一段时期收益是一个负值，但这并不表示这个基金不好，只要在这一阶段詹森指数为正，我们还是可以认为这是一个优秀的开放式基金；相反，投资者所购买的开放式基金有较好的现金收益，但如果它的詹森指数是一个负值，那么就表示这是一个劣质的开放式基金。由于将基金收益与获得这种收益所承担的风险进行了综合考虑，詹森指数相对于不考虑风险因素的绝对收益率指标而言，更为科学，也更具有可比性。将詹森指数的概念运用于基金投资中，追求詹森指数的极大化，也就是追求基金超额收益的极大化，这才是一个理性基金投资者的正确选择。

四、中国基金业绩评价体系

1. 晨星业绩评价体系

晨星的基金评价，建立在对基金进行分类的基础上——对同类基金进行“苹果与苹果”式的比较，对中国基金的分类是评价工作的基础。通过分析基金的投资组合，将现有的开放式基金分为股票型基金、债券型基金、配置型基金、货币市场基金和保本基金五类分别进行比较，封闭式基金被单列为一类。

在评价指标中，晨星引入了总回报率、标准差、晨星风险系数、夏普比率四项指标，分别对基金的收益、风险及风险调整后的收益进行量化评测。以上的评级方法是针对普通投资者的基金评价产品的评级方法，投资者很容易理解这些评级结果的经济涵义，因此得到了投资者的认同。同时，晨星公司为希望对各基金有比较深入了解的投资者，提供较为详细全面的各基金评价分析报告，以帮助他们对各基金做出自己的判断。另外，这家公司还为专业的投资者提供量身定做的基金评价产品。

晨星评级虽然具有较高权威性，但方法本身仍然存在一定缺陷。

首先，晨星总评级将不同存续期的基金放在一起进行评价，通过对基金过去不同时段（3~10 年）评级的加权平均得出总评价。这样，在平均作用的影响下，基金存续期越长的基金，与存续期越短的基金，越可能的评级是 5 星或 1 星。

其次，晨星在计算基金总评级时采用四舍五入的进位制，导致不同存续时间的基金对业绩变动的非对称反应。

再者就是国际基金评价公司的评级分类也基本是按照投资标的划分的，不过为了符合国际惯例，他们在投资标的划分的大类下还按照投资区域进行二级分类。晨星著名的投资风格划分的目的不是进行业绩评价，而是进行投资风格分析，风格可能是变化的，也可能不符合基金所宣称的风格，中国的情况尤为突出。

2. 银河证券基金业绩评价体系

银河证券是国内最早开展基金业绩评价研究的券商。其对基金的评价分为定性评述与定量评价两部分。定性评述主要就基金业在发展中出现的问题与现象进行分析评论；定量评价主要围绕基金净值与价格表现通过简明扼要的指标体系给出评价，每周进行一次，结果在《中国证券报》刊登。银河基金评价体系具体指标构成见表5.2。

表5.2　　银河基金评价体系具体指标构成

指标分类		指标构成
市场表现指标		份额净值
		收盘价
		折价/溢价率
投资业绩指标	收益指标	累计净值增长率
		年几何平均净值增长率
	风险指标	年化标准差
		风险程度
		β及R平方
	风险调整收益指标	夏普比率
流动性		换手率
基准组合		上证A股指数×0.8+中信国债指数×0.2

3. 天相基金业绩评价体系

天相投资顾问公司建立的基金评价体系侧重于对基金绩效表现的判断，目前对于封闭式基金，业绩评价在短期（过去六个月）、中期（过去一年）与长期（过去两年）三个时期进行分别进行，综合三个时期的评估结果给出综合的星级。天相基金评价体系指标构成、星级评定方法具体见表5.3、表5.4。

表5.3　　天相基金评价体系指标构成

评估项目	权重	单项指标	权重
风险调整收益	3/5	詹森比率	1/5
		Stutzer 指数	2/5
择时能力	1/5	择时能力：C. L. 指标	1/10
		风险分散能力与选股能力：M. C. V 指标	1/10
流动性风险	1/5	投资组合调整速率	1/10
		潜在变现损失率	1/10

注：单项指标值=样本总数－在降序排列中的名次+1。

单项综合评价=Σ单项指标得分×权重。

进行多期综合评价时，对业绩指标取短期得分、中期得分、长期得分之和作为指标得分，对于流动性指标，得分取过去一年4个季度得分平均值的排序结果。

表 5.4　天相基金星级评定办法

综合得分排序（从高往低）	星级
0~10%	☆☆☆☆☆
10%~30%	☆☆☆☆
31%~50%	☆☆☆
51%~75%	☆☆
76%~100%	☆

国内的各基金评价体系虽然经过一段时间的发展有了很大的进步，但还是有需要完善的地方。主要有以下几点。

首先，评价体系的功能定位不太准确。

基金评价体系的指标设置取决于系统使用者的需求，不同评价主体的需求不尽相同，因此应在系统结构设计上加以区别。现有的几套评价体系并未对客户进行细分，为普通的基金投资者和专业的机构投资者提供的产品具有同质性，不能满足需求的差异性。

其次，各评价体系评价内容还不是十分完备。

评价主要针对基金历史业绩表现展开，对基金投资操作各环节的选股和择时能力分析、业绩归因分析、基金业绩持续性检验等方面的评价方法需进一步完善和细化。

第八节　对冲基金投资策略

一、对冲基金概况

对冲基金最基本的思想就是汇集投资，汇集私人投资者的资产并由基金管理公司负责投资。对冲基金通常以私人合伙人的形式存在，几乎不受证监会监管。它们一般只对富有的投资者和机构投资者开放。许多对冲基金要求投资者同意一开始就锁定，即在长达数年的投资中，投资者不能收回投资。对冲基金能够投资于范围广泛的投资产品——衍生工具、处于财务困境中的企业、货币投机、可转换债券、新兴市场、并购套利等等。在过去的 20 年中，对冲基金大行其道，它的发展是这一时代背景下的金融创新。

1. 国际对冲基金的发展历程

对冲基金起源于 20 世纪 40 年代末的美国。由琼斯（Alfred W. Jones）于

1949 年在纽约创立的琼斯集团（Jones Groups），是世界上第一个被称为“对冲基金”（Hedge Fund）的实体。对冲、私人合伙和金融杠杆是琼斯对冲基金的三大特征，多空头的对冲是琼斯基金投资策略的一个重要特征。现在，仍然会有很多对冲基金会使用琼斯基金模型，使用它的结构和策略。但是，随着对冲基金业的不断发展和变化，对冲基金除了私人合伙这一特征尚保留之外其他两个特征都会有多多少少的变化。

1949～1966 年是对冲基金的开始阶段。在这一阶段，对冲交易技术首次被引入基金管理领域，并且逐渐形成了自己完整的体系，但是对冲基金自身一直是处于比较保密的状态，并没有引起外界应有的重视。1966～1968 年是对冲基金的初步发展阶段。这一阶段，对冲交易技术快速进入基金管理领域，并且逐渐演化出多种类型，但是对冲的利润已经逐步趋于平均化，简单的对冲已不存在超额利润，整个行业倾向于采用以多头交易为主、空头交易为辅的非平衡对冲投资策略。结果，许多基金越来越求助于高额头寸来放大股票多头的战略，从而对冲基金开始向多种类型发展，所谓“对冲”的含义开始逐渐淡化。1968～1970 年的股市下跌，给当时以净多头为主的对冲基金以灾难性的打击。这一时期一些经验不足的对冲基金经理使得其管理的基金破产，同时一些优秀的对冲基金成功地度过了这两次灾难。对冲基金业整体步入了低潮；同时，以净多头为主的非平衡对冲投资策略再次暴露出其弊端。但是，部分优秀的对冲基金经理人通过及时调整投资策略从而降低风险，躲过了灾难。1975～1986 年是对冲基金的恢复阶段。从 1975 年开始，对冲基金重新以相对秘密的姿态进行运作，但总的来说发展不是太快。在此阶段间，对冲基金整个行业对其自身进行了重大调整从而不断提高管理水平。与此同时，一些高新产业的出现使得无论是对冲基金的业绩还是规模都有了一个质的飞跃，但是对冲基金在整体上还是处于一个发展比较缓慢的状态。在 20 世纪 90 年代以后对冲基金迎来了高速发展的阶段。在 1992 年，历史上最悠久的中央银行——英格兰银行被量子基金击败，使得英镑被迫退出了欧洲货币体系；同是以量子基金为首的对冲基金在 1997 年迫使印尼盾、泰铢、马来西亚林吉特、韩元等东南亚货币大幅贬值，进而形成了波及全球的东南亚金融危机，这使得对冲基金震惊全球。对冲基金能够高速发展的主要原因是各国金融管制的放松、金融衍生工具的大量出现以及经济和金融全球化趋势的加剧。

自首只对冲基金在美国创建以来，美国的对冲基金蓬勃发展，仅 1990 年到 2000 年的短短十年，就有 3000 多个对冲基金在美国出现。不过同时也伴随着大量基金的倒闭，2008 年的金融危机将对冲基金推到低谷。自 2009 年初以来对冲基金业开始了艰难的复苏过程。Hedge Fund Research 称，对冲基金业在 2010 年共计吸收新增投资高达555亿美元，是自2007年以来的最多的一年。2011年美国对冲基金行业所管理资产规模创出2.02万亿美元纪录新高。经过金融危机的洗礼之后，美国对冲基金业重回巅峰。

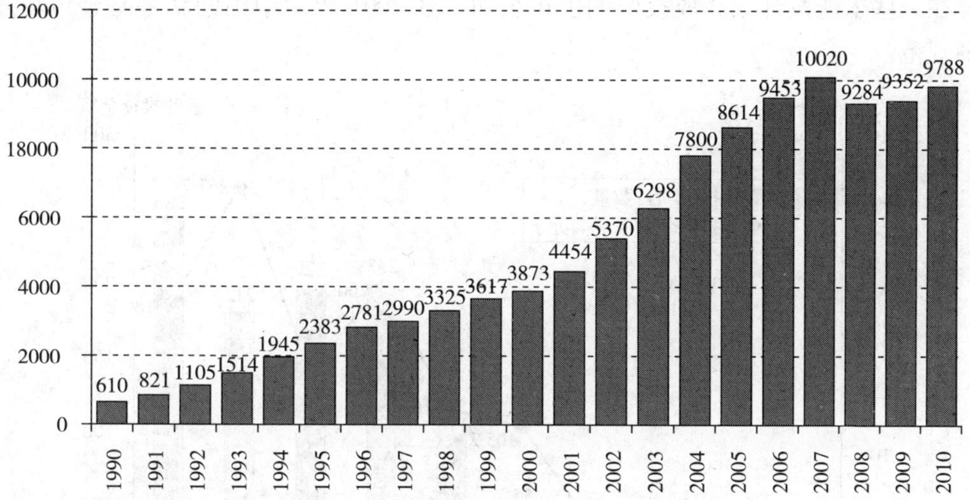

图5.12 对冲基金数量变化趋势图

欧洲对冲基金是在近几年得到快速发展，随着客户资本流入速度加快，欧洲新成立对冲基金活动开始回暖。数据表明，2011年前六个月欧洲成立的离岸对冲基金平均规模为1.16亿美元，几乎是上年同期6500万美元的两倍，并且高于以往任何半年期的水平。同时这一规模也超越了2008年上半年1.02亿美元的前次高点。

2. 中国对冲基金的发展历程

由于目前国内市场的投资环境与国际市场投资环境的差别，因此对冲基金在国内的发展和国外发达金融市场的发展是不可相比的。不过，随着中国金融市场的发展和日趋成熟，在国内将会出现更多的本土对冲基金，也将会有更多国际对冲基金进入中国市场，中国市场有非常大的潜力。另外，上海作为中国的金融中心在不久的将来也有望成为中国对冲基金的“总部”。

目前中国的对冲基金数量很少，而且大多是国外对冲基金在中国开设的分基金或者办事处一类的机构，虽然中国本土对冲基金业的数量还极其稀少，但是却存在着与对冲基金极其相似的另一种投资模式——私募证券投资基金。中国的投资基金起步于1991年，到目前为止中国的私募基金业发展大体经过了：1993～1995年的萌芽阶段，在这一阶段为了拉拢大的客户形成了一种不规范的信托关系；1996～1998 年是中国私募基金的形成阶段，在这一阶段证券投资基金更接近严格意义上的私募基金；而在 1999～2000 年中国私募证券投资基金经历了盲目的发展阶段，在此期间综合类证券商经过批准之后就可以从事资产管理业务，存在一些未能按计划完成投资的上市公司，在 2001 年后中国的私募基金市场逐渐规范。

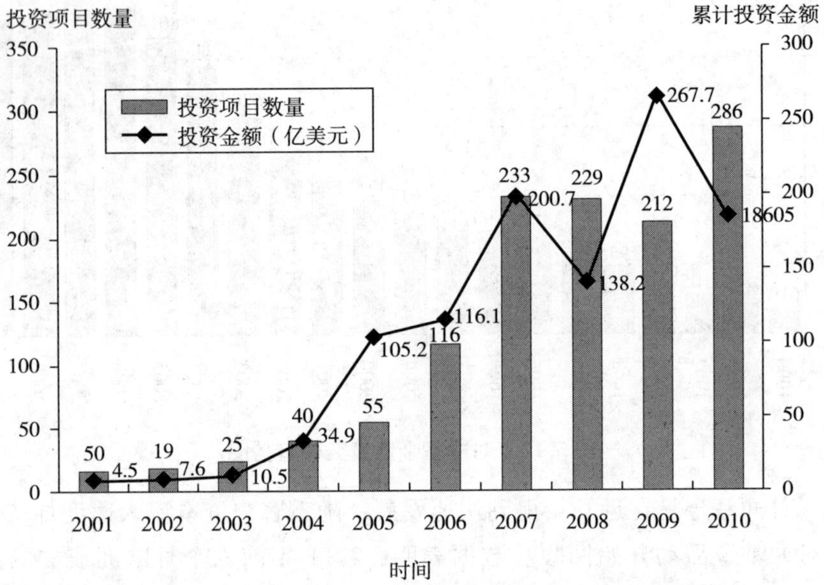

图 5.13　2001～2010 年私募投资项目与投资金额变化趋势

在过去 10 年，私募主要投资于金融、能源、制造业、物流、房地产、食品饮料等，共投资金额 875 亿美元，2010 年投资金额为 187 亿美元。投资项目的数量呈现出逐年上升的趋势，累计过去 10 年投资项目 1232 个。从投资区域来看，主要投资企业位于北京、上海、江苏、浙江、香港、广东、美国。在中国一直都是把阳光私募基金作为中国对冲基金的雏形，也是近几年来被当作最有突破力的中国式对冲基金，自 2004 年的第一支阳光私募基金发行以来，这个群体在中国已经发展了有七八个年头，其私募性、灵活性以及追求绝对收益的特质也得到了投资者的充分肯定，尤其是最近几年备受关注的阳光私募基金得到了迅速发展，其规模已从当初的不足 2 亿到目前的超过 1200 亿，但是从目前来看中国的阳光私募基金离真正的对冲基金还有很大的差距，关于阳光私募基金，比较统一的定义为阳光私募基金是借助信托公司发行的，以非公开方式，面向高端投资者募集资金，经过监管机构备案，资金实现第三方银行托管，有定期业绩和运作报告的投资于证券市场的基金。从定义上看，与对冲基金相同的是阳光私募基金已具有了私募性和面向高端客户的特征；但是中国的阳光私募基金在制度规范上、风险规避上以及投资多样上与对冲基金相差甚远。最关键的一点就是中国的阳光私募基金没有对冲基金的灵魂——对冲。

对冲是指会经常用到各种金融衍生工具，将卖空与股票买卖相结合来进行风险对冲，然而在中国，由于金融衍生工具种类少，缺少可操作的衍生品，阳光私募一直缺少对冲基金的灵魂——对冲。绝大多数的阳光私募基金只是传统的单向操作，通过低买高卖来获得收益，这与对冲基金的收益模式相差甚大。当然，阳关私募在本质上来说也同对冲基金一样是以追求绝对收益为目的的，只是在具体的操作上并不是多空双向操作。股指期货的推出，将阳光私募基金带入了对冲时代，给那些对于做空极度渴望的私募公司以希望。其重大意义是在给金融市场带来了双向交易机制的同时带来了数倍以上的杠杆交易。2010 年 8 月末，易方达和客户签订了一份采用对冲基金策略的专户“一对一”协议，开创了中国本土对冲基金的新纪元。进入 2011 年，易方达、南方基金又相继推出对冲产品。

二、对冲基金策略

1. 对冲基金策略的理论依据

（1）价值投资理论

在 1934 年发表的《证券分析》一文中，本杰明·格雷厄姆和大卫·多德首次提出了价值投资理论。建立价值投资理论的基础假设：第一，市场并非完全有效：价值投资理论认为证券的市场价格并不总是真实地反映了证券的内在价值，即市场并不是完全有效的，因此市场可以给投资者提供以低于证券内在价值的价格买入证券或者是以高于证券内在价值的价格卖出证券的机会。第二，采用积极地投资策略从而获得超额利润：积极的投资策略和消极的投资策略是证券投资策略的两大基本分类，在传统的投资观念看来证券的投资收益是和投资风险成正比的。但价值投资者认为是存在超额投资回报的，而超额投资回报主要取决于投资者愿意并完成任务的努力程度。市场并非完全有效的假设是基础。第三，对风险的定义：风险被传统金融理论认为是市场的不稳定性即其波动性。但价值投资理论认为市场的波动性既可以是投资发生损失的一面也可能是投资获得意外收获的一面，把波动性单纯定义为风险是不准确的。价值投资理论认为发生投资损失的可能性才是风险，风险控制的重心是由市场波动带来的负面的影响和因素。价值投资策略是指基于明确的量的因素，即明确的公司的一些数据，同时以影响证券投资的政治、经济等因素为基础，以所投资上市公司的未来成长性和发展潜力为重点，以判断所投资证券的内在价值为目的的投资策略。价值投资策略的核心在于通过公司的明确的量的因素对证券进行基本面分析从而估计证券的内在价值，进一步将证券的内在价值和证券的价格进行比较从而达到投资于那些价格低于内在价值的证券即所谓的“潜力股”，最终来获得超过平均收益率的超额收益率。

（2）套利定价理论

Stephen Ross 在 1976 年提出套利定价理论。套利定价理论模型以无套利法则和因素模型为基础，此模型得出资产收益率并不完全依赖于市场的结论，是受到一系列影响资产收益的因素的影响，套利活动是保证市场均衡实现的条件。无套利法则又包括“一价法则”和“等值等价法则”。“一价法则”是指当风险资产的价格被锁定之后，如果相应的证券价格不合理就会产生套利的机会。“等值等价法则”是指具有相同风险的两种资产要以相同的期望收益率来出售，否则会出现套利机会。在实际操作过程中所指的套利是指选取定价有偏差的证券，并不是指严格意义上的无风险套利机会，因此，套利行为有时被称作风险套利。因素模型是套利定价理论模型的另外一个基础，因素模型表明除了非因素风险之外相同因素敏感性的证券或者组合要求具有相同的回报率，否则便会产生套利机会。

（3）一般均衡理论

一般均衡理论是以整个经济框架为基础来解释生产、消费和价格的。在经济中存在着一套在具备某些条件后经济就会达到均衡状态的价格系统，达到均衡后的价格即为均衡价格，均衡状态即为一般均衡。达到一般均衡时能够满足以下几点：第一，任何一个消费者都可以在既定的价格条件下提供自己所拥有并且能够提供的生产要素，同时能够在各自的预算范围内购买所需产品来达到消费效用最大化；第二，任何一个企业都可以在既定的价格条件下确定与产量相适应的生产要素需求量，从而实现企业的利润最大化；第三，任何一个市场，包括产品市场和要素市场都可以在这套价格体系下达到总供给与总需求的均衡。

2. 对冲基金策略分类

对冲基金可分为两大类：方向性与非方向性。方向性策略较容易理解，它们单纯地认定市场中一个板块的表现会超过另一个板块。相比之下，非方向性策略主要用来发掘证券定价中暂时的价差。比如，如果抵押证券的收益率相较于国库券格外高，对冲基金可能购入抵押证券而卖空国库券。基金并没有期待整个债券市场的波动：它购入一类债券而售出另一类。通过持有抵押债券，基金对其利率敞口进行套期保值，而期待两个板块的相对价差。当收益率价差返回其“常态”时，无论利率如何变动，基金都将会获利。由此可见，达到市场中性需要特殊努力。非方向性策略有时被进一步分为趋同策略和相对价值策略，这种策略将赌注下在资产的误定价下，但无须承担市场风险。一个趋同策略的实例即为期货合约的错误定价在合约到期日一定会被修正。相比之下，刚才讨论的抵押证券和国库券的例子即为相对价值策略，因为没有错误定价一定会被“修正”的时候。

统计套利是市场中性策略的一种形式，由于它不是通过寻找错误定价而实现无风险获利的策略，所以它有别于纯套利。实际上，它大量使用量化工具和自动交易系统来发现定价上的暂时偏差。通过在这些丰富的机会中持有较小的头寸，根据平均数法则，从中获利的概率非常高。当然，这种策略要求基金的建模技术可以可靠地辨别出市场无效。仅当期望收益率为正值时平均数法则才对基金有效。统计套利的特殊形式是配对交易，股票被根据其本质上的相似性或市场风险来配对。常见的做法是将收益率高度相关而一个公司的定价较另一个更为激进的股票进行配对。购入较为便宜的股票而售出较贵的股票即可实现市场中性仓位。对冲基金的全部组合由这些配对构成。每一对可能有不确定性，但是随着很多此类配对，大量的多头—空头赌注被期望获得正向的异常收益。更一般的配对交易允许持有一簇可能被错误定价的股票。

3. 中国可实现的对冲基金投资策略

目前国内可实现的有股票多头—空头策略和股票市场中性策略，另外可部分实现全球宏观策略。股票多头—空头策略既可以利用融券卖空，在某些特定条件下也可以利用股指期货来建立空头头寸。在这个策略中，若该投资者预期大盘近期会下跌，而自己选择的个股会上涨，也可以利用股指期货来赚取该双边收益。具体方法是将约 90% 的初始资金买入预期价格上涨的个股组合，并用 10% 的初始资金充当股指期货空头头寸的交易保证金和准备金，此时该投资组合构成为 90% 的股票多头和 25% 的指数空头（假设交易保证金 20%，交易保证金与准备金比例为 1∶1）。

股票市场中性策略也是既可以利用融券卖空，也可以在某些情况下利用股指期货来实现的对冲基金策略。股票市场中性策略最重要的是选择相互关联的两个股票或股票组合，通过它们的价差变动来获利，为此需要考虑将组合的市场风险、部门风险甚至行业风险对冲掉。在实践中，利用股指期货就可以很方便地对冲掉组合的市场风险，因此可以利用股指期货来替代或部分替代某一方向的股票头寸，提高交易的便利性、准确性和减少交易费用。当某一方向的股票头寸完全由股指期货来替代时，我们就称之为 alpha 策略，对应的也可以在 alpha 策略的基础之上构建可转移 alpha 策略。此外，利用股指期货期现价差和到期日不同的期货合约价差之间的异常波动，也可以构建低风险的期现套利策略和跨期套利策略，成为低风险资金的选择之一。

三、中国上市公司高送转对盈利的信号效应研究

中国证券市场自20世纪90年代初成立以来，获得了长足的发展。在2006～2007年的大牛市中，工商银行、中国银行、建设银行、中国平安、中国神华等一批大蓝筹相继上市使中国股市规模得到快速扩张。而自2009年6月IPO重新开闸，桂林三金药业同年7月成为开闸后第一家上市公司以来，中国IPO规模在2009年、2010年、2011年连续三年创下全球第一。截至2011年12月31日，上海证券交易所上市公司数量达931家，深圳证券交易所上市公司数量达1411家，两市上市公司总量达到2342家，总市值超过20万亿元。随着上市公司数量的快速增长，投资者对上市公司的红利分配越来越重视，连续多年分红的“现金奶牛”和多年不分红的“铁公鸡”也频频见于报道。本节将分析2000～2009年中国上市公司的高送转数据，来研究中国上市公司的高送转是否对公司未来的盈利能力具有信号效应。

1. 研究综述

目前国内对于送转股的研究，主要集中在对上市公司送转股动机和市场反应等方面。魏刚（1998）认为中国上市公司的股利政策向投资者传递了公司持久盈利的信息，符合信号传递理论。何涛、陈小悦（2003）研究了中国上市公司的送转股动机，发现信号传递假说和流动性假说对中国的送转股行为解释能力有限，送转股公司送转之后的盈利并未实现更好的增长，并提出了价格幻觉假说来解释中国上市公司的送转股行为。李昆、宋婷婷（2005）研究了上市公司送转股之后股东人数的变化，发现送转股后股东人数明显增加，且送转后股东人数增加的幅度与送股和转增的比例呈现正相关。王业、李国富（2007）通过对高送转公司的成长性和风险的研究，发现高送转公司的股东权益、主营业务收入等规模性指标在送转后有较大增长，主营业务利润、净利润等营业状况指标也有所增加，总资产营业利润率、净资产收益率等获利能力指标显著下降。总的来说，目前国内对上市公司送转股对未来盈利的信号效应研究较少，而主要集中于股利政策和股利的市场反应方面。本节将研究高送转对上市公司未来盈利的信号效应。

2. 研究模型构建

研究高送转的信号效应，首先要提取高送转所包含上市公司管理层的私人信息，之后研究所提取出的信息是否对公司未来的盈利具有信号效应。根据中国的

实际情况，本节修正了 Mc Nichols 和 Draivd（1990）及 Nayak 和 Prabhala（2001）所使用的模型来获得高送转的私人信息。其中，SPL_i表示公司 i 的股票股利系数，残差项 $Spfac_i$是公司 i 管理层通过发放股票股利向市场传递的私人信息，而分别用 PR_PRICE_i、MV_i、$RUNUP_i$表示公司 i 股权除权日前一天的每股价格、市场价值的自然对数、股价与股权登记日 1 年前股价的比值。增加变量 RE_i表示公司 i 的每股资本公积与每股盈余公积之和，因为资本公积和盈余公积越高的公司送转能力越强，改进后的模型表达式变为：

$$SPL_i = \alpha_0 + \alpha_1 PR\_PRICE_i + \alpha_2 MV_i + \alpha_3 RUNUP_i + \alpha_4 RE_i + Spfac_i$$

模型中包含变量 PR_PRICE_i是因为根据流动性假说每股股价越高的公司越有可能发放股票股利以使每股股价下降来增加公司股票的流动性来提高公司股票估值。模型中包含变量 MV_i和 $RUNUP_i$分别是因为市值大的公司更愿意保持较高的股价，涨幅大的公司更愿意发放股票股利以使每股价格下降。模型排除了变量 PR_PRICE_i、MV_i、$RUNUP_i$中包含的关于发放股票股利的信息之后，所剩下的就是管理层想向市场传递的私人信息，即变量 $Spfac_i$中所包含的信息。

得到管理层发放股票股利的私人信息 $Spfac_i$后，用公司盈利变化数据对 $Spfac_i$进行回归。如果高送转包含了市场没有预期到的未来盈利信息，高送转就是关于公司未来盈利的可信信息。因此，需要估计预期到的和没有预期到的盈利。本节假设公司的盈利水平遵循随机游走，那么公司下一年的预期盈利等于公司今年的盈利。盈利水平遵循随机游走即 $E(E_t) = E_{t-1}$，未预期到的盈利变化为 $E_t - E(E_t)$，因为 $E(E_t) = E_{t-1}$，所以未预期到的盈利变化 $E_t - E(E_t) = E_t - E_{t-1}$。

本节改进 Huang 等（2002）所使用的方法，用两种方法来表示公司未来的盈利能力，分别是利润变动值、利润值，改进的办法是在模型中加入虚拟变量 $CRISIS_t$，$CRISIS_t$等于 0 表示第 t 年没有发生经济危机，$CRISIS_t$等于 1 表示当年发生了经济危机。调整后的模型变为：

$$(E_\tau - E_{\tau-1})/B_{-1} = \alpha_0 + \alpha_1 Spfac_0 + \alpha_2 ROE_{\tau-1} + \alpha_3 CRISIS_i + \varepsilon_\tau$$

其中，$\tau = 1, 2$，E_τ表示高送转后 τ 年公布的净利润数据；B_{-1}是股票股利发放前一年的权益账面价值；$Spfac_0$是前一个模型所得到的残差项，表示管理层通过高送转所传递的私人信息；$ROE_{\tau-1}$表示 $\tau-1$ 年的股权回报率。之所以在模型中包含 ROE 项是因为根据 Freeman、Ohlson 和 Penman（1982）的研究，ROE 对盈利变化具有解释能力。

$$E_\tau = \beta_0 + \beta_1 Spfac_0 + \beta_2 E_0 + \beta_3 B_{-1} + \beta_4 P_{-1} + \beta_5 CRISIS_\tau + \varepsilon_\tau$$

E_τ表示股利发放后第 τ 年的净利润，B_{-1}表示股利发放前一年的权益账面值，

P_{-1}是股利公告前一年的股价，ΔDIV_{-1}是股利发放前一年的现金股利变化值。

研究不仅考虑上市公司高送转对未来盈利的信号效应，还将考虑上市公司高送转前后业绩增长情况，即考察上市公司高送转之前一年以及高送转后连续两年的业绩增长情况。用公式（$E_\tau - E_{\tau-1}$）/$E_{\tau-1}$，t = 0 表示高送转前一年的业绩增长率；用公式（$E_\tau - E_{\tau-1}$）/$E_{\tau-1}$，t = 1，2 表示高送转后连续两年的业绩增长率。

3. 数据的选取、处理与分析

研究的数据选择如下：

第一，所选择的高送转数据为在上海证券交易所上市的 A 股上市公司 2000 ~ 2009 年的数据，且必须是在上市公司上市一年后的分红数据，因为上市公司上市时间太短，很可能会因为公司刚刚上市每股资本公积比较大而更愿意高送转，此外公司刚上市公司治理还不是那么的规范，这些因素会扭曲分红的信号效应；第二，仅考虑 10 股送（转增）3 股或者 10 股送（转增）3 股以上的公司，这是因为送转的比例太低，通常很难引起投资者大的关注，其所发出的信号也明显弱于高送转公司所发出的信号；第三，剔除 ST，＊ST 类的公司，因为这类公司陷入了困境，盈利很不稳定，不具备太大的参考价值；第四，剔除当年有两次送转或者是高送转当年出现配股的公司数据；第五，剔除有部分数据缺失的高送转公司数据。

经处理，本节共收集到符合上述条件的 578 组高送转数据，其中，现金红利增加的高送转数据 177 组，现金红利不变的高送转数据 192 组，现金红利减少的高送转数据 209 组。

研究将数据分为四种类型：①所有高送转数据，共 578 组；②仅包含现金红利增加的高送转数据，共 177 组；③仅包含现金红利不变的高送转数据，共 192 组；④仅包含现金红利减少的高送转数据，共 209 组。

对 $SPL_i = \alpha_0 + \alpha_1 PR\_\ PRICE_i + \alpha_2 MV_i + \alpha_3 RUNUP_i + \alpha_4 RE_i + Spfac_i$ 进行回归，结果如表 5.5 所示。

表 5.5　　高送转信号模型回归结果

样本	α_0	α_1	α_2	α_3	α_4	R^2
所有公司	0.4182	0.0037	0.0103	0.0142	0.0192	0.115
	(2.891)	(4.090)	(0.388)	(1.409)	(3.785)	
红利增加公司	0.6358	0.0032	-0.0239	0.0263	0.0110	0.121
	(2.941)	(2.502)	(-0.624)	(1.482)	(0.979)	

续表

样本	α_0	α_1	α_2	α_3	α_4	R^2
红利不变公司	0.3449	0.0015	0.0200	0.0310	0.0242	0.093
	(1.514)	(0.789)	(0.486)	(1.706)	(3.102)	
红利减少公司	0.5145	0.0057	-0.0067	-0.0092	0.0190	0.143
	(2.284)	(4.336)	(-0.169)	(-0.514)	(2.291)	

由表 5.5 可看出，变量 PR_PRICE 的系数在所有公司、红利增加公司、红利减少公司中均为正且在 15% 置信度下显著；变量 MV 的系数在所有公司、红利不变公司中为正，在红利增加公司、红利减少公司中为负，且在四种情况下均不显著；变量 RUNUP 在所有公司、红利增加公司、红利不变公司中系数为正，且在 15% 置信度下显著，在红利减少公司中系数为负，且不显著；变量 RE 在四种情况下系数均为正，且在所有公司、红利不变公司、红利减少公司中显著。

对 $(E_\tau - E_{\tau-1})/B_{-1} = \alpha_0 + \alpha_1 Spfac_0 + \alpha_2 ROE_{\tau-1} + \alpha_3 CRISIS_i + \varepsilon_\tau$ 进行回归，其中，T=0 时表示当年进行了高送转，T=1 表示高送转后第一年，T=2 表示高送转后第二年。结果如表 5.6 所示。

表 5.6　　高送转信号与未来净资产收益率关系

样本		α_0	α_1	α_2	α_3	R^2
所有公司	T=1	0.2357	-0.3107	1.5363	-0.1229	0.0011
		(0.720)	(-0.394)	(0.615)	(-0.390)	
	T=2	0.1206	-0.1262	6.16E-09	-0.1870	0.0011
		(1.426)	(-0.386)	(0.186)	(-0.706)	
红利增加公司	T=1	0.3770	1.2000	0.2934	-0.4653	0.0177
		(0.651)	(1.656)	(0.063)	(-0.623)	
	T=2	0.2301	1.6378	0.8468	-0.2450	0.0156
		(0.659)	(1.562)	(0.360)	(-0.297)	
红利不变公司	T=1	0.0197	0.0014	-0.0380	-0.0180	0.0105
		(1.039)	(0.028)	(-0.286)	(-1.348)	
	T=2	0.0466	-0.0333	6.05E-09	-0.1187	0.0428
		(3.249)	(-0.586)	(1.832)	(-2.540)	
红利减少公司	T=1	0.0464	-0.0217	-0.0336	-0.1058	0.0285
		(1.470)	(-0.277)	(-0.133)	(-2.384)	
	T=2	0.0594	0.0395	-0.4181	-0.1065	0.1252
		(3.848)	(0.762)	(-4.361)	(-2.499)	

由表5.6可看出，变量$Spfac_0$的系数在现金红利增加组中无论是送转后第一年（T=1），还是送转后第二年（T=2）均为正，并且在15%的置信度下显著，这说明现金红利增加的公司进行高送转发出了未来盈利将会更好的信号。但是在其他类别中变量$Spfac_0$的系数有时为正、有时为负且均不显著。

对$E_\tau = \beta_0 + \beta_1 Spfac_0 + \beta_2 E_0 + \beta_3 B_{-1} + \beta_4 P_{-1} + \beta_5 CRISIS_\tau + \varepsilon_\tau$进行回归，同样地，T=0时表示当年进行了高送转，T=1表示高送转后第一年，T=2表示高送转后第二年。结果如表5.7所示。

表5.7　高送转信号与未来净利润关系

样本		β_0	β_1	β_2	β_3	β_4	β_5	R^2
所有公司	T=1	-0.0012	-0.0413	0.9252	0.0531	-0.0045	-0.0568	0.5571
		(-0.024)	(-0.454)	(16.194)	(4.257)	(-1.784)	(-1.526)	
	T=2	-0.2610	0.0305	0.5840	0.1123	0.0124	0.1922	0.4630
		(-4.077)	(0.278)	(8.444)	(7.471)	(4.107)	(2.140)	
红利增加公司	T=1	0.0184	-0.1391	1.0304	0.0585	-0.0090	0.1070	0.5723
		(0.171)	(-0.826)	(12.245)	(2.127)	(-2.179)	(1.035)	
	T=2	-0.2996	-0.1386	0.4216	0.1747	0.0124	-0.2067	0.4156
		(-2.418)	(-0.701)	(4.289)	(5.414)	(2.542)	(-1.330)	
红利不变公司	T=1	0.0424	0.0661	1.0314	0.0199	1.35E-07	-0.0095	0.709
		(-0.618)	(0.569)	(10.877)	(1.134)	(3.27E-5)	(-0.303)	
	T=2	-0.0162	0.1278	1.0622	0.0189	0.0021	0.0153	0.627
		(-0.191)	(0.809)	(9.047)	(0.869)	(0.404)	(0.132)	
红利减少公司	T=1	-0.1083	0.0344	0.6158	0.1129	-0.0016	-0.0550	0.443
		(-1.033)	(0.194)	(4.841)	(4.500)	(-0.334)	(-0.558)	
	T=2	-0.2815	0.2349	0.5906	0.1229	0.0119	0.1874	0.409
		(-2.232)	(1.077)	(3.770)	(3.982)	(2.022)	(1.064)	

由表5.7可看出，变量$Spfac_0$的系数在所有公司组中送转后第一年（T=1）为负，并且在15%的置信度下显著，这说明公司进行高送转发出了未来盈利将会更差的信号。在其他类别中变量$Spfac_0$的系数有时为正、有时为负且均不显著。

表5.8分别列出SPL系数均值、全部高送转公司、现金红利增长的高送转公司、现金红利不变的高送转公司以及现金红利减少的高送转公司在高送转前一年以及送转后两年的业绩增长率。用公式$(E_\tau - E_{\tau-1})/E_{\tau-1}$，t=0表示高送转前

一年的业绩增长率；用公式（$E_\tau - E_{\tau-1}$）/$E_{\tau-1}$，t=1，2 表示高送转后连续两年的业绩增长率。

表 5.8 上市公司高送转前后净利润增长率

样本	SPL 系数均值	t=0	t=1	t=2
所有公司	0.61	61.59%	2.74%	25.18%
红利增加公司	0.64	85.21%	13.85%	33.80%
红利不变公司	0.58	44.49%	-23.45%	17.15%
红利减少公司	0.62	42.62%	-3.62%	16.19%

4. 总结

本节通过对高送转对上市公司未来盈利的信号效应的实证分析，得出的结论包括：

第一，PR_ PRICE 越高（即每股股价越高）的上市公司越有可能进行高送转；RUNUP 越大（即每股股价涨幅越大）的上市公司越有可能进行高送转；RE 越大（即每股资本公积和盈余公积越高）的上市公司越有可能进行高送转；MV 的系数有正有负且均不显著，这意味着上市公司的高送转行为与市值大小没有显著关系。

第二，现金红利增加的高送转公司 Spfac 系数为正且在 15% 的置信度下显著，这说明支付更高现金红利的同时进行高送转是一个可信的上市公司未来具有良好盈利的信号。但是，在其他情况下上市公司进行高送转并没有传递上市公司管理层关于未来经营业绩会变得更好的私人信息，这与股票股利的信号效应假说不一致。

第三，从表 5.8 可以看出，上市公司在高送转前一年经历了业绩的大幅增长。增长率与高送转系数 SPL 的均值大小相近，而在高送转后的两年公司的业绩增长幅度大幅下降，也即高送转后上市公司并没有保持之前良好的业绩增长，这与之前高送转并没有传递上市公司管理层关于未来经营业绩会变得更好的私人信息的研究结果相一致。

第四，本节研究结果的出现，主要是因为现金红利不变以及现金红利减少的高送转都不需要额外增加上市公司的现金流出，也就是说这样的高送转几乎不给上市公司带来成本。现金红利增加的高送转公司发放了更多的现金股利，也即有更多的“真金白银”从公司流出，这对公司来说显然是有成本的。由于只有需要成本的信号才是可信的，这也就不难理解为什么只有现金红利增加的高送转发送了公司未来业绩良好的信号。

总之，只有现金红利增加的高送转传递了上市公司未来业绩良好的信号，而现金红利不变和现金红利减少的高送转不是未来盈利良好的信号。

第九节　实证研究：中国开放式股票型基金的业绩持续性

一、概述

中国的证券投资基金试点始于 1998 年的封闭式基金（基金开元、基金开泰），经过十几年的不断发展，基金行业的资产规模不断扩大，基金种类也日益丰富，创新型产品也不断闪现，在资本市场中成为重要的机构投资者；同时，基金也凭借其集合投资、分散风险、专家理财等优势在大众群体中迅速铺开，成为人们的日常理财方式。

在基金种类的极大丰富后，就要有选择地进行投资。通常，我们参考基金的历史业绩，对其未来业绩形成预期，作为投资选择的依据。而这一选择的正确与否依赖于基金是否具有业绩的持续性，如果中国的基金市场具有一定程度的业绩持续性，那么投资者就可以依据历史业绩作出合理的投资决策，反之则反。因此，基金业绩的持续性检验就很有必要。国内外的学者也对此做了大量的研究，研究方法也多种多样，列联表分析、秩检验、横截面回归等，业绩的衡量指标也不断演化和完善，从基本的指数如夏普指数、詹森指数等拓展到风险调整的指数等，得到的结论也不尽相同。

本节将以 2010 年 1 季度至 2014 年 2 季度间中国的 241 个股票型开放式基金为样本，以詹森指数衡量基金的业绩并进行排序，用斯皮尔曼等级相关系数检验股票型基金的相对业绩的持续性，用横截面回归的方法检验股票型基金的绝对业绩的持续性，以此来分析中国基金的业绩持续性。

二、文献综述

基金业绩持续性研究的目的在于找出不同时期内业绩表现相一致的基金，从而为投资者选择投资标的提供重要的参考。基金业绩是否存在持续性，以及基金业绩持续性的长短是基金业绩持续性研究中最重要的两个方面。我们将国内外学者在上述两方面的研究成果从基金业绩不具有持续性、基金业绩在短期具有持续性和基金业绩在中长期具有持续性三个角度进行梳理。

1. 基金业绩不具有持续性

Sharpe（1966）利用 Spearman 秩相关系数对 1944 ~ 1963 年美国 34 只开放式基金的 Sharpe 指数和 Treynor 指数进行研究，发现前后时期的 Spearman 秩相关系数并不显著，基金业绩不存在持续性。Shukla 和 Trzcinka（1994）对 1387 支共同基金 1979 ~ 1989 年间的月度收益的研究，以及 Blake 和 Timmermann（1998）对零售共同基金和投资于国际股票市场的机构产品的数据进行研究时，均发现没有证据表明共同基金业绩存在持续性。

倪苏云、肖辉、吴冲锋（2002）通过单因子和多因子模型对 1999 年 10 月 29 日至 2001 年 11 月 12 日 22 只基金的业绩持续性进行研究，发现在市场上升阶段，基金业绩没有持续性；而在整个样本区间内，基金业绩却出现了反转现象。周泽炯、史本山（2004）运用横截面回归、Z 检验、Yates 连续修正卡方检验和 Fisher 精确检验进行分析，赵旭、吴冲锋（2004）运用 R/S 模型并采取构造 Hurst 指数的方法，徐琼、赵旭（2006）运用相对排名法，以及宋文光、宫颖华（2009）利用多元回归分析对基金业绩的持续性进行研究，都得出了基金业绩不存在持续性的结论。

国内一些学者发现不同的基金业绩度量指标会对基金业绩持续性产生影响。王向阳、袁定（2006）选取 2003 年 7 月至 2005 年 3 月 20 只偏股型基金型，运用列联表法和动量检验法分别对季度原始收益和风险调整后收益的持续性进行研究，发现开放式基金的短期业绩不具有持续性，但相对于原始收益，风险调整后的收益更具有持续性。李凯风（2010）运用 Spearman 秩相关分析法对 2006 年 1 月至 2008 年 5 月的 20 只开放式基金进行研究，发现虽然按收益率排名的基金业绩前后半年存在相关关系，但按风险调整的 Sharp 指数和 Treynor 指数都显示基金业绩不存在持续性。

还有一些研究关注到业绩的持续性与基金的波动特征相关。刘建和（2006）选取 1999 年 1 月至 2003 年 6 月 69 只基金的毛收益和 Jensen 风险调整收益利用列联表、卡方独立性检验、交叉积率及 Z 检验法进行研究发现，基金业绩的整体持续性较差。业绩波动较小的基金持续性较强，业绩波动较大的基金有一定的负向持续性。刘建和、郭清亮（2008）在对开放式基金 2002 年下半年至 2006 年 12 月 31 日的半年期单位净值和收益的持续性进行了研究后，得到相同的结论。

2. 基金业绩在短期具有持续性

Hendricks，Patel 和 Zeckhauser（1993）选取 1974 ~ 1988 年免佣金基金的季度收益，采用截面回归和 Spearman 秩相关系数检验法，发现业绩好的基金在短期内具有持续性（热手效应）。在上述研究的基础上，Elton，Gruber 和 Blake（1996）运用四因子模型发现不同于热手效应指出的短期持续性，经过风险调整后的基金业绩在短期和长期都存在持续性。

Agarwal 和 Naik（2000）选取 1982 年 1 月至 1998 年 12 月的对冲基金数据，采用多期框架对其业绩的持续性进行检验，发现对冲基金短期持续性显著，而长期几乎没有持续性。Ter Horst 和 Verbeek（2000）使用 1987 ~ 1994 年间季度收益数据，以及 Bollen 和 Busse（2005）运用扩展的四因子模型，均发现共同基金业绩存在超出动量效应的短期持续性。Busse 和 Irvine（2006）发现基于单因子 CAPM 模型的贝叶斯 α 对于预测未来标准 CAPM 的 α 非常有用。在预测未来业绩上，日收益比更为普遍的月度收益更占优势。Huij 和 Verbeek（2007）使用超过 6400 只美国股票基金的月度收益数据，发现业绩排名前 10% 的基金每月具有统计上显著的 0.26% 的超额收益。

肖奎喜、杨义群（2005）对 55 只开放式基金 2003 年 1 月 2 日至 2004 年 6 月 30 日的收益运用绩效二分法和横截面回归方法进行实证分析，发现中国开放式基金业绩只是在 1 ~ 3 个月的短期内出现了显著的业绩持续性现象。

3. 基金业绩在中长期具有持续性

Baquero，Ter Horst 和 Verbeek（2005）选取 1994 ~ 2000 年美国 1797 种基金的季度收益数据，利用权重法去除前瞻性偏好以评估业绩的持续性，发现在修正过的投资模型中，对冲基金的季度收益有积极的持续性，年度收益也表现出一定的持续性，但统计显著性较弱。

吴启芳、陈收和雷辉（2003）采用了三种衡量基金业绩的方法计量了 1999 年 9 月 28 日至 2001 年 10 月 19 日 15 只开放式基金的收益。通过对 Jensen α 进行截面回归，发现基于较短期的过去收益以及对未来短期业绩的预测是不可靠的，但利用过去 6 个月的数据对未来中长期收益（6 个月和 9 个月）进行拟合时能发现较强的持续特征。吴启芳、汪寿阳和黎建强（2003）采用与前者相似的研究方法发现基金收益在中长期（6 ~ 12 个月）内具有一定的持续性。刘建和、韦凯升（2007）利用列联表和卡方独立性检验，以及吴庆田、肖赛君（2007）建立的 BCC 修正模型，均支持封闭式基金绩效在长期持续性较好的结论。

一些学者发现不同的业绩度量指标以及不同的检验方法会对基金业绩的中长期持续性产生影响。Brown 和 Goetzmann（1995）运用列联表方法对 1976 ~ 1988 年间共同基金进行业绩的持续性检验，发现基于风险调整的业绩存在明显的持续性。庄云志、唐旭（2004）采用回归系数法、绩效二分法和动量检验三种方法，对 22 家封闭式基金的业绩持续性进行了研究，发现以詹森指数来衡量基金的业绩，基金业绩具有持续性；绩效二分法和动量检验法都表明其月收益率不具有持续性；动量检验法的结果表明基金 3、6、12 个月的收益率具有持续性。胡畏、聂曙光和张明（2004）根据 1999 年 5 月至 2002 年 12 月 54 只基金的周数据，采用 Sharpe 指标、Treynor 指标和 Jensen 指标作为经风险调整后的基金收益率。结果表明，在短期内（1 ~ 4 周）基金业绩没有持续性，甚至表现出反向持续性；以 8 ~ 13 周为一周期，Sharpe 指标和 Treyno 指标有一定的持续性；从半年到一年的时间来看，Treynor 指数和 Jensen 指数的检验有一定的持续性。

也有一些学者发现业绩的长期持续性与基金的特征相关。Grinblatt 和 Titman（1993）用加权评价模型对 1974 ~ 1984 年间的 155 只共同基金分季度的业绩持续性分析，发现进取型基金的业绩存在更明显的持续性。李德辉、方兆本和余雁（2006）利用扫描统计量方法对 2001 年 1 月 5 日至 2005 年 1 月 14 日 100 只混合型基金进行研究，发现基金持续性的强度不会超过 0. 7，业绩差的基金持续性更强。李学峰、陈曦和茅勇峰（2007）选取 30 只开放式基金 2005 ~ 2006 年半年期的超额收益率，利用横截面回归后发现开放式基金在半年期的业绩具有持续性，并且价值型投资风格的基金和资产规模大的单个基金更有利于业绩持续性的出现。何晓群、郝燕梅（2008）选取了上市一年以上的股票型、混合型基金和货币基金，使用风险调整后的单位资产净值收益率作为衡量基金业绩的指标，并通过伯努利分布下的扫描统计量进行基金业绩持续性检验。发现所有基金都存在一定程度的持续性，并且基金类型对其持续性强度有一定程度的影响。

国外的一些相关研究还关注到了基金业绩长期持续性产生的原因。Grinblatt 和 Titman（1992）利用横截面回归的方法对美国 1974 ~ 1984 年间的 279 支共同基金的业绩持续性进行了 t 检验，结果显示基金业绩具有正向的持续性。这种持续性可以被公司规模、股息率、历史回报、利率敏感性或系统性风险等指标来解释。Carhart（1997）运用四因子模型对 1892 支共同基金 1962 ~ 1993 年的业绩进行持续性检验，通过构建投资组合的方式和横截面回归方法，证实大部分的业绩长期持续性可以由成本费率和动量效应来解释。

总体来看，国外的研究大多支持基金业绩在短期或长期具有持续性的结论，而国内的研究大多支持基金业绩不具有持续性或基金业绩在中长期持续性较为明显的结论。产生这种差异可能有以下几点原因：第一，基金绩效的持续性检验结果与样本数量、观测期、基金绩效度量指标和研究方法密切相关。第二，中国证券市场不成熟，具有长期投资价值的蓝筹类公司较少。第三，国内的一些研究的样本数量少，且多为 2010 年以前的数据。我们的研究将分别采取斯皮尔曼等级相关系数法和横截面回归法从短期、中期和长期三个时间跨度对 2010 年 1 月至 2014 年 6 月存续的 235 只股票型开放式基金业绩进行实证检验，以期对中国基金业绩的持续性做更深入的研究。

三、实证分析

基金业绩持续性分析是按照事件发生的时间顺序对基金的业绩进行分析，检验基金的历史表现与未来表现是否一致。基金业绩又可以进一步分为两个方面：一是基金的绝对业绩，也就是詹森系数的绝对值数值，二是基金的相对业绩，即根据詹森系数进行的业绩排名。本节将分别采用斯皮尔曼等级相关系数法和横截面回归法对这两种业绩的持续性进行检验。

1. 基金业相对业绩持续性的实证分析——斯皮尔曼等级相关系数法

（1）方法简介

斯皮尔曼等级相关系数法是一种比较常用的非参数统计方法，用来检验两个有序随机变量的相关程度，是最早用于检验基金绩效持续性的一种方法。这种检验方法的基本思想是：如果基金业绩具有持续性，那么该基金的业绩在基金全体中的排行应该保持在一个稳定的水平。将前后两期的基金业绩进行排序，如果基金的业绩具有持续性，那么其相邻两期业绩的排行应该相同或差别很小。如果差别很大，就可以认为其没有持续性。斯皮尔曼相关检验不需要假设基金业绩服从正态分布，而且受极端值的影响很小，因此被广泛用来检验基金业绩排名的持续性。斯皮尔曼等级相关系数检验法的统计量是斯皮尔曼等级相关系数 r_s，其计算公式为：

$$r_s = \frac{\sum_i (x_i - \bar{x})(y_i - \bar{y})}{\sqrt{\sum (x_i - \bar{x})^2 \sum (y_i - \bar{y})^2}}$$

其中，x_i 和 y_i 分别表示基金 i 在前后两期的业绩排名，r_s 系数服从自由度为 n－2 的 T 分布。

具体的检验过程为：

①首先，将 2010 年至 2014 年第 2 季度的样本期分为 18 个季度，以季度为时间单位衡量基金表现，并且将样本期分为两个子样本期：排名期和评价期。

②根据各基金在两个期间的业绩表现，即詹森系数由低到高进行排序。

③根据前后期表现的排序情况，计算这一时段（前后两期）的等级相关系数。同理类推，可以得到不同时段各基金表现的等级相关系数。

④对等级相关系数的显著性进行检验。利用 T 检验对样本的基金等级相关系

数均值进行统计显著性检验，进一步对样本基金业绩是否具有持续性进行说明。

（2）实证检验

首先，计算不同季度之间业绩的相关系数，表 5.9 是样本期 18 个季度之间业绩排名相关系数结果。Qi 表示从 2010 年起的第 i 个季度，例如 Q1 表示 2010 年第 1 季度，Q5 表示 2011 年第 1 季度，依此类推。

对于基金业绩持续性研究中，很重要的一点是确定研究的时间跨度。研究的时间长度不同，分析的结论就可能不一样。例如股票型开放式基金业绩在一个季度内表现出持续性，但是如果将时间延长至一年，这种持续性就难以维持和实现。鉴于此，以下将对中国股票型开放式基金业绩的持续性研究分别从短期、中期和长期三类时间跨度进行研究。

①短期：基金业绩季度持续性的检验。

在进行基金业绩季度持续性的检验时，令样本期和评价期的时间相差一个季度，考察一个季度内（短期）业绩表现的持续性是否存在。例如，2010 年第一季度为样本期，则 2010 年第二季度为对应排名期的评价期，我们通过计算两期基金业绩排名的相关系数，并对相关系数进行显著性检验。r_s的显著性可以通过以下方程进行检验：

$$t=\frac{r_s\sqrt{(n-2)}}{\sqrt{1-r_s^2}}$$，其中自由度等于 $n-2$。

零假设为$r_s \leqslant 0$，备择假设为$r_s \geqslant 0$，进行单尾 t 分布检验。如果假设检验成立，则说明业绩持续性不存在，如果备择假设成立，则说明基金业绩表现存在持续性。同样的思路，可以对 2010 年至 2014 年第 2 季度内的多组排名期和评价期进行检验。检验结果见表 5.10（注：P 值为相关系数显著大于零的概率）。

从短期的检验结果上看，17 组检验中，5% 的置信水平上，只有 2 组能够拒绝原假设，即基金业绩表现在季度内有持续性。

②中期：基金业绩半年度持续性的检验。

在进行基金业绩中期持续性的检验时，令样本期和评价期的时间相差两个季度，考察半年内业绩表现的持续性是否存在。分析思路同上，表 5.11 是对中期业绩排名相关系数的分析和检验结果。

从中期的检验结果上看，16 组检验中，5% 的置信水平上，只有 3 组能够拒绝原假设，即r_s显著大于 0，基金业绩表现在季度内有持续性，其余均证明不存在持续性。通过与短期检验结果对比可知，在半年度内基金业绩排名基本不存在持续性，基金排名在中期的持续性弱于短期。

表 5.9　　2010 年至 2014 年第 2 季度各个季度基金业绩排名相关系数

	Q1	Q2	Q3	Q4	Q5	Q6	Q7	Q8	Q9	Q10	Q11	Q12	Q13	Q14	Q15	Q16	Q17	Q18
Q1	1.0000																	
Q2	0.1374	1.0000																
Q3	0.3091	0.4925	1.0000															
Q4	0.1387	0.1153	0.1450	1.0000														
Q5	-0.0524	-0.4792	-0.5148	-0.2476	1.0000													
Q6	-0.1275	-0.1590	-0.2492	-0.0544	0.2748	1.0000												
Q7	0.0418	-0.0499	0.0545	0.1229	-0.1320	0.0452	1.0000											
Q8	-0.1495	-0.0042	-0.2604	-0.0109	0.2055	0.2000	-0.0829	1.0000										
Q9	-0.0575	-0.2069	-0.3027	-0.1522	0.4972	0.3341	-0.1623	0.1692	1.0000									
Q10	-0.0052	0.1766	0.2709	-0.0050	-0.3658	-0.1270	0.1177	-0.0534	-0.4313	1.0000								
Q11	0.0586	0.2563	0.2322	-0.0523	-0.1380	0.0296	-0.0609	0.0875	-0.0790	0.2300	1.0000							
Q12	-0.1445	-0.1920	-0.3363	-0.1496	0.3823	0.3178	-0.1903	0.4185	0.4919	-0.2116	-0.1599	1.0000						
Q13	0.1353	0.3399	0.3429	0.1659	-0.4987	-0.2396	0.0790	-0.1858	-0.5464	-0.3722	0.2622	-0.4642	1.0000					
Q14	0.1466	0.3557	0.4976	0.1045	-0.5276	-0.2502	0.0551	-0.1838	-0.5530	0.5001	0.2356	-0.3774	0.6029	1.0000				
Q15	0.1133	0.2775	0.2874	0.1803	-0.4616	-0.3042	0.0667	-0.0869	-0.4665	0.1617	0.1488	-0.3948	0.5465	0.4562	1.0000			
Q16	0.0762	-0.0701	-0.1043	0.0422	0.2126	-0.0122	-0.0518	0.0897	0.1490	-0.1739	-0.0182	0.1289	-0.1966	-0.2799	-0.1550	1.0000		
Q17	0.0271	-0.0589	-0.0432	0.0368	0.0418	-0.0723	0.0300	-0.0813	-0.0200	-0.1070	0.0215	-0.0663	-0.0403	-0.0163	0.0134	0.1421	1.0000	
Q18	0.2132	-0.0313	0.089	-0.0908	0.0406	-0.0630	-0.0605	-0.1301	-0.0211	0.0618	0.0170	-0.0382	0.0097	0.0752	0.0221	0.1279	0.0373	1.0000

表 5.10 不同时点短期基金业绩排名相关系数及其显著性检验

排名期	1	2	3	4	5	6	7	8	9	10	11	12	13	14	15	16	17
评价期	2	3	4	5	6	7	8	9	10	11	12	13	14	15	16	17	18
rs	0. 137	0. 309	0. 139	−0. 052	−0. 128	0. 042	−0. 150	−0. 058	−0. 005	0. 059	−0. 145	0. 135	0. 147	0. 113	0. 076	0. 027	0. 213
t	2. 144	5. 025	2. 165	−0. 811	−1. 987	0. 647	−2. 337	−0. 890	−0. 080	0. 907	−2. 258	2. 111	2. 291	1. 763	1. 181	0. 419	3. 374
p	0. 016	0. 000	0. 015	0. 791	0. 977	0. 259	0. 990	0. 813	0. 532	0. 182	0. 988	0. 017	0. 011	0. 039	0. 119	0. 338	0. 000

表 5.11 不同时点中期基金业绩排名相关系数及其显著性检验

排名期	1	2	3	4	5	6	7	8	9	10	11	12	13	14	15	16
评价期	3	4	5	6	7	8	9	10	11	12	13	14	15	16	17	18
rs	0. 309	0. 115	−0. 515	−0. 054	−0. 132	0. 200	−0. 162	−0. 053	−0. 079	−0. 212	0. 262	−0. 377	0. 547	−0. 280	0. 013	0. 128
t	5. 025	1. 794	−9. 283	−0. 842	−2. 059	3. 156	−2. 543	−0. 827	−1. 225	−3. 347	4. 200	−6300	10. 088	−4. 507	0. 207	1. 994
p	0. 000	0. 036	1. 000	0. 800	0. 980	0. 001	0. 995	0. 796	0. 890	1. 000	0. 000	1. 000	0. 000	1. 000	0. 418	0. 023

表 5.12 不同时点长期基金业绩排名相关系数及其显著性检验

排名期	1	2	3	4	5	6	7	8	9	10	11	12	13	14
评价期	5	6	7	8	9	10	11	12	13	14	15	16	17	18
rs	−0. 052	−0. 159	0. 055	−0. 011	0. 497	−0. 127	−0. 061	0. 419	−0. 546	0. 500	0. 149	0. 129	−0. 040	0. 075
t	−0. 811	−2. 490	0. 844	−0. 169	8. 859	−1. 979	−0. 943	7. 124	−10. 086	8. 928	2. 326	2. 010	−0. 624	1. 166
p	0. 791	0. 994	0. 199	0. 567	0. 000	0. 976	0. 827	0. 000	1. 000	0. 000	0. 010	0. 022	0. 734	0. 122

③长期：基金业绩年度持续性的检验。

在进行基金业绩中期持续性的检验时，令样本期和评价期的时间相差两个季度，考察半年内业绩表现的持续性是否存在。分析思路同上，表 5. 12 是对中期业绩排名相关系数的分析和检验结果。

从中期的检验结果上看，14 组检验中，5% 的置信水平上，有 3 组能够拒绝原假设，即基金业绩表现在季度内有持续性，其余均证明不存在持续性。

（3）检验结果及分析

①没有足够的把握证明基金业绩排名在季度、半年度和年度内有持续性。

表 5. 13 汇总了短期、中期和长期每个时间跨度的r_s进行进一步检验的结果。可以看出，不论是季度、半年度或者年度，基金排名相关系数显著为正的比例不超过 50% 。按照 5% 的显著性水平，季度、半年度和年度检验结果均不能拒绝原假设，即我们没有足够的证据表明基金排名在季度内、半年内或者是一年内有持续性。

表 5. 13　　相关系数检验结果汇总

	r_s显著为正比例	r_s均值	r_s标准差	T 值	显著水平
季度	41. 18%	0. 051	0. 129	0. 393	0. 347
半年度	37. 50%	-0. 018	0. 273	-0. 067	0. 527
年度	35. 71%	0. 059	0. 280	0. 211	0. 417

②从 P 值上看，业绩排名相关系数在季度内的显著性强于半年度和年度，这可能说明了与半年度和年度数据相比，基金业绩排名的持续性特征在季度内更加明显。

根据表 5. 9 的部分数据我们绘出图 5. 14。图 5. 14 显示了 2010 年 1 季度与 2010 年至 2014 年 2 季度各季度基金业绩排名的相关系数走势，我们可以看出，在 2010 年第三季度前，相关系数为正并呈现下降趋势；之后相关系数基本围绕 0 波动。这说明在较短的时间内基金业绩排名呈现微弱的正相关性，从中长期趋势看，基金业绩排名相关系数以 0 为中心波动，不相关。

图 5. 15 是部分季度与其后续季度业绩排名相关系数的趋势。同理，我们可以看到其他各季度与其后续季度（与之前各季度的相关性在其之前的季度中已经讨论）之间相关性的走势，与以上分析基本一致。

③下面我们选取几个基金为例，看看对于个别基金而言，以上从 241 个基金中分析得到的结论是否适用。

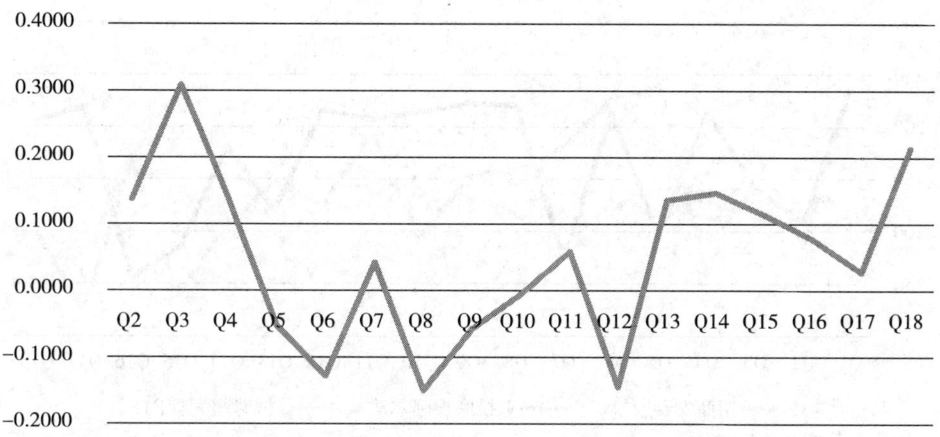

图 5.14　2010 年第一季度业绩排名与其他各季度相关系数走势

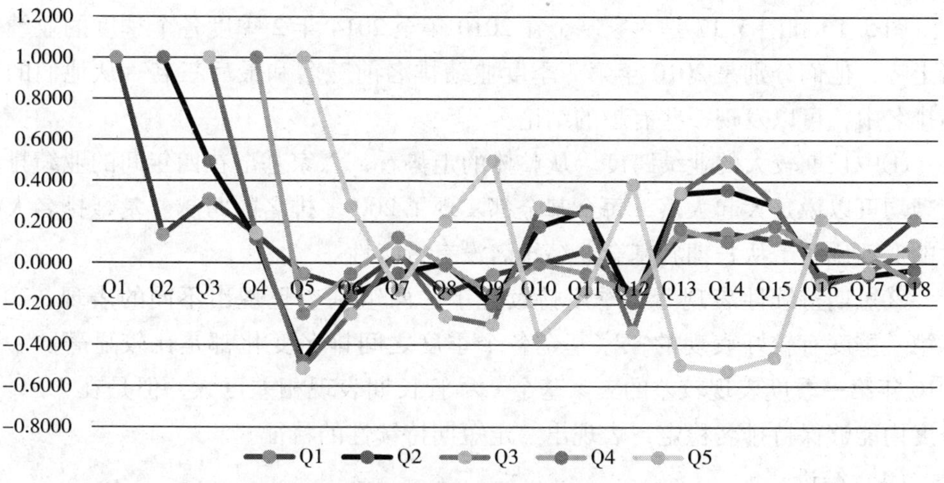

图 5.15　各季度业绩排名相关系数

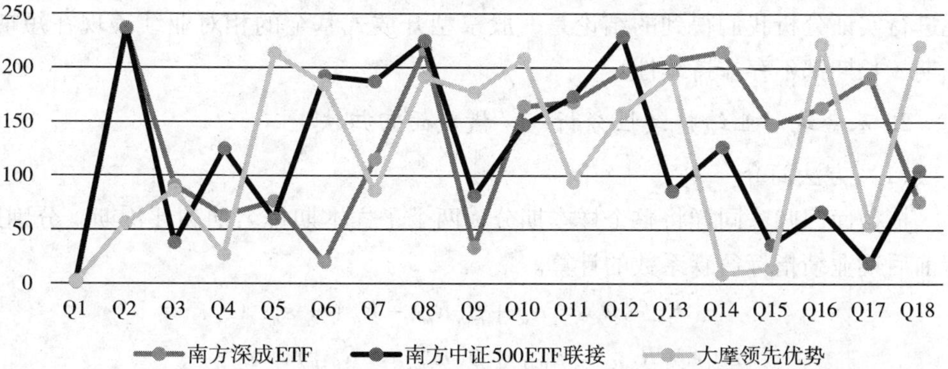

图 5.16　三个例基金在 2010 年至 2014 年 2 季度各个季度业绩排名情况

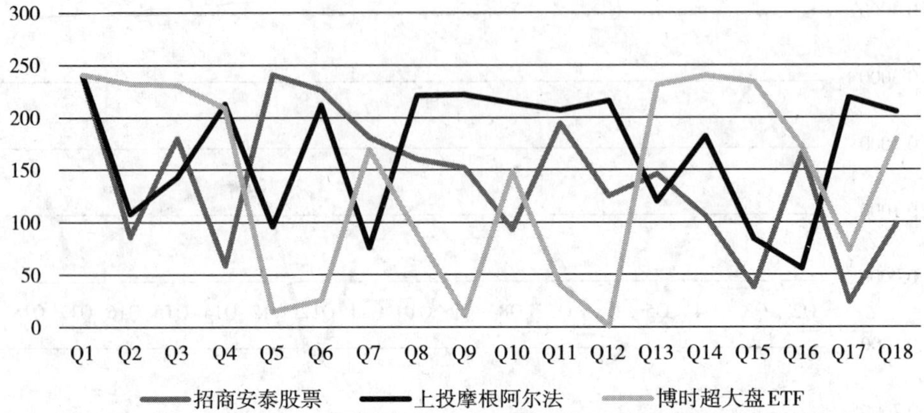

图 5.17　三个例基金在 2010 年至 2014 年 2 季度各个季度业绩排名情况

图 5.16 和图 5.17 是六家基金在 2010 年至 2014 年 2 季度各个季度的业绩排名走势，他们分别是 2010 年第一季度业绩排名前三名和最后三名。从他们的业绩排名中，可以发现一些有趣的结论。

①中长期较大的业绩跨度。从整体的走势看，六家基金在四年间的业绩排名表现均可以说是大起大落，每个基金都实现了 200 多排名的跨越。基金排名大幅度的变动说明了从长期看基金业绩排名没有持续性。

②短期持续性表现。在季度持续性上，两组基金呈现出不同的表现。2010 年第一季度有较好表现的三家基金各个季度之间排名变化都是比较显著的。而 2010 年第一季度表现较差的三家基金，尽管长期表现相差巨大，但是在 1 ~ 2 个季度内能够保持排名稳定，表现出一定短期持续性的特征。

（4）结论

所以，根据 2010 年至 2014 年 2 季度中国 241 个股票型开放式基金的业绩表现进行实证分析我们得到的结论是，股票型开放式基金的相对业绩表现在短期、中期、长期都不存在持续性。

2. 基金绝对业绩持续性分析——横截面回归法

（1）方法简介

横截面回归法同样将整个样本期分为两个子样本期排名期和评价期，分别进行前后期业绩指标詹森系数的计算。

$$R_{it} - R_{ft} = \alpha_{it} + \beta(R_{mt} - R_{ft}) + \varepsilon_{it}$$

$$R_{it+k} - R_{ft+k} = \alpha_{it+k} + \beta(R_{mt+k} - R_{ft+k}) + \varepsilon_{it+k}$$

α_{it}和α_{it+k}分别是前期和后期的詹森系数，然后对两期的詹森系数进行回归分析并对系数进行显著性检验。回归形式如下：

$$\alpha_{it+k} = c + b\,\alpha_{it} + \varepsilon_i$$

当回归系数 b 显著为正时，表示前后期业绩指标具有正相关关系，即基金业绩具有持续性；当回归系数为负时，则表明基金业绩不具有持续性，出现业绩反转。

但是不同的基金的投资组合都有一定程度的相像之处，在同一时点上，不同基金的业绩通常具有较高的相关性，回归的残差可能是相关的，使得回归系数的 t 检验量值可能不准确。解决这一问题的方法是 Fama Macbeth 回归，它的思想是在每一个时间截面上都进行一次回归，于是就得到了一个斜率系数的时间序列。我们对这个时间序列进行检验。这里进行 b 的单尾 t 检验，零假设为 $b \leqslant 0$，备择假设为 $b > 0$。

（2）实证检验

同样，我们也分别从短期、中期、长期三个时间跨度进行分析检验。

①短期：基金业绩季度持续性。

对基金业绩季度持续性进行检验的时候，时间排名和评价期间隔差一个季度。得到以下结果（注：P 值表示 b 显著大于零的概率）。

表 5.14　　短期 b 回归及检验结果

排名期	评价期	b	T 值	R^2	P 值
2010. Q1	2010. Q2	0. 04	1. 01	0. 00	0. 1562
2010. Q2	2010. Q3	0. 45	6. 49	0. 15	0. 0000
2010. Q3	2010. Q4	0. 01	0. 10	0. 03	0. 4602
2010. Q4	2011. Q1	-0. 13	-2. 54	0. 02	0. 9945
2011. Q1	2011. Q2	0. 09	2. 43	0. 02	0. 0075
2011. Q2	2011. Q3	0. 01	0. 13	0. 00	0. 4483
2011. Q3	2011. Q4	-0. 36	-4. 64	0. 08	1. 0000
2011. Q4	2012. Q1	0. 16	3. 03	0. 04	0. 0012
2012. Q1	2012. Q2	-0. 49	-7. 33	0. 18	1. 0000
2012. Q2	2012. Q3	-0. 01	-0. 13	0. 00	0. 5517
2012. Q3	2012. Q4	0. 57	0. 52	0. 00	0. 3015
2013. Q1	2012. Q4	-0. 01	-1. 88	0. 01	0. 9699
2013. Q2	2013. Q1	0. 59	10. 05	0. 30	0. 0000
2013. Q3	2013. Q2	0. 54	7. 29	0. 18	0. 0000
2013. Q4	2013. Q3	-0. 37	-2. 19	0. 02	0. 9857
2014. Q1	2013. Q4	0. 01	0. 55	0. 00	0. 2912
2014. Q2	2014. Q1	0. 09	2. 13	0. 02	0. 0166

②中期：基金业绩半年度持续性的检验。

对基金业绩半年度持续性进行检验的时候，时间排名和评价期间隔差两个季度。得到以下结果（注：P值表示b显著大于零的概率）。

表5.15　中期b回归及检验结果

排名期	评价期	b	T值	R^2	P值
2010. Q1	2010. Q3	0. 15	3. 22	0. 04	0. 0006
2010. Q2	2010. Q4	0. 18	2. 04	0. 02	0. 0207
2010. Q3	2011. Q1	-0. 44	-7. 98	0. 21	1. 0000
2010. Q4	2011. Q2	-0. 02	-0. 62	0. 00	0. 7324
2011. Q1	2011. Q3	-0. 11	-2. 94	0. 03	0. 9984
2011. Q2	2011. Q4	0. 11	1. 35	0. 01	0. 0885
2011. Q3	2012. Q1	-0. 42	-6. 93	0. 1	1. 0000
2011. Q4	2012. Q2	-0. 13	-2. 13	0. 02	0. 9834
2012. Q1	2012. Q3	0. 08	1. 15	0. 01	0. 1251
2012. Q2	2012. Q4	-0. 65	-0. 64	0. 00	0. 7389
2012. Q3	2013. Q1	0. 16	1. 73	0. 01	0. 0418
2012. Q4	2013. Q2	-0. 01	-2. 24	0. 02	0. 9875
2013. Q1	2013. Q3	0. 64	8. 31	0. 22	0. 0000
2013. Q2	2013. Q4	-0. 49	-2. 34	0. 02	0. 9904
2013. Q3	2014. Q1	0. 05	1. 31	0. 01	0. 0951
2013. Q4	2014. Q2	-0. 00	-0. 04	0. 00	0. 5160

③长期：基金业绩年度持续性的检验。

对基金业绩半年度持续性进行检验的时候，时间排名和评价期间隔差4个季度。得到以下结果（注：P值表示b显著大于零的概率）。

表5.16　长期b回归及检验结果

排名期	评价期	b	T值	R^2	P值
2010. Q1	2011. Q1	0. 05	1. 09	0. 00	0. 1379
2010. Q2	2011. Q2	-0. 04	-0. 97	0. 00	0. 8340
2010. Q3	2011. Q3	0. 00	-0. 12	0. 00	0. 5478
2010. Q4	2011. Q4	0. 02	0. 56	0. 00	0. 2877
2011. Q1	2012. Q1	0. 24	6. 43	0. 15	0. 0000

续表

排名期	评价期	b	T值	R^2	P值
2011. Q2	2012. Q2	-0. 11	-1. 43	0. 01	0. 9236
2011. Q3	2012. Q3	-0. 32	-4. 58	0. 08	1. 0000
2011. Q4	2012. Q4	0. 63	0. 66	0. 00	0. 2546
2012. Q1	2013. Q1	-0. 68	-7. 75	0. 20	1. 0000
2012. Q2	2013. Q2	0. 63	7. 54	0. 19	0. 0000
2012. Q3	2013. Q3	0. 31	2. 53	0. 03	0. 0057
2012. Q4	2013. Q4	0. 00	-0. 06	0. 00	0. 5239
2013. Q1	2014. Q1	-0. 01	-0. 14	0. 00	0. 5557
2013. Q2	2014. Q2	0. 03	0. 89	0. 00	0. 1867

（3）检验结果及分析

①没有足够的把握证明基金绝对业绩在季度、半年度和年度内有持续性。

表5. 17汇总了对短期、中期和长期每个时间跨度b的回归结果统计情况和进一步对b的时间序列数据进行进一步检验的结果。可以看出，不论是季度、半年度或者年度，b显著为正的比例都很低。按照5%的显著性水平，季度、半年度和年度检验结果均不能拒绝原假设，我们没有足够的证据表明基金的绝对业绩水平在季度内、半年内或者是一年内有持续性。

表5. 17　　长期b回归及检验结果

	b显著为正比例	b均值	b标准差	T值	显著水平
季度	35. 29%	0. 070	0. 320	0. 217	0. 4141
半年度	25%	-0. 056	0. 319	-0. 177	0. 5701
年度	21. 43%	0. 054	0. 339	0. 158	0. 4371

②从显著水平看，b大于零的显著性在季度内强于半年度和年度，这可能说明了与半年度和年度数据相比，基金绝对业绩的持续性特征在季度内更加明显。

③对结论的验证。下面我们仍然选取上文所选六个基金，以此为例，看看对于个别基金而言，以上从235个基金中分析得到的结论是否适用。

从图5. 18和图5. 19可以看出，无论是初始表现好的基金还是初始表现差的基金，基金业绩都没有表现出持续的特点。表现好的基金从长期看呈现了业绩下行的趋势。

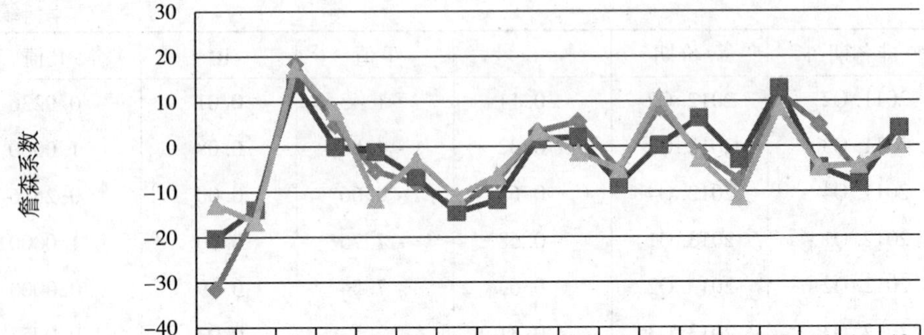

	1	2	3	4	5	6	7	8	9	10	11	12	13	14	15	16	17	18
华安核心优选	−32	−15	18	4.8	−5	−8	−14	−8	3.3	5.5	−5	8.5	−1	−8	12	4.6	−6	3.9
博时新兴成长	−20	−14	14	0	−1	−7	−15	−12	1.5	2.1	−9	0.2	6.2	−3	13	−5	−8	4
博时特许价值	−13	−17	17	7.9	−12	−3	−11	−7	3.2	−1	−5	11	−3	−11	8.5	−5	−4	0.1

图 5.18　三个例基金在 2010 ~ 2014 各季度詹森系数

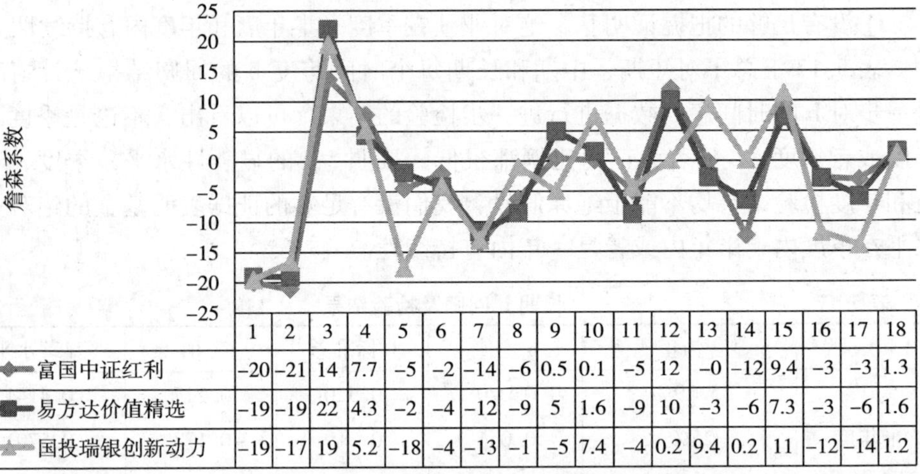

	1	2	3	4	5	6	7	8	9	10	11	12	13	14	15	16	17	18
富国中证红利	−20	−21	14	7.7	−5	−2	−14	−6	0.5	0.1	−5	12	−0	−12	9.4	−3	−3	1.3
易方达价值精选	−19	−19	22	4.3	−2	−4	−12	−9	5	1.6	−9	10	−3	−6	7.3	−3	−6	1.6
国投瑞银创新动力	−19	−17	19	5.2	−18	−4	−13	−1	−5	7.4	−4	0.2	9.4	0.2	11	−12	−14	1.2

图 5.19　三个例基金在 2010 ~ 2014 各季度詹森系数

（4）结论

根据 2010 ~ 2014 年中国 241 个股票型开放式基金的业绩表现进行实证分析，我们得到的结论是：股票型开放式基金的绝对业绩表现在短期、中期、长期都不存在持续性。

四、总结

前文分别采用斯皮尔曼等级相关系数和横截面回归两种方法，对 2010 年至 2014 年 2 季度之间中国存在的 241 只股票型开放式基金的业绩持续性进行实证分析，结论是无论是绝对业绩还是相对业绩水平，中国股票型开放式基金的业绩在短期、中期和长期都不存在持续性。

从实证检验的结果来看，中国股票型开放基金的业绩并不具有良好的持续性，这意味着基金的历史业绩并不能成为其未来业绩预期的参考，因而投资者难以通过仅仅分析基金的前期业绩做出投资决策而获得高回报，因为好的历史业绩并非总是会持续到未来。因此从另一角度来讲，将某一特定时段的基金表现向投资者推荐实际上就是一种误导投资者的行为。

在对基金经理的评价上，我们也不能够根据短期的业绩表现来评价其投资技能和管理能力，因为短期的良好业绩也许来自于运气，只有持续的优良业绩才足以证明基金管理人的投资能力。

对监管者而言，需提高信息披露的程度。监管者应当进一步加强对基金管理公司信息披露的管理，完善基金经理更换事件等信息披露的完整性，从管理者角度还需要改进信息披露的及时性，因为基金经理更换的信息会对基民的投资产生影响。此外，中国的基金市场还需要有专业的基金评级机构，完善基金业绩及其持续性的评价体系，为投资者提供一个全面深入了解基金业绩的渠道。

本章小结

1. n 种资产组合的收益为：

$$ER_P = \sum_{i=1}^{n}(W_i ER_i)$$

n 种资产组合的风险为：

$$\sigma_P = \sqrt{\sum_{i=1}^{n}\sum_{j=1}^{n}(W_i W_j \sigma_{ij})}$$

2. 资产组合理论最优投资组合的选择。

①由于假设投资者是风险厌恶的，因此，最优投资组合必定位于有效集边界上，其他非有效的组合可以首先被排除。

②虽然投资者都是风险厌恶的，但程度有所不同，因此，最终从有效边界上挑选哪一个资产组合，则取决于投资者的风险规避程度。

③度量投资者风险偏好的无差异曲线与有效边界共同决定了最优的投资组合。

3. 资本资产定价模型。

(1) CAPM 理论的基本假设除了包括马克维茨资产组合理论的基本假设外，还包括如下的假设：

①投资者完全理性假设：所有投资者都能遵循马克维茨投资组合理论的基本原则进行资产的最优选择和投资组合的优化。

②资本市场是完美的，不存在摩擦。所有资产都是无限可分割的；市场交易中不存在交易成本；没有税收（如个人所得税）；没有保证金要求；所有投资者都可以无偿获取信息，并掌握同样的信息。

③市场完全竞争假设：市场上的买卖双方都是价格的接受者，不具备做市力量，市场不存在做市商，投资者的买卖行为不能影响股票价格。

④允许无限制卖空：投资者可以卖空任意数量的股票。

⑤市场存在一个无风险利率，所有的投资者都可以按照相同的无风险利率无限制地进行资金的借入和贷出。

（2）资本资产定价模型（CAPM）：如果市场组合M是有效的，那么任一资产或证券（当然也可以是资产或证券组合）的预期收益率应满足：

$$ER_i - R_f = \beta_i(ER_M - R_f)$$

其中，

$$\beta_i = \frac{\sigma_{iM}}{\sigma_M^2}$$

4. 套利定价理论主要假设有：

①市场是完全的、无摩擦的，不存在交易成本。

②投资者是非满足的：只要存在无风险套利机会时，他们就会不遗余力地构筑套利组合以追求自身的利润最大化。

③投资者具有相同的投资理念：任意证券的收益率都满足因素模型（齐性预期假设）。

④因素模型中随机误差项或随机干扰项的均值为0；各随机误差项与所有的因素之间不相关，并且不同随机误差项之间的斜方差为0，即随机误差项序列不相关。

⑤证券市场上交易的证券种类大于因素的数量。

5. 证券投资基金（Securities Investment Fund）是指通过公开发售基金份额募集资金，由基金托管人托管，由基金管理人管理和运作资金，为基金份额持有人的利益，以资产组合方式进行证券投资的一种利益共享、风险共担的集合投资方式。

①债券基金：债券基金以债券为主要投资对象，债券比例须在80%以上。由于债券的年利率固定，因而这类基金的风险较低，适合于稳健型投资者。通常债券基金收益会受货币市场利率的影响，当市场利率下调时，其收益就会上升；反之，若市场利率上调，则基金收益率下降。除此以外，汇率也会影响基金的收益，管理人在购买非本国货币的债券时，往往还在外汇市场上做套期保值。

②股票基金：股票基金以股票为主要投资对象，股票比例须在60%以上。股票基金的投资目标侧重于追求资本利得和长期资本增值。基金管理人拟定投资组合，将资金投放到一个或几个国家，甚至是全球的股票市场，以达到分散投资、降低风险的目的。

③货币市场基金：货币市场基金是以货币市场工具为投资对象的一种基金。货币市场基金通常被认为是无风险或低风险的投资。其投资对象一般期限在一年内，包括银行短期存款、国库券、公司债券、银行承兑票据及商业票据等。通常，货币基金的收益会随着市场利率的下跌而降低，与债券基金正好相反。

④混合型基金：混合基金主要从资产配置的角度看，股票、债券和货币的投资比例没有固定的范围。

重要术语

收益风险　资产组合理论　可行集　有效集　CAL 曲线　CML 曲线
单因素模型　两因素模型　多因素模型　资本资产定价模型　β 值
SML 曲线　套利定价理论

思考与练习题

1. 考虑一个投资组合，其中有三种证券 X，Y，Z，它们的权重分别为 ω_x，ω_y，ω_z，则该组合的预期收益率是多少？用于测度风险的标准差又是多少？

2. 考虑一个由债券和股票组成的投资组合，假设这两种资产的相关系数为 0.25，$E(r_D)=8\%$，$E(r_E)=13\%$，$\sigma_D=12\%$，$\sigma_E=20\%$，请描绘出该组合的可行集和有效集。

3. 假设有两个风险资产 A 和 B，还有一个无风险资产 T，它们的相关数据如下：

	预期收益率	标准差
A	10%	20%
B	30%	60%
T	5%	0

A 与 B 之间的相关系数为 −0.2。

（1）描绘出 A 与 B 的可行集和有效集。

（2）构造最优风险资产组合 P，并计算该组合的期望收益率和标准差。

（3）考虑无风险资产后，投资于风险资产和无风险资产的比例各是多少？最终组合预期收益率为多少。假设 A = 5。

4. 假设股票A和B的收益率是由单因素模型估计出来的，其结果表示如下：

$R_A = 1\% + 0.9R_M + \varepsilon_A$

$R_B = -2\% + 1.1R_M + \varepsilon_B$

$\sigma_M = 20\%$，$\sigma(\varepsilon_A) = 30\%$，$\sigma(\varepsilon_B) = 10\%$

试分别计算A和B的标准差，以及它们之间的协方差。

5. 假设现在市场组合的风险溢价为8%，标准差为22%。有一份组合中25%为GM股票，其余为Ford股票，这两家公司股票的β值分别为1.1和1.25。试计算该组合的风险溢价为多少。

6. 假设股票A的期望收益率为12%，β为1；股票B的期望收益率为13%，β为1.5。市场组合的期望收益率为11%，无风险资产收益率为5%。

(1) 根据CAPM模型，哪只股票更有投资价值？

(2) 两只股票的α分别是多少？并用SML曲线图指明α。($\alpha = E(r_i) - [r_f + \beta_i(r_M - r_f)]$)

(3) 基于(2)的结果，思考一下应该如何对这两只股票进行投资。

7. 请比较CAPM模型、单因素模型以及APT模型。

8. 考虑如下这个APT模型：

因素	β	风险溢价
A	1.2	6%
B	0.5	8%
C	0.3	3%

如果无风险资产收益率为6%，那么根据APT所确定的资产收益率为多少？

9. 假设一种资产的价值由如下三个因素决定，相关数据如下：

	风险溢价
I	6%
R	2%
C	4%

通过回归我们得到该资产的收益率满足 $r_i = 15\% + 1I + 0.5R + 0.75C$。

(1) 利用该回归结果计算资产收益率，其中无风险收益率为6%。

(2) 试想一下，该资产是被低估还是高估了？

第六章
有效市场理论

2013年的诺贝尔经济学奖，可以说是历年来离股市最近的一次。尽管许多股民未必听说过法玛、汉森和席勒的大名，但他们的研究在股市中应用相当广泛。

用诺贝尔经济学奖评选委员会的话来说，“人们无法预测股票和债券在三五天内的价格，却可以预测更长期例如在未来三年至五年内的走势，这些看似矛盾却又令人惊讶的发现，正是基于三位教授的研究贡献”。

这段话包含了两个极易引起争议的论断：股市短期走势无法预测；长期走势可以预测。有趣的是，之所以会出现如此论断，是因为今年的诺奖颁给了同一理论的正反两方。

这个理论就是法玛提出的有效市场理论：如果在一个证券市场中，价格完全反映了所有可获信息，这样的市场就是有效市场。在有效市场中，投资者在买卖股票时会迅速有效地利用潜在信息，所有已知影响都已反映在股价中。

伴随有效市场理论的是随机漫步理论：股价变动类似于化学中的“布朗运动”，具有随机漫步的特点，投资者无法根据历史价格来预测其未来走势，这意味着技术分析毫无用处。

既然所有已知信息都已反映在当前股价中，那么选股、选时都变得毫无意义——这正是ETF在全球资本市场蓬勃发展的理论基础。信奉这一理论的投资者从主动选股，转变为购买指数基金的被动跟随模式。

有效市场理论显然是一种理想化的假说。法玛后来修订其理论，提出了强有效市场、半强有效市场和弱有效市场三种类型，但他仍坚信“看不见的手”的有效性，强调政府对于金融市场需要做的事情仅仅是做好信息披露和投资者教育。

有效市场理论的反方是席勒。他以曾经成功预警美国20世纪90年代股市科网泡沫和2007年房市次贷危机而出名，其专著《非理性繁荣》、《动物精神》均名噪一时。

席勒认为消费者的心理因素而非经济因素决定着价格和交易，人在动物精神驱动下导致金融市场出现“非理性繁荣”。这意味着市场中的人会出问题，市场会失效，因此政府的监管要加强。显然，这与相信市场万能、假设人们都是“理性经济人”的新古典主义经济学大异其趣。

现实中，永远找不到法玛提出的完全有效的市场。再严格的信息披露政策，都不可能让所有投资者同时接收所有已知信息，并据此做出完全理性的投资决策。

但有效市场理论仍然意义重大。与经济学中的完全竞争市场假说类似，其价值在于提供了金融市场分析的基准。它还意味着长期而言，没有投资者能够持续地正确预测股市，也就没有任何人能够持续地获得优于市场的整体收益。

这一点也适用于A股。有经验的投资者会发现，每一种投资理论，都有其阶段性成功的时候，但死守一种理论，很可能在接下来的行情中受挫。股评家常说的“风格切换”，背后的原因就在于此。

资料来源：《第一财经日报》。

本章教学目标

1. 了解有效市场假说的发展脉络。
2. 掌握有效市场假说的概念和三种形式。
3. 了解有效市场假说的意义和对资本市场投资的启示。
4. 理解并掌握验证弱有效市场假说的方法，并了解验证半强有效、强有效市场假说的方法。
5. 用中国股市的数据进行验证，并对中国股市是否有效做出基本的判断。

专栏 6.1 有关股评家的评论

在21世纪最初几年，仍然在做散户的股民无疑是命苦的，连续不断的熊市让他们口袋空空，有些人更是因为深度被套牢而欲罢不能，那么，谁是救苦救难的“观世音”呢？是政府是上市公司？是投资理财师还是股评家？

时下电视里收视率最高的财经栏目大概要数股评家的在线股评，“半仙”似的股评家在镜头面前，对着万千将自己奉若神明的股民和会员们侃侃而谈。

让人叫绝的是，无论股民请教什么股票，涉及行业小到纳米大到火箭，穿的服装吃的食品，土的养殖洋的高科技，半仙股评家都能侃上一通，一副“兵来将挡、水来土掩”的气概，粗粗瞄一眼图表，就能在短短几秒钟时间内来个铁口直断。其速度之快，连专业的打字小姐也难跟上。照理说，“闻道有先后，术业有专攻”，在浩如烟海的股市面前，专业的证券分析师都应有自己专门的研究领域，但半仙股评家们却似乎无所不知无所不晓，不能不让人感叹他们的“博学”。

联想到英国哲学家、数学家和逻辑学家伯特兰·罗素勋爵。这位历史上数得着的大腕儿一生共出版著作近70种，著作范围涉及哲学、数学、司法、社会重建、政治、神秘主义、婚姻、道德等等。这么说吧，凡是阁下能想到的话题，罗素大师都有研究。就连女士唇膏的用法、男士雪茄的选择都概莫能外。后人都纳闷为什么罗素自信有资格向世人提出那么多建议，又有那么多人会信从他，这简直就是一个无解之谜。但有学者推测是为了稿费，据说在罗素贴身的口袋里就有一个专门用来记录稿费收入的笔记本，偶有闲暇，他就拿出来看并称之为“最有益的消遣”。客观地说，大师著作中不乏一些不负责任甚至自相矛盾的言论。从这点上说，多数半仙股评家虽然没有勋爵那么多资产，却颇具几分勋爵的神韵。

然而问题在于，像罗素般的天才，即使在人类历史上也只是凤毛麟角，而半仙股评家却比比皆是。其实说穿了，只要学两招图表分析理论，特别是趋势和价量部分，就足以应付电视镜头前的一切，堪称“一招鲜，吃遍天”。有趣的是，尽管图表分析理论曾被伯顿·马基尔教授在《漫步华尔街》一书中驳了个体无完肤，而且至今尚未得到任何学术上的有力论证，但这并不妨碍其在投资分析领域内大行其道，并成就了一茬接一茬的股评饭碗，其生命力之强，只怕连其发明者也始料不及。

据伯顿·马基尔教授所言，大多数图表分析师们不仅专业知识不敢叫人恭维，就连幽默感也欠缺。果真如此的话，倒是建议他们读一读马克·吐温在《傻瓜威尔逊》一书中所写的一段话：“10月，这是股票投机最危险的月份之一。其他月份是7月、1月、9月、4月、11月、5月、3月、6月、12月、8月和2月。”

看过上面的文章，我们得到一个信息——股评家是不可靠的。如果你还在犹豫，我们下面要介绍的理论将打消你的最后一点幻想。在这里，我们还是把功利心先放一放，来看一下这个获得过诺贝尔奖的理论，虽然你不可能凭它赚钱，但是它可以让你明白一些你以前不知道的道理。这就是——有效市场假说。

第一节 有效市场概念和形式

20 世纪 50 年代，随着计算机在经济学中的运用，研究经济周期的学者开始用计算机来分析时间序列的数据。由于跟踪股票价格的变化可以分析经济在繁荣和衰退时发展的特征，股票市场自然成为经济学家们分析的对象。假定股票价格反映了公司的前景，经济表现的峰谷交替将在股价中表现出来。

1953 年，伦敦的《皇家统计学会》期刊上刊登出一篇题为《经济时间序列分析》的论文，作者是伦敦经济学院的统计学教授莫里斯·肯德尔（Maurice Kendall）。他写这篇论文的初衷是想借计算机来分析股票价格的波动模式。

研究的结果使他大感意外，他惊奇地发现证券和商品价格变化没有任何模式可循。价格的变动表现出很大的随意性，它就好像“一个醉汉在漫游一样，就如同机会的恶魔每星期随机地从固定分散的对称总体中抽出一个数字，并把它加在目前的价格上，以此决定下一星期的价格”。也就是说，股票价格似乎遵循一种随机游走的规律。在任何特定的时点，无论经济状况如何，股票价格都既可能上升，也可能下降。历史数据无法提供有关价格变动的任何线索。

实际上，肯德尔的发现并不是独一无二的。1900 年，法国数学家巴契里耶（Louis Bachelier）已经在他的博士论文中提到了类似的现象。1935 年，美国统计学家沃金（Holbrook Working）重复了这个发现。

在肯德尔之后，1964 年奥斯博恩（F. M. Osborne）提出了“随机漫步理论”，他认为股票价格的变化类似于化学中分子的“布朗运动”（悬浮在液体或气体中的微粒所做的永不休止的、无秩序的运动），具有“随机漫步”的特点，也就是说，它变动的路径是不可预期的。1970 年法玛也认为，股票价格收益率序列在统计上不具有“记忆性”，所以投资者无法根据历史的价格来预测其未来的走势。

这个结论不免使许多在做股价分析的人有点沮丧，他们全力研究各家公司的会计报表与未来前景以决定其价值，并试图在此基础上做出正确的金融决策。难道股价真的是如此随机，金融市场就没有经济学的规律可循吗？

萨缪尔森的看法是，金融市场并非不按经济规律运作，恰恰相反，这正是符合经济规律的作用而形成的一个有效率的市场。

1965 年，尤金·法玛（Eugene Fama）在 Financial Analysts Journal 上发表文章 Random Walks in Stock Market Prices。在这篇文章中第一次提到了 Efficient Market 的概念：有效市场是这样一个市场，在这个市场中，存在着大量理性的、追求利益最大化的投资者，他们积极参与竞争，每一个人都试图预测单个股票未来的市场价格，每一个人都能轻易获得当前的重要信息。在一个有效市场上，众多精明投资者之间的竞争导致这样一种状况：在任何时候，单个股票的市场价格都反映了已经发生的和尚未发生但市场预期会发生的事情。

1970 年，法玛提出了有效市场假说（Efficient Markets Hypothesis），其对有效市场的定义是：如果在一个证券市场中，价格完全反映了所有可以获得的信息，那么就称这样的市场为有效市场。

衡量证券市场是否具有外在效率有两个标志：一是价格是否能自由地根据有关信息而变动；二是证券的有关信息能否充分地披露和均匀地分布，使每个投资者在同一时间内得到等量等质的信息。

根据这一假设，投资者在买卖股票时会迅速有效地利用可能的信息，所有已知的影响一种股票价格的因素都已经反映在股票的价格中，因此根据这一理论，股票的技术分析是无效的。

一、有效市场假说

有效市场（Efficient Market Hypothesis）的概念，最初是由 Fama 在 1970 年提出的。Fama 认为，当证券价格能够充分地反映投资者可以获得的信息时，证券市场就是有效市场，即在有效市场中，无论随机选择何种证券，投资者都只能获得与投资风险相当的正常收益率。因此有效市场假说从根本上排除了建立在当前可得信息基础上的交易行为获得高于均衡状态的期望收益的可能性。

有效市场假说是建立在三个强度依次减弱的假设之上的。

1. 理性投资者假设

当投资者是理性的时候，他们能够相当准确地确定出每种证券的基本价值（fundamental value），即证券未来的现金收入流量（cash flow）经过在一定程度风险下的折现调整后的净现值。当投资者知道各种证券的基本价值后，他们会对影响证券的各种信息快速做出反应，买进价格低于内在价值的证券，卖出价格高于内在价值的证券，这些低买高卖的行为很快地就能使证券价格迅速调整到与新的净现值相等的新水平。

2. 随机交易假设

有效市场假说的拥护者认为，即使投资者是非理性的，也并不能作为否定有效市场的证据。他们认为，即使投资者是非理性的，在很多情况下市场仍可能是有效的。一种被经常讨论的情形是，非理性投资者在市场中的交易是随机进行的。当这种类型的投资者大量存在且他们的交易策略相互独立时，他们之间的交易很可能会相互抵消掉他们的交易对市场有效性的影响。在这种市场中，尽管非理性投资者相互之间的交易量非常大，但证券价格却一直保持在基本价值附近。但是，因为要依赖于非理性投资者的交易策略是相互独立的这一关键假设，所以这一论点有很大的局限性。即使投资者的交易策略是相关的，有效市场的结论仍然能成立。

3. 有效套利假设

假定有一种证券（比如说某只股票），由于被非专业或非理性的投资者相互关联的抢购，价格已经超过其基本价值，那么，购买这种证券显然是一种错误投资（a bad investment），因为其价格已经超过了经过风险调整后的未来现金收入流量或红利收入的净现值。察觉到这种价格高估，聪明的投资者或套利者将卖出甚至卖空这种高价证券，同时买进与未来现金流相似的其他证券进行风险对冲。如果能找到这种与未来现金流相似或者说可替换的证券，套利者又能对之进行买卖的话，他们一定有利可图，因为他们在卖出高价证券后，同时又买进了同样或相似的价格偏低的证券。这样买卖的结果使得价格被高估（overprice）的证券价格回到其基本价值上。

事实上，如果可替代证券存在，套利者之间的逐利竞争又使得他们的行动非常迅速高效的话，证券价格是不可能较大地偏离其基本价值的，套利者自己也无法获得多少超额收益。这同样适用于价值被低估（undervalue）的证券，为了获取利润，套利者在买进价格低估证券的同时会卖出本质相同的其他证券来对冲风险，这样就阻止了证券价格或大幅度或长期的低估。尽管有非理性的投资者存在，并且他们的需求是相互关联的，只要有与未来现金流相似的可替代证券，通过套利就能使证券的价格与其基本价值保持一致。

二、有效市场假说的形式

Fama 根据投资者可以获得的信息种类，将有效市场假说分成了三个层次：

弱式有效市场、半强式有效市场和强式有效市场。

1. 弱式有效市场假说（Weak - Form Market Efficiency）

如果股价已经反映了全部能从市场交易数据得到的信息，则称这样的资本市场为弱式有效的或者满足弱有效形式。其中，市场交易数据中得到的历史信息包括过去的股价、交易量等数据。股票价格的历史数据是可以免费得到的，如果这些数据里包含有用的数据，则所有的投资者都会利用它，导致价格调整，最后，这些数据就失去预测性。股价的历史记录不含有对预测未来价格有用的信息，况且人人都可以获得这样的信息，没有人更加高明。因此，利用历史资料对市场未来的价格趋势分析是徒劳的。

推论一：如果弱式有效市场假说成立，则股票价格的技术分析失去作用，基本分析还可能帮助投资者获得超额利润。

2. 半强式有效市场假说（Semi - Strong - Form Market Efficiency）

该假说认为价格已充分反映出所有已公开的有关公司营运前景的信息。这些信息有成交价、成交量、盈利资料、盈利预测值、公司管理状况及其他公开披露的财务信息等。假如投资者能迅速获得这些信息，股价应迅速作出反应。

推论二：如果半强式有效假说成立，则在市场中利用技术分析和基本分析都失去作用，内幕消息可能获得超额利润。

3. 强式有效市场假说（Strong - Form Market Efficiency）

如果一个市场是强有效的，那么该市场上的价格反映了所有的信息，不管是公共的、私有的。股价反映了全部与公司有关的信息，甚至包括仅为内幕人士所知道的信息。强式有效市场的意义和价值在于从理论上确定理想市场的标准，为内幕交易的违法性提供理论上的根据。然而，强式有效假定仅仅是一种理想状态。

推论三：在强式有效市场中，没有任何方法能帮助投资者获得超额利润，即使基金和有内幕消息者也一样。

三种有效市场之间的关系可以用图 6.1 表示。

三种有效假说的检验就是建立在三个推论之上。强式有效假说成立时，半强式有效必须成立；半强式有效成立时，弱式有效亦必须成立。

所以，先检验弱式有效是否成立；若成立，再检验半强式有效；再成立，最后检验强式有效是否成立。顺序不可颠倒。

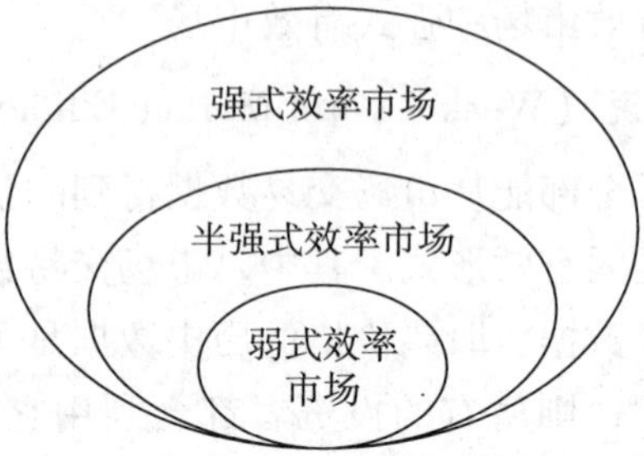

图 6.1　三种不同层次的有效市场假说

三、有效市场假说的含义

1. 技术分析

技术分析本质上是寻找股价的起伏周期和预测模式。尽管技术分析家们也认可信息对公司未来经济前景是有很大影响的，但是，他们仍然相信这类信息对一个成功的投资或者说是股票买卖决策并不是必要的。因为假如股价的反应足够慢，那么不管股价是由于什么原因而变动，分析家都能够确定一个能在调整期内被利用的方向。

因此，技术分析成功的关键是：股价对基本供求要素变动的反应足够迟钝。当然这个先决条件恰恰与市场有效性的观点是相悖的。但是，从另外一个方面来看，市场有效性假定并不意味着技术分析是毫无用处的。价格和交易量的历史数据是花费最少的人人皆知的公共信息。因此，任何由从过去价格的分析中而获得的信息已经在股价中得到反映。当投资者们争相利用他们对股价历史的这类公共知识时，他们必然把股价推向期望收益率与风险正好相抵的水平。在这样的水平上，我们不可能指望有非常规的收益。

2. 基本面分析

基本面分析是利用公司的盈利和红利前景、未来利率的预期以及公司风险的评估等财务方面的信息来决定适当的股票价格。最终，它把公司的价值理解为一种要确定向股东支付所有收益的当前折现值，这些支付是股东从持有的每一股中得到的。如果这个值超过了股价，基本面的分析者就认为股票被低估了，从而将建议购买该股票。基本面分析通常由对公司以往盈利的研究和对公司资产负债表的考察开始。

更进一步，基本面分析为细致的经济分析提供了补充，通常包括对公司管理素质、公司在行业内的地位以及该行业前景的整体评估，其目的是想要获得尚未被市场其他部分认识到的公司未来表现的信息。而在半强式有效市场的假定下，基本面分析也是注定要失败的。如果分析者依赖那些公开的利润及行业信息资料，那么其对于公司前景的评估就不太可能比他的竞争者要精确多少。有很多信息灵通、资金雄厚的公司进行市场研究，在这样的竞争下，要发掘别人尚未知的信息是很困难的。只有那些独具慧眼的分析者才有收获。当市场的其他人也知道哪些公司前景好时，发现这一点的投资者就不能从中获得多大益处。当公司信息已被公开时，投资者就要为购买这些公司的股票付出高昂的代价，同时也无法实现超额的收益率。因此，这里的关键不在于确认公司是否良好，而在于要能发现比别人估计得要好的公司。

因此，看上去惨淡经营的公司也能成为抢手货，只要它们并不像它们的股票所暗示的那么糟就行了。这就是为什么说基本面分析是很难的原因，仅仅是对公司作出好的分析是不够的，只有你的分析比你的竞争者要好，你才可以赚大钱，因为市场价格被认为已经反映了所有公开的信息。

四、有效市场假说对资本市场投资的启示

①市场有效意味着投资者不能得到超额回报。因为在有效率的市场条件下，相关信息能立刻在证券价格中体现出来，投资者不应该期望得到超额回报。

②如果市场有效，技术分析是无用的，基本分析也是无用的。投资者通过分析个股，企图找到价值被低估的股票，并不会提高投资组合的收益，因为这些信息已经被包含在价格中了。想要通过分析公开信息，使得投资收益表现超越市场是不可能的。

③在证券市场上没有永远的赢家，某些业绩表现突出的投资者仅仅是运气而已。在有效市场中，总存在赢家和输家。仅仅因为投资者或基金经理在一定时期"战胜市场"，并不意味着市场是无效的。要么他们具备别人不具备的才能，要么他们比别人幸运。问题是确认谁在未来战胜市场，这可以用一个简单的模型进行说明。在有效市场中，在任何一年，大约有一半的投资者预测是正确的，而另一半的预测是错误的。这样即便经过 T 年，也有 $\left(\frac{1}{2}\right)^{T}$ 的投资者能够在每一年都做出正确的预测。

④投资指数基金是一种理性投资决策。由于在有效市场条件下，大众已知的投资策略并不能产生超额利润。投资者宁可投资于长期持有的分散化投资组合，而不是企图挑选赢家或输家以及频繁地交易股票。同时，因为指数基金是一种充分分散的资产组合，投资指数基金的被动式投资将是一种理想的投资决策。

专栏6.2　经济学家和投资大师的对立

股票市场是各种解释的大观园，不仅每天每时都有多空对立的解释，就是多空阵营中的各自解释也大异其趣。在五花八门的股市解释中，有两类人的解释格外引人注目，他们的不同解释集中体现了股市对人类理解能力的嘲弄，既显示了严谨学术的滑稽，又激发了市场人士不息的热情。他们就是经济学家与投资大师。

经济学家通常希望使用理性概念来逻辑地解释股市，然而经过了百余年的股市风云，一部分经济学家终于认识到股市的非理性非逻辑因素是举足轻重的东西，排除了这些东西将无法"合理"地解释股市，于是他们把非理性因素以"心理学"的形式引入了经济学，这就是所谓的行为金融学，并因此获得了2002年的诺贝尔奖。然而不幸的是，依据这套"理"论建立的基金却没有成为赚钱的投资产品，比如荷银资产管理公司向香港和新加坡投资者推出的亚洲地区第一个此类基金——荷银行为金融学日本基金，尽管其投资策略具有理论基础，而且起步时大有前途，但自它推出以来每年都亏损达25%。

其实，市场中的成功者——所谓的投资大师早在20世纪70年代就对经济学家的股市解释模式进行了抨击，当时主要针对的是"有效市场理论"，它的核心内容在于两个基本结论：①根据可获得的所有公开信息，股价会迅速准确地进行调整，即市场是很有效率的；②股价变动的历史资料不包含任何对预测股价未来变动有用的信息，即根据股价过去变动的信息不能预测股价的未来变动。

针对第一条，投资大师们反驳说，市场在最终的意义上是有效率的，但绝不是在始终的意义上是有效率的。巴菲特说："看到市场常常有效，就断言它总是有效，这其实有天壤之别。"米歇尔·布莱斯说："信息的传送更快了，这使市场在某种程度上更有效，但是市场并不是绝对有效。学术界错了，100%地错了。"而罗伯特·B. 吉莱姆说："市场有许多无效率的地方。我们的经验显示，每天大约有9%的股票是无效率地定价的。但市场的无效率不会永远持续。"然而，针对第二条，几乎所有的投资大师都可以认同，甚至劝导投资者"不要试图预测股市"，而巴菲特还把这一点当成必需的投资信条。但是，这里存在一个微妙而绝对的差别，投资大师争辩说，从股价变化结果不能推测未来，这一点并不能够证明从所有其他方面和以任何别的方式也都永远无法恰当地把握股市。与其说经济学家的理论是针对投资大师的，不如说它是针对许多股市分析师的。

但是，经济学家在对于有效市场理论的应用中却走向一种极端，他们没有能够看出股市投资师与股市分析师之间的根本区别，却以一种掌握了股市终极真理的姿态，宣称一切人——所有的投资者都不能依靠任何智慧取得成功，所有的市场成功都只是偶然的运气。

诺贝尔奖得主保罗·A. 萨缪尔森否认巴菲特有“才能”，说巴菲特们只是掷骰子、掷飞镖者，认为股市投资“只需闭上眼睛胡乱抓”就行。诺贝尔奖得主威廉·F. 夏普也直截了当，说巴菲特只是个“偶然事件，在统计学上是极小的概率，可以忽略不计”。

经济学家阿芝·A. 阿尔奇说，投资大师们的成功“是运气不错，而不是天才”。另一个经济学家巴顿·G. 麦基亚故弄玄虚地说：“虽然我相信存在这种优秀的投资经营者的可能性，但我必须强调，至今为止我们掌握的材料还不能证明这种人的确存在。”

在经济学家的理论中，很难容忍成功的投资大师的存在，就像投资大师理查德·H. 德里豪斯所说：“我们是学术规则的例外，属于统计学偏差范围，我们可以忽略不计，好像我们根本就不存在。这是学术界给我们和巴菲特以及其他少数人的理论定性。因为我们给他们的理论造成了难堪，他们干脆就说我们不存在。”

然而，经济学家的合乎理论规范的学术立场，却把他们自己推向了实际行动中的尴尬境地。

萨缪尔森和阿尔奇也要买股票，他们都听从了巴菲特的召唤，都购买了伯克希尔·哈撒韦的股票。这只股票在 30 年之间从 8 元钱上升到 23000 元。然而，奇妙的是，萨缪尔森拒绝对此发表评论，而阿尔奇却是“得了便宜不卖乖”，继续大谈巴菲特不存在。

为什么会在经济学家和投资大师这两类杰出人物之间出现如此尖锐而滑稽的对立现象？这种对立的结果究竟产生和来源于什么地方？到底是什么东西让经济学家对投资大师的“抗议”无动于衷？又是因为什么使投资大师竟然无法向经济学家“证明”自己的存在？如果对这些根本性问题没有合乎“情”“理”的解释，如果任这种对立局面继续对股市理解造成精神分裂和思想困惑，那么，我们买卖者及研究者就不可能真正相信自己的股市把握是“正确的”，就不可能对自己的把握方式产生真正的信心和信念，而这就意味着，我们所宣称的所有把握股市的秘技绝招之类的东西在根基处就是摇摆飘忽的，乃至是自欺和欺人的东西。

经济学家之所以能够坚守自己的理论而漠视投资大师的经验，投资大师之所以无法表达自己的“理”论而获得经济学家的认同，这其中都体现着不同寻常的“解释”的困难。

威廉·F. 夏普说：“为什么他们能够成功？是他们有某些其他人没有的信息，还是他们采用了别人没有采用的处理信息的方法？是他们注意一些多数人不注意的事情，或者，他们注意的，别人也注意，但他们进行分析和观察的方法是别人不具备的？”如果要解释这些东西，他说：“我还要一个令人信服的故事。”但许多投资大师成功的事迹却不是他所寻求的“令人信服的故事”。那么，究竟什么样的“故事”才是令人信服的呢？

诺贝尔奖得主默顿·米勒明确地说：“如果这是可教授的技能，那么或许你能教给许多其他人。那就可以产生足够的资料以辨别到底是运气还是技能。但那是使我们学术人员怀疑的事情。”他继续说道“或许彼得·林奇能干，但是他能教别人这样做吗？如果他能，我们就有一些证据说明那不仅仅是运气了。”

芝加哥大学金融教授尤金·法玛，是《股票市场的随机漫步》的作者，虽然他对“有效市场”的看法更加开明一些，但他也不得不指出：“我想说那些常常被指出的，那些在被指出以后也显示出一致业绩的人，确实有些东西。但他们总是相同的人：沃伦·巴菲特、彼得·林奇，此外，还有谁？”“可能有某种林奇和巴菲特效应，但是这将得出错误的结论——人们能够跳起来追逐它……我认为你不能像那样教给别人。”

五、在有效市场中投资组合管理的作用

虽然有效市场理论对资本市场投资有如上启示，这也绝不意味着我们不需要进行投资组合管理。有人会问，如果市场是有效的，那么为什么不用扔硬币的方式上随便挑一些股票来代替理智地构造一个组合呢？这是一个从“证券定价是公平的”这个命题中得到的一个自然而然的结论，但这个结论绝非是完全正确。即便在完全有效市场中，理性的资产组合管理也有重要作用。

我们已经知道，投资组合的一条基本原则就是分散化。即便所有的股票价格都是公正的，每一种股票仍具有非系统性风险或者说是个体风险，而这种风险是可以通过分散化来消除的。因此，即便在一个有效的市场中，理性的证券选择也

要求投资者在系统风险水平下有一个所需的已充分分散化的资产组合。

理性资产组合管理的第二个观点与投资者的特定风险范畴有关。例如，对于年龄不同的投资者，也应考虑其对风险的承受能力而提供不同的资产组合政策。例如，对那些基本上靠存款度日的老年投资者来说，往往愿意回避那些市值会随利率大幅度变动的证券。因为这些人靠累蓄的存款生活，他们需要保留本金。相比较，较年轻的投资者可能会更倾向于风险高一些的投资。因为高风险证券所可能带来的高收益对于这些日子还很长的年轻人来说会比保留本金更重要。

我们可以得到的结论是，即便在有效的市场中，资产组合管理仍具作用。投资者资金的最佳投资去处将随诸如年龄、税赋、风险厌恶程度以及职业等因素而变化。有效市场中的资产组合经理们的任务是确保资产组合适应这些需要，而不是冲击市场。

六、有关市场有效理论的争论

从理论渊源来看，市场有效性理论源自于西方传统经济学的市场自发理论。因此它必然带有同样的缺陷：过分夸大和强调市场调节的自发作用；否定市场运行中的内在矛盾和问题；忽视政府调控市场运行的积极作用；从理性原则出发，用先验的理论假说和抽象的模型来规范和说明复杂多变的现实；重形式，轻内容，追求逻辑体系和数学形式的完美不惜牺牲经济理论的现实性；重现象，轻本质，注重现象描述，缺乏对市场运行及矛盾运动内在机理的深入研究。由于市场有效性理论存在着上述弊端，因此在解释现实问题的时候，尤其是说明诸如“黑色星期一”之类的市场崩盘的现象的时候往往显得力不从心。

从认识论上看，市场有效性理论从现象事实出发，以资本市场证券价格的随机游走为依据，但又切断资本市场运行与整个经济运行的内在联系，不承认经济规律对资本市场运行的巨大影响，否定人们认识资本市场运动规律的主观能动性，把资本市场视为脱离社会脱离经济而存在的一个物理实验室。这种观点是脱离实际的，从而也是不正确的。毫无疑问，在某种程度上，资本市场确实是一个随机性很大、投机性很强、易受心理因素和突发事件影响的特殊市场，并且特殊市场自然有特殊的运行方式和特殊的运动规律。但是，同时还要看到，资本市场毕竟不是孤立存在于社会经济活动之外的市场。作为市场，它是交换关系的总和。作为市场体系的必要组成部分，资本的运行和发展要受市场经济运行规律的制约，反映市场经济运行规律的要求。

从信息的定义方面，随着市场的发展，人们发现有效市场假说很难把市场的真正特性反映出来，在很多方面有着很大的局限性。首先，它对信息的界定在一定的程度上有很大的问题，尤其是为了实证检验的需要，它引入了理性投资和竞争均衡等概念，发展出多种模型，从而使得有效性的内涵更为广泛，对信息更加无法精确测量。其次，信息不对称是市场中经常出现的一种现象，具有复杂性、混沌性、不确定性和非线性的特点，由此诱发投资者试图获取更多的信息以获得更高的超额收益率。再次，投资者获得信息尤其是私人信息是具有一定成本的，而这种信息的内涵是丰富复杂的，其成本是难以精确度量的，并由此抵减了由信息所带来的超额收益。

从投资者方面来看。首先，有效市场理论假定所有投资者都是完全理性的，但现实中的人并不是完全理性的，而是有限理性的，他们的偏好在很大程度上是不同的，再加上他们对于市场走势的预期和判断是不同的。其次，投资者能够对新信息立刻做出反应，未来与过去无关，这是将马尔科夫定理应用于资本市场分析的一个必要条件。但是，人们以一种非线性或者说是跳跃式的方式对信息做出反应，当信息水平达到某个临界值，人们才对他们曾忽视的信息做出反应，并直接达到该临界值，因此未来的价格与过去及现在都是存在密切关系的。有效市场理论认为投资者以线性或者说是连续的方式对信息做出反应，从而对市场行为进行了一番简化，便于进行分析。然而，正是这样的假设，可能掩饰了市场的真实特性。

从市场方面来看。首先，无摩擦的、完全和完美的市场只是一种理想状态，在现实中是不存在的。其次，有效市场理论没有涉及市场流动性问题。然而，现实情况是投资者需要从市场获得流动性，市场为投资者获得流动性提供了可能。有效市场理论认为，不管流动性是否存在，价格始终是公平的，或者始终有足够的流动性，从而有效市场理论不能解释股灾和股市火爆。然而，现实情况是，当流动性消失时，有时候获取流动性比获取公平价格更重要。一个稳定的市场与有效市场理论所描述的有效市场并不是相同的，一个稳定的市场是一个富有流动性的市场。再次，市场有效并不一定蕴含着股价服从随机游走，对随机游走模型的偏离，并不能代表市场是无效的。

从市场有效性的检验方面来看。首先，检验仍然主要停留在最初的随机游走模型上，而这一模型严格要求连续价格波动间的独立同分布，因此用随机游走模型作为市场有效性假定的检验存在问题，满足随机游走模型只能作为市场有效性的充分条件，却不能保证不满足随机游走模型的市场就一定是无效的。其次，市场有效性检验和交易成本检验都只能证明市场的非有效性，而不能说明其是有效的。最后，收益的季节性效应、大小效应，对有效市场理论提出了最直接的质疑。

第二节　有效市场假说的检验

对有效市场假说的检验，实际上就是对股票收益在一定的信息范围内的可预测性的检验。上述三种形式有效市场假说对应的信息是不同的。检验弱式有效市场假说需要的是股票历史价格的资料，半强式有效市场假说需要使用的是公开的信息，而强式有效市场假说则需要包括内幕信息在内的全部信息。在对有效市场假说的实证检验中发现，正如一些对其他金融市场假设的检验一样，其结果有的支持有效市场假说，有的提出了反对意见。

一、弱式有效市场假说的检验

通常使用的方法是对收益独立性的统计检验。有两种方法：序列相关检验和游程检验。

1. 序列相关检验

序列相关检验的原假设是：如果一只股票是符合随机游走的，那么它们在各种滞后期的时间序列上都应该不相关。

序列相关系数的计算公式为：

$$\rho(k) = \frac{cov(r_t, r_{t-k})}{\sqrt{var(r_t)}\ \sqrt{var(r_{t-k})}} = \frac{cov(r_t, r_{t-k})}{var(r_t)} \tag{6-1}$$

其中，ρ（k）是收益 r 滞后期为 k 的自相关系数，如果股票是随机游走的，那么这些自相关系数应该互相独立，并且服从（0，1/（n－k））正态分布。为了检验自相关系数是否符合上述假设，可以构造 Q 统计量：

$$Q = n\sum_{n=1}^{m}\rho^2(k) \tag{6-2}$$

Q 统计量渐进地符合自由度为 m 的卡方分布，其中 m 为最长的滞后期长度。而另一个修正后的有限样本下更好地服从卡方分布的统计量是：

$$LB = n\ (n+2)\ \frac{\sum_{n=1}^{m}\rho^2(k)}{n-k} \tag{6-3}$$

2. 游程检验

游程检验是一种非参数检验的方法，它的原假设是：如果价格的变化是随机的，那么游程的个数应该服从一定的分布。其中一个游程（runs）是指同一个符号的一个不间断的过程（比如说，上涨记＋，连续 3 天上涨后第 4 天下跌，那么这前三天就为一个游程）。

以图 6.2 为例，在 1980～1984 年某只股票上涨和下跌的情形分别用 + 和 - 表示，根据游程的计算方法，游程的总数应该是 4。

游程检验的方法是，我们根据实际统计中出现的 + 和 - 的个数，可以计算出真实游程是服从于一个正态分布的。而这个正态分布的期望和方差则可以根据 + 和 - 的个数得出。用 p 表示股价上涨样本的个数，用 m 表示股价下降样本的个数（由于不论是一只股票还是某一股票指数，其保持变动不变的可能性在实际中几乎不存在，所以只考虑上涨或下降两种情形就已经足够了）。

	year	plusminus	newrun	runs
1.	1880	+	1	1
2.	1881	+	0	1
3.	1882	+	0	1
4.	1883	-	1	2
5.	1884	-	0	2
6.	1885	-	0	2
7.	1886	-	0	2
8.	1887	-	0	2
9.	1888	-	0	2
10.	1889	+	1	3
11.	1890	-	1	4
12.	1891	-	0	4
13.	1892	-	0	4
14.	1893	-	0	4
15.	1894	-	0	4

图 6.2　游程的计算方法

$$\mu = \frac{2mp}{m+p} \qquad \sigma = \sqrt{\frac{2mp(2mp-m-p)}{(m+p)^2(m+p-1)}}$$

由此构造的变量 $Z = \frac{numbers - \mu \pm C}{\sigma}$ 就服从（0，1）的标准正态分布。

其中，numbers 表示真实的游程个数。当 numbers > μ 时，C 前面的符号为“ + ”；当 numbers < μ 时，C 前面的符号为“ - ”。

二、半强式有效市场假说的检验

对半强式有效市场假说的检验可以分为以下两类。

一是事件检验（event studies），即分析股票能多快调整至可以反映一些特定重大经济事件的研究，这些事件包括诸如拆股、首次公开发行、交易所上市、会计变动公告以及不可预期的经济或政治事件。事件检验也就是检验在事件发生以后，再投资于相关证券会不会得到一个超额收益，如果证券价格调整得非常快，那么这种事后投资就不会获得超额收益，也就支持了有效市场假说。事件检验使用的主要方法是运用残差分析法计算累计超常收益率和若干种股票在一段时间内的累计超常收益率。Fama 等人对纽约证券交易所 1927 ~ 1959 年间配股的股票进行了研究①，根据配股比例等于或大于 5∶4 的标准，他们总共选取了 940 个观察值，并对每次配股消息公布之前与之后的 29 个月累积超常收益率进行了实证分析，并从中发现这一利好消息在投资意料之中，所以，在消息公布之前，他们就不断地买入将配股的股票，在价格上升过程中，获得了超常的收益率；在消息正式公布之后，股票价格趋于稳定，投资的收益率也恢复到正常收益率的水平。这一结果证明了半强式有效市场假说在美国是成立的。

二是运用除了在弱式有效市场假说中的纯市场信息（如价格、交易量）以外所有其他可获得公开信息来预测未来收益率的研究。这些研究包括用收益报告预测股票未来收益的研究、对在日历年度内是否存在可以用来预测收益的规则以及对典型收益的研究。研究发现，股票的收益和公司的股息收益率存在着很显著的正相关关系。但同时，也发现了许多的市场异常现象，如“周末”效应（即每周周一的平均收益率往往低于周二到周四的平均收益率）、“月份效应”、“周内交易日效应”、“市值规模效应”等。这一系列都表明市场不是半强式有效的。

其他许多的检验结果也都是既有支持半强式市场有效假设的，如通过对诸如拆股、世界性事件、会计准则的变更事件的检验，表明半强式有效市场假说是成立的，与此同时，也有大量实证检验的结果并不能明确告诉我们半强式有效市场的假设是否成立。

第三节　有效市场异象

基本面分析比技术分析利用了更为广泛的信息来构造投资组合。基本面分析有效性的调查要求了解是否能够利用证券交易历史外的可得到的公开信息来提高投资业绩，因此来衡量半强式有效市场假说。令人惊奇的是，一些简单的容易获得的统计量，如股票市盈率或市场资本化比例似乎更能预测异常风险调整收益，

---

① Fama，L Fisher，M Jesen，R Roll. The Adjustment of Stock Prices to New Information，International Economic Review，1969（2）.

这类发现很难符合有效市场假设，因此经常被称为有效市场异象。

一、周末效应

研究人员发现每周周一的平均收益率往往低于周二至周四的平均收益率，这一奇特的现象就称为周末效应。国外学者对美国、德国、英国等国家股票市场的研究结果显示，其周末效应表现为收益率在星期一为最低，星期五为最高。1980年，K. R. French 对标准普尔 500 指数在 1953 ~ 1977 年间每个交易日的收益率进行了实证研究①。他测算了 25 年间周一至周五每天的平均收益率。例如，周一的投资收益率等于周一收盘时的标准普尔指数与上周周五收盘时的标准普尔指数的差除以上周周五收盘的标准普尔指数，周二的投资收益率等于周二收盘时的标准普尔指数与周一收盘时的标准普尔指数的差除以周一收盘时的标准普尔指数。然后，求 25 年间的周一至周五的投资收益率的平均数。根据这种方法，周一的投资收益率实际上是周五收盘时买入证券的投资收益率。相应地，周二至周五的收益率代表了周一至周四收盘时买入证券的投资收益率。比较周一至周五的投资行为，可以发现周一的投资期有三天（从周五至周一），而其他四天的投资期只有一天。直觉告诉我们，周一至周五的投资收益率不应该有大的差异；而根据货币的时间价值理论，由于周一的投资期比其他四天长，所以周一的投资收益率应该高于周二至周五的投资收益率；即使仅考虑五个交易日，扣除周末的两天，周一的投资收益率也应该和其他四天的投资收益率没有什么差别。然而，K. R. French 的研究结果显示：在周一至周五的投资收益率中，周一的投资收益率不仅最低，而且是负数。这表明周一收盘时的标准普尔指数是最低的。根据周末效应，如果投资者在周一收盘时买入标准普尔指数，在周五收盘时突然卖出，1953 ~ 1977 年间每年可获得 13.4% 的平均收益率。

尽管在扣除交易成本之后，根据周末效应进行上述投资的投资收益率可能有所降低，周末效应对于指导投资，尤其是选择投资时机仍然是很有价值的。换句话说，可以将原本周四或周五买入证券的投资计划推迟到周一，而将在周一卖出证券的投资推迟到周五。既然周末效应能够帮助投资者获得比较稳定的超常收益率，那么半强形式有效市场的假设就被证明是不成立的。

但国内学者对中国股票市场研究后多发现，上证 A 股市场的周末效应表现为星期二的收益率最低。文章对周末效应进行研究时同时考虑了 A 股市场和 B 股市场。研究结果发现，1995 ~ 1997 年期间四个市场上周末效应较为明显，表现

---

① French K R. Stock Returns and Weekend Effects. Journal of Financial Economics, 1980 (3).

为星期二的收益率在一周内最低，并且显著为负。A 股市场上除了星期二有异常表现外，星期五的收益率达到一周内的最高并且显著为正。1998～2002 年期间，除了深圳 A 股市场外，其他市场的周末效应都有逐渐消失的现象。这一现象可能与投资者的套利行为有关。

二、小公司效应

在证券市场上，投资者可以发现盘子越小的股票被炒作的可能性越大。因为这些股票容易成为被收购的对象，所以往往可以为投资者带来可观的超常收益率。这种现象就是小公司效应。

表 6.1　　小公司效应

时间区间	两类组合收益率的差异α_i		
	N = 10	N = 20	N = 50
1931～1975	0.0152	0.0148	0.0101
1931～1935	0.0589	0.0597	0.0427
1936～1940	0.0201	0.0182	0.0089
1941～1945	0.0430	0.0408	0.0269
1946～1950	－0.0060	－0.0046	－0.0036
1951～1955	－0.067	－0.0011	0.0013
1956～1960	0.0039	0.0008	0.0037
1961～1965	0.0131	0.0060	0.0024
1966～1970	0.0121	0.0117	0.0077
1971～1975	0.0063	0.0108	0.0098

资料来源：Banz R. W. The relationship between Return and Market Value of Common Stocks. Journal of Financial Ecomomics，1981（3）.

R. W. Banz 在 1981 年对小公司效应进行了实证研究①。根据股票规模，他利用纽约证券交易所 1931～1975 年间每个月的历史数据，建立了两个投资组合：股票规模最大的普通股股票组成的组合与规模最小的普通股股票组成的组合。每个组合分别包含 10 种、20 种、50 种股票。尽管两个组合中的股票规模不一样，但为了研究的需要，R. W. Banz 在建立组合时使得两个组合的 β 系数相等。以规模最大的 10 种股票组成的组合与规模最小的 10 种股票组成的组合为例，利用市

① Banz R. W. Ther The relationship between Return and Market Value of Common Stocks. Journal of Financial Ecomomics，1981（3）.

场模型，R. W. Banz 首先计算了这两个组合各自在 1931 ~ 1975 年间每月的平均投资收益率，即

$$r_s = \alpha_s + \beta_i(r_m - r_f) \tag{6-4}$$

$$r_l = \alpha_l + \beta_i(r_m - r_f) \tag{6-5}$$

其中，r_s，r_l分别代表由小公司和大公司组成的两类组合的收益率。

为了比较两个组合的投资收益率，R. W. Banz 计算了规模最小的 10 种股票与规模最大的 10 种股票组成的组合两者投资收益率的差额。

$$r_s - r_l = \alpha_i \tag{6-6}$$

其中，$\alpha_i = \alpha_s - \alpha_l$。

最后，通过回归，计算出两个组合在 1931 ~ 1975 年间收益率的差额如表 6.1 所示。

根据市场模型，建立投资组合分散风险之后，决定投资收益率的是系统性风险。既然 R. W. Banz 选择的两个组合拥有相同的 β 系数，它们的投资收益率就不应该有太大差异。然而，表 6.1 中显示，在 10 种股票的两个组合中，小公司的组合在 1931 ~ 1975 年间的平均每月收益率比大公司的组合要高出 1.52 个百分点。如果把 1.52 个百分点的收益率转化为年利率，就是 19.8%。换句话说，在 1931 ~ 1975 年间投资小公司股票的投资收益率明显高于投资大公司的收益率。所以，仅仅包含市场指数收益率一个自变量的市场模型的函数形式是不完善的，即投资收益率除了与市场指数的收益率有关之外，还与股票的规模大小密切相关。根据小公司进行投资，能够为投资者获得持续的超常收益率。因此，半强形式的有效市场假说是不成立的。

此后的研究（Keim、Reinganum、Blume 和 Stambaugh）还证明了小公司效应几乎在整个 1 月都会发生，实际上是 1 月的头两个星期。规模效应实际上是“小公司的 1 月效应”。

关于小公司规模效应产生的原因，许多学者认为金融市场存在着影响投资者预期收益率的非系统风险，从而产生风险溢价。规模效应就是这种风险溢价的反映。风险溢价的解释主要包括忽略效应、最小股价变动效应和公司基本面风险。

①忽略效应。小公司容易被股票市场的操纵力量即机构投资者所忽略。机构投资者通常只关注大公司，而较少研究小公司，所以市场参与者对于小公司的生产、管理及市场销售等情况存在信息不完全性。了解的信息越少，风险也就越大。

②最小股价变动效应。不同于 Barry 和 Brown，Kross（1985）提出另一种股票价格参数估计风险。就收益率分别与公司市场价值（MV，代表规模变量）和

股利收益率（E/P）高度相关的现象，Kross 认为股价效应才是主要原因。

③基本面风险。20 世纪 90 年代后很多学者将注意力转向公司基本面（fundamentals）分析，即其本身的经营特点来解释规模效应。

三、市盈率效应

市盈率效应是指由低市盈率股票组成的投资组合的表现要优于由高市盈率组成的投资组合的表现。

通过对低市盈率股票的观察可以发现，一方面，这一类股票的市场更接近于价值，或者出现价值被低估的情况；另一方面，这类股票往往是投资者关注较少的股票，或者不是短期内的热点。而相对而言，价格向价值回归是一种长期趋势，而热点转换也是市场运动的规律，因此价值被低估的、暂时性非热点的，往往就是潜在的下一个热点，所以其上涨的空间和概率都比较大。

Basu 的研究发现了这一点。即使因投资组合的 β 值而调整收益，市盈率效应（P/E effect）仍然起作用。这是否证实市场会根据市盈率系统性地错误定价？这对投资者而言是一个意外地极具干扰性的结论，因为市盈率分析是一个简单的过程。尽管通过艰苦的工作和深刻的洞察可以获得超额收益，但运用如此简单的方法就能带来异常收益是不可能的。

对这一结果的另一种解释，即资本市场均衡模型错在没有对收益进行适当的调整。如果两家公司有相同的期望收益，风险高的股票将会以低价卖出并有低的市盈率。由于它的高风险，低市盈率也将会产生高的期望收益。因此，除非资本资产定价模型的 β 随风险充分调整，否则市盈率就可以作为风险的另一个描述指标，如果资本资产定价模型用于估计基准业绩，市盈率将与异常收益相关。

专栏 6.3　中国股市与众不同的四大奇异现象

证券市场同其他实体市场一样，都有资源配置的功能。具体而言，证券市场可使资金在借贷双方之间得以转移并实现重新配置。然而，这种金融资源的重新配置是否有益于借贷双方乃至整个国民经济，则取决于资本市场的效率。因此，对资本市场有效性的研究意义非凡，它一直在金融经济学中占有举足轻重的地位。

什么是有效的资本市场呢？根据经济学原理，一个市场要达到配置有效，其价格必须能够反映一切相关信息。针对资本市场，其含义就是指价格必须包含所有可能影响未来回报的信息，从而使资本用在可带来最大回报的投资项目中。如果一个证券市场可以使资金得到最优用途，那么它就被称为配置有效的市场。

鉴于市场有效性研究的重要性，我们对中国A股市场的有效性做了系统的检验，发现中国A市并不具有有效性的特征，与其他证券市场相比有四大特有的现象。

①“盈利公告效应”提前发生且亏损公司的股价在公告后不合理地暴涨；②星期二、星期五效应和“U”型的一周交易变化；③杂乱的“日历效应”；④只重控制风险的基金行为。下面将对这四个方面分别进行详细论述。

异象一：盈利不济者偏受宠

对美国证券市场的研究表明，股票价格对盈利公告的内容会有所反应：盈利较预期高的公司的股价将持续上升，而盈利较预期低的公司的股价则持续下降。把样本公司按照盈利变化的优劣分为十个投资组合，研究者发现每个投资组合的股价变化和盈利状况完全单调正相关，规律非常明显：自公告日前20个交易日至公告日后90个交易日的这段时间中，盈利增长越好，股价走势越高，反之则越低。

而在中国，盈利公告效应却显示出不同的特点。我们对1996~1999年间上海证券交易所的所有上市公司进行了详细研究，发现两大现象：①在盈利公告之前和公告后交易首日，盈利变化和股价走势之间呈现强烈的正相关关系，但奇怪的是这种正相关关系之后便不复存在了。换言之，中国A股市场上的盈利公告效应乃提前发生，有“偷步”现象存在；②在盈利公告之后，盈利状况最差的公司股价却上涨最快。

我们认为，盈利公告效应的提前发生可能有两个原因：一是信息的泄露，二是投资者的理性预期。鉴于对大多数证券市场的研究都发现投资者具有显著的非理性特征，以及中国股市尚处于发展中阶段，我们倾向于认为信息的泄露是导致盈利公告效应提前发生的主要原因。

对于亏损上市公司在公告后的股价暴涨，我们认为，这一特征反映了中国股市中“壳资源”的价值。在上市机会稀缺、退市机制不健全的情况下，无论一个上市公司质量如何，公司本身就是一个宝贵的资源。为了获得这个宝贵的“壳资源”，市场上流行的做法是通过购并来转移控股权，盈利不佳的公司正好发出了一个信号，成为购并者的“猎物”，这便会使得被购并方的公司价值大幅提升。有研究发现，上市公司一旦进入ST阶段，其市值平均便高出之前达28%左右，而一个壳在中国目前值七八千万人民币。因此，不言而喻，盈利状况最差的公司在其盈利公布后的股价上涨现象，确实反映了市场的这一预期。

异象二：独特的“周末效应”

根据市场有效性的说法，新的市场信息的变动是随机的，无人可未卜先知，而股价正反映了这些新信息的变动，因此在一个有效的市场中，一周内股票的收益率不应有明显的规律，而应是杂乱无章。但事实却与理论预期大相径庭。对美国市场的研究显示，股市在星期一的收益率不仅显著低于一周中其他四个交易日，而且是唯一市场指数收益为负数的交易日。这说明市场呈现一定的星期规律，市场并非特别有效。

中国的星期规律十分有趣，与美国的截然不同，有如下两大特点。第一，我们研究了1993年到2000年沪深两市所有上市公司每日加权、等权平均收益率，及每日加权平均收益率在一周内的变动情况，发现中国存在着奇特的星期二和星期五效应：星期二是一周中平均收益最低的交易日，而星期五的收益率则最高，特征非常明显。若按日收益率变动状况来看，星期五达到最高，星期一开始回落，到星期二达到谷底。所以，这一收益率变化又可被视为是一种“周末效应”。

第二，从交易方式和信息角度去看，我们发现无论用换手率还是用交易量，一周中都呈现一个“U”型的变动趋势：星期一最高之后下降，至星期三达到最低点，之后又上升，至星期五达到一周内的次高。也就是说，交易在一周的第一个交易日和一周的最后一个交易日时最为活跃。

由于缺乏投资者持股的详细资料，我们暂时无法找到引起U型趋势的真正原因，不过我们推测，投资者很可能在一周结束前大量购进，而在一周开始时大量抛出，结果导致了上述变化模式。

从信息角度讲，一周中信息的发放时间和投资者对信息的反应可能也与收益率的周内变化有关。有人对此进行了研究，发现证监会的信息发布多选择在星期二下午，而且其中的大多数加强监管的措施均被市场视为负面消息。若果真如此的话，我们的发现就不难从信息的角度理解了。

异象三：杂乱的“日历效应”

在许多国家，如美国、加拿大、意大利、荷兰、比利时、日本、新加坡等，股市一月的收益率要远远高于其他月份，尤其是小市值的股份更为甚。

譬如，美国的股票市场中一月的平均月收益率是3.5%，而其他月份则只有0.5%。这种异象即我们熟知的“一月效应”。

我们对中国沪深两市的综合收益率和单个市场的收益率做了类似的分析。结果发现，在1992~2000年间，沪深两市综合的日平均收益率最高的月份是8月，为0.35%；最低的是12月，为-0.14%；二者相差接近0.5%。具体来讲，沪市综合日平均收益率最高的是8月，为0.39%；最低的是7月，为-0.24%；二者差距超过0.6%。深市综合日收益率最高的也是8月，为0.38%；最低的是12月，为-0.21%，二者差距接近0.6%。

对每年的月平均日收益率进行的更系统分析表明，中国股市不存在明显的“日历效应”，即没有一个月可持续地获得最高或最低的收益。我们认为出现这一情况的原因有二：一是中国股市历史较短，而一种持续的模式的显现是需要一定时间的；二是作为一个新兴市场，中国股市受政策影响出现暴涨、暴跌的可能性比较大，这些由政策引起的暴涨、暴跌就掩盖了股市变动的某些规律。

虽然股价的变化在统计上无明显规律，但在直观上也存在一些特点。我们发现12月的平均日收益率在绝大多数年份中都为负数。我们又检查了各个月份上海交易所和深圳交易所的交易量和换手率，在沪深两市12月份和1月份的交易量和换手率是一年中最低的。因此我们猜测，在中国可能存在着一定程度的“年末效应”，即股价在年末走低，同时市场交易变得不活跃。我们相信这与市场中的资金供给量有关，但二者之间的因果关系及其是否真的存在年末效应还需继续观察。

异象四：投资基金只擅长控制风险

基金的表现是一个老生常谈的话题。

一般来说，基金经理常被视为具有专业知识、实战经验，甚至还可能有内部消息的专家，且精明强干，因此他们的表现一定会优于市场的表现。事实果真如此吗？对美国等欧美发达国家的基金绩效的研究表明，大多数基金的绩效逊于市场，基金业在整体上来讲完全不能“战胜市场”。譬如，在美国，只有20%左右的基金收益在90年代优于市场；若将风险考虑在内，基金不如市场的结论也还基本成立。

中国基金的命运又如何呢？中国基金的情况就大不相同，其表现是优于还是逊于市场表现则取决于有否把基金的风险、选股限制考虑进去。若无，基金的表现就逊于市场；若有，基金的表现则在整体上优于市场。我们的结论主要有两个：①从净资产收益的角度看，大部分样本基金都要逊于市场，但是基金的风险都大大低于市场风险，因此大部分基金的风险调整收益都高于市场。这说明中国大部分基金虽然在获取回报方面表现不济，但在控制风险方面表现奇佳。与国际相比，中国基金的控制风险能力也首屈一指。②基金在选择股票时，出于流动性考虑不得不持有比例可观的大市值股票，而在中国小市值股票的收益却显著高于大市值股票。基于这一限制，基金的选股能力实际上被低估了。

由此可见，作为世界上最大的新兴市场，中国股市除了有其他股市固有的共性外，也存在着许多独具特色的规律和现象，上述的四大奇异现象便是最好的例证。长期以来，市场上流行着许多对中国股市持有的负面观点，如"政策决定论"和"推倒重来论"等。这些观点是建立在对股市一些方面的直观感觉上，而缺乏对中国股市特有的规律的系统、深入的了解，因此对股市的健康发展和有效监管帮助不大。我们希望，随着市场的不断发展，会有许多客观总结股市规律的实证研究脱颖而出，在帮助我们认识和了解股市的同时，能为证券市场的规范监管提供决策依据。

资料来源：张俊喜：香港大学中国金融研究中心；张华：中欧国际工商学院。

第四节　强式有效市场检验

强式有效市场的检验关注的是市场投资者是否拥有垄断信息以获得超额收益。强式有效市场的检验通过比较内幕交易和非内幕交易所获收益，试图回答私人信息拥有者是否会获得超额收益。比较一致的结论是内部交易可以获得超额收益，而外部交易不能从内幕交易的信息中获得超额收益。对强有效市场假说的检验一般集中于这样几类投资群体上。

①公司内幕交易人员。内部人包括公司管理人员、董事会成员，还有持有股份超过 10% 的股东。美国 SEC 要求内部人每日上报他们的交易，6 个月后 SEC 会把这些信息向市场公开。这些信息可以用来判断内部人是否在股票价格上升之前买入或在股票价格下降前卖出。实证表明，内部人总是能获得一个高于平均水平的收益，尤其是他们的买入交易；但也有许多研究表明，非内幕人员利用这些内幕消息却无法获得超额利润。由此可见，这些分析结果为市场有效假说提供的

论据是不一致的。

②做市商。股票交易的做市商制度使得做市商能够获得一些关于限价指令方面的重要信息，做市商可以利用这些信息来获得超额收益。在 20 世纪 70 年代初美国 SEC 的一项研究表明，做市商可以获得一个明显的超额收益，但是随着股票交易制度的改革和完善，现在情况已经完全不同，竞争性的费率和其他交易方式的出现使做市商的收益下降了。

③职业投资经理。对职业投资经理的调查比对以上两类投资群体的研究更具现实意义，因为他们不像上两类投资群体拥有获得内部消息的渠道，除了专业知识和经验，其他并不比普通投资者更有优势。但他们专门从事投资，所以如果内部人能获得超额利润，那么就应该是他们，但是对于美国共同基金的研究表明，大多数基金所获得的收益却比不上购买并持有策略组合的投资者。

公司内部人和做市商能获得一个长期的超额收益，而职业投资经理则不行，这三类投资群体中，职业投资经理更类似于普通大众投资者，所以当我们研究的对象为大多数投资者时，强有效市场假说还是能成立的。

总之，对有效市场假说的理论分析和实证检验还远没有形成一致的结论。目前，在成熟的资本市场国家，一般认同的观点是市场已经基本达到了弱式有效，而半强式有效和强式有效还需要进一步的验证。同时，随着行为金融学的发展，越来越多否定有效市场假说的现象会被发现。

第五节　中国股票市场的有效性

自从中国股市诞生以来，一些学者就引进有效理论和分析工具对中国股市是否达到弱有效进行了实证研究。1994 年，俞乔应用误差项序列相关检验、游程检验、非参量性检验等方法对上海和深圳股市 1990 年 12 月 19 日至 1994 年 4 月 28 日的综合指数进行实证分析，研究表明沪深股市并未达到弱式有效。1996 年，吴世农对 1992 年底至 1994 年 10 月上海股市数据进行检验，检验结果表明上海股市基本达到弱式有效。

为检验近年来中国股票市场是否达到弱式有效，我们首先采用自相关检验方法。由于检验股价运动相关，就要验证证券收益序列是否呈现白噪声特征，如符合白噪声序列特征，这表明股票价格运动没有自相关性，即达到弱式有效市场。在样本容量 n 很大的情况下，弱证券收益率R_t自相关系数以 95% 的概率落在区间$(-2/\sqrt{n}, 2/\sqrt{n})$或自相关系数检验统计量$Q < X_a^2$的概率大于 5%，则序列为白噪

声序列，从而认为价格变化具有随机性。其中 Q 统计量（Box - Ljung 统计量）计算公式如前所述：

$$Q = n\sum_{n=1}^{m}\rho^2(k)$$

Q 统计量渐进地符合自由度为 m 的卡方分布，其中 m 为最长的滞后期长度。

一、序列相关检验

如果通过了自相关检验，意味着当前的收益不依赖于过去的收益，于是当前可知的信息无助于预测未来收益。

我们选取 2009 年 1 月 5 日至 2013 年 12 月 31 日共 1211 个交易日，取对数收益率序列作为收益率，应用 stata 软件按照年份对上证指数进行自相关检验，其中对检验值取滞后 10 阶。

表 6.2　　上证指数收益率 2009 ~ 2013 年自相关检验

(note	time	series	has	255	gaps)
-1	0	1	-1	0	1
LAG	AC	PAC	Q	Prob > Q	Autocorrelation Partial Autocor
1	-0.0518	-0.0635	3.257	0.0711	
2	0.00640	0.00510	3.306	0.192	
3	0.0708	0.0430	9.402	0.0244	
4	-0.0117	-0.00890	9.568	0.0484	
5	0.0178	.	9.951	0.0766	
6	-0.00520	.	9.984	0.125	
7	-0.000300	.	9.985	0.190	
8	-0.0633	.	14.87	0.0617	
9	0.0339	.	16.27	0.0615	
10	0.0266	.	17.13	0.0715	

表 6.3　　2009 ~ 2013 年上证指数收益率自相关的检验

2009.1 ~ 2013.12		2009		2010		2011		2012		2013	
B - J	P	B - J	P	B - J	P	B - J	P	B - J	P	B - J	P
3.257	0.0711	0.860	0.354	0.687	0.407	2.726	0.099	1.274	0.259	0.349	0.852

选取上证综合指数 2009 年 1 月 5 日 ~ 2013 年 12 月 31 日的日数据，表 6.2 检验的是 2009 年 1 月 5 日至 2013 年 12 月 31 日，共 1211 个日数据的自相关系

数。结果发现只有4阶滞后期在5%的显著水平下是存在自相关的。

如果将这些数据按每一年进行划分，则收益率在10阶滞后期内都不存在自相关。表6.3列出了2009~2013年每一年上证指数收益率的一阶自相关系数，从中我们可以看出，收益率是完全服从随机游走的，不存在自相关。其他阶的滞后期也不存在自相关，限于篇幅，并未将这些系数列示出来。

而表6.2中显示，将2009~2013年的数据作为整体来看时，上证指数收益率的四阶滞后期在5%的显著水平上存在序列相关。这有可能是与数据量比较大有关，真实的情况是可能并不存在四阶滞后的自相关，只是由于数据量比较大，一旦进行统计分析则可能会造成某种情形的序列相关。

从表6.2的检验结果来看，上证指数的收益率序列在滞后10阶内均不具有自相关特征，即符合白噪声序列，这表明2009年以来上海股市的价格运动基本呈现随机游走特征。

二、游程检验

游程检验作为自相关检验的补充，主要用来支持结论。

根据我们前面介绍的游程计算方法，在上证综合指数2009年1月5日~2013年12月31日的日数据中，共存在643个游程。

表6.4　游程数量

Variable	Obs	Mean	Std. Dev.	Min	Max
runs	1211	307.4	176.9	1	605

然后运用游程的计算公式，我们计算出的μ和σ分别为606.5和17.39，并得出Z值为-0.058。由于Z值必须在（-1.96，1.96）之外的范围才能证明上证指数的收益率不是符合随机游走的，因此z值为-0.058意味着上证指数是符合随机游走的，也间接证明了中国股市是符合弱式市场有效的。

综上所述，运用序列相关检验和游程检验，可以验证上证指数在2009年1月5日~2013年12月31日在整体上已经达到了市场弱式有效状态。

第六节　实证研究：动量效应与反转效应——基于沪深300指数数据

一、概述

中国股市开市已有20多年时间，但由于其政策市的大背景，在社会主义市场经济中表现的大起大落，似乎很难有规律可循。而有效市场假说已经在金融经济学中占有重要地位，理论上，一个有效的市场价格已经充分反映了已有的信息。根据“已有信息”的不同概念，有效市场假说又分为“弱”“中”“强”三种形式，“弱有效市场假说”认为当前股票已经反映了历史价格中的信息；“中有效市场假说”认为股票价格已经反映了所有公开可得的信息，包括历史价格信息、宏观经济信息、企业的会计信息和其他公开信息；“强有效市场假说”认为股票价格已经反映了所有的已有信息。所以市场的弱有效性是研究动量和反转效应很好的起点。而中国一些学者研究发现在中国股市中也是存在动量效应和反转效应的。股市是一个投资的市场，很多人想投资股市却苦于没有方法和规律所寻。目前中国股市处于一个牛市的孕育期，股民和学者都相对比较冷静，本节的目的就是基于弱有效市场的对中国股市动量效应和反转效应的研究，为股民和学者提出一些可行的投资的策略组合。

我们都了解，股票市场是一个资金流通速度快，股价瞬息变化的资本市场，股票的涨跌和股票的前期表现不无关系，也就是弱有效市场对于股票的走势有影响。中国股市发展了20多年，正逐步走向完善，并且也有了相当的规模，在企业融资、公司治理和宏观经济中的作用也越来越明显。基于这些考虑，对中国股市的规律进行全面的研究，得到清晰可信的结论十分必要。而市场的弱有效性是很好的起点。本节在现有研究的基础上，对相关文献进行比较分析，分析出不一样的结果，从股票的前期表现，通过他们对股票后期表现的影响的实证分析，找出他们之间的规律。

根据国内外学者的研究成果，个股回报率的动量和反转与它之前的表现不无关系，本节通过对沪深300指数的成分股作为研究对象，分别以1、3、6、12、24个月为样本周期，以经过复权处理的股价为样本数据，考察检验动量效应和反转效应，从而验证中国股票市场是否满足“弱有效市场”假说。

二、文献综述

在动量效应与反转效应的实证研究方面，国外学者 De Bondt 和 Thaler（1985）最早利用纽交所1926年至1982年的数据发现了股票市场中存在所谓的反转效应，即持有过去3～5年中的“输者”股票组合并卖出过去3～5年中的“赢者”股票组合，可在长期中实现8%的年收益率。他们将反转效应归因于投资者对信息的过度反应。Jegadeesh（1990）则用同期数据否定了股票价格随机游走的假设，认为月度股票收益具有反转效应，并提出在股票收益存在动量效应，尤以时间间隔为12个月时最为显著。Lehmann（1990）则通过对股票价格的研究检测了有效市场假说。此后，Jegadeesh 和 Titman（1993）使用 1965 年至 1989 年的数据构造动量策略，买入“赢者”股票，卖出“输者”，发现在 3～12 个月的中短期内，动量策略可以获得超额收益，从而证明投资者可以在短期内通过“追涨杀跌”获利，但是这种收益会在两年之内被抵消。他们认为这或许与市场对企业短期信息反应不足而对企业长期信息反应过度有关，但不能笼统地说市场是对信息反映过度或反应不足。

此后的研究主要都集中在对动量效应和反转效应的检验和解释上，并附以对市场有效性的检验。Chan、Jegadeesh 和 Lakonishok（1996）进一步验证了股票市场存在动量效应。S. Rao Aiyagari 和 Mark Gertler（1999），试图解释资产价格的过度反应走势、短期利率、股息和资产供应，并提出了一个确定性模型和随机模型的简单数值计算的解析。Gunduz Caginalp、David Porter 和 Vernon Smith（2000）发现价格动态在这些市场是新交易制度的关键，并利用一系列的实验来测试新的动量模型。Charles M. C. Lee 和 Bhaskaran Swaminathan（2002）研究表明过去的交易量是提供“动力”与“价值”战略的重要纽带。Jenni L. Bettman、Thomas R. B. Maher 和 Stephen J. Sault（2009）将动量交易策略检验了 1990～2007 年间的澳大利亚股市并发现了正的超额收益率。Ajay Bhootra（2011）的研究结果突出了实证研究动量中使用微观结构面的相当大的重要性。而 Thu Hang Nguyen（2012）检验了动量投资组合的利润。Nusret Cakici、Frank J. Fabozzi 和 Sinan Tan（2013）发现了在所有新兴市场的价值效应和除了东欧的所有其他市场的动量效应的有力证据。Nusret Cakici 和 Sinan Tan（2014）研究了价值和动量因子在 23 个发达国家股市的情况。Ahmad Raza、Ben R. Marshall 和 Nuttawat Visaltanachot（2014）调查动量或反转是否在短期水平线（一至四个星期）上收益占主导地位的现象。Bob Li（2014）等人发现受全球金融危机期间引入的卖空禁令的影响。动量效应在持有较长时间的优胜股间最为明显。

国内学者也有大量此方面的研究，主要研究都集中于对国内股票市场动量效应和反转效应存在性的检验。王永宏、赵学军（2001）采用 1993～2000 年间沪深两市数据分析认为中国股市存在反转效应而无明显动量效应，且动量效应和反转效应均趋于短期化，认为这与中国股市系统性风险占比大有很大的关系。周琳杰（2002）选取深沪两市 1995～2000 年的股票交易数据，发现在卖空机制存在的情况下，动量组合的形成和持有期限与其收益呈负相关关系。吴世农、吴超鹏（2003）发现股票价格存在短期的惯性现象，验证了行为金融学提出的“反应不足模式”。程兵、梁衡义和肖宇谷（2004）参照 Jegadeesh 和 Titman 的方法对中国市场中动量效应和反转效应的存在性重新进行了检验并指出中国市场同时存在动量效应和反转效应，认为牛市中动量效应较强，而熊市中则相反。陈展辉（2004）尝试使用三因素模型对动量效应和反转效应进行解释。邵晓阳、苏敬勤和于圣睿（2005）认为动量效应现象的确存在，但期限明显要短于西方发达国家市场，大约为半年左右的时间，当超过半年时逐渐呈现收益的反转现象。而王志强、齐佩金和孙刚（2006）归纳了动量效应的表现特征，总结动量效应的收益来源及其行为金融解释。姜继娇、杨乃定、王良和郭晓（2006）采用传统财务指标研究了“上证”A股市场的反转效应问题。王志强、王月盈、徐波和段谕（2006）发现大盘、高价和低换手率的股票具有较高的动量收益，而价值型与成长型股票几乎没有动量收益。杜兴强、聂志萍（2007）发现三因素模型的解释力度不大。鲁臻和邹恒甫（2007）在 Hors 和 Stein（1999）模型的基础上研究了政策市背景下的中国股市的惯性与反转效应，发现中国股市存在中期惯性和长期反转，以及超短期惯性和短期反转，并且反转效应相对于动量效应更加明显。刘博、皮天雷（2007）发现随着期限的延长，反转策略的收益也越来越明显。文华（2010）发现在发展中国家动量效应普遍存在，但在长期没有逆转。潘莉和徐建国（2011）发现A股回报率在多个时间频率上存在明显的反转，而惯性仅在超短期的日回报率和特定时段的周回报率上存在。同时交易量对于惯性和反转有显著影响，反转发生时间有缩短的倾向，且价格变化的速度有随时间推移而加快的倾向。贾颖和杨天化（2011）研究了次贷危机下发达国家和地区股票指数的惯性效应与反转效应。严太华和梁岚（2011）发现上海股票市场存在动量效应，但持续的期限要短于发达国家市场。舒建平、肖契志、王苏生（2012）探讨了动量效应与反转效应的相互演化现象。谭小芬、林雨菲（2012）模拟了上证180的市场表现，试图验证动量效应和反转效应的存在性。冯科和郑琛（2013）基于中国中小板市场数据考量市场短期动量效应与反转效应。杨德勇、王家庆（2013）认为中国A股市场在短期内存在显著的反转效应，而在中长期赢家组合和输家组合均能获得显著的超额累积收益。张荣武、何丽娟、聂慧丽（2013）研究了三类投资者不同决策对股价的影响。

总的来说，惯性效应和反转效应自提出以来在世界范围内得到广泛的重视和验证，各地市场基本都发现了惯性效应和反转效应的证据，但是有效性还有待探讨。惯性效应和反转效应的话题自引入中国以来，引起了众多学者的探讨。各家观点不一，但似乎都没有明确的证据表明这两个效应和美国数据一致的存在。不同时期和不同数据选择也带来了结论的差异。但不论如何，大部分观点还是认为中国股市在短期存在惯性效应，在长期存在反转效应，并利用西方相关理论进行了合理性的解释。

三、实证分析

1. 数据来源

本节所研究中国股市的数据来自于 wind 万德数据库，研究客体为沪深 300 指数成分股。

沪深 300 指数定位于交易指数，反映了中国沪深两市股票价格变动的概貌和运行状况，是业界较好的投资评价标准。前文指出，已有研究成果在以下几个方面存在不足：首先，研究的时间区间不同。由于中国股票市场发展时间短，规律变化快，政策调整频繁，不同时间区间可能存在显著差异。第二，样本的选择和处理方法不同。已有研究既有考察沪深两市千家上市公司整体情况，也有选取沪、深、创业板之一单独考察的；选取的股票数量从几十、几百到上千不等；在数据处理上，既有剔除新股、停牌股的，也有剔除交易日为星期五、取星期三数据做平均的。第三，频率选择上，对于超短期、短期的研究较少，多数集中于年度和月度研究。

随着时间推移，中国股票市场市值和股票数量持续增加，市场机制不断完善，使得考察近期股票市场历史数据更有利于把握当今中国股市的规律性。沪深 300 指数注重选股的代表性和流动性，依托分级靠档法和严格的进出标准，可以综合反映市场走势，入选成分股走势是市场的良好反映。

因此，我们选取了沪深 300 指数的成分股作为研究对象，分别以 1、3、6、12、24 个月为样本周期，以经过复权处理的股价为样本数据，考察检验动量效应和反转效应。本节以 2008 年 1 月 1 日 ~2013 年 12 月 31 日为研究的时间区间，我们希望检验在 2007 年开始波及全球金融危机的背景下，中国股市在动量效应和反转效应上所呈现的特点和规律。

2. 数据处理

沪深 300 指数一般每半年调整一次，因此在我们所考察的 2008 年至 2013 年之间，300 只股票并没有一直存续。我们剔除了最近几年才被编入指数的若干只股票，剔除了长时间未进入该指数，只在指数编制历史上存续较短时间的股票，最后我们得到 222 只符合要求的股票。

我们选取沪深 300 指数 2008 ~2013 年之间的指数收盘价信息，来计算市场平均的收益率。以指数收盘价而非综合指数作为市场平均收益率，一是沪深 300 指数可以全面反映沪深两市走势，二是指数稳定性高，三是样本股分布基本反映市场结构，四是指数化本身即剔除了很多扰动因素。

在每一种对应的策略下，我们按照超常收益率高低排序，筛选出当期收益率最高的 20 只股票和收益率最低的 20 只股票，然后按照以下方法构建投资组合。

①选取并买入当期收益率最高的 20、10、5 只股票组成等权重股票组合（赢家组合），选取并卖出收益率最低的 20、10、5 只股票组成等权重股票组合（输家组合）。

②选取并买入当期收益率最低的 20、10、5 只股票组成等权重股票组合（输家组合），选取并卖出收益率最高的 20、10、5 只股票组成等权重股票组合（赢家组合）。

考察不同投资组合下的套利收益率情况，并做回归检验。

3. 数据计算结果

经过 Matlab 编程计算，我们首先得到样本周期为 1、3、6、12、24 个月、对应检验期为 1、3、6、12、24 个月的 25 种策略下的超常收益率数据。

我们一共构建了 6 种不同规模的股票组合。

表 6.5 总结统计了买入 20 个赢家组合并卖出 20 个输家组合的表现。每个策略框内的第一行为平均超常收益率，第二行为方差（第一行为收益率均值，第二行为方差）。

表 6.5　　赢 20—输 20 组合表现

筛选期（月）	检验期（月）				
	1	3	6	12	24
1	-0.0159	-0.0354	-0.0282	-0.1014	-0.0256
	0.0044	0.0398	0.0590	0.1289	0.5447
3	-0.0187	-0.0831	-0.1225	-0.1548	-0.2048
	0.0034	0.0478	0.0486	0.1468	0.2067
6	-0.0387	-0.0366	-0.0506	-0.0682	0.1671
	0.0050	0.0132	0.0318	0.0645	0.0433
12	-0.0145	-0.0363	-0.0005	0.0752	0.3275
	0.0077	0.1095	0.1892	0.3157	0.0775
24	-0.0470	-0.0066	0.1050	-0.2033	-0.5230
	0.0026	0.0008	0.0016	0.1047	0.1505

表 6.6 总结统计了买入 20 个输家组合并卖出 20 个赢家组合的表现。每个策略框内的第一行为平均超常收益率，第二行为方差（第一行为收益率均值，第二

行为方差）。

表 6.6　　　　输 20—赢 20 组合表现

筛选期（月）	检验期（月）				
	1	3	6	12	24
1	0.0159	0.0354	0.0282	0.1014	0.0256
	0.0044	0.0398	0.0590	0.1289	0.5447
3	0.0187	0.0831	0.1225	0.1548	0.2048
	0.0034	0.0478s	0.0486	0.1468	0.2067
6	0.0387	0.0366	0.0506	0.0682	-0.1671
	0.0050	0.0132	0.0318	0.0645	0.0433
12	0.0145	0.0363	0.0005	-0.0752	-0.3275
	0.0077	0.1095	0.1892	0.3157	0.0775
24	0.0470	0.0066	-0.1050	0.2033	0.5230
	0.0026	0.0008	0.0016	0.1047	0.1505

表 6.7 总结统计了买入 10 个赢家组合并卖出 10 个输家组合的表现。每个策略框内的第一行为平均超常收益率，第二行为方差（第一行为收益率均值，第二行为方差）。

表 6.7　　　　赢 10—输 10 组合表现

筛选期（月）	检验期（月）				
	1	3	6	12	24
1	-0.0098	-0.0541	-0.0375	-0.0685	0.0507
	0.0061	0.1193	0.1151	0.2213	0.6519
3	-0.0116	-0.1255	-0.1378	-0.2209	-0.0727
	0.0045	0.2045	0.0843	0.1915	0.4448
6	-0.0407	-0.0779	-0.0531	-0.0180	0.2344
	0.0074	0.0313	0.0478	0.0736	0.2619
12	-0.0051	-0.0881	-0.0009	0.1007	0.4653
	0.0094	0.0852	0.0980	0.1118	0.0975
24	-0.0511	-0.0397	0.0122	-0.6470	-0.3164
	0.0000	0.0044	0.0110	0.8510	0.5822

表6.8总结统计了买入10个输家组合并卖出10个赢家组合的表现。每个策略框内的第一行为平均超常收益率，第二行为方差（第一行为收益率均值，第二行为方差）。

表6.8　输10—赢10组合表现

筛选期（月）	检验期（月）				
	1	3	6	12	24
1	0.0098	0.0541	0.0375	0.0685	-0.0507
	0.0061	0.1193	0.1151	0.2213	0.6519
3	0.0116	0.1255	0.1378	0.2209	0.0727
	0.0045	0.2045	0.0843	0.1915	0.4448
6	0.0407	0.0779	0.0531	0.0180	-0.2344
	0.0074	0.0313	0.0478	0.0736	0.2619
12	0.0051	0.0881	0.0009	-0.1007	-0.4653
	0.0094	0.0852	0.0980	0.1118	0.0975
24	0.0511	0.0397	-0.0122	0.6470	0.3164
	0.0000	0.0044	0.0110	0.8510	0.5822

表6.9总结统计了买入5个赢家组合并卖出5个输家组合的表现。每个策略框内的第一行为平均超常收益率，第二行为方差（第一行为收益率均值，第二行为方差）。

表6.9　赢5—输5组合表现

筛选期（月）	检验期（月）				
	1	3	6	12	24
1	-0.0135	-0.0841	-0.0608	-0.0803	0.2043
	0.0106	0.3120	0.1916	0.4150	0.7918
3	-0.0174	-0.0100	-0.0448	0.0221	0.1343
	0.0085	0.0681	0.0750	0.1473	0.7562
6	-0.0476	-0.0772	-0.0665	0.0514	0.4711
	0.0053	0.0149	0.0650	0.1096	0.9396
12	0.0205	-0.0601	0.1139	0.2523	0.8892
	0.0111	0.0937	0.0229	0.1033	0.4258
24	-0.0898	-0.0795	-0.0461	-1.3735	-1.0507
	0.0070	0.0225	0.0861	4.2684	1.8830

表6.10总结统计了买入5个输家组合并卖出5个赢家组合的表现。每个策略框内的第一行为平均超常收益率，第二行为方差（第一行为收益率均值，第二行为方差）。

表6.10　　输5—赢5组合表现

筛选期（月）	检验期（月）				
	1	3	6	12	24
1	0.0135	0.0841	0.0608	0.0803	-0.2043
	0.0106	0.3120	0.1916	0.4150	0.7918
3	0.0174	0.0100	0.0448	-0.0221	-0.1343
	0.0085	0.0681	0.0750	0.1473	0.7562
6	0.0476	0.0772	0.0665	-0.0514	-0.4711
	0.0053	0.0149	0.0650	0.1096	0.9396
12	-0.0205	0.0601	-0.1139	-0.2523	-0.8892
	0.0111	0.0937	0.0229	0.1033	0.4258
24	0.0898	0.0795	0.0461	1.3735	1.0507
	0.0070	0.0225	0.0861	4.2684	1.8830

从以上实证结果看，动量效应不显著，反转效应较为显著。

与我们的期望相反，买入赢家组合卖出输家组合的投资方案并没有在25种不同策略下表现出明显的超常收益率，动量效应不明显，反转效应明显，投资组合没有惯性地维持正收益率。例如在买入20个赢家组合卖出20个输家组合的方案里，筛选期为1个月和3个月的10种策略收益率平均值均为负，且随着检验期的变长，负值变大。这也说明了其反转效应非常明显。在中长期12个月、24个月后投资表现强劲。筛选期为6个月时，发现策略6-24表现出正的回报率，前两种策略均为负回报率，且随周期变长而负值变大。筛选期为12个月时，反转效应减弱，动量效应增强。策略12-24出现了25种策略中最大的收益率32.75%。筛选期为24个月时，由于数据样本点的有限，结果不完全反映市场真实情况。但总体来说，此时的动量效应非常弱，反转效应非常显著。

表6.6、表6.8、表6.10为买入输家组合，卖出赢家组合的结果。他们的结果其实是和表6.5、表6.7、表6.9对应相反的。从这三张表中能很清楚地看到，反转效应非常显著，大部分策略下均得到了正的收益率（三张表分别只出现了4个、5个、9个负值）。筛选期越长，收益率表现一般越好。检验期越长，收益率表现一般越好。

在我们构建的三种不同股票规模组合（20×2、10×2、5×2 种股票）中，他们在超常收益率上没有表现出太多明显的差异性。

4. 分析结果原因简述

根据近年数据的简单分析，我们得出的结论与前人的研究部分结果略有差别，但是总体结论还是趋近的。我们发现，在 2008～2013 期间，中国股票市场的惯性效应非常弱，大部分情况下都相当不显著；而对于反转效应，我们的结论则与前人研究类似，在中长期反转效应还是可以被重复捕捉到的，尽管也较不显著。

对于实证数据表现出的特征及其与前任研究的差异，我们认为，可能包含以下方面的原因。

①中国股市效率相对较低，造成前期反应不足，后期反应过度。Jegadeesh 和 Titman（1993）在其文章中即提到了股票市场存在的短期反应不足，长期反应过度的问题。在中国，由于市场发育不充分，特别是机构投资者过度强势造成市场竞争不完全。而较多的市场摩擦造成了在前期市场对于超额收益反映不足，使得在短期内动量效应不够明显。而同样的道理则造成了惯性被拉长，也许不如国际市场显著，但是消化的时间也稍长。

②除了市场摩擦的原因，中国当前的证券交易制度也影响了动量效应的效果。中国自 1996 年底开始实施涨跌停版制度，有助于防止过度投机，但是也影响了股票价格的正常波动。涨跌停制度一方面使得市场波动无法完全接纳市场的反应，而这部分反应也包含着带来“惯性”的过度反应；另一方面，这使得市场能够更为冷静的评估超短期的异常表现，抹去部分信息和预期的泡沫，进而弱化短期的惯性效应。此外，证监会对股市的积极参与也使得市场表现无法充分表现市场行为。

③单就反转效应本身的产生而言，是不是也可能由另一种“数据挖掘”行为造成——整个行业从业者共同的数据挖掘带来了反转。大部分从业者与持有者有同样的价值发现理念，因此都在积极地试图发现那些价值被低估的股票，或是前期表现低于市场的表现。大家的关注点往往趋同，而过度的聚焦本身就可能带来股票被过度重视，进而带来反转效应。

④中国证券市场整体对个体影响大，波动趋同。就中国市场而言，大盘整体的趋势对个股影响相对更大，反周期的股票不多，而本研究中样本所选的沪深 300 指数的各支成分股，其 β 值均与 1 较为接近，所以很难选择出表现卓尔不群的股票，这也在客观上造成了在上文数据中股票市场的惯性效应和反转效应都很难被检验。

⑤数据筛选问题。中国证券市场还在成长期，股票数据波动较大而且阶段性特征明显，就近年（2007 年后）的表现而言，股票市场整体而言还是低迷，加之成分股与大盘表现趋同，使得抹去市场平均回报率的影响后，数据难以看出具有显著性的波动。此外，由于时间和精力所限，我们也很难选取更大的样本量，或是排除掉特殊样本，这也造成了当前数据无法更加准确客观的反映现实。

四、总结

与发达国家的成熟证券市场相比，中国股市作为典型的新兴证券市场，在社会背景、交易制度、投资者构成等方面有着较大的差异，亟须快速发展来使中国证券市场向成熟证券市场过渡。研究中国股票市场上的动量效应和反转效应有助于我们认识当前中国证券市场的存在的问题，然后就这些问题，进行深入分析，找到与之相应的解决方法。而已有研究成果在以下几个方面存在不足：首先，研究的时间区间不同；第二，样本的选择和处理方法不同；第三，在数据处理上，方法各异；第四，频率选择上，对于超短期、短期的研究较少，多数集中于年度和月度研究。

本节选取了沪深 300 指数的成分股作为研究对象，分别以 1、3、6、12、24 个月为样本周期，以经过复权处理的股价为样本数据，对动量效应和反转效应的存在性及问题进行了全面的检验。本节以 2008 年 1 月 1 日 ~2013 年 12 月 31 日为研究的时间区间，检验 2007 年开始波及全球金融危机的背景下，中国股市在动量效应和反转效应上所呈现的特点和规律。通过对沪深 300 交易指数进行实证分析，发现动量效应和反转效应的问题，然后对这些问题进行进一步的原因分析。经过检验，我们发现在惯性效应方面得出的结论与前人的研究部分结果略有差别，在近年的表现中，中国股市惯性效应在短期较弱，长期反而稍显明显；而反转效应则与前人研究类似，在短期比较显著，在长期则比较不显著。而国内学者对于中国股市是否存在反转效应和惯性效应依旧存有很大争议，至于到底存不存在及其效应显著与否，还需要更多的学者做更深入的研究。

本章小结

有效资本市场是指一个证券价格能够根据新信息的出现而迅速进行调整的市场，现行的证券价格能够反映有关证券的全部信息。统计研究表明，股票价格的运用似乎遵循随机游走的方式，不存在可以让投资者利用的明显的可预测的模式。这些发现目前被认为是市场有效性的证据，也就是说，市场价格已经反映了全部当前已知的信息。按照信息在股价中的反映程度，可以将市场效率状态划分为三个层次：弱式有效、半强式有效和强式有效。

支持弱式有效市场假设的实证检验，包括序列相关检验和游程检验。半强式有效市场假设检验中最常用的方法是事件研究法，也叫做残差分析法。在实证检验中发现，证券市场中存在着周末效应、小公司效应和市盈率效应等现象，但是这些实证检验都是建立在仅包含市场指数的模型上，所以其可靠性值得进一步推敲。

最后，利用中国最近10年的数据，选取上证综合指数，运用序列相关和游程检验两种方法进行检验，结果表明中国股票市场在2009年至2013年基本达到弱式有效。

重要术语

随机漫步　有效市场理论　弱式有效市场　半强式有效市场　强式有效市场
技术分析　基本面分析　序列相关　游程检验　事件研究　有效市场异象
周末效应　小公司效应　市盈率效应　内幕交易

思考与练习题

1. 比较弱有效市场假说、半强有效市场假说和强有效市场假说的异同。

2. 有效市场假说的三个理论前提是什么？

3. 弱有效市场假设、半强有效市场假设和强有效市场假设，对股票分析分别意味着什么？

4. 比较主动投资策略和被动投资策略，并说明为什么进行投资组合管理是必不可少的。

5. 如何对有效市场假说进行实证检验？对弱有效市场假设和半强有效假设的检验方法有什么不同？

6. 为什么对小投资者来说，投资共同基金和交易所交易基金（ETF）是明智的？

7. 哪一个市场更有效率，是Apple股票的市场还是新兴市场那些小公司股票的市场？

8. 请解释有效市场异象是什么？并解释造成这些异象可能的原因。

9. ABS公司的β是1.4。昨天的年化市场收益率是11%，现在的无风险利率是5%。你观察到的该公司昨天的年化收益率是16%。假定市场是有效的，这意味着什么？

10. 能源公司昨天宣布其将会被购入一家国际合资公司。能源公司的β是0.7。过去几个星期的年化市场收益率是10.5%，无风险收益率是3.5%。你观察到的能源公司的年化收益率在前天是12%，昨天的年化收益率是8.4%。这意味着什么？

参考文献

[1] Allayannis. G. and J. Weston. The Use of Foreign Currency Derivatives and Firm Market Value. *Review of Financial Studies*, 2001 (14): 243 -276.

[2] Ariel R A. A monthly effect in stock returns. *Journal of Financial Economics*, 1987, 18 (1): 161 -174.

[3] Banz R W. The relationship between return and market value of common stocks. *Journal of Financial Economics*, 1981, 9 (1): 3 -18.

[4] Basu S. Investment performance of common stocks in relation to their price - earnings ratios: A test of the efficient market hypothesis. *The Journal of Finance*, 1977, 32 (3): 663 -682.

[5] Bjorn Hansson, Peter Hordahl. Testing the conditional CAPM using multivariate GARCH - M. *Applied Financial Economics*, 1998, 84: 377 -388.

[6] Black, F. and M. Scholes. The Pricing of Options and Corporate Liabilities. *Journal of Political Economy*, 1973 (81): 637 -654.

[7] Black, F. How We Came Up with the Option Formula. *Journal of Portfolio Management*, 1989 (15): 4 -8.

[8] Bondt W F M, Thaler R. Does the stock market overreact? *The Journal of finance*, 1985, 40 (3): 793 -805.

[9] Burghard Z, Leineweber A, Aken P A V, et al. Hydrogen - Bond Reinforced Vanadia Nanofiber Paper of High Stiffness. *Advanced Materials*, 2013, 25: 2468 -2473.

[10] Charles Engel, Jeffrey A. Frankel, Kenneth A. Froot, Anthony P. Rodrigues. Tests of conditional mean - variance efficiency of the U. S. stock market. *Journal of Empirical Finance*, 1995, 21: 3 -18.

[11] Ching T B, Schroen W H. Bond pad structure reliability. Reliability Physics Symposium 1988. 26th Annual Proceedings. , International. IEEE, 1988: 64 - 70.

[12] Cox, John; Jonathan Ingersoll; and Stephen Ross. A Reexamination of Traditional Hypotheses about the Term Structure of Interest Rates. Journal of Finance, 1981, 36 (4): 769 -799.

[13] Cox, R. A. An Introduction to Risk and Return from Common Stock. *Cambrige, MA: MIT Press*, 1986.

[14] D. Brown I. Recent developments in the bond valence model of inorganic bonding. *Physics and Chemistry of Minerals*, 1987, 15: 30 -34.

[15] Fabozzi, Frank J. and T. Dessa Fabozzi. The Handbook of Fixed Income Securities. 4th ed. Burr Ridge, Ill. : Irwin Professional Publishing, 1995.

[16] Fama E F, Fisher L, Jensen M C, et al. The adjustment of stock prices to new information. *International Economic Review*, 1969, 10 (1): 1 -21.

[17] Fama, Eugene. The Information in the Term Structure. Journal of Financial Economics, 1984, 13 (4): 509 -528.

[18] French K R. Stock returns and the weekend effect. *Journal of Financial Economics*, 1980, 8 (1): 55 - 69.

[19] Gawthrop P J, Bevan G P. Bond - graph modeling. *Control Systems*, *IEEE*, 2007, 27: 24 - 45.

[20] Glosten L R, Jagannathan R, Runkle D E. On the relation between the expected value and the volatility of the nominal excess return on stocks. *The Journal of finance*, 1993, 48 (5): 1779 - 1801.

[21] Hai - xiang Yao. A Simple Method for Solving Multiperiod Mean - Variance Asset - Liability Management Problem. *Procedia Engineering*, 2011, 23: 387 - 391.

[22] Jegadeesh N, Titman S. Returns to buying winners and selling losers: Implications for stock market efficiency. *The Journal of Finance*, 1993, 48 (1): 65 - 91.

[23] Kaiser A, Ismailova O, Koskela A, et al. Ethylene glycol revisited: Molecular dynamics simulations and visualization of the liquid and its hydrogen - bond network. *Journal of Molecular Liquids*, 2014: 20 - 29.

[24] Keim D B. Size - related anomalies and stock return seasonality: Further empirical evidence. *Journal of Financial Economics*, 1983, 12 (1): 13 - 32.

[25] Kinsman L D, Gochnour D J, Wood A G, et al. Soft bond for semiconductor dies: US, US5342807 A, 1992.

[26] Li J, Zhao F, Jing F. B - Hδ - σ bond as dihydrogen bond acceptor: Some theoretical observations and predictions. *The Journal of Chemical Physics*, 2002, 116.

[27] Mankiw, N. Gregory. The term structure of Interest Rates Revisited. *Brookings Papers on Economic Activity*, 1986: 61 - 110.

[28] McCulloch, J. Houston. The Tax - Adjusted Yield Curve. Journal of Finance, 1975, 6 (1): 30 - 31.

[29] Mei Choi Chiu, Hoi Ying Wong. Mean - variance principle of managing cointegrated risky assets and random liabilities. *Operations Research Letters*, 2013, 411: 98 - 106.

[30] Nielsen J E, Vriend G. Optimizing the hydrogen - bond network in Poisson - Boltzmann equation - based p K a calculations. *Proteins*: *Structure*, *Function*, *and Bioinformatics*, 2001, 43: 403 - 412.

[31] O. L. V. Costa, R. B. Nabholz. Multiperiod Mean - Variance Optimization with Intertemporal Restrictions. *Journal of Optimization Theory and Applications*, 2007, 134 (2): 257 - 274.

[32] ÖzgeSezgin Alp, Ralf Korn. Continuous - time mean - variance portfolios: a comparison. *Optimization*, 2013, 62 (7): 961 - 973.

[33] Ronald J. Balvers, Alina F. Klein. Currency Risk Premia and Uncovered Interest Parity in the International CAPM. *Journal of International Money and Finance*, 2014.

[34] Scott D. Below, Stanley R. Stansell, Mark Coffin. The Determinants of REIT Institutional Ownership: Tests of the CAPM. *The Journal of Real Estate Finance and Economics*, 2000, 21 (3): 263 - 278.

[35] Silfwerbrand J, Beushausen H, Courard L. Bonded Cement - Based Material Overlays for the Repair, the Lining or the Strengthening of Slabs or Pavements. *Springer Netherlands*, 2011: 51 - 79.

[36] Xin - hua Liu. A Note on the Mean - Variance Criteria for Discrete Time Financial Markets. *Acta Mathematicae Applicatae Sinica*, *English Series*, 2005.

[37] Yi Y, Huaping Xu D, Wang L, et al. A New Dynamic Covalent Bond of Se N: Towards Controlled Self - Assembly and Disassembly. *Chemistry - A European Journal*, 2013, 19: 9506 - 9510.

[38] 曹凤岐，贾新春．金融市场与金融机构．北京：北京大学出版社，2002

[39] 曹凤岐，刘力．证券投资学．北京：北京大学出版社，2000

[40] 冯科．投资管理．北京：中国发展出版社，2009

[41] 冯科．会计学原理．北京：北京大学出版社，2014
[42] 奉立城．中国股票市场的“周内效应”．经济研究，2000（11）
[43] 黄长征．期货套期保值决策模型研究．数量经济技术经济研究，2004（07）
[44] 李一智．期货与期权教程．北京：清华大学出版社，1999
[45] 龙小波，吴敏文．证券市场有效性理论与中国证券市场有效性实证研究．金融研究，1999（03）
[46] 陆磊，刘思峰．中国股票市场具有“节日效应”吗？．金融研究，2008（02）
[47]（美）罗伯特·席勒．金融与好的社会．北京：中信出版社，2012
[48]（美）罗伯特－A. 斯特朗．衍生产品概论．大连：东北财经大学出版社，2005
[49] 茅宁．期权分析——理论与应用．南京：南京大学出版社，2000
[50]（美）普林格．技术分析．北京：机械工业出版社，2011
[51]（美）斯蒂芬·罗斯．企业理财与融资实务．上海：上海财经大学出版社，2012
[52] 宋逢明，江婕．中国股票市场波动性特性的实证研究．金融研究，2003（14）
[53] 宋颂兴，金伟根．上海股市市场有效实证研究．经济学家，1995（04）
[54]（美）威廉·F. 夏普等．投资学．北京：中国人民大学出版社，2002
[55]（美）威廉·F. 夏普．证券投资理论与资本市场．北京：中国经济出版社，1992
[56] 徐龙炳．中国股票市场股票收益稳态特性的实证研究．金融研究，2001（06）
[57]（美）约翰．墨菲．期货市场技术分析．北京：地震出版社，2010
[58]（加）约翰·赫尔．期权期货及其他衍生品（第8版）．北京：机械工业出版社，2011
[59] 张宗新．证券市场低效率：基于制度变迁的一种解析．经济科学，2002（02）
[60] 中国期货业协会．中国期货业发展报告（2013）．北京：中国财政经济出版社，2014
[61] 中国证监会．中国资本市场20年．北京：中信出版社，2012

附　录

术语中英文对照表

英文	中文	中文释义
American Option	美式期权	一种在期权期限内随时可以行使的期权
Amortilizing Swap	摊还互换	在互换交易中的面值按某种方式递减的互换
Arbitrage Pricing Theory	套利定价理论	套利行为是现代有效率市场（即市场均衡价格）形成的一个决定因素。如果市场未达到均衡状态的话，市场上就会存在无风险套利机会。并且用多个因素来解释风险资产收益，并根据无套利原则，得到风险资产均衡收益与多个因素之间存在（近似的）线性关系
Asian Option	亚式期权	期权收益与指定时间段内的资产的平均价格有关
Asset Swap	资产互换	债券的券息与 LIBOR 加上溢价进行交换而形成的互换
Asset-or-Nothing Call Option	资产或空手看涨期权	当标的资产价格高于执行价格时，期权的收益等于标的资产价格，否则期权的收益为零
Asset-or-Nothing Put Option	资产或空手看跌期权	当标的资产的价格低于执行价格时，期权的收益等于标的资产的价格，否则期权收益为零
As-You-Like-It Option	任选期权	见选择人期权（Chooser Option）
At-the-Money Option	平值期权	期权执行价格等于标的资产价格
Average Price Call Option	平均价格看涨期权	期权收益等于资产价格平均值与执行价格的差与 0 的较大值
Average Price Put option	平均价格看跌期权	期权收益等于执行价格与资产价格平均值的差与 0 的较大值
Average price	平均价格	反映某种（同规格品种）商品在一定时期内，或一定地区内，或不同价格形式的单位价格的平均水平的指标
Average Strike Option	平均执行价格期权	期权收益依赖于资产价格与资产价格平均值的差
Barrier Option	障碍期权	期权收益与标的资产的价格是否达到一定的障碍水平有关

续表

英文	中文	中文释义
Basis	基差	商品即期价格与期货价格之间的差别
Basis Point	基点	在描述利率时，一个基点等于1%的1%
Basis Risk	基差风险	当对冲时由于将来基差的不稳定性所引起的风险
Basis Swap	基差互换	互换交易两方的利率计算分别与两个不同的浮动利率有关
Basket Option	篮筐式期权	收益依赖于资产交易组合的期权
Bear Spread	熊市差价	执行价格为K1的看跌期权空头与执行价格为K2的看跌期权多头的组合，其中K2 > K1（也可以由看涨期权构建）
Bermudan Option	百慕大式期权	期权持有者在期权期限内的一些指定的时间点上可以行使期权
Binomial Tree	二叉树	在二项式模型假设下描述资产变化的树形结构
Bond Option	债券期权	标的资产是债券的期权
Bond Indenture	债权契约	双方当事人合意所发生以债权债务为内容的契约
Bootstrap Method	票息剥离法	由市场数据来计算零息利率的一种方法
Boston Method	波士顿期权	见延迟付款期权（Deferred Payment Option）
Box Spread	盒式差价	由一个看涨期权组成的牛市差价和一个由看跌期权组成的熊市差价所组成的期权组合
Break Forward	断点远期	见延迟付款期权
Brownian Motion	布朗运动	见维纳过程（Wiener Process）
Bull Spread	牛市差价	执行价格为K1的看涨期权多头与执行价格K2的看涨期权空头组成的组合，其中K2 > K1（也可以由看跌期权构建）
Butterfly Spread	蝶式差价	此交易由执行价格K1的看涨期权多头与执行价格为K3的看涨期权的多头，以及两倍数量的执行价格为K2的看涨期权空头组合而成，其中K3 > K2 > K1，且K2 = 0.5（K1 + K3）（蝶式差价也可以由看跌期权构建）
Calendar Spread	日历差价	日历差价可以由一个具有某一执行价格与一定期限的看涨期权空头和具有同样执行价格，但具有较长期限的看涨期权多头构成（日历差价也可以由看跌期权构建）
Cancelable Swap	可取消互换	互换的一方可以在指定的日期上终止互换交易

续表

英文	中文	中文释义
Capital Asset Pricing Model	资本资产定价模型	资本资产定价模型假设所有投资者都按马克维茨的资产选择理论进行投资，对期望收益、方差和协方差等的估计完全相同，投资人可以自由借贷。基于这样的假设，资本资产定价模型研究的重点在于探求风险资产收益与风险的数量关系，即为了补偿某一特定程度的风险，投资者应该获得多得的报酬率
Cash-or-Nothing Call Option	现金或空手看涨期权	当标的资产价格高于执行价格时，期权收益等于固定的现金数量，否则期权收益为0
Cash-or-Nothing Put Option	现金或空手看跌期权	当标的资产价格低于执行价格时，期权收益等于某一固定数量的现金，否则期权收益为0
Cheapest-to-Deliver Bond	最便宜交割债券	期货交易所的债券期货中可以用于交割的最便宜债券
Chooser Option	选择人期权	期权持有人在将来某时刻行使期权时可以选择拥有看涨期权或看跌期权
Coincident indicators	一致同步指标	相对于国民经济周期波动，在指标的时间上同步
Collateralized，CDO	担保债务凭证	一组固定收益资产组成的投资组合，有一个由一系列信贷资产构成的资产池，并以该资产池产生的现金流为基础，向投资者发行不同系列（tranches）的证券
Contango	期货溢价	期货价格高于将来即期价格的期望值
Convenience Yield	便利收益率	用于计算拥有某种资产而带来的便利
Conversion Factor	转换因子	期货合同中用于计算交割债券数量的因子
Convexity	久期	债券价格—收益曲线的曲率
Coupon Rate	票面利率	一年的利息与票面金额的比例
Covered Call	备保看涨期权	持有欧式期权空头与持有资产多头的组合
Credit Default Swap，CDS	信用违约掉期	合约由两个法人交易，一个称为买方（信贷违约时受保护的一方），另一个称为卖方（保障买方于信贷违约时损失）。当买方在有抵押下借款予第三者（欠债人），而又担心欠债人违约不还款，就可以向信贷违约掉期合约提供者买一份有关该欠债人的合约/保险。通常这份合约需定时供款，直至欠债人还款完成为止，否则合约失效。倘若欠债人违约不还款（或其他合约指定情况，令人相信欠债人无力或无打算依时还款），买方可以拿抵押物向卖方索偿，换取应得欠款。卖方所赚取的是倘若欠债人依约还款时的合约金/保险费

续表

英文	中文	中文释义
Cross Hedging	交叉对冲	采用不同的资产来对冲另一种资产的风险暴露
Currency Swap	货币互换	某种货币本金与利息同另一种货币的本金与利息进行互换的合约
Current Yield	当期收益率	利息收入所产生的收益，通常每年支付两次，它占了公司债券所产生收益的大部分
Debenture Bond	信用债券	无须提供特定抵押品的债券
Deferred Swap	延迟付款期权	期权费被推迟到期权的到期日付出
Deferred Swap	延期互换	在将来开始的互换交易，也被称为远期互换(Forward Swap)
Delivery Price	交割价格	在远期合约中同意（可能在一段时间之前）收入或付出的价格
Delta		衍生品价格变化同标的资产价格变化的比率
Delta Hedging	Delta 对冲	为了使衍生产品交易组合价格与标的资产价格微小变化无关的一种对冲机制
Delta-Neutral Portfolio	Delta 中性交易组合	Delta 为 0 的交易组合，这种交易组合的价格同标的资产价格的微小变化无关
Derivative	衍生产品	由某种资产派生出来的产品
Diagonal Spread	对角差价	两个具有不同期限与不同执行价格的看涨期权组合（对角差价也可以由看跌期权来组成）
Differential Swap	交叉货币度量互换	互换交易中将一种货币下的浮动利率与另一种货币下的浮动利率相交换，两种利率均应用同一本金
Dividend Discount Model	股利贴现模型	股票内在价值可以用股票每年股利收入的现值之和来评价
Down-and-In Option	下跌—敲入期权	标的资产价格下降到一定水平之后，这一期权才会存在
Down-and-Out Option	下跌—敲出期权	标的资产价格下跌到一定水平之后这一期权将不会存在
Dynamic Hedging	动态对冲	为了对冲期权头寸，需要不断调节持有的标的资产数量的对冲过程
Early Exercise	提前执行	在到期之前行使期权
Economic Cycle	经济周期	经济活动沿着经济发展的总体趋势所经历的有规律的扩张和收缩
Effective Market Anomalies	有效市场异象	金融市场中资产的实际收益偏离有效市场假说的异常现象

续表

英文	中文	中文释义
Efficient Market Hypothesis	有效市场	此概念最初是由 Fama 在 1970 年提出的。Fama 认为，当证券价格能够充分地反映投资者可以获得的信息时，证券市场就是有效市场，即在有效市场中，无论随机选择何种证券，投资者都只能获得与投资风险相当的正常收益率
Eurodollar Future Contract	欧洲美元期货合约	关于欧洲美元的期货合约
European Option	欧式期权	只能在到期日才能行使的期权
Event Study	事件研究	原理是根据研究目的选择某一特定事件，研究事件发生前后样本股票收益率的变化，进而解释特定事件对样本股票价格变化与收益率的影响，主要被用于检验事件发生前后价格变化或价格对披露信息的反应程度
Exchange Option	互换期权	期权持有者有权以一种资产来换取另一种资产
Exercise Limit	行使限额	期权持有人在任意 5 个连续的交易日可以行使期权的最大限额
Exercise Multiple	行使倍数	在雇员期权被行使时股票价格与执行价格的比
Exercise Price	执行价格	在期权合约中资产可以被买入或者卖出的固定价格
Exotic Option	特种期权	非标准期权
Extendable Swap	可延期互换	互换的一方有权延长互换的期限
Extendable	可回卖债券	发行人提供了在赎回期展期或终止债券的期权
Financial statements	财务报表	会计主体对外提供的反映会计主体财务状况和经营的会计报表
Floating-rate Bond	浮动利率债券	利息收益与当前的某些市场利率相联系的债券
Foreign Currency Option	外汇期权	有关外汇的期权
Forward Contract	远期合约	合约约定买方和卖方在将来某特定的时刻以指定价格买入或卖出某种资产
Forward Exchange Rate	远期汇率	汇率的远期合约价格
Forward Interest Rate	远期利率	由今天市场所得出的应用于将来时间段的利率
Forward Price	远期价格	远期合约中使得合约价格为 0 的交割价格

续表

英文	中文	中文释义
Forward Rate Agreement, FRA	远期利率合约	交易双方达成的在将来某时刻以某种固定利率对于一定面值来计息的协议
Forward Start Option	远期开始期权	将来某时刻开始的平值期权
Fundamental Analysis	基本面分析	基本面分析又称基本分析，是以证券的内在价值为依据，着重于对影响证券价格及其走势的各项因素的分析，以此决定投资购买何种证券及何时购买
Futures Option	期货期权	期货上的期权
Futures Price		期货合约中当前的交割价格
Futures-Style Option	期货式期权	关于期权收益的期货合约
Index Futures	指数期货	股指或其他指数上的期货
Index Option	指数期权	股指或其他指数上的期权
Index Principal Swap	指数本金互换	互换中的本金随着时间的变化而减小，本金减小的速度与利率水平有关
Initial Margin	初始保证金	在最初交易期货时所需要的现金保证金
Inô Lemma	伊藤过程	由描述某一变量的随机过程来导出的描述该变量的函数的随机过程的数学结论
Inô Process	伊藤过程	在一个短的时间段 Δt 内，某随机过程所描述的随机变量变化服从正态分布。变化的期望和方差与 Δt 成比例，但不一定为常数
Insider Trading	内幕交易	内幕交易是指内幕人员和以不正当手段获取内幕信息的其他人员违反法律、法规的规定，泄露内幕信息，根据内幕信息买卖证券或者向他人提出买卖证券建议的行为
Instantaneous ForwardRate	瞬时远期利率	将来一个非常短的时间段内的远期利率
Interest Rate Cap	利率上限	在利率高于一定水平时，这种期权会产生收益，这里对应的利率为需要定期设定的浮动利率
Interest Rate Collar	利率双限	一个利率上限和下限的组合
Interest Rate Derivative	利率衍生产品	收益与将来利率有关的衍生产品
Interest Rate Floor	利率下限	在利率低于一定水平时，这种期权会产生收益，这里对应的利率为需要定期设定的浮动利率

续表

英文	中文	中文释义
Interest Rate Swap	利率互换	固定利率与浮动利率的互换合约，双方用于计算利率的本金相等
Interst Rate Option	利率期权	收益与将来利率有关的期权
In-the-Money Option	实值期权	此期权中，资产价格大于执行价格的看涨期权或者资产价格低于执行价格的看跌期权
Intrinsic Value	内涵价值	对于看涨期权，此价值等于资产价格超出执行价格的值与0的较大值，对于看跌期权则是执行价格超过资产价格的值与0的较大值
K-line	K线	根据开盘价与收盘价的波动范围，可将K线分为极阴、极阳，小阴、小阳，中阴、中阳和大阴、大阳等线型
Lagging Indicators	滞后指标	相对于国民经济周期波动，在指标的时间上滞后
Leading Indicators	领先指标	相对于国民经济周期波动，在指标的时间上领先
Lognormal Distribution	对数正态分布	一个变量服从对数正态分布是指这一变量的对数服从正态分布
Long Hedge	多头对冲	涉及进入期货多头的对冲策略
Long Position	多头	买入资产的交易
Lookback Option	回望期权	在到期日期权收益与资产价格与在一段时间内所取得的最大值或最小值有关
Macaulay' s Duration	麦考利久期	债券每次息票或债券本金支付时间的加权平均
Market Conversion Value	转换价值	债券转换后的当前股票价值
Markov Process	马尔科夫过程	随机过程所描述的变量在将来一个较短的时间段内的变化只与变量在时间段开始时的取值有关，而与其历史值无关
Maturity Date	到期日	合约的终结时间
Modern Portfolio Theory	现代资产组合理论	简称MPT，有些风险与其他证券无关
Multifactor Model	多因素模型	由影响公司价值及其股票价格的多个重要的基础因素构成的估价模型
Naked Position	裸露期权	一个不与标的资产多头结合的看涨期权空头
Necessary Yield	必要收益率	投资者用以决定某项投资是否具有吸引力的收益率

续表

英文	中文	中文释义
Open Market Operations	公开市场业务	中央银行通过买进或卖出有价证券，吞吐基础货币，调节货币供应量的活动
Order Form	整理形态	股价经过一段时间的快速变动后不再前进，在一定区域内上下波动
Out-of-the-Money Option	虚值期权	资产价格低于执行价格的看涨期权，或者资产价格高于执行价格的看跌期权
Overnight Indexed Swap	隔夜指数互换	互换中的一个区间上的固定利率（例如一个月）与这一区间上的隔夜利率的平均值进行互换
Package	组合期权	由标准欧式看涨期权、标准欧式看跌期权、远期合约以及标的资产本身构成的证券组合
Parisian Option	巴黎期权	当资产价格比障碍值高或低的时间超过一段预定的时间长度时，期权才被敲出或敲入
Path-Dependent Option	依赖路径期权	期权的收益不仅是与资产的终端值有关，而且与资产价格变化的路径有关
Position Limit	头寸限额	交易员（或一组交易员）所能持有的头寸限额
Premium	期权付费	期权的价格
Pressure Line	压力线	当股价上涨到某价位线附近时，股价会停止上涨，甚至回落，这是因为空方在此抛出造成的
Price Mutual Certificate	价格互证	商品是用于交换的劳动产品，只有用于互相交换才能体现商品的价值，即价值互证
Price-Earnings-Ratio Effect	市盈率效应	市盈率效应是指由低市盈率股票组成的投资组合的表现要优于由高市盈率股票组成的投资组合的表现
Protective Put	保护性看跌期权	看跌期权与资产的组合
Put Option	看跌期权	在将来某时刻以某指定价格卖出某资产的权利
Put-Call Parity	看跌—看涨期权平价关系式	具有同样执行价格与期限的欧式看涨期权和欧式看跌期权所满足的关系式
Puttable Swap	可赎回互换	互换协议的一方有权提前终止互换协议
Quanto		双币种期权的收益由某种货币决定，但付出收益的货币品种却为另一种
Rainbow Option	彩虹期权	期权收益与两个或多个资产的变量有关
Random Walk	随机漫步	证券价格的波动是随机的，像一个在广场上行走的人一样，价格的下一步将走向哪里，是没有规律的

续表

英文	中文	中文释义
Range Forward Contract	远期范围合约	看涨期权多头与看跌期权空头的组合，或者看涨期权空头与看跌期权多头的组合
Real Option	实物期权	期权涉及商品实物（而不是金融产品），商品实物可以是土地、工厂或设备等
Rediscount Policy	再贴现政策	中央银行通过制订或调整再贴现利率来干预和影响市场利率及货币市场的供应和需求，从而调节市场货币供应量的金融政策
Relative Price Model	相对股价模型	类比同类公司的 PE 或 PB，在已知自身盈利或净资产情况下，确定合理股价
Reversal Patterns	反转形态	这种形态的图形表示股价的原有走势将要逆转
Run Test	游程检验	亦称“连贯检验”，是根据样本标志表现排列所形成的游程的多少进行判断的检验方法
Semi-Strong-Form Market Efficiency	半强式有效市场	价格已充分反映出所有已公开的有关公司营运前景的信息
Serial Correlation Test	序列相关检验	通过计算股票收益率在不同滞后期是否相关来判断股票价格是否遵循随机游走
Sharpe' s One-way Analysis of Variance	单因素模型	当市场股价指数上升时，市场中大量的股票价格走高；当市场指数下滑时，大量股票价格超于下跌
Short Hedge	空头对冲	此对冲采用期货的空头
Short Position	空头	交易员卖出自己并不拥有的证券
Shout Option	喊价期权	在该期权中，期权的持有者在期权到期前的某一时刻有权锁定收益的最小值
Small Firm Effect	小公司效应	小公司效应是指小盘股比大盘股的收益率高
Stackand Roll	滚动对冲	将短期期货叠在一起向前滚动来对冲长期风险暴露的方式
Static Hedge	静态对冲	头寸在设定后无须调整的对冲策略
Static Options Replication	静态期权复制	一种对交易组合进行对冲的方式，这一对冲涉及寻求另一交易组合来使得其在某边界上的值与被对冲的交易组合在同一边界上的值近似相等
Statutory Reserve	法定存款准备金	法律规定金融机构必须存在中央银行里的这部分资金
Stochastic Variable	随机变量	将来不确定的变量
Stock Index Futures	股指期货	股指上的期货

续表

英文	中文	中文释义
Stock Index Option	股指期权	股指上的期权
Stock Option	股票期权	股票上的期权
Straddle	跨式期权	一个看涨期权的多头与一个看跌期权的多头的交易组合，这里的看涨期权和看跌期权具有同样的执行价格与到期日
Strangle	异价跨式期权	一个看涨期权多头与一个具有相同到期日的看跌期权多头的交易组合，看涨期权与看跌期权的执行价格不同
Strap	带式组合	两个看涨期权多头与一个看跌期权多头的交易组合，这里的看涨期权和看跌期权具有同样的执行价格与到期日
Strike Price	执行价格	期权合约中所指明的资产买入或卖出的价格
Strip	序列组合	一个看涨期权多头与两个看跌期权多头的交易组合，这里的看涨期权和看跌期权具有相同的执行价格与到期日
Strong-Form Market Efficiency	强式有效市场	价格反映了所有的信息，不管是公共的、私有的
Substitution swap	替代互换	债券与几乎相同的替代品的交换
Support Line	支撑线	股市受利空信息的影响，股价跌至某一价位线时，做空头的认为有利可图，大量买进股票，使股价不再下跌，甚至出现回升趋势
Swap	互换协议	在将来以某种指定的形式交换现金流的合约
Swap Rate	互换利率	保证利率互换价格为0的固定互换利率
Swaption	互换期权	一种在将来某时刻以某一固定利率进入利率互换的权利
Technical Analysis	技术分析	技术分析是指以市场行为为研究对象，以判断市场趋势并跟随趋势的周期性变化来进行股票及一切金融衍生物交易决策的方法的总和
Term Premiums	期限溢价	投资人持有长期资产所要求的额外殖利率
Term Structure of Interest Rate	利率期限结构	不同期限债券贴现现金流的利率结构
Time Value	时间价值	由于今天与到期日之间的时间而产生的期权价值
Top-down	自上而下投资理念	从宏观行业分析到公司基本面分析，由上而下，确定投资策略

续表

英文	中文	中文释义
Trend Line	趋势线	根据股价走势所画的走势线
Weak-Form Market Efficiency	弱式有效市场	如果股价已经反映了全部能从市场交易数据得到的信息，则称这样的资本市场为弱式有效的或者满足弱有效形式
Weekend Effect	周末效应	
Wiener Process	维纳过程	在一个短时间段 Δt 内，随机过程所描述的变量变化服从正态分布，变量变化期望值为 0，方差等于 Δt
Wild Card Play	万能牌规则	在交易结束后的某时间段以交易封仓价格将期货进行交割的权利
Yield Curve	收益率曲线	显示一组货币和信贷风险均相同，但期限不同的债券或其他金融工具收益率的图表
Yield to Maturity	到期收益率	将债券持有到偿还期所获得的收益，包括到期的全部利息
Zero-Coupon Bond	零息票债券	不支付利息的债券，在到期日按面值支付给债券持有人